中國近代史研究叢書 1

兩岸新編中國近代史
—晚清卷（上）

王建朗、黃克武 編

蘭臺出版社

本卷作者

（以姓氏拼音為序）

蔡樂蘇　　　清華大學馬克思主義學院　北京
崔志海　　　中國社會科學院近代史研究所　　北京
戴鞍鋼　　　復旦大學歷史系　　上海
郭衛東　　　北京大學歷史系　　北京
黃克武　　　中研院近代史研究所　　　臺北
姜　濤　　　中國社會科學院近代史研究所　　北京
雷　頤　　　中國社會科學院近代史研究所　　北京
李長莉　　　中國社會科學院近代史研究所　　北京
李細珠　　　中國社會科學院近代史研究所　　北京
李育民　　　湖南師範大學歷史文化學院　　　長沙
廖敏淑　　　政治大學歷史系　　臺北
林滿紅　　　中研院近代史研究所　　　臺北
林文仁　　　臺灣藝術大學　　　新北
劉石吉　　　中研院近代史研究所　　　臺北
羅志田　　　北京大學歷史系　　北京
馬　勇　　　中國社會科學院近代史研究所　　北京
潘光哲　　　中研院近代史研究所　　　臺北
桑　兵　　　中山大學歷史系　　廣州
沈松僑　　　中研院近代史研究所　　　臺北
史建雲　　　中國社會科學院近代史研究所　　北京
王先明　　　南開大學歷史學院　　天津
吳義雄　　　中山大學歷史系　　廣州
夏春濤　　　中國社會科學院黨校　　　北京

熊月之　　上海社會科學院歷史研究所　　　上海
許雪姬　　中研院臺灣史研究所　　　　　臺北
張啟雄　　中研院近代史研究所　　　　　臺北
朱　英　　華中師範大學中國近代史研究所　武漢

序　一

王建朗

在不同人的眼中，有不同的近代。我們常說的中國近代，起於 1840 年，迄於 1949 年，幾近 110 年的時間，在中國有文字以來的漫長的歷史中，只是一個短暫的階段。然而這百年之變，卻是前所未有之巨大，它改變中國發展進程，調整中國發展方向，影響既深且巨，其波瀾之餘浪及今仍未平息。

如此波瀾迭起的近代史，演繹出不同的解讀，就毫不奇怪了。即使在大陸學者的筆下，也有多種不同版本的近代史。悲情與豪情、苦悶彷徨與探索爭辯以不同的方式流淌於研究者的筆端，海峽兩岸的史家對於近代史認知的差距則更曾有天壤之別。隨著這段歷史的遠去（距離是觀察者保持客觀的重要前提）與時代的進步，隨著海峽兩岸交流的密切，兩岸對於近代史的認識在不斷接近。在高頻率的交流中，瞭解、借鑑與吸收彼岸的學術成果已成為學術研究的必備前提，兩岸學術交流與交融達到了新的高度。可以說，「學術自由行」早已成為兩岸學術交流的常態。

正是在這樣的背景下，我們開始考慮由兩岸學者共同撰寫一部中國近代史，全面展示兩岸對於近代史研究的最新思考和成果。我們的設想獲得了兩岸學者的積極響應。《兩岸新編中國近代史》採取專題架構，約請活躍在近代史研究領域的卓有研究的學者各自承擔其專長議題。中國社會科學院近代史研究所承擔了該書的組織工作。值此《兩岸新編中國近代史》付梓之際，略陳陋見一二，以為序。

一

經歷了「康乾盛世」後的中國是在一種漫不經心中進入近代的。中國所面臨的危機，起初並不像歷史上曾多次發生過的異族武裝大規模入侵中原那樣急迫。在統治者看來，似乎無非是利益之爭、貿易之爭，進而有些「邊釁」而已。然而，在國門被不情願地打開再打開之後，人們才漸漸意識到，中國將要發生的變化是翻天覆地的，可謂「數千年未有之大變局」也。

近代中國所闖入的外來者具有兩重性：其一，它是入侵者，它對中國權益的不斷侵犯和奪取，使中國失去了諸多主權，失去了獨立與平等地位；其二，它是較農業文明更為先進的工業文明的傳入者。歷史上，處於較高發展階段的中原文明曾經多次同化了征服者。而此次，面對著更高發展階段的文明，中國社會喪失了數千年來未曾喪失的文化優越感，面臨著如何向入侵者學習的問題。

簡單說來，近代中國主要在做兩件事：一是中國社會的全面近代化，從農業社會向工業社會轉型，這是世界上其他國家也要行走的歷程，向外部世界學習則是後進國家的必經之路；二是爭取中國在國際社會中的平等地位，中國在原有的地區性國際體系中占有中心地位，近代以來逐漸淪落為一個失去諸多主權的弱國，中國要努力恢復平等地位，這一過程並非每個國家所必經。這兩件事中，原應以第一件事為根本，為要務。但在近代中國（也不限於中國，若干後進國家也經歷了這一過程），這兩件事緊密地交織在一起，第二件事成為第一件事的前提條件，不解決好第二件事，第一件事就無從做好。因此，在相當長的時間內，努力去做第二件事竟成為歷史發展主線，爭取國家的獨立平等被置於比爭取社會發展更為優先的地位。

第一次鴉片戰爭打開了中國的國門，屢戰屢敗使清政府意識到了中外軍力的差距。江寧條約及其後一系列條約的簽訂，使清政府經歷了入主中原以來未曾有過的屈辱。一些有識之士看到了危機，主張睜眼看世界，「師夷之長技以制夷」。然而，這樣的呼聲並未撼動社會，撼動中樞。鴉片戰爭後的十餘年間，除了在幾個口岸增設了租界，增加了一些經商的洋人和布道的傳教士外，中國社會並沒有感受到更大的壓力和危機，也沒有產生只有在危機之下才能出現的學習西方趕超西方的強烈訴求。中國社會基本上仍在按照自己的邏輯和節

奏緩慢地發展著。

　　第二次鴉片戰爭給了中國猛烈一擊。如果說第一次鴉片戰爭因其戰場偏於南方，且畢竟朝廷未以全力與之死拚，其結果尚不足以警醒國人的話，第二次鴉片戰爭中，清軍的抵抗不可謂不英勇，然而卻無法抵禦只有 2.5 萬人的英法遠征軍，這一事實迫使國人無法繼續閉眼沉浸於往日的輝煌。承認技不如人，「師夷之長技以制夷」已不只是少數人的認識。

　　在這前後，中國社會內部正經歷著一場狂風暴雨，中國歷史上最後一次大規模的舊式農民戰爭在它謝幕式的演出中，再一次展現了農民戰爭所具有的巨大能量，使一個已近末世的封建王朝的弱點充分地暴露出來。與舊時農民戰爭稍有不同的是，太平天國對西方宗教的思想資源進行了改造，構建了自己的造反理論，並明確地宣布與傳統文化體系為敵。太平天國甚至提出了一個令人耳目一新的《資政新編》，儘管這個政綱看起來與太平天國體系格格不入，也並未付諸實施（或者說並無實施的可能），但它的提出終究顯示出西風已經吹進了東方大國的不同角落。《資政新編》的超前性使同時代的士大夫陣營相形見絀，甚至令人納悶，如此政綱何以能在此時的造反陣營出現？觀察太平天國兩大未能實現的政綱《天朝田畝制度》和《資政新編》，或許不必過於在意它的設計是否合理，是否具有操作性。它的出現，猶如長夜中的一星火花，體現了中國人對於平等的追求，對於現代的追求。遺憾的是，太平天國雖有火花閃現，但其實質與以往的農民戰爭並無太大不同，依然循著舊日農民戰爭的軌跡走向了敗亡。

　　內憂外患之中，清政府終於走上了改革之路。這場改革運動的強有力的推動者正是那些在平定造反的戰場上建立了戰功的將領。一方面，他們在戰場上深切地體驗到現代武器的威力，發展近代工業是他們的合理選擇與要求；另一方面，他們的戰功也為其在政治上的發言權提供了強有力的支撐。儘管不斷面臨著質疑與反對，但在這些務實且握有實權者的推動下，洋務運動還是拉開了帷幕，並一步步向前推進。

　　洋務運動經歷了一個從「自強」到「求富」的發展過程，從最初興辦急用的軍事工業到注意發展民用工業，這是一個自然的發展過程，誠如李鴻章所說，「必先富而後能強」。經歷了三十餘年的洋務運動，晚清似乎出現了重新

振奮的新氣象。社會的相對穩定、大機器生產的出現和發展、社會生產力的迅速提升、新式海軍的建成等，給當政者及相當一批人造成「中興」之感，「同光中興」之說應時而生。殊不知，危機正悄悄逼近。

洋務運動將自己的範圍限定於「洋務」，而遠離「洋制」。「中體西用」是洋務運動的根本原則，體用之分的意識十分清晰：用可學取西洋技藝，體必堅持祖宗之制。幾乎洋務運動一開始，中體西用論便已出現，可說是利弊兼存。在早期階段，它是主張學習西方者的理論武器，為突破頑固派的反對，開展洋務運動提供了理由。當京師同文館擬開設天文、算學館並聘洋人教習西方科學時，便曾遭到守舊者的強烈反對，將引進西方科學上升到「用夷變夏」的高度，中體西用說則提供了可以抵禦頑固派攻擊的另一種解說。另一方面，中體西用說也為洋務運動的演進與深化設立了限制。隨著時間的推移，隨著洋務運動的發展，這種局限更進一步地顯現出來。

與中國同受西方壓迫的日本，以斷然之心走上了學習西方的道路，進行了比中國更為堅決更為廣泛的改革，成效大顯，很快就走到了中國這個昔日老師的前頭。不幸的是，決心「脫亞入歐」的日本走上了一條擴張的道路，並將矛頭指向了中國。中國是它在東亞擴張不可繞過的障礙，只有打垮中國，才能成就其擴張之夢。當中國仍沉浸在中興的虛假景象中時，日本已經開始了打垮中國的謀劃。甲午一戰，戳破了中興的虛幻，國人痛定思痛，重新審視體用之說。

其實，在辦理洋務過程中，一些人已經意識到了中體西用論的弊端。曾任兩廣總督的張樹聲在 1884 年去世前留下的〈遺摺〉中，言生前所不敢言，指出：「（西人）育才於學堂，論政於議院，君民一體，上下一心，務實而戒虛，謀定而後動，此其體也。輪船、大礮、洋槍、水雷、鐵路、電線，此其用也。中國遺其體而求其用，無論竭蹶步趨，常不相及，就令鐵艦成行，鐵路四達，果足恃歟？」[1]

甲午戰爭被視為洋務運動破產的明證。甲午戰敗後，更多的人終於意識到，僅僅限於器物層面的學習洋務是遠遠不夠的。社會上要求變法的呼聲四

---

[1] 何嗣焜編《張靖達公（樹聲）奏議》卷 8，收入沈雲龍主編《近代中國史料叢刊》第 23 輯第 222 冊，臺北，文海出版社，1968，第 559 頁。

起。作為傳統社會精英階層的應試舉人，懷著歷史傳承的使命感，發出了變法的呼聲。千餘名應試舉人聯名上書朝廷，史稱「公車上書」，構成了戊戌變法的前奏。變法呼籲獲得了社會的廣泛回應，新式報刊、新式學堂、新式社團廣為宣揚，一時蔚為風氣，並終獲朝廷認可。值得注意的是，「公車上書」及隨後開展的變法宣傳，衝破了傳統社會對「士人干政」的禁令，開了近代知識分子作為一個整體參與國家事務的先河，20 世紀綿延不絕且威力巨大的學生運動，可以說由此而發端。這一集體性的政治參與方式，也為其他社會階層參與政治提供了示範。由此，對國家事務的議論走出了廟堂。

戊戌變法的實質是痛下決心以西人之法來取代祖宗之法。戊戌變法的核心人物康有為向光緒皇帝上呈了《日本變政考》和《俄彼得變政記》，且毫不諱言變法若採鑑日本，一切已足。不幸，戊戌變法因諸種因素而未成功。主事者或流亡海外，或血濺鬧市，光緒皇帝失去權力，處於軟禁狀態中。

戊戌變法失敗後，曾經有所開放的社會出現了倒退，守舊與排外的思潮進一步發展。終於，在世紀之交爆發了義和團運動。就民眾而言，這雖說是一場自發的樸素的反帝愛國運動，但就朝廷和官府而言，卻是一種愚蠢的無知的倒退行為。盲目的排外主義被縱容和鼓動起來，清政府同時對若干個世界一流國家宣戰，將國家陷於劫難之中。戰爭的勝負毫無懸念，中國為此付出了慘重代價。除了接受有損國家主權的道歉、懲凶、駐軍等條件外，僅是賠款一項，中國便要支付 4.5 億兩的白銀。

經歷了如此沉重的打擊後，清政府終於意識到中國與世界的巨大差距，社會上要求變革的呼聲再起。清末新政拉開了大幕。1905 年，清廷頒布上諭，宣布派遣五大臣出洋考察政治。1906 年 9 月發布詔書，宣布「仿行憲政」，實施政治體制改革。

清末十年的改革不能說毫無成就，改革官制、修訂律例、編練新軍、振興實業、廢除科舉、興辦學堂、設諮議局資政院等，確有諸多進展。然而，在改革的速度和方向上，清政府和社會期待逐漸顯現出巨大的落差。社會所期望的改革，是要限制君權，擴大民權，建立起現代的君主立憲體制。而清政府的目標則相反，它期望通過改革，將過去模糊的無所不包的君權明確化、法制化。它並不想通過改革來放權，而是要通過改革將專制君權披上現代的外衣。

1908 年 8 月頒布的《欽定憲法大綱》便顯示了清廷的這一意圖。大綱規定「大清皇帝統治大清帝國，萬世一系，永永尊戴」。君主將掌握頒行法律、召集及解散議院、設官制祿、統率陸海軍、宣戰媾和、訂立條約、宣布戒嚴、司法等大權。1911 年 5 月，責任內閣建立。在清政府公布的 13 名國務大臣中，滿族 9 人，其中皇族 7 人，漢族僅 4 人，這一責任內閣被時人譏稱為「皇族內閣」。其內閣名單的頒布，向社會公開了清廷皇族的集權之心，使人們對預備立憲的前途失去信心。各省諮議局聯合會兩次上書朝廷，指出由近支王公充當內閣總理大臣，不符立憲國通例，要求另選賢能，組織名副其實的責任內閣，但遭清廷申斥。

清政府如此拒絕改革，終於使立憲派拋棄幻想，走向清廷的對立面，而成為革命派的同路人。曾與革命派展開大論戰的梁啟超精闢地指出，是清廷製造了革命黨，「偽改者，革命之媒」，「現政府者，製造革命黨之一大工廠也」。晚清的政治腐敗、民生凋敝與清廷的拒絕改革，使社會對革命派的態度也發生了變化，從不解與反對轉化為同情與期待。孫中山回憶說，當 1895 年廣州起義失敗時，舉國輿論莫不視其為亂臣賊子，大逆不道，詛咒謾罵之聲，不絕於耳，但 1900 年惠州起義失敗後，則鮮聞一般人之惡聲相加，而有識之士，則多為其扼腕歎息，恨其事之不成矣。

清末十年，圍繞著中國應走革命還是改良的道路，革命派和改良派爭論激烈，甚至彼此惡語相向。這一爭論影響深遠，以至百年之後革命與改良優劣之爭依然餘波不斷。後來人可以而且應該站在歷史的高度來觀察那一段歷史，釐清革命與改良的糾結。至少，下列兩點意見值得我們注意。

其一，革命與改良並不是完全背道而馳的對立選擇，革命派和立憲派都是要在中國建立起近代民主政體，要實現國家的獨立和富強，只是在實現的手段上存有分歧。兩者都主張擴大民權，但一個要限制君權，一個要徹底取消君權。應該看到，儘管革命派與立憲派爭吵不斷，但在全域上卻存在互動互利關係。兩者之間的論戰，使民主思想前所未有地普及開來。立憲派主導的國會請願活動和收回利權運動為辛亥革命創造了有利條件。革命黨人也對國會請願運動和收回利權運動給予了聲援和支持。

其二，革命與改良的發生皆有其深刻的社會原因，並不取決於個人願望。

對於社會的轉型，一般而言，改良總是比革命付出的代價要小得多。因此，以改良為首要選擇、避免公開的暴力對抗應為常情。可以說，改良是社會發展的常態，暴力革命則是非常態。然而，古今中外的歷史表明，革命與改良的發生是不依據於個人或群體的良好願望的，它完全取決於社會矛盾的發展狀態。當社會矛盾尖銳到改良不足以應對時，革命便不可避免地發生了。當社會矛盾相對緩和之時，革命又絕非任何好事者所能煽動。

由於清政府阻塞了改良之路，社會普遍瀰漫著革命情緒，只是等待著有人出來登高一呼。

辛亥之年，武昌首義，各地紛紛揭竿而起。數月之間，江山易色。從1911年10月10日武昌新軍起義，到1912年1月1日中華民國臨時政府成立，再到2月12日清帝頒布退位詔書，短短的四個月中，並沒有經過特別重大的戰役，清廷退出了歷史舞臺。可見，清廷的統治根基早已鬆散。

二

辛亥革命推倒了皇帝，建立了當時在世界上還不多見的共和政體，中國成為亞洲唯一的共和國，成為世界上繼美、法之後第三個實行民主共和制的大國。無論人們如何看待這場革命，又無論這一革命本身具有怎樣的不成熟性，在歷史發展的長河中，辛亥革命都是一件劃時代的重大事件。中國歷史上的王朝更替屢見不鮮，短或數年、數十年，長或數百年，然周而復始，無非是王朝易姓而已。辛亥革命所終結的，不僅僅是一個王朝，更是一個漫長的時代，一個長達數千年的王朝時代。

辛亥革命後六年間，兩次帝制復辟來去匆匆，一方面顯示了專制思想的頑固性，一方面也告訴人們，封建帝制確實被掃進了垃圾堆，民主取代君主，成為社會不可挑戰的共識。此前數十年，在一般人的心目中，提倡無君無父的民主，簡直是大逆不道。即使在十餘年前，在先進的中國人中，能否實施民主也還是一個爭論不休的問題。歷史的變化竟是如此之迅速。

共和制度並不是一帖立竿見影的靈丹妙藥。民國初建，並未立時給中國社會帶來穩定，帶來繁榮，甚而接引了一個持續的政治動盪時期，但它開闢了在專制制度下難以出現的新的發展的可能性則是無可置疑的。從思想到制

度的大解放，為社會發展提供了新的空間。研究表明，北京政府統治時期並非像以前所描述的那樣黑暗和低效。儘管這一時期呈現出轉型期的動盪不安，但還是出現了經濟的較快增長，有學者稱之為中國資本主義經濟發展的「黃金時代」，而這一時期思想與學術的百家爭鳴，則更是常常為後世所稱道。

辛亥之後，中國經歷了一個由「宮廷政治」向「議會政治」的轉向。然而，這一轉向未能成功。在經歷了十餘年的持續動盪後，人們對議會政治失去了信心，轉而尋求更具效率的政治體制。於是，一個融合了傳統因素與現代政治觀念、融合了中國因素與外國範例的政治方式產生了。1920年代，一種新的與西方迥然不同的「政黨政治」出現了，由「議會政治」向「政黨政治」的轉向由此而發生。接受了蘇俄理念的政黨—中國國民黨與中國共產黨，開始在政治舞臺上扮演重要角色。這種政黨並不是作為一個選舉組織而存在，而是作為一個有著共同信仰的有著嚴格紀律的實行高度集權的政治組織而存在。這種政黨一出現，便顯示了它與眾不同的整合能量，開始主導此後的中國歷史進程。從1921年中國共產黨成立，從1924年中國國民黨改組並實行國共合作，到1928年北京政府垮臺，短短數年間，新型政黨顯示了它強大的作戰力。中國共產黨在動員民眾組織民眾方面，展現出巨大的能量。作為一個有信仰有主義的政黨，它在動員社會方面展現出前所未有的非凡能力。中國由此而走上了一條具有中國特色的政黨治國或政黨革命的道路，政黨（或作為政黨領袖的個人）在國家事務中成為中心角色。

人們常說，俄國十月革命一聲炮響，給中國送來了馬克思列寧主義。但中國民眾之所以能接受馬列主義，接受蘇俄道路，不只在於蘇俄政權的示範，還在於西方列強的冷漠。十月革命勝利後，蘇俄主動宣布廢除沙俄政府在中國取得的若干特權，三次對華宣言展示了蘇俄外交的公開性與正義性，獲得中國社會的歡呼。人們認為蘇俄是中國的好朋友，中國應該走蘇俄的道路。與英美法冷漠對待中國恢復國家主權的要求相比，蘇俄主動放棄不平等特權的宣言表現出他們同情弱小民族的姿態，對比十分強烈。這對馬克思列寧主義在中國的傳播起到了促進作用。孫中山在求助於英美援助而不可得時，把目光轉移到蘇俄身上。中國共產黨的建立與國共合作的形成，極大地影響了此後的中國走向。

　　這一時期的中國外交，也經歷著一場變革。民國的建立，並未能即刻緩解中國外交的困境，並繼續延續著晚清外交的某些慣性。第一次世界大戰爆發後，日本利用列強在歐洲作戰的機會在東方採取行動，藉口對德宣戰占領了中國膠東半島，在此基礎上向中國提出了「二十一條」。在日本發出最後通牒後，北京政府不得不簽署了一系列《民四條約》。這是進入民國後所訂立的新的不平等條約。

　　第一次世界大戰同時給了中國外交一個緩慢抬頭的機會，這個機會之源便是中國的參戰。對於參戰與否，中國內部產生了很大的爭議，甚至出現了張勳復辟之類的鬧劇。最終，北京政府決定對德宣戰。通過宣戰，中國廢除了與德國訂立的不平等條約，取消了德國在華治外法權，德國在華軍隊也被解除武裝。宣戰還使中國獲得了以戰勝國身分參加戰後和會的機會。宣布參戰是中國第一次主動地參與世界事務，是近代以來中國外交政策從消極回避轉向主動參與的一個標誌性事件，意義重大。

　　對戰後巴黎和會，中國政府和民眾都懷有較高期待。中國不僅要求收回德國的租借地及德國在山東享有的特權，還要求廢除中國與日本簽訂的《民四條約》，廢除列強在華享有的若干不平等特權。但和會結果令人大失所望，就連收回德國租借地這樣的基本要求也未被和會所接受。巴黎和會的這一消息傳回國內後，引起軒然大波，激發了五四愛國運動。中國代表團最終沒有在和約上簽字。這一大聲說「不」的舉動在近代中國外交史上十分罕見，它擺脫了以往中國外交始爭終讓的規律。在此後召開的華盛頓會議上，中國再次提出廢除不平等特權的要求。巴黎和會和華盛頓會議雖未能如中國所願，但它觸發了中國的反帝愛國運動，對 1920 年代中國民族主義運動的高漲產生了巨大影響。

　　1925 年，北京政府發起修訂不平等條約運動。修約活動大致有兩種形式，一是召開關稅會議和法權會議這樣的多邊會議，一是與單個國家展開雙邊交涉。關稅會議初步達成協議，列強同意中國在 1929 年實現關稅自主，中國政府承諾取消釐金制度。但關稅會議進行之時，中國政局動盪不安，會議遂不了了之。法權會議則未有進展。會議對中國司法狀況進行了調查，認為中國的司法狀況不如人意，須待中國現代司法制度比較完善時方可討論廢除治外法權問題。與此同時，中國政府向條約到期國家發出照會，要求訂立平等新約。在修

約談判中，面對抵制與拖延，北京政府曾單方面宣布廢除與比利時、西班牙的條約。中國敢於單方面廢除不平等條約，這在中國近代史上前所未有。

當北京政府致力於通過談判來修訂不平等條約之時，南方的革命政府已經走得更遠。孫中山改行聯俄外交後，確立了反帝外交政策。孫中山去世後，國共合作的廣州政府於 1926 年發起了北伐戰爭。北京政府此時開展的修約外交在南方政府看來遠遠不夠。他們認為不平等條約不應該談判修訂而應該直接宣告廢除，應斷然實行「革命外交」。南方政府提出了兩大口號：「打倒軍閥」，「打倒列強」，採取了比北方政府激進的外交方針。以群眾運動為前導，以北伐軍部隊為後盾，漢口、九江的英租界通過街頭衝突、中國軍警開進、談判解決的三部曲而收回。在鎮江，英國在北伐軍到來之時主動提出交還鎮江英租界。

正當北伐戰爭勝利進行之時，國共合作的革命陣營發生分裂。以四一二政變為標誌，國民黨發起「清黨」運動，將昔日的盟友推向血泊之中。共產黨舉起了武裝鬥爭的旗幟，從城市到鄉村，開始了長達十年的國內戰爭。

日本全面侵華戰爭的爆發，促使國共開始了第二次合作。在攸關民族存亡的危機面前，國共兩黨結成抗日民族統一戰線，分別承擔起正面戰場和敵後戰場的作戰任務，形成戰略合作關係。儘管抗戰期間國共摩擦不斷，有時甚至發生很嚴重的軍事衝突，但國共合作大局仍得以維持，這為中國抗戰能夠堅持下去提供了基本保證。

嚴重的民族危機，激發了中華民族的活力。中國在外交舞臺上展現了前所未有的主動性。抗戰前期，中國積極爭取國際社會的支持，促使德國保持了一段時期的中立，從而繼續獲得德國的軍事物資，促使蘇聯提供了最大規模的對華援助，促使戰爭初期保持中立的英美逐步走上援華制日的道路。太平洋戰爭爆發後，中國積極推動國際反法西斯陣線的形成。中國兩度派出遠征部隊入緬作戰，最終解放了緬北大片地區。中國積極支持鄰國的抗日活動，成為朝鮮和越南抗日力量的庇護所和大本營。中國在國際政治舞臺上嶄露頭角，積極參與戰時問題的討論和戰後秩序的設計，為創立聯合國和建立公平合理的戰後秩序做出了獨特的貢獻。

抗日戰爭不只是一場抵抗日本侵略的戰爭，還是一場更廣泛意義上的民

族解放戰爭。經此一戰，中國的國際地位有了極大提高。中國不僅廢除了束縛百年之久的不平等條約，成為在世界民族之林中享有平等地位的國家，還擔任了新成立的國際安全組織聯合國安理會的常任理事國，成為對國際事務享有重要發言權的國家。近代以來，中國長久徘徊於國際舞臺的邊緣地帶，抗日戰爭使中國重返中心舞臺。這樣的巨大變化，即使是最大膽的預言家在戰爭爆發前也是難以想像的。

抗日戰爭對中國的內政發展也產生了深遠影響。中國的政治格局在戰爭中悄然發生了重大變化，埋下了變革的種子。全面抵抗戰爭，迫使國民黨實際上開放黨禁，中國共產黨獲得合法地位，各民主政團也得以開展活動。抗戰中發生了兩次民主憲政運動，尤其是第二次運動，浪捲朝野，波及社會各個階層。在城市，無論是在知識界，還是在工商階層，實行民主政治已經成為各界的共同要求。可以說，到抗戰後期，國民黨一黨統治的理論基礎和社會基礎已經開始崩塌，繼續實施專制統治已經失去了合法性。於是，當中國共產黨提出建立新的民主協商制度時，社會充滿著期待。抗戰已經為此後的政局變化做好了思想觀念和輿論上的準備。抗日戰爭開啟了中國政治變革的大門，這扇大門一旦打開，國民黨已無力再行關閉。

在抗戰前期和太平洋戰爭爆發後的一段時期，中美關係有極大改進，美國成為中國最重要的盟友，中國也成為美國的重要夥伴。然而，隨著美國越來越深入地走進中國，它更多更清楚地看到了國民黨的黑暗面，對國民黨日益失望。對抗戰後期的民主運動，美國持一定程度的同情、肯定與支持態度，並一再敦促國民黨政府做出響應。史迪威事件是中美矛盾發展的集中體現，一位上將級將領被盟國「驅逐」，這在美國歷史上是前所未有的。為了緩和矛盾，美國做了妥協和退讓，召回了史迪威。然而，美國對於國民黨和蔣介石的失望是深入骨髓的。一個為維護統治而拒絕改革的頑固形象已深深地刻在美國人的心中。這對戰後美國對國民黨政府的支持的堅定程度，不能不產生消極影響。

戰後，美國前參謀總長馬歇爾奉命來華，試圖調解國共軍事衝突。儘管馬歇爾做出了一些努力，但他最終仍無功而返，國共全面內戰爆發。為了對抗蘇聯，阻止中國共產黨獲勝，美國選擇支持國民黨。然而，美國對蔣介石的支持是有條件有限度的。國民黨難挽頹勢，最終在國共較量中敗下陣來。

抗戰結束之時，國民黨的軍事力量貌似仍占有巨大的優勢，何以戰後短短的三四年中國共力量對比就發生了根本性的變化？中國共產黨何以能如此迅速地奪取全國性勝利？人們對此有著不同角度的探討，一個根本性的原因不可忽略：民心所向。當成千上萬的獲得了土地的農民組成了浩蕩的支前大軍時，當成千上萬的失去了希望的市民為溫飽為自由而走上街頭時，民心的指向已十分清晰。人心思變，人們嚮往著一個新制度的到來。

三

近代中國的巨變是在世界巨變中發生的。19世紀，西方列強以前所未有的力量和速度向世界擴張，向東方擴張。這是一個奉行社會達爾文主義的世紀，適者生存、弱肉強食被視為極為正常的規則，在列強的擴張浪潮中，古老而落後了的中國不幸成為其侵食對象，國家主權紛紛流失，國家地位一落千丈。中國人民為此進行了長期的艱難的抗爭，力圖恢復失去的國家主權，恢復在國際上的平等地位。這一抗爭綿延百年，最終，在一次國際秩序的大變動中，中國抓住了機會，恢復了平等地位，並獲得新的大國地位。

如何面對外部世界一直是近代以來橫亙在中國人面前的一道難題。對於中國人來說，列強是入侵者，又是先進文明的傳入者，排拒還是學習，一直是中國人爭論不休的話題。屈辱的經歷，使包藏亡我之禍心的異族形象長久地存在於數代中國人的記憶中，揮之不去。在與入侵者的鬥爭中，在向西方文明的學習中，中國改造了自己，走上了一條既與自己的過去不同又與外國有別的獨特的發展道路。曾有學者以「改變自己，影響世界」來概括近代中國與世界的關係，這或許是我們從近代歷史中獲得的極為重要的教益。

《兩岸新編中國近代史》得到海峽兩岸學者的積極響應和大力支持，在此表示衷心的感謝。我的同事汪朝光先生承擔了本書的各種事務性工作，我雖列名為主編之一，但貢獻甚少，在此謹向汪朝光先生表示特別的感謝。徐思彥女士為本書的編審和出版工作付出巨大努力，使本書得以高品質地呈現於讀者面前，在此一併表示由衷的感謝。

二〇一六年二月

序　二

黃克武

　　這本書是海峽兩岸中國近代史學者攜手合作的一個心血結晶，是一個劃時代的創舉。本書由中國社會科學院近代史研究所規劃，並由大陸、臺灣、香港學者撰稿，歷經五年多的時間才完成。全書採取專題研究方式，類似西方的劍橋史之體例，大體以時間和事件為經，社會發展面向為緯，分章探討清末民國時期最為關鍵的一些歷史課題。全書共57章，是目前學界對於這些課題的歸納與總結，約略統計，其中大陸學者撰寫34章、臺灣學者撰寫21章、香港學者撰寫2章，為中文學界在中國近代史領域多年研究成果的系統展現。讀者閱讀此書，可以最有效地掌握學界最新的關於中國近代變遷的重要觀點。

　　在時間斷限上，本書從鴉片戰爭開始，描述了洋務與變法運動、立憲運動、清朝的覆滅、民國的肇建，乃至其後內憂外患之紛擾、國際關係之演變、內政外交之調適、國民黨內部的派系紛爭、國共兩黨之發展，下至20世紀中葉而止。大致上包括了晚清史與1949年之前的民國史，也同時討論了清季臺灣社會、經濟、文化的變遷與日本殖民統治時期至光復初期臺灣人的「祖國經驗」。結構上本書分為晚清卷與民國卷，每一卷又有上冊與下冊。上冊依時序與事件勾勒歷史發展之主軸，下冊則包含了政治、社會、財政、經濟、外交、宗教、生活世界與文化思想等諸多面向，因而同時包含了歷史變遷與社會結構的兩個面向。

　　此書名為「新」編中國近代史，主要希望能突破過去之窠臼，在歷史論述上展現出新的特質。近年來因新史料之出現（如檔案、報刊資料、日記與

回憶錄等）、新研究之進展、兩岸的學術互動，以及對「研究典範」之反省，過去的不少成說都得以修正或重評。本書最大的特色，就是在很大程度上擺脫了過去受到各種主客觀因素影響的歷史論述，各章均避免「以論代史」、「論在史先」，而能依據新的史料、以關鍵性的細節，平實地、客觀地描述中國近代曲折、複雜之歷程，其間既有革命歷程之艱辛曲折，也有現代轉型的逐漸開展。歷史不再是單一的線性演進過程，而是千迴百轉、多重面向的發展；歷史中有黑暗與光明、邪惡與正義的對峙，但也不全是黑白分明、成王敗寇之敘事。歷史視野的開闊，造就了歷史論述的變化。

歷史未必是截然兩分的。革命在現代中國的形塑之中曾被賦予歷史的正當性與崇高感，然其反對者或對立面如「改良」者，在歷史中也自有其存在的合理性及其意義。1970年代後期，隨著改革開放的展開，大陸學界開始重新評估中國近代史的各樣問題和主題，「革命」與「改良」都被給予歷史的合理定位，兩者各有其成就與限制，也據此重新思索改良派思想家如嚴復、梁啟超、杜亞泉、張謇等提出之「調適的智慧」，史家的史觀逐漸走向多元化。

首先在晚清史部分，過去的主流論述是以革命黨為中心的歷史書寫。此一觀點環繞著孫中山所領導的興中會、同盟會與革命黨的革命事業，如何歷經多次起義慘遭挫敗最終在武昌起義後得到成功。這種論述強調革命黨人之角色，忽略了革命黨內部的分歧，尤其是湖南與江浙革命志士之地位，以及改革派（開明士紳）對辛亥革命的重要貢獻，更將清廷視為顢頇無能、一無是處的統治者。

新的歷史視野並不忽略革命之重要，而是將革命置於長期多元發展、曲折角力的歷史背景中，來考察國人如何在政治、經濟、社會、思想等方面走向近代，具體呈現出除了革命之外當時還有哪些選擇，以及為何最後革命成為唯一的選擇。本書所描述的辛亥革命不再是單一的「驅除韃虜，恢復中華」的軍事行動與族群鬥爭，也不再爭辯此一革命乃「資產階級革命」或「全民革命」的問題，而是將之視為長期醞釀的思想動員、社會動員的結果。其中道咸以來如魏源、徐繼畬等趨新士人與馬禮遜、傅蘭雅等歐美傳教士對西方地理、歷史、思想、政體之引介，新學書刊之翻譯，立憲派報刊對思想啟蒙、國家想像與政治改革之提倡，乃至清廷的改革措施如科舉廢除、新政等所造成的結構

性的影響等，這些因素與革命派的努力相交錯，使人們敢於構思一個以民主科學為基礎的新體制，而「踐行政治民主化」。由此觀之，各種因素有如積涓滴而成之洪流，方導致革命之成功。同時清廷也不再全是革命宣傳中的「顢頇」、「腐敗」與「缺乏改革誠意」之形象，而是努力肆應、積極變革，卻因「小政府」的格局與心態，在新政期間企圖有大作為而觸發「結構性」的困境，在缺乏體制變革與倫理更新之下，黯然退出歷史舞臺。本書對於清廷與立憲派的研究與重新評估，與過去對兩者所做完全負面的道德判斷顯然有別。

本書的主體結構雖分為晚清與 1949 年前的民國兩個部分，然多位學者均意識到兩者非斷為兩截，而是有著千絲萬縷的連帶關係。無論是從王德威所說「沒有晚清，何來五四」還是從張灝提出的「近代中國思想轉型期」的觀點來探究思想與社會的變遷，都強調兩者之間的連續性關係，以及新因素與舊根底如何交融互釋，從而開創出一番新的局面。從晚清到民國思想界的趨新或守舊、行動界的保守或進取，都要利用新式報刊、學校、結社等來做宣傳。

以民族意識來說，中國傳統主張華夏夷狄之辨的「族類思想」（亦即《左傳》所謂「非我族類，其心必異」的觀念）同時具有「種族的民族主義」與「文化的民族主義」之元素，成為革命黨「黃帝」形象與康有為「孔子」形象之根基。前者發展成革命黨以漢族為中心種族革命之象徵符號，以此推動反滿大業；後者則凝聚為康有為、梁啟超等團結諸民族以成一大「國民國家」的理想，以此融合滿漢。辛亥革命最後以高舉種族革命之大旗獲得國人認同而竟其功，然而民國成立以後，革命黨人立即一改種族革命之初心，宣示「五族共和，漢、滿、蒙、回、藏一律平等」，復又制定約法、召開國會，此一做法大體上仍承襲梁啟超等人「政治民族主義」的未竟之業。民族主義從建立單一的漢人政權向建立以五族共和為主體的多民族現代民族國家的轉變，是辛亥革命最重要的成果之一。不過民族問題在民國初年以後的內外環境中未得完全妥善的解決，其後各種爭端繼續出現，如何既尊重多元又能維繫一體，以搏成「共和」，成為新的問題與挑戰。

民族主義以及由此而出現的追求「民族國家」之建立，是影響中國近代歷史走向的一個關鍵因素。傳統中國的族類觀念雖提供了民族思想之基礎，然近代中國民族主義之出現卻主要依賴從古代以朝貢制度為主之天下秩序轉移

到以國際公法、世界格局為主之國家體制。亦即「天下觀之破滅」和「個人與國家關係的改變」，國人逐漸建立起「反帝救亡」、「捍衛主權」的現代國家觀念，並以契約、參與等民主思想與選舉機制改造傳統君臣尊卑觀念，重構國家與國民之關係。辛亥革命所促成「帝制」到「共和」的轉變即體現了此一現代民族國家之追求。此一轉變極為複雜，有思想文化的面向，政治外交的面向，亦有財政金融的面向。革命爆發後，經由北方總代表唐紹儀和南方總代表伍廷芳的南北議和，促成和平的政權轉移，其後孫中山讓位、袁世凱主政，為解決共和肇建之困局，在唐紹儀、熊希齡和周學熙等人的主持下，進行與國際銀行團協商籌借外債工作。此次所謂「第一次善後大借款」，解決了推翻清朝之後共和國的國際外交承認問題，也為北京政府處理後續對外賠償及整編內政提供了理財基礎。此後以革命方式建立之民國，在「政府」與「國家」兩方面建立起從清朝至民國之繼承關係，才能逐漸站穩腳跟。不過借款過程中列強的強勢作為則埋下五四以後反對帝國主義的民族情緒。對內而言，民族主義則影響到此後不同政治勢力之消長，「誰最有能力調動最大多數社會力量，誰就更容易統一中國；誰能有效地統一中國，成就民族獨立，誰往往也就最容易受到歷史的青睞」。

在經濟發展上，我們也可以看到晚清與民國的連續性。晚清以來雖在農、商、工業等方面有所進展，然因幅員廣大，人口與區域發展之不均衡（19 世紀初年 90% 以上的人口集中在 1/3 左右的地方，約 90% 農村人口而 10% 為城市人口），形成「雙元經濟」。其後，由於革命動盪、內戰不斷，中國無法像其他國家一樣，進入經濟發展的第二階段，而使雙元經濟的情況有所改善，反而更加惡化。到了抗戰時期，全國精華地區的淪陷，使政府更難負荷戰時的財政負擔，雖賴國際援助而紓困，但戰時及戰後通貨膨脹亦隨之爆發。雙元經濟問題成為近代中國的一個根本問題。同時，究竟要以資本主義的方法來提高生產，還是以社會主義的方式來宏觀調控並解決分配，也成為反覆思慮的核心關懷。

在民國史方面本書也和晚清史一樣，避免過去單一的論述模式和敘事路徑。首先是對北洋時期的重新評估，這是最近十多年來史學界提出的新觀點。書中有幾章討論北洋政府時期，或談內政中的亂與治，或談外交。這幾章都改變了過去將北洋視為「中國近代歷史上最動盪、最黑暗的時期，其間外患頻

仍，內亂不斷，兵連禍結，民不聊生」的刻板印象。在內政方面，北洋時期雖有亂，亦有治，其中尤其體現在「國家制度的建設上」，在「自治」和「聯治」的衝擊下，統一的中央政權受到衝擊。然而這種衝擊，卻又為政治家在另外的政治框架內尋求國家統一創造了有利條件。在一定程度上，北洋政府是被「聯治」運動及其內部之分裂所打倒的。因此「聯省自治」的「分」反倒成為國民黨走向新的統一的促成因素。北洋時期在制度建設上的成就也包括司法方面的改革。近年來有關北洋時期直隸、江蘇、浙江等地方的研究顯示，各地分權制衡體制之設立、司法獨立之追求，如法官、法院制度之建立等，跨出司法近代化的一步。這些現象顯示北洋之亂雖毋庸置疑，然北洋之治也是客觀存在的。北洋時期在外交方面也有較突出的表現，不但外交官具有專業素質，其「修約外交」尤具正面之貢獻，與廣州政府「廢約」的努力同樣重要。從長遠的角度來觀察，近代中國外交主要目標是擺脫不平等條約束縛，恢復中國主權完整及國際地位平等，「修約」與「廢約」都是達成此一目標的手段，「修約」循法律路線，依據法理要求改訂平等條約；「廢約」則走政治路線，訴諸革命及民意擺脫舊約束縛，兩者相輔相成。總之，北洋政府利用外交和國際法的合法手段，力圖改變中國國際地位的努力，應予肯定。

　　民國史之中國共發展與抗戰等議題一直難以避免各種偏見，兩岸各自主導一類型之論述。本書則主要依賴史實做深度的描寫、分析與比較。其中國民黨史部分主要由臺灣學者負責，少數由大陸學者撰寫，共產黨史部分則由大陸學者操刀，其觀點相互補足，而拼成一個較為公允而完整之歷史圖像。這樣的合作方式與近年來兩岸學者組成研究團隊研究蔣介石的經驗也相符合。雖雙方學者均依史料來撰述，然臺灣學者更能呈現蔣的成功之處，大陸學者則更能客觀分析蔣的派系屬性，發掘蔣的個性與統治缺失之處，因而相互補足各自可能有的局限。

　　抗戰史方面也是如此，大陸學者肯定蔣介石在對日抗戰中的貢獻，堅持了中國領土與主權的完整，在正面戰場抵禦日軍，並取得最終之勝利，收回臺灣、澎湖與南海諸島，恢復了中國之版圖。臺灣學者也同意中共「提倡抗日統一民族戰線」，促成國共合作、共同抗日，同時建立抗日根據地，並在敵後游擊戰中牽制大量日軍的成就。這樣一來抗戰的成功是中華民族各成員共同之成就，日本統治下的臺灣民眾與海外各地中國僑胞也不缺席。抗日戰爭是中華民

族浴火重生、走向復興的轉捩點，戰後中國能躍居大國地位，成為聯合國常任理事國，其中的一個主要原因是中國在「世界反法西斯戰爭」中所發揮的作用得到各國的肯定。

本書也從不同層面介紹了抗戰至國共內戰期間蔣介石、執政的國民黨與國民政府之表現，描述蔣汪、國共之分合，並剖析蔣最後遭到潰敗之因素。以國方軍隊的發展來說，從黃埔軍校開始模仿蘇俄紅軍，建立黨政制度與軍隊「標準化」，組成國民革命軍，使其完成北伐，並在抗戰之時抵禦日軍。其缺點則是軍民關係之經營較為忽略，違紀擾民之事頗多，因而「在後勤補給、醫藥衛生方面，或是戰地情報的搜集上，均無法獲得民眾的支持」。此一情況與中共軍隊政治工作之成功形成對比。

抗戰時期的對日和戰問題及蔣介石、汪精衛分裂在本書中也予以詳細著墨，分析汪如何誤信日本有謀和誠意、誤判中日雙方之實力與國際局勢，企圖以和談來解決中日問題而走上絕路；並注意到國共之間的複雜關係。在外敵入侵之際，國人內部無法完全團結，彼此牽制，對局勢之發展影響甚巨。

抗戰也影響到國共勢力之消長。抗戰八年，因為種種原因，國民黨的統治力量被嚴重削弱，國民黨中央的統治範圍越縮越小，軍心、戰力日漸萎靡，各種內在矛盾遂逐漸滋生發酵並蔓延開來。與此形成鮮明對照的，是中共軍事力量在戰爭中的迅速發展和壯大，中共軍隊向敵後農村拓展，獲得了巨大的發展空間。中共開戰後長期把對日抗戰的工作重心放在創造根據地和發動群眾兩方面，在此基礎上發展武裝力量，使其政治影響力全面提升。

在國共內戰期間，蔣介石又在「經濟、軍事、政治等方面遭遇重大挫折」，如「行憲」引發政治亂局與派系鬥爭，以金圓券取代法幣之幣制改革造成經濟崩潰，並「激怒了中國民眾」，而在幣改失敗的同時，其軍隊又在三大戰役之中慘敗，此後「國共實力對比發生了根本的變化，國民黨由強而弱，共產黨由弱而強，國民黨統治由衰頹而走向終結」，最終失去江山。這些描寫與分析都是依據史實所做的中肯論斷。

從 1840 年到 1949 年的一百多年間，是中國面對世界與走向共和的關鍵時代，其間內憂外患不斷，私心與公義糾葛，政治團體或分或合，時而起高樓，時而樓塌了，這些經緯萬端的風雲變化是 1949 年後海峽兩岸分途發展的重要

原因。如何深入認識這一段史實，並藉此觀察現狀與思索未來，是所有關心中華民族未來的人應該思考的嚴肅課題。

　　本書的出現有深遠的歷史背景，它反映的不但是北京、臺北兩個近史所之間深厚的情誼，也是海峽兩岸二十多年來學術互動的結果。兩岸學者從陳三井先生所謂「境外相遇，猶抱琵琶半遮面」，到「輕舟已過，兩岸猿聲啼不住」，再到今日「海峽春潮，從此千山可任行」，是一個很可喜的發展。的確，現在海峽兩岸的學術、文化交流順暢，互動頻繁。以往臺灣學者去大陸較為方便，在臺灣開放「自由行」之後，大陸學者臺也變得更為容易。中研院近史所每年都接待許多大陸學者來臺訪問、調閱民國檔案、參與臺灣學界的學術活動；在我所任教的大學每一學期都有許多大陸來臺的交換學生選修我的課，在課堂上與臺灣學生一樣暢所欲言。這一種海峽兩岸之間多層次、多方位的學術交流，讓許多過去因海峽兩岸的阻絕、因政治意識形態干擾、因個人黨派立場而有的偏見及產生的誤解，逐漸掃去。本書一面見證了兩岸學者因交流而建立起共識，兩岸史學由分而合的過程；同時也證實了近代史雖與現實糾葛，然它不是政治的附庸，也不是社會科學的腳註。在歷史學家努力找尋真相之下，本書提供讀者一幅貼近真實的歷史圖像，也是對抗戰勝利七十週年的一份重要賀禮。

二〇一五年十一月

目　錄

序一　王建朗 /　I

序二　黃克武 /　XIII

上

第一章　清代通商與外政制度　001

一　通商與外政制度的概念意義　001

二　互市：清代的通商制度　009

三　清代的外政秩序：

以通商公文書往來與涉外司法裁判為中心　021

第二章　十九世紀前期中西關係的演變　041

一　中西貿易及其體制　041

二　經濟、法律與道德的衝突　051

三　從對抗走向戰爭　064

第三章　近代的開端：鴉片戰爭　075

一　戰爭的醞釀：茶葉、白銀、鴉片　075

二　戰爭的進程：占領土地及其他　084

三　戰爭的結果：從外到內的變化　093

第四章　條約制度的建立及其影響　111

一　條約制度的形成和發展　111

二　條約制度的主要內容：行使「準統治權」的特權制度　119

三　清政府的認識與應對　129

四　條約制度與中國傳統社會的變形　137

第五章　中華宗藩體系的挫敗與轉型　145

一　西方國際法秩序原理的論述　148

二　東方國際法秩序原理的論述　152

三　東西國際秩序原理的糾葛　162

四　宗藩體制的崩解與轉型　179

五　轉型後中華國際體系內部的原理矛盾　183

第六章　太平天國的興起與敗亡　195

一　太平天國的興起　195

二　太平天國與清政府的對峙　203

三　太平天國的敗亡　226

第七章　洋務運動與早期現代化　231

一　動因與環境　231

二　推進與成效　240

三　阻力與困頓　258

第八章　派系分合與晚清政局　271

一　咸同交替與派系新局的形成　271

二　派系之爭與政務影響的深化　279

三　「帝后黨爭」浮現與派系分合的激化　286

四　滿洲親貴集團的掙扎與清末派系的殘貌　301

第九章　從甲午戰爭到戊戌變法　313

一　甲午戰爭及其深度影響　313

二　變法訴求步步升級　320

三　明定國是　急行新政　337

四　陰影下的困局與悲劇　355

第十章　　義和團運動與二十世紀中國　367

一　義和團運動興起的國際國內背景　367

二　從拳到團：清廷對民間結社的利用　373

三　義和團轉戰京津　380

四　八國聯軍入侵北京　387

五　《辛丑合約》：中國的低谷與起點　394

第十一章　　十年新政與清朝覆滅　401

一　清末新政改革綱領的制定　402

二　1901─1905 年的新政改革　408

三　1906─1908 年：政治改革的啟動　416

四　1909─1911 年：攝政王載灃主持下的改革　423

五　新政改革與清朝的覆滅　432

第十二章　　立憲運動與民間憲政訴求　443

一　立憲派與立憲思潮　444

二　立憲政團紛起　450

三　立憲派參與議政　458

四　國會請願風潮　468

五　立憲陷入絕境　475

第十三章　　帝制面臨的挑戰：新政的制度困境和倫理轉換　485

一　近代權勢結構的轉變　487

二　庚子後清廷的失道形象和士人心態　493

三　自上而下的立憲　498

四　制度困境下的新政　510

五　小政府和大政府的緊張　524

下

第十四章　　現代經濟的起步：晚清的經濟發展　527

　　　　一　貿易發展及其影響　528

　　　　二　工業發展及其影響　540

　　　　三　農業發展及其影響　550

　　　　四　雙元經濟問題　555

第十五章　　悸動的農村與農民　563

　　　　一　農民的經濟生活　563

　　　　二　異軍突起的鄉村工業　580

　　　　三　發育中的要素市場　593

第十六章　　二十世紀初的收回利權運動　609

　　　　一　收回利權運動的興起　609

　　　　二　收回利權運動的主導者和參與者　617

　　　　三　收回利權運動的若干案例　624

　　　　四　收回利權運動的影響、作用及相關問題　637

第十七章　　清季人口與社會　645

　　　　一　清中葉以降的人口統計與估計　645

　　　　二　人口結構及其變遷　677

第十八章　　大變局下的生活世界：洋貨流行與生活啟蒙　691

　　　　一　洋貨初銷、流行與普及　692

　　　　二　洋貨流行對消費方式的影響　699

　　　　三　洋貨符號意義的演變　708

第十九章　　晚清士紳階層的結構性變動　737

　　　　一　鄉土權威：士紳的地位與角色　737

　　　　二　從保甲到團練：晚清士紳地位的變動　744

三 流動與分化：士紳與晚清社會結構的變動 753

四 權紳化趨向：士紳與晚清的制度變遷 763

第二十章 中西學之爭：從科舉、學校到學堂 771

一 教育與「教」、「育」 771

二 學堂與學校 775

三 新學制系統的建立 789

四 納科舉於學堂 797

第二十一章 晚清海防與塞防之爭 811

一 海防與塞防之爭產生的背景 812

二 海防論者所持觀點之分析 814

三 塞防論者所持觀點之分析 822

四 對塞防與海防論爭之評議 831

第二十二章 「過渡時代」的脈動：晚清思想發展之軌跡 837

一 傳統的內變：從「理與勢」到「體與用」 837

二 進化論與新宇宙觀 843

三 以太、心力與個人崛起 849

四 經學的解構與建構 855

五 精神困境與宗教渴望 861

六 重建政治正當性：權威與權力的衝突 867

七 「過渡時代」的思想啟示 872

第二十三章 天下、國家與價值重構：啟蒙的歷程 877

一 「天下」的破滅 877

二 國家觀念：從身分到契約 896

第二十四章 族群、文化與國家：晚清的國族想像 923

一 近代中國民族主義的興起 924

二 民族主義下的國族想像 935

三　黃帝子孫—作為族群共同體的中國　942

四　保教保國—作為文化共同體的中國　947

五　五族共和—作為政治共同體的中國　952

第二十五章　中國士人與西方政體類型知識「概念工程」的創造與轉化　963

一　政體類型知識「概念工程」在晚清中國思想界的起步　964

二　《大英國志》、蔣敦復與政體類型知識「概念工程」的現實
　　意涵　968

三　「法國例證」的導入與政體類型知識「概念工程」的躍
　　進　978

四　政體類型知識「概念工程」的意義　990

第二十六章　譯書與西學東漸　993

一　西學東漸浪潮日湧日激　995

二　不同傳播機構各擅勝場　1000

三　西學傳播之反應與影響　1014

第二十七章　晚清臺灣的社會經濟與文化發展　1029

一　開港後臺灣的經濟變遷　1029

二　晚清臺灣的社會變遷　1041

三　割讓前臺灣文化的發展　1052

參考文獻　1069

人名索引　1109

後　記　1137

第一章　清代通商與外政制度

一、通商與外政制度的概念意義

筆者想先說明本章標題的含義。首先，關於現今華人似乎已不太熟悉的「外政」一詞。由於清朝中國在成立外務部以前，並沒有一個西方近代式的專責外交機構，加上清朝與西方近代民族國家（nation-state）是截然不同的構造，無法透過西方近代式的政府外交機構或組織的視角，來理解其在對外關係上的構造、制度乃至思想概念的運作情形，因此，西方人乃至受近代制度影響甚深的現代華人，已經很難理解清朝固有的對外關係，於是，為了區別清朝固有對外關係制度與西方近代外交制度的不同，筆者將清朝固有對外關係制度稱為外政制度，而非外交制度。事實上清代官員的文章中，對於與內政相對的涉外事務，也屢屢以「外政」稱之，如左宗棠在〈擬專設海防全政大臣以一事權疏〉[1]中提到：「臣曾督海疆，重參樞密，竊見內外政事，每因事權不一，辦理輒形棘手。」黃遵憲在〈日本鄰交志後序〉[2]中提到：「治外法權始於土耳其，當回部全盛時，西滅羅馬，劃其邊境與歐人通商，徒以厭外政紛紜，遂令各國理事自理己民。」又，「萬國公法公使凡四等，代君行事者為頭等……至第四等即辦事大臣及署任公使是也……惟執本國外政大臣之書呈遞於彼國之外政大臣以為信憑而已……」[3]等等，故「外政」一詞也應該是符合當時的用語。

其次，關於本章及第三部分標題所使用「秩序」（order）一詞。目前筆者

---

* 本章由廖敏淑撰寫。
1　盛康輯《皇朝經世文續編》，光緒二十三年（1897）思刊樓刊版。
2　麥仲華輯《皇朝經世文新編》卷4，法律，大同譯書局，1897，第10頁。
3　邵之棠：〈論全權大臣〉，《皇朝經世文統編》卷48下，文海出版社，1978年影印本，第36頁。

尚未找到清朝自身詳細規範自己所有對外關係制度乃至法律的文本，只能從實際發生的歷史事件與活動中，去歸納清代中國的外政運作原理和基本精神，而通過實際歷史事例的積累，筆者認為清代中國的對外關係存在多元樣貌，在其運作過程中，雖然不乏一定的基本處理原則，卻又經常可見因時或因地制宜的應對之道，因此，相較於「體系」（system）的整體性與系統性，或是「制度」（system）的確定性與定則性而言，筆者認為秩序一詞的含義，還是比較鬆散的、開放的，在中文裡頭也具有次序、基本原則、條理、層次等意義，除了指出某些基本原理或次序、方向之外，對於所描述對象能賦予更多樣的詮釋空間。「秩序」並非一成不變的圭臬，而是在一定的原則、次序、方向上還存在著可能的因時或因地制宜，筆者以為這樣的詞彙更加貼近清朝在處理外政時的運作方式與基本態度，故採用了秩序一詞。

朝貢體系論：解釋明清兩代對外關係的舊學說

近代以來，研究中國對外關係的學者不斷地嘗試，試圖以一個簡單的詞或概念來描述中國固有的對外關係和世界觀，尤其是與西方近代大致同處一個時期的清代，作為直接面對西方近代國際秩序的中華帝國，更是學者們研究中國在接觸西方近代秩序後做出哪些沿革的最佳觀察對象。其中，以費正清（J. K. Fairbank）為首的美國學者，在 20 世紀中葉以來為明清兩代所建構的「朝貢體系」（tribute system）論，正是這些嘗試中最具代表性的。

從費正清的構想出發、經過曼考爾（Mark Mancall）[4] 的理論精緻化之後所構築的朝貢體系論，[5] 由於帶有濃厚的西方中心史觀，從 20 世紀七八十年代以來，史學界不斷出現質疑朝貢體系的論說，特別是柯文（Paul A. Cohen）提出

4　Mark Mancall, "The Ch'ing Tribute System: an Interpretive Essay", in John King Fairbank ed., *The Chinese World Order: Traditional China's Foreign Relations* (Cambridge, Mass.: Harvard University Press, 1968); Mark Mancall, *Russia and China: Their Diplomatic Relations to 1728* (Cambridge, Mass.: Harvard University Press, 1971); Mark Mancall, *China at the Center: 300 Years of Foreign Policy* (New York: Free Press, 1984).

5　關於費正清「朝貢體系」及「朝貢貿易」的概念，參見 John King Fairbank and S. Y. Teng(鄧嗣禹), "On the Ch'ing Tributary System," *Harvard Journal of Asiatic Studies*, vol. 6, no.2 (1941), Cambridge, Mass.: Harvard-Yenching Institute, pp.135-246; John King Fairbank, "Tributary Trade and China's Relations with the West," *The Far Eastern Quarterly,* vol. 1, no.2 (1942), New York: The Far Eastern Association, pp.129-149; John King Fairbank ed., *The Chinese World Order: Traditional China's Foreign Relations*；等等。

應該從中國的視角研究中國史，[6] 從根本的史觀上挑戰朝貢體系的既有論述。受到柯文等美國學者的影響，隨後在其他國家有關中西關係史的研究中也都出現修正朝貢體系論的趨勢。如日本的浜下武志，從經濟史的角度修正朝貢體系論中「西洋衝擊」的概念，認為西方國家到中國通商，並非引起西洋衝擊，而是西方國家透過通商活動，參加了以中國為首的亞洲傳統通商體制，所以應該是「東洋衝擊」。儘管否定西洋衝擊，但浜下所謂的亞洲傳統通商體制，指的是「朝貢貿易體制」，因此在通商層面上，浜下與朝貢體系論一樣，認為明清兩代中國的固有通商制度是「朝貢貿易」。[7]

除了西洋衝擊與東洋衝擊的認識差異之外，不論是「朝貢體系」還是「朝貢貿易體制」，都把明清兩代視為一個整體，都認為清繼承了明的朝貢制度，明清都採取只有朝貢國才能與中國通交、通商的外交體制，也都任意把明的制度套用到清，彷彿明清兩代的中國是全然停滯不動、毫無沿革的，而在鋪陳這些概念時，兩者也都沒有提供足以論證所有概念的歷史個案與實證。

浜下「朝貢貿易體制」論修正費正清朝貢體系論的最重要概念，是在世界體系論上提出了與西洋衝擊對照的東洋衝擊，除此之外，浜下其他的概念仍然圍繞著朝貢制度來鋪陳，依據朝貢制度畫了象徵中國國際秩序的同心圓，但浜下的論述尚未形成具有鮮明歷史實像的詳細內容，還不能夠作為完全的對照組以取代朝貢體系論的架構，因此以下討論代表明清中國世界秩序舊學說的問題，仍然以縱橫中國史學界大半個世紀的朝貢體系論為主要對象。

「朝貢」原來是君臣之間的禮儀行為，隨著周朝以來歷史發展，逐漸衍生出種種的意義，除了中國王朝內部的君臣名分，還擴展到了大國中國與周邊小國之間的宗屬關係，以及隨之而來的交涉、通商等外政秩序，使得朝貢的概念變得十分複雜，從禮儀到內政、對外關係、通商乃至世界觀，似乎都可以與朝貢糾纏在一起，既然朝貢是含義眾多、複雜的概念，那麼進一步推衍成「朝貢體系」，似乎也是令人安心的一種說法，因為含義太多，不管如何解釋都能敷衍過去。但是，朝貢既然是中國歷史上不斷發展、演化的制度，必然在各個

6　Paul A. Cohen, *Discovering History in China: American Historical Writing on the Recent Chinese Past* (New York: Columbia University Press, 1984).

7　浜下武志《近代中国の国際的契機——朝貢貿易システムと近代アジア—》、東京大学出版会、1990；《朝貢システムと近代アジア》、岩波書店、1997。

朝代都有其不同的內容與概念，如果把前近代中國的所有傳統制度都一概歸納為朝貢，那只不過是將近代與傳統粗暴二分的簡單圖示，那是認為中國過去幾千年的歷史幾乎是停滯不動的，所以可以將幾千年的歷史模糊成一個「朝貢體系」概念。停滯不動的中國，等待西方近代的改變，正是西方中心史觀對於近代以前中國歷史的前提認識。

在這個前提下，朝貢體系論把焦點放在淵源自中國政治禮儀的「朝貢」，將主要完成於明朝的朝貢政治禮儀投射到清朝，著眼於明清兩代在朝貢禮儀上的相似性，並從政治禮儀進一步推衍到貿易，再推衍到對外關係乃至整個中國的傳統世界觀，認為明清的中國政府把朝貢制度與通商貿易結合，於是得以巧妙地利用外國渴望通商的心理，順利把諸外國視為「朝貢國」，藉以羈縻外國，完成中國的「國際秩序」。其理論架構認為：外國借著朝貢，或依附於朝貢形式，才能與中國通商；因此通商附屬於朝貢，商業受制於政治意識形態。依照這樣的理論架構推衍出來的中國國際秩序，是所謂的「天朝」概念：中國是天朝，世界上的所有國家，不管實際上是否向中國朝貢，理論上都是中國的朝貢國。[8] 因此依附於朝貢形式之下到中國通商的國家，理論上都是中國的「朝貢國」，在外交關係上，「朝貢國」的國家地位低於「天朝」中國。眾所周知，朝貢體系論如此大費周章對於清朝的傳統外交通商制度作文章的目的，乃是為了證明西洋衝擊才是給「傳統的、停滯的」古老中國帶來變化的要素，認為鴉片戰爭以前中國的外交通商制度為「朝貢體系」，在戰爭及中英南京條約等西洋衝擊之後，則為「條約體系」。

由於朝貢體系論認為明清兩代是一體的，因此經常將明代的史料套用於清代、乃至直接作為清代制度的解釋，例如費正清在 "On the Ch'ing Tributary System" 一文中，大量將從《萬曆會典》等明朝會典中所架構起來的朝貢制度，直接作為對於清代朝貢制度的理解，而浜下武志所繪製的同心圓和朝貢貿易體制概念也都是混同明清兩代的制度而成的。筆者以為將明清兩代的制度混同為一，正是他們誤解明清兩代歷史實像的重要原因。

明清兩代縱然在法制、禮制、經濟發展、社會文化等方面有其連續性，但恰恰在對外關係上，無論是政治還是通商層面，這兩個朝代的差異是相當大

8　坂野正高《近代中國政治外交史》、東京大学出版会、1973、77 頁。

的。例如，明代最主要的外患是南倭北虜，因此長期採取「海禁＋貢舶貿易」
的政策，亦即只有貢舶才能互市（貿易）的「貢市合一」政策，以降低沿海的
外患而得以專注對付北方的蒙古勢力；清代則在臺灣鄭氏政權滅亡後，立即採
取開海政策，設立海關以管理中外商船貿易，而困擾有明一代的蒙古，在清代
卻是中華帝國內部的一分子。清代納入蒙古之後，國土與俄羅斯相接，兩國之
間早早訂了尼布楚與恰克圖條約來約束兩國的外政以及通商關係。對於明代幾
乎不存在的中俄關係，朝貢體系論只能將俄國視為例外，不加以處理，自然也
對於學界公認具有西方近代國際法基礎的尼布楚與恰克圖條約之存在視而不
見，以成全其將中英南京條約作為劃分清代中國新舊外交秩序分水嶺的學說架
構。又，日本在明代是接受冊封的中國屬國，可以到中國進行明朝公認的貢舶
貿易；但到了清代，日本並非清朝冊封的屬國，在開國之前，日本也沒有到中
國進行貢舶或民間貿易，倒是清代中國的商人可以到日本的長崎貿易。對於與
明清兩代中國擁有不同關係的日本，朝貢體系論也只能視為例外，不加以處
理。可是，俄國與日本都是清代以來與中國在各方面都有著極深糾葛的重要國
家，如果必須捨棄這些國家與中國的關係才能成全理論的話，這個架構如何有
效詮釋清代的世界觀？

　　當然，朝貢體系論主要是通過朝貢制度來觀察明清兩代的世界觀與國際
秩序，明清兩代也的確有著類似的朝貢制度，因為朝貢的制度化大抵完成於明
代，而在朝貢禮儀上清也沿襲了許多明的制度，但兩者並不完全一致，例如，
清朝在冊封前明「朝貢國」時，總是要求對方必須先歸還前明頒給的敕、印，
之後才加以正式冊封，並依親疏遠近關係規定合宜的貢期、貢道與貢物明細；
除了南明政權還存在的順治初年必須爭奪作為「中國」的正統性時期以外，清
朝也從未像明太祖、成祖、宣德帝那般大肆招攬來朝國家，因此對於封貢關係
的嚴謹對待程度，明清兩代是不一樣的。這正是因為明清兩代所處的大環境、
版圖、對外政策與世界觀都不一樣所導致的，明朝長期需要恭順於中國的「朝
貢國」帶來海外商品，而清朝有著相對開放的海外貿易政策，不需要由貢舶帶
來商品。在通商層面上，清代開海以後基本上採取「貢市分離」的通商政策，
不同於明代的「貢市合一」政策。清朝還擁有多元的對外關係，更與明朝以朝
貢制度為主的對外關係迥然不同，絕不能將朝貢體系視為前近代以前的清朝傳
統世界秩序。

　　由於費正清受到英國人海關稅務司馬士（H. B. Morse）的影響，只從英國、英籍稅務司所管理的洋關角度來看清朝的海上貿易，造成了朝貢體系論認為清代中國是採取閉關自守的廣東一港貿易制度，認為中國的洋行商人就像西方近代以前的壟斷商業組織基爾特（Guild），於是已經進到近代的英國，在工業革命的需求下，亟須打破處於「前近代」的清朝通商制度。這都是西方中心主義論下的誤解。事實上，清朝的通商制度不僅止於海上部分，還有陸路貿易、使節團貿易，而就算是海上貿易也不是只有廣東一港，就連中國的洋行商人也不是壟斷集團，自然不同於西方的基爾特。

　　因此，朝貢體系論只有在朝貢儀禮上，或許還能模擬一下明清兩代的相似性，其他不論是外政制度、通商制度乃至於與不同屬國之間的關係上，朝貢體系論都無法有效詮釋明清兩代存在的差異，又如何能作為概括明清兩代中國世界秩序的學說？

　　除了上述基本歷史認識錯誤之外，朝貢體系論在時代的區分上模糊不清，也無法將國交與通商等對外關係層面以及政治、經濟的複雜面貌清晰地描繪出來，其將明清兩代合一、將國交與通商混同、將朝貢禮儀與政經制度結合的做法，只能使史實更加模糊、混亂。結果，「朝貢」究竟是什麼？其概念與具體內容，至今仍是有待進行大量實證研究的課題。[9]

　　如上所述，朝貢體系論無論其前提史觀、史學方法以及其所描繪出的面貌曖昧模糊之歷史圖像都存在嚴重問題，實在無法作為詮釋明清兩代中國世界秩序的理論。

　　雖然已有許多學者認為朝貢體系論存在許多缺失，其鋪陳的概念、構造之有效性也令人質疑，[10] 早已難以作為概括明清中國傳統世界觀的學說，但或許由於一直沒有出現能夠系統性地全面取代朝貢體系的新學說，迄今為止史學界的某些通史書籍和教科書，仍然把中國傳統的對外關係歸納為朝貢制度或是朝貢體系，也依然以鴉片戰爭和中英南京條約作為前近代和近代的分水嶺，認為在此之前的中國外政是「朝貢體系」，此後則進入「條約體系」；在此之前的中國固有通商制度是「朝貢貿易」，此後則是被列強的「不平等條約」

9　　岡本隆司《『朝貢』と『互市』と海關》（京都）第 90 卷第 5 號、2007 年 9 月、89 頁。
10　岡本隆司《『朝貢』と『互市』と海關》（京都）第 90 卷第 5 號、2007 年 9 月、87 頁。

所約制的「開港場貿易」（指在開放對外通商的港口上所進行的中外貿易）。

互市論與互市體制論：清代通商制度與試圖取代朝貢體系論的新學說

　　進入 21 世紀，終於出現了試圖系統性地重新構築明清中國固有世界秩序的研究方向，即筆者所主張的以「互市」視角來重構清代通商制度歷史實像的研究，[11] 以及試圖以「互市體制」來建構明清世界秩序的京都大學岩井茂樹教授之新學說，[12] 兩者都是以中國的內在視角重新檢視中國固有世界秩序，通過諸多歷史個案研究，試圖挑戰立論於濃厚西方中心史觀與西方近代視角下的朝貢體系論。兩者對於同樣時代與同樣實例作出的分析和歸納也大致相同，但仍存在主張不一致的部分。

　　首先，兩人在主張上最主要的不同之處在於，岩井旗幟鮮明地打出了「互市體制」的概念，認為「互市體制」才是近代以前中國的傳統外交、通商體制，可以看出其試圖以「互市體制」取代「朝貢體系」、以中國本位的視角取代西洋中心論的積極企圖心。

　　相較於此，筆者雖然也和岩井一樣認識到通商與外政在對外關係上的關聯性，也同樣否認朝貢體系論對於清代固有通商與外政詮釋的有效性，但目前並不主張使用「互市體制」來取代「朝貢體系」。筆者認為通商與外政同屬對外關係的範疇，兩者必然息息相關、彼此交錯影響，但兩者之間也存在著涇渭分明的領域，在涇渭分明的領域中，兩者甚至可以幾乎毫無關涉，這也是為什麼在中國歷史上屢屢存在互市（通商）可以回避國家主權（外交）等敏感問題的緣由。因此筆者寧可先將通商與外政分開處理，之後再來細究在對外關係中通商與外政之間的關聯。

　　其次，岩井認為，清朝康熙帝的開海是沿襲了明朝中葉以來緩解海禁政

11　參見廖敏淑〈互市から見た清朝の通商秩序〉、博士學位論文、北海道大學大學院法學研究科、2006；《清代對外通商制度》，《近代中國：東亞與世界》下卷，社會科學文獻出版社，2008 等著作。

12　參見岩井茂樹〈十六世紀中国における交易秩序の模索—互市の現実とその認識—〉《中国近世社会の秩序形成》、京都大學人文科學研究所、2004；岩井茂樹〈16～18 世紀の東アジアにおける国際商業と互市体制〉《東アジア研究》（大阪）2006 年第 46 號；岩井茂樹〈朝貢と互市—非「朝貢体制」論の試み—〉《帝国と互市——16-18 世紀東アジアの通交》ニューズレター—（京都）2006 年第 4 號等。

策的趨勢，強調中國從 16 世紀中葉以來在通商乃至外政秩序上發生了從「朝貢體系」到「互市體制」變化，[13] 注重明清兩代在中國史及世界史（主要指西方大航海時代參與了亞洲的貿易）上的連續性。

相對於此，筆者基於中國史的立場，著眼的是明清兩代在通商與外政制度上的分斷與歧異之處。筆者並不贊同明清兩代發生了從「朝貢體系」到「互市體制」變化的觀點，如前所述，筆者認為明清兩代在對外制度與政策上存在極大分歧；況且就連對於明朝通商制度的詮釋，朝貢體系論也無法提供正確的、全面的歷史實像，[14] 那麼明朝的通商和外政制度，是否適用朝貢體系論的概念？如果答案是否定的，自然也不存在從「朝貢體系」轉向哪個體系或體制的變化。

再次，關於處理互市課題的時代斷限，僅就目前兩人已經發表的研究成果來看，岩井處理的事例，集中在明朝中葉以迄清朝前中期；筆者則是站在中國史的立場，追尋互市的起源與歷史沿革，並且全面整理清朝一代互市制度的沿革與變動，從而指出清朝乃至中國歷朝固有的通商制度是互市。

截至目前，對於互市，岩井茂樹更加關注的是：16 世紀中葉以來，也就是和西方近代（16—18 世紀）同處一個時代的明清中國，在通商乃至外政秩序上發生的變化，他認為應該以「互市體制」取代朝貢體系論對於明清兩代的通商、外交之詮釋。而筆者關注的重心在於：互市作為中國固有的、通古貫今的通商制度，其在中國歷史中的起源與沿革、在有清一代的變遷，乃至在現今中國或是中國周邊國家的存在情形。

筆者認為明清時代雖然正遭逢了西方向外發展的 16—18 世紀，雖然在物質、經濟、通商、航海等發展上彼此影響而頗有連動性，可是在對外關係層面上的重點卻並非只有物流或基層民眾的交流互動，還需要注意上層決策者的思維，當然局勢變遷和人民需要會影響決策者的判斷，但是對於內政與外政秩序的全方位思考，更是決策者決定該國對外關係與政策的重要關鍵。就上層的決策而言，並非西方與中國接觸了，中國就必然立刻發生變化，變與不變，或是何時改變、改變多少，取決於內外政的全方位考慮以及中國政府維持中國

13　岩井茂樹〈朝貢と互市—非「朝貢体制」論の試み—〉《帝国と互市——16-18 世紀東アジアの通交》ニューズレター—（京都）2006 年第 4 號，17 頁。

14　廖敏淑：《清代對外通商制度》，第 450—452 頁。

世界秩序的力度。在這一點上，筆者認為明代與清代的當政者，必然有著不同的考慮，甚至同一個朝代的各個皇帝之間也會有所不同，如何掌握長期理念方向與短期政策變化之間的關聯性，是非常困難的課題，而這些考慮也未必像物流、經濟發展等層面一樣，具有長期的規律、穩定的方向。所以僅由通商或是物流、經濟等層面來看中國的對外關係是遠遠不夠的，還必須研究外政秩序與通商之間、長期理念維持與短期政策變化之間的關聯性，把每個環節的歷史細節、每個層面的長期現象都弄清楚之後，才能比較全面地理解中國的世界觀，也或許才能明白中國長期的世界秩序。在全方位弄清楚這些歷史細節之前，對於清代的對外關係，筆者認為還是有必要將通商和外政先分開處理。

當然，岩井和筆者的研究都還是進行式，日後應該還會有新的見解出現。無論如何，新的學說需要接受一段長期的論證與駁辯，希望有更多的學者參與討論及歷史個案的實證研究，以期在積累眾多的實證研究後，學說能夠更加完善、更加接近歷史實像。

以下研究著重於重構清代的通商與外政制度，進而通過通商與外政層面來看清朝的對外關係與世界觀。

二、互市：清代的通商制度

涉獵史料可以發現中國的史書中並無「朝貢貿易」一詞，而經常可以看到與「通商」「貿易」交互使用的「互市」一詞，那麼是否可以把「互市」視為中國或清朝固有的通商制度？

從乾隆朝奉敕纂修的《皇朝文獻通考》中，可以看到清朝以「互市」來介紹本朝通商制度的記載。其編修官在敘述互市制度的前言中提到：「宋以前，互市之制，其詳靡得而記。自宋開寶後，始置市舶司、榷場、博易場，沿革詳略，具載馬端臨考。至前明末代，抽稅過重，防奸則疏，以致大啟海氛，公行抄劫，吳越瀕海州郡，數被其害」。可知，清朝將本朝互市制度溯源至宋代，並對明代互市制度（指的是「貢舶貿易」，也就是朝貢體系論所謂「朝貢貿易」的典型）採取批判的態度。書中說清朝的互市制度有三種，分別是「關市」、「海舶」及「在館交易」（使節團貿易）。而宋元兩代蓬勃開放的市舶貿易，是史學界公認的自由與外國通商、貿易的活動，如果清朝自認其互市制度是淵

源於宋代，那麼至少到乾隆年間，清朝的制度也應該是自由的與外國通商、貿易的制度。

費正清等人的朝貢體系論，以鴉片戰爭為界，將清代史一分為二，鴉片戰爭後即是所謂的清末時期。那麼，到了鴉片戰爭之後，清朝還認為與英國等國的開港貿易是互市嗎？

由日本具代表性的近代中國史研究者編纂的《中國外交文書辭典（清末篇）》一書中，對「互市」作了如下定義：①（與外國）貿易。②依據通商條約，開港進行外國貿易。〔二十年來，彼酋習我語言文字者不少。（1863年用例）〕[15] 該書主要是引用《籌辦夷務始末》的例文，也就是依據皇帝與大臣之間關於對外關係的往來公文內容，來定義字彙的辭典。在此引用的1863年用例，是天津、北京條約剛締結不久後時任江蘇巡撫的李鴻章奏摺裡的句子。以下節錄此奏摺的一部分：「互市二十年來，彼酋之習我言語文字者不少……臣擬請照同文館之例，於上海添設外國語言文字學館，夫通商綱領固在總理衙門，而中外交涉事件則轉多，勢不能以八旗學生兼顧……」[16] 此奏摺中提到的「互市」，明顯指的是中英南京條約及通商章程締結之後的通商貿易。由此可知，在鴉片戰爭、南京條約之後，亦即在朝貢體系論認為已進入其所謂的條約體系時期的時候，清朝的皇帝、大臣依然把通商貿易稱為互市。因此可以說從清初到清末，都存在著把通商貿易稱為互市、把通商貿易和互市兩者視為一事的情形。

以下按時間順序，以歷史實例考察有清一代「關市」、「海舶」及「在館交易」（使節團貿易）三項互市制度。

關市

1.山海關外太祖、太宗時代與明及朝鮮的陸路互市

努爾哈赤及其祖先原本是明朝「屬夷」，接受明朝都指揮使的官職，被編為羈縻衛所。但明神宗萬曆四十四年（1616），統一女真諸部落的努爾哈赤建立後金，從此後金與明朝是對等的鄰國關係。

15　植田捷雄等編《中國外交文書辭典（清末編）》，學術文獻普及會，1954，35頁。

16　《籌辦夷務始末（同治朝）》，同治二年二月丙戌，第2—4頁。

　　後金與明朝「於撫順、清河、寬甸、靉陽四關口互市」，[17] 就明季陸路互市市場的情況來看，此四關市的貿易應該是以民間貿易為中心的市場。但後金建國之初，亟須籌措物資，後金多派官員以國家資金到互市市場交易，如太宗天聰九年（1635）「發帑銀與明國互市，獲蟒素等緞疋」，十年「遣察漢喇嘛……率每家十五人、攜貂皮各五十張、人參各百觔、往明邊殺虎口貿易」。[18]

　　天聰元年，「平壤之盟」，後金與朝鮮成為「兄弟之國」，成立正式國交關係，盟約中規定歲幣、通使交聘以及通商貿易等內容。貿易分為兩種，一種是使節團貿易，即兩國使節團在聘問之際，各自帶著商人往對方京城貿易；另一種是在會寧、慶源、中江設立互市市場，定期貿易。[19]

　　從後金的立場來看，後金與明雖有小國、大國的差別，仍是對等的鄰國關係；後金與朝鮮也是對等的鄰國關係（兄弟之國）。而後金與明、朝鮮三者之間，彼此存在著互市通商關係，後金除官營貿易以籌措物資外，也鼓勵民間互市貿易。

　　朝鮮因戰敗簽下平壤之盟，不得不與後金互市，但仍遵明為宗主國。在後金與明敵對時，明朝為了禁止物資流入後金，經常關閉與後金間的市場，同時要求朝鮮不得將物資流通到後金。因此朝鮮除了開頭幾次互市之外，常常不履行與後金間的互市約定，兩國為了互市與歲聘禮物不符合約定（代表弟國朝鮮對兄國後金的尊重）等問題，常發生衝突。朝鮮不遵守盟約中關於互市的約定，成為崇德元年（1636）清太宗（崇德元年，皇太極改國號為清）征伐朝鮮的「大義名分」理由之一。翌年，戰敗的朝鮮從弟國淪為清朝的屬國。

　　清朝對屬國朝鮮重新要求互市：「定貢道，由鳳凰城。其互市約，凡鳳凰城諸處官員人等往義州市易者，每年定限二次，春季二月，秋季八月。……」[20] 綜合康熙朝《大清會典》的規定，崇德二年以後清與朝鮮的陸路互市規定主要如下：互市市場為義州（每年二月、八月，與鳳凰城官兵互市）、會寧（每年與寧古塔人互市一次）、慶源（每年與庫爾喀人互市二次）；互市之時，清朝派禮部的朝鮮通事二人、寧古塔官員、驍騎校、筆帖式各一人前往監視交易；

17　《清朝文獻通考》卷 26，征榷考 1，征商，關市，第 5075 頁。
18　《大清太宗文皇帝實錄》卷 24，天聰九年九月丁巳條。
19　張存武：《清韓宗藩貿易》，中研院近代史研究所，1978，第 7 頁。
20　《清史稿》卷 526，屬國傳 1，朝鮮。

交易的期限為二十日；規定交易專案及違禁商品。這幾個互市市場主要是為了供給清朝守邊軍隊物資的市場。[21]

2. 清朝入關後的陸路互市

（1）屬國互市

崇德二年以後，清朝與朝鮮的互市基本上按照上述模式存在，但隨著清朝消滅李自成及南明政權、統一中國本土之後，清朝可掌握的財力、物資大增，守邊軍士的物資供給不須全靠與朝鮮互市獲取，使得上述三個互市市場的交易，逐漸從駐防兵交易為主的市場，轉變為民間商人為主的市場；由朝鮮供給清朝駐防官兵物資，轉換成中國民間商人供給朝鮮物資的市場。特別是對實行海禁的朝鮮而言，與中國互市所獲取的物資相當重要，除供給國內所需外，部分商品還可以轉運釜山「倭館」，與日本對馬藩進行互市。

關於清朝與屬國的陸路互市，再舉安南／越南（嘉慶八年，嘉慶改安南名為越南）的例子供作參考。康熙五年（1666），安南將南明永曆帝所授予的敕書、金印交給清朝，清朝派使冊封國王，兩國正式建立宗屬關係。清朝與安南／越南的陸路互市，因該國的內戰等因素曾經中斷過，但不論新設的互市市場，或是關閉後市場再開之時，雙方都必須派遣官員訂立互市章程，決定市場位置、商人進入市場道路、商人入境手續、互市時間等規定。關閉後再開的市場的互市章程，大多沿襲以前的章程規定，但因牽涉兩國的國際貿易，還是必須重新交涉章程。與安南／越南交涉的中方最高對口單位是兩廣總督，但主要是由廣西巡撫及其下屬負責實際交涉。兩廣總督、廣西巡撫是兩國外交、通商交涉的中方常態對口單位。清朝在商人進入安南／越南互市市場的中方邊境設有關口，對商人進行出入境登記（發給腰牌、印票），並要求商人成立會館，從殷實商人中選出「客長」，以監督管理前往安南／越南互市市場的中國商人。清朝制定腰牌、印票費用標準，對前往安南／越南互市市場的中國商人進行收費。安南／越南則對入境貿易的中國商人課徵些許稅收。

（2）與國互市

康熙二十八年，清俄兩國簽訂對等的尼布楚條約，建立了國交關係，後來乾隆帝也稱「俄羅斯乃我朝與國」，兩國可說是與國關係。清俄兩國根據條

21　廖敏淑：《清代中國對外關係新論》，政治大學出版社，2013，第75—76頁。

約規定，俄國隊商開始了陸路互市。當時俄國隊商的陸路互市的地點主要是北京與尼布楚。在北京，依照會同館等使節團貿易的規定進行；在尼布楚，按國境互市市場的規定。在尼布楚的互市主要是由尼布楚附近隸屬於中方的游牧民族攜帶少數貨物與俄國守城官兵互市，提供俄國守城官兵物資。對當時的俄國隊商而言，在邊境尚無大型互市市場之時，離俄國最近的市場是北京。而北京是中國京師，並非互市貿易之地，因此俄國隊商在北京只能依照使節團貿易的規定進行。尼布楚條約簽訂後九年，俄國對中國貿易改採國營貿易，俄國隊商原來一直是官商夾雜的性質，在國營貿易實施後，官方的性質更為強烈。

但對清朝而言，京師並非互市貿易之地，加上中國驛站及官兵護送只該用於政務和軍事方面，可以護送負有政務的使節團，卻不能老替商人服務。因此康熙年間，中國對俄國聲明，俄國隊商中具有官方身分的使節、軍官、俄皇御用商人等，得以享用中國驛站及官兵護送、館舍和食糧供應，但其他的商人則不得享有這些待遇。

康熙年間，對俄國隊商區分官方與非官方身分的規定，正式刊載在雍正五年（1727）更新的恰克圖條約之中。又，康熙三十年，中國北方的喀爾喀蒙古歸屬中國，喀爾喀蒙古地區的局勢穩定，俄國隊商於是捨尼布楚的滿洲路，改走距離較近的蒙古路（途經喀爾喀蒙古地區）進入北京，因此，喀爾喀地區的庫倫等地，在康熙中葉以後，成為中俄國境的互市市場。恰克圖條約規定恰克圖為中俄國境的互市市場，恰克圖正位於庫倫北端，因庫倫為喀爾喀蒙古地區的政治中心，為免互市通商紛爭影響該地區的政治穩定，遂在庫倫外的恰克圖卡倫新設立互市市場。恰克圖互市市場成立後，俄國隊商漸漸不來北京，乾隆二十年左右，俄國隊商停止到北京貿易，中俄互市遂集中於恰克圖。

中俄約定，雙方互市不課交易稅和商品稅，因此恰克圖等互市市場完全免稅。但俄國在本國設立關卡對俄國隊商課十一稅；而清朝也利用引票等手續，向前往恰克圖的中國商人收取費用。

另外，清朝派理藩院司官駐紮恰克圖，監視、管理貿易；中國商人則成立「八行」，八行中選出人品良好的富商，作為「行首」，行首與其他商人協議，共同決定貨物價格。[22] 恰克圖市場是一個封閉市場，互市期間中俄商人分

22　何秋濤：《朔方備乘》卷 37，俄羅斯互市始末，第 5 頁。

別入住南北兩邊的恰克圖與買賣城，以進行交易。由此看來，恰克圖市場的交易方式，與宋代榷場有異曲同工之妙。

海舶

清朝在鄭氏政權盤踞臺灣之際，為了避免沿海居民與鄭氏政權勾結，並切斷鄭氏政權的物資來源，康熙元年，在沿海實行遷界與海禁政策。但康熙二十二年平定臺灣之後，清朝開海，設立四海關以管理海上對外貿易。

海關主要是管理中外商人貿易，包括中國海商出海貿易的出入境手續、外國商船出入境手續、中外商船課稅、稅則制定、港口設施的設立與維護等等，與現代的海關並無太大差別。但清朝官員不直接干涉商業，加上官員與商人地位不對等，不能直接往來，因此對於外國商人在港口和夷館的一切活動，都是通過中國的行商來管理。行商代替外國商人辦理出入關手續、報稅、代為繳稅、買賣貨物、安排住宿、提供生活所需的一切事宜，並替不能直接往來的官員與外商傳遞消息。雖然英國商人不喜歡行商包辦一切，但滿意行商提供所有服務，認為廣東貿易簡直是天堂的外國商人也大有人在。[23]

除了清朝當局不實際經營海上貿易之外，清朝對海上貿易抱持的態度，以及對管理海上貿易的原則，跟宋元時代的制度比較接近。從海關制度看來，它更算是中國各王朝最完備的朝代。

朝貢體系論，認為在乾隆二十二年（1757）以後，中國的海路對外貿易限制於廣州一港，並且利用「公行」壟斷對外貿易，利用公行管理、控制外國商人，他們稱這樣的貿易制度為「廣東體制」。[24] 但是所謂的廣東體制並不符合史實。首先，清朝並未將所有外國商船限制於廣州一港。而且之所以限制英國商船，主要是因為英國東印度公司為了爭取在寧波等港口貿易，而亂闖並非對外貿易的口岸，當時代表東印度公司的洪任輝（James Flint）闖入北京外海的天津口岸，震撼了中國中央。乾隆為了避免再發生相同的事件，遂嚴格限制英國商船只能在廣州貿易。另外，中國之所以不允許英國商人到寧波等港口貿易的主要理由還有兩項。一是粵海關的稅收定額問題，當時來華外國商船不

23　參見 W. C. Hunter, *The "Fan Kwae" at Canton: Before Treaty Days, 1825-1844* (London: Kegan Paul, Trench & Co., 1882).

24　坂野正高《近代中國政治外交史》、129—137 頁。

多，來廣州貿易的多半是英國商船，若英國商船到其他港口貿易，則粵海關的稅收將難以達到規定的定額。二是，除粵海關外，當時其他的海關沒有接受英國商船的對口單位（牙行）。當時英國商船早已不到廣州以外的開港地，因此寧波等港口沒有接納英國商船的牙行，寧波等海關關於課徵外國商船的稅率也已蕩然無存。洪任輝第一次到寧波之時，因地方官的通融，順利達成貿易。原本乾隆帝也想依照英國的願望，整備寧波，使之擁有同粵海關一樣應對英國商船的機能（如牙行、稅則等），但最後因考慮到粵海關稅收、廣州洋行商人生計以及港口設施、安全等問題，而放棄整備寧波，要求英國商船回到廣州貿易：「粵省地窄人稠，沿海居民大半藉洋船謀生，不獨洋行之二十六家而已。且虎門、黃埔在在設有官兵，較之寧波之可以揚帆直至者，形勢亦異，自以仍令赴粵貿易為正……明歲赴浙之船，必當嚴行禁絕，將來只許在廣東收泊貿易，不得再赴寧波。如或再來，必令原船返棹至廣，不准入浙江海口。」[25] 乾隆在此諭旨中提到「明歲赴浙之船，必當嚴行禁絕」，這完全是針對英國商船而言，因為當時英國商船曾與寧波地方官提及明年再來的打算。朝貢體系論者，引用此段諭旨，作為清朝當局禁止所有外國商船到廣州以外的港口貿易的證據，但事實上這只是乾隆針對英國商船所作的限制，無法成為清朝當局禁止所有外國商船到廣州以外港口貿易的證據。

　　況且，對於向來在廈門、寧波等地貿易已久，有應對的牙行存在的西班牙（呂宋）、暹羅、爪哇、蘇祿等國商船而言，乾隆二十二年以後依然可以到廈門、寧波等地貿易。又，《廈門志》記載乾隆四十七年的法令：「奏准，嗣後外夷商船到閩海關，其裝載貨物照粵海關則例徵收。」《廈門志》編纂者（總編纂周凱為道光年間福建興泉永海防兵備道）在此法令下注記：「此條明准外夷商船貿易也。」因此，朝貢體系論所謂清朝在乾隆二十二年以後實行廣州一港政策的說法，是不符合歷史事實的。

　　行商是牙行的一種，是古來中國商業中不可缺少的存在。在唐末市制破壞之後，政府當局多利用牙行、牙人代為收稅，漸漸地牙行、牙人成為歷代王朝收稅及維持商業秩序的手段。尤其是明朝，制定許多法律來管理牙行，利用牙行進行課稅、平準物價等原本屬於政府的商業管理職能。加上中國各地的度

25　《清高宗實錄》卷 550，乾隆二十二年十一月戊戌條。

量衡不同，需要擁有豐富商業知識的牙人進行正確估價，因此即使在中國國內商業中，牙行、牙人都是必要存在的環節。[26] 而在對外貿易中，牙行、牙人更是不可或缺的存在，從漢代的駔儈開始，牙行、牙人就在言語不通的中外商人之間扮演中介及評定價格等工作。唐代的「互人」「互市牙郎」，乃至宋代中外互市的牙行、牙人，清代的行商等，都是中外貿易中必要存在的環節。

清朝沒有透過行商或所謂的「公行」壟斷對外貿易的想法，基本上清朝不直接參與商業，只要能課徵該有的稅收、交易過程又能依規定進行的話，將商業事務委託商人進行，而官方只監督商業秩序即可。公行只是清朝為了確保稅收而要求行商中的富商成立的組織，在稅收不足或需要賠償的時候，公行必須負起責任。公行主要存在於乾隆到南京條約成立期間，不是一直存在的機構，也不是所有的行商都屬於公行，因此不能把公行當作行商的代名詞。[27] 南京條約中要求的是廢除公行，不是行商。行商是一般商人，且是中外貿易不可缺少的存在，自然是不能廢除的。

因此朝貢體系論認為清朝將中國的海路對外貿易限制於廣州一港，並且利用公行壟斷對外貿易，利用公行管理、控制外國商人的說法也不能成立。

另外，朝貢體系論認為在南京條約後，中國的外交通商從「朝貢體系」轉變為「條約體系」的看法，也不符合歷史事實。

首先，在中俄外交通商關係上早已存在條約關係，而且就中俄間的北京貿易或恰克圖互市的交易情形看來，都是屬於中國固有的互市形態。中俄間的尼布楚、恰克圖條約所規定的互市通商原則，也都是中國的互市原則。而南京條約的條文，基本上還是中國固有的互市原則，例如在開港地才能通商、透過行商買賣貨物或報關等交易形態依然存在。雖然條約中規定的租界，以及片面領事裁判權等問題，後來被視為不平等條款，但屬人主義的法律概念一直是清朝的堅持，在與英國簽訂和平條約，英國從清朝的無約互市國變成與國，兩國既有正式外交關係，則不妨給予與國官員裁判權，加上當時中國人不去英國，清朝當然不會認為片面領事裁判權有何不平等。租界也是古來就有的外國

26　邱澎生：〈由市廛律例演變看明清政府對市場的法律規範〉，臺灣大學文學院編《史學：傳承與變遷學術研討會論文集》，1998；吳少珉：〈我國歷史上的經紀人及行業組織考略〉，《史學月刊》1997 年第 5 期。

27　岡本隆司《近代中國と海關》、名古屋大学出版会、1999、19—110、111—144 頁。

人居留地的觀念，清朝在新疆伊犁等互市市場，早有劃給哈薩克等外國商人居留的貿易亭，並不覺得不平等。而且清朝認為外國人不與中國人雜居比較利於管理。

在南京條約之前，中俄之間早有世界公認的符合西方近代國際法概念的平等的尼布楚條約存在，但此條約對兩國通商關係的規定，仍是中國固有的互市方式。事實上，不只中俄之間的尼布楚、恰克圖條約，中國古來與外國進行互市都必須有盟約或其他約定的根據，例如宋遼的澶淵之盟、後金與朝鮮的平壤之盟等；就算是與屬國進行互市，也需要互市章程，如前述清朝與安南／越南的互市章程。就通商的角度來看，南京條約的通商章程，不管是條約的形式還是內容，都不是創新的東西。它幾乎只是將中英的原本的通商狀態明文化而已。無怪當時清當局並不認為南京條約帶來什麼太大的變遷，除了敗給夷人，不得不與夷官平起平坐等等的政治外交上的不服氣之外。

而關於天津條約、北京條約，因為英法等國以暴力手段向清朝強要了長江內河航行權、公使駐京等權利，清朝開始覺得條約帶來了屈辱與不公平。但比起政治外交上的衝擊，在互市通商方面，天津條約、北京條約帶來的變化並不是太大。雖然規定了值百抽五的稅率、外國人稅務司等制度，但中國海關的稅率原本平均也不到 5％，而外國人稅務司則是取代以往行商擔任的課稅工作，這是清朝官方本來就不擔當的工作。此後，外國人稅務司作為清朝官廳的一分子，為中國海關工作，只要他們能有效收稅，就不影響清朝的通商機能。

大約天津條約、北京條約簽訂之後，清朝開始產生修改對自己不利的條約條款的念頭，例如 1860 年代與各國簽訂的條約中，清朝儘量作一些與天津條約、北京條約不同的規定，或置換一些條文的詞句。其中 1871 年的中日修好條規，算是清朝這個階段修改條約的集大成。中日修好條規與清朝和西方諸國簽訂的條約（幾乎都是天津條約和南京條約的複製品）性格不同，由於條文全由中方制定，它反映了當時清朝理想的條約觀。條約本身不叫條約而故意叫作「條規」，正表現清朝期待這個條約與先前和西方諸國簽訂的條約有所不同的企圖。中日修好條規與其他天津和南京條約系列的條約的主要不同點在於：沒有「一體均霑」的片面最惠國條款、沒有協定關稅（兩國各自使用現行關稅向對方商人課稅）、互惠的領事裁判權、互相派遣領理事官（領事官）等。

而全約互惠、對等的基本精神，正是清朝固有互市的原則；互惠領事裁判權的規定，也是清朝固有屬人主義的司法概念。除了中國認為日本是東洋國家，對日本的態度與西洋國家有所不同之外，因為當時日本已經開國，中日之間的外交通商關係是「有往有來」，與中國和其他西洋國家的「有來無往」不同，鑒於現實情況及對追求理想條約的心理，清朝特別為中日間的第一個條約量身訂做，打造了清朝條約史上絕無僅有的特別條約。

在館交易

　　在館交易，指的是外國使節團來華，在進入中國境內接待使節的館舍中所進行的貿易。清朝的這個互市形態最接近朝貢體系論所主張的「朝貢貿易」，但仔細探討在館交易的情形，發現它還是不能叫作「朝貢貿易」，只能叫使節團貿易。

　　首先，引用坂野正高的解釋，來說明朝貢體系論所主張的「朝貢貿易」（以下簡稱「朝貢貿易論」）。他主要認為中國的貿易形態有二：其一是貢獻／下賜的物物交換貿易；其二是來華使節團利用朝貢行為，將非貢物的貨物一起帶來，乘便在中國交易販賣。其中，關於第二個形態，也包括使節團在入境地點的交易行為。而朝貢貿易論所謂的「廣東體制」，事實上就是沒有貢使，但假想貢使去了北京，而只留下跟貢使來的商人在入境的港口貿易的情形。[28]

　　筆者已於上述清朝的海舶互市部分，說明「廣東體制」不能成立的理由，而此處對廣東互市的解釋更是荒謬。清朝設立海關後，再也沒有實施海禁，當然不需要像明朝一樣利用貢舶貿易來進行互市。況且清朝設立海關的理由之一，正是為商民利益著想，使中外民間商人得以自由貿易，[29] 因此所有到中國海關進行貿易的商船，原本就不必跟貢使一起前來（當然更不用假想貢使去了北京），隨時可以到中國來貿易。因此，朝貢貿易論對於廣東貿易的論點與事實不合。

　　再者，關於貢獻／下賜等於物物交換貿易的說法，也令人難以贊同。就中國的立場而言，貢獻／下賜本非貿易，貢獻是向皇帝表示敬意的方物，是皇帝的私有物品，並非交易的商品；下賜的物品，也只限於受賞賜的國王、使節、

28　坂野正高《近代中國外交史》，80 頁。

29　《清聖祖實錄》卷 115，康熙二十三年六月己亥條。

使節團成員等使用，基本上不會在市場上流通。就算來朝貢的國家是為了貪圖
皇帝賞賜的珍貴禮物才來，那麼下賜的價值必須高於貢獻。而以朝貢次數最多
的朝鮮為例，全海宗算出來的結果是朝貢的代價高於皇帝的賞賜。[30] 全海宗是
把朝鮮給清朝的歲幣、貢物、旅費、給沿途接待使節團的中國官員的禮物等費
用一起計算，而得出來的結果。但歲幣是戰敗賠償金，清朝皇帝不須對歲幣提
供相當的賞賜。一般而言，清朝的賞賜不甚豐厚，但基本上賞賜與貢物的價值
不會相差太多。更何況清朝還要負擔使節團在中國境內的交通工具、宿舍、糧
食、各式款待等，在使節團來朝的過程中，中國最終是占不到便宜的。

　　如果朝貢的過程中，貢獻與下賜的雙方都得不到利益的話，貢獻／下賜
如何算是一種貿易？中國又如何利用賞賜的利益來使朝貢的國家持續來朝？
這樣的「貿易」如何能當作中國傳統的、典型的通商貿易制度？

　　另外，朝貢貿易論認為中國的屬國或周邊小國是為了中國的賞賜，才甘
心向中國朝貢。他們認為向中國朝貢、進行朝貢貿易有辱國家地位，換句話
說，也象徵朝貢國家的地位是低於「天朝」中國的屬國或小國。

　　事實上，來清朝進行在館交易的國家包括清朝的與國（俄國）、屬國（朝
鮮、琉球、荷蘭、安南／越南、暹羅等），以及雖沒有經過正式冊封但承認中
國在政治經濟上的大國地位、作為小國來向中國皇帝進貢的中國周邊的民族政
權，如被清朝征服以前的噶爾丹政權。總之，在館交易基本上是與清朝有國交
關係的國家／民族政權派來的使節團，除了對皇帝進呈的貢物（非交易商品）
之外，為了補貼旅費或為了君主、國家、使節團成員自身利益等原因，乘便順
帶貨物，使用這些貨物，在中國境內的使節館舍進行交易的貿易，並非朝貢貿
易論所認為的，只有國家地位比中國低的屬國或小國所進行的貿易。

　　由於在館交易與朝貢貿易論所認為的「朝貢貿易」的內容相差頗大，無
法將清朝的在館交易與其等同視之。

　　關於在館交易，清朝與宋代以來各朝採取的態度相同，均免課稅：「凡
市易，各國貢使入境時，其舟車附載貨物，許與內地商民交易，或就邊省售於
商行，或攜至京師市於館舍，所過關津，皆免其徵。」這是對使節團的特別優

30　全海宗：〈清代韓中朝貢關係考〉，氏著《中韓關係史論集》，全善姬譯，中國社會科學
　　出版社，1997。

惠。一般外國商人來中國貿易無法享有免稅待遇，必須與中國商人一樣納稅：
「若夷商自以貨物來內地交易者，朝鮮於盛京邊界中江，每歲春秋兩市，會寧
歲一市，慶源間歲一市，以禮部通官二人、寧古塔筆帖式、驍騎校各一人，監
視之，限二十日畢市。海外諸國於廣東省城，每夏乘潮至省，及冬，候風歸國。
均輸於有司，與內地商民同。」[31] 因此，在館貿易，是使節團獨享的貿易，並
非一般的通商貿易形態。

互市與東亞傳統通商秩序

　　朝貢體系、朝貢貿易論存在許多與事實不符的錯誤，無法將之視為中國
尤其是清朝的固有通商制度。通過上述實例可知清朝中國與屬國、與國、互市
國之間的通商狀況，不僅呈現出多元的對外關係，也證明清朝的通商制度並非
朝貢貿易，而是互市制度。

　　依照《皇朝文獻通考》的說法，追溯清朝與宋朝互市制度的關係，可以
發現宋代的陸路権場與清代的關市、宋代的海路市舶與清代的海舶、宋金時代
的外國使節團在往返中國首都時所進行的就驛買賣及都亭貿易與清代的在館
交易，的確存在許多相似之處。但畢竟中國每個王朝所處的國際局勢、對通
商抱持的態度都不相同，即使同樣使用互市一詞，各個王朝互市制度的內容
並不盡相同。不過各個王朝都把通商貿易叫作互市，並沿革前代的互市制度，
試圖建立最適合本朝的制度，在這樣的沿革下，各朝互市制度必定存在一些共
通點。

　　經過研究，對於中國歷代互市制度的共通點，筆者歸納出以下幾點：（1）
與他者進行的交易；（2）具有懷柔遠人精神的通商制度；（3）依據某種盟
約或規定，設立互市市場，在互市市場所進行的交易；（4）基本上各個互市
市場，存在各與不同對象貿易的傾向；（5）雙方不拘外交上的上下關係、不
論外交關係存在與否，都可能進行通商的制度。

　　再看看南京條約後到民國初年中國人對通商貿易的看法，他們一貫把互
市一詞與通商貿易互用。除前述 1863 年江蘇巡撫李鴻章的奏摺外，梁廷枏在
《粵海關志》的凡例中，明記粵海關掌理夷商互市。咸豐年間任職刑部主事的
何秋濤在《朔方備乘》中將清朝與俄羅斯間的通商貿易記述為互市。民國初

31　《大清會典》（乾隆朝）卷 56，禮部，主客清吏司，賓禮，朝貢，市易。

年，由前清大吏趙爾巽等人編修的《清史稿》，不拘條約締結前後對外國向清朝請求通商貿易之事的記述，屢屢使用互市一詞。顧維鈞對於 19 世紀以來中國與外國簽訂條約的內容，做了以下的評論：「我與英、美、法、德、日本及他國次第訂約，闢商埠以資外人互市，設租界以便外人居留。」[32]

此外，互市並非只存在於過去的歷史，中華人民共和國成立後，除了「文化大革命」或與對方國家衝突等時期，曾經短暫關閉國境互市市場外，作為陸地口岸的互市市場一直存在。改革開放後，1984 年 12 月 15 日，中國國務院批准《邊境小額貿易暫行管理辦法》，並對「邊境小額貿易」作了以下定義：「本辦法所稱邊境小額貿易，是指我國邊境城鎮中，經省、自治區人民政府指定的部門、企業，同對方城鎮之間的小額貿易，以及兩國邊民之間的互市貿易。」直到今天，中國國境還在不斷增設「互市貿易區」。這些「互市貿易區」的封閉式市場，市場內的小額貿易免稅規定等等，都可以從中國固有互市貿易的原則找到淵源。

因此，對中國而言，互市可說是貫通古今的通商制度。

三、清代的外政秩序：以通商公文書往來與涉外司法裁判為中心

朝貢體系論所描述的清朝傳統對外關係，並不僅止於通商領域，其更重要的目的是詮釋清朝的傳統「外交」模式，朝貢體系論在假設清朝的發展是停滯不動的前提條件下，認為唯有西洋衝擊才能造成傳統中國的改變，於是英國挑起的鴉片戰爭成為清朝中國轉變的分水嶺，在此之前，清朝中國的傳統「外交」模式是所謂的「朝貢體系」，在此之後的中國「外交」則進入了西方列強所強加於中國的「條約體系」，借著西方列強「賜予」的「條約體系」，停滯不動的中國才終於動了起來，進入了「國際社會家庭」。

對於朝貢體系論描述的清朝傳統「外交」，以及在西洋衝擊下中國進入國際社會家庭等論點，筆者並不同意，因此除了通商領域外，筆者認為還必須在「外交」領域上徹底推翻朝貢體系論的說法，才能一舉破除朝貢體系論對於清朝對外關係所定義的種種謬論。筆者選取清朝與屬國、與國、互市國之間的公文書往來窗口制度，以及圍繞著通商或越境犯罪的司法審判情形等涉外政治

32　顧維鈞：〈顧序〉，錢泰：《中國不平等條約之緣起及其廢除之經過》，「國防研究院」，
　　1961，第 1 頁。

角度，來重新檢視清朝對於屬國、與國、互市國的不同態度，試圖從涉外文書以及涉外司法的角度來證實清代的確存在著多元對外關係，也試圖證明在通商領域之外的清朝對外關係，仍非朝貢體系論所描述的只存在著天朝 vs. 朝貢國的一種關係。

以下研究以清朝與屬國，如朝鮮、安南／越南，清朝與俄羅斯與國以及清朝與互市國英國等國之間的公文書往來、越境犯罪司法審判視角，觀察從清朝建立開始直到 1890 年代末，清朝傳統對外觀念（世界觀）下的固有外政之樣貌，並從中歸納出清朝中國固有對外關係的基本原則。

公文書往來

1.屬國朝鮮

崇德元年十二月，清太宗以朝鮮敗盟逆命，親統大軍往征。翌年正月，朝鮮兵敗，國王李倧向清太宗稱臣，以奏書投降，同年十月，清太宗遣英俄爾岱、馬福塔、達雲，賜以一品服色，率從官、通事齎敕，往朝鮮封李倧，仍為朝鮮國王，完成了封貢程序，自此決定了清朝與朝鮮之間的君臣名分，雙方的文書、使節往來與禮儀關係都轉變成宗屬關係，朝鮮必須以原先對待上國明朝的態度來臣事清朝，此後，朝鮮國王以「奏書」上書清朝皇帝，清朝皇帝則頒詔「敕諭」朝鮮國王；而朝鮮也經常以「咨」文（平行文書）透過禮部、兵部、戶部等代題或轉奏來上奏皇帝，或是派遣陪臣直接向兵部或禮部等官廳口陳，並請求轉奏皇帝，等等。

在清朝入關之後、總理衙門和北洋大臣設置之前，朝鮮國王主要是與六部中的禮部（及盛京禮部）進行對等的咨文往來，再由禮部代為轉奏皇帝或是報聞其他相關政府部門，見順治元年（1644）議准：

> 朝鮮一應事宜不許越奏御前，敘功等事申吏部，地畝倉庫錢糧等事申戶部，朝賀貢獻婚娶等事申禮部，軍務逃盜等事申兵部，辭訟告首等事申刑部，修理城池邊關等事申工部，其應申各部之文，均禮部轉發。[33]

可知，從順治元年以來，朝鮮的公文書主要是以禮部作為窗口。

關於兩國邊境事務，在兩國邊境地方官，如縣丞、城尉等等之間也存在

33　《大清會典事例》卷 511，禮部 222，朝貢 10，禁令 1，順治元年條。

各個相應層級的交涉移諮的窗口，他們必須將交涉情形或是事件發生經過，分別各自層層上呈本國地方上司，直到將軍、備邊司，乃至於中央。在總理衙門和北洋大臣設置之後，涉及洋務或圍繞朝鮮問題的外國交涉，則由總理衙門請禮部轉諮朝鮮，朝鮮國王若是諮行禮部，報告關於外國的事務，皇帝也會下交總理衙門；在 1870 年代中葉以後，由於亞洲局勢因西方列強與日本的興起而風起雲湧，清朝在危急的狀況下，採取較為積極的態度來處理與朝鮮之間的宗屬關係，因此，擔當洋務職責的北洋大臣成為主要與朝鮮國王對話的窗口，並由直隸總督兼北洋大臣的李鴻章等人指導朝鮮與外國訂約等對外事務，而向皇帝奏報關於朝鮮洋務等事宜的內容，皇帝也會命令轉告總理衙門和禮部，可見雖然上諭指派了北洋大臣主持朝鮮涉外事務，但是基於禮部向來主管轉遞朝鮮往來文書的體制，以及總理衙門作為洋務情報總匯機關的性質，北洋大臣所主持的朝鮮涉外相關事務還是必須知會禮部與總理衙門。在 1870 年代晚期以後，朝鮮面對內外交迫的危急狀況，以及開國通商的轉變，以至於「關涉北洋及總理衙門事件，十居八九」，雖然禮部還是經常要求必須維持順治以來由禮部轉遞朝鮮往來文書的體制，但基於處理與朝鮮之間宗藩關係的急迫性，清朝還是決定與朝鮮之間的涉外文書轉遞，可由北洋大臣與總理衙門直接負責，但礙於清朝的體制關係，關於封貢儀禮等一般政務，還是歸禮部轉奏。

2.屬國安南／越南

清朝與安南之間的宗屬關係，經過順治到康熙年間的交涉折衝，其間安南已經遣使來貢數次，清朝也給了敕諭，但是由於安南遲遲未將清朝要求的前明敕印繳回，清朝方面甚至打算若安南再不繳回，即絕其來使。因此直至安南將前明敕印繳回為止，清朝認為安南並未完成建立宗屬關係的手續，即使來貢數次，兩國之間關係並不穩固，隨時處在可能斷絕的情況。直至康熙五年五月，安南繳送偽永曆敕命一道、金印一顆，清朝才派遣內國史院侍讀學士程芳朝為冊封正使，禮部郎中張易賁為副使，前往冊封安南國王，並賜鍍金駝鈕銀印。通過完整而正式的封貢程序，兩國的宗屬關係宣告成立。

相較於朝鮮與清朝禮部之間的密切關係，清朝與安南／越南之間進行各項交涉、往來的主要窗口則是兩廣與雲南督撫，並且因為安南貢道在廣西鎮南關，每逢貢期或安南／越南使節因事入華之時，均由兩廣總督或廣西巡撫責成

地方官員接待、伴送。如雍正時期的安南勘界案，涉及雲南與安南交界的邊界劃分，即先後由雲貴總督高其倬和雲南布政使李衛、雲南巡撫（隨後接任雲貴總督）鄂爾泰等人與安南國王黎維祹移諮交涉，雙方並各自派遣廣南知府潘允敏和安南勘界委員胡丕績、武公宰等人實地會勘。乾隆年間關於陸路互市交涉，以及關於邊界、防務、海難救助等事宜，也是屬於總督、巡撫等疆臣的職責，如乾隆三十一年（1766），安南捕盜，竄入小鎮安土司怕懷隘，由中方官兵捕得，當時署兩廣總督楊廷璋即照會安南處理。隨後，安南復報其國隘口盜發，請遣兵堵截，楊廷璋即遣兵守隘。[34]

隨著法國勢力逐步進入越南，加上法國在 1844 年後為清朝的有約與國，中法兩國有了正式的國交關係，因此 1870 年代以後，圍繞越南問題的交涉，主要先由法國與總理衙門，後來則由法國與當時欽命主持中法越南交涉事務的李鴻章之間來進行。

3. 與國俄羅斯

鴉片戰爭以前，與清朝唯一正式締結了條約的國家是俄羅斯。在對等的尼布楚條約締結以來，清朝將俄羅斯視為「與國」，兩國之間存在正式的國交關係，因此俄國使節團來到北京時，可以進行清朝特別給予使節團優待的在館貿易，也可以在兩國約定的互市市場進行貿易。咸豐年間以前，兩國的互市市場是依據尼布楚、恰克圖條約及相關互市章程的規定，在尼布楚、庫倫、恰克圖等地的陸路市場互市。

尼布楚條約規定了中俄兩國的基本關係，兩國商人在尼布楚等地進行互市貿易，不過，在康熙四十年以後，由於兩國之間的國情、邊界、收容內屬民族等等的變化，漸漸形成了與締結尼布楚條約時不同的局面，因此無論公文書往來機制或是互市市場改變等等，都在康熙四十年以後逐漸依據現實情勢而形成一定的慣例。而雍正五年締結的恰克圖條約，除了新劃定的邊界是依當時的現實情勢而劃定之外，其他不論是公文書往來機制或是互市市場及通商規則的重新認定等，基本上不過是延續康熙四十年以後的慣例，只是在條約中加以明文規定罷了。此後，直到咸豐年間，除了乾隆時期曾經因故三度暫停恰克圖互市的插曲之外，可以說康熙四十年以後所形成並在雍正五年的恰克圖條約中被

34　《清史稿》卷 323，列傳 110，楊廷璋。

明文化的慣例，規定了中俄兩國長達 150 年的基本外政關係。故唯有詳細觀察在康熙、雍正年間形成的清朝與俄國關係，才能較為準確地掌握兩國的固有外政往來模式。

康熙二十八年（1689）七月二十四日，清朝以領侍衛內大臣索額圖為首的代表團與俄羅斯全權費要多羅額禮克謝（Feodor A. Golovin，又譯「費奧多爾 ‧ 阿列克謝耶維奇 ‧ 戈洛文」）等人為了議定分界、越界處置、通商等事宜而締結了尼布楚條約。在清朝軍力略勝俄方一籌的情況下，除了允許雙方通商的提案為俄方意見之外，條約內容幾乎完全按照清朝的意思擬定，約文雖然有滿文、拉丁文和俄文三種，並以拉丁文為正本，但是三種文本的原始約文為滿文，其他兩種文本主要是依據滿文翻譯、潤飾而成的。雖說如此，但就約文內容以及後世各國學者的評價，咸認此約具有對等的內涵，為當時雙方均能接受的內容，並有近代國際法的精神。[35]

關於清俄兩國的公文書往來，由於尼布楚條約並沒有明白規定，因此只好從兩國的具體文書往來事例中分析、尋找。

（1）全權名義窗口時期

從《清代中俄關係檔案史料選編》第一編收錄的檔案來看，在尼布楚條約締結之後到索額圖退休為止的期間，清朝中央方面主要是以索額圖名義作為收發俄國文書的窗口。雖然條約中沒有明文規定，不過雙方似乎在締約的講和會議上互相約定，清朝中央方面是以索額圖作為公文收發的窗口。[36]例如尼布楚條約締結之後，翌年及康熙三十三年，為了條約的執行及相關事項，清朝原締約全權領侍衛內大臣兼議政大臣索額圖與俄國原締約全權之間曾有公文互相往來。由於俄國方面不肯接受清朝的敕書式國書，也不肯按照清朝要求的表章方式來書寫本國國書，因此雙方不進行皇帝間的國書往來，而以俄皇近臣與清朝皇帝近臣之間的文書往來作為中央層級的文書往來管道；在國境、通商等事務上，則由俄國與清朝邊境大臣之間互相進行文書往來。不過，俄國邊境大臣與清朝中央大臣也可以直接以文書交涉兩國的邊境以及

35　吉田金一《ロシアの東方進出とネルチンスク条約》、東洋文庫近代中国研究センター，1984，244—272 頁；野見山溫《露清外交の研究》，酒井書店，1977，10—14 頁。

36　中國第一歷史檔案館編《清代中俄關係檔案史料選編》第 1 編，中華書局，1981，第 99 件。

通商事務。[37] 於是，到索額圖退休為止的期間，清朝中央方面主要是以索額圖名義作為收發俄國文書的窗口，俄國方面似乎也是以原締約全權為中央收發文書窗口。而關於隊商通商及邊境問題等公務上的公文往來，清朝中央方面主要以索額圖名義，與俄國邊境官員如尼布楚長官或西伯利亞伊爾庫茨克（Irkutsk）長官之間互通公文。在地方上，則存在如尼布楚長官與嫩江將軍等雙方邊境大臣之間互通公文的管道。

必須說明的是，用索額圖名義收發公文的不僅只是索額圖直接執行或參與的涉俄事項，事實上，其他政府部門處理涉俄事項時，也以索額圖名義收發公文。例如，康熙二十九年，清朝兵部為了征討噶爾丹，希望俄國不要幫助噶爾丹而向尼布楚長官送出公文時，即是使用索額圖名義送出的；又，康熙三十年，索額圖已不再兼任議政大臣，但是，在大學士向皇帝上奏議定行文俄國公文書草稿時，認為事涉外國文書，以索額圖名義行文俄國應該還是加上議政大臣較為妥當，於是康熙帝同意在索額圖名義上附加議政大臣頭銜。由此可知，「索額圖」是當時清朝中央部門行文俄國時所使用的公文書名義。

康熙四十年九月，索額圖以老乞休，四十二年，索額圖因罪被拘禁於宗人府，不久死於幽所。因此康熙四十年以後，清朝不便再以索額圖名義作為收發俄國公文書的窗口，改以理藩院名義行文尼布楚長官。對此，尼布楚長官回復道，若不以索額圖名義行文，則不知該文是來自索額圖或是嫩江將軍，不知如何回覆，今後請仍以索額圖名義行文。從尼布楚長官的回文可知，尼布楚長官同時與清朝中央（索額圖名義）以及與之鄰接的清朝地方（嫩江將軍等）互通公文。

（2）理藩院名義時期

康熙四十一年，清朝方面要求尼布楚長官此後不要再行文索額圖，並由理藩院行文俄國議政大臣，要求俄國來函改行文理藩院。此後，理藩院成為清朝中央收發俄國公文書的窗口，其公文往來對象包括俄國中央的議政大臣，以及俄國邊境地方大臣（如尼布楚長官及西伯利亞諸城長官等）；另外，伊爾庫茨克長官與喀爾喀土謝圖汗之間也為了隊商通商等公務而互通公文。康熙三十年，由於喀爾喀蒙古內屬中國，清朝北方蒙古地帶安靜，俄國隊商多改從庫倫

37　如《故宮俄文史料：清康乾間俄國來文原檔》第 2 號文件。

前來中國，並且在康熙四十三年正式取得清朝同意，准許他們從喀爾喀蒙古路前來，從此俄國隊商幾乎不再繞經東路尼布楚，造成尼布楚互市市場衰落，庫倫則取而代之成為中俄貿易興盛之地，[38] 庫倫屬於喀爾喀蒙古土謝圖汗封地，因此土謝圖汗也成為與俄國之間公文書往來的窗口之一。俄國隊商來到土謝圖汗地方時，由土謝圖汗查點人數，並送文至理藩院奏聞皇帝，中國再派員護送至京貿易。

總而言之，康熙四十年以後，在清朝中央方面，由理藩院作為中央收發俄國文書名義的窗口，奠立理藩院作為清朝中央處理俄國事務的樞紐機構之機制，理藩院的對口單位為俄國中央大臣或西伯利亞地方總督衙門；在地方的公文書往來層級方面，形成清朝的嫩江將軍、土謝圖汗等與俄國的西伯利亞總督衙門等地方官廳之間的往來窗口。

雍正五年締結的恰克圖條約第 6 條規定：在中國方面，以理藩院為收發對俄事務公文書的中央窗口，與俄國中央的沙那特衙門（元老院）及西伯利亞托博斯克地方總督互為應對機構；而關於在邊境地方的偷盜、私自越境或逃亡等事務，清朝以互市市場所在地的土謝圖汗之關防作為公文印信，與俄國邊境地方的官廳互通文書。如前所述，這些都是康熙四十年以來形成的慣例，恰克圖條約不過是將行之有年的機制，作了明文規定罷了。這樣的機制一直延續到中俄天津條約重新約定新的機制為止。

咸豐八年（1858）中俄訂立天津條約。翌年，英、法前來換約之際，又與中國發生衝突，於咸豐十年與中國增訂北京條約，俄國亦乘機增訂北京條約。

關於在中央層級的公文書往來，中俄天津條約第二條規定：「嗣後兩國不必由沙那特衙門及理藩院行文；由俄國總理各國事務大臣或逕行大清之軍機大臣，或特派之大學士，往來照會，俱按平等。設有緊要公文遣使臣親送到京，交禮部轉達軍機處。至俄國之全權大臣與大清之大學士及沿海之督撫往來照會，均按平等。」又，中俄北京條約第十三條規定：「大俄羅斯國總理各外國事條大臣與大清國軍機處互相行文，或東悉畢爾總督與軍機處及理藩院行文，此項公文照例按站解送。」

38　《清聖祖實錄》卷 151，康熙三十年夏四月丁卯、戊子條。《清代中俄關係檔案史料選編》
　　第 1 編，第 111 件。

　　天津條約的美、英、法三國，其條約規定大致上都是要求清朝指定大學士或督撫與外國的全權大臣以平等照會進行公文往來。如前所述，先前中俄中央之間由沙那特衙門與理藩院彼此行文的模式，並非不對等，但在俄國設立了近代西洋式的外交部門後，自然希望由專管外交的部門直接與清朝文書往來，加上俄國係與美、英、法三國共同行動，爭取共同利益，四國之間提出相同要求亦屬自然，故俄國也提出更改中俄之間固有的中央層級文書往來方式。不過，比起美、英、法三國，與清朝具有悠久往來歷史的俄國，果然比較明白清朝的政治體制，北京條約中，俄國要求由俄國外交部門與清朝的軍機大臣（而非大學士）進行中央層級的文書往來，美、英、法三國卻欲以大學士作為清朝中央交涉的窗口，說明他們並不理解清朝。眾所周知，在清朝中葉以後，軍機大臣都是參與軍國內外大事的樞臣，是最貼近權力中心的中央大臣；而大學士雖在中央，但是除非在行政部門任職，並無實權。另外，由於中俄在邊務等外政上的往來，仍然必須與理藩院打交道，於是北京條約第 13 條中，還是規定了俄國的東西伯利亞總督得與中國軍機處及理藩院行文往來。

　　又，關於在中俄兩國地方層級的公文書往來，參考中俄天津條約第 2 條、第 5 條規定，以及中俄北京條約第 9 條、第 11 條規定，等等。其中，由於直到中俄天津條約締結為止，俄國尚未得到在中國沿海通商口岸貿易的權利，因此在中國沿海通商口岸派遣使臣駐紮或是派駐領事係屬新創，故中俄天津條約第 2 條、第 5 條條文規定「均照從前各外國總例辦理」，亦即比照歐美締約諸國在沿海通商口岸的事例，總之，彼此照會往來，以「均按平等」為基本立場。另外，由於俄國在北京條約中逼迫清朝承認璦琿條約，因此兩國的邊界有了變化，中俄北京條約第 9 條、第 11 條的規定，即是圍繞東北邊務交涉而產生的，約文中雖然規定了幾個新的邊界交涉對口機構，不過，不論在雙方地方衙門文書往來上的對等性，乃至雙方文書的轉遞方式，其實都與中俄兩國行之有年的固有機制相同。

　　無論如何，在中俄天津、北京條約締結以前，中俄之間已經依據兩國的條約關係和往來慣例，發展出一套對等的公文書往來機制，而在中俄天津、北京條約締結之後，俄國參加了以英法為首的四大國集團，獲得中國給與的一體均霑片面最惠國待遇，此後俄國與中國的往來模式，大多與在中國的列強集團一同。

4. 互市國英國

在馬戛爾尼（George Macartney）來華之前，英國與清朝之間並沒有官方往來，只有英國商人前來中國通商口岸貿易，也就是只存在英商來市的互市關係。乾隆五十八年（1793），被清朝視為「貢使」的馬戛爾尼來華，他沒有行三跪九叩的中華禮儀，使得皇帝相當不悅，但是皇帝體念英國第一次遣使「來貢」，依然給予英國國王兩道敕書。乾隆此舉與他的曾祖和祖父的作法不同，順治和康熙帝對於未行三跪九叩禮的鄂羅斯使節，認為不應該給予敕書。結果，馬戛爾尼不僅沒有達成英國想要與中國建交並擴張通商權益的目的，從此英國還被清朝視為曾經「來貢」的小國。嘉慶二十一年（1816），英國又派遣阿美士德（W. P. Amherst）來華，還是因為禮儀問題而遭到驅逐。不過，嘉慶帝認為負責接待「貢使」的相關清朝官員瞞上欺下，是造成此次齟齬的重要原因，因此還是仿照其父給予「貢使」賞賜，並頒給英國國王敕書。這兩次「貢使」來朝，雖然皇帝都給了敕書，但沒有正式的封貢儀式，清朝與英國尚不足以形成宗屬關係；而英國也沒有達成與中國締約建交的目的，因此兩國依然不存在正式的國交關係。馬戛爾尼來華之後的英國，在清朝眼中不過是在廣州互市、偶爾「來貢」的小國罷了，兩國之間不存在常態的官方外政交涉管道。最後，英國以炮艦政策，強力達成與清朝建立正式國交關係的目的，清朝因為敗戰，不得不與英國簽訂南京條約及通商章程，從此英國成為清朝的有約國，一切通商往來均以條約為依據。

咸豐年間，英國等有約國，不滿意於第一次鴉片戰爭所獲得的條約關係，於是趁著太平天國等亂事發生，要求修改條約，以期獲得更多的權益，但未得到清朝的同意。於是英、法兩國重施故伎，又以武力逼迫清朝修約，要求獲得公使駐京、謁見皇帝、開放更多通商口岸以及內河航行等權益。至此，咸豐帝追認南京條約以來締約的英、法、美等國為「與國」，而老早是清朝與國的俄羅斯，趁機加入英、法、美修約集團，咸豐帝以中國素無接待與國的禮儀作為藉口，婉拒四與國進京謁見皇帝。但咸豐帝的藉口抵擋不了炮艦，於是中國又和四與國分別締結了天津、北京條約，四國新修的條約均有一體均霑的條款，使得有約諸國聯結成一體，對中國享有共同條約權益。此後與中國訂約的國家，和四與國一樣，享有與國地位。

對清朝而言，英國歷經了從無約互市國到有約與國的地位變化，而兩國的公文書往來機制隨著兩國關係的變化又有哪些不同？

（1）南京條約締結之前的資訊傳達

① 中國洋行商人與外商（大班）的資訊傳達窗口

馬戛爾尼來華之前，英國與清朝之間只存在英商來市的互市關係，沒有官方公文書往來的管道。由於英商來市的通商口岸位於中國，因此必須遵從中國所制定的互市章程，而負有管理通商口岸責任的海關監督以及地方督、撫等各級官廳，在管理中外商人、處理中外商人糾紛或是傳達官方法令之時，基於清朝官民階級不同，不得直接往來的情況，均是透過承攬官廳代徵洋稅、照料外國商人、擔保外國商人信用、進行中外商品買賣等任務的中國洋行商人（簡稱洋商，或行商）作為中介，傳達給包括英國在內的外國商人（尤其是管束外商的「頭目」＝「大班」）；外國商人如需與中國官廳交涉，亦透過中國洋行商人呈稟給官廳，也就是說，中外商人彼此地位相同，是直接對等對話的窗口。

在英國東印度公司具有特許權期間，來華英商由東印度公司的大班管束，如發生中外通商糾紛或司法案件時，英商的問題透過大班（直接或由中國行商間接）「呈稟」中國官廳，而中國官廳也將處理辦法等內容（直接或由中國行商間接）「傳諭」大班；中國方面如果需要向英國傳達通商等法令或其他官方資訊，也是「傳諭」大班寄信英國國王。由於英商分不清中國的官廳體制，遇事往往直接越級到高層官廳（如督撫衙門）投訴，因此清朝官廳不得不屢次重申外國商人「呈稟」的程序，如嘉慶十五年（1810）十月，廣州知府陳鎮於核覆英國大班的請求時，條議了處理辦法，其中關於英商稟事，規定英商陳訴事件的程序，尋常貿易事宜應赴粵海關衙門呈遞，尋常地方民夷交涉事件應赴澳門同知、香山縣及縣丞衙門就近呈遞，只有緊急重大事件，方准通過行商代遞總督。總之，具有半官半商身分的大班向中國通商港口的官廳，如海關監督、督撫等遞交文書時，是以民對官（下對上）的上行文書來「呈稟」；海關監督、督撫等中國官廳對於大班或外國商人，則是以官對民的下行文書，加以「傳諭」。

清朝中國與無約互市國的英國之間，以中國洋行商人與外商（大班）作

為對等的資訊傳達窗口，存在著商人階層的常態溝通管道。

　　② 敕書與表文：非常態的資訊傳達

　　馬戛爾尼和阿美士德使華雖然都沒有達成英國的目的，但卻給了雙方直接傳遞資訊的機會。

　　馬戛爾尼在禮儀上的齟齬，造成乾隆帝的不悅，但乾隆帝還是抱著懷柔遠人的態度，頒給英王及馬戛爾尼「貢使」團賞賜，並給予英王兩道敕書。在兩道敕書中，清朝回復了英王的「表文」，詳細說明因為英國的請求不符合中國天朝的通商與外政體制，因此不能同意，等等。乾隆帝擔心英國復來請求，「而該省又無檔案可查，設將來該國復有仍前瀆請之事，該督撫等一時辦理，不能得有把握」，因此諭令軍機大臣等，將頒給英國的敕諭二道，「抄錄發交長麟（時為兩廣總督）等密為存記，並令入於交代，以便日後接任之員，遵照妥辦」。[39] 亦即將頒給英國國王的兩道敕書作為基本政策，要求後任督撫均按照敕書精神，在英國能與中國接觸的廣東通商口岸，即行駁斥其「瀆請」。

　　阿美士德一行又發生了禮儀問題，在見到皇帝之前就被驅逐回國，連上呈表文的機會都沒有。不過，嘉慶帝還是依禮收下部分貢物並頒給英國國王敕書，敕諭以後毋庸遣使來華[40]。

　　由於雙方對於英國兩次使節來華性質的認知完全不同，因此英國沒有達成與中國正式建立國交的目的，兩次遣使來華也未能成為建立常態直接文書往來管道的濫觴，對清朝而言，這不過是雙方之間偶爾為之的插曲；對英國來說，兩次遣使的失敗，則成為日後其以非常手段強迫清朝與之締約的有力藉口。

　　（2）南京條約締結之後的文書往來機制

　　鴉片戰爭後，中英雙方締結南京條約及五口通商章程，建立了國交關係，自然必須規定彼此官方文書往來的機制，南京條約第二條與十一條規定中國承認英國駐紮五口通商口岸的領事、管事官的官方身分，英國領事、管事官得與中國地方官公文往來，並規定各層級官員之間公文往來的機制，同屬雙方大員者彼此使用「照會」（communication）；英國下級官員使用上行的「申陳」（statement）公文致書中國大臣；中國大臣使用下行的「劄行」（declaration）

39　《清高宗實錄》卷 1467，乾隆五十九年十二月下丁丑條。
40　《清仁宗實錄》卷 320，嘉慶二十一年秋七月乙卯條。

公文回覆英國下級官員；同屬較下層級的雙方官員，互相之間亦使用平行照會；而商賈階級不屬於官廳之間公文格式的討論範圍，有事上呈官廳仍然使用「稟明」（representation）字樣。

條約規定依照官員層級區分公文格式的做法，或許是出自中國方面的考慮，因為在《大清會典事例》中，清朝中國對於各個官廳層級之間的位階，以及彼此之間的見面禮儀、文書往來格式等，都有詳細規定，這些規定不僅體現了清朝中國的官場倫理秩序，也維繫了政治組織的體制。而且在 1840 年 8 月，琦善與義律交涉期間，關於公文交往議題，琦善聲稱所有國家的官員都有等級差別，義律則反駁：英國駐華官員得到平等待遇和直接的官方交往，與官員級別無關，而與各國之間的平等有關[41]。由此可以推知，為中英雙方各個層級區分公文格式的規定，應該是中國方面的意思。

（3）天津、北京條約及文書往來機制

南京條約及五口通商章程締結後不久，英國立即不滿意所獲得的條約權利，其中關於國交往來的不滿是：國交雖然平等，但依然有名無實，公使不能與中國中央政府直接交往，總辦夷務的廣州欽差大臣遇事推諉，照會又常遲遲不覆，甚至欲與相晤亦頗不易，不得已而北走上海、天津，亦不得要領，因此英國認為今後公使必須入駐北京，經常與中央大員接觸。於是英國聯合法國發動第二次鴉片戰爭，再度以炮艦政策獲得修約目的，與清朝簽訂了天津條約。

在中英天津條約中，英國要求兩國國交平等，並「可任意交派秉權大員，分詣大清、大英兩國京師」，因此，為了應對新的往來方式，「大清皇上特簡內閣大學士尚書中一員，與大英欽差大臣文移、會晤各等事務，商辦儀式皆照平儀相待」；同時對於南京條約中沒有詳細規定的領事官與相對應的中國官員之間的品階等問題，在此也做了規定：「大英君主酌看通商各口之要，設立領事官，與中國官員於相待諸國領事官最優者，英國亦一律無異。領事官、署領事官與道臺同品；副領事官、署副領事官及翻譯官與知府同品。視公務應需，衙署相見，會晤文移，均用平禮」。其後，中英兩國又因為互換天津條約而起了衝突，兩國再簽訂增續條約（一般稱為「北京條約」），約中第二款，英國方面要求英國公使常駐北京，也使得清朝必須立即面對公使駐京的往來、

41　胡濱：《英國檔案有關鴉片戰爭資料選譯》下冊，中華書局，1993，第 744 頁。

交涉事宜，清朝隨後設立總理衙門，作為與外國駐京公使往來、交涉的主要窗口。

締結條約之後的中英兩國，雙方的國交以及公文書往來，均依據雙方的條約或章程交涉內容決定。

涉外司法裁判

1. 屬國

關於清朝與屬國之間的邊民通商糾紛交涉或犯罪等司法裁判問題，清朝雖然享有宗主國的優勢，可以依照自己的律法審理屬國人民，但實際上，除非是聚眾強盜、殺人，或是為亂邊境等宗屬雙方都公認的重罪之外，清朝並不經常使用這樣的權力，而往往將該國犯人移交該國處理。如雍正六年（1728），「據朝鮮國王李昑諮禮部文稱，本國賊黨恐有潛逃，懇飭關口防汛詗察等語。」對此，皇帝命令兵部：「朝鮮世效恭順，伊國逆犯，即係朝廷法所應誅之人，倘有逃入邊口內地者自當即為擒捕……著即嚴拿解京，如有窩留藏匿等情，從重治罪。」[42] 雍正帝的諭旨明確表示了上國清朝可以直接逮捕朝鮮罪犯，並依清朝律法治罪。不過，在嘉慶以後，嘉慶帝主張盤獲朝鮮匪徒後，「即發交該國自行辦理，以示朕撫輯懷柔至意。」[43] 對於朝鮮越境罪犯，形成由清朝邊境官廳逮捕後，直接解至邊界交該國押回，或是諮送盛京禮部轉解該國收審，而最後由中央禮部移諮朝鮮國王說明清朝處置原委之慣例。總之，主要是將朝鮮罪犯交由朝鮮自行審理。

而關於安南／越南人民的審判問題，清朝多半也是採取將人犯移交其本國處置的方式。如康熙十年，安南國人阮福祿獲罪來投中國之事，清朝以安南為屬國為由，不便收留安南罪犯，而將阮福祿交還安南處置。[44]

另外，雖然清朝曾先後允許朝鮮和安南／越南可以依據其本國法律直接處置越境犯罪的中國人，[45] 不過，身為清朝中國屬國的朝鮮和安南／越南，並不經常使用中國給予的這項特權，往往還是將犯罪的中國人送回中國。例如乾

---

42 《清世宗實錄》卷74，雍正六年冬十月庚子條。
43 《清仁宗實錄》卷92，嘉慶六年十二月己巳條。
44 《清聖祖實錄》卷35，康熙十年四月壬午朔。
45 如《清世宗實錄》卷63，雍正五年十一月癸酉條；《清高宗實錄》卷189，乾隆八年四月下甲辰條。

隆二十三年（1758），禮部奏，據朝鮮國王報稱，內地偷採人參民人劉子成
私行越境，特委員送至鳳凰城一事，即是如此。對此，乾隆帝諭令：「劉子成
偷採人參且逃至外國，大干法紀，著傳諭將軍清保，俟解到時，即正法示眾，
毋致脫逃。」[46] 將罪犯在邊境正法示眾，以達到警示作用。又如道光年間，越
南屢次通過水路遞送中國罪犯來粵，交由兩廣總督審辦，而道光帝要求越南按
照定例，解交欽州地方，由陸路轉解，[47] 說明越南將中國罪犯押送回中國，交
由中國審辦的處理模式，是兩國之間的慣例。

　　2. 與國俄羅斯

　　關於清朝與俄羅斯之間處理涉及兩國人民的司法審理問題，在兩國締結
尼布楚條約之後，基本上都是依據兩國之間的條約或章程規定，以對等的方式
進行的。如尼布楚條約提及了中俄兩國人民私自越境以及偷盜、殺人搶掠等事
件的處理方法：「一、凡獵戶人等斷不許越界。如有一二小人，擅自越界捕獵
偷盜者，即行擒拿，送各地該管官照所犯輕重懲處。或十人、或十五人相聚
持械捕獵、殺人搶掠者，必奏聞，即行正法。不以小故沮壞大事，仍與中國和
好，毋起爭端。一、從前一切舊事不議外，中國所有鄂羅斯之人、鄂羅斯所有
中國之人，仍留不必遣還。……一、和好會盟之後，有逃亡者不許收留，即行
送還。」恰克圖條約的規定也與尼布楚條約大致相同，如：定約後兩國各自嚴
管所屬之人；嗣後逃犯，兩邊皆不容隱，必須嚴行查拿，各自送交駐劄疆界之
人；持械越境殺人、行竊者正法，等等。從上述規定可知，尼布楚與恰克圖
條約均體現中俄兩國各依本國法律懲處本國所屬人民的「屬人主義」式精神，
除了重大殺人、劫掠案件外，兩國互相移送對方罪犯給對方邊境官員進行懲
處，在涉及兩國的司法問題上，顯示了尊重對方法律與裁判權的對等性質。如
乾隆八年：理藩院奏俄兵謝哩萬等二人，醉後在恰克圖界上毆死商人金成禮、
李萬興一事，[48] 可知理藩院是依據恰克圖條約中的規定來處理涉及兩國人民之
間的刑案，只是因為俄兵是醉後殺人，並非蓄意執持軍器越境殺人，因此改判
絞決，並請旨定為定例。又，由此案件亦可觀察實際處理涉及兩國人民之間的
刑案時，是經過兩國邊境官員的初步交涉之後，清朝邊境官員報告理藩院（俄

46　清高宗實錄》卷 571，乾隆二十三年九月下癸丑條。
47　《清宣宗實錄》卷 272，道光十五年十月丙辰朔條。
48　見《清高宗實錄》卷 202，乾隆八年冬十月上癸亥條。

國方面的邊境官員應該也會轉報其中央官廳），再由理藩院提出決議案上奏請旨。

又，見道光年間的事例，如道光二十七年（1847）上諭：

> 又諭，瑞元等奏，卡倫侍衛被控受賄請解交庫倫審辦一折，此案……
> 著庫倫辦事大臣行知俄羅斯，將此案搶馬賊犯哈斯泰等解至交界地方，
> 會同審訊。三等侍衛金齊賢、通事卓蓋們都爾，並事主珠布泰及應訊人
> 證，一併解往質審。[49]

可見涉及兩國犯罪案件，依然遵循兩國約定，由庫倫辦事大臣與俄羅斯官員在交界地方會同審訊。

即使 1860 年代中俄天津、北京條約締結生效之後，關於領事裁判權，以及雙方圍繞處理牲畜逸越邊界、逃人問題等的規定，事實上幾乎都是依循清俄之間從尼布楚、恰克圖條約以來行之有年的慣例。可見中俄天津、北京條約中依然存在許多承襲兩國固有外政秩序慣例的部分。

3. 互市國英國

（1）南京條約締結之前對於英人的司法裁判

南京條約以前，清朝與英國無正式國交關係，也沒有官方文書往來，對於英人與華人發生的通商糾紛或是刑案應該如何審理，兩國自然無從磋商一定的司法審理制度。由於英人在中國通商口岸上貿易、犯案，因此涉及中外的司法案件，基本上是由中國進行審理、裁判。至於在中國通商口岸上發生的外人之間的司法案件，清朝則抱持「外洋夷人互相爭競，自戕同類，不必以內地律法繩之」的態度，命令將犯人交由該國商船帶回本國，並加上了「並將按律應擬絞抵之處，行知該夷首，令其自行處治」[50] 的上諭。又，《大清律例》名例下卷五「化外人有犯」條規定：「凡化外（來降）人犯罪者，並依律擬斷」，可見對於在中國土地上犯案的外人，應該是按照清朝法律定罪，但乾隆帝或許是基於懷柔遠人的精神，因此「令其自行處治」。從中國固有法制歷史來看，皇帝的諭令往往凌駕於法律與慣例之上，當皇帝做出裁決時，負責司法審理的官廳只要依從皇帝的指示，不必一定按照律例進行裁判。

49　《清宣宗實錄》卷 446，道光二十七年八月下甲子條。
50　《清高宗實錄》卷 476，乾隆十九年十一月上己丑條。

看看南京條約締結之前英人與華人之間發生糾紛時的司法審理事例。首先，關於通商糾紛，英商與中國行商長久貿易往來，通常雙方關係良好，如果發生需要告官要求審理的糾紛，往往是華商積欠太多債款，因故可能無法償還之時，英商擔心虧損，因此上呈中國官廳要求處理。以 1750 年代發生的洪任輝事件為例，洪任輝「以邇年在粵貿易有負屈之處，特赴天津呈訴」，乾隆帝認為「事涉外夷，關係國體，務須徹底根究，以彰天朝憲典」，因此派遣給事中朝銓帶同洪任輝馳驛往粵，會同福州將軍新柱審訊。[51] 最後，抄沒欠債行商家產以賠償英商。[52] 至於英商洪任輝具呈訐控一案，因洪任輝「勾串」劉亞匾代為列款，犯了華夷之防的禁令，因此必須「繩以國法」，依律應該流徙遠方，不過，洪任輝「因係夷人，不便他遣」，故乾隆皇帝諭令「從寬在澳門圈禁三年，滿日逐回本國」，並且不許洪任輝再來中國貿易。可見，乾隆帝認為洪任輝原本應該按照大清國法懲處，最後雖然以懷柔遠人的態度，從寬處罰，但洪任輝依舊按照中國的審理結果，在澳門圈禁三年。[53]

其次，關於涉及中英鬥毆傷人或殺人等刑案，由於來華貿易的英人均由大班管束，因此中國官廳傳訊相關人等進行審理時，還是通過行商通知大班交出英方疑犯。雖然英人不願服從大清律例中擬抵償命等刑罰，大班也時常採取賄賂或拒不交人等手段，以影響司法審理，但在司法程序正常運行之下，基本上是依照清朝中國的律例進行審判的。

（2）中英五口通商章程以及天津條約、煙臺條約中的規定

1844 年的中美望廈條約，美方加入了關於領事裁判權的條款，代表美方締約的顧盛（Caleb Cushing），認為中國政府對於在帝國領土領水內的一切人等都要行使完全排他的管轄權，[54] 顧盛此一說法，證實了鴉片戰爭前清朝政府對於在中國土地上涉案外人擁有審理、懲處權的固有主張。由於當時的英、美等國，不願意本國人民接受中國的司法審判，因此在與中國所訂立的條約中，要求加入關於領事裁判權的款項。1843 年中英雙方簽訂作為南京條約補充條約的五口通商章程，其中第 13 款規定：「其英人如何科罪，由英國議定章程、

51　《清高宗實錄》卷 589，乾隆二十四年六月下戊寅條；卷 590，乾隆二十四年閏六月上壬午條。

52　《史料旬刊》第 4 期，乾隆二十四年英吉利通商案，第 120、121 頁。

53　《清高宗實錄》卷 598，乾隆二十四年冬十月上庚辰條。

54　〔美〕威羅貝：《外人在華特權和利益》，王紹坊譯，生活・讀書・新知三聯書店，1957，第 343 頁。

法律發給管事官照辦。華民如何科罪，應治以中國之法，均應照前在江南原定善後條款辦理。」

若從近代西方民族國家的主權概念，來看清朝與外國所簽訂的領事裁判權，會認為此舉是斲喪國家主權，但如果從當時的歷史情境來看，則或許不能對清朝多所苛求。因為以清朝固有的法律精神來說，對於涉外官司的審理，一直以來都是屬人主義式的，例如清朝從尼布楚條約以來，在與俄國所簽訂的對等條約中，都是彼此承認由各該管官員審理本國犯人，對於涉及兩國人民的重大案件，也經常採取會審方式，在邊境審判；甚至 1871 年的中日修好條規，條規內容幾乎全由清朝主導擬定，可以說充分顯示清朝意志的理想條約觀及對外觀念之體現，在這樣的條約中，清朝仍然放進了雙方適用領事裁判權的規定，可見即使到了 1870 年代，只要可以跟對方政府達成協議，清朝理想的涉外官司處理還是屬人主義式的。除非找不到管轄涉案外國人的官廳或官員，像中英在南京條約之前沒有正式的國交關係，那麼英國人在廣東犯案，則適用於大清法律。

清代中國外政秩序的樣貌

根據以上事例，可以歸納出清朝固有外政的特色。

清朝的對外關係基本上是以各個雙邊關係組合而成的，即使同屬清朝屬國的朝鮮與安南／越南，清朝對於它們的態度和處理模式也各不相同。

如前文中提到的公文書往來窗口，朝鮮國王先是與清朝的六部（特別是禮部）進行對等的諮文往來，後來又以北洋大臣作為主要往來窗口；而安南／越南國王則主要與兩廣督撫、雲貴總督進行對等照會往來。另外，這兩個國家雖然同樣與清朝建立了正式的封貢關係，同樣被規定了來貢的貢期、貢道與貢品，但不論在封貢關係建立的過程上，還是在公文書往來窗口，貢期、貢道與貢品的規定內容、使節團往來頻度，甚至於最後結束宗屬關係的情形都不同。在封貢關係建立的過程上，朝鮮是因武力征服才成為清朝的屬國；安南則是承襲自明朝的舊有屬國。由於風土物產不同，與清朝的親疏也有別，因此，來貢的貢期、貢道與貢品規定也自然不同，不過在清朝接待使節團的中央單位方面，身為清朝最重要屬國的朝鮮，也與清朝其他屬國的接待單位不相同；[55] 甚

---

55 《清高宗實錄》卷 1369，乾隆五十五年十二月下甲子條。

至，頒發詔書給屬國，清朝也僅有遣使前往朝鮮頒發，其他的則只是交由各省督撫轉發。[56]而關於清朝與朝鮮、越南結束宗屬關係的過程，相較於其他屬國，清朝為了維繫與朝鮮、越南的宗屬關係，不惜分別與日本、法國發生了戰爭，可知清朝還是比較重視這兩個國境毗連的屬國。雖說如此，清朝對於朝鮮、越南兩國的態度還是有所不同。對於越南，在光緒九年（1883）中法戰爭發生之前，中法兩國曾有分割越南南北，分任保護之交涉，在中法戰爭後，由於越南徹底成為法國的保護國，清朝僅能在條約中要求法國留給自己文字上的體面：「中、越往來，不礙中國威望體面」，[57]希冀法國可以不阻止越南進貢中國的禮節性往來。而對於朝鮮，清朝為了防範日、俄兩國對於朝鮮的野心，首先在光緒七年、八年之際，主導了朝鮮與美國等國簽訂通商條約，企圖引進其他國家的力量來制衡日、俄兩國，並與朝鮮簽訂水陸通商章程，以加強宗屬關係；在甲午戰爭之後，清朝雖然不得不在馬關條約中承認朝鮮的獨立自主地位，被迫放棄與朝鮮的宗屬關係，卻遲遲不願與獨立之後的大韓帝國簽訂對等的通商條約，直到光緒帝在戊戌變法期間，自行放棄了天朝地位，才同意與大韓帝國簽約。顯見清朝對於朝鮮的宗屬關係特別重視，直到清朝的世界觀轉變為止，一直努力積極採取各種手段加以維繫。可知清朝對於朝鮮的態度還是比較不一樣的，在屬國之中，尤其重視朝鮮。

依據清朝固有的外政親疏次序，對清朝來說最重要的國家，是清朝比作「內臣」的親密屬國；次要於屬國的國家是與清朝締有對等條約、具有國交關係的與國；再次則為沒有國交關係、僅有通商關係的互市國。

不管在公文書往來還是涉及各該國人民的司法審理上，清朝對於與國俄羅斯和互市國英國的態度完全不同。在通商方面，清朝與俄羅斯是根據兩國的對等條約，讓兩國商民在兩國邊境的互市市場上貿易；英國則是靠著清朝的開海政策，自行派遣商船前來中國的開放通商港口貿易。南京條約簽訂以前，由於清朝與英國沒有正式國交關係，因此不存在公文書往來機制，主要由中英商人互相傳達政府的資訊。在涉及中英商人的通商糾紛交涉或犯罪等司法裁判上，英國人原則上適用中國法律。隨著中英南京條約的簽訂，英國成為清朝的新與國，此後兩國的關係改以條約作為依據。

56　《清仁宗實錄》卷 37，嘉慶四年正月上丙寅條。
57　《清史稿》卷 155，邦交志 3，法蘭西。

　　直到俄羅斯、英國分別與清朝在 1858 年、1860 年簽訂了一體均霑的天津、北京條約，俄、英兩國與清朝的關係才大體趨於一同。當時簽訂天津、北京條約的俄、英、法、美四國，一起成為清朝的四大與國，從此它們與清朝的關係都有條約依據，理論上都能借著交涉、談判，達成調整與清朝之間關係的目的。

　　又，從本章所舉諸例可知，清朝不僅在親疏遠近的階層原則上，對於各個國家採取不一樣的態度，甚至對於每個關係國家的態度也都依據歷史情勢等變遷，而做出不同的應對，可說是具有依時流變、因時因地制宜的外政秩序。因此，或許只有通過累積種種的歷史事例與分析後，才能窺得其大致的樣貌。

　　本章通過有清一代的通商制度，以及長期、常態的公文書往來和司法審判等涉外制度，來重建清朝與屬國、與國、互市國之間的固有通商制度與外政秩序的歷史面貌，以及在此固有通商與外政制度下，所呈現的清朝對外關係與世界觀，確認清代的固有通商與外政制度存在著多元樣態與多層次的交涉管道，絕非朝貢體系所謂的只有「朝貢貿易」、只有「天朝」與「朝貢國」的國交關係。

　　在通商制度上，由於列國在中國的通商口岸交易，就註定了在主客觀條件上沿用清朝固有制度的命運，中英南京條約前後的清朝通商制度，在本質上幾乎沒有重大改變，如在開港地才能通商、透過行商買賣貨物或報關等。因此在通商制度上，清朝並未如同朝貢體系論所說的，因中英南京條約的簽訂而劃分成舊的朝貢貿易體系和新的條約體系。清朝的通商制度，不是朝貢體系，也不是條約體系，而應該是清朝自己說的互市制度。

　　在外政上，通過本章可知，清朝固有的外政秩序也不像朝貢體系論所說的，因中英南京條約的簽訂而截然劃分。中英南京條約中的一些規定，仍然延續著清朝向來的外政秩序，例如公文書的往來模式必須符合清朝向來的官階秩序等等；而中俄兩國的更新條約（天津、北京條約）的內容，也承襲了許多固有的往來模式。況且，在朝貢體系論所說的 1842 年進入條約體系之後，清朝的與屬國之間的宗屬關係依然存在，其中，與最重要的屬國朝鮮之間，直到 1895 年才結束宗屬關係，直到 1899 年才簽訂對等通商條約。清朝與屬國之間的關係並非依據條約，而是分別與各個屬國之間固有的、行之有年的封貢關

係，雙方之間擁有因長久往來而積累出來的權利與義務關係，以及宗屬之間的
諸多常例、慣例，等等，這些是清朝所謂與屬國之間的「體制」。即使在中英
南京條約簽訂之後，清朝還是經常為了與屬國之間的「體制」問題，與西方諸
國以及日、俄兩國發生爭執或衝突，如果忽略清朝與屬國的關係，則無法窺得
清朝外政秩序的完整面貌。

第二章　十九世紀前期中西關係的演變

　　中國與歐洲的交往可以追溯到遙遠的古代。明代中葉中西海通之後，這種交往開始對雙方產生持久的重大影響。從 16 世紀中期到 18 世紀前期，在商業貿易發展的同時，中歐之間的文化交流呈現出較為興盛的局面，直到清代康熙末年發生「中國禮儀之爭」，[1] 導致天主教的傳教活動在中國被禁止，這種局面方告一段落。「禮儀之爭」使中西文化交流陷入停滯狀態，但中西之間的商業貿易則持續進行，且愈益繁盛。從 18 世紀開始，英國在對華貿易中後來居上，逐漸占據了主導地位。19 世紀初，美國也超越英國以外的歐洲諸國，在這一貿易中扮演了重要角色。中西貿易的快速發展，使中西關係在整體上不可避免地發生了意義深遠的演變，進而導致了從鴉片戰爭開始的一系列具有決定性意義的重要事件，這些事件在很大程度上塑造了近代中國歷史的形態。

一、中西貿易及其體制

　　19 世紀前期，中西貿易持續發展，到 1830 年代中期，達每年數千萬銀元規模。然而，在國際經濟網路中具有重要地位的中西貿易，卻是建立在充滿爭議的制度基礎上的。在中西雙方都很重視這一貿易的背景下，這些爭議也曾導致貿易制度的局部調整。

---

* 本章由吳義雄撰寫。

1　所謂「中國禮儀之爭」，是指 17 世紀到 18 世紀，西方天主教傳教士及羅馬教廷關於中國禮儀是否違反天主教教義的爭論。這一爭論從來華天主教傳教士當中產生，但影響面日益擴大。羅馬教皇克萊門特十一世（Pope Clement XI）於 1704 年頒諭禁止中國教會採用中國傳統禮儀，導致康熙帝下令禁止天主教傳教士從事在華傳教活動。

中西商人與廣州貿易

清朝前期，曾相繼設立粵、閩、浙、江四海關，對外通商。但隨著來華西方商船日益增多，其襲擾地方、作奸犯科之事時有所聞。各國相互關係複雜，經常發生糾紛。這些都使清政府產生警惕，對外政策漸趨嚴厲。1757年，清政府將海路貿易限定在廣州進行，並對中外貿易進行更為嚴密的控制。

廣州行商是由清政府特許經營對外貿易的商人群體。他們開設洋行，專營進出口貿易，這些洋行一般稱為「十三行」，雖然其數目經常並非恰好為十三家。在歷史上，行商曾經結為較為統一的壟斷性公行組織，協調對外貿易，但在外商的反對下最終取消。19世紀前期，行商的公共組織是所謂「公所」，但這個公所只是一個行商鬆散的議事機構，並不具備壟斷性的公行的特徵。但習慣上，外商還是用「公行」（co-hong）來稱呼這個公所。在19世紀前期，除少數幾家外，行商的經營活動大多艱難，作為一個團體經歷了數次倒閉風潮。除了伍浩官的怡和行和盧茂官的廣利行等少數洋行外，大多數小行商經常處於朝不保夕之境。行商不僅從事貿易，還是官府與西人之間的聯絡媒介，具有代表官府對西方商人群體進行管理和監督的身分。行商由粵海關監督直接管理，但他們也經常聽命於兩廣總督、廣東巡撫、廣州知府等官員。廣東當局通常以高壓手段，迫使行商履行其作為官府工具的責任，常因外人違規而對他們施以程度不等的懲罰。

在行商之下，廣州貿易還依靠懂得一些英語的通事和為外商日常生活服務的買辦。通事地位不高，但作用很關鍵，是溝通中西的中介。他們使用的語言是一種變種的「英語」（Pidgin English），不講句法，發音不準，受到廣州方言的濃重影響，在中西人士之間勉強可以起到聯絡的作用。通事不僅從事傳譯的工作，也承擔一些中西貿易方面的事務。通事常代西方商人與官府溝通，處理稅務及其他貿易事務，提供有關商業資訊，陪同西人在廣州附近地區遊歷，等等，「除了行商以外，在其他中國人當中，和外國僑民聯繫最密切的就是『通事』」。[2] 買辦地位較通事更低。外國人較多地使用買辦，是從18世紀中葉西方對華貿易大規模擴展之時開始的。買辦由行商擔保，由官府（粵海關監督、番禺縣或澳門同知）頒給執照。買辦有商館買辦與商船買辦的區分，商

2　〔美〕亨特：《廣州番鬼錄》，馮樹鐵譯，廣東人民出版社，1993，第37頁。

館買辦的職責是為廣州的外國商館提供生活服務。每家行號都雇傭一位買辦，為商館提供全方位的服務，負責為商館採購、供應生活必需品，管理商館貿易及所需僕役，甚至管理商館內部經濟、帳目乃至銀庫。買辦還要照管外商的私人事務。商船買辦主要為到廣州黃埔的西方商船提供服務，其中為其採辦食物和其他生活用品，以及為外商船隻提供僕役，是其主要業務。

　　19 世紀的前 30 年，廣州貿易的外方主角無疑是英國東印度公司特選委員會。該委員會通過長期設立於廣州西郊的英國商館，管理其龐大的貿易事業，同時也實際上影響著中西關係的大局。來華英商甚至部分其他國家商人之間的商業事務，以及外商與中國行商之間發生的商業關係，往往由東印度公司廣州特選委員會來進行協調解決。該委員會由幾位大班組成，以一位主席為首，與東印度公司在印度的強大勢力保持密切聯繫。他們在對華貿易的前沿地帶形成的看法，對英國的對華政策具有重大影響。在名義上，這個委員會要受代表官方的行商的約束，但實際上，在相當長的時間內，這個委員會卻經常充當扶植資金薄弱的小行商的角色。他們除了預付茶葉、生絲的款項外，還在一些行商遇到危機時，給予資金方面的支援。他們這樣做的目的，是為了利用弱小行商來抗衡少數富有行商的影響，「盡可能在中國人之間維持競爭局面，防止公行過於壟斷」。[3]

　　1834 年，東印度公司對華貿易壟斷權結束，讓位於早已羽翼豐滿的英國散商（private merchants），雖然它還以其他方式參與具有重大利益的廣州貿易。[4] 英國散商從 1770 年代開始到廣州貿易。由於其活動與東印度公司的對華貿易壟斷權抵觸，故經常遭東印度公司廣州特選委員會驅趕。但在重利吸引下，他們想盡辦法，如以歐洲小國領事的身分待在廣州和澳門，開辦商行，從事貿易，逐步鞏固地盤，不僅使東印度公司的禁令漸成具文，而且駸駸然與之並駕齊驅，最終取而代之。在 1830 年代中後期，英國人和印度巴斯（Parsee）人的數量約為 200 人。這些商人經營著數十家從事代理貿易的商行，交易的內容包括正常商品和鴉片。

　　在 1820—1830 年代，英國商人群體中出現了分別以查頓（William

3　Robert Inglis, *The Chinese Security Merchants in Canton and Their Debts*, Canton, 1838, pp.18-19.
4　該公司還在廣州保留了一個「財務委員會」，從事投資活動。參見〔英〕格林堡《鴉片戰爭前中英通商史》，康成譯，商務印書館，1961，第 172 頁。

Jardine）—馬地臣（James Matheson）和顛地（Lancelot Dent）為首的來華英商集團。這兩個集團中的主要行號即查頓—馬地臣行（Jardine, Matheson & Co.）和顛地行（Dent & Co.）。這兩家最大的英國商行的合夥人，同時也是兩個相互存在矛盾的商人集團的首領。從 1820 年代後期開始，廣州英商明顯分化為兩個集團，分別以查頓—馬地臣行和顛地行為核心。廣州英商在鴉片戰爭前的動向，與這兩個集團之間的紛爭有密切的聯繫。這兩個集團的矛盾與經濟利益相關，其分歧主要表現在以對華關係為中心的政見之爭上。查頓、馬地臣和顛地都是 1830 年代所謂「自由商人」的代表，他們都是積極鼓吹中國向西方打開大門的英商代言人。故其基本觀念並無原則性分歧，只是在對中英關係發展形勢的判斷和對華策略方面有不同見解。他們也擁有共同的「事業」，在從事正常貿易的同時，都大規模地進行鴉片走私。這種共同點，使他們有時也相互合作。[5]

　　法國、普魯士及歐洲其他國家，在鴉片戰爭前也從事對華貿易，不過其規模遠不能與英人相比。19 世紀早期歐洲發生的戰爭，對法國等國的海外貿易造成較大影響。美國商人在 18 世紀後期開始對華貿易，其開端是 1785 年「中國皇后號」抵達廣州。美國商人的勢力在 19 世紀超越了眾多西方國家，成為廣州貿易中僅次於英國商人的群體。1837 年初，在廣州的美國商人約 40 人，較英人為少。[6] 1837—1838 年度，英國商人在廣州經營的貿易額約為 65100000 元（西班牙元，下同），而美國商人的貿易額約為 11700000 元。[7] 這個數字反映英美兩國商人的勢力還存在較大的差距。在其他年分，英商的貿易額也是美國商人的 5 倍以上。這兩國商人經營的生意，占了廣州口岸中外貿易的絕大部分。

　　這些商人是鴉片戰爭前影響中西關係演變最重要的因素。事實上，中西之間一系列交涉事件，都是因為這個群體的利益引起的。中英之間從對抗走向戰爭的主要背景，就是英商在努力獲取利益的過程中與中國官府產生不可調和的矛盾。從 18 世紀末馬戛爾尼（George Macartney）訪華開始，英國政府就為其商業利益與中國政府交涉，但在當時情況下難以對中英關係施加持續性影

5　參見吳義雄《條約口岸體制的醞釀—19 世紀 30 年代中英關係研究》，中華書局，2009，第 17—27 頁。

6　"Foreign Residents in China, "*The Chinese Repository,* vol. 5, no.9, January 1837, pp.426-432.

7　*The Canton Press,* October 28th & November 4th, 1837.

響，直到矛盾最激化時，它才作為主角登場。因此，鴉片戰爭前中西關係演變的主要線索，是以英國人為首的西方商人與中國官府間關係的變化，而非中、英政府間的對抗。

在英國東印度公司對華貿易時代，其廣州商館特選委員會常常充當外商利益維護者的角色。1834 年後，眾多的英美商人也日益感覺到，需要有一個自己的組織機構，以便協調貿易事務，並以集體的力量反抗廣東當局施加的「迫害」。1834 年 9 月，廣州英國商會（The British Chamber of Commercial of Canton）成立，顛地和馬地臣等都是這個組織的重要成員。這個商會的工作內容就是與英國商務監督聯繫，並就有關問題與中國行商交涉。但因為顛地集團和查頓—馬地臣集團的矛盾，這個商會未能很好地運轉，不久陷入分崩離析之境。1836 年 11 月，一個包括所有廣州外商在內的廣州外僑總商會（Canton General Chamber of Commerce）成立。在這個商會中起主要作用的是英國商人，但其領導機構「委員會」中也包括美國人、巴斯人、荷蘭人和法國人等。[8] 這個商會的宗旨被確定為「純粹商業的」，其主要活動包括：處理外商之間及外商與行商之間的商業關係，協調乃至仲裁他們之間的爭端，制定商業性的貿易規則。但當外商與中國官府發生爭議時，總商會也代表外商的利益，與中國當局交涉。中國官府實際上也將這個商會當作在廣州的外人的代表。1839 年春，林則徐到廣州禁煙時，最初交涉的對象即為廣州外僑總商會。因此，在很大程度上，這一組織是外商經濟和政治利益的代表者。在中英戰爭來臨之際，英國商人還成立了其他類似的組織。

廣州體制的部分調整

在獲取豐厚利益的同時，歐美商人們希望將這種利益盡可能地擴大。在他們看來，實現目標的主要障礙是清政府的對外體制。1757 年後，清政府推行限制對外交往的政策，其基本內容是：將與西方國家之間的海路貿易限於廣州一口；限制進出口船隻數量、大小，貿易物品的種類與數量；設立行商，壟斷對外貿易；清朝官府與外人之間不發生直接聯繫，一切交涉事務，均由行商居中聯繫轉達；規定廣州外商須在商館區「夷館」內生活，對其活動採取諸多限制措施等等。

---

8 "General Chamber of Commerce," *The Canton Register*, November 29th, 1836.

中國歷史學者一般將這種政策稱為「閉關政策」，西方文獻則將其概括為「廣州體制」（Canton System）。對這種制度的評說可謂眾說紛紜，但迄今為止的討論更多地從靜態的角度評說清朝的制度安排，而較為忽略這一制度的動態演變。19 世紀早期形成的西文歷史文獻，多將廣州體制描述為一種缺乏公正和平等的制度，它意味著壓制和侮辱，掠奪和腐敗，總體而言，它是一種由清政府施加壓迫而外商遭受冤屈的制度；在這種制度下，清朝政府官員對外商進行苛刻的管制和盤剝，而行商則是代表官員具體實施壓迫的群體。在西方商人群體和其他來華人士看來，除少數對他們「友好」的行商外，大多數行商都是生性貪婪、德行敗壞的人，他們同時也是協助官府對外人進行「壓迫」和「榨取」的幫凶。

這種描述在很大程度上具有事實根據，但卻沒有反映當時的全部狀況。依託於這種制度的貿易，在 1830 年代發生了很大改變，使制度本身也顯示出動態特徵。如前所述，東印度公司廣州特選委員會對行商的影響，意味著它擁有相對於行商的經濟權力。而廣州外僑總商會所從事的各種活動表明，較之特選委員會，它在以貿易為主要內容的中西關係中擁有更大的權力。其中，它所制定並得到實行的數十項貿易規則，[9] 說明在 1830 年代，甚至更早，廣州貿易在相當高的程度上已有一種中西共管的特徵。清政府在名義上能夠對這一貿易實行絕對的專斷，但史實表明，它既沒有能力也缺乏意志對廣州貿易施行絕對控制。它比較滿足於從這一貿易得到的經濟上的好處。當它感到有必要對並不馴服的「外夷」震懾一下以彰顯它的權威，或是需要通過加強制性影響以獲取更大的好處時，它會動用政治權力來干涉貿易。但大多數情況下，它其實並不十分清楚在廣州外商群體內甚至是外商與行商之間發生的事情。廣州的高級、低級官員都很貪婪，他們利用權力對外商進行榨取，正如他們也對行商進行榨取。但除了發生明顯衝突的時期，他們對於貿易活動較少進行干預。

1830 年代後，廣州體制較以往更多地被外商努力侵蝕。外商無法突破基本的通商格局，但在具體層面卻實現了一些目的。1829 年，英商集體就行商倒閉問題和稅收問題向廣東官方抗議，結果是廣東當局採取措施恢復了行商的

9　這些規則包括：（1）關於一般商業問題的規定；（2）關於與行商交易的規定；（3）關於鴉片貿易問題的規定；其他一些外商公共事務的規定。詳見吳義雄《條約口岸體制的醞釀──19 世紀 30 年代中英關係研究》，第 40─45 頁。

數量，而清廷在 1830 年批准了粵海關監督中祥的一個減稅方案，將來粵洋船照例上繳的一種名為「規銀」的徵收費用減少了 1/5。此後數年，外商的減稅要求幾次得到清朝當局的批准。這說明，由一系列「舊規」組成的廣州口岸的稅費體系，在西方商人群體的壓力下，被迫因適應形勢而改變，而這種減稅的措施，對行商來說是很不利的。

　　廣州體制的一個重要環節，是由行商充當外國來粵商船的保商，並代理外商的納稅事務。但 1834 年後，行商卻悄然地退出代收關稅的事務。經過中西商人的某種安排，粵海關稅進口的繳納方式，已由行商代納變為進口商（外商）自行繳納。這無疑悄悄地然而是非法地改變了原有的制度安排，實際上也部分地消除了行商對外商進行管制的一個途徑。[10]

　　以上情況說明，作為廣州體制重要內容的行商相對於外商的權勢地位，在不斷遭到削弱。在東印度公司對華貿易時代，不少行商在資金上產生問題時，已需要仰仗特選委員會。1834 年後，行商在貿易上也要受到外商的左右。萬源行商人李應桂在 1834 年給粵海關監督的稟帖中說，當時行商經營大多艱難，相互之間形成惡性競爭，結果被外商玩弄於股掌之上。茶葉貿易是當時行商獲利的一個主要途徑，但行商是否能多銷茶葉，總看平日對外商「趨奉如何」，是否「能得夷人之歡心」。[11] 在大部分時候，行商為了經營下去，均以較為不利的條件向外商借債。一旦債務積欠，行商信用破產，就演成所謂「商欠」案。由於行商之間相互聯保，即具有相互賠付債務的義務，大的商欠案幾乎可以將所有行商捲入，外商就成為行商集體的債權人。這種經常發生的經濟災難，使得行商實際上在外商面前處於弱勢地位。在此情況下，廣州體制及其所代表的國家權威，不免打了很大折扣。

商欠與行商體制問題

　　廣州體制的核心是行商制度。這一制度運行了一百餘年，但從 18 世紀後期開始，這個制度愈來愈暴露出其重大缺陷。這個缺陷在商欠問題上得到集中的體現。所謂商欠，主要指行商所欠外商債務，又稱「行欠」。商欠問題從 18 世紀後期開始發生過多次，在數十年的時間內是影響中西貿易乃至整個貿

10　關於這一問題的資料，見《廣州週報》（*The Canton Press*）1838 年 11 月 3 日編者評論。
11　〈行商李應桂稟帖〉，佐佐木正哉編《鴉片戰爭前中英交涉文書》，文海出版社，1967，第 37 頁。

易制度的頑疾。進入 19 世紀後，這一問題仍然存在，而且在鴉片戰爭前夕逐漸演變成影響中英關係的重大事件。

1837 年，發生了興泰行商欠案，涉及的債務達到 200 多萬元。成立於 1830 年的興泰行，在 1836 年底即停止向其外國債主償還債務，次年 4 月，顛地等外國債主向兩廣總督鄧廷楨遞交稟帖，要求鄧責令其他未破產的行商為該行償債。鄧廷楨對興泰行商欠進行了調查，經中外商人與官府一起核實債務數目，最後確定了由所有未破產的行商分八年半攤還的賠償方案。直到鴉片戰爭爆發，賠償尚未完成。其後，興泰行剩餘的債款和其他的商欠款一起，成為《南京條約》規定的中國對英賠款的一部分。

興泰行在短短 6 年的時間內，積累了如此巨額的債務，成為經營徹底失敗的案例。其他倒閉的行號雖然沒有虧欠到這樣的地步，但也經歷了相似的失敗過程。19 世紀前期，行商群體就在 1813—1814 年、1823—1829 年先後經歷了兩次大的商欠危機。1830 年代的行商倒閉潮雖然並不劇烈，但卻出現了興泰行的商欠大案。這些情況，清楚地顯示出行商體制存在著無法克服的弊端。

導致行商體制不斷發生重大危機的主要原因有三。其一，行商的經營模式存在先天性的缺陷。除少數者外，行商一般資金不足，要想盈利，需要將貿易維持在一個較大的規模。但除自籌資金外，其他資金的來源管道非常有限，只有舉貸，而貸款往往來自索要高額利息的外商。在大部分情況下，外商一般要收取 12%—20% 的年利。這就對行商的盈利能力提出了很高要求。外商貸款又常常以實物的形式付予，即將進口貨作為貸款交行商售賣，回款再以茶葉等出口貨抵還。這就需要行商在內銷進口貨和外銷出口貨的環節能夠賺錢，才能維持經營。但從實際狀況看，進口貨棉花或匹頭貨（紡織品）為大宗，長期滯銷，很難獲利，行商的主要盈利來源實際上是茶葉貿易。一旦茶葉出口無法帶來足夠利潤，就意味著危機的到來。興泰行正是在這種進出口貿易中都無法獲利而無力支付巨額債務的情況下破產的。

其二，行商體制中的連帶責任制，使行商經常面臨集體風險。這一制度是行商貿易體制很有特色的部分，也構成中英雙方在興泰行債務處理過程中爭論的一個焦點。所謂連帶責任制度，即每一個新行商獲准設立洋行時，都由其他所有行商提供信用擔保。這樣，所有的行商之間都形成了在債務方面的連

帶責任。當一個行商破產後，外商便會根據這種制度，要求廣東當局負責處理其債務問題，以行政權力代外商追賠，將債務分攤到未破產的行商頭上，分期償還。這就使未破產的行商需在自己的利潤中拿出相當的部分，為破產行商償債。其中有些行商就會因為這種額外負擔發生信用問題，最後也陷於破產，連鎖波及，形成行商成批破產的現象。連保制度起先只是要求少數幾家行商互相擔保，但在嘉慶年間被擴大到所有行商互保。由於這一制度顯然對放貸的外商具有保護作用，故當 1829 年廣東當局根據東印度公司特選委員會的建議，決定廢除這一制度時，英國散商強烈地進行抵制。

特選委員會當時向兩廣總督李鴻賓建議：將來新開之行不對破產行商所欠外人債務或中國人債務負責，老行也不對他們將來的債務負責。[12] 提出這一建議，是鑒於當時行商在這一制度下接連破產，以致出現幾乎無人與外商交易的嚴重局面。他們希望通過這種制度變更來避免將來再出現行商破產的多米諾骨牌效應。李鴻賓等廣東官員對此表示贊同。道光帝根據廣東官員的建議，於 1829 年 5 月諭令「即照舊例一、二商取保著充，其總、散各商聯名保結之例，著即停止」。[13] 飽受連帶責任拖累的行商們也歡迎這一制度變更。然而，當伍浩官將這一決定通知英商馬格尼亞克行（Magniac & Co. 後來該行更名為查頓─馬地臣行）等行號時，立即遭到英國散商的嚴重抗議。他們認為，行商壟斷了對外貿易，使外商無法與其他商人交易，因此作為一個團體有義務償還在貿易中形成的債務；而且行商額外徵收的行用，本來就是為了償還商欠。但在做出按照舊例清償原有債務的承諾後，廣東當局決定，嗣後再發生商欠，即照新規處置。不過到興泰行商欠案發生後，外商債主要求根據舊例，由所有行商攤賠。當時他們對廣東當局是否答應他們的要求，承認本已廢除的所有行商之間連帶責任制，頗無把握。但對上述制度變化顯然並不瞭解的鄧廷楨，對外商的要求全無異議，從而免去了惴惴不安的外商債主的擔心。舊制度因此而復活，如果沒有鴉片戰爭導致行商制度的廢除，那種商欠導致行商集體倒閉的戲劇還會一再上演。

其三，官府榨取。官員們各種名目的需索也是行商的沉重負擔。儘管行

12　"Extract of a Letter from the Select Committee to the Viceroy of Canton, dated 3rd October, 1829," *The Canton Register,* December 22nd, 1829.

13　《道光九年四月初五日上諭》，蔣廷黻編《籌辦夷務始末補遺》（道光朝）第 1 冊，北京大學出版社，1988，第 551 頁。

商代收關稅的制度在 1830 年代遭到了破壞，但他們在大部分時間裡尚須承擔這一義務。除了完納規定的「餉磅」外，行商每年必須上繳固定數目的捐款，作為給皇帝和宮廷的貢品的代價。他們也需要為清朝的軍事行動和名義上的浩大工程（如黃河治理）提供銀兩。他們還要向海關監督及其他官員「報效」。各級官員不僅向行商收取成為定規的銀兩，而且以各種名義對他們進行額外的勒索。這使行商經常陷於困苦的境況，加劇了經營的困難。

此外，很多行商生活奢華，開支浩大，揮霍了大量資金，也是其經濟狀況欠佳的一個重要因素。

以上幾方面原因都是眾行商長期面對的困難，也可以說是體制性的缺陷造成的。1830 年代發生的一些特殊情況，使行商體制在鴉片戰爭前夕面臨更大的考驗。東印度公司結束在廣州的直接貿易活動後，資金較為薄弱的小行商失去了過去曾經享有的來自特選委員會的支持乃至保護。當興泰行面臨沉重債務時，它的背後已無可能出手相助的特選委員會，只有心懷叵測、窺伺在側的英國散商。查頓等英國鉅賈反而「同茶商本身發生直接的關係。這個辦法的確為英國保證了茶葉的正常供應，然而卻使行商的地位更為低落了」。此時茶商又抬高供應茶葉的價格，使「每一個行商都因茶商的舉動而陷入風雨飄搖之境」。[14] 不僅如此，東印度公司在結束其貿易之前，花費巨額資金，囤積了大量據信有利可圖的茶葉，導致廣州市場茶葉價格高企，中國內地茶商抬高了供貨的價格。同時，該公司在廣州的代理人又將在印度獲得的利潤作為投資，在廣州大量放款，資金供應的增加導致茶葉投機進一步狂熱。但到 1836 年，東印度公司原來囤積的茶葉投向英國市場；而散商們獲得以前被禁止涉足的茶葉貿易後，也向英國運送了大量茶葉。這就造成其國內市場對茶葉需求的放緩，價格下跌。英國政府卻在這一年突然大幅上調茶葉進口稅，使從事茶葉貿易的英商獲利困難。這一切，都使得英商從廣州出口茶葉的熱情下降，而且開始下壓價格。在英商和中國茶商之間的行商於是面臨兩面夾擊，原來的盈利預期化為泡影，經營不善的行商賠累不堪，興泰行則是其中最為倒楣的一個。

鴉片貿易對正常貿易的影響以及不必繳納各種稅費的行外商人對行商生意的衝擊等因素，都使得行商作為一個群體陷入前所未有的困境。以上所述

14　〔英〕格林堡：《鴉片戰爭前中英通商史》，第 174 頁。

表明，在東印度公司廣州商館解散後，延續了百餘年之久、長期與東印度公司相伴生的行商體制已弊竇叢生，陷入危機。體制性的缺陷和時勢的變化是興泰行等相繼破產的原因，而清政府嘗試廢除連帶責任制的努力最終也未能鞏固成果。故即使沒有鴉片戰爭後英國人逼迫清政府停止實行行商壟斷貿易的制度，這一體制的崩解也難以避免。

二、經濟、法律與道德的衝突

　　中英衝突既表現為國家間的重大政治事件，也表現為一連串較小的經濟、法律和道德事件，但前者只是後者導致的演變過程的結果。這些意義深遠的小事件，是由在華西方商人的利益與中國的制度，和執行這些制度的官員之間的衝突所引起的。

稅費與勒索

　　西方商人對清政府及其官員最經常的指控，就是他們遭受後者在金錢上的苛索。這個問題是中西之間長期爭拗的焦點之一，也是鴉片戰爭後條約著重解決的問題。

　　17 世紀末，英國商船初到廣州之時，就「立即開始了一個由來已久但永遠滋長不息的爭執，那就是決定在官定稅額之外必須繳付多少的問題」，而中國官吏的受賄與勒索的問題也由此成為外商恆久的譴責對象。[15] 此後，在中西貿易中占據主要地位的廣州口岸關稅徵收中的規費問題，所引起的中外雙方爭端，貫穿於此後一個多世紀的中西貿易史。在中西貿易的早期，各種規費就已成為一種經常性的徵收，而且被外商視為難以接受的負擔。他們的反抗有時也會短時間地奏效，但問題不久即故態復萌。1793 年，馬戛爾尼出使中國時，英國政府賦予他的使命之一就是「擺脫廣州官吏強加於該口岸貿易的限制和勒索」。[16] 1816 年英使阿美士德（W. P. Amherst）訪華，其使命也包括這一條。這兩位使節都沒有達成英商寄望於他們的目標。

　　東印度公司廣州特選委員會直至 1834 年終止對華貿易之前，多次就稅收問題進行交涉。1820 年代後，在中英貿易中占據越來越大份額的英國散商，

15　〔美〕馬士：《中華帝國對外關係史》第 1 卷，張匯文等譯，上海書店出版社，2000，第 58 頁。
16　〔美〕馬士：《東印度公司對華貿易編年史》第 1、2 卷，區宗華譯，中山大學出版社，1991，第 533 頁。

也開始加入抗議粵海關稅收體制的行列，並逐漸成為其中主力。1829 年 9 月 29 日，顛地等英商向英國商館特選委員會主席部樓頓（William Ploden）遞交了一份包括 10 個要點的申訴書，對廣州口岸的貿易體制進行了全面抨擊，要求部樓頓轉達廣東當局。他們抱怨的主要問題之一就是稅費徵收。與此同時，英國散商又屢次向英國政府上書，將這一問題作為他們在廣州所受的主要「冤苦」之一，要求予以解決。特選委員會根據上述申訴書，在 10 月 3 日致函兩廣總督李鴻賓，提出了 8 項要求，其中包括改變稅收體制問題。1831 年，在與廣東當局經過一系列爭執後，特選委員會又在 10 月 28 日呈送包括 16 點要求的長篇稟帖，涉及稅收問題的共有 5 點，希望「不需繳付海關監督的巨額規費」，「向買辦和通事索取的巨額規費應予停止」，「降低我國船隻所負擔的異常繁重的口岸稅」，英商直接繳納關稅，「同時由閣下將這種稅率表公布」，等等。[17] 查頓和因義士（James Innes）等鉅賈，以及來自英屬印度的巴斯商人，還以個人或集體名義就關稅等問題直接向廣東官方提出申訴。這些減稅要求後來數次得到部分的滿足。但外商關於稅費問題的抱怨卻一直未能止息，甚至延續到五口通商後的相當長時期。

粵海關稅費問題的真相，值得加以探討。大體說來，向外商徵取的稅費包括以下幾類：（1）船鈔，即外商繳納的船舶稅。這種稅收清朝規定了固定的標準，按照船隻的大小確定三個等級的收費標準，自數百兩至一千餘兩不等，也被外商承認為「合法」的稅收。但在實際徵收過程中，這個數字被擴大了數倍。多出的部分顯然便是外商抱怨的「勒索」。（2）港鈔，即洋船的停泊稅，其中包括多項細目。其中，「進口規禮」「出口規禮」「糧道捐」三種，被外商所接受，其他多種費用，則被認為是勒索。（3）雜鈔，即以進出口貨物為對象的各種收費，其中包括清政府規定的「正稅」，即欽定貨物進出口關稅；還有一些原來是廣東地方官員和差役等擅自加收的費用，在雍正四年（1726）被清政府「裁正歸公」，上繳國庫。這兩部分稅費，都是國家徵收的關稅，被外商認為是合理的。但在雍正四年後，官員和差役等又在原有基礎上加徵各種名目的雜費，而且其數量日益龐大。資料顯示，這類雜費有時達到近百種之多，加在一起，數量達到正稅的數倍乃至十倍以上。這些，應該說都是被強加於貿易之上的勒索。

17　〔美〕馬士：《東印度公司對華貿易編年史》第 4、5 卷，第 331─334 頁。

在外商抗議的粵海關費用徵收中，有一種是由行商徵收的「行用」。行用是行商向部分進出口商品從量徵收的一種附加稅。行用徵取後由行商支配，不必直接上繳。早期的行用名義上是供應公共開支、由行商公所統一管理使用的基金，故被西人稱為「公所基金」。這項收費起源於幫助行商攤還 1780 年前後的商欠款，但後來實際上成為行商用於支付包括商欠款在內的各種公共開銷的額外收入。這項開始於 1780 年的徵收，早期的比例是對部分進出口貨物徵收 3% 的金額，用作清償行商因拖欠、罰款、虧折等形成的債務，到 19 世紀超出了 3% 這個比例。行商們一度在行商公所設立一個「公櫃」對行用進行統一管理，但後來則由各行商自行支配。除上述用途外，行用還被用於向清朝當局及其官員報效。這些情形令外商感到遭受了無端的盤剝。

粵海關及廣東官方如同清朝其他類似衙門，官員及其僕從在利用權勢榨取好處方面是不遺餘力的，他們從中西貿易中得到的金錢要遠遠多於清政府所收取的稅費。粵海關的各類稅費徵收，都存在著種種弊端，以致引起中西之間的長期衝突和摩擦。當然，被西人當作「勒索」的一些收費項目，有些是有其合理性的。清廷的關稅體制有其缺陷，一些不見於欽定稅則的項目，其實是對它的必要補充。不過，即使考慮到這種情況，粵海關稅費徵收過程中的營私舞弊、貪汙勒索也是顯而易見的。

其實，若以 1830 年代後期的價格為參照，則粵海關出口貨實徵稅費率平均在 10% 左右，進口貨實徵稅費率平均在 12% 左右，相對於英國等國的關稅，粵海關的整體稅費並非太高。美國歷史學家馬士（H. B. Morse）在談到這一問題時也說：「事實上，稅並不特別重，而且都被巧妙地掩蔽起來，因此也不顯著；但是人們對政府官吏的勒索總是斤斤較量的，不知數額的勒索總覺得特別重，所以那些經久不變的露骨的勒索，就成了激起憤懣的許多芒刺。」[18] 當時英國駐華商務監督中文祕書郭士立（Charles Gutzlaff）認為：「外國人展開鬥爭，並不是針對合法的收費，而是為了反對非法的勒索。」[19]

雖然清政府從粵海關合理的和不合理的稅費中得益，但其察覺到，如果稅費問題引起的怨恨太深，貿易也因為稅費問題受到影響，則其收益將會減

18　〔美〕馬士：《中華帝國對外關係史》第 1 卷，第 98 頁。

19　《郭士立給英國外交部的備忘錄》，Great Britain, *Foreign Office* （以下簡稱 F.O.），*General Correspondence before* 1906, *China*, 17/15, pp.27-28.

少，而且其「天朝」形象會受損害。故在歷史上，它也曾下決心對粵海關進行整頓。1830年代道光帝同意進行減稅，也是出於這種考慮。他在一份上諭中甚至對外商表示出一種同情的態度，認為外商「不堪其擾，無怪事激生變」。[20]但這些只是枝節的調整，並未滿足外商的兩項主要要求：停止國家稅收和地方官府某些合理收費之外的其他所有不合理稅費徵收；公開各種合理稅費的稅率，嚴格按照稅則徵取。清政府曾一再命令地方官公開稅率，這種簡單的政令卻從未得到認真執行，因為模糊不清的狀況有利於官員與差役人等上下其手。粵海關的稅費問題於是成為經久不息的衝突根源。

英國及其他西方國家商人的對策，一是進行明目張膽的走私以規避稅費的收取。這種走私，卻又為官員、胥吏所默許、縱容，以得到外商和中國商人的賄賂。二是向其國政府呼籲，採取政治乃至軍事手段來解決問題。故鴉片戰爭後《南京條約》及其附約，將通商口岸的稅率確定與公布，列為主要條款。

法律衝突

在英國商人向英國政府的歷次申訴中，他們都聲稱受到清政府在司法方面的迫害，要求得到英國的法律保護。這個要求後來演變成西方強國在近代中國實施的司法特權，即不平等的治外法權。

中西之間關於司法問題的爭端同樣由來已久。大規模的貿易必然帶來西方商人、水手與中國民眾之間的各種摩擦和衝突，產生一些司法案件。中國政府（包括廣東地方政府）對於一般的民事糾紛，一般不予理會。[21]但對引起命案的刑事案件，基本上堅持司法管轄權，直至《五口通商章程》訂立。清政府的這種司法管轄，招致西方人尤其是英國人將近一個世紀的、持續不斷的抨擊。「英國東印度公司在華代理商將反抗中國司法權當作理所當然的事，因為他們已在印度和日本採取完全類似的政策。這種政策來自一種被接受的觀點，

20　中國第一歷史檔案館編《鴉片戰爭檔案史料》第1冊，天津古籍出版社，1992，第171—172頁。

21　斯當東認為：「似乎從一開始，外國人作為個人，如非涉及命案，即可免除帝國律例之處置。」1808年，清廷上諭中說，除命案之外，「所有其他案例，依律屬情節較輕，故不必抵命者，罪犯應遣送回國，由其國治罪」。見 George Thomas Staunton, *Miscellaneous Notices Relating to China* (London: John Murray, 1822), p. 132. 馬士曾說：「外國人同外國人之間的商務糾紛，一向不告訴中國人，而這點也正符合於中國人的辦法。」見氏著《中華帝國對外關係史》第1卷，第109頁。

即英國臣民無論在遠東何處均受英國的保護。」[22]

自 18 世紀末到 19 世紀初，先後有數次外人在華犯下命案而被清政府判處死刑後處決的案例，其中既有外人殺死華人的案件，也有外人之間發生的命案。對於這種結果，在華西人越來越感到難以接受。英國東印度公司在廣州的大班早在 18 世紀末，就屢次向倫敦的董事部表示，中國人採取的「以命抵命」的判案方式是西人所不能接受的。英國派遣馬戛爾尼訪華時，給後者的訓令就包括了「英國臣民犯法，不受中國司法處罰；同時，任何逃犯，經英中雙方官員會同搜索後，英國及其下屬長官不負連帶責任」之內容。[23] 其後，中西之間，特別是中英之間，多次產生司法問題的爭拗。其根源在於，英人在東方運用英國法律保護自己的一貫要求和做法，而這種做法意味著對包括中國在內的東方國家司法管轄權習慣性的蔑視與規避。這是殖民主義時代英國的強權在法律問題上的反映。

為了促使英國政府採取措施，實現在華英人及其他西人「不受中國司法處罰」的目標，東印度公司的大班們早在 1830 年代之前就開始製造輿論。英國散商因為普遍從事鴉片走私，更急切地在其經營的報紙、出版的書籍中宣揚尋求在中國實施英國法律的理由。

鴉片戰前清政府的一項長期執行並一再強調的原則，是將適用於本國人的律例應用在對外國人的審判中，乾隆八年（1743），兩廣總督策楞奏准，「嗣後民、番有謀、故、鬥、毆等案，若夷人罪應斬絞者，該縣於相驗時訊明確切，通報督撫，詳加覆核。如案情允當，即批飭地方官，同該夷目將該犯依法辦理。其情有可原、罪不至死者，發回該國自行懲辦。」[24] 此後，清政府一再重申這一原則。所謂「依法辦理」，即按清朝律例擬判。1800 年，在發生了英國兵船「天佑號」水兵槍殺華民案後，兩廣總督吉慶等曾摘錄 6 條相關法律條文，送交東印度公司廣州商館特選委員會，供其約束商人水手之參考，內容是：「疑竊殺人，即照鬥殺論，擬絞」；「鳥槍施放殺人者，以故殺論，斬；傷人者充軍」；「罪人已就拘執，及不拘捕而殺之，以照鬥殺論，絞」；「誣良為竊，除實犯

22　G. W. Keaton, *The Development of Extraterritoriality in China,* vol. I(New York: Howard Fertig, 1969), p. 78.

23　〔美〕馬士：《東印度公司對華貿易編年史》第 1、2 卷，第 554 頁。

24　《粵海關監督常顯諭外洋行商人等》，嘉慶十三年二月初七日，F. O. 233/189/121, *Embassy and consular archives, China : miscellanea.*

死罪外，其餘不分首從充軍」；「誤傷人者，以鬥毆傷論，驗傷之輕重坐罪」；「酗酒生事，犯該發遣者，俱發煙瘴地方為奴」。吉慶聲明：「以上各條，皆天朝國法，有犯悉照問擬，無可寬貸。」[25]

　　對照當時的刑律條款，可知中國當時的法律並非嚴苛，但英人認為中國刑律和實際司法過程均有重大弊端，主要表現在：中國法律過於強調「以命抵命」之原則，要求命案必須有人抵命，而拒絕區分謀殺與過失殺人之別；中國司法過程過於殘忍，充滿腐敗；中國政府在司法實踐中對外人歧視。他們認為這都是極不公正的制度。此外，中方追索凶犯的連帶責任制度，也為其所詬病。這種規定要求在發生命案時，東印度公司特選委員會，或其他國家的領事，承擔協助調查乃至交出凶犯的責任；如後者拒絕合作，則採取停止該國所有貿易的做法，使其付出沉重的經濟代價。在西人看來，這是一種難以接受的壓迫。他們認為從以上幾方面看，拒絕在中國接受中國法律的管轄是正當的。這個觀點實際上違背了西方人制定的國際法原則，對此，他們辯解說，歐洲國家之間通行的準則在中國不適用，因為國際法是「只存在於文明國家之間」的相互認可的準則，但「適用於文明國家的規則不能應用於中國」，中國只能算「半文明國」或「半野蠻」國家，[26] 中國須按西方的形象改變自身，「必須首先改造成和這些法學家一樣的人，即成為基督徒，成為自由政府的臣民」，[27]才能作為一個民族享有國際法規定的權利。而且清政府不承認這些準則，一貫採取嚴格措施限制對外交往，「故外國也沒有道德義務遵守歷史悠久的國際法」。[28]

　　清朝司法的一般性弊端，如刑訊逼供、司法腐敗等，是實際存在的。同時，也應看到，由於不同時期廣東官員執法的決心不一，他們所面臨的政治形勢不同，故對於具體案件的態度互異，從而給外人以中國政府在執法方面寬嚴參差之感。但從清朝涉外司法史來看，清政府對外人的執法並非特別嚴酷，判決外國罪犯死刑也屈指可數。除了 1773 年「斯科特案」、1784 年「休斯夫人號事件」和 1821 年「特蘭諾瓦案」等少數幾次判決，清政府對更多的民夷凶殺事件並未要求「以命抵命」。自 1784 年「休斯夫人號」事件後，再無一例英

25　該件原無日期，約在 1800 年春，*F. O.* 233/189/35.

26　"War with China, " *The Chinese Courier and Canton Gazette*, September 8th, 1831.

27　"The Future, " *The Canton Register*, February 13th, 1838.

28　"On the Recent Discussion, No.2," *The Canton Register*, November 4th, 1834.

人因凶殺罪行而被中國政府處決。從實際結果來看，廣東當局的有關司法行政總體上以失敗居多。當地居民與外國人語言不通，對於金髮碧眼的西洋水手往往難以具體辨認，生事的水手經常是集體行動，事發後凶犯一般匿於船上，而航行於東西洋之間的西洋商船往往有能力抗拒緝捕，更不必說船堅炮利的英國皇家戰船。在相當多的情況下，事件的結果是中國的司法權無法實施，遭受侵害。1822 年英國皇家戰船「土巴資號」的水兵槍殺中國民眾，最終在東印度公司的掩護下揚長而去，即為典型事例。

在英商的推動下，英國政府從 1830 年代起醞釀在中國的所有英人中實施治外法權。[29] 1833 年，曾長期服務於東印度公司廣州商館的斯當東（George Thomas Staunton）在英國議會提出一項關於對華關係的議案，建議建立一個英國海事法庭，賦予其足夠權限審判英人在華犯下的凶殺案。1833 年 8 月 28 日，英國政府正式公布了《中國與印度貿易法案》。該法案第 6 條規定，英王有權向其駐華商務監督發出指令或授權，「賦予其管束在中國任何地方進行貿易的英國臣民之權力；制訂和公布涉及該項貿易，及從事貿易的英國臣民的命令和規章之權；依照具體規定對違反這些命令和規章之人進行罰款、沒收、監禁之權；設立一個刑事與海事法庭，以審判由英國人在中國之口岸、港口和距離海岸一百海哩以內的公海犯下的罪行之權。」英王還有權「任命商務監督之一掌管該法庭，並任命其他執行法律程序之官員」。[30] 1833 年 12 月 9 日，英王發布訓令，明確規定：「在廣州或在廣州港附近的任何英國船上設立一個具有刑事和海事管轄權的法庭」，由首席商務監督負責管理；該法庭的基本審判原則，應與英國巡迴刑事審判法庭（Courts of Oyer and Terminer and Goal Delivery）規定的方法和程序相一致，但可根據當地的具體情況加以適當更改；法庭應由首席商務監督和 12 人陪審團組成；由首席商務監督制定該法庭的執法規則與具體程序，擬訂必要的規則。[31]

1834 年英國首任首席商務監督律勞卑（John Napier）來華時，英政府給

29　所謂「治外法權」（英文 extraterritoriality 或 exterritoriality）本是指國家之間相互授予、有特定身分的外國人享有的、不受所在國法律管轄的特權或豁免權。但在近代中國，這個名詞意味著外國人根據不平等條約享有的司法特權。

30　"Royal High Majesty's Instruction to the Superintendent of British Trade in China," January 25, 1834, attachment, " An Act to Regulate the Trade to China and India, " *F. O.* 17/ 5, pp.52-53.

31　這三道發布於 1833 年 12 月 9 日的訓令見 F. O. 17/4, pp.66-71, 74-75.

他的指示是，此事不可操之過急。但相關的準備一直在進行。英國外交部從
1835年起，就在廣州建立英國法庭的問題上採取新的立法行動。1837年7月，
形成了正式、詳細的議案，交給議會討論。該法案規定，在中國設立一個或多
個具有刑事、海事和民事管轄權力的法庭管轄在華英人，對其所犯下的一切罪
行進行審判，對與貿易或商業相關的民事案件進行判決。法案特別增加了有關
對在華英人管轄權的規定。[32]

　　這個法案因為各種原因未獲得通過。原本極為期待這種法案的英國在華
商人對該法案也不歡迎，因為他們覺得其中關於對其進行民事管轄的部分將有
損他們的利益。在法案中增加英國駐華商務監督機構的民事管轄權，是由商務
監督羅便臣（George Robinson）提出來的，他的繼任者義律（Charles Elliot）也
贊同這個想法，因為他們認識到，對英國來華船隻、水手等進行管束是非常重
要的，否則他們將造成無法無天的局面。

　　擔任英國駐華商務監督的義律未待英國政府的正式命令，即在廣州採取
了相關措施。1837年7月，義律向英國外相巴麥尊（H. J. T. Palmerston）子
爵建議，在廣州的英國水手中，組成一支包括「1位指揮官和10名可靠的歐
洲海員」的隊伍，「令其宣誓執行維持治安職能」，「作為英國在華水上員警
力量」。[33]這是一個在中國領土組織由外國人組成和指揮的員警力量的正式建
議。次年，他又擬訂了具體的維持治安條例。他認為採取措施維持在中國的英
人中的秩序是很重要的。1837年底，義律在廣州黃埔組建了一支從事執法使
命的水上治安力量。他的建議則在1838年6月得到英國外交部的批准，後者
就「組成一支海事員警力量」對他進行了正式授權。在往來函件中，義律向巴
麥尊保證，在設立在華法庭方面得到廣東當局的合作也是沒有問題的。這成為
後者在1838年向英國議會提交前述法案的一個根據。

　　義律進一步的行動，是在1839年8月，為了對抗欽差大臣林則徐，聲稱
根據1833年的「中國與印度貿易法案」，組成了一個法庭，審判在尖沙咀造
成中國村民林維喜命案的英國水兵。他還公布了一份由9個部分組成的「英

32　"A Bill Instituted an Act to Authorize the Establishing a Courts or Courts with Criminal and
　　Admiralty and Civil Jurisdiction in China, " *F. O.* 17/23, pp.211-212.
33　Charles Elliot to Viscount Palmerston, July 4th, 1837, *F. O.* 17/21, p. 2.

國在華刑事與海事法庭規則與程序」。[34] 這個法庭對 5 名英國士兵進行了輕微的判決。由於這個法庭的設立是未經英國政府正式授權的,故其判決結果後被英國政府撤銷。

儘管如此,這個法庭可以看作中西長期以來法律衝突的一個結果。英國政府撤銷的是這個擅自設立的法庭及其判決,而未否決在華建立法庭的理念。《五口通商章程》訂立後,他們便迅速實現了這一理念。

鴉片問題

直接導致中英關係走向決裂的是鴉片問題。鴉片原產於西南歐和小亞細亞,後傳入中亞、印度、東南亞等地。鴉片輸入中國的歷史可以追溯到唐代。明代以後,域外鴉片作為藥物輸入中國。明末,吸食鴉片之風自南洋傳入。到清代前期,鴉片吸食之風漸廣,成為社會風氣敗壞的一個源頭。雍正七年(1729),清廷首次頒布禁煙上諭。至嘉慶元年(1796),清廷以停止徵收鴉片進口稅為代價,正式下令禁止海外鴉片輸入。嘉慶五年(1800),清廷再次重申禁令,一併禁止內地種植罌粟。[35]

西方商人向中國販運鴉片,自葡萄牙人開始。1773 年,英國東印度公司獲得印度鴉片銷售壟斷權,英商開始向廣州運銷鴉片。隨後,英印政府將印度鴉片製造權和貿易權全部掌握在自己手裡。清廷禁止鴉片進口後,東印度公司為維持其在廣州正常貿易的合法性,做出停止向廣州販賣鴉片的決定。此後,從事鴉片走私的主角變成英國私商(包括印度巴斯商人),即所謂「港腳商人」。但東印度公司完全掌握印度鴉片市場。他們向印度的農民放貸,引誘乃至強迫農民種植罌粟;在將其收購後製成鴉片,在印度市場拍賣,由鴉片商人向中國走私。除英國商人外,當時參與鴉片走私的還有美國等國商人。後者從事的一項鴉片貿易是向中國販運土耳其鴉片。

鴉片戰爭前,除極少數行號外,幾乎所有在華英美商行都參與了鴉片貿易,其中多數扮演代理經銷商的角色。東印度公司及其操控下的英印政府則從

34　義律向英國政府做了報告,見 "Rules of Practice and Proceeding, " and Appendix, *F. O.* 17/33, pp.307-321. 向在華英人正式公布於 *The Canton Press*, July 27th & August 3rd, 1839; *The Canton Register,* July 30th & August 6th, 1839.

35　李圭:《鴉片事略》,中國史學會主編《中國近代史資料叢刊·鴉片戰爭》(本章以下簡稱《鴉片戰爭》)第 6 冊,上海人民出版社、上海書店出版社,2000,第 206 頁。

鴉片專營和拍賣中得到巨大利益。1837 年，其鴉片收入達到 150 多萬英鎊。更重要的是，鴉片貿易支撐了中國—印度—英國三角貿易。英國從中國大量進口茶葉、生絲等貨物。自 18 世紀開始，茶葉在英國和歐美國家的消費量迅速上升。但西方能向中國出口的貨物不多，主要是棉花、棉織品和毛織品，這些物品在中國銷路不廣。故西方商人只得運來大量白銀以購買中國貨，對華貿易長期存在逆差。於是，他們尋找到了一種「既可為中國方面接受，又能支付茶價，而且本身還可以賺錢」的商品，[36] 即鴉片，來平衡對華貿易。他們將英國在印度得到的利潤換成鴉片，再用鴉片換取白銀，購買茶葉等商品後運回英國。這樣，就將從印度得到的財富通過鴉片貿易和茶葉貿易送回了英國。

在鴉片貿易的早期，澳門是交易的中心。清廷嚴令禁止鴉片輸入後，鴉片貿易成為非法。英國等國商人便將鴉片以走私的方式運到廣州，再由中國鴉片販子向內地運銷。儘管清政府一再重申禁令，但由於官吏和緝私軍隊貪汙收賄，對鴉片走私放任縱容，廣州成為鴉片貿易的中心，廣州省河充斥著從事鴉片走私的中西船隻。這種情形，令清廷備感焦慮，道光帝在登基不久即嚴令廣東官員認真查拿。1821 年，兩廣總督阮元採取前所未有的嚴厲措施，對廣州的鴉片走私進行了沉重打擊。其結果是外國鴉片販子退出廣州附近的珠江水域，而在珠江口的伶仃洋一帶建立了鴉片走私的新基地。他們將一些船隻用作囤積、貯存鴉片的躉船，長期在伶仃洋一帶碇泊、遊弋，接收來自印度的鴉片，而中國鴉片販子則用快蟹、扒龍等小型走私船隻，將鴉片運到岸上銷售。伶仃洋水域在此後十幾年裡都是集聚和輸送毒品的中心。

由於廣州的鴉片走私經常面臨官府的查緝，鴉片商設法開拓其他的銷售途徑。1830 年代初，查頓等鴉片商派遣船隻到廣東以北的沿海地區兜售。1836—1837 年，兩廣總督鄧廷楨在道光帝嚴令之下，採取較為有力的措施打擊伶仃洋鴉片走私，效果較為顯著。但中西鴉片販子在重利誘惑下，拒絕放棄這種生意。結果是廣州內河鴉片走私死灰復燃，珠江口至廣州商館一帶重新成為鴉片貿易的通道。同時，鴉片商較以往更為重視北方沿海的鴉片銷售，派遣大量鴉片船北上售賣這種違禁品。在 1830 年代中後期，以這種方式銷售的鴉片每年有數千箱。

36　〔英〕格林堡：《鴉片戰爭前中英通商史》，第 7—8 頁。

鴉片吸食在中國傳播很快,鴉片市場日益龐大。儘管清廷不斷頒布查緝走私的諭令,但由於廣東官員和軍隊收受賄賂,對這種走私活動予以縱容包庇,鴉片輸入逐年擴大的勢頭無法遏制。1800—1801 貿易年度,鴉片輸入量為 4570 箱。1820—1821 年度,印度鴉片在華銷售 4628 箱,與 1800—1801 年度基本持平。但伶仃洋鴉片走私基地形成後,鴉片貿易反而獲得更穩定的條件,輸入數量呈現逐年增加的勢頭。1821—1822 年度為 5090 箱,1825—1826 年度為 10475 箱,1830—1831 年度突破 2 萬箱大關,1830 年代後期,達到 3 萬箱以上。在巨大利益刺激下,印度鴉片種植面積也持續擴大。1828 年比 1818 年增加了兩倍,1838 年又比 1828 年增加 1 倍。[37]

大規模的鴉片貿易帶來的結果,是白銀大量流出中國,從而打破了中西貿易原有的格局。18 世紀到 1830 年的 130 年間,經由廣州口岸進口的白銀淨數,在 3.6 億元到 4 億元之間。但到 1817 年後,英國船逐漸停止帶進大量銀幣前來購買貨物的做法,隨後,美國商人也漸漸不再向中國輸入銀幣以購買出口貨,「因為英國在廣州的貿易可以用供給他們倫敦匯票的方法以代替抽調西方國家白銀儲備這種不經濟的方法」。[38] 英國學者格林堡(Michael Greenberg)在描述這一過程時也指出,「1804 年以後,(東印度)公司必須從歐洲運往中國的現銀數量就很少,甚至全不需要。相反,印度向廣州輸入的迅速增加很快就使金銀倒流。在 1806—1809 年這三年中,約有七百萬元的銀塊和銀元從中國運往印度,以彌補收支差額;自 1818 至 1833 年,現金銀在中國全部出口中整整占五分之一。」[39] 總體而言,在 1825 年之前,中國尚為白銀淨流入國。但此後流出的白銀開始超過進口的銀元,中國成為白銀淨流出的國家。在白銀流失高峰期的 1837—1838 年度,中國的白銀淨流出 1000 萬元左右。1830 年代白銀淨流出總計約為 6500 萬元。在這之前的 10 餘年,則流出和流入大致相抵。[40]

鴉片問題在中西雙方都引起了激烈爭論。鴉片戰爭前 30 餘年間,從廣州口岸流出的白銀,在 1 億元左右;加上中國沿海其他地區流出的白銀,數量

---

37 Tan Chung, *China and the Brave New World: A Study of the Origins of the Opium War, 1840-1842*(Durham: Carolina Academic Press, 1978), pp.91, 84.

38 〔美〕馬士:《中華帝國對外關係史》第 1 卷,第 230—231 頁。

39 〔英〕格林堡:《鴉片戰爭前中英通商史》,第 9 頁。

40 吳義雄:《條約口岸體制的醞釀—19 世紀 30 年代中英關係研究》,第 371 頁。

更為龐大。這就惡化了中國貨幣市場，出現「銀貴錢賤」即中國流通貨幣銅錢價格不斷下跌的局面。1790 年，銀、錢比價突破每兩 1000 文，道光年間則達到每兩 1500 文以上。嘉慶年間，已有官員對此表示擔憂。1830 年代，隨著白銀的加速外流，清朝官員對銀漏的前景愈加不安。對「銀貴錢賤」及其社會後果的恐懼，使清政府官員將白銀外流的規模越發誇大。如 1837 年，御史朱成烈說每年廣東海口出銀三千多萬兩，沿海其他省分出銀尚有數千萬兩。打動道光帝施行嚴禁鴉片政策的黃爵滋也說，「道光三年至十一年，歲漏銀一千七八百萬兩。自十一年至十四年，歲漏銀二千餘萬兩。自十四年至今，漸漏至三千萬兩之多。」[41]

　　鴉片造成的社會問題和道德後果亦令政府官員憂心。嘉道年間，吸食鴉片者日眾，官吏、紳士、商人、兵丁、差役，乃至少數普通勞動者，紛紛加入吸食者行列，受其毒害。鴉片價格昂貴，所費不菲，吸食者往往因之貧困乃至破產。軍隊官兵吸食鴉片，戰鬥力低下。

　　在久禁無效的背景下，清朝內部出現了放棄鴉片禁令、實行弛禁政策的意見。正式向清廷提出這種建議的是太常寺卿許乃濟。他在 1836 年 6 月上〈鴉片煙例禁愈嚴流弊愈大應亟請變通辦理摺〉，提出弛鴉片之禁，允許外國鴉片納稅合法進口，只准以貨易貨，不得用銀購買，這樣不僅可以阻止銀漏，還可增加財政收入；寬內地種植罌粟之禁，以抵制外國鴉片進口；禁止文武官員、兵丁吸食，普通百姓「一概勿論」。[42] 這個建議被道光帝發給鄧廷楨等廣東官員討論，鄧廷楨等認為其建議可行。但這種主張引起不少清廷官員的反對。是年 9 月，內閣學士兼禮部侍郎朱嶟和兵科給事中許球等先後上摺，[43] 駁斥許乃濟的主張。朱嶟等反對弛禁鴉片以換取財政收入，認為這種政策不僅有傷國體，而且不切實際。他們指出應嚴禁走私，驅逐躉船，嚴懲販賣，禁絕吸食。清廷命內外大臣就此展開討論，結果是主張嚴禁者占多數。這促使道光帝的態度轉趨嚴禁。自 1836 年底到 1837 年初，他多次令鄧廷楨在廣東嚴查鴉片走私，杜絕銀漏。這樣就促使鄧廷楨嚴厲打擊金星門、伶仃洋鴉片躉船。1838

41　黃爵滋：《請嚴塞漏卮以培國本摺》，《鴉片戰爭檔案史料》第 1 冊，第 254—255 頁。
42　《鴉片戰爭檔案史料》第 1 冊，第 200—202 頁。
43　朱嶟：〈申嚴例禁以彰國法而除民害摺〉、許球：〈洋夷牟利愈奸內地財源日耗敬陳管見摺〉，田汝康、李華興：〈禁煙運動的思想前驅：評介新發現的朱嶟、許球奏摺〉附錄，《復旦學報》1978 年第 1 期。

年，黃爵滋的奏摺引起另一次關於禁煙問題的討論。這份奏摺在強調嚴防走私
的同時，著重闡述「重治吸食」的主張，建議以死刑來遏制吸食鴉片之風。在
道光帝將此奏摺下發內外大臣討論後，黃的觀點得到官員們比較廣泛的支援。
道光帝此後更加傾向於嚴禁，而林則徐作為欽差大臣赴廣東查禁鴉片，則是此
次禁煙討論的一個結果。

　　在西方人士內部，也發生了一場關於鴉片貿易的討論。在廣州，這場辯
論的主角分別是基督教傳教士和鴉片商。美國傳教士裨治文（E. C. Bridgman）
在廣州創辦發行的英文月刊《中國叢報》（The Chinese Repository），從 1837
年到 1840 年發表了多篇反對鴉片的論文，同時也刊載了不少有關鴉片問題的
原始文獻。裨治文在文章中強調，造成這場危機的首要原因是英印政府的「低
下的道德狀態」，使英國這樣一個「主要的基督教國家」，處於「與她的責
任和榮譽如此不相稱的地位」。鴉片走私是「罪惡的源泉，毀滅生命、財產
和道德」。他認為要改變這一切，西方人就必須以中國的禁煙運動為契機，
「與中國維持一種正確的和有尊嚴的關係」。[44] 為了公開辯論鴉片貿易問題，
從 1837 年到 1838 年，《中國叢報》接連發表了兩組觀點針鋒相對的文章，
就鴉片貿易問題展開辯論。鴉片商人強調鴉片不是毒品，「食用鴉片在本質
上是清白無辜的」，[45] 聲稱這種貿易符合用西方文明戰勝中國的排外政策的需
要，辯稱只要在中國進行的鴉片走私不觸犯英國法律，英國人自己就不必在
意。反對者則認為鴉片貿易違背了基督教道德原則，在中國造成了無數罪孽。
當時堅持不從事鴉片貿易的美國奧立芬商行（Olyphant & Co.）的查理斯・金
（Charles W. King）發表公開信，指出鴉片對中國人的危害，呼籲停止這項貿
易，「通過正當手段阻止這一邪惡與基督徒之名之聯繫」。[46] 其他批評者也認
為，中國政府嚴禁鴉片完全合理，也有利於合法的貿易。而進行鴉片貿易，
卻會使外國人在中國人眼裡成為壞人的典型。當時在英美都出現了反對鴉片
的宣傳。1840 年 2 月 13 日，倫敦的一批反鴉片人士成立了一個反鴉片協會，

44　E. C. Bridgman, "Remarks on the Present Crisis in the Opium Traffic, " *The Chinese Repository*,
　　vol.8, no.1, May 1839, pp.2-8.

45　James Innes, "Remarks on the Opium Trade, being a Reply to the Papers of Choo Tsun, Heu Kew,
　　Another Reader, and V. P. M., " *The Chinese Repository*, vol. 5, no.11, March 1837, p.526.

46　Charles King, "Premium for an Essay on the Opium Trade, " *The Chinese Repository*, vol. 5, no.9,
　　January 1837, pp.413-418.

在英國進行反鴉片活動。[47] 印度的報刊也加入了這場辯論。英國反鴉片運動的代表性人物地爾窪（Algernon Sydney Thelwall）出版《對華鴉片貿易論》，詳細闡述鴉片貿易的危害，呼籲英國基督徒團結起來，反對這一罪惡貿易。[48]

三、從對抗走向戰爭

從中西貿易中產生的各種體制性問題和利益衝突，使中英關係在數十年的時間裡發生了無數的摩擦。當東印度公司結束對華壟斷貿易後，成為貿易主角的英國散商，使這些摩擦迅速升級，最終導致兩國從對抗走向戰爭。

東印度公司的遺產

要求中國政府改變對外政策，曾經是東印度公司長期追求的目標。馬戛爾尼使團和阿美士德使團相繼來華，都是為了誘使中國政府在對英國的政策作出重大調整，在東印度公司支持下由英國政府派遣的。但這兩個英國使團均以失敗告終。1816 年阿美士德使團失敗後，東印度公司似乎接受了這一現實。東印度公司董事部在 1817 年致廣州特選委員會的信函中，不贊成後者在使團失敗後對中國政府採取的對抗性態度，要求他們「在與中國這樣的政府進行的一切討論中採取最為謙恭和克制的態度」。[49] 1818 年，在聽取了阿美士德使團的報告後，董事部告誡特選委員會，鑒於英國法律與中國法律在很多方面極為不同，「你們必須學會謹言慎行，以在任何情況下避免與中國政府之間產生會引起敵意的爭執」。[50] 他們警告該委員會不要對廣東當局進行挑釁，「要使貿易持續下去，就要忍受廣州那些討厭的限制」。[51] 然而，當其利益面臨威脅時，東印度公司就會放棄這種「忍讓」「謙恭」的溫和策略。而特選委員會也往往無視這種原則，採取強硬行動。

1823─1828 年廣州行商破產案連續發生後，特選委員會和英國散商作出強烈反應，要求增加行商。在十三行中尚未正式破產的東生行，事實上又面臨破產倒閉命運之際，特選委員會聯合英國散商，企圖迫使當局設法維持東生

47　"Opium," *The Canton Register*, June 9th, 1840.

48　A. S. Thewall, *The Inquinities of the Opium Trade with China*, Wm. H. Allen & Co., 1839.

49　Herbert John Wood, *Prologue to War, The Anglo-Chinese Conflict 1800-1834*, Ph.D.dissertation, University of Wisconsin, 1938, p. 368.

50　Herbert John Wood, *Prologue to War, The Anglo-Chinese Conflict 1800-1834*, p. 347.

51　Herbert John Wood, *Prologue to War, The Anglo-Chinese Conflict 1800-1834*, p. 373.

行，迅速恢復行商數目。包括巴斯商人在內的英國私商積極參加了這場對抗。特選委員會的大班盼師（William Baynes）等人，以商船拒絕進口、商館成員離開廣州甚至組織武裝船員炫耀武力為手段，向廣東當局施加壓力。雖然這次發難最後並未實現全部目的，但散商們卻對該委員會的行徑一致喝彩。

　　1830 年 9 月，3 個印度巴斯人在廣州殺死荷蘭船長美堅治（Captain Machenzie），李鴻賓令南海縣查究。特選委員會為了讓這 3 名巴斯人逃脫中國法律審判，在荷蘭領事番巴臣（J. S. Van Basel）的同意下將 3 名罪犯解到孟買，從而引起了中英雙方的爭執。10 月 4 日，時任特選委員會主席的盼師違背廣東當局的一貫禁令，將其妻子帶到廣州商館居住，引起長時間交涉。11 月，在發現英國商館有人乘坐轎子從而違反了長期以來的另一項禁令後，廣東當局又向英人提出措辭嚴厲的警告。與此同時，為了對英人施加壓力，廣東當局又令人在商館圍牆上張貼總督諭示，英國人認為其中含有「侮辱性」的言辭而大為不滿。11 月底，東裕行司事「五爺」（謝治安）因與英人勾結、為英人代理購買轎子一事被捕，並經受嚴刑，最後死在獄中。此事在英國人當中激起強烈反應，認為這是對他們的折辱。[52] 1831 年 5 月 12 日，鑒於英國人擅自在商館廣場添加圍牆、碼頭等建築物，廣東巡撫朱桂楨偕同粵海關監督帶領軍隊將違規建築強行拆毀。這一切，後來都被英國人當作嚴重挑釁。朱桂楨還命令隨從「將（英國）前國王畫像的遮布拿開，並坐在它的前面」。[53] 這一舉動，後來被英國人斥為對英國已故國王喬治四世的侮辱，從而也是對整個英國的侮辱。同時，李鴻賓又頒布了經修訂的「約束外人八項規條」，對有關來華外國人的管理問題作了較為嚴格的規定。這次商館事件和管束外人規條，成為中英衝突走向新階段的導因。在此過程中，特選委員會和英國散商都以強硬的態度與廣東當局對抗。他們一面向廣東當局提出抗議，一面多次向英印政府求援，企圖請求後者到廣州來展示英國的武力，以使中國屈服。

從律勞卑到羅便臣

　　1834 年 7 月，英國首任駐華首席商務監督律勞卑（John Napier）抵達中國。他希望能夠立即建立與廣東當局的直接官方關係，但遭到後者的拒絕，由此引

52　〔美〕馬士：《東印度公司對華貿易編年史》第 4、5 卷，第 89 頁。
53　〔美〕馬士：《東印度公司對華貿易編年史》第 4、5 卷，第 291 頁。

起了中英雙方的衝突。

與 1796 年和 1816 年英國兩次遣使來華不同，此次律勞卑來粵，事先並未向清政府或廣東當局正式通報以便磋商。他到澳門後才向兩廣總督盧坤通報，要赴廣州上任。盧坤認為，律勞卑等人乃是「夷目」，這種史無前例的「夷目」進省，非以往的大班可比，因事屬創始，必須先行奏明請旨，在皇帝旨准之前，不能進省。但律勞卑在 7 月 25 日徑赴廣州，次日又一改由行商居中傳遞信件的舊規，派人手持其函件到廣州城門遞交而未果。盧坤表示不能接受律勞卑擅自赴省的行為，要他回到澳門；同時重申，清政府行政架構中沒有管理貿易之專門機構或職官，與律勞卑這種「總管本國貿易」的「夷目」地位相應，貿易問題須通過商人商討。律勞卑希望通過自己赴廣州上任這一行為，改變中英之間的交往慣例，因廣東當局的堅決拒絕而遭受挫折。

盧坤表示天朝規矩不容逾越，但指的是這種規矩在改變之前不容挑戰，並沒有說它不可改變。事實上也曾「另立章程」，以適應東印度公司退出廣州貿易之新局面。盧坤所爭者，是律勞卑在清廷做出決定之前應遵守現有規章；所拒絕者，乃是管理商務的英人與兩廣總督立即進行直接交往的制度性安排。但他並未拒絕因英人的要求而在制度上作出改變的可能性。

然而，律勞卑卻要求盧坤立即接受英方改變交往方式的意志。他拒絕退回澳門，在 8 月 26 日發布告示，對中方進行指責。在此情況下，盧坤感到無法以商議的方式讓律勞卑放棄自己的立場，當然他自己也絕不會做出更多的讓步，遂於 9 月 2 日下令停止英人貿易，封閉英國商館，斷絕供應，以使律勞卑就範。在此期間，律勞卑為堅持自己的強硬立場，一度召兩艘英國兵船強入省河，企圖以炫耀武力的方式來達到目的。但盧坤未為所動，調集水師與其對壘。不少英商也無法忍受在正常的貿易季節中斷交易帶來的損失，對律勞卑的態度提出異議。律勞卑在內外壓力下，心力交瘁，於 9 月 21 日與英兵船一同退出廣州，前往澳門，10 月 11 日病死。

在這一衝突過程中，律勞卑不僅不接受兩廣總督—行商—英國駐華商務監督這種公文往來方式，而且拒絕兩廣總督—行商—英商—英國駐華商務監督這一方式，將兩廣總督—英國駐華商務監督間的直接聯繫當作唯一可以接受的中英交往模式，拒絕從這一立場做出任何讓步。他還堅持英國駐華商務監

督之地位與兩廣總督相當，故其致後者的函件用平行的「書」的形式，拒絕使用東印度公司時代大班們上書時所用的、在他看來代表卑下地位的「稟」字。在這一點上，中英雙方也發生了爭執。[54] 盧坤的言行中所表現出來的固然是文化傲慢心態和固守舊章的僵硬態度，而律勞卑表現的則是難以抑制的超級強權「日不落帝國」不可一世的囂張和傲慢。盧坤堅持英人必須遵循中方「體制」，但指出體制的變更亦有可能，但更改中英交往體制的權力在清政府。而律勞卑的主張則是，中方須按英方立場，拋棄以往「不合理」的做法，刻不容緩地接受英國官員駐粵、雙方文書直接往來的主張，並按他的要求立即採用新的交往體制。他蔑視盧坤的要求，擅赴廣州，又讓廣東當局接受其舊有體制必須立即改變、不容談判的意志。因此，1834 年的中英衝突，可以看作兩國對於交往方式的決定權的爭奪，而兩種相持不下的「體制」不過是被雙方官員利用的工具。在這場爭鬥中，律勞卑才是進攻的一方，盧坤採取的其實是守勢。

律勞卑在 1834 年 8 月致函英國政府，要求對華採取強硬政策。在輝格黨內閣下臺後短暫擔任托利黨內閣外交大臣的威靈頓公爵（Duke of Wellington），對於律勞卑所持的態度頗為不滿，表示當時英國政府並不想採取武力行動，而是打算以和解的方法，來建立英中商業關係。繼律勞卑任首席商務監督的是原東印度公司廣州特選委員會成員德庇時（J. F. Davis）。德庇時向英國政府報告，自律勞卑退出廣州後，黃埔的貿易已恢復正常。他認為商務監督的職責是謹慎地避免採取任何行動，以免妨礙中英貿易。他進而明確表示，「在中國人未採取進一步動作之前，在我們這方面保持絕對的沉默和靜止的狀態，似乎是最適宜的方針」。[55] 11 月 10 日，德庇時等將這一政策向在華英商做了更具體的宣示，強調「鑒於事情的實際狀態，他們認為自己應該保持絕對的沉默以等待國王的最終決定」。[56] 這種「沉默政策」的含義是，在英國政府制定、律勞卑執行的對華政策失敗後，英國駐華商務監督機構和在華英商

54 即使在後來不平等條約實行後，清政府仍然規定英國領事與道臺「同品」，而與督撫地位懸殊，相互文書往來「未便概用文移二字」。見《中外往來儀式節略》，1880 年 11 月 13 日，《總理衙門致英國公使照會節錄》，王鐵崖編《中外舊章章彙編》第 1 冊，生活・讀書・新知三聯書店，1957，第 377 頁。

55 John Davis to Palmerston, October 12th, 1834, *F. O.* 17/6, p. 105.

56 Charles Elliot, "Official Notice to British Subjects in China", November 10th, 1834, *F. O.* 17/6, pp.148-149. 此公告刊登於 *The Canton Register*, November 18th, 1834；中譯件（不完整）見佐佐木正哉編《鴉片戰爭前中英交涉文書》，第 42—43 頁。

都暫時接受現狀，維持對華貿易，等待英國政府的進一步決策。

德庇時認為他的「沉默政策」很有效。在他之後的第三任首席商務監督羅便臣也基本上維持「沉默政策」，不做與中國官方建立聯繫的任何努力。他甚至認為，與中國官府的聯繫越少，就越可以避免困難與危險。1835 年 11 月 25 日，羅便臣將其辦公地點從澳門移到停泊在伶仃洋上的「路易莎」號（Louisa）上面，以便繞開在澳門遇到的限制，並切實為鴉片販子的事業服務。但復任英國外相的巴麥尊子爵不同意這一做法，在收到他的報告後不久就將他免職，接替他的是義律。

突破體制的努力：義律和鄧廷楨

與羅便臣對中英關係的理解不同，義律認為應與中國官方接觸，英國駐華商務監督應該面對現實，英國政府亦應調整政策。他要求對行商這一交往管道進行認真評估，接受東印度公司對華貿易時代的中英交往方式，按照舊有的慣例，通過行商與廣東當局進行交往，放棄無所作為的沉默政策。他認為英國駐華商務監督機構並非英國政府真正的代表，其職能與東印度公司特選委員會相似，故採取與特選委員會同樣的方式與中國交往不會有辱國格。為此，他與羅便臣之間產生了公開的矛盾。

接任首席商務監督後，義律試圖馬上著手與兩廣總督鄧廷楨聯絡。但他的上述意見，遭到英國外交部的否決。巴麥尊在回信中還告誡他，不得在給廣東當局的文書上書寫「稟」字。不過，在收到外交部的這項回復之前，義律已決定按他的主張起草了致兩廣總督鄧廷楨的稟帖，並在 1836 年 12 月底正式遞交。這意味著他想放棄堅持了兩年多的「沉默政策」。他在稟帖中要求鄧廷楨允許他赴廣州任職，發展兩國關係。鄧廷楨同樣希望抓住這次由義律主動創造的機會來打破雙方關係僵局。在對義律的情況進行調查後他奏報清廷，建議按照從前對待東印度公司大班的規格，讓義律作為英人代表住廣州，得到道光帝的許可。義律在 1837 年 3 月底領到粵海關核發的赴省紅牌，即於 4 月 12 日作為英國駐華商務正監督赴廣州履任，給廣東當局的稟帖中自稱「英吉利國領事」。[57] 當時在粵其他各國領事，均由商人充任。義律自稱「領事」，便與中國官方仍傾向於將其當作大班對待的心理相符合。不過，他也採取了

57　佐佐木正哉編《鴉片戰爭前中英交涉文書》，第 89、95、98 頁。

一些措施，試圖為自己爭取更大的活動空間，以便在實際上與從前的大班有所區別。

但是，義律是在沒有英國政府授權的情況下採取上述行動的。他陳述的所有理由，都沒有使英國外交部在不得通過行商與中國官方交往這一原則上讓步。巴麥尊在收到義律的報告後，在 1837 年 6 月給後者的訓令中措辭嚴厲表示不批准其已經採取的行動，並對義律在沒有得到授權的情況下採取如此行動進行斥責，指示他立即將此決定通知行商和兩廣總督，明確規定義律只能與兩廣總督直接進行公文往來，且不再使用稟帖形式。[58] 義律對此命令只得服從，向鄧廷楨要求雙方進行直接的公文往來，並停止在公文上書寫「稟」字，為鄧廷楨所拒絕。在此情況下，義律於 12 月 2 日從廣州退往澳門，結束了自 4 月以來與廣東官方的直接交往。

義律與鴉片問題

在前述義律努力與廣東當局建立聯繫的同時，清政府內部因許乃濟的奏摺而引起的討論正在進行中。義律意識到，鴉片問題日趨複雜，而清廷對鴉片問題也越來越重視，這是他可以利用的一種局面。故他一方面極為耐心地推動與廣東當局之間的官方往來，一方面又在策劃將當時還未進入外交層面的鴉片問題升格成中英兩國之間的問題。他認為，對英人普遍從事的這種非法生意要予以保護，當許乃濟的建議被否定後，義律寫信給英印總督和英國艦隊司令，要他們派戰船到珠江口展示武力，試圖將英國政府和英國軍隊捲入鴉片問題。在鄧廷楨等奉命嚴禁鴉片後，他又積極活動，準備以英國政府的名義進行干預。

鄧廷楨在 1837 年打擊伶仃洋鴉片基地時，曾希望利用他與義律之間建立起來的關係，讓後者對英國鴉片商施加壓力。但令他失望的是，義律對伶仃洋的鴉片躉船「袖手不顧」，反而趁鄧廷楨要他向英王轉交關於鴉片問題的信件之機，要求建立官方之間的直接關係。鄧廷楨作了一些讓步，但不久義律就在巴麥尊的嚴令之下離開了廣州，雙方的正式關係斷絕。不過，義律卻不甘心就此失去他費盡心血開創的局面。在廣州內河鴉片貿易復活導致中英之間關係趨於緊張的背景下，1838 年 3 月，義律向鄧廷楨遞交了一份非正式呈文，表示

58　Palmerston to Captain Elliot, June 12th, 1837, *F. O.* 17/18, pp.22-25.

他從廣州退出後，對廣州英人無法管束，要求恢復交往。是年 7 月英國東印度海軍司令馬他侖（Frederick Maitland）率領的艦隊抵達珠江口時，他再次進行了試探。但均因雙方執著於體制問題而未果。

義律對於鴉片貿易並無好感。他的興趣在於利用鴉片問題加強自身的地位，並為打開中英關係的僵局服務。故他在 1838 年底改變以往的策略，希望通過配合廣東當局的禁煙行動重開中英交往之門。是年 12 月 3 日，英國鴉片商因義士向廣州商館區偷運鴉片被清軍緝獲，廣東當局隨即對他進行驅趕。因義士囂張地抗拒中方的執法行動，並希望得到義律的支持。英商的抗拒使廣東當局停止其貿易。義律趁機介入此次鴉片問題引起的危機，試圖在中英關係上有所作為。他對因義士的行為表達了不滿，認為後者應該受到道德上的指控。12 月 12 日，義律從澳門到廣州，決心對從事鴉片貿易的英商進行整頓。17 日，義律召集廣州所有外商開會，表示鴉片貿易「已經引起中國政府和人民的義憤」，使所有國家的對華貿易面臨終結之危險，要求英商停止在廣州內河走私鴉片。次日，義律發布了一個致全體英人的正式告示，要求「所有屬於英國人的，曾在虎門口內經常性地或偶爾從事非法的鴉片貿易的帆船、快船和其他各類小型帆裝船隻，自即日起限 3 日內退出虎門，並不得返回再次從事這一非法貿易」。義律警告說，任何在此類船隻上從事鴉片貿易之人，殺死或重傷中國人，將面臨死刑之嚴懲，如果此類船隻被中國政府捉拿並沒收，英國政府也將不予干預；這類船隻上的英國人如果武力反抗中國政府的巡查和緝拿，則是非法行為，將自行承擔其後果。[59] 這等於宣布了，繼續從事內河鴉片走私的英國人將失去英國政府的保護。

在採取上述措施後，義律著手重建與廣東當局的關係。23 日，他向鄧廷楨遞稟，譴責因義士的販煙行徑，通報他已令英人鴉片船退出省河，但要請鄧廷楨與他進行直接公文往來，將驅逐鴉片船的告示給他，以便他的命令更為有效，對英人的管束更有保障。[60] 為了換取鄧廷楨的同意，他表示願意以後以稟帖的形式向廣東當局行文。從以上所述情況來看，義律表現出一定的誠意。鄧廷楨也在 26 日作出積極的回應，允許廣州府、廣州協照其所請，「權宜給

59　Charles Elliot, "Public Notice," Charles Elliot to Palmerston, January 2nd, 1839, inclosure no. 9, *F. O.* 17/30, p. 31. 此告示刊載於 *Supplement to The Canton Register*, December 18th, 1838; 以及 *The Canton Press*, December 22nd, 1838. 二者略有區別，詳後。

60　〈義律致鄧廷楨〉，佐佐木正哉編《鴉片戰爭前中英交涉文書》，第 157—158 頁。

汝即論」，同時強調「嗣後事有交涉，仍由總商傳論，不得援此為例」。[61] 為了鞏固已取得的進展，義律在 28 日的第二份稟帖中強調，「將來有要事，仍求府、協轉行教遵，方能辦得動」。[62] 對此，鄧廷楨表示有條件的同意。

這樣，1838 年 12 月 30 日，在退居澳門整整一年後，義律在原東印度公司商館前再次升起英國國旗。這似乎標誌著中英關係回到了 1837 年的軌道。31 日，義律要伍浩官報告鄧廷楨，他已令所有鴉片船退出了黃埔，於是，廣東當局在當天就下令恢復正常貿易。[63] 同日，英國駐華商務監督發布致全體在華英人通告，宣布重開與中國的官方關係，表明義律的地位獲得中國官方的認可，再次強調商務監督具有結束內河鴉片走私局面的責任。[64] 義律通過這些措施，在來華英商中建立其實際的管轄權力的企圖，也是很明顯的。

義律禁止英商從事內河鴉片走私的命令，在當時被後者所遵守，儘管這些鴉片商的喉舌對義律進行了猛烈的抨擊。巴麥尊在 1839 年 6 月收到義律關於此次行動的報告，表示「完全批准」義律在貿易停止後「採取的步驟」，包括「重新建立與中國當局的官方關係」，但要求義律「不失時機地施加壓力」，要中方同意將來在呈遞文書時，「用不那麼令人不快的字來取代稟字」。[65] 這表明，作為英方的原則，他希望中方最終接受英國對不用「稟」字的要求；同時也說明，巴麥尊在交往體制上的立場暫時也出現了某種鬆動。這是義律久已盼望的許可。這樣，在 1839 年初，似乎出現了中英關係能夠超越雙方的體制和觀念障礙而有所發展的可能性。但這種局面很快被當時迅速發展的形勢所打破。

武力侵華局面的形成

義律尋求以正常交往的方式與廣東當局發展關係，遭到英國政府的諸多限制，這是因為英國政界和軍界在 1830 年代逐漸形成了以武力強迫中國改變對外政策的主張。在 1830 年代早期，英國政府在對華關係方面還抱著謹慎態

61　〈廣州府、協致義律〉，佐佐木正哉編《鴉片戰爭前中英交涉文書》，第 159 頁。

62　〈義律致鄧廷楨〉，佐佐木正哉編《鴉片戰爭前中英交涉文書》，第 159 頁。

63　Charles Elliot to Palmerston, January 2nd, 1839, *F. O.* 17/30, p. 4.

64　Charles Elliot to Palmerston, January 2nd, 1839, inclosure no.14, Edward Elmslie, "Official Notice to British Subject, " December 31st, 1838, *F. O.* 228/9, pp.41-43. 該通告刊載於 *The Canton Register*, January 1st, 1839.

65　Palmerston to Charles Elliot, June 13th, 1839, *F. O.* 228/11, p. 29.

度。1832 年，英國政府指示新任印度海軍司令約翰‧戈爾（John Gore）「永遠不要採取任何導致捲入與中國的敵對狀態的政策」。1834 年 7 月，英國海軍部要求戈爾，必須令其麾下軍官保證不在珠江停泊，絕對不可以進入虎門。[66]但戈爾通過對中英關係的觀察，在 1834 年 2 月建議海軍部，派一艘軍艦常駐新加坡，並「在合適的季節定期訪問伶仃洋」，從而「增進商業上的信心，並使居心不良者感到畏懼」。英國海軍部在收到報告後批准了這一建議，但指示他仍須謹慎從事。[67]這就確立了英國海軍在必要時武力干預對華關係的原則。律勞卑就是乘坐海軍戰艦「安卓瑪治號」（Amdromache）闖入虎門的，後來還得到了戰艦「伊莫金號」（Imogene）的增援。他認為應該讓中國遭受「徹底的軍事失敗」。8 月 14 日，他還建議英國應派一支小型軍隊「占領香港島」。[68]到 1835 年，新任英國駐印度海軍司令卡佩爾（Thomas Balden Capel）建議派一艘有 16 門炮的小型戰艦到澳門，以「顯示國家利益，並支援消沉的商人精神」，[69]進一步將英國對華關係與其海上武力聯繫到一起。

1834 年 10 月，德庇時致函英印總督本廷克（William C. Bentinck），說除非「陛下政府認為應當採取強制手段」，中國政府將不會改變對外政策。[70]1835 年 3 月，英國外相威靈頓也提出，在中國水域「保持一艘大型驅逐艦和一艘較小戰艦」。[71]英國駐華商務監督祕書郭士立在 1835 年寫給英國外交部的專題論文〈論我們對華關係的現狀〉中建議，如果廣州的貿易再遭停頓，或英國商人再次遭到「侮辱」，即採取「強烈的報復行動」，「為此目的所使用的武力須足以給中國人的傲慢以致命的打擊」。[72]復任外交大臣的巴麥尊，在 1836 年 3 月採納了郭士立等人的建議，認為「從保護英國商船和財產免遭劫掠和令英商、海員服從命令的必要性起見，應派一艘戰船長時駐紮在中國基

---

66 Gerald S.Graham, *The China Station, War and Diplomacy 1830-1860*(Oxford: Clarendon Press, 1978), p. 49.

67 Gerald S.Graham, *The China Station, War and Diplomacy 1830-1860*, pp.49-50.

68 Susanna Hoe and Derek Roebuck, *The Taking of Hong Kong*(Surrey: Curzon Press, 1999), p. 33.

69 Gerald S.Graham, *The China Station, War and Diplomacy 1830-1860*, p. 68.

70 Anonymous, *Review of the Management of Our Affairs in China, since the Opening of the Trade in 1834*(London: Smith, Elder and Co., 1840), p.203.

71 "Memorandum by the Duke of Wellington, March 24th, 1835. " in Anonymous, *A Digest of the Despatches on China, with a Connecting Narrative and Comments*, p. 11.

72 Charles Gutzlaff, *Present State of Our Relations with China, see George Robinson to Palmerston*, March 26th, 1835, inclosure, *F. O.* 17/9, pp.126-158.

地，並應指揮該戰船司令官與英國政府在華機構保持聯繫」。[73]而 1838 年英國駐印度海軍司令馬他侖來華，即是海軍部在巴麥尊的要求下，落實這一決策的結果。

巴麥尊指示馬他侖與義律保持聯繫。義律在鄧廷楨發起的禁煙行動走向深入之際，希望將鴉片問題更深地捲入中英關係中。他建議英國政府派遣特使，在由驅逐艦、輕型戰船和汽船組成的艦隊的護送下，到中國海岸戰略要地舟山群島碇泊盤踞，以海軍力量的展示來威懾中國政府，使後者實行已經討論過的將鴉片貿易合法化的政策。同時，英國還應在中國海岸保持一支海軍力量，以「保護從事合法生意的英國和平臣民的事業不會遭到阻礙或中斷」。[74]但巴麥尊在 1838 年 6 月給義律的指示卻是，英國政府不打算承擔保護鴉片走私的義務，英國鴉片商必須自己承擔風險。[75]這對義律的態度產生很大影響，故到 1838 年底因義士內河販煙事發導致貿易停頓事件發生後，義律暫時放棄了武力保護鴉片貿易的主張，轉而與廣東當局合作以控制和影響局勢。在這種背景下，才出現了以上所述義律與鄧廷楨之間在廣州內河禁煙問題上的短暫合作。

但廣州內河禁煙協議的效果尚未顯現，中國國內政治形勢的發展已容不得鴉片問題的繼續遷延。道光帝在白銀外流問題的沉重壓力下，禁煙政策驟趨嚴厲。同時，鄧廷楨對伶仃洋鴉片貿易的打擊，卻導致了鴉片走私重回廣州內河，並向靠近清朝統治腹心地帶的北方海岸快速蔓延，也使清政府感到問題愈益嚴重。在鄧廷楨與義律尚在溝通協商之際，道光帝已決心重用一向主張嚴禁鴉片的林則徐，派他為主持禁煙的欽差大臣，南下掌控大局，以收海清河晏之效。

在林則徐到達廣州前後，義律正在努力落實他與鄧廷楨達成的在廣州內河肅清英人鴉片走私的協定，從而維護英國在華的貿易利益。同時他也與珠江口外的英國戰艦聯繫，為即將到來的危機作準備。

73　Gerald S.Graham, *The China Station, War and Diplomacy 1830-1860*, p. 71. 見 John Backhouse to Charles Wood, November 17th, 1836, *F. O.* 17/17, pp.175-176.

74　Charles Elliot, "Memorandum, " November 19th, 1837, *F. O.* 17/22, pp.37-46.

75　Palmerston to Charles Elliot, June 15th, 1838, *F. O.* 228/8, pp.18-19. 後來代表鴉片商利益的一位作者評論說：「一個中國大臣也不會寫出比此信對英國利益更有敵意的信件了。」見 Anonymous, *Review of the Management of Our Affairs in China, since the Opening of the Trade in 1834*, p.172.

　　林則徐3月10日到廣州後，迅速採取了禁煙措施，在3月18日包圍了廣州商館區，迫使鴉片販子繳出鴉片。這就使義律維持相安之局的計畫破產，他轉而採取強硬立場。當時在澳門的義律向英人發布了措辭激烈的告示，並在3月下旬趕赴廣州商館。3月27日，他以英國政府的名義令英人繳交鴉片，表示英國政府將為此負責。這就將英國政府徹底捲入了鴉片問題。在其後的日子裡，義律極力說服英國政府對華採取軍事行動。他的建議被巴麥尊接受。中英關係終於走到了戰爭的關頭。

第三章　近代的開端：鴉片戰爭

　　1840 年的鴉片戰爭，是近代中西碰撞過程中的首次國際戰爭，是陷中國社會於半殖民地半封建深淵的戰爭，中國的社會狀況和性質較前有了很大改變，戰爭對中國來說是劃時代的事件，古代歷史和近代歷史由此區劃，中國社會開始步入近代。這場影響深遠的戰爭爆發的原因究竟是什麼？

一、戰爭的醞釀：茶葉、白銀、鴉片

　　1840 年 4 月 4 日，英國政府將對華戰爭議案提交國會，遭反對黨質詢，9 日下午，在辯論無果的情況下就反戰質詢案表決，贊成 262 人，反對 271 人。「托利黨的反戰決議案只以五票之差被否決」。[1] 一個相當微弱的多數，卻在某種程度上決定了對世界上人口最眾國家的戰爭動議得到通過。

從鴉片戰爭爆發的原因談起

　　1841 年 12 月，戰事正酣，美國眾議院外交委員會主席亞當斯（J. Q. Adams）發表演說：「一般的看法都以為爭執不過是為了英國商人輸入幾箱鴉片，中國政府因其違法輸入而予以查抄，但是我卻認為這完全是錯誤的看法。這只不過是爭端中的一個偶然事故，而並不是戰爭的原因……戰爭的原因是磕頭！」[2] 此言何來？指 1793 年馬戛爾尼（George Macartney）率英國使團的來華經歷。當時清朝沒有近代外交理念，只有宗藩觀念。馬氏抵華後，清廷一如既

---

* 本章由郭衛東撰寫。

1　〔美〕費正清編《劍橋中國晚清史》上卷，中國社會科學院歷史研究所編譯室譯，中國社會科學出版社，1993，第 213 頁。

2　〔美〕泰勒・丹涅特：《美國人在東亞》，姚曾廙譯，商務印書館，1963，第 94 頁。

往地視為「貢使」，朝見中國皇帝依例當行三跪九叩大禮。馬戛爾尼抗不遵從，認定他只向上帝和女性下跪，清帝不屬此列。經反復磋商，清廷同意屈一膝以為禮，並拒絕馬氏提出的交涉要求。1816年，英王侍從官阿美士德（W. P. Amherst）率使團再度來華，因拒絕叩首，連嘉慶帝都未見到就被遣送回國。這個使團只是為囚禁在聖赫勒那島上的拿破崙（Napoléon Bonaparte）提供了一點借中國人來發洩其刻意嘲弄英國人的材料。亞當斯的解釋是：通過正常的外交途徑無法構建平等的國家關係，只有訴諸戰爭。

因此之故，西方學界十分流行「文化價值衝突論」，認為鴉片戰爭的爆發主要是文化觀念不一，古代中國人不以磕頭為恥，但西人難以接受。看法有些道理，卻不全面，可以說沒有把握戰爭最主要的根源。鴉片戰爭的發生是綜合因素所致，但其中最重要的不是文化因素，而是經濟原因，在於茶葉、白銀、鴉片等。

「古」絲綢與「新」茶葉

古代中外貿易，以絲綢為開端，西元前5世紀，中國絲綢已越過帕米爾高原到印度、波斯，漸至歐洲。「絲綢之路」也成為古代中西交通的代名詞。但從18世紀初葉開始，茶葉取代絲綢成為中國出口商品的第一大宗，從而結束長達兩千餘年絲綢在中外貿易中的霸主地位。茶在中國的培植飲用可溯商代以前，但到16世紀中葉才為西人所知，與同為中國遠古產品的絲綢相比，何其「新」也！

茶葉在外貿中地位的崛起突然而急速。1550年，歐洲人第一次聽說「茶」，知道有這種奇妙物品的存在。1559年，威尼斯商人拉莫修（G.Ramusio）將「茶」的字眼載入其著，茶形諸歐洲文字。1606年荷蘭人從萬丹將第一箱茶葉運抵阿姆斯特丹，茶首抵歐洲。1635年，這種新飲料在法國露面。1657年，荷蘭人把少量紅茶轉運英國，茶葉登陸英倫。1662年，英王迎娶葡萄牙公主凱薩琳（Catherine），茶飲帶入宮廷，凱薩琳被稱「飲茶王后」。英國東印度公司不失時機地迎合王室嗜好，1664年，公司購2磅2盎司茶葉「作為一種珍奇的禮品」贈送英王，據稱「香味雋永作用柔和」，「每磅獲獎五十先令」。[3] 茶葉最初在歐洲還另有功能，就是被當作藥物，甚至「被釋義為救

3　David Macpherson, *The History of the European Commerce with India* (London, 1812), p.131.

命之物」。[4] 1667 年，倫敦街頭廣告：茶能「舒筋活血……治療頭痛、眩暈憂傷，消除脾胃不適」。[5] 經銷茶葉已具有看得見的商業價值。1668 年，東印度公司搶先在政府註冊，獲運茶入英國的特許。18 世紀初，茶葉開始向大眾飲品過渡。1766 年，茶葉在英國每磅平均售價約 5 先令，[6] 幾乎每個英國人的錢包都負擔得起，「從公爵到最卑微的擠奶女工都要飲茶……連洗衣婦也認為，在早餐時她不能沒有合適的茶。」[7] 茶葉給英國人的生活帶來變化，「中午稍晚一些時候，人們要停下來喝茶，在 18 世紀，午茶演變成一頓分開的飯點。」[8] 中國茶葉竟然能使整個外國民族的作息習慣發生變化！茶葉的流行，還締造出一批依靠茶葉為生的經銷商。1765 年，英格蘭有大約 5 萬家小酒館和小食店出賣茶水。同時，英格蘭和威爾士有 32234 名有執照的茶商，這些都是合法茶商，如果加算沒有執照的茶商，數量可能翻番。[9] 茶葉還成為英國政府稅收的重要來源，1723 年，開徵茶葉稅，「在 7 年中，稅額每年上漲 12 萬鎊。」茶稅不斷提高，在 18 世紀中葉保持在 100% 或更高的稅率水準上。[10] 高關稅帶來走私猖獗，造假也應時而生，曾發現「有數百萬磅計的野山梨葉、樺樹葉和其他樹葉被摻雜在茶葉中出售」。[11] 茶葉的普及也引出擔憂。克來頓（J. Clayton）宣稱：「飲茶嗜好可恥地吞沒了人們的時間和金錢」。[12] 詩人摩爾（H. More）將茶葉的提神作用同騷亂聯繫在一起予以痛斥。[13] 旅行家海崴（J. Hanway）聲稱喝茶對女性的損害來得特別大：「有多少你的甜蜜的性奴隸，由於喝茶使得她們的消化能力萎縮，精神低迷，無精打彩，鬱鬱寡歡，神志恍

4　Simpson Helen,*The London Ritz Book of Afternoon Tea: The Art and Pleasures of Taking Tea*(New York: Arbor House, 1986),p.13.

5　王滬摘譯自《史密斯學會學報》，《世界博覽》1984 年第 2 期。

6　Jonas Hanway, *An Essay on Tea*(London, 1756), p.268.

7　Dorothy Marshall, *English People in the Eighteenth Century*(London and New York: Longmans, 1956), p.172.

8　Porter Roy,*English Society in the Eighteenth Century*(New York:Penguin USA,1990), p.273.

9　Mui Hoh-Cheung,and Mui H.Lorna,*Shops and Shopkeeping in Eighteenth Century England*(Kingston Ont.: McGrill-Queen's University, 1989), pp.167, 268-269.

10　Georgiana Hill, *History of English Dress from the Saxon Period to the Present Day* (New York, 1893), p.148.

11　J. Hanway, *Letters on the Importance of the Rising Generation of the Labouring Part of Our Fellow-Subjects* (London, 1767), vol.2, pp.180-181.

12　E. P. Thompson, *Customs in Common: Studies in Traditional Popular Culture* (New York: New Press, 1993), p.386.

13　Guy Williams, *The Age of Agony: The Art of Healing, 1700-1800*(Chicago: Academy Chicago Publishers,1996), pp.51, 57-58, 61-65.

惚，儘管本能還存在，但通常已是打不起多少興致。」[14] 但民眾的消費才不管文人的詛咒，到 18 世紀末，作家又留下這樣的文字：「除非有人斷言：談論茶葉是在談論流言蜚語，那麼，聯合王國的每個人都在談論流言蜚語，因為他們都喝茶。」[15] 華茶征服英倫不可阻擋。

1720 年代前後，是絲綢和茶葉貿易地位互換的轉捩點。1717 年，在英國對華貿易中，「茶葉已開始代替絲成為貿易中的主要貨品」。1722 年，在壟斷英國對華貿易的東印度公司從中國進口的總貨值中，茶葉占 56％的比例，1761 年更達 92％。18 世紀末，公司索性把絲綢、瓷器等留給私人「優待噸位」（privilege tonnage）去經營，公司集中經營茶葉。在 1834 年公司解散前的最後幾個年頭，茶葉乾脆成了公司「從中國輸出的唯一的東西，……以至國會的法令要限定公司必須保持一年供應量的存貨。在壟斷的最後幾年中，茶葉帶給英國國庫的稅收平均每年三百三十萬鎊，從中國來的茶葉提供了英國國庫總收入的十分之一左右和東印度公司的全部利潤。」[16] 荷蘭的轉折也大致相同，1729 年，茶葉在荷蘭輸出華貨總額中的比例已占 85.1％。[17] 美國也出人意外的一致，「在 18 世紀 20 年代，這種飲料（茶）已成為新英格蘭日常伙食的一部分。」[18] 但北美十三州的茶葉貿易由英國東印度公司控制，利用壟斷抬高價格；英國政府也藉機剝奪殖民地，1769 年 5 月，英國決定廢除《托時德法案》（Townshend's Revenue Act）其他物品的關稅，茶稅除外，使得北美茶葉價格居然高出英國本土一倍。[19] 他國的低價走私茶也大批量進入，1769—1772 年，英國輸入該地區茶葉 10619900 磅，法國、瑞典、荷蘭、丹麥四國輸入的茶葉 19902000 磅。英國因此頒布《茶葉法案》（Tea Act of 1773），旋引發波士頓騷動，憤怒的民眾把 297 箱英國茶葉傾到海灣，進而成為獨立戰爭的導火線。這段歷史人所熟知。茶葉這一小葉片的威力直可洞見，居然在北美引發了一場大革命！緣此，美國獨立後，1784 年 「中國皇后號」首航帶回的貨值中

14　Kirstin Olsen, *Daily Life in 18th Century England*(London: Greenwood Press, 1999), pp.208, 213, 218, 220, 222-223.

15　Anon, *A Modern Sabbath or a Sunday Ramble in and about the Cities of London and Westminister*(London, 1807), p.72.

16　〔英〕格林堡：《鴉片戰爭前中英通商史》，康成譯，商務印書館，1961，第 3 頁。

17　莊國土：〈鴉片戰爭前 100 年的廣州中西貿易〉，《南洋問題研究》1995 年第 2 期。

18　〔美〕韓德：《中美特殊關係的形成》，項立嶺、林勇軍譯，張自謀校，復旦大學出版社，1993，第 7 頁。

19　J. Steven Watson, *The Reign of George III 1760-1815*(Oxford, 1960), p.198.

茶葉占 92％。到 1796 年，美國在中國收購的茶葉數量已比除英國外的所有歐洲國家的總和還要多。[20] 因茶葉的關係，太平洋上「最年輕與最古老的兩個帝國」建立起了直接聯繫。

　　茶葉成為 18 世紀國際貿易的最重要貨品，無怪乎，人們要將此稱為是歐亞貿易的「茶葉世紀」。絲茶貿易地位的互換不能單純視為兩個出口貨品的消長，內中包含深巨的「歷史意義」。從為高等人提供華貴錦緞到為大眾提供日常飲料，轉折的確是歷史性的。由於生產水準的落後，交通的不發達，高昂價格使得古代國際貿易主要是為皇家貴族服務；近代國際貿易最重要的變化就是服務對象由上流社會轉向民間大眾，絲茶貿易地位的升降典型地反映出這一時代的重大轉變。

　　茶葉在近代西方的流行有著特定的時代背景。隨著地理大發現，幾乎在同一時期，非洲的咖啡、美洲的巧克力和亞洲的茶這三種「異國嗜好」不約而同至歐洲。巧克力入歐是 1520 年；咖啡 1615 年由阿拉伯中傳威尼斯。這些「提神醒腦」的新飲料幾乎同時在歐洲大行其道，從人群嗜好的角度透射出社會業已出現或正在醞釀著重大變化：人們比以前有閑了，城市生活更豐富了，公眾活動更多了，品茗喝咖啡都有人聚才好，咖啡館等應運而生，並屢屢成為近代歐洲重大革命和風潮的策源點，巧克力、茶葉、咖啡都屬「興奮劑」，在歐洲各國革命的前夜流行起來，中世紀毫無生氣少有交往的黑暗封閉的時代已經或即將結束，舊時寧靜的心態不再平靜，躁動的人群需要「興奮劑」來溫潤和發酵。另一方面，茶葉普及又與英國等的清教運動有關，18 世紀早期在牛津大學任教的韋斯廉（J. Wesley）就主張聖公會徒以茶代酒，「茶葉對那些嚴守教義墨守成規的人是一種很好的飲品。」[21] 還有價格因素，「酒的價格對於平民來說還是略為昂貴了，茶葉卻較便宜。」[22] 有大宗消費才可能有大宗生產，而大宗消費必有特定的環境，中國古已有之的茶葉偏偏在 18 世紀後的歐洲獲得廣泛市場，絕不偶然。東西方的聯繫前所未有的緊密，主要不是通過某些政治制度，而是通過經濟，通過與普通人群日常生活相關的一件件物品。

20　〔美〕泰勒・丹涅特：《美國人在東亞》，根據第 41 頁清單統計。

21　J. Carswell, *From Revolution to Revolution: England 1688-1776* (London: Routledge & Kegan Paul, 1973), pp.101-102.

22　David Macpherson, *The History of the European Commerce with India*, p.132.

茶葉引出的問題：白銀、人參、棉花和鴉片

西方需要茶葉，拿什麼來和中國人交換呢？當時的中國生產力發展水準在西方之上，[23] 又加以自給自足的自然經濟支配，和時緊時鬆的海禁閉關政策的作祟，使海外商品在中國的市場十分狹窄。所以，中西貿易呈單向流態，西方人需求中國的東西卻拿不出相應的交換物品，形成貿易一邊倒的格局。中國並不需要西方的一般產品，但有例外，就是銀子。自五代以來，白銀作為貨幣的使用醞釀數百年，到明朝成不可遏制之勢。

> 凡貿易金太貴而不便小用；米與錢賤而不大用；錢近實而易偽易雜，米不能久；鈔太虛亦復有溢濫。是以白金之為幣，長也。[24]

1436 年改行以銀為主的幣制，而銀的產量比之需求在中國更顯匱乏。[25] 外商所能做的就是以白銀來購華貨。據統計，只是英國人，在 1721—1740 年間，用來償付中國貨物的 94.9%是金銀幣，只有 5.1%是用貨物來沖抵。[26] 入華白銀的主要來源地是當時世界銀的最大產出地——美洲。作為西班牙殖民地的秘魯和墨西哥的銀產量在 16 世紀時占世界產銀總量的 73%，17 世紀占87.1%；18 世紀占 89.5%。[27] 無怪乎，魏源對當時中國流通白銀的來源作出讓人驚心的估計：「銀之出於開採者十之三四，而來自番舶者十之六七。」[28] 問題隨之而出，長期的惡性開採使美洲銀礦枯竭，並拉動世界銀產量的下挫，世界銀產量在 1781—1800 年是 28261779 盎司，到 1811—1820 年，降至17885755 盎司，1821—1830 年更跌到 14807004 盎司。[29] 而工業革命的開展和殖民者的稱霸戰爭使得用度劇增，再是美洲殖民地獨立運動的開展，不再向歐洲宗主國提供白銀；還有 1779 年後，西班牙參加美國獨立戰爭，其銀元市場被封閉，所以從 1779 年至 1785 年「沒有一塊銀元從英國運到中國」。[30]

23　〔德〕貢德・弗蘭克：《白銀資本》，劉北成譯，中央編譯出版社，2000，第 240—243 頁。
24　王世貞：《兗州史料後集》卷 37〈鈔法〉，第 6 頁。
25　自 13 世紀以來，雲南即是中國銀礦的最大產區，但明代中葉，雲南年產銀不過 34 萬餘兩；到清中葉，雲南銀礦的年產額也不過 46 萬餘兩。參見全漢昇〈明清時代雲南的銀課與銀產額〉，《新亞學報》1967 年第 9 期。
26　〔美〕張馨保：《林欽差與鴉片戰爭》，徐梅芬等譯，福建人民出版社，1989，第 43 頁。
27　〔英〕萊斯利・貝瑟爾主編《劍橋拉丁美洲史》第 1 卷，胡毓鼎等譯，經濟管理出版社，1995，第 353—376 頁。
28　《聖武記》卷 14〈軍儲篇一〉，《魏源全集》第 3 冊，嶽麓書社，2004，第 569 頁。
29　〔美〕張馨保：《林欽差與鴉片戰爭》，第 47 頁。
30　〔英〕格林堡：《鴉片戰爭前中英通商史》，第 7 頁。

幾相夾擊，歐洲白銀的缺口愈益嚴重。

在嚴峻形勢下，除英美外，大多數原先對華貿易的西方國家只有淡出中國市場。以歐美各海上貿易國對華出口來說，1764 年，總值 1908704 銀兩，其中英國為 1207784 銀兩，占 63.3％的比重，其他歐陸國家總合為 700920 銀兩，占比 36.7％。此時的美國尚未形成獨立國家。英國雖占大頭，其他國家的份額也不為小。到 1795—1799 年度，情況顯著變化，歐美各海上貿易國年均對華出口總值為 5908937 銀兩，其中英國占 90.9％的份額；美國占 6.3％，而其他所有歐美海上貿易國只占 2.8％；到 1825—1829 年，歐美各海上貿易國年均對華出口總值為 9161314 銀兩，其中英國 7591390 兩，占 82.9％；美國 1534711 兩，占 16.7％，而其他所有歐美海上貿易國只有 35213 兩，占 0.4％；連 1％的份額都不到。再看歐美各海上貿易國從中國進口，1764 年，總值為 3637143 銀兩，其中英國 1697913 銀兩，占 46.7％，其他歐陸國家總合起來為 1939230 銀兩，占 53.3％。到 1795—1799 年，歐美各海上貿易國年均從中國進口總值為 7937254 銀兩，其中英國占 72.1％；美國占 17.6％，而其他歐美海上貿易國只占 10.3％；到 1825—1829 年，歐美各海上貿易國年均總值為 14390108 銀兩，其中英國 10215565 兩，占 71％；美國 4116182 兩，占 28.6％，而其他所有歐美海上貿易國只有 58361 兩，所占份額與出口值同樣為 0.4％；同樣到可以忽略不計的地步。[31]

唯有少數國家還能維持並發展對華貿易的不墜。一是美國，依靠的是幾種特殊貨品。人參，據說這種草根植物在當時的新英格蘭等山林中有成片野生，運至廣州後以每擔 170 兩售出（上好洋參可售 188 兩），「花旗參」自後在中國消費者的心目中奠定了鼎鼎大名。皮毛，約從 18 世紀 90 年代成為輸華品的大宗，以海獺皮、海豹皮為主要。此外還有來自土耳其等地的轉手鴉片。同時，美國人依靠同西屬美洲殖民地的傳統友誼及與當地獨立革命者們的密切關係，還能從美洲弄到若干輸往中國的白銀。[32]

二是英國，鴉片戰前，在中英貿易中能夠改觀對華貿易入超局面的不是來自西方的貨品，而是來自東方印度殖民地的貨物，先是棉花，後是鴉片。中國的植棉史可上溯商周，漸成最重要的經濟作物，棉花在中國有著極廣闊的市場

31　姚賢鎬編《中國近代對外貿易史資料》第 1 冊，中華書局，1962，第 266—267、272 頁。
32　〔美〕賴德烈：《早期中美關係史》，陳郁譯，商務印書館，1963，第 26、37 頁。

需求。1704 年 7 月 21 日，東印度公司船「凱薩琳號」（Catherine）運入廈門 1116 擔原棉，[33] 是輸印度棉的開始。不過，印棉在中西貿易中取得決定性地位還是 70 年以後的事，1770 年代，中國發生饑饉，政府鼓勵種植糧食，導致對進口棉的需求加大，1775—1779 年，在廣州貿易的主要輸入品中，印棉的價額是年均 288334 銀兩，首次超過英國毛織品的輸入價額（年均 277671 銀兩），定位在英國輸華第一大貨品的位置。[34] 此局面延續到 1819 年。從事印棉輸華的多是「散商」。東印度公司把最賺錢的茶葉貿易壟斷不放，在其他貨物上對散商開些口子，以「許可證制度」等，從中獲利，並通過散商贏利部分改變中英貿易英方逆差的局面。1774—1797 年，印棉交易額占散商貿易總額的 95% 以上。[35]

但情況並不總是順利，印棉輸華同時受到中國和英國市場的制約。在中國，印棉只是補缺，沒有也不可能替代中國的棉花生產，受中國國內棉市的影響很大。1805 年，「麥尼克商號」運至廣州一批棉花，到港後，「行商都不肯碰一碰棉花包」。末了，由「浩官」降價收購，為此虧了一萬多元。誰知，翌年，因為中國棉花歉收，轉成俏貨，這年輸入了大約 14 萬包（31 萬擔），正常年景約輸入 6 萬包，價格也好得驚人，過去不太好銷的孟加拉棉創每擔十四兩五錢銀的新高；這只是廣州價格，在南京可以賣到 32 兩。但隨後，「廣州市場上的棉花又幾乎等於是死貨。」[36] 印棉入華還形成與英國本土棉紡業的原料競爭。蘭開夏的溫濕氣候極有宜於棉紗的紡織，棉織業因此成為近代大工業的歷史起點。1785 年，機械織機誕生，紡織業通過蒸汽機率先實現由小手工業向近代工廠的過渡，工業革命在凱歌行進。棉紡業的迅猛發展又帶出「棉荒」，英國不產棉，原料依靠進口，殖民當局鼓勵印度植棉。18 世紀下半葉，引進中長纖維的陸地棉，從此印度成為世界棉花的最大出口國之一。1701 年

---

33 H. B. Morse, *The Chronicles of the East India Company Trading to China 1635-1834* (Oxford: Clarendon Press, 1926-1929) , vol.1, pp.130-131.

34 〔日〕田中正俊等：《外國學者論鴉片戰爭與林則徐》（上），福建人民出版社，1989，第 19 頁。

35 E. H. Pritchard, *The Crucial Years of the Anglo-Chinese Relations 1750-1800* (Research Studies of the State College of Washington,1936) , vol.4, p.142.

36 H. B. Morse, *The Chronicles of the East India Company Trading to China 1635-1834*, vol.4, p.186. 因交易量巨大，印度棉花成為此間廣州行商虧本的重要導因。此事甚至引起乾隆帝的幾次過問。參見郭德焱《清代廣州的巴斯商人》，中華書局，2005，第 81 頁。

輸入英國的原棉不過 100 萬磅，1802 年達到 6050 萬磅。[37] 既然英國本身的棉花都不夠用，又豈能坐視印棉的大量流入中國？

故，造成 19 世紀初葉中國與西方貿易全域變動的不是棉品，而是鴉片。16 世紀中期，葡萄牙人、荷蘭人將印度麻窪（Malwa）及果阿（Coa）等地出產的鴉片和槍管灼火吸食法傳入中國。1773 年，英國駐孟加拉總督哈斯廷（W. Hastings）提出由東印度公司承攬鴉片，建立「收購承包人制」，英國的鴉片貿易以政府同大公司聯手實現壟斷專營和規模體系，迅即成為對華鴉片輸出的最大商家。而前此的普拉西之戰使英國征服了孟加拉，當時世界上幾個最大的鴉片產地—麻窪、比哈爾邦（Behar）、八達拿（Patna）等均在英國控制下。1820 年，英國輸華棉花和鴉片的份額逆轉，鴉片輸出值首超棉花。[38]

輸華鴉片在毒害中國人身心的同時榨取其財富，西人幾百年追求未得的白銀由中國轉流歐洲的企望，經鴉片貿易得以實現，完成英國對華貿易長期逆差的改觀。通過鴉片究竟有多少白銀流出中國，統計很不一致，有研究表明，1807—1829 年，中國有 4000 餘萬銀元被英國人運出廣州口岸，而 1829—1839 年，中國的白銀淨流出量約為 6500 萬銀元。[39] 結果是「紋銀為內地之至寶，今外夷煙土不以貨物與我易，必以紋銀向之買」。1836 年後，清朝有關方面展開鴉片弛禁的討論，觀點兩立，卻又殊途同歸，立足點都是從日趨嚴峻的白銀危機來考慮，反對弛禁的想以嚴禁鴉片來防止白銀外流；贊同弛禁的則主張以高關稅來實行鴉片貿易合法化，杜絕走私，以貨易貨，不讓銀子出現在鴉片交易管道。時人把「一年數千萬之紋銀不為外洋席捲」看作是那個時期最大的社會問題之一，若能解決，「從此民財日盛，催稅日盈」。[40] 情勢到了不得不採取斷然措施的地步，終於促使道光帝在 1838 年下了嚴禁鴉片固塞白銀外流的決心。

在 1835 年前的十年中，鴉片使印度的「土地價值提高了四倍」，使印度對英國製造品的消費量增加了 10 倍；鴉片收入提供英印政府全部財政收入的

37 〔法〕保爾・芒圖：《十八世紀產業革命》，楊人楩、陳希秦、吳緒譯，商務印書館，1983，第 200 頁。

38 郭衛東：《轉折—以早期中英關係和《南京條約》為考察中心》，河北人民出版社，2003，第 124—126 頁。

39 吳義雄：《條約口岸體制的醞釀—19 世紀 30 年代中英關係研究》，中華書局，2009，第 367—371 頁。

40 Public Record Office, British Foreign Office Records (F.O.), 233/181/35, 233/180/45.

七分之一。[41] 鴉片堪稱 18 世紀晚期到 19 世紀中期中英印三角貿易的基石。於是乎，在 1838 年清政府實行嚴厲禁煙政策後，英國政府要作出如此強烈反應—為邪惡的毒品貿易不惜打一場國際戰爭，因為這個基石在英國殖民者是萬萬不能抽動的。戰爭不可避免。這就是 1840 年代之前中國和西方交往的主要歷史線索。

二、戰爭的進程：占領土地及其他

1840 年 6 月 21 日，英國遠征軍抵達珠江口外，鴉片戰爭爆發，對中國領土的奪取、易手、霸占成為牽引戰事的重要線索。

從多個目標到傾向舟山

英國政府策劃戰爭時，就將獲取中國土地作為首要目標。1839 年 10 月 18 日，外交大臣巴麥尊（H. J. T. Palmerston）向駐華代表義律（Charles Elliot）傳達內閣意見，要求祕密做好戰爭準備（拋售貨物、撤退僑民等），擬奪取中國「一個島嶼地方，它可以作為遠征部隊的一個集結地點和軍事行動的根據地，而且以後作為貿易機構的牢固基地，因為我們對這樣的某個地方想要保持永久占領」。1840 年 2 月，在制定對華條約草案中，割讓島嶼為最關鍵內容，設想如中國不同意，則以片面最惠國待遇、領事裁判權等特權來替換。[42] 不難看出，侵占中國領土是英國侵華目標中最重要的部分，為此，英國不惜放棄其他重要特權。

但在攫取哪塊中國土地上，英國政府內部各持己見。開始時提頒布灣、海南、福州、廈門、舟山等候選目標，後逐步排除。海軍部次長巴羅（J. Barrow）覺得臺灣太大；而靠英國艦隊的兵力封鎖包括海南島在內的中國海岸是不可能的。英印總督奧克蘭（L. Auckland）認為福州、廈門距中國首都遙遠，威懾力量不夠。[43] 在選擇中，舟山日漸突出。義律很早就鼓動武力占領舟山。稱「舟山群島良港眾多，靠近也許是世界上最富裕的地區，當然還擁有一條最宏偉的河流和最廣闊的內陸航行網」，腹地是出口商品絲茶的主產區，如把舟山闢

41　姚賢鎬編《中國近代對外貿易史資料》第 1 冊，第 271、281 頁；〔英〕格林堡：《鴉片戰爭前中英通商史》，第 96—97 頁。

42　《英國檔案有關鴉片戰爭資料選譯》下冊，胡濱譯，中華書局，1993，第 522、547—553 頁。

43　中國第一歷史檔案館等編《鴉片戰爭在舟山史料選編》，浙江人民出版社，1992，第 480 頁。

為自由港，將成為「大不列顛的商業中心」，該中心「也許是世界上最重要的商業基地之一」。義律的建議得到普遍認同。巴麥尊提到，「舟山位於廣州與北京的中段，接近幾條通航的大河河口，從許多方面來看，能給遠征軍設立司令部提供一個合適的據點」。[44] 1840 年 2 月 20 日，英政府下達作戰部署，先封鎖珠江口，然後以主力占領舟山，在島上建立屯兵轉運基地，再向白河河口發展。舟山成為英國圖欲在華攫取占領地的首選。

1840 年 7 月 6 日，英軍攻占舟山，是役為鴉片戰爭時期中英雙方軍隊首次大規模交戰。《泰晤士報》即時以興奮語調發表消息：「英國國旗第一次在中華帝國的一部分土地上飄揚。」[45] 至此，舟山成為戰時中英爭奪最重要的地區之一，戰後，又一度成為中英兩國外交的癥結。英國在舟山成立了殖民當局—巡理府，宣布島上的民政、財政和司法管理均由英方執行，並把舟山劃為自由貿易港。

從舟山到香港的轉換

殊不知，事態變化一波三折，1841 年 2 月 25 日，英軍撤出舟山，使浙省官員鬆了一口氣。次日，清軍葛雲飛部「收復」失地。而在此前，英軍占領香港，完成英國霸占中國島嶼從舟山到香港的戰略目標轉移。英方何以要「莫名其妙地撤出」（巴麥尊語）圖謀已久的舟山？有學者認為主要是占領舟山後英軍水土不服導致大批病亡所迫。依據是參加占領舟山的英國海軍上尉奧塞隆尼（J. Ouchterlony）的統計：1840 年 7 月 13 日到 12 月 31 日英軍的生病人數有 5329 人，病死 448 人。[46] 此病死人數是整個鴉片戰爭中英軍戰死人數的 5 倍，舟山英軍約 3000 人，人均得病近兩次。[47] 情況確實嚴重。但這決不是構成英軍撤軍的主要原因。

因為，在英方代表提出歸還舟山的時候，英軍病亡遠沒有發展到如此嚴重程度。懿律（G. Elliot）和義律 7 月 30 日就離開舟山北上天津白河口，之後再沒有得到來自舟山的具體消息。8 月 30 日同直隸總督琦善會談，鑒於琦善

44　《英國檔案有關鴉片戰爭資料選譯》下冊，第 607—615、526 頁。

45　〔美〕張馨保：《林欽差與鴉片戰爭》，第 204 頁。

46　《鴉片戰爭在舟山史料選編》，第 558 頁。

47　奧塞隆尼的統計似有誇大，據義律向政府的報告，從 1840 年 7 月至次年 2 月，除病死者外，另共有約 700 人染病。見 Public Record Office, F.O.17/61.

對英軍占領舟山的特別抵觸，英方表示如果中方能滿足條件，「退還舟山便沒有不可克服的障礙」。[48] 這時，英方代表還沒有得到英軍病亡趨於嚴重的情報，他們得知這一情況是在白河口交涉後重返舟山以後，這在 9 月 29 日義律給巴麥尊的彙報中有確鑿證明：

> 我們關切地告知閣下，昨天，我們回到舟山的時候，聽到了有關軍隊士兵健康的壞消息。[49]

是的，後來義律得知英軍大批病亡的消息，更加促使其捨舟山另圖。在前引義律彙報中，他向英政府提出「在廣州附近得到一個島嶼」來替換舟山的建議。這是一個值得注意的徵兆，說明義律已經把霸占中國領土的目光調換到廣州附近。還因為白河交涉時已經達成協議，雙方將回廣東談判，就近占領畢竟更方便。既然不能把英方放棄舟山歸因於英軍的大量病亡，那麼，是什麼導致英軍的撤出呢？

首先，與中方的態度有關。會談伊始，琦善就指責英軍占領舟山是「非常錯誤的」，「皇上不可能割讓」，並把歸還舟山作為接受英方某些條件的最主要前提。[50] 中方立場使英方代表明白永久占領舟山的計畫勢必遭到清政府的強烈反對，這不能不使身處前線的義律等人修改原來的戰略意圖。其次，駐華英商對義律等的影響也不可小覷。這些商人是發動戰爭的有力鼓動者，但戰爭又給他們帶來巨大損失，據估算，因為戰爭，英國有 2 萬噸船舶被封鎖於中國港口外，有 3000 萬磅茶葉停運，使英國減少關稅收入 300 萬鎊。[51] 1840 年 11 月 25 日，幾個在對華貿易中占重要份額的公司聯合致函駐華代表，抱怨英軍封鎖廣州後，貿易停止，要求重開廣州貿易。[52] 這對長期擔任商務監督的義律不能不形成大的壓力，12 月 13 日，義律書信奧克蘭，為「避免無限期中斷貿易的麻煩」，「我將會在遠遠沒有實現本國政府要求的情況下停止下來」。兩天後，他又致函巴麥尊，表示所作停戰決定「將不考慮個人的得失」。[53] 駐華英商還對義律形成另一方面的推力，從 1839 年 11 月中英貿易斷絕，英商

48　《英國檔案有關鴉片戰爭資料選譯》下冊，第 745 頁。
49　《鴉片戰爭在舟山史料選編》，第 496 頁。
50　佐佐木正哉編《鴉片戰爭の研究》〈資料編〉、東京日本近代中國研究會、1964、14 頁。
51　〔美〕馬士：《中華帝國對外關係史》第 1 卷，張匯文等譯，商務印書館，1963，第 309 頁。
52　*Chinese Repository*, vol.9, no.7, Nov., 1840.
53　《英國檔案有關鴉片戰爭資料選譯》下冊，第 824—826 頁。

被逐出廣州轉赴澳門等地，遭葡澳當局阻攔，英人只有往來於香港等地。還有，1840 年 11 月，舟山的部分英軍病員曾試圖轉移馬尼拉，被西班牙殖民當局拒絕，這部分人也被送到香港。所以，這一時期的香港已然成為英商的貨物存放和轉運基地以及英軍的醫療和休整處所，行情看漲。

1840 年 12 月，廣東會談開始，這時，懿律因病回國，由義律負全責。11 日，琦善照會要求交還舟山，「一日占據彼土，即一日不得謂之恭順，即一日不能奏請通商」，口氣強硬，「大皇帝撫有萬邦，人稠地廣，添船添炮，事有何難，豈有因定海一縣，遽肯受人挾制之理。」12 日，義律照會，聲稱只要滿足賠款、開埠、公文往來平等、交還俘虜四項，就可在協議批准後的一個月內撤出舟山；但撤出的軍隊要在「香港島」暫駐。[54] 這是英方代表在正式場合首次提到香港，表明已將目光從舟山移注香港。英人屯兵香港的打算當即遭到中方反對。琦善向朝廷報告：

> 即香港亦寬至七八十里，環處眾山之中，可避風濤，如或給予，必致屯兵聚糧，建臺設炮，久之必覬覦廣東，流弊不可勝言。

以為香港不能讓，但增開一處口岸「似為得體」。[55] 急於看到交涉成果的義律卻不願等待下去，恫嚇「此地有大批部隊集結，拖延時日必定會在他們中間引起焦躁不安的情緒」。又發最後通牒，要求中方接受條件，否則將「採取軍事手段」。[56] 英方的要求理所當然地遭到中方駁回。侵略者圖窮匕首見，1841 年 1 月 7 日英軍向大角、沙角炮臺發動進攻，使廣州完全暴露在英軍的炮口之下。這場戰役在鴉片戰爭史上規模不算大，但在中英交涉史上卻具轉折意義。此役造成的態勢對英方是個鼓舞，從此，義律向中國索取領地不再游移，而首次親見英軍炮火威力的琦善等人被極大震儡，特別是所用的「空心飛炮」更造成很大的恐怖感，「該夷現在所用飛炮子內藏放火藥，所至炸裂焚燒，不獨為我軍所無，亦該夷兵械中向所未見。經此次猖獗之後，我師勢必益形氣餒」。[57] 據琦善奏，此間廣東巡撫、水師提督、廣州將軍，以及前總督林則徐、鄧廷楨同琦善舉行了會議，得出的結論是：「僉稱藩籬難持，交鋒實無把

54　《英國檔案有關鴉片戰爭資料選譯》下冊，第 803 頁。
55　中國第一歷史檔案館編《鴉片戰爭檔案史料》第 2 冊，天津古籍出版社，1992，第 633 頁。
56　《英國檔案有關鴉片戰爭資料選譯》下冊，第 817 頁。
57　《鴉片戰爭檔案史料》第 2 冊，第 771 頁。

握。」[58] 琦善等對清軍的防守能力也通過此役有了更痛切的領教。虎門炮臺的炮眼，「其大如門，幾足以容人出入，若彼轟擊，竟致無可遮蔽。」最令人擔心的是清軍表現，防兵在戰鬥打響後，乘機向指揮將領「訛索銀錢，否則欲紛紛四散」，「兵心已大可概見」。[59] 廣東大員的態度有所軟化。

8 日，義律提出將穿鼻（中譯本為沙角）出讓英國，限三日內答覆。11 日，琦善回覆稱沙角為清朝官兵陣亡地，忠義靈魂的聚所，英人「在該處寄寓，亦甚不祥」，答應代為奏請在「外洋」另擇一處讓英人「寄居」。[60] 英方同日覆照聲稱「同意接受香港海岸和港灣以代替沙角」，並表示只要中方允其所請，即不再要求增開口岸而歸還舟山。義律捨舟山取香港的戰略意圖也完全明朗（據認為，義律對香港的興趣還由於其有利的地理條件：港口開闊深水，有東、西兩個進出口，全天候可用；而舟山港深度不大，入港要經過許多曲折水道）。請注意，義律這份照會的中英文本略有不同，英文原件詞句的準確直譯應該為「香港海岸和港灣」，但在漢譯本中除香港島外，還多出一個尖沙咀的地名。[61] 尖沙咀是九龍半島的岬角，與香港島的中環隔 1.5 公里的海面相望，構成今維多利亞灣。英文照會大略提出港灣，並不能認定就是尖沙咀，譯成中文時，卻轉成尖沙咀。如所周知，鴉片戰爭時代中英文書往來均以中文本為準，雙方交涉多在此基礎上進行。核查檔案，英文原件中沒有的尖沙咀（Chien-sha-tsui）字樣在英方中文祕書（Chinese secretary，亦稱「漢文正使」）的存檔中已出現，當是中文祕書馬儒翰（J. R. Morrison）在譯成中文時改動添加，其文句是這樣的：「今擬以尖沙咀、紅坎即香港，代換沙角予給尚可行，若除此外，別處則斷不能收領。」[62] 馬儒翰的改動是漢語水準不高造成的筆誤還是有意為之，不得而知（此間，譯才奇缺及不勝任，導致一系列重要文件上翻譯歧異，並帶來

58　《鴉片戰爭檔案史料》第 3 冊，第 41 頁。

59　Public Record Office, F.O.931/16.

60　佐佐木正哉編《鴉片戰爭の研究》〈資料編〉56、61 頁。

61　佐佐木正哉編《鴉片戰爭の研究》〈資料編〉，62 頁。有必要強調，譯文地名的差異前已由胡濱教授等揭出，見胡濱譯《英國檔案有關鴉片戰爭資料選譯》下冊，第 832—833、872 頁。

62　該存檔文目為 Public Record Office, F.O.682/1974/12. 另請注意，在 J. Y. Wong, Anglo-Chinese Relations 1839-1860: A Calendar of Chinese Documents in the British Foreign Office Records (Oxford: Oxford University Press, 1983) 一書所列 11 日照會將尖沙咀改為「Kowloon」（九龍），九龍又是比尖沙咀大得多的地域名稱。據筆者向 J. Y. Wong 教授當面請教得知，因尖沙咀一般不為西人所知，九龍知名度較高，該書主要面向西方學者，故有此改動。見該書第 51—52 頁。佐佐木正哉編《鴉片戰爭の研究》〈資料編〉，62、69 頁。

嚴重後果）。

　　其改動最初大概不為全權代表義律知曉，因為在 14 日義律又發照會，英文原件仍只要中方將「香港海岸和港口割讓」，還是沒有尖沙咀字樣，尖沙咀也只是到中譯本中才出現。[63] 馬儒翰的這一有意無意的改動造成的結果卻十分要緊，原本只提香港，現突兀出現兩地，加重中方疑惑和震驚，因在此前日，琦善曾派鮑鵬前往交涉，義律曾與鮑鵬當面商議，僅只要求中方割讓一個地方，突然價碼增高使中方不知所措。更嚴重的是，尖沙咀所處的位置非同小可，香港「面臨背山，殊非泊船要澳」，如果尖沙咀在中方控制下，英方對維多利亞灣就不便利用，「查尖沙咀與香港對峙，中阻一海，該處藏風聚氣，可以停泊。」[64] 所以，琦善特別在意。15 日，琦善申明「尖沙咀與香港係屬兩處」，要求英人履行「前日與鮑鵬面定之言，只擇一處地方寄寓泊船」。接此照會，英人當十分高興，英人原本意在香港，尖沙咀只是一隨意所譯的地方，反使英人由而輕取香港，於英人是再便宜不過了。次日，義律覆照，說不再「堅持」尖沙咀，只「以香港一島接收，為英國寄居貿易之所」。[65] 英方向中方作出並不存在的讓步。17 日，義律通知中方將舟山即行交還，以誘使琦善儘快定約。18 日，琦善以「現在諸事既經說定」的覆照含糊作答。20 日，義律發布「給女王陛下臣民的通知」，聲稱與中國欽差達成了包括「把香港島和港口割讓給英國」的「初步協議」（請注意，義律此時仍沿用「香港島和港口」的名目，佐證兩地名僅指香港島而言，並不包括尖沙咀。稍後，義律曾向英國外交部詳細彙報中英交涉經過，也未談及曾向中方索要過尖沙咀一事）。[66]

　　26 日，英軍強占香港，完成從舟山到香港的目標轉換。義律似乎從中發現了尖沙咀的「價值」，又一再加以利用。30 日，義律聲稱中方應從尖沙咀撤除炮臺和軍士。2 月 5 日，琦善覆照中國軍隊撤出尖沙咀。英軍隨即開進拆除炮臺。24 日，當中方調兵準備再戰時，義律又以長期「據守」尖沙咀相恫嚇。[67]

63　Public Record Office, *F.O.* 682/1974/19.
64　 Public Record Office, *F.O.* 931/58.
65　佐佐木正哉編《鴉片戰爭の研究》〈資料編〉，70—71 頁。
66　《英國檔案有關鴉片戰爭資料選譯》下冊，第 894—897 頁。
67　佐佐木正哉編《鴉片戰爭の研究》〈資料編〉，76、78、86 頁。

香港問題的一波三折

琦善為英人代奏寄居香港，遭清廷斷然否定。1841 年 2 月 15 日，道光收到琦善奏報後表態：香港「豈容逆夷泊舟寄住」，又嚴責「琦善身膺重任，不能申明大義，拒絕妄求，甘受逆夷欺侮……著革去大學士，拔去花翎，仍交部嚴加議處。」命奕山為「靖逆將軍」，「調集各路精兵聲罪致討」，準備發動廣州戰役。[68]

英國政府也對義律的索港作出否決。1841 年 2 月中旬，奧克蘭率先得到消息，急函義律，對此舉表示不滿。4 月，消息傳到英國，反響更大，倫敦 39 家公司的商人致函巴麥尊，譴責義律把「這次遠征的目標全部犧牲」。利物浦 50 個廠商聯名致函呼籲政府干預中國事態。英國外交部提交義律對政府規定目標的執行情況，有關舟山的內容占了很大篇幅，結論是義律有辱使命。英政府最感惱火的是義律竟然輕率地放棄舟山而自作決定地去占領香港這個「幾乎沒有人煙的荒島」。巴麥尊致信義律，對交還舟山大加指責，並對香港發表了帶有很大情緒化色彩的輕視言論，認為無論在政治還是經貿上，香港都幾乎毫無價值可言，通知義律被免職。5 月 3 日，巴麥尊諮文英國海軍部，為確保攻占舟山的兵力，可以從香港撤出任何部隊，表明為舟山不惜放棄香港的決心；並照會中國，宣布英軍將「再占舟山」。[69] 8 月 22 日，新任駐華全權代表璞鼎查（H. Pottinger）率兵北上，10 月 1 日，再陷舟山。

璞鼎查抵華後，對港島轉而表露出特別興趣，鼓勵建設，「約摸一年時間，街道開始出現，集市和居住區、碼頭和棧橋次第修建」。[70] 清政府也在積極謀求收復香港，為此，道光迭次下諭。這時，正好出現颱風，香港左近受重創，道光認為此乃天助，應乘機一舉收回香港，朝廷決心很大，以六百里急諭「勿再失機宜，致干重咎」。奕山等根本不想發動什麼收復香港之戰，推說「須謀定後動」；還聲稱英軍主力離港，但「狼貪不遂巢穴，晉兵船十餘隻，在廣東香港等處洋面，聚集漢奸數千人飄忽出入，攔截善後」，提出保廣州比克香港更重要。清廷設計的收復香港計畫未及發動便胎死腹中。[71]

68　Public Record Office, *F.O.*931/58.

69　《英國檔案有關鴉片戰爭資料選譯》下冊，第 837—839、845—850 頁。

70　Gerald S. Graham, *The China Station War and Diplomacy 1830-1836* (Oxford: Clarendon Press, 1978), p.231.

71　Public Record Office, *F.O.*931/58.

1841 年 8 月，英國政局更迭。輝格黨的邁爾本（W. Melbourne）內閣讓位於托利黨的皮爾（R. Peel）內閣，阿伯丁（G. H. G. Aberdeen）入主外交部，在對華政策上，輝格黨更富進攻性，托利黨略顯緩進。11 月 4 日，阿伯丁致信璞鼎查，宣布對巴麥尊的政策「作一些重要修改」，其中最重要的修改內容是以通商貿易政策取代占領領土政策，即注重在中國開放四至五個口岸而放棄對中國領土的「永久征服」。不僅香港，而且舟山，均不主張長期占領。原因是：

> 長期占有這些領土的關係必定會帶來很大的費用，而占領這些領土使我們能夠無視中國政府而進行貿易的範圍卻似乎有些令人懷疑。它還將傾向於對我們在政治上同中國人保持比我們所希望的更多的接觸，而且也許不可避免地最後導致我們參與在不久的將來可能在這個奇特的民族和該帝國政府中發生的爭奪和變動。[72]

新任殖民部大臣斯坦利（L. Stanley）則將璞鼎查所稱「富有創造力」的新居香港者視為一些投機商和小偷小摸，還有躲避中國法律追究的逃犯，這些人「流竄聚集在港島，導致香港最終的命運是只能放棄」，並表達了內閣的新想法，「不再追求中國領土，除了對英國人在華所受的傷害和屈辱能有滿意的償還外，英方不再要求更多的東西，早先的占領地計畫被建立在對華友好和安全商業交往基礎上的新計畫取代」。1842 年 1 月，外交部正式通知璞鼎查，在香港一切非軍事用途的建築物停建。殖民部也命令：「停建港島上所有正在進行的永久性建築。」[73] 英國政府似乎想放棄在華建立殖民地的政策。

邁爾本內閣時，駐華代表想收縮，內閣急於擴大。皮爾內閣時卻反了過來。在駐華代表的自行其是下，1842 年 2 月 16 日，香港自由貿易港地位被重申，25 日，商務監督公署從澳門遷港，各類殖民機構建立；民用建設大規模展開。3 月，璞鼎查致函阿伯丁，「希望能夠推遲放棄香港島」。5 月，又兩次書信阿伯丁，明確反對在華「無索取政策」，璞氏語帶誇張地指出：「中國的富商現在都從廣東和澳門聚集香港」。還從國際戰略的角度立意，認為擁有香港，「將使英國在同歐洲各國和美國的在華競爭中占有先著」。[74]

英軍還對中國發動了更大規模的軍事打擊，迫使其屈服。1842 年 7 月 15

72　《英國檔案有關鴉片戰爭資料選譯》下冊，第 1019—1021 頁。

73　Gerald S. Graham, *The China Station War and Diplomacy 1830-1836,* pp.231-232,200.

74　W. C. Costin, *Great Britain and China, 1833-1860*(Oxford: Oxford University, 1937), p.99.

日，道光上諭：「將香港一處，賞給爾國堆積貨物。」26 日，說辭略變，「將
香港地方，暫行賞借」（兩諭十分重要，上年琦善因香港等問題受懲後，清官
員無人再敢提香港，現轉由皇帝提出）。[75] 8 月 29 日，《南京條約》簽訂，
關於舟山，璞鼎查按令行事，當清朝開放五口並於 1846 年 1 月付清「賠款」
時，英軍將予交還。關於香港，璞鼎查卻未遵政府指令，條約第三款完成了對
香港島的法權割讓。當天，璞鼎查向阿伯丁報告締約經過，承認「保留香港是
其唯一超越政府訓令之處」，但強調「在中國的日日夜夜都愈益使他確信，擁
有這塊殖民地對大英帝國在華商貿和其他重要目標的實現都是不可或缺的」。
其後璞鼎查的做法得到內閣的多數贊同。皮爾首相寫道：「無庸置疑，這份條
約對結束我們在中國的困局提供了完全令人滿意的內容。」[76] 阿伯丁、斯坦利
等雖持異議，也不得不表示讓步，斯坦利對璞鼎查先斬後奏造成香港既成事實
的做法不無惱怒：

> 反復爭論已沒有多大意義。因為，在璞鼎查的計畫中，香港已然成為
> 英國的了。即或在條約簽訂以前，璞鼎查已經在島上建立了管理機構。[77]

義律、璞鼎查兩任駐華代表關於香港的安排得到政府認可，英國政府與
駐華代表間的意見趨於一致。可見，英國在華攫取領地是一個隨勢而定的過
程，既有「蓄謀已久」的一面（國外多有學者認為：英國發動鴉片戰爭只是
「因為垂涎中國的金銀，並非覬覦領土」，[78] 對此我們不能認同），更有隨機
調整的一面；既有英國政府的旨意，但駐華代表的意志似乎起著更大作用，早
在 1840 年 2 月，英政府就賦予駐華代表對中國島嶼實施占領的決定權。比較
起來，鴉片戰爭前夕和初期英國政府的對華殖民戰略，更注重長江流域和東南
沿海，表露出更大的侵略胃口，其一度準備長期占據的舟山為中國第四大島，
鴉片戰爭只是近代中外相逢的初次交手，很難想像清政府會將如此重要的地區
出讓。而當時仍為僻遠小島的香港得手則相對容易。無疑，身在戰區的義律、
璞鼎查的方案更切實「可行」，英國政府侵略中國領土戰略的隨其調整也勢在

75　《鴉片戰爭檔案史料》第 5 冊，第 622—624、676—678 頁。

76　W. C. Costin, *Great Britain and China*, 1833-1860, pp.101-102.

77　Gerald S. Graham, *The China Station War and Diplomacy 1830-1836*, p.234.

78　Ashok Mitra 教授認為，鴉片戰爭中英國的戰略「表明，英國並不想同中國打一場戰爭，而
　　只是採取訛詐這個怯弱的、裝備不良的中央王國的手段」。譚中教授也認為，「英國作出
　　『打』這場鴉片戰爭的決定，並非覬覦領土，而是因為垂涎中國的金銀」。見《外國學者
　　論鴉片戰爭與林則徐》（下），第 290 頁。

必然，此乃英國對華地緣戰略的重大變化，其後影響中國 150 餘年。

三、戰爭的結果：從外到內的變化

從廣義上來說，鴉片戰爭是農業文明社會與工業文明社會的交會，是中古封建社會與近世資本社會的衝撞。西方列強對華進攻的總目標是：拆除先前屏障，將「華夷之辨」改為西方「規範」，將中國納入西方世界的「總秩序」內。為實現目標，戰爭與條約是兩個交互使用的手段。從 1840 年 6 月到 1842 年 8 月，歷時兩年有餘的鴉片戰爭，不能說短暫。但戰爭結果一經用所謂條約的形式法律化，非法的戰爭結果便成了一種貌似「合法」的內容，成了一種相對固定的制度，其影響比戰爭本身遠為長久深巨。英國人魏爾特（S. F. Wright）把《南京條約》稱作〈外國對華貿易的大憲章〉。[79] 這又不局限於貿易領域，鴉片戰爭是中西關係質變的臨界點，整個中外關係至此逆轉，舊格局隨條約締結而俱逝，中國被不情願地拉入到國際資本主義的世界體系中，帶有外部世界強力植入中國內部的表徵，變化也從與外人接觸最密切的領域開始。

敲開大門

用暴力撞開中國門戶，強行占領土地，迫使開放口岸，拓寬進入孔道，都帶有盡可能拓展在華空間的意味，步步實現人流物流的隨心所欲入華。

（1）口岸門戶。如果說，占領香港，是建立外來勢力便捷入華的據點，那麼，口岸開放則給列強打開了進入中國的多個管道。清朝的口岸政策多有變遷。1757 年，清廷下令關閉江、浙、閩關，外商只准在廣州貿易。這便是被後來史家稱為「閉關政策」的主要措置。此後 85 年間清朝實行廣州獨口外貿政策，鴉片戰爭後有了改變，轉為五口通商。1842 年 8 月 12 日，英方開列《所要各條款》，其中大部分與口岸關聯：①准許英人在廣州、福州、廈門、寧波、上海「五處通商」並駐紮領事；②英國貨在五口一次性納稅後，「可遍運天下」，不再加稅；③英國以占領的鎮海招寶山、廈門鼓浪嶼及舟山作為監督中國開埠的抵押，只有等五口開放後，才將三地歸還中國。因為「形勢萬分危急，呼吸即成事端，冒死允夷所請以拯民」，中方代表接受英人索求，[80] 卻

79　〔英〕魏爾特：《赫德與中國海關》上冊，陸琢成等譯，戴一峰校，廈門大學出版社，1993，第 71 頁。
80　佐佐木正哉編《鴉片戰爭の研究》〈資料編〉，199—201 頁。

沒有得到朝廷完全同意。17 日有旨，同意增開上海、廈門、寧波三口，「但只許來往通商，不許久住據為巢穴」；至於福州，必須「撤去」，萬不得已，以泉州替代。22 日，再旨「福州地方萬不可予」。清廷對福州格外看重，無外乎係福建省會和閩浙總督駐地，再因為臨近武夷茶區。遵旨，耆英等只好將福州不開放等再行交涉。英方「堅執不從」。[81] 其間，議和大臣們還策劃了一出由民眾代表出面，由「老民張宗睦」以及「紳士阮訓、鄭瑞檀、邵濤等」向英國代表籲請「不准福州一處」。[82] 這類冤民傾訴的中國傳統把戲對凶悍的侵略者不起任何作用。29 日，《南京條約》簽字。31 日，上諭批准，五口開放得到最高當局認可。此舉對後來的歷史影響甚大，外向型城市的崛起、口岸及租界等項制度的形成，均以此為起點。

（2）外國婦女進入口岸。《南京條約》第 2 款開頭一句是：「自今以後，大皇帝恩准英國人民帶同家眷，寄居五口。」其中「帶同家眷」四字多不被現代人所理解，認為這並不成為問題。然而，在那個年代，卻是一個每每將中英兩國引至戰爭邊緣的問題。

清朝早期，實行來華外國婦女留居船上的政策。隨著來華外人增多，1746 年，兩廣總督下令禁止西方婦女進入廣州，只准停留澳門。[83] 這是清朝當局明文禁止外國婦女進入口岸的開始。時有描述：

> 我們這些可憐的廣州（外國）人，都是身不由己的修道士。就連女人的聲音，即使你不愛聽也罷，都是一種奢侈品，廣州政府的官員是不允許他們的外國同性們享有的。[84]

禁令行之，遭來華外人的反對。終於在 1830 年發生了「盼師案」。盼師（William Baynes），時任英國東印度公司駐華「大班」，是年 10 月 4 日，公開帶著妻子和葡萄牙籍婢女從澳門進入廣州，並違反規定乘坐轎子，引起中方強烈反應，兩廣總督李鴻賓轉飭總行商伍受昌令其退回澳門。英方認此是極大侮辱，向廣東督、撫、將軍和粵海關四衙門提交抗議：「根據英倫法令，每個男人只能娶一個妻子，因此在諭令上所稱的所謂外國婦女就是外商的婚配

81　《鴉片戰爭檔案史料》第 6 冊，第 85、114、137 頁。
82　Public Record Office, F.O.233/182/504.
83　〔葡〕施白蒂：《澳門編年史》，小雨譯，澳門基金會，1995，第 135 頁。
84　〔美〕亨特：《舊中國雜記》，沈正邦譯，章文欽校，廣東人民出版社，2000，第 26 頁。

妻子。公司工作人員每年需要六個月或更長的時間留在廣州」，如不許攜帶夫人，實在不合情理。廣東官憲對抗議書「嚴行駁斥」，令將「番婦」遣去，否則派兵入館驅逐。英方遂從停泊於黃埔的外船上召集武裝水手百餘人進入商館。局勢一觸即發。31 日，英國武裝人員撤回黃埔。11 月 30 日，盼師夫人回澳，危機暫時過去。[85]

　　盼師案加劇了對峙。中方因此加強了對外商的管理，英方則以更強烈的願望要求突破束縛。1839 年 11 月 2 日，一批從事對華貿易的商人聯名向英國政府遞交建議書：「用足夠的武力」強迫中國政府接受「家庭關係上自由採行歐洲習慣……自由攜帶妻子家屬……不受侮辱，不遭迫害。」[86] 1840 年 2 月 20 日，英國政府提出「對華條約草案」，內中標示此內容，民間呼籲變成政府行為。1842 年 8 月，中英舉行締約交涉，親身參與談判的張喜記錄：「十四日（8 月 19 日），微雨，黃（代理江寧布政使黃恩彤）、咸（四等侍衛咸齡）兩大人出城與夷人會議，不許夷人攜帶家眷」。[87] 中方代表擱置諸多今天看來遠更重要的問題於不顧，而將「番婦」問題專門交涉，反映時人的看重。耆英的另道上奏稱：「舉凡設領事、立夷館、住家眷，勢不能遏其所請」。[88] 這些都是英方勢在必奪的特權。條約簽字前夕，英方警告：「英國人的眷屬在各通商口岸及其附近的居住問題」等項「都是極關重要的」，「如中國方面加以拒絕或抱拖延態度，必至嚴重影響兩國方在開始的和平」。[89] 中方無力抗衡，對外國婦女的禁令，在英軍炮口下廢除。這在國人中引起複雜反應。條約簽訂當天，耆英奏報：

> 至向來夷船進口，攜帶家眷，止准留住夷船，不許寄居會館，立法本屬嚴益加嚴。竊思夷船之所以難制者，誠以飄忽往來於洪濤巨浪之中，朝東暮西，瞬息千里，是以能為遙患。今若有室廬以居其貨，有妻孥以繫其心，既挾重貲，又攜室家，顧戀滋多，控制較易。況英夷重女輕男，夫制於婦，是俯順其情，即以暗柔其性，似更不必遇事防閑。[90]

85　H. B. Morse, *The Chronicles of the East India Company Trading to China 1635-1834*, vol.4, p.237；另見《清代外交史料》，道光朝三，故宮博物院編印，1932，第 39 頁。

86　嚴中平輯譯〈英國鴉片販子策劃鴉片戰爭的幕後活動〉，《近代史資料》1958 年第 4 期。

87　中國史學會主編《鴉片戰爭》第 5 冊，上海人民出版社，1957，第 382 頁。

88　上海社會科學院歷史研究所編《鴉片戰爭末期英軍在長江下游的侵略罪行》，上海人民出版社，1962，第 295 頁。

89　《鴉片戰爭》第 5 冊，第 514 頁。

90　《鴉片戰爭檔案史料》第 6 冊，第 158—159 頁。

耆英等人稍許變化的西洋觀不能說被那個時代官紳階層的大多數認同。江蘇布政使李星沅看到《南京條約》的第一反應是「夷婦與大皇帝並書……公然大書特書，千秋萬世何以善後」。[91] 痛感英國女王在條約中居然與清朝大皇帝名號並列，難以向後人交代。當時以留意「夷事」著稱的夏燮更寫下「通商約內，先將挈眷一層敘入」將導致「城鄉眷屬，與女夷亦通往來，是則祭野起辛有之歎，徙戎貽江統之憂。夷人出幽谷而遷喬木，華民服左衽而言侏離，毋亦地氣之循環，感應於人事者耶？」[92] 對夷夏大防演化成夷夏混同，感憤更為深沉激越！外國婦女進入口岸，不能說是很複雜的事，卻被提升到傳統中斷、道德失落乃至人民叛離、用夷變夏的層面，後果可謂至大至深了！

（3）香港與口岸貿易問題。《南京條約》及附件的中英文本在字句上有若干差異，其中區別較大的有《虎門條約》第 13 款。眾所周知，在中外立約初始年代，譯才極缺且不勝任，文本字句的非詐欺性區別本不足怪，但對此，原為侵略者的西方卻向受侵略的中國不依不饒地追究了百餘年。

英國占領香港後，宣布其為自由貿易港，港島貿易陡增。1842 年，停泊香港的船舶總噸位為 136336 噸，翌年增至 180572 噸。但好景不長，1844年後增速急劇減緩，1847 年甚至下降。[93] 一時間，香港財政減收，職員士兵扣薪，房地產拋售，投機家破產，時任港府漢文正使的郭士立稱：「香港地方貿易出現的狀況，比最感失望的商人所做的估計還要糟得多」。[94] 對港島貿易出現的大幅起落，西方學界一個頗為流行的觀點是，將此歸咎於中方在《虎門條約》第 13 款中玩了貓膩，以此阻止中國的非通商口岸地區與香港發生經貿往來，進而「窒息」香港「合法的貿易」。[95] 費正清（J. K. Fairbank）甚至將此冠以「著名的（famous）第 13 款」。[96]

對照條約文本，確有不同，歧義在：漢文本限定華民在香港置貨須用華船載回，英文本對此規定含混；更重要的是中文本最後一段話，即除五口外，「其餘各省及粵、閩、江、浙四省內，如乍浦等處，均非互市之處，不准華

91　《李星沅日記》上冊，中華書局，1987，第 428 頁。
92　《鴉片戰爭》第 5 冊，第 524 頁。
93　*British Parliamentary Papers*, *China* (Shannon: Irish University Press, 1971), vol.31, p.297.
94　轉引自余繩武、劉存寬主編《十九世紀的香港》，中華書局，1994，第 255—256 頁。
95　〔美〕費正清編《劍橋中國晚清史》上卷，第 244 頁。
96　J. K. Fairbank, *Trade and Diplomacy on the China Coast: the Opening of the Treaty Ports 1842-1854* (Stanford: Stanford University Press,1969), p.125.

商擅請牌照往來香港，仍責成九龍巡檢會同英官，隨時稽查通報。」為英文本所無。[97]

　　長期以來，西方每每以此責難中方：「這一句話之所以不見於英文本，明白表示出，那時中國政府的本意，是連中國船舶也不准在香港與未開埠通商各口岸間享有往來貿易的權益」。1847 年 8 月 11 日，港督德庇時（J. F. Davis）宣稱這「無異是中國交涉人員的一種欺騙行為」。[98] 1849 年，曼徹斯特企業主向英國政府遞交備忘錄，稱此舉是「對華商務發展不振的真正原因」。[99] 這些言論還影響到西方學者的評判。某些研究香港史的作者提出：清政府對這項背信棄義條款的利用，使得 1844 年後的香港除走私鴉片外，「其他的貨物交易全部停滯」。[100] 馬士也以譏諷口氣評論：「中國人雖不習慣於條約，但在談判中倒是能手，因為管理香港貿易的章程，使他們能夠有效地扼止住這個初生殖民地的興盛。」[101] 中國人作假似成定論。對此汗指，有必要澄清。

　　英國獲取香港之初，港島經貿呈戰時繁榮，香港貿易未引起英方注意。1842 年 9 月，中、英善後交涉，英方提出：「嚴禁華民，除議明五港口外，不准在他處與英人交易。」[102] 值得注意，這是戰後對華人外貿區域試圖限制的首次提議，證明，率先提出限制五口以外的中國人與英人貿易的並不是中方，而恰是英方自己。英人作此議部分原因是顧慮到這一時期中國沿海海盜走私貿易的猖獗以及中英民人間的衝突。英方建議得到中方認可，成為協定。[103] 1843 年 1 月，虎門談判啟動，香港與內地貿易也在議題中。璞鼎查首先要求中國對港貿易自由化。這無異於推翻幾個月前才訂立的《南京條約》有關對英開放以五口為限的規定。中方斷然拒絕，要求遵守上年所定的協議。英方答「允遵照舊章，泊船黃埔，不敢膠執在香港交易之請」。[104] 由此看來，中方

97　差異請比照參見 The Inspectorate General of Customs, *Treaties,Conventions,etc,between China and Foreign State* (Shanghai: The Inspectorate General of Customs, 1908), vol.1, pp.390-397.

98　〔英〕萊特：《中國關稅沿革史》，姚曾廙譯，商務印書館，1963，第 27，74 頁。

99　*Annual Report of the Board of Director of Chamber of Commerce and Manufactures* (Manchester,1849), pp.18-20.

100　E. J. Eitel, *Europe in China,the History of Hong Kong from the Beginning to the Year 1882* (Hongkong,1895), p.197.

101　〔美〕馬士：《中華帝國對外關係史》第 1 卷，第 376—377 頁。

102　佐佐木正哉編《鴉片戰爭の研究》〈資料編〉，217、220—221 頁。

103　《道光年間夷務和約條款奏稿》，北京大學圖書館藏手抄本。

104　《鴉片戰爭檔案史料》第 7 冊，第 177 頁。

態度明確而堅定，英方態度游移而鬆動。6月23日，耆英赴港與璞鼎查面議，英方繼續要求對香港開放全部中國海岸，中方反脣相譏：如果確認香港是英國的一部分，那它只能同五口通商；如果英國允許中國在港設置海關與巡檢，則中方同意對此作出安排。英國人當然不會同意放棄剛剛到手的香港。中方發布告示：

> 若內地商民情願赴該島買賣，即就近報明各海關，應照新例完納貨稅，請領牌照，乃方准出口營生。若不請牌照輒往買賣者，查出以私販及違禁下海論罪。[105]

此規定儘管在幾個月後才見諸條約，實際從當年7月就在廣州等地實行。可見，清朝君臣始終把限定五口和香港貿易看得至關重要，根本不會讓步。《虎門條約》很大程度上也是為此而定，以條約第4、第14款為證，[106] 與第13款聯配，精神完全一致。如果認為沒有第13款的多出，英國就能享有香港與內地的自由貿易權，反倒與條約的相關條文鑿枘不入了。退一步講，即便沒有第13款，僅只上面幾款已足以構成約束，多出內容不過是將中方立場表述得更準確具體。

費正清認為，文本歧義「部分原因是英方譯員小馬禮遜（馬儒翰）死後無恰當的接替人所致」。[107] 馬儒翰的死固然對條約翻譯產生一些影響，但不大，他死前，「要約各條皆已定議」。[108] 特別與第13款的多出內容無關。因為，在該約制定時，英國人已經知道這點。多出部分何時添加？未見中方材料記述，據英方材料稱，條約初稿的內容一致。但在定稿時，英方代表羅伯聃（T. Robert）發現中文本有多出。眾所周知，對初稿進行修改實屬正常，問題關鍵在是否欺瞞對方。對此，羅伯聃明確指認：不但他本人，而且英方首席代表璞鼎查均完全知情。璞認為這無關緊要，因此英文本中「沒有這一段插入」，最後形成文本有別。[109]

105　佐佐木正哉編《鴉片戰爭の研究》〈資料編〉，247頁。

106　王鐵崖編《中外舊約章彙編》第1冊，三聯書店，1982，第35、37頁。

107　費正清編《劍橋中國晚清史》上卷，第243頁。小馬禮遜死於1843年8月29日。

108　《鴉片戰爭檔案史料》第7冊，第272頁。

109　J. K. Fairbank, *Trade and Diplomacy on the China Coast*, p.500. 有學者認為璞鼎查對多出條文「一無所知」（嚴中平主編《中國近代經濟史（1840—1894）》上冊，人民出版社，2001，第251頁），似不確。

　　顯見，璞鼎查對多出內容，不但知曉，而且認可。對文本差異，英國政府也是完全清楚的，1848 年 12 月 18 日，後來擔任英國駐華公使和港督的包令（J. Bowring）曾同外交大臣巴麥尊有過一番談話。巴麥尊說，璞鼎查在談判時「犯了兩個重大的錯誤：第一，是沒有堅持要是條約發生任何疑義時，作為條約依據的應該是英文本而不是中文本；第二，是他沒有要求被允許同香港進行貿易，應該包括所有口岸的船隻，而不僅僅只限於五個通商口岸」。[110] 既然是英國全權代表作出的決定，既然條約又以中文本為準，既然 1848 年時英國政要都很清楚並認帳這件事，第 13 款還有什麼可爭議的呢？除了別有用心或不明真相，還有什麼？《虎門條約》締結之時和之後的一段時間，第 13 款不是問題，直到 1844 年 10 月，英國外交部才向羅伯聘質訊。羅的答覆是：這「既不是私自暗中增加的，也不是忽略不載」。[111] 確認其中並不存在中方玩弄手腳的問題。

　　百年公案應予澄清！無論是在《南京條約》還是《虎門條約》的交涉中，也無論是中國政府還是議約代表都從未答允過香港與內地的自由貿易權。條款的多出內容是中方一貫立場的表述；多出內容在條約談判時就已為英方知曉，以國際法來看，根本不存在「詐欺」。外人對中國的指責是站不住腳的。實在說來，要弄清上面的問題不能說困難。耐人尋味的是，在近代中外條約史上，武力恫嚇，威逼利誘，利用語言障礙擅自添加內容，玩弄文字伎倆，正是侵略者的慣行手法。為什麼有些人對此視而不見，卻抓住一項條款大作文章，時至今日，類似種種對中國的誣指仍在西方流布，追溯根源，無非是對曾被奴役者持不公平心態的作祟，殖民主義已是過去之事，但對這種心態的徹底清算，仍有待時日。

納入「秩序」

　　敲開門戶之時，還須盡力將中國納入「西方秩序」中去。在體制上解決中外之間阻隔流動的禁限，嵌入並不斷擴大列強在華特權，對外人在華居住權、傳教權、話語權等作出制度性安排。

110　Lewin B. Bowring, *Autobiographical Recollection of Sir John Bowring,with a Brief Memoir by Lewin B.Bowring* (London, 1877), p.290.

111　J. K. Fairbank, *Trade and Diplomacy on the China Coast: the Opening of the Treaty Ports 1842-1854*, p.126.

（1）官文秩序。「官文」即官方文書。道光朝中期以前奉行的中西文書基本體制為：在書寫格式和用語上，中方居上、居尊，外方居下、居卑；在傳遞方式上，插入行商中介，中國官廳不直接與西人發生文移關係。翻閱鴉片戰前幾年間英國外交檔案，可以驚異地發現，此間英國政府對駐華代表作出最大量指示的，既不是商貿，也不是司法和軍事，甚至不是鴉片問題，而是與中國官府文件交往的方式。戰爭爆發後，文書關係逆轉。轉變跡象最早出現在 1840 年 7 月上中旬，英國全權大臣懿律、義律和浙江巡撫烏爾恭額、提督祝廷彪間有幾通文書往來。英方試圖轉遞巴麥尊《致大清皇帝欽命宰相書》。浙江官員顧慮人臣無外交的成例，將原書退還。此前，英方曾在廈門投書未成，在浙江投書又未成。戰爭已經爆發了相當時日，因文書體制關係，中國當局竟因自己的原因而不能瞭解戰爭因何而至，不能通過現成便捷的途徑知彼，不能不說是作繭自縛！

修改體制勢在必行。8 月 9 日，道光諭令直隸總督琦善「倘有投遞稟帖情事，無論夷字漢字，即將原稟進呈」；稍後，江、浙、魯等地督撫也獲收轉權力。[112] 道光的權宜改動為收受「夷書」作了合法鋪墊。果然，11 日，英方在白河口投書，直隸當局痛快接收。英方投書引人注目地不再用「稟帖」格式，而用「諮會」字眼。[113] 英國長期追求的文書平行往來，終於在炮口下得以部分實現。但這只是英方的行動，關鍵看中方回應。15 日，琦善復函，放棄「諭」「批」等回覆夷書定例，改用「照會」樣式[114]。此式旋被仿效，成為中國外交文書的重要範式。

從源流衍變看，清代「照會」的形式凡有三變：先前是致藩屬國（特別是越南、緬甸、南掌等）的文書格式，收文對象一般是藩屬國君，發文人是

---

112 《鴉片戰爭檔案史料》第 2 冊，第 253—254、276—278 頁。
113 巴麥尊致清朝宰相書有兩種中譯本，一為英人自譯本，是英方代表向中方提交的本子；另一是根據英人提交的英文本，中方另找在華俄國教士的翻譯本。前者見佐佐木正哉編《鴉片戰爭の研究》〈資料編〉，第 3—7 頁；後者見《鴉片戰爭》第 3 冊，第 527—531 頁。值得注意的是，前者有「照會」字樣，後譯本無，反映了身在廣東的英譯者和身在北京的俄教士的不同語境帶來的對文書格式的不同理解。
114 佐佐木正哉編《鴉片戰爭の研究》〈資料編〉，8—10 頁。另按：琦善使用照會文式也有一逐步「規範」的過程，1840 年 8 月 15 日琦善覆函中雖有「照會」字樣，但名目還用「箚覆」，直到同月 28 日琦善才完全仿行「正規」的照會文式，名目亦明確冠以「照會」。佐佐木正哉編《鴉片戰爭の研究》〈資料編〉，12—13 頁

清朝大臣。文式固定為：以「為照會事」起首，以「須致照會者」結束。[115]
1839 年，宗藩「照會」範式變化，由宗藩國擴及西方國家。起因是林則徐將
這種文式轉用英國，為禁絕鴉片起草了致英國國王的「照會」。道光批准了
照會。1840 年 1 月 18 日，林則徐將照會交「擔麻斯葛」號（Thomas Coutts）
船長彎剌（Warner）轉送英國。[116] 彎剌到英國後，寫信給巴麥尊求見，轉交這
封不尋常的信，不料，英國外交部拒絕和彎剌接觸。到琦善的運用，「照會」
範式有了三變。琦善的最大「新意」是把前此用於藩屬國君的文式轉用於英國
全權大臣，從國王下移臣僚，不能不說是降格迎合。它為中英文書往來別開一
途，解決了在英方力求公文平行的壓力下，中方被迫屈尊又要保有面子的矛
盾，使中英文移找到了一個雙方都能接受的樣式。琦善的最初幾封照會在形式
上與宗藩舊文式沒有區別，開頭同樣開列「天朝大學士直隸總督部堂一等侯爵
琦」字樣。但從 1840 年 12 月 3 日的照會開始，「天朝」兩字被悄悄取消，
僅留官銜，自後成為定例。[117] 至此，照會已脫出傳統的以夏凌夷的非對等文式
而轉變成至少是在形式上略具平等蘊義的外交公文，所透射出的恰是中世紀的
宗藩觀念向近代國家觀念轉步的初階，儘管這一步是在強敵凌侵的困境下邁
出。稍後，琦善曾將英方文書和自己的覆照一併具奏，道光並無他言，並諭令
將「琦原摺照會英夷底稿及該夷回文俱著照抄給伊（里布）閱看」，[118] 認可了
琦善的做法。

　　鴉片戰爭前後中英官方文書交往形式的變化，絕不簡單地只是一種外交
文移關係的變化。它折射出國家地位的升降，反映出天朝體制在西方殖民者的
步步進逼下開始崩塌。從形式著眼，戰後有關外交文移的一系列規定大多在表
面上力求一種「平等」關係。但在深層實質上，它所代表的是西方外交和文書
體制對中國的強制性替代，代表了列強在華話語霸權的謀求，以表面的平等掩
蓋實質的不平等。對這，時人已有體認，1843 年，在廣東做官的李棠階指出：
「許其平行，將何以遏其橫肆之狀」。[119] 問題當然不是出在「平行」上，「平
行」的背後是侵略者的「橫肆」。還要補充的是，不平等條約體系是一個「整

115　《清代外交史料》，嘉慶朝一，第 42 頁；嘉慶朝四，第 2—3 頁；道光朝一，第 24、27—29 頁。
　　　按：以清帝名義向外國國君發出的公文則稱「敕諭」等，與「照會」不能混淆。
116　中山大學歷史系編《林則徐集・公牘》，中華書局，1985，第 128 頁。
117　佐佐木正哉編《鴉片戰爭的研究》〈資料編〉，28—29 頁。
118　Public Record Office, *F.O.* 233/181/39.
119　《鴉片戰爭》第 5 冊，第 527 頁。

體」，各種特權糾纏相連。但條約各款也不能等量齊觀，其中文移規定也使中國的外交文書體制更契合近代國際規範，並至少在某個側面上使中國傳統的並不可取的夷夏觀受到近代國家平等理念的衝擊。換言之，天朝體制被近代體制所取代，或許並不純然是壞事。諸如平等意義上的「照會」之類的字眼我們今天仍在通用，[120] 即為例證。

（2）外交秩序。最惠國待遇是主權國家之間互相給予本國給第三國的某些優惠，主要用於關貿，而不適用其他涉及國家主權的敏感領域。但近代中國存在的最惠國待遇則反是，將經貿互惠引入國家間的全部交往領域，成為近代中國畸形外交的重要基礎。故有西方學者將此視為「在條約中具有最深遠的後果並成為外國人在華享有一切讓與權的主要根據的條款」。[121] 這一基礎的形成源於 1843 年締結的《虎門條約》：

> 向來各外國商人止准在廣州一港口貿易，上年在江南曾經議明，如蒙大
> 皇帝恩准西洋各外國商人一體赴福州、廈門、寧波、上海四港口貿易，
> 英國毫無靳惜，但各國既與英人無異，設將來大皇帝有新恩施及各國，
> 亦應准英人一體均霑，用示平允。[122]

此款有兩點值得注意，一是嗣後各國在華特權，「英人一體均霑」。此內容在最初的條約稿本未見，是在條約擬定後送交璞鼎查「覆核」的最後關頭由其添加，耆英曾就此派黃恩彤等「詰詢」，英方答覆，稅則和開埠已定，英國「斷不敢另有所求」，清朝代表略感放心，索性將英人的保證加段「但書」，「但英人及各國均不得藉有此條，任意妄有請求。」[123] 再是所謂「新恩」的模糊用詞，有將最惠國不局限通商，而引入其他領域的嫌疑。但此款仍舊列在《海關稅則》的章目下。到 1844 年的中法《黃埔條約》中，特權較前逾出，規定「惟中國將來如有特恩、曠典、優免保佑，別國得之，佛蘭西亦與焉」，已不局限貿易。到 1858 年的中美《天津條約》又有新發展，該約第 30 款規定：「現經兩國議定，嗣後大清朝有何惠政、恩典、利益施及他國或其商民，

---

120 「照會」，其對應的英文詞有「note」等多種，《南京條約》英文本的用詞是「communication」，在官方文件中通用的還有「despatch」。見 J. Y. Wong, *Angio-Chinese Relations 1839-1860: A Calendar of Chinese Documents in the British Foreign Office*, pp.17-18.
121 〔英〕菲利浦‧約瑟夫：《列強對華外交》，胡濱譯，商務印書館，1962，第 8 頁。
122 王鐵崖編《中外舊約章彙編》第 1 冊，第 36 頁。
123 《鴉片戰爭檔案史料》第 7 冊，第 325—326 頁。茅海建先生對此有精彩描述，見氏著《天朝的崩潰》，三聯書店，1995，第 515—516 頁。

無論關涉船隻海面、通商貿易、政事交往等事情，為該國並其商民從來未霑，抑為此條約所無者，亦當立准大合眾國官民一體均霑。」[124] 明確將最惠國待遇引入「政事交往」方面。顯見，該項特權在中國的確立，完全違背了國際法和外交準則。結果，片面最惠國特權之於列強，形成一種「神聖同盟」，一國征服了中國，也就是眾多國家征服了中國，於是便出現八國聯合進攻中國、十一國聯手強逼中國簽約的局面；片面最惠國特權之於中國，使中國在國際社會中處於孤立無援，對一國的讓步必然帶來對多國的連串讓步，貧弱中國面臨的對手卻是如此的眾多和強大！

（3）「清償」秩序。以侵略者的邏輯來看，強逼戰敗國賠款乃天經地義，也是規範清償秩序內必須完成的事，清償不僅是經濟「秩序」，而且是政治外交「秩序」。鴉片戰爭賠款是中國近代史上對外賠款的「首筆」，具「示範」意義。其賠款類別如下：

第一，商欠。指興泰等行商負欠外商的款項。興泰行，其貿易額一度占廣州外貿總額的 1/5。但 1836 年底突然倒閉。外商提出該行欠帳 2738768 元。查實欠資 2261438.79 元。[125] 清查時，天寶行也被查出欠外資 100 萬元。[126] 最後敲定興泰債務八年半償完，不計息；天寶債務十年還清，年息 6%。[127] 兩行債務按期償付，若不是戰爭爆發，當由行商自己了斷。但英商欲借武裝力量迫使提前償付。1840 年 2 月 4 日，巴麥尊召見鴉片商人查頓，查頓提醒「注意」商欠。旋英國推出條約草案，商欠被鄭重列入。《南京條約》列項的商欠 300 萬元，中方於 1843 年 7 月付出。英國政府支付有關商人 2543226 元（包括興泰、天寶、廣利的債務），尚餘 456774 元。未見餘額的分配記錄，有理由懷疑被英國政府悄悄獨吞。[128]

第二，煙價。也就是賠償虎門銷毀的鴉片金額，《南京條約》規定是 600 萬元。1839 年 3 月 28 日，義律通知林則徐，交出鴉片 20283 箱，後在澳門由葡澳當局發現英國鴉片 8 箱，增到 20291 箱。臨交煙時，卻發現兩家「港

124　王鐵崖編《中外舊約章彙編》第 1 冊，第 64、95 頁。

125　*British Parliamentary Papers*, *China*, vol.30, pp.526, 508, 522, 307.

126　天寶行後人梁嘉彬在研究中對此欠款予以否定。見梁嘉彬《廣東十三行考》，國立編譯館，1937，第 211 頁。但揆諸中英正式檔案，仍應認定。

127　*British Parliamentary Papers*, *China*, vol.30, pp.524, 513, 522.

128　〔美〕馬士：《中華帝國對外關係史》第 1 卷，第 187、343 頁。

腳公司」重複申報了 523 箱。因已向中國官府申報了確數，正好顛地公司的一艘鴉片船進口，於是用英國政府的名義以每箱 500 元價格購入 523 箱以補足申報數。5 月 18 日，林則徐上奏朝廷，接收鴉片共計 19187 箱又 2119 袋，聲稱比義律保證的呈交數要多 1000 箱。虎門銷煙共銷毀鴉片 2376524 斤。對上繳鴉片作「估價」則困難，鴉片為非法走私，價格變動劇烈，這裡集中討論「交煙」前後的價格指數，1838 年 5 月，「公班土」在兩周內由每箱 390 元哄抬到 580 元。但好景難料，隨著禁煙日緊一日，年底，在進口鴉片的最大基地廣州居然看不到「一個鴉片零售商」，煙價跌至 200 元一箱。1839 年 6 月銷煙之後，由於鴉片斷檔，消費仍暗中繼續，價格複跳升至 800—1500 元不等。戰爭爆發後，鴉片成公開交易，到 1842 年又跌落到 400 元以下。再有，鴉片的地區差價也很大，僅在廣州城內外差價就有一倍以上，如 1839 年 4 月下旬，廣州城外每箱鴉片約 600 元，而運入查禁嚴屬的廣州城價格就翻至 1200 元以上。正是考慮價格不一，前此義律在要求英國鴉片販子交煙時即申明：「鴉片的價值，將由女王陛下政府予以確定。」[129]

　　義律在交煙時玩弄的花招是，以政府名義要求鴉片商把貨交給他，再轉交中方。這樣，就使英國政府對這批鴉片擔負了直接責任。中國銷煙後，怎樣給鴉片商以交代便成了英國政府勢必要考慮的問題。1839 年 10 月 1 日，內閣進行討論，貿易大臣拉保契爾（H. Labourchere）認為東印度公司應該付這筆錢；邁爾本首相堅持英國政府不能付；殖民大臣霍布浩斯（J. C. Hobhouse）提出由鴉片商自作自受；陸軍大臣麥考萊（T. B. Macaulay）和巴麥尊力主攫奪中國人的財產來給付；最後決議是派艦隊到中國海去。在義律以政府名義收受鴉片的那一刻起，戰爭之箭就已置在弦上，英國不會同意支付煙款，只有轉向中方索取，中國也不會同意拿出，衝突勢在必發。煙價與戰爭之間如此這般地有了一種因果的邏輯聯繫，「鴉片戰爭」得名絕非偶然。正因「煙價」的估算出入很大。1841 年 5 月，巴麥尊對「煙價」的計算有說明，除了顛地洋行提供的 523 箱補充鴉片按協議價每箱 500 元支付；其餘 19760 箱按每箱 300 元計算，總估價為 6189616 元。由於某些產於旁遮普邦的「麻窪鴉片」價格較低，「這個款額也許可以作某些減少」。此數目就是南京條約談判時英方索取「煙價」

129　*British Parliamentary Papers, China*, vol.30, pp.620, 654, 630, 614.

的指導參數。[130] 並以這個數目分配給交煙收據持有人，計每箱「麻窪鴉片」作價 295 元，「八達拿鴉片」303 元，「默拿鴉片」（Benares）274 元。這與印度市場上所購鴉片的成本價相比，不能說是虧本。但與鴉片販子的期望值和在中國市場的利潤比較，應該說有差距。[131]

第三，戰費。1843 年 5 月 16 日，為答覆議會質詢，英國財政部提交軍費開支清單。列支付款單位四個。東印度公司：開銷 2879373 英鎊。考證東印度公司提交報告，款子似有浮報。香港：修築工事等項費用為 3000 鎊。新南威爾士：提供軍需品等 16000 鎊。政府：支出有海軍部的 1286040 鎊和軍械部的 31000 鎊。上列總計 4215413 鎊。中方戰費賠款 1200 萬元，英國政府以 1 元＝ 4 先令 4 便士兌換，為 3307144 鎊，收支相抵，缺口 908269 鎊。[132] 一些西方學者就此提出：「英人所要求並已得到的軍費賠款不致超過實際用費是可以假定的」。[133] 由此「假定」生發，將得出一個十分荒謬的結論：侵略者發動的是一場入不敷出的「虧本」戰爭。「假定」自然不是事實。我們可以從以下方面得出更接近事實的補充。

首先，2100 萬元的賠款絕不是英國通過戰爭在華強取的唯一款額，除了條約勒索外，還有戰爭掠奪。早在戰爭爆發前四個月，英國政府就賦予侵華軍以公開搶掠的「權力」：「艦隊司令官應當在附近地區或在印度善價出賣那些船隻和貨物，無論它們是屬於中國政府或其臣民所有。」[134] 1843 年 7 月 20 日，英國財政部官員克拉科（G. Clerk）簽發《在華獲取戰利品和戰爭贖金》（Return of the Value of all Prize and Ransom Money）的報告，[135] 下院責成付印該文件。這是英國政府正式提交的英軍在華搶掠活動的「官府供狀」。但報告書的列項又很不完整，至少有兩項重大「遺漏」。一是僅開列 1841 年 8 月 25 日至 1842 年 8 月 29 日間的清單，而戰爭早在 1840 年 6 月就已開始，英軍的掠財活動也幾乎與戰爭的爆發同步進行，並不以戰爭的結束而斂跡，那麼，報告書至少有一年多的時間未包括進去。二是報告書有若干「隱瞞」。

130　《英國檔案有關鴉片戰爭資料選譯》下冊，第 90、1020 頁。
131　〔美〕馬士：《中華帝國對外關係史》第 1 卷，第 345—346 頁。
132　*British Parliamentary Papers, China*, vol.27, pp.21-23.
133　〔美〕馬士：《中華帝國對外關係史》第 1 卷，第 344 頁。
134　《英國檔案有關鴉片戰爭資料選譯》下冊，第 539 頁。
135　*British Parliamentary Papers, China*, vol.27, pp.26-27.

故以報告書為主要參考，補以其他材料。報告書的統計是總額543459.12元，而我們得出的總計約有740萬元之譜。[136] 兩者相去甚遠。《南京條約》2100萬元的賠款和這740萬元相加，共為2840萬元。即便如此，我們也只是進行了一個很不完全的統計。即我們的統計只包括了英軍掠財後正式上交的部分，有很多財物沒有上交，於此，來自英軍本身的記錄也並不諱言：在上海的「掠奪只限於古玩而已」；而在其他地區的搶掠就沒有那麼多「限制」，如在鎮江凡是中國人「攜帶財物出城而被視為是虜獲品的，都由我們（英軍）扣留下來」。出售這批財物所得使英軍「戰利品基金大為可觀」。[137] 中方的記載更多，如1842年7月僅在江蘇丹徒被英軍搶掠的旗營兵米就有13794石。[138] 至於英軍官兵藏入私囊的財物，更是無法勝計。

其次是匯率。鴉片戰爭賠款，不以中國的銀兩而以所謂「洋銀」為基本折算單位。這在近代中國對外條約賠款中是個案，其後的對外賠款大多以銀兩為基本計量單位。此時流行「洋銀」種類繁多，以「西班牙銀元」（中國俗稱「本洋」）為最大宗，時常作為中外貿易的結算貨幣。《南京條約》規定的「洋銀」即指西班牙銀元。由此帶來銀兩、本洋、英鎊間的折換。鴉片戰爭前後，本洋與英鎊的一般兌換率是1元＝5先令左右，最低也「是4先令6便士以上不定」。[139] 但英國政府對賠款均以1元＝4先令4便士的低價位作兌率，最後2100萬元被折換成4550000英鎊；廣州「贖城費」600萬元被折換成1237504英鎊（甚至連1元＝4先令4便士的換率也不到）；兩項加起來共5787504英鎊，這便是英國政府向下院提交的中國賠款總額。[140] 若以折換率1元＝4先令6便士來換算，得出的數額就會很不一樣，條約賠款，加上廣州「贖城費」共2700萬元則可換算成6075000英鎊。而在那一時期的廣州貿易中，兌換率往往達到1元＝4先令10便士至6先令或更高。[141] 若按此兌換率，英

136　詳見郭衛東〈鴉片戰爭賠款研究〉，《近代史研究》1998年第4期。
137　《鴉片戰爭末期英軍在長江下游的侵略罪行》，第60，101頁。
138　《鴉片戰爭檔案史料》第6冊，第229頁。
139　見〔美〕馬士《中華帝國對外關係史》第1卷，第13頁。再據張馨保開列的廣州時價是：1兩＝6先令8便士＝1.388西班牙銀元。見《林欽差與鴉片戰爭》，〈關於貨幣及重量單位的說明〉。
140　*British Parliamentary Papers, China*, vol.27, p.23.
141　H. B. Morse, *The Chronicles of the East India Company Trading to China 1635-1834*, vol.3, 附錄「常規兌換率」。又如1839年義律從顛地洋行購買的523箱上繳鴉片便是按時價1元＝4先令10便士折合。見《英國檔案案有關鴉片戰爭資料選譯》下冊，第902頁。

國的「獲益」還可再作高估。

　　與匯率有關的還有貨幣單位，1842 年 8 月 6 日和 12 日，英方先後兩次向中方遞交內容基本一致的條約草案，值得注意的是賠款項目開列的貨幣名稱為「銀兩」，但貨幣單位又用「圓」，這是外幣（所謂「洋銀」）的計量單位。由於銀兩與銀元間有兌換率，當時的折算率是約「洋銀」1 元＝「銀兩」7 錢，[142]如此一來，若以「銀兩」計，中國要實賠銀 2100 萬兩，若以「洋銀」2100 萬元計，折算後的賠款額相當於銀約 1470 萬兩（後來中國實際對英支付條約賠款是 14760000 兩，大致以「每百萬（元）折銀七十一萬兩」）。[143]英方草案中的這一不明晰，將使實賠額增減近 1/3，如不加界定，將給未來的賠款留下大漏洞和雙方重啟爭議的引線。14 日，中方覆照，將「銀兩」明確改稱「洋銀」，[144]英方對改動無異詞。「洋銀」即確定為《南京條約》的賠款標準貨幣。英國政府對華勒索賠款的目標至此可以說是完全甚至是超額實現。此後，對外賠款成為近代中國的「常例」。

　　（4）司法秩序。一個無可辯駁的基本事實是：近代中國種種利權的淪喪，肇因於列強對中國的野蠻侵略，但在具體考察各項條約特權的形成過程時，一些過去不太注意的情況又不能不引起我們的遺憾。實在說來，若干利權的喪失，除了外人的勒逼，昏聵無知的中國統治者的主動出讓也是一種不應忽略的因由。領事裁判權（下簡稱領判權）在華的最初確立就提供了典型個案。

　　領判權，將「屬人優越權」（personal supremacy）推向極致，而絕對排斥「屬地優越權」（territorial supremacy），從而對被施行國構成嚴重侵損。早在鴉片戰前，中外司法糾紛就已嚴重存在。1833 年 8 月 28 日，英國議會通過「整理中國及印度商務案」，飭在廣州或附近設置具有刑事和海事法權的機構，該法庭有權對在中國領土和海岸 30 英里內的「公海」犯罪的英國人予以英國法律的審判，這是英國在華建立領判權的最早法令性文件。12 月，英王為議會法案的執行簽發敕令，命令下達後，英國政府未敢貿然行動，訓令駐華商務監

142　早在嘉慶十九年，粵督蔣攸恬即謂：「番銀每元以七錢二分結算。」見梁嘉彬《廣東十三行考》，第 174 頁。曾在中國海關長期工作的馬士甚至認為這個比率在「整個 19 世紀」均被沿襲。見 H. B. Morse, *The Chronicles of the East India Company Trading to China 1635-1834*, vol.2, p.41.

143　Public Record Office, *F.O.*1080/14.

144　佐佐木正哉編《鴉片戰爭の研究》〈資料編〉，199、201、206—207 頁。

督「不得即行根據樞密院令組織法庭」。[145]

但鴉片戰爭爆發後，領判權在英國對華總戰略中卻並未列入最首要的解決目標。理由很簡單，英國發動首場對華戰爭的第一目標是打開中國大門，開埠、割讓領土等無疑具有這方面的意思，而有些內容則是打開大門之後才有實施的可能，領判權即如此。這並不表明領判權等項在侵略者看來不重要，更不是不想獲取，而只是出於策略需要作出的暫時取捨。據此，領判權不載於《南京條約》。事情本可止於此，但在英方暫時放棄的情況下，涉外司法權卻由清朝官員率先提出。1842 年 9 月 1 日，也就是《南京條約》簽字後的第三天，耆英等向璞鼎查開列希望就未竟事宜繼續善後交涉的 12 項內容，其中第 8 條謂：

> 此後英國商民如有與內地民人交涉事件，應即明定章程，英商由英國辦理，內民由內地懲辦。

照會後面，還單附言詞對此條作進一步解釋：

> 曲在內地商民，由地方官究治；曲在英人，由領事官究治。

耆英等人的這段表示利害關係實在太重大了！要命處在將中國完整的司法主權肢解為二，將涉外審判權從中國的司法體系中外出；再將英人在華審判權主動讓渡，也就是「拱手相讓」。若以為，耆英等在提領判權時就已經意識到是在出讓國家主權，那也是冤枉，他們僅只認為「此係為杜絕釁端，永遠息爭結好起見」。[146] 耆英建議令英方喜出望外。9 月 5 日，璞鼎查覆照，完全同意由英方接管在華英人的司法審判權，稱此「甚屬妥協」；又添述倘若中英民人「遇有相訟」，由中國「地方官」與英國「管事官會同查辦」，中外混合案是涉外司法實踐的爭執焦點，璞氏答覆主要集中在此。中外會審制是領判權的又一重要內容，過去認為是在 1858 年的《天津條約》中首次提出，由此看來，早在 16 年前就已經由英國全權代表在正式文件中提出。中英還派出代表進行面議，商議結果即形成《江南善後章程》。20 日，耆英將章程奏報。24 日，道光帝在收到奏報的當天即下旨同意所議各款。[147] 領判權的出讓得到最高層的

---

145 〔美〕馬士、宓亨利：《遠東國際關係史》（上），姚曾廙等譯，商務印書館，1975，第 76 頁。

146 佐佐木正哉編《鴉片戰爭の研究》〈資料編〉，218—219 頁。

147 《宣宗成皇帝實錄》（6），中華書局，1986 年影印本，第 2530—2531 頁。

認定。章程關於領判權的規定在第 7 款：

> 英國商民既在各口通商，難保無與內地居民人（等）交涉獄訟之事，應
> 即明定章程，英商歸英國治理，華民由中國訊究，俾免釁端。他國夷商，
> 仍不得援以為例。[148]

　　英國在華領判權由此初步確立。1843 年 1 月，英國女王維多利亞下令將
十年前決定成立的刑事和海事法院設在香港，管轄範圍不限香港，連帶負責審
理中國大陸及沿海一百英里內英國臣民的刑事案件。為領判權的實施提供必備
條件。1843 年 7 月的中英《五口通商章程》使其規定更具可操作性。

　　由於鎖國造成人們眼光的缺損，對外部世界的茫然，對國際知識的無知，
不獨耆英者輩，而是相當普遍。對重大國權的喪失，時人時論似乎處在渾然
不覺的狀態。1843 年 8 月 18 日，軍機處審定《五口通商章程》，對某些條
款表示不同意見，對領判權卻認為「通商之務，貴在息爭」，如此可「免致
小事釀成大案」。[149] 以中世紀的頭腦去搏近代的敵人，確乎是十分不適應了！
老輩外交家顧維鈞在《外人在華地位》一書中得出的研究結論是，直到 19 世
紀 60 年代以後，清朝統治者才意識到領判權的危害。[150] 惜時光已流逝二十多
年！再有，領判權在中世紀的歐洲有著廣泛實踐，但 17 世紀以降，伴隨近代
國家觀念的勃興，在西方各國被視為嚴重侵害國家主權而遭廢棄。19 世紀，
這種在西方久已廢除的制度卻隨著殖民者的東來而在東方推行開來。從此來
看，領判權、片面最惠國待遇、協定關稅、軍艦進入口岸等項，並非西方的「秩
序」，而是殖民東方的「秩序」，殖民者力圖將中國納入到不僅是西方資本
主義的所謂「秩序」中，而且要將中國納入西方在東方營造的殖民地半殖民
地的「秩序」中。

148　《道光年間夷務和約條款奏稿》，北京大學圖書館藏手抄本。
149　《籌辦夷務始末》（道光朝）第 5 冊，中華書局，1964，第 2690 頁。
150　據認為，文祥是最早向外人要求約束領判權的官員，他在 1868 年與英國駐華公使阿禮國
　　　討論過這個問題。見王家儉〈文祥對於時局的認識及其自強思想〉，《臺灣師範大學歷
　　　史學報》第 1 期，1973 年。

第四章　條約制度的建立及其影響

　　鴉片戰爭之後，中外關係開始發生根本的變化，列強在中國建立了對華實施「準統治權」的條約制度。自從產生具有近代意義的國際法之後，條約成為國際法的一項重要制度。然而，近代中國的條約制度，是列強用侵略戰爭損害中國獨立、平等主權的基礎上建立起來的，其內容明顯地、大量地體現為在相當程度上取代中國的管轄權，以及限制中國的自保權，從而成為近代中國政治、社會制度的一個基本組成部分。清政府對新的條約關係的認識和應對，經歷了一個由朦朧到清醒的複雜過程，在遭受一系列挫敗之後，逐漸走向近代外交。以列強在華特權制度為核心的中外條約關係，產生了巨大而深遠的影響。它改變了中國傳統的社會形態，在將中國變成一個半殖民地的同時，又帶來了先進的西方文明，刺激和促使中國通過各種方式走向近代、走向世界。

一、條約制度的形成和發展

　　近代中國的條約制度，是西方列強與中國建立不平等關係的產物。它不是正常的國際交往的制度，是列強用暴力手段強行建立起來的，體現了列強對中國主權的侵奪。

　　鴉片戰爭以前，在處理與其他國家關係的問題上，清帝國實行的是一種被稱為「華夷秩序」的模式。這是封建時代所特有的一種國際關係模式。在這種模式中，中國以自己為中心，中國皇帝至尊無上，並以這一態度對待其他所有國家，因而形成了缺乏近代準則的不對等關係。不過，從世界範圍來看，在國家主權觀念尚未形成之時，建立以某帝國為中心的國際秩序，是一種普遍

---

* 本章由李育民撰寫。

現象。如歐洲，不僅有羅馬帝國和神聖羅馬帝國所主宰的國際秩序，而且其統治世界的觀念與天朝的一統天下意識如出一轍。羅馬帝國時期，「一切民族的界限逐漸融合於共同帝國的觀念之中了」。這一帝國賴以生存的觀念之一，便是「這樣一種信念，即因為羅馬的統治是世界性的，因而也必是永恆的」。[1]

　　華夷秩序在唐代已形成，至明代達到鼎盛時期。明代實行「貢市一體」，不允許其他國家有單純的貿易關係存在。清代實行「貢市分流」，將與中國發生關係的國家分為兩類，包括有朝貢義務的「屬國」和只有通商往來的「外國」，即互市國，遠隔重洋的西方國家均屬此類。儘管作了這種區分，清帝國也未放棄華夷秩序的觀念，仍然將互市國納入這一體系之中，沒有給予它們平等國家的地位。它與互市國的關係，主要限於所謂「懷之以柔」的通商範圍。清朝對互市國在廣州通商，制定了嚴格的管理制度。兩廣總督李侍堯於1760年擬定了《防範外夷規條》，翌年初，經軍機大臣等議覆、高宗批准，成為第一個欽定的防夷章程。其後又「酌量變通」，至1831年，兩廣總督李鴻賓與海關監督中祥重新修訂，會同核議章程八條，為宣宗所批准。[2] 這些經清朝皇帝諭准的章程，是廣東地方官吏處理與互市國關係的法定依據和準則。在清朝君臣看來，中國與這些互市國的關係僅是通商關係，這些章程都是建立在這一理念和原則基礎之上的。其中心思想是在「懷柔遠人」的恩施中「稽查管束夷人」，即所謂「於柔遠恤商之中，寓防微杜漸之道，而中外體統亦覺崇嚴」。[3]要「嚴內地之成規，杜外夷之滋事」，「於撫馭綏來之中不失天朝體制」。顯然，章程所構建的中外體制，不是國家之間的官方關係，而是清朝以「天下共主」的身分，居高臨下的單方面安排。在這種體制中，清朝官員不屑與「外夷」直接打交道，而規定「夷人」到廣東之後，由行商管束稽查。

　　華夷秩序維持了相當長的時間，隨著歐洲國家秩序的出現，以及資本主義的產生和發展，它遇到了前所未有的危機。17世紀中葉，在歐洲出現了一種新的國際關係模式。這一模式改變了中世紀的帝國觀念，代之以主權平等的觀念及其相應的國際秩序。1625年，荷蘭的格勞秀斯（Grotius）出版了《戰爭與和平法》，對「國際關係主體主權一律平等」「國際合作和人道主義」的

1　〔英〕詹姆斯·布賴斯：《神聖羅馬帝國》，孫秉瑩等譯，商務印書館，1998，第5、18頁。
2　《清代外交史料》，道光朝四，故宮博物院編印，1932，第46頁。
3　故宮博物院編《史料旬刊》第1冊（第1—10期），國家圖書館出版社，2008，第655頁。

國際法原則，作了「極其深刻而鮮明的理論論證」，從而建立了「作為一門科學的國際法的體系」。[4] 這一國際法理論體系對新的國際關係秩序的形成產生了重大作用。隨後 1648 年訂立的結束歐洲三十年戰爭的《威斯特伐里亞和約》（Westphalia Peace），給神聖羅馬帝國以「重大打擊」，「它不再是一個帝國，而只是一個鬆散的聯合體」[5]。根據這一和約，神聖羅馬帝國一統天下之「世界帝國」已蕩然無存，代之而起的是享有主權的獨立國家。這樣便否定了「世界主權」，以法律形式開創了歐洲國家的新型國家關係秩序。然而，這一新的國家秩序僅在它們之間適用，在殖民主義和資本主義的驅動下，它又成了向外擴張的「世界國家秩序」。

資本主義的「世界國家秩序」與中國的華夷秩序，代表著兩個不同時代的國際關係。後者以自己為中心，把其他國家視為藩屬，在形式上是不平等的；但它對於藩屬國採取不治主義，本質上是一種保守的、自我封閉的體制。前者體現了近代國際關係，提出了國家主權、平等等觀念，在形式上是平等的；但它是一個「不斷向外膨脹」的體制，本質上是一種弱肉強食的不平等條約關係，對資本主義世界之外的國家，連形式上的平等也不存在。它的出現，必然要與華夷秩序發生激烈衝撞，清帝國仍然執迷於「臣服中外」的天朝體制，不可避免地面臨著嚴重危機。西方國家將暴力強權貫注到條約形式之中，用有悖於國家主權原則的條約制度，與這些國家建立了不平等的關係，將它們納入「世界國家秩序」之中。

18 世紀中葉，英國發生工業革命，推動了社會生產力和經濟的飛速發展，引起了思想觀念和相關理論的一系列變化，並促使西方國家更強烈要求改變傳統的中外關係。在這一背景下產生的自由經濟理論，與新生的國際法理論相互交融，對英國的對華條約要求產生了重要影響。被譽為「現代經濟學之父」的英國經濟學家亞當・斯密（Adam Smith）於 1776 年出版的《國富論》，首先提出了這一產生了巨大影響的自由經濟理論。國際法學家瓦特爾（Emerich de Vattel）撰寫的《國際法》也認為，「一切國家必須相互建立通商關係的一般義務」。[6] 英國商人從這些新的思想學說中找到了理論武器，尤其是第二代

4　〔蘇〕Д.費爾德曼、Ю.巴斯金：《國際法史》，黃道秀等譯，法律出版社，1992，第100—101 頁。

5　〔英〕詹姆斯・布賴斯：《神聖羅馬帝國》，第 8—9 頁。

6　Monsieur de Vattel, *The Law of Nations, Or, Principles of the Law of Nature* (London: Printed for G.

「自由商人」，即散商，「他們被亞丹‧斯密和他的門人的理論知識所武裝，認為有限制的商業制度是不合理的，是人為的。」[7] 在自由貿易精神和生產膨脹的刺激下，英國商人和政府開始謀劃與中國建立條約關係，將對華貿易置於「永久和體面的基礎」之上。

其時，清帝國的閉關政策和嚴格的對外貿易管理制度，與英國方興未艾的自由貿易精神格格不入，不能適應其擴大市場的需要。由於這一原因，東印度公司及英國政府「企圖將上述貿易制度廢除，而使中英關係立於條約基礎之上」，決定於 1787 年派一使團來華，以「獲得商業特權」。[8] 由於所派特使卡斯卡特（Charles Cathcart）意外死亡，計畫中斷。1790 年代初，英散商喬治‧密爾斯（George Mills）在其出版的著作中提出，只要派遣使團前往中國，與之簽訂必要的條約，擴大對華貿易的可能性就可以變成現實。隨著工業尤其是棉紡織業和鋼鐵工業的迅猛發展，英國政府為了擴大市場，對海外市場進行了廣泛的調查。有關中國的報告得出結論：「除非達成一項有利的條約，（英國）毛織品、金屬和其他商品（對華）的出口不可能增長。」[9] 英國政府對於「締結一項倫敦與北京之間的商業聯盟條約作為國家的重要目的這問題是未嘗忽視的」，[10] 再次籌備向中國派出使團，由前任駐俄大使和瑪德拉斯省長馬戛爾尼（George Macartney）勛爵擔任特使。英政府向馬戛爾尼提出，試探商談建立條約關係，「盡可能通過簽訂一項商業條約來擴大英國的對華貿易」。[11] 但是，1793 年費盡千辛萬苦來到北京的馬戛爾尼，除了見到乾隆之外，一無所獲。接著，英國政府又派阿美士德（W. P. Amherst）使華，「將公司貿易建立於安全、穩固和平等的基礎上」。[12] 阿美士德 1816 年來到北京，卻連嘉慶的面都沒有見到便被送回。

G. and J. Robissok, Paternoster-Row, 1797), pp.143-144.

7　〔英〕格林堡：《鴉片戰爭前中英通商史》，康成譯，商務印書館，1961，第 67 頁。

8　《中外關係史譯叢》第 1 輯，朱傑勤譯，海洋出版社，1984，第 191—192 頁。

9　Earl H. Pritchard, "The Crucial Years of Early Anglo-Chinese Relations 1750-1800, " *Britain and the China Trade 1635-1842*, vol. VI（London, 2000), p.269.

10　〔英〕愛尼斯‧安德遜：《英使訪華錄》，費振東譯，商務印書館，1963，〈原書初版序言〉，第 4 頁。

11　Earl H. Pritchard, "The Crucial Years of Early Anglo-Chinese Relations 1750-1800," *Britain and the China Trade 1635-1842*, vol. VI , p.307.

12　〔美〕馬士：《東印度公司對華貿易編年史（1635—1834）》第 3 卷，區宗華譯，中山大學出版社，1991，第 280 頁。

　　1833 年，英國廢除東印度公司的專利權，在遠東實行自由貿易政策，使現存的中外關係格局面臨著危機。翌年，第一任駐華商務監督律勞卑（John Napier）來到中國後，試圖強行打破天朝體制，改變清帝國的對外交往方式，遭到挫敗。清帝國仍固守傳統的天朝體制，而英政府和律勞卑在處理這一重大轉折時採取了簡單、粗暴的方式，這就使得矛盾和衝突趨向激化。經此事件之後，兩種體制內在的深刻矛盾更加凸現出來，自認為是第一等強國的英帝國開始放棄長期實行的和平協商方式，逐漸轉向武力威脅或戰爭手段。從官員到商人和媒體，普遍要求用暴力與中國訂立通商條約。律勞卑致函巴麥尊，建議英國政府「逼迫中國政府簽訂一項條約」。[13] 至戰爭前夕，「英國民族的普遍情緒支持戰爭，大臣們支持，幾乎所有小冊子的作者們都支持戰爭」。在戰爭狂熱中，他們以決定者的口吻斷言，今後的中英關係，必定是建立在英國允准的條約基礎之上。倫敦出版的《布萊克伍德雜誌》載文說：如果今後商業得以繼續，交往得以維持，「它必須是，而且只能是」建立在新制訂和締結，最後由英國批准的契約基礎之上。[14]《中國叢報》的編者在評論一篇文章時提出，「這個條約必須是在刺刀尖下，依照我們的命令寫下來」。[15] 鴉片戰爭爆發之前，用武力與中國建立條約關係的輿論已普遍形成。

　　暴力手段無疑與主權平等的國際法原則相違背，為此他們作了種種辯解。律勞卑提出，清政府「在思想上極為愚蠢而且在道德上極為墮落，夢想他們自己是世界上唯一的民族，完全不瞭解國際法的原理和實踐，所以該政府不能夠由文明國家按照它們中間所公認的和實行的那些規則加以處理或對待」。[16] 鴉片販子林塞（H. H. Lindsay）也提出，按照一般原則，外國人應服從和遵守所在國家的法律和規則，但「這是以與一個文明國家交往為前提」，而在中國則不是這種情況，它的法規「野蠻」，又拒絕讓步，因此，在這裡需要的是使用「武力」。[17] 這樣，英國以愈來愈嚴重的鴉片問題為切入口，發動了一場罪惡的戰爭，強行在中國建立條約制度。

13　《英國檔案有關鴉片戰爭資料選譯》上冊，胡濱譯，中華書局，1993，第 22 頁。

14　廣東省文史研究館譯《鴉片戰爭與林則徐史料選譯》，廣東人民出版社，1986，第 207、208 頁。

15　廣東省文史研究館譯《鴉片戰爭史料選譯》，中華書局，1983，第 48 頁。

16　《英國文件案有關鴉片戰爭資料選譯》上冊，第 22—23 頁。

17　H. Hamilton *Lindsay, Letter to the Right Honorable Viscount Palmerston, on British Relations with China* (London: Saunders and Otley, 1836), pp.6-7.

戰後於 1842 年、1843 年訂立的中英《南京條約》及其附約，標誌著條約制度的產生。隨後於 1844 年又訂立了中美《望廈條約》和中法《黃埔條約》，1847 年訂立中瑞挪《五口通商章程》，1851 年訂立中俄《伊犁塔爾巴哈台通商章程》。第一批不平等條約的產生，使中外關係開始出現一個根本性的變化。以前是中國處於命令的地位決定國際關係，現在這一格局被打破，列強用不平等條約的形式確立了新的關係。對列強來說，這些條約，揭開了對華事務的「新紀元」，同時也宣告中國「閉關自守」政策的破產。

然而，新建立的條約制度是脆弱的和不完全的，以「天下共主」自居的清帝國並未真正接受這一關係，議和大臣遭到人們的「痛恨」，幾乎每一個有權位的中國人都反對履行條約。雖然清帝國認可了強加於它的「種種屈辱條件」，卻並不表明它「必須屈膝」，帝國各地仍然認為有權「像受命於天一樣，去破除那些不公正條約裡的人為的限制」。新的條約關係尚未真正取代天朝體制，還隱伏著種種危機。另外，這一關係本身還不完善，還未充分地賦予列強所需要的特權，其適用範圍也仍有種種局限。在清政府看來，《南京條約》是永保和平的「萬年和約」，不願再行修約。而列強各國對第一批條約並不滿足，需要從各個方面進一步調整關係，於是，第二次鴉片戰爭不可避免。

列強各國再次用暴力調整了條約關係，額爾金（J. B. Elgin）談到《天津條約》時，形象地說，這些條約是「用手槍抵在咽喉上逼勒而成的」。第二次鴉片戰爭之後，不平等條約制度基本形成，基本上打破了華夷秩序，取代了天朝體制，逐漸獲得了穩固的地位。從清政府的態度來看，在新的形勢下發生了重要的變化，它不得不接受戰爭的結局，屈從於不平等的條約關係。一次又一次的戰爭，在武力的脅迫之下，終於使清政府屈服。以前處於主導地位決定對外關係的清政府漸漸看到，現在是「西方各國強把他們的意圖加在中國身上的時候了」。隨後在同治初年，清政府確立了自己信守條約的方針，不僅朝廷的態度明確起來，一些地位顯要的地方督撫也都強調取信於洋人，在清政府內部逐漸形成了重視履行條約義務的主體意識。如馬士（H. B. Morse）所言，「直至 1839 年為止，使西方國家聽從條件方可允許雙方關係存在的是中國；自從 1860 年以後，把和中國共同來往的條件強加於中國的卻是西方國家」。[18]

18　〔美〕馬士：《中華帝國對外關係史》第 1 卷，張匯文等譯，商務印書館，1963，第602、696、337 頁。

　　而且，隨著中外條約關係的發展，不平等條約制度的適應範圍也迅速擴大。1858 年 6 月，俄國、美國、英國、法國先後與中國訂立《天津條約》，其中英、法、美又於 11 月訂立附約《通商章程善後條約：海關稅則》。接著，1860 年 10─11 月，英、法、俄又與清政府訂立《北京條約》。1861 年 9 月，德國訂立《通商條約》和《通商章程善後條約：海關稅則》；1863 年 7 月丹麥訂立《天津條約》和《通商章程：海關稅則》，10 月，荷蘭訂立《天津條約》；1864 年 10 月，西班牙訂立《和好貿易條約》；1865 年 11 月，比利時訂立《通商條約》和《通商章程：海關稅則》；1866 年 3 月，義大利訂立《通商條約》和《通商章程：海關稅則》；1869 年 9 月，奧地利訂立《通商條約》和《通商章程：海關稅則》；1874 年 6 月，秘魯訂立《會議專條》和《通商條約》。1880 年代，又有一批國家與中國建立不平等條約關係。1881 年 8 月，巴西訂立《和好通商條約》；1887 年 12 月，葡萄牙訂立《和好通商條約》。用條約制度束縛中國的國家，擴展到整個資本主義世界。與此同時，其內容以及對中國的約束也趨於完備，列強各國的在華權益進一步擴大，基本上包括了它們的主要特權，尤其是經濟特權。如英人伯爾考維茨（N. A. Pelcovits）所說：「它包括了商人們所要求的特權」，是「整個時期英國和中國外交及商務關係的根本基礎」。[19] 對中國的約束，也從東南五口擴展到中國的京師、長江腹地和北方，中國開始受到條約制度的全面制約。

　　甲午戰爭之後，不平等條約關係又有新的發展。日本通過戰爭，廢棄了 1871 年訂立的《修好條規》，強行改變已經建立的平等條約關係，也躋入這一行列。1895 年 4 月中日訂立《馬關條約》，翌年 7 月又訂立《通商行船條約》，10 月訂立《公立文憑》。1899 年 12 月，墨西哥訂立《通商條約》。另外，1898 年 7 月，剛果訂立《天津專章》，在中國獲得領事裁判權等特權。該國號稱「自由邦」，實際上並非一個主權獨立的國家，而是比利時殖民地的一種特殊形式。在甲午戰爭的衝擊下，傳統的中外關係體系已完全崩潰。繼越南之後，朝鮮也與中國脫離了宗藩關係，成為日本的被保護國。另外，條約制度的內容也有新的發展，增加了列強在華爭奪和資本輸出的特權，體現了資本主義已向帝國主義過渡時期的特點。

19　〔英〕伯爾考維茨：《中國通與英國外交部》，江載華等譯，商務印書館，1959，第 22、21 頁。

不平等條約關係的發展，加劇了中外衝突，民族矛盾空前尖銳，終於激起了一場劇烈的反帝鬥爭，這一關係遭遇了前所未有的危機。義和團運動被鎮壓之後，11 個國家與中國訂立了包括 19 個附件在內的《辛丑合約》，通過攫取新的條約特權和實施各種懲罰和限制，進一步鞏固和強化了這一不平等的關係。該約不僅是西方國家集體與中國所訂，而且「條款之酷，賠償之巨，為亙古所未有」，[20] 是一個極其嚴重的片面條約，中國在政治、軍事、外交、經濟、思想等方面，被列強緊緊縛住了手腳，如榮祿所說，成了一個「不能行動之大癆病鬼」。[21] 不平等條約制度更加完備，中國的國家地位淪落到非常低的階段，其獨立主權的屬性亦寥寥無幾。民國時期，日本乘第一次世界大戰之機，於 1915 年向中國提出「二十一條」，迫使袁世凱政府與之訂立「民四條約」。該約反映了日本對中國的特殊要求，並形成了與他國不同的特殊關係，這一關係為它以後發動對華戰爭埋下了伏筆。1918 年，瑞士與北京政府簽約，成為最後一個與中國建立不平等關係的國家。

不言而喻，中外不平等條約制度的形成和發展，是列強各國用暴力推行強權政治的結果。除了這一基本原因之外，不平等條約制度的發展，與清政府缺乏國際知識，對外國人實行懷柔持平政策亦不無關係。道光帝謂：「國家撫馭外夷，一視同仁，斷不使彼此稍分厚薄，致啟爭端。」[22] 耆英致顧盛（Caleb Cushing）函謂：「中國之待各國商人，不能有所偏，偏則各國人心不服，是以上年本大臣議定貿易章程如裁撤行商、革除規費、減船鈔、定稅則、開五口，及其餘一切有益遠商之事，大皇帝不待各國請求，即通行一體照辦，此即一無所偏之明證，非專為英國貿易通商所定也。」[23] 在外國人看來，「幾世紀來，中國人在貿易方面，對所有外國人向來都是一視同仁的，自然沒有理由臆測他們只是因為和英國簽訂了一項條約，便改變了他們對其他國家的態度」。[24] 清政府的這一傳統政策，無疑是不平等條約得以氾濫的一個重要因素。

20　中國社會科學院近代史研究所《近代史資料》編輯組編《義和團史料》上冊，中國社會科學出版社，1980，第 693 頁。

21　北京大學歷史系中國近現代史教研室編《義和團運動史料叢編》第 1 輯，中華書局，1964，第 142 頁。

22　《清實錄》第 39 冊，中華書局，1986，第 110 頁。

23　朱士嘉《十九世紀美國侵華檔案史料選輯》上冊，中華書局，1959，第 30 頁。

24　〔英〕萊特：《中國關稅沿革史》，姚曾廙譯，三聯書店，1958，第 65 頁。

二、條約制度的主要內容：行使「準統治權」的特權制度

通過一系列不平等條約，列強攫取的各種特權成了對中國實施「準統治權」的制度，即如費正清所說，「依靠條約法規使各種權利成為制度」。這一損害中國主權的特權制度，在近代中外條約關係中居於主導地位，反映了這一關係最本質的特徵，是國際關係史上的一種畸形制度。

就內容來看，近代中外條約包括兩大類別：一是常規性的規則和制度，即在中國所屬領土上持續實施的條約規定；二是交割性的條約權益，與經常性的行為規則不同，係一次性的交付行為。在國際法中，這一問題涉及條約的分類。德國國際法學者特里派爾（H. Triepel）將條約分為「契約性條約」和「立法性條約」兩類，前者「只是在於解決當前的一個具體問題，而不在於為將來制定共同行為規則」，如割讓領土；後者則「有著創立此後相互間必須遵守的行為規則的共同目的，即創立法律的目的」。這一分類雖然有失嚴謹和確切，為不少學者所反對，卻是一個「雖不嚴格但卻很有用的區分」。借助這種區分或概念，我們可以瞭解各種條約的不同性質。中國學者李浩培提出，就國際法的觀點看來，「凡是條約從某種意義上說都是立法性的」，主張分為「一般規則和個別規則」的立法性條約。[25] 運用這一概念區分不同類別，可以從內容上將近代中外條約分為「一般規則」和「個別規則」。前者即中國所屬領土上持續實施的規則，包括各種特權制度和國際通行的近代交往制度等；後者即某種權益的交割性規定，包括割地、賠款等通過戰爭或武力威脅所獲得的條約權益。

就「一般規則」來看，列強對華實施「準統治權」的特權制度，構築了中外間的不平等地位，是中國淪為半殖民地的基本標誌。從廣義的角度來看，這一特權制度的實體並不僅僅限於中外間所訂立的正式條約，而是一個以條約為主幹的體系，主要包括兩類。一類是中外間訂立的各種形式的協定，包括中國政府與各國政府簽訂的正式條約，以及正式條約之外的各種合同、章程、協定等。前者是條約制度的依據，每一項具體的特權制度，都是基於條約規定，離開這些正式條約，整個條約制度就無由存在。後者被國際法學者稱為「準條約」，其中有些是根據條約權利訂立的，雖不是正式的國際條約，但對中國仍

25　李浩培：《國際法的概念和淵源》，貴州人民出版社，1994，第 66、339 頁。

有約束力。在某種意義上，它們「幾乎不下於被它（指中國）和其他國家政府所訂立的正式條約所決定和規定」。[26] 另一類是因條約規定而產生的，包括中國政府為履行條約規定及辦理相關事務，而頒行的諭旨、法令、章程等，外國方面根據條約特權在華建立的機構，以及實行的各種制度。根據國際習慣，條約必須信守，「如果違反條約必須信守原則而違反條約，就構成國際不法行為，應負國際責任」。[27] 顯然，以正式條約為基本規則構建的條約制度，是列強約束中國的法律形式，成為中國社會政治制度的一部分。具體來說，這一特權制度體現在司法法律、政治、經濟、文化教育等方面。

司法法律方面，各國列強在中國攫取了領事裁判權。這是一種由其領事或官員按照他們本國法律對其本國僑民行使司法管轄權的片面特權，損害了中國的屬地管轄權。列強公然聲稱中國不能享有這一屬地管轄權，顧盛提出：「按照歐美奉行的國際法，每一外國人居住或暫留在任何基督教國家內都應服從該國家的法律」。而在與回教國家的交往中，採用了一個不同的原則，即「信奉基督教的外國人不受當地官員的管轄，他只服從（這是自然結果）本國政府所派公使或其他官員的管轄」。美國在華僑民，「應當適用」這一「在亞洲回教國家中取得的那種有利於歐美人的規則」，「美國人應享有本國政府官員保護的權利，並服從他們的管轄」。[28] 他將這一「有利於歐美人的規則」視為國際法原則，謂：「美國政府應為美國人民要求在中國的治外法權權利，這不是要中國讓與的問題，而是公認的國際法原則—就是說，像當時中國那樣一個國家是沒有資格主張一般的屬地主權原則，以保持其對國境內外人的管轄權的。」[29] 正是基於這種無視國際法的強權邏輯，列強通過不平等條約將領事裁判權制度強加給中國。1843 年 7 月簽訂的中英《五口通商章程》最早對此作了規定：「其英人如何科罪，由英國議定章程、法律發給管事官照辦。」[30] 隨後於 1844 年 7 月訂立的中美《望廈條約》，在此基礎上又加以擴大，並使得領事裁判權具有了完整的意義，成為這一特權在中國起源的一個重要環節。第二次鴉片戰爭之後，迄至第一次世界大戰結束之際，列強在華領事裁判權進

26　〔美〕威羅貝：《外人在華特權和利益》，王紹坊譯，三聯書店，1957，第 600 頁。
27　李浩培：《條約法概論》，法律出版社，1987，第 330 頁。
28　〔美〕馬士：《中華帝國對外關係史》第 1 卷，第 369—370 頁。
29　〔美〕威羅貝：《外人在華特權和利益》，第 343 頁。
30　王鐵崖編《中外舊約章彙編》第 1 冊，三聯書店，1957，第 42 頁。

一步拓展。不僅這一特權本身愈益擴充和完善，而且各國相率效尤，與中國訂立不平等條約的其他國家先後攫取了這一特權。在實際中，列強又將這一特權擴展至對中國人實行某種程度的司法管轄，如《煙臺條約》規定的觀審制度，以及租界中的會審公廨和東省鐵路的公審機關等。

在不平等的條約制度中，領事裁判權居於中心地位，成為其他條約特權的基礎。如赫德（Robert Hart）所言，「治外法權是包含在一系列條約中的中心思想」，它「構成每一條約的基礎，貫穿於每一條約的條款中」，是「造成一切損害的根源」。這是「一種無價的特權」，是「最最重要的」，「也是最本質的一項條約中的條款」。[31] 也就是說，這一特權是外國列強向中國進行政治、經濟、文化侵略，行使其他各種特權的重要保障，丹麥駐華公使歐哀深曾把領事裁判權、租界、協定關稅，列為破壞中國主權完整的三大魔鬼。

政治方面，由於種種條約特權，「使中國的國權受妨害，行政不能統一」，[32] 即中國的領土主權和行政主權以及自保權受到嚴重限制，主要包括以下幾種情況。

第一種情況，列強在中國的某些區域直接行使行政管轄權，如租界、租借地、使館區、鐵路附屬地等。

租界是由通商口岸發展而來的一種特殊制度，這是列強在某些通商口岸的外人居留、貿易區域中，起初通過非法手段，繼而由不平等條約確定下來，侵奪中國的行政權和司法權，並建立獨立於中國政權體系之外的行政管理機關，以致形成「國中之國」的特殊制度。《南京條約》規定外人可以在五口居住、貿易，1843 年 10 月簽訂的《五口通商附粘善後條款》，又確定由中國地方官與英國領事會同商定英人租地建屋的區域，這一規定可以說是租界得以建立的原始條約根據。1843 年 11 月，英國領事巴富爾（George Balfour）與上海道宮慕久商定《上海租地章程》，是第一個有關租界制度的章程。1854 年 7 月，英、美、法三國領事擅自修改 1845 年章程，制定了《上海英法美租界租地章程》。通過該章程，上海外人租地出現了擁有徵稅權，擁有武裝員警，類似西方自治政府，並完全擺脫中國的行政管轄的市政機關，租界制度基本形

31　〔英〕赫德：《這些從秦國來—中國問題論集》，葉鳳美譯，天津古籍出版社，2005，第 87、92、124、104 頁。
32　周鯁生：《不平等條約十講》，太平洋書店，1928，第 38 頁。

成。第二次鴉片戰爭之後，列強通過條約又增開新的口岸，同時又以新的形式將租界制度推向這些口岸。甲午戰敗和八國聯軍之役之後，列強又藉機謀取這一特權，開闢了不少新的租界。

租界特權是在形成之後的發展過程中，取得條約依據的。最初所訂條約中並無由外人自己管理其居住區域的規定，只是確定由地方官與領事商議劃分居住區域的原則。1864 年，英國公使致各領事書，謂：「租界地與英國政府，並不容許其（指領事）管轄該地，該地仍屬於中國之主權。於該地之英國僑民所能施行之管轄範圍，只與其他未有租界之口岸之僑民等。蓋英國政府所得施行之權力，係由於中國政府所訂條約中來，初不以租界地面稍受影響。」[33] 可見，無論是上海的公共租界還是各處的專管租界，外人所實行的制度皆不是條約權利。由於中國積弱不振，租界制度才在沒有條約依據，而是清政府予以「預設」的情況下長期施行。最早在正式條約中肯定租界行政權的，是甲午戰後中日所訂《公立文憑》。該約第 1 款規定：「添設通商口岸，專為日本商民妥定租界，其管理道路及稽查地面之權，專屬該國領事」。[34] 日本既開條約允許之先例，其他各國依最惠國之條款，亦要求同等待遇，於是租界行政權成為條約權利。從法律上講，租界還是中國領土的一部分，但租界形成之後，成了中國領土範圍之內的特殊區域。列強通過合法或非法手段，在租界行使了某種程度的屬地管轄權，如管轄權、自衛權，等等，儼然如同一個與中國並立的獨立國家。正唯如此，它們被人們稱為「國中之國」，成了中國半殖民地社會的一個重要標誌。

租借地是列強通過條約從中國「租借」某部分領土，於一定期限內行使屬地管轄權，以作為在華侵略基地的特權。1887 年，葡萄牙迫使清政府與之訂約，取得「永駐、管理澳門」[35] 的條約特權，澳門成了近乎割讓的永久租借地。其後在 19 世紀 90 年代的瓜分狂潮中，各國紛紛搶占租借地，掀起了一個浪潮。通過條約，俄國攫取旅大、德國攫取膠州灣、法國攫取廣州灣、英國則攫取了威海衛和九龍兩塊租借地。租借地對中國主權的限制，比租界更為嚴厲，各租借國把租借地視為自己的領土，在這裡建立政府機構，駐紮軍隊，

33 趙炳坤：《中國外事員警》，商務印書館，1937，第 37 頁。
34 王鐵崖編《中外舊約章彙編》第 1 冊，第 686 頁。
35 王鐵崖編《中外舊約章彙編》第 1 冊，第 505 頁。

設置員警，徵收稅餉，經營各種事業，實行殖民統治。在租借區域，租借國具有如同統治本國領土一樣的各種權利。各租借條約均規定，在租借期限內，租借區域歸租借國「管轄」或「治理」，並可派駐軍隊，建造軍事設施，以資「護衛」或「保衛」或「保護」，等等。[36]

使館區是列強通過條約迫使中國在京師劃一地段作為使館區域，在此行使統治權的特權。外交代表享有「館舍豁免權」，即使館館舍不可侵犯，而使館所在的整個區域豁免的特權，則不為國際法所認可。這一特權是通過《辛丑合約》攫取的，其中規定：「大清國家允定，各使館境界，以為專與住用之處，並獨由使館管理，中國民人，概不准在界內居住，亦可自行防衛。」[37] 在使館區域裡，列強具有駐軍權和自衛權，以及包括員警、司法、土地、徵稅等在內的行政管轄權。這些均與租借地相類似，即中國的統治權不能及於此區域。不同的是，條約未規定使館區的期限，也未規定其主權仍屬中國，可見列強試圖使這一特權制度具有永久的性質。這些使得使館區成為一個極為特殊的區域，其對中國領土的剝奪和限制更為苛嚴，如同一個各國共管的袖珍小國。

鐵路附屬地，即所謂「特殊勢力圈」，這是俄、日兩國在鐵路附屬地區建立行政管理機構，對鐵路沿線的中外居民進行行政管轄的特權。俄國是始作俑者，它在非法行使這一特權之後，迫使清政府訂約，使之披上合法的外衣。1906 年，沙俄政府決定將東省鐵路附屬地的民政權委託給東省鐵路公司行使，制訂了《東省鐵路附屬地民政組織大綱》。翌年 3 月，又批准了東省鐵路公司董事會擬定的《東省鐵路管理局組織大綱》。根據這兩個組織大綱，東省鐵路公司設立了管轄路區的行政機構。清外務部對這一非法行為提出抗議，沙俄根據中俄《合辦東省鐵路公司合同章程》第 6 款「由該公司一手經理」之規定進行狡辯，說並不違背原約。清政府作了妥協，於 1909 年與沙俄訂立了《東省鐵路公議會大綱》，這一非法攫取的行政權由此成了條約特權。根據大綱，中國多少挽回了一點主權，將鐵路附屬地變成了中俄的共管地區。由於日本在南滿鐵路附屬地也非法行使管轄權，沙俄借詞拒絕按上述大綱實行，仍依照俄國頒布之自治制辦理，繼續控制鐵路附屬地行政權。日俄戰爭之後，日本通過《樸茨茅斯條約》和清政府的認可，接受了沙俄在南滿的鐵路，也以

---

36 王鐵崖編《中外舊約章彙編》第 1 冊，第 738、741、742、769、782、929、930 頁。
37 王鐵崖編《中外舊約章彙編》第 1 冊，第 1006 頁。

此為依據要求「對鐵路附屬地區的絕對的和排他的行政權」。[38] 繼而又非法在南滿其他鐵路支線如安奉路也擅自行使管轄權，並將這種非法的行政權推行到南滿的礦山附近，稱礦山附屬地。

第二種情況，是列強在中國某些區域派駐軍事力量，限制中國的自保權，包括外國軍艦在中國某些領水駐泊遊弋，外國陸軍駐紮中國某些區域，以及禁止中國某些地域設防等。關於外國軍艦，1843 年中英《五口通商附粘善後條款》最早對此作了規定：「凡通商五港口，必有英國官船一隻在彼灣泊」。通過這一規定，英國獲得了在中國派駐軍艦的條約特權。緊接著，美、法、瑞、挪相繼獲得同樣的特權。第二次鴉片戰爭之後，這一特權獲得了進一步的發展，不僅所有有約國「一體均霑」此特權，而且從沿海擴展至內河。除了秘、巴、墨、朝、瑞（典）等 5 國給予中國兵艦在彼國以同等權利之外，其他均是單方面享有這一特權。外國陸軍「合法」進駐中國領土，最早是通過租借地條約。根據這類條約，租借國的海、陸軍均可屯駐租借地。通過《辛丑合約》，列強又獲得了在京師、內地屯兵的條約特權。此外還禁止中國某些地域設防。這些條約規定，限制了中國的自保權，為列強對中國的武裝侵犯和干涉，提供了最直接的途徑。

第三種情況，是在中國某些部門行使行政管轄權，如與協定關稅相關的海關行政。《南京條約》取消公行制度後，與此相關的海關制度發生變化，在中英條約中規定了領事擔保制。1854 年 6 月，上海海關監督吳健彰與英、美、法三國領事簽訂了改組上海海關的協定，建立了外籍稅務監督制，上海海關行政由此為外人所控制。隨後在第二次鴉片戰爭中，中英於 1858 年簽訂《通商章程善後條約》，規定：海關事務「各口劃一辦理」，「任憑總理大臣邀請英人幫辦稅務」。[39] 外國人管理中國海關，由此取得了條約依據。美、法兩國在同年與中國訂立了同樣的條約，德、奧也分別於 1861 年和 1869 年獲得這一條約權利。兩江總督何桂清在執行這一條約時，任命英人李泰國（Horatia Nelson Lay）「總司其事」，名曰總稅務司，又發展了這一制度，後經總理衙門確認。這樣，外人控制上海海關行政的制度擴展到全國所有海關，並由總稅務司負責。中國的海關行政權由此為列強所侵奪，海關成了一個典型的半殖民

38　〔美〕威羅貝：《外人在華特權和利益》，第 106 頁。
39　王鐵崖編《中外舊約章彙編》第 1 冊，第 118 頁。

地機構。整個海關部門由外人控制，總稅務司有著至高無上的權力，他對各海關所具有的權威，不僅清政府中央行政部門首長不可比擬，而且「為他國無比之獨裁的行政長官」。外人控制的海關成了所謂「imperium in imperio」，[40] 即「主權中的主權」，或「政府中的政府」，這與國家的主權完整是完全不相容的。如同租界是中國領土內的「國中之國」一樣，海關是中國行政系統中的獨立王國。

第四種情況，是在某些區域限制中國的行政管轄權，即勢力範圍。勢力範圍是列強各國通過條約，取得在中國領土某範圍內經濟事項的優先權和獨占地位的特權。這種優先權和獨占地位，限制了中國獨立自主發展某項事業的經濟主權。通過這一特權，相關列強國家獨占中國某些區域的權益，而排除他國染指。在甲午戰爭之後的瓜分狂潮中，各國列強通過條約或照會攫取獨占權益，成為一個普遍現象。總理衙門先後向英、法、日等國承諾，保證不將長江流域各省、越南鄰省和福建等地讓與或租借他國。[41] 又通過其他條約，清政府給予相關國家以築路、開礦等經濟權益。這樣，東北成了俄國的勢力範圍，山東成了德國的勢力範圍，兩廣和雲南成了法國的勢力範圍，長江流域成了英國的勢力範圍，福建成了日本的勢力範圍。中國給予各國勢力範圍的權益，雖限於經濟範圍，但卻有著重要的政治性質。勢力範圍與租借地特權是緊密相連的，同樣破壞了中國的領土完整，損害了中國的主權，對中國造成了極大的危害。在某種意義上，劃定勢力範圍又是瓜分之準備，是列強瓜分中國浪潮中的重要組成部分及前奏，具有「半政治的意義或附帶的政治意義」。[42] 其後，日本將它的「勢力範圍」推向極端，發展為侵占東北、獨霸中國的國策，發動了侵華戰爭。

經濟方面，由於不平等條約的束縛，中國的經濟主權受到列強的種種限制，不能掌控自己的各項事業，嚴重影響了國民經濟的發展，主要包括片面協定關稅、沿海和內河航行、在華設廠及路礦投資、片面最惠國待遇等等。

片面協定關稅是列強剝奪中國關稅自主權的條約特權，中國單方面受協定稅則的約束，只能履行義務，不能享受相應的權利；而各國則可以享受權利，

40　〔日〕高柳松一郎：《中國關稅制度論》第 3 編，李達譯，商務印書館，1927，第 19、4 頁。
41　王鐵崖編《中外舊約章彙編》第 1 冊，第 732、743、751 頁。
42　〔美〕威羅貝：《外人在華特權和利益》，第 81 頁。

不必盡相應的義務。《南京條約》規定，英商「應納進口、出口貨稅、餉費，均宜秉公議定則例」，[43] 確立了由中英雙方協定訂立稅率的基本原則，標誌著侵奪中國關稅自主權的開始。翌年，中英雙方議定了進出口貨物稅則和船鈔標準，簽訂了《五口通商附粘善後條款》和《五口通商章程：海關稅則》。1844 年 7 月簽訂的中美《望廈條約》規定，如中國欲變更稅則，須經美國「議允」，中國的關稅主權受到更嚴厲的限制。第二次鴉片戰爭之後，通過《天津條約》等一系列條約，協定關稅制度的原則和體系已基本確立，中國全面地置於協定關稅制度的約束之下。自中日甲午戰爭及八國聯軍之役之後，協定關稅制度又有新的發展。這一片面協定關稅包括進口稅、出口稅、子口稅、噸稅、沿岸貿易稅、陸路貿易稅、鴉片稅釐，以及有關違禁品和免稅品的協定等，此外還有由海關徵收的特別關稅機器製造貨稅等。除了這是一個片面的，並非互惠的關稅制度外，還具有種種損害中國權益的特點，充分反映了近代中國關稅自主權的喪失。

沿海和內河航行，是指各國在中國沿海和內河從事航運的特權。沿海和內河是國家領土的一部分，根據國際法，「沒有規定給予外國以要求准許其公私船舶在國內河流上航行的權利」，沿海國可以「禁止外國船舶從事沿海岸的航行和貿易」，而「專為其本國船舶保留」。[44] 中美《望廈條約》最早對外國船隻在沿海轉銷洋貨作了規定，接著中法《黃埔條約》亦作了類似規定，此後中英、中美和中法《天津條約》又確認了這一權利。與此同時，外國船隻非法在沿海販運土貨，並很快發展起來。到 1863 年所訂中丹《天津條約》，明確地把外國船隻的這種沿岸貿易予以合法化，使之成為一項條約權利。內河航行權，最早中英《天津條約》規定英商船只可在「長江一帶各口」通商，其後中丹《天津條約》又肯定了外國船隻在長江各口販運土貨的權利。除長江外，列強還攫取了吳淞江、運河及珠江等河流的航行權。在 1890 年代的瓜分狂潮中，列強又攫取了「內港」，即非通商口岸內地的航行權。中國的內河，無論巨川、支流，凡可以通航者，均對外國輪船開放。1902 年、1903 年，英、日與清政府訂立通商行船續約，又使之成為一項條約權利。由沿海到長江，再到內港，

43　王鐵崖編《中外舊約章彙編》第 1 冊，第 32 頁。
44　〔英〕勞特派特修訂《奧本海國際法》上卷第 2 分冊，石蒂、陳健譯，商務印書館，1972，第 11、30 頁。

中國領水完全對外開放，航權喪失殆盡。

在華設廠及路礦投資，不同於主權國家之間正常的經濟來往，亦是列強通過條約強迫清政府給予的特權。《馬關條約》規定：「日本臣民，得在中國通商口岸城邑，任便從事各項工藝製造。」由此，在華設廠成了一項條約特權，此後在中英、中美通商行船續約中亦作了規定。鐵路投資最早是由1885年中法《越南條款》規定：「日後若中國酌議創造鐵路時，中國自向法國業此之人商辦」。這樣，列強多年希望的鐵路權益，成為一項條約權利。礦業投資，是列強各國或外商通過直接投資控制中國礦權的特權。法國以干涉還遼向清政府索取報償，通過1895年6月訂立的《續議商務專條附章》，首先取得這一條約特權。該約規定：「議定中國將來在雲南、廣西、廣東開礦時，可先向法國廠商及礦師人員商辦」。路礦利權是勢力範圍的具體內容，在甲午戰後的瓜分狂潮中，列強掀起了爭奪高潮。在這個意義上，勢力範圍除了政治方面的意義之外，又更體現為經濟的性質，可視為「利益範圍」。它還包括其他經濟事業的優先權，如「開辦各項事務」，需要「用外國人，或用外國資本，或用外國料物」，等等。[45] 諸如此類的外人在華投資，不僅僅是吸收外資的簡單問題，而涉及國家經濟主權。近代中國的外人對華投資，是強權政治下的投資。它以中外約章為依據，以其他條約特權為護符，脫離了中國政府和中國法律的管轄，與今日的吸收外資不可同日而語，「是一種殖民主義的投資」。[46]

片面最惠國待遇，即與中國訂約國家可以享有中國給予第三國的特惠，而中國卻不能享有這種權利。1843年10月訂立的中英《五口通商附粘善後條款》，最早對此作了規定：「設將來大皇帝有新施及各國，亦應准英人一體均霑，用示平允。」[47] 隨後，美、法和瑞典、挪威分別於1844年、1847年也取得這一特權。第二次鴉片戰爭之後，更多的國家與中國訂約，同時亦取得這一特權。這一片面最惠國待遇制度，是一個西方列強損害中國利益、均霑中國權益的專利制度。除了片面的而非互惠的這一最基本的特質之外，它又是無條件的，在運用上沒有必要的限制，並具有概括的和濫用的特質。由於這些特質，「使每一國家今後都能藉以為它本國取得他國以巧取豪奪的方法劫自中國

45　王鐵崖編《中外舊約章彙編》第1冊，第616、468、740頁。
46　許滌新、吳承明主編《中國資本主義發展史》第2卷，人民出版社，2003，第745頁。
47　王鐵崖編《中外舊約章彙編》第1冊，第36頁。

的一切特權。」[48] 嚴格地說，最惠國待遇只限於經濟事項，但列強各國往往將這一特權擴展到政治、司法領域。因此，在某種意義上，它又具有政治的性質。

文化教育方面，列強各國違背國際法，用條約迫使中國接受它們的相關特權，損害了中國的文化主權，主要包括傳教和教育特權。

傳教權方面，列強先是通過《望廈條約》和《黃埔條約》，迫使清政府放棄禁教政策，並取得了洋人的習教權；接著又迫使道光頒發諭旨，取得了華人的習教權和在通商口岸的傳教權。第二次鴉片戰爭中，俄、美、英、法四國所訂《天津條約》，又攫取了在內地的傳教權。其中中法《天津條約》規定，外國傳教士到內地傳教，「地方官務必厚待保護」。其後，又有德、丹、荷、西、比、義、葡等國取得傳教的條約特權。獲得內地傳教權之後，法國又通過欺詐手段，為傳教士攫取了在內地置買房地產的特權。教育權的攫取，也是在鴉片戰爭後開始的。最早《黃埔條約》規定：法蘭西人可以在五口建造「學房」，「教習中國人」，「發賣佛蘭西書籍」，等等。第二次鴉片戰爭之後，這一條約特權進一步擴大，除中法《天津條約》重申上述規定外，其他國家如德、比、奧、美等也與清政府訂立了類似條款。1868 年中美訂立《續增條約》，又進而提高了在華興辦教育的規格，「美國人可以在中國按約指准外國人居住地方設立學堂」。[49]

用條約的形式強迫中國允許別國在自己國家傳教，是違背國際法的。「國際公法承認，一個國家永遠不能要求另一個國家同意在其國內給予任何一個教會—比如本國教會—好處和特惠；它無權要求另一個國家接受傳播這種或那種信仰的傳教士」。[50] 傳教屬於國內法範疇，卻「以應規定於國內法之事而羼入國際公法」，[51] 無異是侵奪了中國國內立法方面的主權。而且，各國支援傳教士來華，主要目的在於從精神領域控制中國，超出了宗教信仰領域。在華教育特權，與傳教權有異曲同工之處，極大地損害了中國的教育主權。教會學校，「其目的亦並不在教育人才以促進教育之進步，乃欲以學校為一種補助之物，

48　〔美〕泰勒・丹涅特：《美國人在東亞》，姚曾廙譯，商務印書館，1959，第 96 頁。

49　王鐵崖編《中外舊約章彙編》第 1 冊，第 107、62、263 頁。

50　〔法〕衛青心：《法國對華傳教政策》上卷，黃慶華譯，中國社會科學出版社，1991，第 215 頁。

51　〈關於傳教條約之研究〉，《東方雜誌》第 5 年第 2 期，1908 年。

以助其宣傳福音事業」。[52] 其宗旨，是以「基督教主義教育中國青年，俾皆被基督教之澤」，[53] 將中國造成一基督教民族。

除上述所列之外，列強各國還享有其他種種特權，尤其是在經濟領域，如鴉片貿易、自雇引水特權，以及某些方面的片面國民待遇特權，等等。總之，如西方學者所言，條約制度「已逐漸成了中國國家權力結構的一個基本組成部分」。[54] 這是「中國政體的一個特殊部分，中國的主權在這裡不是被消滅，而是被訂約列強的主權所掩蓋或取代」。[55] 列強國家由此「對中國擔當起準統治權的責任」，[56] 中外之間形成了一種極不平等的畸形關係。中國形式上仍是一個獨立國家，但它的一部分主權已通過條約制度被列強所行使，並與中國國家體制結為一體，這正是中國近代半殖民地半封建制度的內涵之一。

三、清政府的認識與應對

條約制度改變了傳統的中外關係，它既使中國的主權受到侵害，蒙受著不平等的恥辱，又隨之帶來了近代國際關係的新模式和部分體現平等原則的內容。這是一段艱難曲折、充滿屈辱的歷程，對清政府而言，不可避免地要經歷一個痛苦的適應過程，既要承受加在自己身上的不平等的特權制度，又要捨棄對他人不對等的天朝體制，在陣痛中剝離傳統的對外關係體制，接受近代國際關係模式。

從鴉片戰爭開始，毫無近代條約知識的清政府，對這一新的關係處於朦朧的狀態，缺乏必要的認識。它所面對的已不是傳統的周邊「夷狄」，而是有著更高文明的海外征服者。長期封閉的清朝大吏們顢頇無知，對國家主權、國際法，以及近代國家交往的原則和方式等一無知曉，他們仍然用封建時代的帝國觀念和手段認識和處理對外關係。對於條約的談判和簽訂，清政府採取了漫不經心的態度。伊里布向黃恩彤傳授經驗說：「洋務只可粗枝大葉去畫，不必細針密縷去縫。」英國人利洛（Granville G. Loch）在《締約日記》中對這些談判大吏做了這樣的描述：「在歐洲，外交家們極為重視條約的字句與語法。中

52　李楚材編著《帝國主義侵華教育史資料—教會教育》，教育科學出版社，1987，第 5 頁。
53　舒新城編《中國近代教育史資料》下冊，人民教育出版社，1961，第 1102 頁。
54　陶文釗編選《費正清集》，林海等譯，天津人民出版社，1992，第 56 頁。
55　〔美〕費正清編《劍橋中國晚清史》上卷，中國社會科學院歷史研究所編譯室譯，中國社會科學出版社，1993，第 282 頁。
56　〔英〕伯爾考維茨：《中國通與英國外交部》，第 2 頁。

國代表們並不細加審查，一覽即了。很容易看出他們所焦慮的只是一個問題，就是我們趕緊離開。因此等他承認條約以後，就要求大臣將運河中的船隻轉移到江中。」[57] 中清朝君臣不知道和約與商約的區別，將結束鴉片戰爭訂立的條約視為一攬子解決爭端、一成不變的萬年和約。道光帝說，「不得不勉允所請，藉作一勞永逸之計」，「從此通商，永相和好」。耆英也認為，「惟一切善後事宜，尚須明晰妥議，立定章程，盡一辦理，方可期一勞永逸，永杜兵端」。[58] 中英戰爭結束不久，美國便要求訂約，而僅將條約視為解決兩國爭端和約的清政府，根本沒有建立條約關係的打算，也沒有這一觀念。護理兩廣總督、廣東巡撫程矞采對美也要求訂約很不理解，答覆說：「英咭利與中國搆兵連年，始議和好，彼此未免猜疑，故立條約以堅其信。若貴國自與中國通商二百年來，凡商人之來粵省者，無不循分守法，中國亦無不待之以禮，毫無不相和好之處，本屬和好，何待條約？」[59]

清朝官吏們也不懂得，條約是規定雙方權利義務的法律文件。在他們看來，與外國訂約就是給予對方權益，是單方面的讓予，如果再行修約，意味著還得繼續給予對方以新的權益。清政府將已訂條約視為一成不變，擔心失去更多的權益，其基本原因便在於此。美國全權公使顧盛在《望廈條約》中塞進了 12 年後修約的條款，從條約關係的角度上看，這是無可非議的，因為任何條約都不可能也不應該是固定不變的。清朝大吏們只希望維持現狀，談不上通過這一條款提出自己的條約要求。當列強提出修約時，清朝君臣無不以「萬年和約」為辭，極力反對，謂：「前立和約，既稱萬年，何得妄議更張」；「既係萬年和約，似不應另有異議」；「均應遵照舊約，斷難隨意更改」。咸豐旨稱：「既稱萬年和約，便當永遠信守。」[60] 條約「雖有十二年後公平酌辦之說，原恐日久情形不一，不過稍有變通，其大段斷無更改」。如果彼堅執 12 年修約，亦只可擇其事近情理無傷大體者，允其變通一二條，「以示羈縻」。[61] 後來薛煥更明確地說：「臣思外國條約，經一次更改，即多一次要求，議令立約後永

57　國史學會主編《鴉片戰爭》第 5 冊，神州國光社，1954，第 419、514 頁。

58　齊思和等整理《籌辦夷務始末》（道光朝）第 5 冊，中華書局，1964，第 2277—2278、2335 頁。

59　《籌辦夷務始末》（道光朝）第 6 冊，第 2808—2809 頁。

60　賈楨等纂《籌辦夷務始末》（咸豐朝）第 1 冊，中華書局，1979，第 324、354、326 頁。

61　《籌辦事務始末》（咸豐朝）第 2 冊，第 465 頁。

遠遵守，暗中消去十二年為度一層。」[62]

　　在被迫接受條約之後，清政府採取了信守條約的方針。這一方針包括自己守約和要求對方守約，如耆英所言，「如約者即為應允」，「違約者概行駁斥」。[63] 從總的趨向來看，鴉片戰爭之後的守約方針，主要是針對對方的，而且還有著暗地擺脫條約約束的明顯意圖。清帝國的君臣將接受條約視為羈縻外夷的權宜之計。開始，它也是施以兵威，待征剿受挫，道光只得「聊為羈縻外夷之術」。訂約中它給予列強的某些條約權利，包括一些重要特權，與傳統的羈縻之道相吻合。例如，開放五口，以及給予其他相關的通商權利，便符合施之以恩惠的羈縻之道。「譬如桀犬狂吠，本不足以論是非，及投以肉食，未嘗不搖尾而帖伏。」[64] 他們擔心列強糾纏不休，認為，「所賴通商為該夷養命之源，稅例之增減多寡，即關夷情之向背從違，若過為搜剔，則恐致反覆」。[65] 最惠國待遇和領事裁判權這兩項重要的條約特權，也與羈縻之道存在著某種內在的聯繫。

　　經過第二次鴉片戰爭，清王朝的官吏們開始有所醒悟，對新的條約關係有了一定的認識，並作了某些調適。

　　由於列強各國更加苛刻地要求清政府嚴格履行條約，錙銖必較，清政府的守約方針也發生了重要變化。列強各國對各省官員忽視條約極為不滿，1862年1月，英國公使卜魯斯（F. W. A. Bruce）即向奕訢呈遞數千言的照會，謂：「兩國始終不和之緣，總由各省督撫於外國交涉事件，並無盡心守約之理」。「各大吏向不存秉公盡約之意，轉以條約准行之處，多方推卸，設法阻撓。」「外省大吏任便自行，或不謹守約條，或敢私為改易，殊非內外友誼之道，實易開嫌隙之源。」照會列舉了地方官不遵條約的種種事例，要求「大皇帝明降諭旨，示以各國條約，原為慎重之文」。「外官只須盡約照辦，錙銖勿許增減」，「敢有相違者，立予重處」。在指責清政府未能守約的同時，列強又施以威脅手段。在照會中，卜魯斯聲稱，「此種背約阻滯，無非致令貴國臨險之虞……畢至釀成稱戈之禍」。[66] 各國「總以將來中國不能守信為慮」，其後又屢屢指斥清政

62　寶鋆纂修《籌辦夷務始末》（同治朝）卷7，故宮博物院，1930年影印本，第40頁。
63　《籌辦夷務始末》（道光朝）第6冊，第2942頁。
64　《籌辦夷務始末》（道光朝）第4冊，第2054—2055、2040頁。
65　《籌辦夷務始末》（道光朝）第5冊，第2647頁。
66　《籌辦夷務始末》（同治朝）卷3，第28、32—33、30頁。

府，處心積慮「欲使中國家喻戶曉」。如 1863 年，英、美、俄等國在法國的支持下，分頭向奕訢遞交一項聲明，對各省執行條約的狀況表示不滿，並向清政府提出警告。

　　同治初年，由於潮州進城和田興恕兩案，列強各國懷疑中國不肯按約辦理。加上此時發生追償欠款案，英國更以此「為發端辯難之據」，態度極為強硬。照會謂：「深慮終使外國忍耐不堪，徒向地方官屢屢照會，置若罔聞，必致自出妥速之法」。照會以「自出妥速之法」相威脅，表明英國是勢在必得，甚至不惜用暴力手段來強迫清政府恪守條約。奕訢等甚感問題嚴重，主張迅速解決。根據奕訢的意見，朝廷即刻諭令兩廣總督瑞麟親自辦理此事，同時又頒發一道嚴厲的諭旨，斥責該省督撫不按條約辦事，強調遵守條約的重要性，指出：不遵守條約「致口實愈多」，不能「使人心服」，後果嚴重，「設令肇釁，則廣州之前鑒不遠」；「萬一該國不能忍耐，恃強入城，與國體更有關係」。只有按約辦理，「俾該領事得以按約進城，用符定約，方可以示誠信」。鑒於事情的嚴重性和急迫性，上諭口氣極為強硬，不容商量，謂此事「勢在必行，如或延閣，惟瑞麟是問」。[67] 經此事件，清政府遵守條約的觀念發生了重大轉變，不僅朝廷的態度明確起來，而且一些地位顯要的地方督撫也都強調取信於洋人，在清政府內部逐漸形成了重視履行條約義務的主體意識。

　　與此同時，隨著中外交往的建立和擴大，西方的國際法和近代國際關係的準則等從各種管道傳入中國，清朝大吏們逐漸產生了近代國家主權意識。1864 年，清政府刊印了丁韙良（W. A. P. Martin）翻譯的《萬國公法》，奕訢上奏說，「該外國律例一書，衡以中國制度，原不盡合，但其中亦間有可採之處。」[68] 一方面，他們對條約制度及其性質的理解，具有了一定的國際法意識。奕訢謂「昔日允之為條約，今日行之為章程」。[69] 署湖廣總督、江蘇巡撫李瀚章更確切地說：「今日之約章，即異日之法守。」[70] 1867 年，在討論修約問題時，李鴻章指出，此「係條約而非議和」。修約是雙方的權利，「有一勉強，即難更改」。「其有互相爭較，不能允從之處，盡可從容辯論，逐細商酌，不能以一言不合，而遽責其違約。」各國「均有保護其民、自理財賦之權」，

67　《籌辦夷務始末》（同治朝）卷 35，第 41、37、38 頁。
68　《籌辦夷務始末》（同治朝）卷 27，第 26 頁。
69　《籌辦夷務始末》（同治朝）卷 50，第 25 頁。
70　《籌辦夷務始末》（同治朝）卷 52，第 31 頁。

對其「上侵國家利權，下奪商民生計」的種種非分要求，「皆可引萬國公法直言斥之」。[71] 另一方面，他們從國際法的角度看到現存的條約制度對中國主權的損害。清政府明確表示：「查中外時勢，有難有易，且亦各有國體及自主之權。如時勢可行，及無礙國體政權者，中國原有自主變通之法。其窒礙難行者，無論不能勉強，就令勉強試辦，終必無成。」[72] 也就是說，如無礙國家主權，可以變通，相反，即使勉強試辦，也終必無成。其後到光緒年間，他們更明確從國際法的角度，來檢索此前所訂條約的失誤。如李鴻章奏言：「從前中國與各國立約，多倉猝定義，又未諳西洋通例，受損頗多」。[73]

　　對條約本身的認識以及對西方列強「修約」要求的應對，又進一步發展為主動修約的思想主張。例如，曾紀澤在擔任駐外公使期間認為，通過不斷改訂不平等條約，就可以使中國收回權利。他看到，西洋定約之例有二，「一則長守不渝，一可隨時修改」。前者是指「分界」條約，後者是指「通商」條約。中國也要利用通商條約的這種性質，不能獨為對方所用。「其實彼所施於我者，我固可還而施之於彼，誠能深通商務之利弊，酌量公法之平頗，則條約不善，正賴此修約之文得以挽回於異日夫，固非彼族所得專其利也。」[74] 曾紀澤認為，改約宜從弱小之國辦起，年年有修約之國，即年年有更正之條。至英、德、法、俄、美諸大國修約之年，彼迫於公論，不能奪我自主之權利，這樣中國可以不著痕跡地收復權利。按照西洋通例，「雖蕞爾小邦欲向大國改約，大國均須依從，斷無恃強要脅久占便利之理」。1881 年，曾紀澤曾赴英外交部，「談商改條約之事」，「爭辨良久」。[75] 與此同時，其他一些官員亦有類似的認識。1884 年，總理衙門還向各國明確表達了修約的期望，表示：「惟我中國辦事，均係十分遵約，一本萬國公法而行。即如前與各西國所立各約，其中原有中國未盡出於情願，勉為允許者，諒各國大臣亦所素悉。中國則於明知各約內之有損於國，無益於民者，初未嘗或有不行照辦，不過期望各西國漸漸可以改為和平。」[76] 其後，清政府雖未明確提出修改不平等條約的要求，但注意運用國際法維護國家的權益，並有意識地在新訂條約中消削或限制此前已

71　《籌辦夷務始末》（同治朝）卷 55，第 7—9 頁。
72　《籌辦夷務始末》（同治朝）卷 68，第 20 頁。
73　王彥威輯、王亮編《清季外交史料》卷 26，外交史料編纂處，1935，第 1 頁。
74　《清季外交史料》卷 21，第 20、21 頁。
75　劉志惠點校輯注《曾紀澤日記》（中），嶽麓書社，1998，第 866、1049 頁。
76　《清季外交史料》卷 44，第 14—15 頁。

被列強所攫取的特權。

　　經過甲午戰爭，伴隨著中國藩屬體系的崩潰，清政府摒棄了宗藩觀念，並更注重守約，進一步加強防範，以「見信於洋人」。[77] 另一方面，列強侵略的加深，又使得清政府更為憤恨。他們感到，「事事退讓之路已經走得太遠了，從今往後，抵拒外國的侵擾應該成為它的政策的主旨」。[78] 清政府尤其是其內部的頑固勢力，長期以來試圖「驅逐洋人」，摧毀條約關係，但對外戰爭的屢屢失敗，不得不「暫事羈縻」。他們一直在等待機會。聲勢浩大，又有種種「神術」的義和團的興起，對他們是一個極大的鼓勵，認為這是上天賜予的千載良機。載勛等謂：「我看他們正是上天打發下來滅洋者，緣庚子至庚子，渠等在中國攪擾已一甲子，此時正天收時也。」[79] 這種「天之所使，以助吾華」的論調，附和者又「神奇其說」，造成了清廷的主導傾向，「盈庭聚論，眾口一詞」。「以受外人欺凌至於極處，今既出此義團，皆以天之所使為詞」。[80] 於是，清政府利用義和團實施了前所未有的排外，顯示了不願接受現存條約關係的傾向。

　　然而，列強以前所未有的暴力手段迫使清政府簽訂《辛丑合約》，將「懲前」與「毖後」相結合，從政治、軍事、外交、經濟、思想等方面，全方位地鞏固和強化了中外不平等的條約制度。經此創巨痛深，清政府受到前所未有的震擊，對條約關係的認識更推進了一步，並作了更大力度的調適，更為全面地接受了這一新的關係。除了強化守約意識之外，清政府的對外理念發生了重要變化，更為主動地「以夷變夏」，傳統的羈縻之道轉向近代性質的條約外交。1901 年 1 月，光緒和西太后還在西安，便下詔維新，要學「西學之本源」，「取外國之長」，「去中國之短」，還要「渾融中外之迹」，舉凡「朝章國政」等等，進行全面改革。[81] 清政府終於邁出了一大步，以更為積極主動的姿態自行「以夷變夏」。

　　各級官吏研習國際法和條約，講求外交之道，亦漸成風氣。如 1902 年，直隸州知州曹廷傑將《萬國公法》「逐條注釋」，名為《萬國公法釋義》，請吉林將軍長順「諮呈外務部核閱」，並「請旨飭部刪定」，「頒發學堂」，

77　朱壽朋編《光緒朝東華錄》第 4 冊，中華書局，1958，總 3785 頁。
78　〔英〕赫德：《這些從秦國來—中國問題論集》，第 4 頁。
79　《義和團運動史料叢編》第 1 輯，第 139 頁。
80　杜春和等編《榮祿存箚》，齊魯書社，1986，第 422、464 頁。
81　《光緒朝東華錄》第 4 冊，總 4601—4602 頁。

「為諸生肄習公法觸類引伸之助」。[82] 駐義公使錢恂提出仿各國通例，「組成一研究會」，研究海牙公約；又主張將條約之譯文，國家之成見，編訂成書，頒行國內，作軍事學校的教科書。[83] 其他官員提出了類似的建議，或主張將各國律例條約「詳加編譯，分類成書」，「以備研究」，[84] 或主張彙刻中西成案，「發給內外各衙門辦事人員，悉心研討」。[85] 張蔭棠奏稱，對外之方，「其要在於毋忽略國際公法」。[86] 還有的提出「設外交學」和「專門外交學堂」，等等。外交、公法等還被納入科舉考試範圍。嚴修提出改革科舉，設經濟特科，「約以六事」，其二為外交，「考求各國政事、條約、公法、律例、章程者」，獲得允准。[87] 1903 年殿試，清廷將外交、公法等作為策試內容。

　　不少大吏更進而從國際公法的角度反省傳統的對外觀念，認真探究條約關係，各省愈益重視條約的編纂刊印。北洋大臣袁世凱在其所組織編輯的《約章成案匯覽》序中說：「凡一國之法律，必有立法者以裁制之，惟國與國交際之法律，則無人能擅立法之權，故居今日國際法之主位者，莫如條約。」方今環球大通，世變日亟，「前車已逝，來軫方遒，杜漸防微，陽開陰闔，詎復有常轍之可循。」山東巡撫楊士驤認為傳統的對外之道是外交失敗的重要原因，主張正確認識和對待條約關係，謂：「古今天下之趨勢何歸乎？一歸於法治而已矣。」「吾國開關之始，士大夫狃於聞見，其視梯航而至者，莫非納款貢獻之列，交接之儀輒不屑以平等相待。外人以公法為辭，謝不肯應，其後屢經懲艾，不得已曲徇其請，割棄利益，欲返求公法以自全而已，無及矣。故國際共享之利，我獨屏不得與，而中外交涉之歷史，大抵失敗之蹟焉。」他提出，要如日本一樣「壹意維新」，「修政經武」，對條約須「謹而持之，以謀其便，化而裁之，以會其通，異日國運之振興，必有賴於是者」。[88] 駐美公使張蔭棠批評傳統的馭夷之道，謂：「竊維吾國向來一統自治，閉關日久，士大夫多昧於五洲大勢，遇事習為虛驕」。他認為，清政府外交失敗，列強之「威脅強逼，

82　叢佩遠、趙鳴岐編《曹廷傑集》下冊，中華書局，1985，第 411 頁。

83　《清實錄》第 60 冊，中華書局，1987，第 421—423 頁。

84　《清季外交史料》卷 152，第 6 頁。

85　《清季外交史料》卷 149，第 10 頁。

86　《清實錄》第 60 冊，第 1134 頁。

87　《清實錄》第 57 冊，第 411 頁。

88　北洋洋務局纂輯《約章成案匯覽》甲編，上海點石齋光緒三十一年承印，〈袁世凱序〉〈楊士驤序〉。

智算術取者半」，當局「不解國際法律自誤者亦半」；提出對外之方，「其要在於勿忽視國際公法，勿放失土地主權，勿懵昧於列國情勢而已」。並指出，外交條約，「外以持國際之平衡，內以保國民之權利，正宜得多數才智，各竭其心思之所長，經歷之所得，以資裨補」。他進而提出，「宜先准資政院議員行協贊結約之權，又於院中設專科委員會，予以審量外交事務之權，引起國民關心大局，造成健全之輿論，以為外交之後盾」。[89] 這些說明，清朝大吏們對條約關係有了更深入的認識。

修約要求更明確提了出來。駐俄公使楊儒提出效法日本，改革內政，以修改約章，「保權域中」。安徽巡撫王之春主張「將考究條約一事，列為司員考成，及內外情形了然於中，得以預籌修約」。[90] 端方以「西人商改條約，向以十年屆滿之日為緊要關鍵」為由，提出修改《辛丑合約》有關駐兵和禁止華兵在天津二十華里屯紮的條款。[91] 在修訂商約交涉中，中方代表突破《辛丑合約》僅規定對方有權提出修約的限制，提出了自己的要求，謂：「既有商議二字，便是彼此可以商改。」[92] 他們在諸多方面維護了中國的權益，尤其是促使英國等允諾在條件成熟時放棄領事裁判權。

傳統的馭夷之道逐漸退出歷史舞臺，走向了「以夷變夏」，羈縻越來越成了一個不合時宜的用詞。在道光、咸豐、同治三朝，這個詞可說是俯拾皆是，充斥於君臣的上諭和奏摺中；而在光緒朝以後，這個詞便不多見了，尤其是庚子之後更為罕聞。「不屑與交涉」「不屑與交際」的舊習逐漸消退，朝野「競起而講交際之道」，甚至「上自宮廷，下至地方官吏，其所以與外人交際者，宴會饋遺，無不竭力奉迎，以求得其歡心」。[93] 中國外交正在發生著根本的轉折，傳統的觀念和制度，逐漸被以條約為內核的近代外交所取代。不過，清末的變化僅僅是這一全面變革的開端，羈縻意識仍然並未徹底拋棄。「今以中國現象言之，國際觀念最為幼稚，較其程度，尚在排斥主義之終期，與相互主義之初期」，拒外、畏外和媚外心理並存。大多數人對條約公法和國家主權的認

---

89 《清宣統朝外交史料》卷 23，北平，1933，第 16—19 頁。
90 《清季外交史料》卷 149，第 6、15 頁。
91 《清宣統朝外交史料》卷 21，第 19—20 頁。
92 《清季外交史料》卷 152，第 2 頁。
93 〈論交際與交涉之界限〉，《外交報》第 107 期，1905 年。

識，仍然是一知半解，「此皆平等觀念尚未萌芽之故也」。[94] 儘管如此，中國外交已出現了新的趨向，傳統的馭夷走向了近代的外交。

四、條約制度與中國傳統社會的變形

條約制度對近代中國產生了巨大而又複雜的影響，從它產生之日起，中國的傳統社會便開始發生變化，逐漸演變為一種新的形態。傳統的封建社會，開始融入了新的因素，除了體現半殖民地性質的內容之外，還出現了近代性質的變化。

馬克思在談到「征服」時認為，所有的征服有三種可能，其中之一就是「發生一種相互作用，產生一種新的、綜合的生產方式」，即征服民族與被征服民族「混合形成的生產方式」。[95] 在另一處馬克思稱之為「重新形成另一種社會結構」。[96] 這些論述為我們分析近代中國的社會結構提供了有益的啟示。誠然，近代中國所蒙受的還不是那種「滅亡」意義上的「征服」，它是另一種類型的「征服」，即用條約制度行使「準統治權」的「征服」。這種「征服」同樣造成了近代中國的混合形態的結構。列寧曾明確指出，半殖民地國家「是自然界和社會各方面常見的過渡形式的例子」。[97] 這種「過渡形式」，在某種意義上說，就是其社會結構的混合形式。

這是一個具有封建性質、半殖民地性質和近代性質的混合結構。條約制度的建立，沒有完全取代封建制度，而是與之結合起來。恩格斯曾說，在波斯，歐洲式的軍事組織像接木那樣接在亞洲式的野蠻制度上。那麼在中國，列強同樣需要這種嫁接，來保證取代中國一部分主權的條約制度的履行。如英貿易部強調，英國政府「不但不去壓迫中國政府使其放鬆所制訂的規章」，而且「將要對中國政府在抵抗對它的政權和行政的不法侵犯方面給予道義上的支持」。[98] 可見，保存清政府統治體制，並與之緊密結合，是列強推行條約制度所實施的一項重要政策。這樣，也使封建制度伴隨舊政權得以延續下來。

如前所述，條約制度是列強行使「準統治權」的特權制度，這正是中國

94　王偉：〈論外國人之私權與平等主義〉，《外交報》第 269 期，1910 年。
95　《馬克思恩格斯選集》第 2 卷，人民出版社，1972，第 100 頁。
96　《馬克思恩格斯全集》第 3 卷，人民出版社，1960，第 26 頁。
97　《列寧論國際政治與國際法》，世界知識出版社，1959，第 207 頁。
98　〔英〕伯爾考維茨：《中國通與英國外交部》，第 35 頁。

半殖民地制度的主要標誌，體現在近代中國社會的各個方面，包括政治、經濟、文化等方面，極大地改變了中國傳統社會的格局。尤值得指出的是，傳統的國家權力結構發生了重要變化，通過條約制度，來華外人尤其是外國資產階級成了中國統治階級的一部分。條約制度「象徵著外國統治的新階段」，「逐漸成了中國國家權力結構的一個基本組成部分」，而西方人則是「對中國進行中西共同統治的合作者」。費正清（J. K. Fairbank）將這一格局稱為「兩頭政治」或中西「共治」（synarchy），並認為後者更為妥當，指的是「由兩方或多方共同統治或治理」。在費正清看來，「共治」是中國的傳統，如「滿漢共治」一樣，現在的中外共治只是承襲了這一傳統而已。他認為，朝貢思想與儒家君主制度有一種令人驚異的特性，「即夷狄入侵者常常可以接過這種制度並成為中國的統治者」。當外來入侵者占優勢的時候，「兩頭政治便成為中國國內的治理方式」，直至朝貢已經終止的晚清，「兩頭政治的原則卻繼續存在」。而「把朝貢制度顛倒過來的西方人」，只是「根據這一事實接受了兩頭政治」，「他們不過是在這個儒教國家擴展了自己的作用，從周邊移到了中心」。或者說，中國「普天一統的秩序通常在某種藉口下包括了周邊的夷狄」，而條約體制取代朝貢制度，「是把外國人納入儒教君主政體統轄的一統天下」。中西共治絕不是西方的創造，「條約最後做出的安排實際上是符合中國的傳統的」。[99] 條約制度是「具有『共同統治』特徵的主要政治機制」，一開始，「共治的傳統讓中國人沒有察覺到任何痛苦便欣然接受」。[100]

也就是說，列強沒有打破中國的傳統，條約制度所體現的中西「共治」，不是它們強加的，而是清政府自願的、合理的自然現象。這一說法無疑有悖於歷史事實，有意無意地粉飾了列強侵害中國主權的強權政治。中國歷史上因少數民族入主中原而形成的政權架構，與近代西方列強用條約制度約束中國的「共治」，風馬牛不相及，不可同日而語。這是兩種不同性質的政治格局，前者是一個多民族國家形成發展過程中的自然現象，而後者則是兩個國家之間的主權關係。至於各種條約特權，雖然與中國傳統馭夷的羈縻之道有某種吻合之處，但性質迥異。正由於存在根本差異，費正清又不得不指出，洋人享受

---

99 陶文釗編選《費正清集》，第 54、56、59、28、55 頁。
100 〔美〕費正清編《中國的思想與制度》，郭曉兵、王瓊等譯，世界知識出版社，2008，第 207、245 頁。

治外法權和其他許多特權，「這是征服者傳統特權的新版本」；條約制度「作為共治傳統的一種變形，以其不慌不忙、步步緊逼、執著不懈、堅忍不拔的風格成為『分裂和削弱中國』的根本原因」。[101] 耆英在談到以傳統的羈縻之道應對條約關係時亦說，「其所以撫綏羈縻之法，亦不得不移步換形」。[102] 不論是費正清的所謂「新版本」和「變形」，還是耆英的「移步換形」，無不形象地道出了條約制度與中國傳統的性質區別。在條約制度強加到中國的過程中，清帝國的君臣們在無可奈何中又無不痛心疾首，也正說明這一特權制度與傳統的格格不入。正由於這一特權制度損害的是國家最為寶貴的主權，中國出現了前所未有的改變，由此淪為半殖民地，國際地位由此一落千丈。如美國政要布熱津斯基（Z. K. Brzezinski）指出：「19 世紀強加給中國的一系列條約、協定和治外法權條款，使人們清清楚楚地看到：不僅中國作為一個國家地位低下，而且中國人作為一個民族同樣地位低下。」[103]

除了改變中國傳統的國家地位之外，在這個混合結構中，還產生了具有近代性質的制度。馬克思闡述了這樣一種觀點：西方列強要在亞洲完成雙重使命，即破壞性使命和建設性使命。[104] 破壞性使命，即侵略戰爭給了中國以致命的打擊，「舊有的小農經濟制度（在這種制度下，農戶自己也製造自己使用的工業品），以及可以容納比較稠密的人口的整個陳舊的社會制度也都在逐漸瓦解」。[105] 建設性使命的一個重要內容，即《共產黨宣言》中所說的，「迫使它們在自己那裡推行所謂的文明」和「採用資產階級的生產方式」。這裡所說的「文明」，無疑是優於中世紀的近代文明。近代中國也在條約制度的刺激和影響下推行了這種近代文明，隨之產生了某種具有進步性質的近代制度。

中外交往制度逐漸捨棄了傳統的馭夷之道，以新的方式建立與世界的聯繫，融入國際社會。伴隨著條約制度的建立，傳統的宗藩體系和天朝體制逐漸被打破，中外交往方式也出現了近代性質的變化。在中外條約中，對這一新的交往方式作了規定，主要包括公文和官員來往及禮儀，以及駐外外交機關的

101　〔美〕費正清編《中國的思想與制度》，第 229—230、244 頁。
102　《籌辦夷務始末》（道光朝）第 6 冊，第 2891 頁。
103　〔美〕茲・布熱津斯基：《大失敗：20 世紀共產主義的興亡》，軍事科學院外國軍事研究部譯，軍事科學出版社，1989，第 179 頁。
104　《馬克思恩格斯關於殖民地及民族問題的論著》，中央民族學院研究部，1956，第 165 頁。
105　《馬克思恩格斯選集》第 4 卷，第 511 頁。

設置，等等。如《南京條約》規定，中英兩國大臣及屬員文書往來，俱用平行照會。《望廈條約》等亦作了類似規定。較之鴉片戰爭之前，此類規定打破了傳統的不對等規則，初步建立了中外官員平等交往的制度。經過第二次鴉片戰爭，又通過《天津條約》和其他條約，交往體制得以繼續改進和完善，並進而規定了常駐公使和領事制度，中外之間由此建立了近代外交關係。如中英《天津條約》明確規定：兩國「約定照各大邦和好常規，亦可任意交派秉權大員，分詣大清、大英兩國京師」。並對駐外公使待遇、來往禮節等作了規定，如可以長行居，[106] 等等。這些規定，符合近代交往的國際慣例，中國也由此進一步摒棄了天朝體制，以新的姿態走向世界。

第二次鴉片戰爭之後建立的總理衙門，是適應條約關係的需要產生的。該機構雖然有著半殖民地的性質，其籌設亦充斥著「羈縻」外夷的傳統理念，但卻與過去辦理對外交往的禮部和理藩院大不相同。奕訢提出，「各國使臣駐京後，往來接晤，及一切奏諮事件，無公所以為匯總之地，不足以示羈縻」。甚至在司員官役設置以及經費等方面，「一切規模，因陋就簡，較之各衙門舊制格外裁減，暗寓不得比於舊有各衙門，以存軒輊中外之意」。[107] 在機構設置上的這種考慮，無疑反映了「貴中華，輕夷狄」的傳統羈縻觀念。但另一方面，總理衙門又越出了傳統，是一個具有近代外交性質的機構。其設置本身，便打破了華夷秩序下的宗藩體制；交往形式也在條約的約制下，不再是天朝大吏與藩屬貢使的不對等關係，而體現了近代的平等關係。隨著條約制度的不斷強化，總理衙門羈縻外夷的傳統色彩不斷被削弱，終在列強的壓力之下進一步轉型。辛丑議和之初，列強便在議和大綱中強硬提出，「總理各國事務衙門必須革改更新」。清廷降旨，將總理衙門改為外務部，《辛丑合約》第 12 款對此做了規定，清帝上諭也作為該約附件。這一改革，使外交體制基本上從傳統轉向了近代，具有重要意義。上諭謂：「從前設立總理各國事務衙門，辦理交涉，雖歷有年所，惟所派王大臣等，多係兼差，未能殫心職守，自應特設員缺，以專責成。」[108] 顯然，與由「兼差」大臣主持的總理衙門不同，外務部係專人專責，是一個專門的外交機構。用美專使柔克義（W. W. Rockhill）的話說，「按

106　王鐵崖編《中外舊約章彙編》第 1 冊，第 96—97 頁。
107　《籌辦夷務始末》（咸豐朝）第 8 冊，第 2715 頁。
108　王鐵崖編《中外舊約章彙編》第 1 冊，第 981、1023 頁。

照世界上所有其他國家所採用的類似方式組織起來」。[109]

　　總理衙門改為外務部，儘管發自列強之議，卻亦為清政府所願，得到了李鴻章、奕劻等人的積極回應。奕劻看到議和大綱後，致函榮祿謂：「譯署鼎新，彼如不言，中國亦宜自加整頓。」[110] 李鴻章更做了全面的考慮，認為：設立逾四十年的總理衙門未發揮作用，淪為不合理及不負責任的機構，招致公使館被圍攻，外國人被害，因此必須廢除，成立新的外交負責機構。他主張將這一機構改稱為「外務部」，給該機構的大臣以高薪待遇，並要求由北京公使會議明確提出。[111] 清廷按照李鴻章的方案進行改制，將總理衙門改為外務部，「班列六部之前」，「優給俸糈」。外交機構的改革頗具象徵意義，它完成了條約關係的體制銜接，為履行條約提供了制度上的保障，同時又表明清政府在外交體制上捨棄了羈縻之道，更趨向近代化。

　　清末某些具有資產階級性質的制度改革，與條約制度有著直接或間接的關係。清末的司法法律制度的改革，便是在領事裁判權的刺激下進行的。戊戌維新運動進入熱潮之際，出使美、日、秘魯大臣伍廷芳奏請「變通成法」，較為明確地提出了收回領事裁判權的方案。其中之一便是修訂法律，「採各國通行之律，折中定議，勒為通商律例一書，明降諭旨，布告各國。所有交涉詞訟，彼此有犯，皆從此為準」。此律制定之後，「教民教士知所警，而不敢妄為。治內治外有所遵，而較為畫一」。[112] 八國聯軍之役後，清政府下詔維新，各地封疆大吏紛紛響應。張之洞認為，不能僅僅「整頓中法」，在傳統體制中討出路，主張「酌改律例」，並與劉坤一聯銜提出編纂「礦律路律商律交涉刑律」。[113] 清廷接受了這一建議，下詔纂修礦律、路律、通商律等，根據他們的推薦，令沈家本、伍廷芳參酌各國法律，將所有現行律例，「悉心考訂，妥為擬議，務期中外通行，有裨治理」。[114] 清廷雖沒有明確提出收回領事裁判權，但其「中外通行」原則無疑含有這一意圖。1902 年中英簽訂《續議通商

109　天津社會科學院歷史研究所編《1901 年美國對華外交檔案》，劉心顯等譯，齊魯書社，1984，第 6—7 頁。
110　杜春和等編《榮祿存箚》，第 10 頁。
111　轉引自〔日〕川島真《外務部的成立過程》，第三屆中外關係史國際學術討論會會議論文，中國廣州，2010 年 8 月。
112　丁賢俊等編《伍廷芳集》上冊，中華書局，1993，第 50 頁。
113　《張文襄公全集》卷 54，中國書店，1990 年影印本，第 21 頁。
114　《光緒朝東華錄》第 5 冊，總 4864 頁。

行船條約》，英國承諾，「一俟查悉中國律例情形及其審判辦法及一切相關事宜皆臻妥善，英國即允棄其治外法權」。[115] 美、日等國也簽訂了類似條款。這一條款對清政府是一個極大的鼓舞，法律改革的目標開始明確起來。此前，從清廷發布的修律諭令到劉坤一、張之洞等人的變法奏議，均對收回領事裁判權的要求閃爍其詞，未能彰顯出改革的最重要訴求。現在，朝臣疆吏無不以此為論說之主旨，這一訴求成了改革的主調。主持修律的沈家本、伍廷芳等人多次表示，修訂法律，「以收回治外法權為宗旨」。[116] 他們認為，按照西方資產階級法律原則，對封建舊律進行根本的、徹底的改革，才能達到這一目標。奕劻更從國家存亡的角度說明其重要性，視此為「撤去領事裁判權之本」。日本、暹羅即為例證，而「土耳其等國不能改者，則各國名曰半權之國，韓越印度西域諸回之用舊律者則盡亡矣」。[117]

由此，清末進行了全方位的改革，包括採用西法、革新舊律、區別體用、建立體制等。他們組織翻譯了西方各國尤其是日本的司法法律著作。在此基礎上，全面革新舊律，將法律區分為實體法和程序法，制定了《大清新刑律》、《大清民律草案》、《刑事訴訟律草案》、《民事訴訟律草案》，以及《法院編制法》和《各級審判廳試辦章程》等，建立了近代通行的法律司法體系，包括完備的法律系統和健全的審判、檢查機構等。從刑法來看，完全採用西方資產階級刑法的體例和名稱，打破了中國傳統的諸法合體形式。其內容，以「模範列強為宗旨」，[118] 仿效西方資產階級的法律原理和原則，剔除了不少封建舊律。審判訴訟制度，也引進了四級三審、審判獨立、審判公開、檢查官公訴、合議制等原則和方式。這些改革，改變了中國傳統的司法法律制度，雖然還有著封建色彩，但從形式和內容上基本上納入了資本主義法律體系。

為了抵制列強在華經濟特權，挽回利權，清政府打破傳統的重農輕商觀念，開始建立具有近代性質的經濟制度。戊戌維新期間，光緒降諭，令各省「振興商務」，「設廠興工」，以「暗塞漏巵，不致利權外溢」。[119] 20 世紀初年，

115　王鐵崖編《中外舊約章彙編》第 2 冊，第 109 頁。

116　《光緒朝東華錄》第 5 冊，總 5413 頁。

117　劉錦藻撰《清朝續文獻通考》第 3 冊卷 245〈刑考四〉，商務印書館，1936，第 9893—9894 頁。

118　故宮博物院明清檔案部編《清末籌備立憲文件案史料》下冊，中華書局，1979，第 852 頁。

119　《清實錄》第 57 冊，第 517 頁。

又成立商部，全面推行近代化改革，制定和頒行一系列經濟法規。這些法規涉及各個方面，既有綜合性的法規，如《商人通例》、《公司律》、《破產律》，又有某具體行業的章程，如《大清國礦務正章》、《重訂鐵路簡明章程》等。此外還有經濟社團、獎勵華商，以及金融、商標等方面的章程，如《商會簡明章程》、《獎勵華商公司章程》、《獎給商勛章程》等。

　　這些法規的產生，有著各種原因，其中條約制度的刺激是一個基本的因素。湖南巡撫端方曾奏請「自開商埠以保主權」，又奏請「改用西法」，自行開採礦產，「以保利權而杜隱患」。[120] 商部也奏請「釐清礦產，以保利權」，清廷降諭，謂：「中國地大物博，礦產之富甲於全球」，「極應澈底清釐，認真整頓」，「總期權自我操，利不外溢，是為至要」。其後制定的礦章，「尤注意於中國主權，華民生計，地方治理」。商部制訂獎勵章程，其指導思想也是出於挽回利權，奏稱：「有創制新法、新器以及仿製各項工藝，確能挽回利權，足資民用者，自應分別酌予獎勵。」勸辦商會，也是因為「各國群趨爭利，而華商勢渙力微，相形見絀，坐使利權旁落，浸成絕大漏卮」，需要商會「議設公司，借圖抵制」。[121]

　　經濟是社會的基礎，這些經濟法規和章程的頒行和實施，極大地改變了中國社會的傳統形態。儘管它們還不完善，存在著半殖民地和半封建性等種種局限和不足，但它們卻開創了具有近代性質的新的經濟形態，為這一形態在民國時期的逐步完善奠立了基礎。通過這些法規和章程，「重農抑商」的傳統格局被打破，商部成立之後，「力懲」、「賤視農工商」的「舊習」，「國人耳目，嶄然一新，凡朝野上下之所以視農工商，與農工商之所以自視，位置較重」。[122] 其時，「官吏提倡於上，紳商響應於下，收回權利之聲洋溢國內，風起雲湧，朝野咸有振作之精神」。經營工商，不僅有利，且可獲得「百戰功臣」可望不可即的子、男等爵位，「一掃數千年賤商之陋習，斯誠稀世之創舉」。[123]

　　隨著新制度的推行，傳統的政權體制也發生了深刻的變化。封建社會已經定型的中央行政構架被完全打破，中央六部及各種院、寺等，或被取消或更

120　《清實錄》第 59 冊，第 263 頁。
121　《大清法規大全》第 6 冊，考正出版社，1972，第 3950—3951、3072、2979、2991 頁。
122　高勞：〈實業篇〉，《東方雜誌》第 9 卷第 7 號，1912 年，第 87 頁。
123　《最近之五十年—申報館五十周年紀念》，申報館編印，1923，第 3 頁。

名，其內涵也大不相同。體現近代文明的新機構，逐漸取代了不合時宜的傳統官衙。除了清政府在條約制度的刺激下進行的改革之外，各國列強還在實施條約特權的過程中，直接推行它們帶來的近代文明。例如，外人在租界所實行的城市管理制度，以及近代化的海關管理制度，這些均給中國的近代化提供了借鑑。條約制度造成的通商口岸和租界，則成了傳播西方近代文明的基地，客觀上打破了中國社會長期封閉的狀態，加強了同世界的交往，並且刺激了中國資本主義的發展和近代文明的擴散。[124]文化教育和思想學術，也在條約制度的直接和間接影響下，逐漸向近代轉型。誠然，中國社會所出現的近代化，有著多種因素，但條約制度的影響和刺激，無疑是其中的一個重要因素。這些近代性質的制度的出現，在一定程度上促進了中國社會的發展。當然，這並非列強的本來願望，它們只不過「充當了歷史的不自覺的工具」。

　　諸如此類的新事物，雖然改變了傳統的封建的形態，具有先進性和進步性，但它們是以損害中國的主權為代價的，它使中國喪失了獨立、平等的主權國家地位，蒙受著巨大的屈辱。而且，這種損害使得這一近代化的變革受到嚴重的限制，又極大地抑制了中國的進步和發展。中國的近代化與條約制度之間存在著極大的矛盾，要使近代化獲得廣闊的前途，就必須清除條約制度。正唯如此，中國社會內部出現與條約制度不相容的反抗力量，不斷舉行各種方式的廢約反帝鬥爭，以廢棄這一列強在華行使「準統治權」的制度。中國人民和各屆政府為此作出了不同程度的努力，最終擺脫了它的束縛，以平等的姿態融入國際社會。

124　參見陳振江〈通商口岸與近代文明的傳播〉，《近代史研究》1991 年第 1 期。

第五章　中華宗藩體系的挫敗與轉型

　　不同的國際體系各有其不同的文化價值，基於不同的文化價值而形成各自不同的國際秩序原理，以規範其國際秩序，詮釋其國際體系的國家行為。因此，將西方的國際秩序原理強加於東方，必造成東方國際體系的文化價值錯亂，導致國際秩序無所適從。反之，將東方的國際秩序原理強加於西方，也會產生相同的效果。

　　根據「中華世界帝國」概念，「中華世界帝國」就是東方的國際體系，規範這個國際體系的國際秩序原理就是「中華世界秩序原理」。根據「中華世界秩序原理」的「華夷分治論」，「中華世界帝國」雖然統轄華、夷兩部分，但對華、夷的統治方式則截然不同。「華」為帝國直轄領土，劃歸郡縣統治；「夷」為帝國周邊領地，實行民族自治、王國自治、地方自治。在國際秩序原理上，對「華」實行「實效管轄領有論」，對「夷」則普施「以不治治之論」的治道。「夷」又分禮部轄下的屬藩與理藩院轄下的屬土等兩部分，其治道二者略有不同。進一步分析的話，清朝對「夷狄」的統治又分親疏。蒙藏與皇室較親，設庫倫大臣、西寧大臣、駐藏大臣，劃歸理藩院管轄；朝、琉、越等王國與皇室較疏，文化略同漢地，劃歸禮部管轄。親者法治，疏者禮治；愈親愈治，愈疏愈不治；半親半疏者，則行「不完全實效管轄」（＝「不完全以不治治之」）的治道。

　　近代以降，歐美列強先恃其工業革命後的強大武力屢敗中國，再挾國際法以為利器，利用條約體制痛宰清朝，從此西方國際秩序原理逐漸取代「中華世界秩序原理」，成為規範中國對外交涉的國際秩序原理。根據國際法的「實

---

* 本章由張啟雄撰寫。

效管轄領有論」，一般而言，對外主張領土主權的歸屬必須合乎「領其地、設其官、征其稅」的原則。清朝因而提出針鋒相對的主張，發揚屢敗屢戰的精神。李鴻章認為「所屬邦土，土字指中國各直省，此是內地，為內屬，徵錢糧、管政事；邦字指高麗屬國，此是外藩，為外屬，錢糧政事向歸本國經理」。[1] 這就是根據「華夷分治論」下的「以不治治之論」，與西方「實效管轄領有論」的國際法法理完全不能相容。故東西國際秩序原理之衝突，就成為本章的焦點。其後，清朝因力不如人，屬藩逐一淪亡，遂不得不轉而借用西方法理施政，以收以夷制夷之效，進謀說服列強以主張領土之歸屬，藉以保護屬藩屬土之安全。這就是清末外交轉型的根本原因，其目的就是希望借此使列強承認中國對其藩屬土擁有固有的宗主權或主權。

從國際法的角度來看，領土主權的擁有與否，在內政上主要根據「統治實效的有無」，而有無的判斷基準則在於對該領域是否「領其地、設其官、理其政、征其稅、駐其軍」（＝「實效管轄領有論」）；在外政上，則須「掌其外交權」，且在一國之內必須「不分華夷」，適用同一法理。這是深知「中華世界秩序原理」的日本在明治維新後，利用西方國際法以謀中國藩屬土的主張。相對於單一民族國家的日本，中國乃是多民族國家，基於「因地制宜、因時制宜、因人制宜、因俗制宜，因教制宜」（＝「華夷有別」）的統治觀念，而對「藩屬土」（＝「藩土＋屬土」）採取不同的觀念與做法。因此，對直接管轄的領土（＝本部十八省），乃採取與西方相同的統治原則，根據李鴻章的講法，就是採取「征錢糧、管政事」（＝「實效管轄領有論」）的治道。

但是對於藩屬土的「屬藩」（＝外藩＝外臣），其「征錢糧、管政事」等王國內政事務，因不派駐紮大臣或監國監督，故一向歸屬藩自理，屬於「以不治治之論」的管轄範疇。相對的，對於藩屬土的「屬土」（＝內藩＝內臣），根據《欽定理藩院則例》「設官」「征賦」的規定，其「征錢糧、管政事」等內政事務雖由盟旗制度下的旗長掌理，但其體制仍歸清廷轄下的理藩院規定與管轄，並由朝廷派任的庫倫大臣、西寧大臣等駐紮官員就近監督，屬於「不完全以不治治之論」或「不完全實效管轄領有論」的管轄範疇。[2]

1　《清季中日韓關係史料》卷 2，中研院近代史研究所編印，1972，229 號文件，附件 1。
2　《欽定理藩院則例》卷 6〈設官〉，海南出版社，2000，第 10 頁；《欽定理藩院則例》卷 12〈征賦〉，第 18 頁；張啟雄：《外蒙主權歸屬交涉，1911—1916》，中研院近代史研究所，1995，第 60—61 頁；張啟雄：《中國國際秩序原理的轉型—從「以不治治之」到「實效管轄」

　　中國對藩屬土，在內政上雖主張「以不治治之論」，但對其外交關係與安全保障，則在「人臣無外交」原則下，允許行「體制內聘交」。西力東漸後，清廷所堅持的「以不治治之論」或「不完全以不治治之論」之治道和國際秩序原理，開始受到西方之炮艦政策與國際法的挑戰。此時，清廷雖然因失去堅船利炮的依託而在國際秩序原理的法理主張上敗下陣來，但是仍堅持其在外交關係與安全保障上對藩屬土具有義務與責任。李鴻章聲稱：「中國之於朝鮮，固不強預其政事，不能不切望其安全」。[3] 又強調：「紓其難，解其紛，期其安全，中國之於朝鮮，自任之事也，此待屬邦之實也」。[4] 因此，在牡丹社事件、中法戰爭以及甲午戰爭上，就事論事的話，清朝在藩屬土的外交關係與安全保障上，頗具擔當。中國對屬藩在內政上雖採「以不治治之論」（＝民族自治、王國自治或地方自治），但並未因政教禁令自主而見死不救。因為這就是中國式的傳統歷史文化價值，也是中華世界秩序原理的法理主張。

　　再進一步將中國式領土主權的歸屬主張加以歸納、整理的話，可以條列得出三項連續概念：（1）中國王朝＝直轄領域＋周邊領域＝華朝＋夷邦＝宗主國＋朝貢國；（2）直轄領域＝設其官、理其政、徵其稅；（3）周邊領域＝禮部管轄地方＋理藩院管轄地方。若再將中國王朝對「周邊領域」的統治方式做進一步分析的話，又可區分為二：（1）禮部管轄的統治原理＝以不治治之論；（2）理藩院管轄蒙藏地方的統治原理＝「不完全以不治治之論」或「不完全實效管轄領有論」。理藩院的管轄方式，乃介於「以不治治之論」和「實效管轄領有論」之間。換句話說，就是行政上「以監代治」、徵稅上「以餉代稅」。在行政上，清朝雖然委由任命的旗長管轄，但是在徵稅上，因體制與內地不同，故不收稅銀，可是仍徵糧餉或畜產。這就是「以監代治」、「以餉代稅」的道理所在。

　　本章擬從東西國際體系的不同，分析在西力東漸後，東西雙方發生國際秩序原理的衝突，並以臺灣、琉球、朝鮮、越南、西藏、蒙古為例，對西方列強斷然否認中國所屬之藩屬土的歸屬論爭，進行針鋒相對的微觀分析與宏觀論述。

　　的清末滿蒙疆藏籌邊論述》，「蒙藏委員會」，2015，第 29 頁。

3　《清季中日韓關係史料》卷 2，208 號文件。

4　外務省編《大日本外交文書》第 9 卷、日本外交文書頒布會、1955、四七號文書、付記一。

一、西方國際法秩序原理的論述

歐美的國際法秩序原理，基本上是以基督教文明為中心的價值體系，主要在於建立近代以降以國際法人（國家）為國際法主體的概念，用以規範西方世界的國際秩序。國家是一群人民在一定領域內組織具有主權的政治團體。因此，國家必須包含人民、領土、政府以及主權等四大要素，對內它在領（屬）土內對人（屬）民擁有最高的統轄權，對外則表現出至高無上的獨立權。總而言之，國際法上的國家，是主權國家，它是完全的國際法人，具有享受國際權利、負擔國際義務的資格與能力。隨著西歐國家向全球擴張勢力，民族國家的概念開始傳播至全世界。情勢發展至此，只有合乎西歐國際體系「民族國家」（nation state）定義的才算主權國家。[5] 因此「民族國家」的定義，就成為列強對外擴張、侵略的利器。

從此，與西歐界定之民族國家要素不一致者，都不是國家，而是無主地，兼併之，占有之，列為殖民地，可也。此即國際法的「無主地先占」原則。19 世紀的西歐國家因資本主義經濟日益蓬勃發展，急需生產資源、勞動力和市場，於是，不斷向海外擴張以掠奪資源，強占殖民地以獲取勞動力，獨占市場以累積財富，達到富國強兵的目的。結果，貪得無厭的資本主義經濟因不斷膨脹，乃逐漸朝向資本主義發展的最高階段邁進，西歐國際體系遂伴隨著資本主義，最終發展成為帝國主義，利用殖民侵略，擴張成為全球體系。

此後，先發的帝國主義，以先進的科技力量，到亞、非、澳、拉美等全球各工業後進地區，一面尋求「通商」，一面開拓「殖民地」，並以西方近代國家為標準，凡是不符合西歐「人民、領土、政府、主權」定義的國家，都列為侵略目標，盡皆名之為「無主地」，先後透過國際法的「發現」繼而「占領」的原則，挾其「堅船利炮」，迫訂城下之盟。贏得武鬥之後，又透過「萬國公法」簽訂不平等條約的「法律」程序，占領土地，設置總督，管轄殖民地，徵收人頭稅，奴役土人，徵調兵丁，收奪利權，榨取資源，奪占市場，號稱「實效管轄領有論」。若歸納其在殖民地所實行之「實效管轄領有論」的各種特徵，不外「領其地，理其政，征其稅」而已。

至於後發帝國主義，如德、俄、日，待其強大之時，已無「無主地」可

5　國際法學會編《國際法辭典》，東京：鹿島出版會，1975、330—331 頁。

供「合法」占領，但它們仍然在文明西化之後，東施效顰，以「實效管轄領有論」為名，向其四鄰侵略拓展，因而產生國際秩序原理的衝突。就以中國為中心的國際體系而論，它形成了東方式「以不治治之論」與西方式「實效管轄領有論」間的法理糾葛和摩擦，也就是「中華世界秩序原理」與「西洋近代國際法秩序原理」間的衝突。

事實上，當時一個國家即使具備人民、領土、政府以及主權等四大要素，也不一定就能受到承認而成為西方國際社會的成員。在國際法的發展過程中，原始成員早即因交涉往來而相互承認，但是新成員則須先經由舊成員承認始能取得西方國際體系的國際法人地位。結果，造成原在西歐國際法體系以外的既存國家，如中國、朝鮮，和從殖民地獨立的各新生國家，都得先經歐美國家承認之後，才能被納入現行國際法體系之內，成為國際社會的一員。[6] 新國家能否加入此一以歐美國家為主體的國際體系，端看既存國家是否給予承認。承認與否的檢驗標準，名義上在於它是否具備西方核心價值的四大國家構成要素；實際上，西方國家無不將其承認與否的標準設定在是否合乎其國家利益的基礎之上。因此，非西方國家在列強的承認關卡之前，往往尚須再經一層剝皮手續，始能真正成為西方式的近代國家。

主權的意義，在於它對內表現出對領土與人民的管轄最高權，對外則呈現出獨立權，認為不具領土屬性者不是主權，不具最高管轄權力者（如省縣等行政轄區的領域性自治權力）不是主權，強調主權在國際法上須具有獨立與非從屬性的意義。其中，最高權指的是國家對領土、人民的統治權。獨立權指的是國家在處理其對內對外事務的國際關係中，有獨立自主的權力。因此，本國內政既不容他國干涉，也不干涉他國內政。據此，主權國家可透過條約、國際慣例等國際性法律關係或慣例來設定其國際法關係，以取得權利、負擔義務。[7]

一般而言，根據近代國際法的基本原則，國家在國際法上具有平等權，此即國家地位的平等原則。國際法上，在「主權對等」（sovereign equality）的前提下，國家雖然有大小、強弱之分，也有強凌弱、眾暴寡的侵略之實，但是在形式上其國際地位對等，權利、義務也相等。如果從主權的完整與否來

6　雷崧生：《國際法原理》上冊，正中書局，1953，第37—55頁。
7　《國際法辭典》、331頁。

對國家進行分類的話，可以分為完全主權國與部分主權國。完全主權國是完整的國際法人，可以享受國際法上的任何權利，也得負擔國際法上的任何義務。相對的，部分主權國是不完整的國際法人，它們無法像完全主權國一樣，可以享受國際法上的任何權利，可以負擔國際法上的任何義務。所以，西方國家雖然高唱主權平等，但是實際上卻透過國際法的「完全主權」與「部分主權」的分類，對不被西方承認的國家，或對受其侵略殖民的國家，施行「不平等」的國際待遇。

同樣的，根據東方的歷史文化價值，在規範「中華世界帝國」之國際體系的《中華世界秩序原理》之下，其國際關係就是「事大交鄰論」的邦（國）際關係。為什麼「中華世界帝國」之邦（國）際關係是「事大交鄰」的邦（國）際關係或禮儀的國際秩序原理呢？後述的「五倫國際關係論」將對此階層性倫理關係進一步加以剖析論述。

至於國際法上規定的部分主權國，主要約可分為屬國（vassal state）與被保護國（protected state）兩種。[8]

屬國為隸屬宗主國（suzerain state）的部分主權國，兩者間的宗屬關係常因個案的具體情況而有所不同，因此宗屬間所訂的條約，仍須視其內容，才能決定屬藩是否具有不完整之國際法人地位。歸納言之，宗主權具有下列特點：（1）宗主國所簽訂的條約，在屬國當然發生效力。（2）宗主國原則上管理屬國的外交事務。宗主國對於其他國家，負責其屬國的行為。（3）宗主國對於屬國的司法、財政、教育、交通等，負有監督的責任。（4）宗主國參與國際戰爭時，屬國也當然被牽入戰爭裡。（5）宗主國有令屬國進貢的權利。[9]以易懂的東方法理概括言之，屬國對外具有「人臣無外交」，對內具有「政教禁令不能自主」的義務。

被保護國是接受他國保護的部分主權國。兩國間的保護關係，根據一個國際條約而成立，較弱的締約國自願或被迫地把其主權的一部分交給較強的締約國行使。國際法稱前者為被保護國，後者為保護國（protecting state）。被保護國原來是一個完整的國際法人，自從簽訂保護條約後，降為不完整的國際

8　雷崧生：《國際法原理》上冊，第 46 頁。
9　雷崧生：《國際法原理》上冊，第 46—47 頁。

法人。保護國與被保護國間的保護關係，和宗主國與屬國間的宗屬關係一樣，因具體情況而各有不同，唯其保護關係的共同特點，大致如下：

（1）保護國負有保障被保護國的安全與獨立的責任。

（2）保護國根據保護條約的規定，管理被保護國的外交事務。因此，保護關係往往須由保護國取得第三國的承認。

（3）被保護國既然仍是一個不完整的國際法人，它的元首享有一般國家元首的榮譽。它的元首與政府得豁免保護國與第三國法院的管轄。

（4）被保護國的人民，並不就是保護國的人民。被保護國不必一定參加保護國的戰爭。保護國所簽訂的條約，也不當然地在被保護國內生效。[10]

因此，我們可以借用上述國際法對完全主權國與部分主權國間的權利義務關係、宗主國與藩屬土間的宗屬關係以及保護國與被保護國間的保護關係之法理規定，重新思考、詮釋中國在力不如人之情況下，為何仍極力對其屬藩加以護持；中國如何透過「萬國公法」的條約來保護屬藩；中國雖處於弱勢，又如何假借公法，以維護其宗藩關係，避免為東西列強所蠶食鯨吞。這些均有待於今後重新思考與詮釋。

唯有如此，消極上，我們才能使用國際法詮釋中國近代史之宗藩雙方與歐美諸國的立約，並借此觀察祖先前賢的用心所在。故東西國家間雖有形態之不同，但借用公法的法理以護持天下國家之理則一。此外，在積極上，尚須發展傳統中國透過歷史文化價值所創造、運用的「中華世界秩序原理」（＝天下秩序原理），以補西方國際法之不足，進而賦予其新的時代意義，以創造、發揚東方傳統的國際秩序原理，完成歷史傳統兼顧今日國際關係，以為「天下共同體」之萬世開太平。

一般而言，國家與國家間訂立條約，究竟怎樣做才算合法有效？國際法對此並無方法上的規定，但是在條約的實際形成過程中，可歸納出其基本要件如下：一是締約國必須具有「締約權」；二是必須基於締約者的同意；三是必須不抵觸國際法；四是必須具備形式上的一些條件，如簽字與批准。[11]

10　雷崧生：《國際法原理》上冊，第 48 頁。
11　杜蘅之：《國際法大綱》上冊，臺灣商務印書館，1986，第 418 頁。

又，因國際法認為締結國際條約的能力，乃是國家主權的一種屬性，故近代帝國主義既挾武力優勢，復特意透過「締約權」與中國及其屬藩簽訂不平等條約，藉以干涉中國之宗藩關係。最後，中國在力不如人的劣勢下，不得不簽訂種種城下之盟，「中華世界秩序原理」在不平等條約下，只能被束之高閣，因日久而逐漸隱晦不明以至銷聲匿跡。

二、東方國際法秩序原理的論述

「中華世界帝國」概念

從過去的歷史來看，「中華世界帝國」的邦（國）際關係，屬於階層體制，中國和周邊王國間看不到對等關係，中國總是以主國或上國的地位和周邊諸王國維持著主權不對等的宗藩、主屬關係。中國的國際關係為什麼是不對等的關係？若先以圖式扼要表示的話，就更易於理解。

> 天下≒中華世界＝中心＋周邊＝我族＋他族＝華＋夷＝王畿＋屬藩＝
> 中國＋諸王國＝皇帝＋國王＝宗主國＋藩屬國＝宗藩共同體≒中央政
> 府＋地方自治政府＝「中華世界帝國」＝「環中國共同體」＝天下共
> 同體≒「亞洲共同體」＞「東亞共同體」

精要來講，「中華世界帝國」就是「宗主國＋藩屬國」＝「天下」的概念。扼要分析的話，「天下」的具體化就是「中華世界」，「天子」的具體化就是「中華世界皇帝」。「中華世界」乃「中華世界帝國」勢力所及之處，是典型的「中心＋周邊」概念。它可分為華、夷二部，華就是王畿，王畿就是中國；夷就是屬藩，即中國周邊的諸王國。因此，華＋夷＝王畿＋屬藩＝中國＋諸王國＝皇帝＋國王＝「中華世界帝國」。據此，華＋夷＝「中華世界帝國」的人民概念，王畿＋屬藩＝中國＋諸王國＝「中華世界帝國」的領域概念，皇帝＋國王＝「中華世界帝國」的主屬權力運作概念。至此，「中華世界帝國」的概念，乃告形成。

據此概念，可知與周邊諸王國締結宗藩關係者，實際上並非中國，而是作為其整體概念的「中華世界帝國」。理由是，它源於「天子統治天下」的天朝概念。所以，中國乃是「中華世界帝國」皇帝的直轄領域，居「上國」或「主國」的地位統治周邊諸王國；周邊諸王國乃是受「中華世界帝國」皇帝冊封，

並向「中華世界帝國」朝貢的「自治領域」，是向中國朝貢、接受中國冊封的屬藩或屬土。以今日政治學的概念來表達的話，扼要言之，將人民概念、領域概念以及主屬概念結合起來，則「中華世界帝國」就等同於今日的「國家」概念，再加上權力運作概念的話，那麼中國就是中央政府，周邊諸王國則相當於自治性地方政府或政權，地方政府歸中央政府統轄。所以，皇帝大於國王，帝國大於王國。

　　根據傳統的中華世界秩序觀來分析的話，在「天子」基於「天命」統治「天下」的前提下，「中華世界帝國」皇帝，統治「中華世界帝國」。它依據「華夷分治」理念，推行「郡國並行制」，於是在其直轄領域的中國設置郡縣實行直接統治，其餘則封為藩國。郡縣實行「實效管轄」的直接統治，藩國在「以不治治之論」下，實行間接統治，即實行民族自治、王國自治或地方自治。據此，中央頒訂天朝體制，明定上國與屬藩間的君臣關係。由於「中華世界帝國」皇帝即中國和周邊諸王國的共同皇帝（＝天子），在「帝權天授論」、「王權帝授論」下，宗藩間實行冊封朝貢體制。因此，皇帝命令禮部或理藩院等屬藩統治機關，管轄屬藩事務，執行冊封朝貢體制，樹立事大交鄰的邦交關係，進而將五倫觀念融入國際體系，形成「君臣之邦、父子之邦、夫婦之邦、兄弟之邦、朋友之邦」之「五倫國際關係論」的階層體系，並責成屬藩奉正朔以示臣從，使屬藩遵守「名分秩序論」以示帝國之體制倫理，更以「興滅（國）繼絕（祀）論」的理念維繫宗藩體制，以王道思想護持中華世界秩序。要言之，「中華世界帝國」以「中華世界秩序原理」維繫了中華世界的階層秩序。[12] 在這種意義之下，宗藩關係就可視為中央＋地方＝帝國政府＋王國政府＝宗主國＋朝貢國之政權間的上下主從關係。

中華世界秩序原理

　　根據上述「中華世界帝國」概念，我們可以歸納出規範「中華世界帝國」的「中華世界秩序原理」，約有如下次級原理：（1）天朝定制論；（2）王權帝授論；（3）名分秩序論；（4）事大交鄰論；（5）封貢體制論；（6）奉正朔論；（7）興滅繼絕論；（8）重層政體論；（9）重層認同論；（10）華

12　張啟雄：《海峽兩岸在亞洲開發銀行的中國代表權之爭─名分秩序論觀點的分析》，中研院東北亞區域研究所，2001，第3─6頁。

夷分治論；（11）王化論；（12）華夷可變論；（13）爭天下論；（14）大一統論；（15）正統論；（16）王道政治論；（17）德治論；（18）義利之辨論；（19）以不治治之論；（20）五倫國際關係論；（21）內聖外王論；（22）世界大同論。[13]

　　本章首先將以東方「中華世界秩序原理」之次級理論「以不治治之論」作為考察西力東漸後，尤其是清朝中國因屢戰屢敗而被迫簽訂城下之盟迄今，西方國際法的「實效管轄領有論」如何取代「中華世界秩序原理」，變成規範東方國際體系、解釋東方國際秩序的唯一原理，並進一步指出其不合理之處，借資證明「以不治治之論」仍是今日多民族國家實行「民族自治」、「王國自治」或「地方自治」的先行先覺者，雖古猶新，它既存在於古代，也適用於今日。其次，又以「五倫國際關係論」證明東方國際秩序原理為何具有階層性與倫理的規範力，並藉以突破西方國際法秩序原理在歷史詮釋上的獨占性，避免「以西非東」的不合理性。

　　總而言之，不同的國際體系各有其不同的文化價值，形成其各自不同的國際秩序原理，執行其國家行為，規範其國際秩序。所以，挖掘「中華世界秩序原理」，有助於詮釋東亞國際秩序，既可澄清西力東漸後東西國際法秩序原理之衝突，也能清楚辨識殖民體系與宗藩體系在適用國際法秩序原理上所具有的差異，藉以駁斥西方近代國際法優於「中華世界秩序原理」的刻板論斷。所以，東方無須一味奉承西方價值中心主義，相反的，應該「脫西入東」、「脫美入亞」，重整「中華世界秩序原理」，再興東亞國際秩序，以便讓東方的國際秩序回歸到東方國際秩序原理的運用、規範以及詮釋，讓東方的歷史文化價值重新回歸到它應有的定位。

「以不治治之論」的緣起

　　由於「宗藩關係≒中央政府＋地方政府」，而這個地方政府則是地方自治或民族自治的地方政府。至於中央政府規範地方政府的原理，本章稱之為「以不治治之論」。簡單來講，它是國際法上之「實效管轄領有論」的相對概念，主要的規範精神則是「因人制宜、因時制宜、因地制宜、因俗制宜、因教

13　張啟雄：《中國國際秩序原理的轉型—從「以不治治之」到「實效管轄」的清末滿蒙疆藏籌邊論述》，第26頁。

制宜」的統治方式。總括來講，這就是中國歷代政府所行，清朝政府經常所言的「屬邦自主」＝「政教禁令，聽其自為」＝「以不治治之論」。為什麼根據「以不治治之」的原理以治天下？蓋因「五倫國際關係論」以「義、親、別、序、信」等五項典範作為規範國際秩序的原理，實施以五倫治理天下，形成包容華夷的「天下一家」概念所致。

　　詳細言之，「以不治治之論」源自「五服」體制，《國語・周語上》稱：「夫先王之制，邦內甸服，邦外侯服，侯衛賓服，蠻夷要服，戎狄荒服」。所知：「服，服事天子也。」[14]歸納言之，天子統治天下，因「服制」的遠近不同，致「臣事」天子的服屬程度有所差別。反過來說，天子因地理的遠近，定下不同的「服制」。又因「服制」的區分，統治者所採用的統治方式也有所不同。此即古典所謂的服事體制。

　　從「服制」的區別，可以看出天子的統治領域，由「化內」朝向「化外」擴大；由統治方式的不同，也可以看出，因「由近及遠」而產生的統治力，「由強而弱」遞減，因此管轄力道也有「由『治』而逐漸走向『不治』」的觀念擴大。由「治」走向「不治」，與其直接說是「統治力道」的遞減，不如間接說是因「統治領域」的不斷擴大，而造成鞭長莫及的現象，以致「統治力道」相對遞減。不過，不論是「化內」還是「化外」，「治」與「不治」都是因人制宜、因時制宜、因地制宜、因俗制宜與因教制宜的權宜措施。何況，在理論上，它們全都被安置在天子所統治的天下裡頭。此即在「王者無外」的前提下「王者不治夷狄」的意義。

　　因此，「不治」的意思，就是由消極的「不直接統治」，而逐漸轉變成積極的「民族自治」、「王國自治」之意。總之，在政治關係上，距王畿愈近則愈親，愈遠則愈疏；愈親則愈「治」，愈疏則愈「不治」；半親半疏則「半治」。若以「親疏、遠近」的距離概念來呈現「禮法」與「臣從」的適用程度，並以圖式扼要表現宗藩間之關係的話，親近＝法治＝內臣，疏遠＝禮治＝外臣，極疏遠＝禮治＝客臣，完全疏遠＝不治＝不臣。歸納言之，這就是「以不治治之論」的根源。

　　換句話說，「天子」所統治的「天下」在理論上是沒有邊界的。管轄力

14　〈周語上〉，《國語》，藝文印書館，1966。

道的強弱，也隨著遠近、親疏的向外擴散關係，採用差別方式，由強漸弱，甚至轉無。「中華世界秩序原理」的「以不治治之論」，就是在這種由「有」轉「弱」變「無」的過程中所產生之由「統治」（郡縣）經「半治」（理藩院）到「不治」（禮部）的現象。反之，省縣體制因直接由朝廷派官治理，所以是「實效管轄」；理藩院也派庫倫大臣、駐藏大臣、西寧大臣監控外蒙、西藏、青海的行政體系，所以既是「不完全實效管轄」，也是「不完全以不治治之」；至於禮部，也因不派大臣駐紮諸王國進行監控，所以是「以不治治之」。這種現象結合了「華夷分治」思想，就衍生成「中華世界秩序原理」之「以不治治之論」的理論根源。所以說，「以不治治之論」並不是國家不統治之意，而是中央採用「以不（直接）統治的方式來統治」地方。反之，它是積極實行「地方自治」、「民族自治」或「王國自治」等間接統治的「地方自治」理論。

「以不治治之論」文化價值在東亞的普世化

1. 清朝直轄領域的「以不治治之論」

清朝定鼎後，由於幅員不斷擴大，因此各服之王化程度不一。有時候，「化外」要荒遠處的蠻夷，較之於「化外」要荒近處的戎狄，甚至較諸九州之內的「化內」夷狄，王化得更早、更快、更徹底，因而搖身一變成為「小中華」，甚至晉身為「中華」。相對的，清代曾經將南方各省所屬之苗、番、蠻視為「化外」之地，屬於文化未開的領域，與「中華」、「小華」（小中華）的文化層次不同，因而實行因人制宜、因時制宜、因地制宜、因俗制宜、因教制宜等「以夷治夷」之制，[15] 即為歷史顯例。

清初，朝廷在統治理論上基於「以不治治之論」，對境內少數民族和境外屬藩的統治政策，仍因襲前朝之舊制而未改。因此，關於苗人爭訟，仍依照苗人舊慣處理。魏源在〈雍正西南夷改流記下〉中記載：「詔盡豁新〔苗〕疆錢糧，永不徵收，以杜官胥之擾。其苗訟仍從苗俗處分，不拘律例。……夫修其教不易其俗，齊其政不易其宜，此因土之事，非改土歸流之事。」[16] 此即清代在滇黔針對苗民實行的「因俗制宜」之策。

乾隆元年（1736），擬改土歸流，乃於七月二十日首定「苗例」。乾隆

15　當代則有在香港推行「港人治港」政策，亦同此理。
16　魏源：〈雍正西南夷改流記下〉，《聖武記》，中華書局，1984，第295—296頁。

帝為尊重「苗民」舊俗，乃對貴州流官下達諭旨，表示：「苗民風俗與內地百姓迥別，嗣後苗眾一切自相爭訟之事，俱照苗例完結，不必繩以官法。」[17] 又在乾隆二年閏九月，於諭旨中再次強調：「苗地風俗與內地百姓迥別，諭令苗眾一切自相爭訟之事，俱照苗例完結，不治以官法。」[18] 換句話說，清朝在不同的時代，針對不同的地方、不同的民族、不同的風俗習慣、不同的宗教信仰，制定特殊法律，所以在苗地對苗民行苗例，避免實行全國一體適用的中央法律，以保持統治彈性。這種因時制宜、因地制宜、因人制宜、因俗制宜、因教制宜的權宜措施，就是在幅員遼闊、族群眾多的國家，實行「以不治治之論」之統轄政策的精神所在。

　　乾隆十四年三月，湖南巡撫開泰奏請在苗疆建學延師，因勢利導，「於羈縻之中寓化導之意……凡詞訟等事，或用內地之例，或用苗例，務須分別妥辦」。[19] 對此，乾隆帝頗不以為然，六月在奏摺上批道：「各省苗民、番、蠻均屬化外，當因其俗，以不治治之……蓋番苗宜令自安番苗之地，內地之民宜令自安內地，各不相蒙，可永寧謐……著一併傳諭湖廣、川陝、兩廣、雲貴、福建各督撫，共知之。」[20] 雲貴總督張允隨承旨，奏陳〈遵奉因俗而治諭旨辦理緣由〉，稱：「查臣所屬滇黔兩省……新闢苗疆，雖經向化，野性未馴，言語多不相通，嗜好亦復各別，向交該管土司頭目等稽查約束，遇有犯案，輕者夷例完結，重者按律究治，地方官隨時斟酌辦理。凡屬內地人民，概不許其擅入夷寨，即有拘提人犯，催納錢糧等事，亦皆責成土司頭目，不使差役得以藉端滋擾」。[21] 由上述引文可知，「以不治治之」乃「中華世界秩序原理」的歷史文化價值傳承，[22] 也是清朝君臣治理四夷的共識。因此，本章擬根據上述引文，就中西國際秩序原理之差異展開論述。

　　首先，清代針對南方各少數民族，允許各族適用合乎自身的律令。根據研究，苗民、番、蠻都是對南方少數民族的稱呼。所謂「番」者，主要是指

17　《清實錄》卷 22，中華書局，1985，第 528 頁。
18　《清實錄》卷 52，第 885 頁。
19　中國第一歷史檔案館編《清代檔案史料叢編》第 14 輯，中華書局，1990，第 177—178 頁。
20　《清代檔案史料叢編》第 14 輯，第 178—180 頁。
21　《清代檔案史料叢編》第 14 輯，第 178—180 頁。
22　張啟雄：〈中華世界秩序原理的源起—近代中國外交紛爭中的古典文化價值〉，吳志攀等編《東亞的價值》，北京大學出版社，2010，第 120—125 頁。

臺灣土著和四川涼山以及四川西北的彝族、藏族等。[23] 其中，臺灣土著在劉銘傳上奏獨立建省之前，均隸福建督撫轄下之臺灣府管轄。其次，「苗民、番、蠻均屬化外」的「化外」用語，原指遠方「教化」所不及處之王臣與王土，或因偏遠致「王化」所不逮之藩屬土或人民；此處乃指風俗習慣、文化禮儀與中國本部不同的屬民或屬夷。因之，有「化內」與「化外」之別。化內指中國，化外指四夷。因此，「華夷之辨」不在境內或境外之別，其要在於「化內」與「化外」之差異。再次，「因其俗」乃指在政令管轄上，採取因時制宜、因地制宜、因人制宜、因俗制宜、因教制宜的權宜措施，屬於民族自治、地方自治或王國自治的範疇。至於「以不治治之」，乃指中國歷代王朝對各地少數民族的統治方式。在不同時空下，對種族、宗教、文化、習俗不同的民族不採全國律令同一的統治方式來加以管轄，甚至於根本就是採取以不直接管轄的「以不治治之」或「不完全以不治治之」的治道，這就是先進的民族自治、地方自治、王國自治。從法令完備的今日來看，或許可以「以今非古」，也可以「以西非東」，但是在近代以前的天下，即中華世界，我們不能不承認它是維續中國與藩土、屬土或土司間之宗藩關係的重要「國際秩序原理」。不但中國向來認為「不統治」正是「統治」的辦法之一，即使東亞各國亦持相同看法。「以不治治之論」看似相互矛盾，但在東方歷史上，無論是就其文化價值而言，或就其歷史事實而言，不論我們贊同與否，其真實存在於史實之中，則為不容否認之事實。

　　本章所以對「以不治治之論」不厭其煩地再三加以解析、論述，乃因它就是中國統治境內化外之「苗、番、蠻」，進而延伸到九州境外之屬藩的統治原理，原即東方國家之王道文化的精髓。然近代以後，只要中國提及對「化外」實行「以不治治之」的論述或做法，反而變成列強侵占中國屬藩、屬土的最佳藉口。理由是：由於中國並未對藩屬土加以「實效管轄」，所以中國的宗藩關係並沒有主權上的隸屬關係，若非空談，則頂多只是一套禮儀的儀式而已。殊不知，「不同的國際體系，基於不同的歷史文化價值，各自形成不同的國際秩序原理，以規範其國際秩序」。據此，我們對始於近代迄於今日的西方價值中心主義感到憂心，痛感仍有進一步矯枉、闡釋以及強調之必要。

23　胡興東：〈清代民族法中「苗例」之考釋〉，《思想戰線》2004 年第 6 期。

　　由上可知，中國對境內外周邊少數民族的統治方式，歷代大都奉行「以不治治之論」的原理，這也是根源於《禮記・王制》「修其教不易其俗，齊其政不易其宜」的文化價值。至於它在歷史上的演變，則依「華夷可變論」的原則，觀察「夷狄進於中國」的程度，然後再決定是否給予「則中國之」的待遇。一旦「中國之」，則統治方式將由間接統治走向直接管轄。因此，「因俗而治」就是在屬藩、屬土或少數民族承認以中國為共主（主國、上國）的統治前提下，對其採取與統治中國不同的治理方法，特別是不實行全國一致之政治、法律、經濟、社會的制度。雖然允許他們實行高度民族自治、王國自治或地方自治，但基於「王化論」的文化價值，中國仍然會採取消極漸進的「用夏變夷」之文化性的教化措施。

　　這樣的統治方式，直到近代西力東漸後，因西方帝國主義假借「萬國公法」的「實效管轄領有論」為談判利器，以堅船利炮為侵略手段，壓制清廷。中國在屢戰屢敗的劣勢下，其國際秩序原理開始面臨衝擊，至此始告大夢初醒。由於不同的國際體系各有不同的國際秩序原理規範其國際秩序，解釋其國際行為，故強將一方之國際秩序原理加諸他方之國際體系，就是帝國主義的行為。只有站在東西國際秩序原理各有不同的角度分析國際關係，才能呈現出它的時代意義。

　　2.「以不治治之論」文化價值在東亞的普世化

　　「以不治治之論」的文化價值，並非中國理邊、治國、平天下時所獨有、獨治、獨享的歷史文化精華，它透過儒家文化的傳播，其實早已成為東亞的共同價值，周邊國家不但知之甚詳，且已普施於「中華世界帝國」之邦交關係或行之於中國境內之少數民族以及東亞各邦的涉外領域，較諸近代西歐對待殖民地的控制與榨取，早已開「民族自治」之先聲。

　　（1）朝鮮

　　根據朝鮮《日省錄》的記載，李朝高宗十二年（光緒元年，1875）五月初十日，朝鮮君臣（高宗、都提調李裕元、提調閔奎鎬、副提調金炳始、判府事洪淳穆、判府事朴圭壽、左議政李最應、右議政金炳國等）於熙政堂討論國是，分析朝鮮政府該如何因應日本於明治維新之際，為通知朝鮮日本改行「王政復古」之制，而於書契（國書）中，對位居交鄰對等之朝鮮肆意濫用「皇、

敕」等違格礙眼的字眼，其記載如下：

> 曰：自昔中國待夷狄之道，以不治治之，為其不欲生事也。今於此事，
> 講修鄰好，包容得其宜，未必自我先為生釁也。[24]

朝鮮王廷可謂深切體會中國王朝透過「以不治治之論」包容四夷的奧妙所在。

（2）越南

至於越南，它對「以不治治之論」也不生疏，根據明朝時期的《越嶠書》所載：陳朝末年，因黎季犛簒位自立，明太宗於永樂四年（1406）下詔數其罪，派八十萬大軍出兵討伐。亂平之後，永樂帝在越南重置郡縣。黎利代興之後，率軍與明朝鏖戰十年。明朝終於在宣宗宣德三年（1428）撤治。黎利在越南建立安南王朝後，於宣德六年十月，以權署安南國事之名，向明宣宗上表謝恩，讚揚中國對四夷的「以不治治之論」。黎利稱：

> 恭惟皇帝陛下，聖敬日躋，聰明時憲，萬物並育，心天地以為心，四
> 海蒙恩，治夷狄以不治。[25]

又，嘉靖十六年（1537），安南權臣莫登庸弒主簒國，世孫黎寧差使乞恩，正法以誅僭逆，明世宗以黎氏封國危急，乃興兵「伐罪弔民，正名定難，興滅繼絕，去暴除殘，以救」。[26]當時，明朝援軍昭告天下之大義名分，稱：

> 帝王之馭夷狄，拒則懲其不恪而以威刑之，來則嘉其慕義而以禮懷之，
> 比〔此〕所謂治之以不治之法也。安南雖云外國，實我中國與〔興〕圖，
> 納貢稱臣，其來已遠。[27]

及清朝嘉慶七年（1802）五月，越南改朝換代。阮福映舉兵滅西山阮氏，統一分崩離析的越南，建年號為嘉隆。翌年，以「南越」之名請封，清朝旋改訂其國號為「越南」，是為越南阮朝世祖。[28]嘉隆四年（1805）六月，阮福映遣陳文龍使萬象，陳文龍因收受萬象國王饋贈，而遭受鎮臣彈劾，稱：「人

24　《日省錄》卷167〈高宗篇十二〉，漢城大學校出版部，1972，第195頁。
25　李文鳳編《越嶠書》卷15〈書表〉，四庫全書存目叢書，莊嚴文化公司，1996，第203頁。
26　李文鳳編《越嶠書》卷13〈書疏移文〉，第159頁。
27　李文鳳編《越嶠書》卷13〈書疏移文〉，第161頁。
28　《大南實錄‧正篇第一紀》卷17，有鄰堂，1963，第567—568頁。

臣義無外交，萬象不當私饋，文龍不當輕受，具疏以聞」。[29] 越南國王嘉隆帝諭示：

> 中國[30]之於外夷，治以不治，彼以誠來斯受之。[31]

由是觀之，「以不治治之論」已經成為宗藩比鄰之間的共同歷史文化價值。

（3）日本、琉球

除陸鄰藩國外，位居海外之日本、琉球對此共同歷史文化價值的態度又如何？根據東京大學史料編纂所典藏，江戶時代日本派駐琉球官員伊地知季安於天保9年（道光十八年，1838）所撰述的報告書《琉球禦掛眾愚按之覺》中，指出日本對此不但知之甚稔，且其做法亦與中國之「以不治治之論」完全吻合。伊地知季安說：

> 中古之世，日本正逢亂世，政令難以下達。此時，明朝陸續派遣官員前往琉球，不厭其煩地教導他們，就這樣經過了二百三十年左右，島津家久又襲占琉球，從此眾人皆以為琉球本來就是異國。不用說，不如此處置的話，琉球國體難以成立，其中尤為重要之理由，乃非如此於薩摩藩有害無益。明曆元年（1655），幕府曾下達指示，稱即使韃靼〔按：指清朝〕下令剃髮，剃髮與否，但聽琉人自便。就此旨趣而言，似亦符蠻夷者以不治治之之意。[32]

由上述東亞各國對「以不治治之論」所展開的論述可知，「採用不治理它的方式來統治它」（＝「以不治治之論」）不但是中國對周邊四夷的統治方式，也是以中國為中心的東亞各國（＝「中華世界帝國」）的共有文化價值。所以說，它就是近代以前規範「中華世界帝國」、天下或東亞世界的國際秩序原理之一。相對的，近代西方國家以「實效管轄領有論」為中心之國際法秩序

29　《大南實錄・正篇第一紀》卷26，第683—684頁。

30　此處之「中國」，應指越南。蓋越南王朝於對內文書自稱中國，而稱中國為北國。由於越南向以中國嫡系正統自居，並蔑視中國為旁系閏統。其中所隱含之意義殊堪玩味。

31　《大南實錄・正篇第一紀》卷26，第684頁。

32　伊地知季安：〈琉球御掛眾愚按之覺〉，日本東京大學史料編纂研究所藏。鹿兒島縣歷史資料センター一黎明館《鹿兒島縣史料—旧記雜錄拾遺　伊地知季安著作史料集二》、鹿兒島縣發行，1999、638頁。本文件原藏於日本東京大學史料編纂研究所，於平成11年即1999年收入鹿兒島縣史。原文以候文文體撰寫，承琉球大學赤嶺守、豐見山和行二位教授之教示，特此致謝。

原理的論述，是與「中華世界秩序原理」完全不同的國際秩序原理。二者具有對立性，一旦接觸，容易爆發東西國際秩序原理的衝突。

三、東西國際秩序原理的糾葛

國際情勢的發展

西方自工業革命以降，科技不斷創新，文明日益昌盛。因科技創新而船益堅炮越利，又因科技文明昌盛而全面否定其他異質文化價值。在歐美的堅船利炮下，亞、非、拉丁各洲紛紛被迫簽訂城下之盟，弱者割地賠款而淪為殖民地，強者因宰制弱小而成為帝國主義，進而全面否定異質文化而形成西方價值中心主義。國際秩序原理的適用，亦復如是。

1840 年代，清朝政府因鴉片戰爭兵敗，被迫簽訂城下之盟後，繼而屢戰屢敗，又屢敗屢戰。在同治年間的 1860 年代，因危機意識，乃開始推行洋務運動，進而採取「聯日本、抗歐美、以重建中華宗藩體制」的新中華世界秩序構想。[33]

及 1870 年代以降，就清末之時勢而言，中國的邊地與宗藩關係之大患有六。在東北方，日本有侵犯朝鮮之勢；在西北方，有俄國入侵伊犁、新疆之危；在西南方，有英國侵奪緬甸、西藏之情；在東南方，日本侵略琉球、臺灣。此外，尚有法國蠶食鯨吞越南之警。此時，列強除挾軍事優勢屢敗清軍之外，也帶來異質文化的「萬國公法」，作為外交談判的利器，與中國展開一場又一場的國際秩序原理之爭。

意料之外，當明治維新略收成果之際，日漸西化的東鄰日本，一面謀與中國締結《中日修好條規》，另一面卻走向與李鴻章謀劃之「新中華世界秩序構想」背道而馳的向外擴張路線，更借用「萬國公法」的法理，企圖北進朝鮮、滿洲，然後南下入關；南進則謀取琉球、臺灣，轉進福建北上，矛指南京，亟圖從南北兩面進行包抄，頗有對華行「爭天下」之勢。因此，清朝除遭西洋侵略之外，又蒙東洋恃力爭奪天下的威脅。

33　張啟雄〈新中華世界秩序構想の展開と破綻：李鴻章の再評価に絡めて—〉《法政大学沖繩文化研究紀要》第 16 號、1990、231—253 頁。

關於清朝藩屬土的中日國際秩序原理之爭

1. 日本對中國直轄領土臺灣之爭

1874 年 4 月，日本藉口 1871 年牡丹社「生番」殺害琉球漂流民事件，引發日本出兵臺灣的中日紛爭。明治日本根據西洋近代國際法的「無主地先占原則」，提出「臺灣番地無主論」，強行出兵臺灣。相對的，清朝向以因人制宜、因地制宜、因時制宜、因俗制宜、因教制宜為原則，雖視原住民地域為「化外之地」，實行「以不治治之」政策，但提頒布灣全島乃福建省臺灣府轄下的中國領土斥之，並應急備兵抗日。日本為了再以「實效管轄領有論」擊潰清朝的「以不治治之論」，派遣大久保利通為使清全權辦理大臣，率御雇法籍國際法專家波索納德（G. E. Boissonade）等，於 1874 年 9 月赴北京與總理衙門辯駁臺灣之主權歸屬問題，雙方交涉要點如下。

> 大久保：貴國政府謂生番為屬地，我國則以其為無主野蠻之地……貴政府於生番究有幾分實地懲處。

> 總署：我政府以事繁，設官分職，各有所司。我雖一時不能即答，惟有《臺灣府志》可為證據。

> 大久保：公法云：雖有荒野之地，該國若不能實效領有，也不能於其地設置官廳，現又不能於該地（徵稅）獲益，則公法不認其有領有之權及主權。

> 總署：同地歲納餉稅，為大清屬土，判然可知。生番等處，宜其風俗，聽其生聚，叛者征之，服者容之，向不設官、設兵，其輸餉等事，已詳照會。

> 大久保：雖載於書籍，然實未施行，不足為據。

> 總署：不能據此無稅之說，斷為管轄之外……生番之餉，向由頭人包完徵收者，薄待之以寬，番民之較苦者，或終身不知完餉等事。

> 大久保：若既已為貴國之屬地，可有派官之定則、賦課租稅之常例。[34]……貴國既以生番之地，謂為在版圖內，然則何以迄今未曾開化番民。夫為一國版圖之地，不得不由其主設官化導，不識貴國於該生

34　《大日本外交文書》第 7 卷、一三九號文書。

番果施幾許政教乎。[35]

總署：查臺灣生番地方，中國宜其風俗，聽其生聚，其力能輸餉者，則歲納社餉，其質較秀良者則遴入社學，即寬大之政以寓教養之意，各歸就近廳州縣分轄，並非不設官也，特中國政教由漸而施，毫無勉強急遽之心，若廣東瓊州府生黎亦然，中國似此地方甚多，亦不止瓊州、臺灣等處也，況各省各處辦法均不相同，而番、黎等屬辦法尤有不同，此即條約中所載兩國政事禁令之各有異同之意。[36]

大久保：夫版圖者理當有確實證跡。未曾有其政權實跡者，在公法上謂為政權不及之地，不認其為版圖，我信以為絕非貴國版圖。

總署：萬國公法者，乃近來西洋各國編成之物，殊無載我清朝之事，故不引此為論辯之用，當以正理熟商。[37]

大久保：今殘暴不制，凶惡不殛，事涉兩國，豈可置而不問。本大臣所欲知者，不在政令異同，惟在政令有無，以便確定臺地之案。[38]

由上述中日對談方式的爭辯攻防可知，在國際秩序原理的主權歸屬與國家統治的理論上，清朝政府受到日本的嚴峻挑戰。不過，政令各有異同，豈可相強。

總之，日本首先提出「臺灣番地無主論」，是可以進行「先占」（occupation）的土地。相對的，中國方面則根據《臺灣府志》的政府公文書，強調「臺灣番地有主論」，它是中國轄下的領土，乃有主地，故無法先占。於是，日本又重新設定其主權歸屬的基準，提出「領其地，理其政，征其稅」的「實效管轄領有論」，以便在國際秩序原理上援引西洋近代國際法秩序原理作為唯一的衡量基準。因此，日本斷定中國在臺灣番地所行「因俗制宜」為「無律」，「社餉」為「無稅」，「社學」為「無教」，「州縣分轄」為「無官」。最後，概以「政令有無」的「無」字作為歸結，以攻中國所持「華夷分治論」下之「以不治治之」論述。中國則表示不引萬國公法為論辯之用，當以「正理」熟商。換句話說，中國拒絕採用西洋近代國際法秩序原理作為主權歸屬的

35　《大日本外交文書》第7卷、一三九號文書、付記三。
36　《大日本外交文書》第7卷、一四二號文書、付記一。
37　《大日本外交文書》第7卷、一四三號文書。
38　《大日本外交文書》第7卷、一四三號文書、付記。

唯一基準，相對的，提出以「中華世界秩序原理」作為主權歸屬基準的主張，並以「政令異同」的邏輯，強調國家施政巧妙各有不同，來作為結論。最後，日本認為清朝在臺灣「番地」並無政令管轄，中國認為這只是兩國的政令差異而已，因此形成「政令異同」對「政令有無」的中日論爭。

　　2.關於禮部轄下的宗藩關係

　　（1）日本對中朝宗藩關係之爭

　　1876 年，中日兩國曾就朝鮮的地位，爆發「國際秩序原理」的論爭。中國為了保護它與朝鮮的宗藩關係，強調「中華世界秩序原理」；日本為了攘奪朝鮮，則假借近代西洋國際法秩序原理作為其出兵朝鮮的大義名分，雙方展開一場朝鮮主權歸屬的論爭。中日雙方的論述，正逢東西國際秩序原理交替之際，有助於今日學界瞭解、釐清近代以來朝鮮之國際地位，在國際秩序原理上所爆發的糾葛與衝突。

　　是年，明治政府有事於朝鮮，惟憚於中朝宗藩關係，為探問虛實，避免中國突加干涉，乃於遣派黑田清隆率艦赴朝之前，先行派遣森有禮為駐京公使，赴清查探中國虛實與所持態度。1 月 10 日（光緒元年十二月十四日），森有禮先赴總理衙門拜會，並從王大臣處輕易取得出兵朝鮮之國際法的法理藉口。他說：

> 據貴王大臣云：朝鮮雖曰屬國，地固不隸中國，以故中國曾無干預內政，其與外國交涉，亦聽彼國自主，不可相強等語。[39]

　　森有禮據此口實，進而對照「萬國公法」之諸家見解，向外務卿寺島宗則報告，斷言：朝鮮既然內政外交自主，則與獨立國無異。[40] 他認為清朝雖有宗主國之名，但無宗主權之實，遂照會總理衙門，稱：

> 由是觀之，朝鮮是一獨立之國，而貴國謂之屬國者，徒空名耳。[41]

　　總理衙門見森有禮照會，渾然不知日方已取得足資辯駁中國之傳統法理的依據，進謀以西洋近代國際法之「領其地，理其政，征其稅」的「實效管轄領有論」，對付「中華世界秩序原理」之「因人制宜、因地制宜、因時制宜、

39　《清季中日韓關係史料》卷 2，212 號文件。
40　大久保利謙編《森有禮全集》第 1 卷、東京：宣文堂書店、1972、142—143 頁。
41　《清季中日韓關係史料》卷 2，212 號文件。

因俗制宜、因教制宜」的「以不治治之論」。1月13日，總理衙門在知己但不知彼的情況下，仍一秉信念，照覆森有禮，稱：

> 朝鮮自有國以來，斤斤自守，我中國任其自理，不令華人到彼交涉，亦信其志在安分，故無勉強……中國之於朝鮮，固不強預其政事，不能不切望其安全。[42]

1月17日，總理衙門將其答覆森有禮的要旨與原則，上奏朝廷，稱：

> 查朝鮮雖隸中國藩服，其本處一切政教禁令，向由該國自行專主，中國從不與聞。今日本國欲與朝鮮修好，亦當由朝鮮自行主持。[43]

總理衙門的奏摺，還是「以不治治之論」的傳統文化價值。2月12日（光緒二年正月十八日），總署因言猶未盡，乃又去函照會森有禮，痛快陳述中朝宗藩間之權利義務：

> 蓋修其貢獻，奉我正朔，朝鮮之於中國應盡之分也；收其錢糧，齊其政令，朝鮮之所自為也，此屬邦之實也。紓其難，解其紛，期其安全，中國之於朝鮮，自任之事也，此待屬邦之實也。[44]

一言以蔽之，仍是徹頭徹尾之「以不治治之論」的歷史文化價值。

森有禮為了確認中方論點，在與總署論駁之後，又赴保定找李鴻章對談。茲先摘述雙方之「國際法觀」，以資對照。

> 森：據我看來，和約沒甚用處。

> 李：兩國和好，全憑條約，如何說沒用。

> 森：和約不過為通商事，可以照辦。至國家舉事，只看誰強，不必盡依著條約。

> 李：此是謬論，恃強違約，萬國公法所不許。

> 森：萬國公法，也可不用。

> 李：叛約背公法，將為萬國所不容。[45]

森有禮的觀點，反映出他已吸收近代西洋優勝劣敗、弱肉強食等「強權

---

42 《清季中日韓關係史料》卷2，208號文件。
43 《清季中日韓關係史料》卷2，213號文件。
44 《大日本外交文書》第9卷、四七號文書、付記一。
45 《清季中日韓關係史料》卷2，229號文件，附件1。

即公理」的社會進化論思潮。相對的，李鴻章則仍墨守東方傳統的王道觀念。另，再根據雙方就中朝宗藩關係之論駁，也可以清晰看出雙方所持之中西國際秩序原理的不同，其對答如下。

> 森：各國都說，高麗不過朝貢受冊封，中國不收其錢糧，不管他政事，所以不算屬國。

> 李：高麗屬國幾千年，何人不知。和約上所說，所屬邦土，土字指中國各直省，此是內地，為內屬，征錢糧管政事。邦字指高麗諸國，此是外藩，為外屬，錢糧政事，向歸本國經理。歷來如此，不始自本朝，如何說不算屬國。[46]

很清楚，中國對待屬藩，向來「不收其錢糧，不管他政事」；相對的，屬國的「錢糧政事，向歸本國經理」。其實，這個說法仍是「以不治治之論」。這種意識形態顯然是基於歷史文化價值而來的國際秩序原理，與國際法的法理完全不同。

（2）日本對中琉宗藩關係之爭

中琉關係始於明朝洪武五年（1372）琉球奉表入貢。明末國勢衰微，慶長 14 年（1609）薩摩藩悄悄出兵琉球，執其國王以歸，並丈量琉球土地，收奪資源，徵收租稅；旋令琉球以「異國」名分，朝見江戶，後執留薩州二年始獲釋歸琉。[47]惟幕府與薩摩藩均不願因私滅琉球之事，擴大為中日或中薩緊張之危局，特別是在強大的清朝出現後，更有導致幕藩危亡之虞。德川幕府對於豐臣秀吉侵攻朝鮮，導致中國以宗主國名分出兵援朝，豐臣政權因之崩潰的事記憶猶新，深恐因島津侵琉一事，「招來幕藩制國家的危機」，[48]乃斷然命令琉球對清採取隱蔽政策。[49]從此，琉球陽為中國獨屬，陰則淪為中日兩屬。

清末，中國再度式微。日本則因明治維新國勢漸盛，於是爆發琉球主權歸屬的問題。所以爆發琉球紛爭，其根本原因實出於明治維新以後日本改採脫亞入歐政策，捨棄「中華世界秩序原理」，改奉西洋近代國際法原理，作

46　《清季中日韓關係史料》卷 2，229 號文件，附件 1。
47　《中山世譜》，〈尚寧王紀〉，萬曆三十七至三十九年條。
48　紙屋敦之《幕藩制国家の琉球支配》，東京：校倉書房、1990、227 頁。
49　張啟雄：〈「中華世界帝國」與琉球王國的地位—中西國際秩序原理的衝突〉，《第三屆中琉歷史關係國際學術會議論文集》，中琉文經協會，1991，第 434—436 頁。

為主權歸屬的唯一基準。據此，日本以國際法主權具排他性，企圖獨占琉球，不允琉球兩屬，於是開始對琉展開排他的領有部署。

在法理適用上，日本對琉與對臺的紛爭都採用相同的法理，仍然根據西方國際法秩序原理的「實效管轄領有論」，逐步兼併琉球。日本首先於明治5年（1872）將「琉球王國」改封為「琉球藩」，以「領其地」。其次，將異國的「琉球藩」管轄權外務省移往內務省，以「理其政」。第三步，設置出張所（稽徵所）於琉球，謀對琉課徵稅金，並納入大藏省（財政部），以「徵其稅」。至此，明治政府大致依照國際法所訂的領土歸屬步驟，完成對琉「領其地，理其政，征其稅」等「實效管轄領有論」三大原則的布局。

日本政府既根據「萬國公法」的步驟，將琉球編入日本版圖，確立日本對琉領有權的國際法法理根據，自認為已立於不敗之地。又，為了進一步排除所有與西洋近代國際法秩序原理「實效管轄領有論」的矛盾之處，乃於1875年5月任命松田道之為琉球處分官，於7月到琉球宣布「琉球處分」，其內容為：①禁止琉球進貢中國；②禁止琉球受中國冊封；③禁止琉球奉中國正朔，改採日本年號；④在琉球施行日本刑法；⑤改革琉球藩制使與日本本土相同；⑥為了布達政令，琉球須遣人駐京；⑦廢福州琉球館；⑧藩王上京謝恩；⑨設置鎮臺分營駐屯琉球。[50] 1877年末，首任駐日公使何如璋於赴任途中，在神戶港船上半夜接到琉球密使馬兼才的日本阻貢投訴，抵東京後，旋即展開交涉。

1878年9月，何如璋赴外務省，與外務卿寺島宗則展開琉球歸屬交涉。寺島堅持依國際法的「實效管轄領有論」，提出「自其土地收稅者，為管轄者」「在其土地實行政事者，即其地之管轄者」的主張。相對的，何如璋則提出「國民信服領有論」，強調「非其國民信服者，難謂其為管轄之主」。[51] 於是，雙方繼續展開辯駁。

　　寺島：不在管轄之人心服否，而在現在之著手如何。

　　何如璋：琉球乃從前我國著手之處。

50　下村富士男編《明治文化資料叢書‧第四卷外交編》、東京：風間書房、1962、103—108頁；《大日本外交文書》第8卷、一四三號文書。
51　〈琉球所屬問題〉（1）（《琉球所屬問題關係資料》第8卷），第19號文書。夏威夷大學圖書館藏。

寺島：徒有納貢朝聘，不可謂為實地實施政治。三百年來，我國持續設置官吏加以管轄。

何如璋：若論古事，三國時代，我國曾冊封貴國為王……畢竟不可以琉球為貴國之所屬。

寺島：我國有勛章制度，頃贈俄帝，冊封為我國一等勛位。琉球國主中山王號得自貴國，亦同此例。

何如璋：如此引述，是為歪理。

寺島：今有貴國以冊封中山王為屬國，我國以徵稅三百年為屬藩等兩種說法。

何如璋：我國有琉球數百年來納貢之證據。

寺島：貢者出於禮儀，與收稅不同。稅者，非實地管轄者不得徵收，近來各國相交總據公法行事，不背公法為要。

何如璋：納貢之義聞於貴說，封王之義如何。

寺島：如歐洲各國至羅馬以乞帝號，封王之事不可謂為屬國。

何如璋：然欲將其置於我國所屬。

寺島：三百年來受我國保護之故，難委於貴國之管轄……不預其政，不可謂為管轄，亦不可謂為保護。既非管轄保護，不可謂為屬國也。一如琉球，若其國大猶可，如此蕞爾小島，非能保護管轄則必成他國之掠奪物，因而讓所稱外藩遭到捨棄當為貴國之失策。[52]

從此，中琉宗藩關係，在國際法配合堅船利炮之下，橫遭日本切斷。其實，寺島宗則的辯駁論述，似是而非，完全不堪檢驗。

就冊封體制而言，封貢關係乃君臣邦交關係之始也。寺島宗則以外務卿之尊，竟有意無意地誤「授勛」為「冊封」，實為可笑。又，他強調：「三百年來，我國持續設置官吏加以管轄。」其實日本駐琉的最高長官「奉行」，從未掌握行政管轄權，充其量只擁有監督權而已，而且只能在暗中監督。至於王國的行政管轄權，事實上只有琉球國王一人才是真正光明正大的掌握王國統治權者，何況只要冊封使一到琉球，日方的琉球奉行必須立刻銷聲匿跡，

52　〈琉球所屬問題〉（1），第19號文書。

以免為幕藩國體帶來危機。另，寺島宗則強調：「我國以徵稅三百年為屬藩……稅者，非實地管轄者不得徵收」。其實，日方所稱「我國以徵稅三百年」，應該改稱為「我國以榨取三百年」。何以見得？蓋日本從未將琉球納入版圖以「領其地，理其政」，在欠缺此前提之下，那麼「征其稅」之權又來自何方？因此，我們可以將它斷定為剝削榨取而非徵稅。最後，再就外交權而言，幕府對琉既採隱蔽政策，就無法染指外交權，因為根據公法，外交權乃國家對外的至高權，且須公開為之，否則即淪為屬藩或被保護國。故琉球的外交權，其實完全掌握在宗主國中國的手上，其中尤以中國公開對琉球實施冊封權利、琉球公開對中國執行朝貢義務，持續依賴「中華世界帝國」之宗藩貿易，而永續存活於明清時代的國際關係之中。

及 1879 年 4 月 4 日，明治政府為獨占琉球，正式宣布「廢藩置縣」令，[53] 廢琉球藩為沖繩縣；並於翌日派鍋島直彬為沖繩縣令，治理沖繩。又將琉球國王移往東京，就近監控。至此，享國歷五百年之久的琉球王國遂告亡國。[54]

在此時期，中國始終堅持「中華世界秩序原理」的「華夷分治論」，對琉球實行「以不治治之論」的治道。於琉球王國危亡之際，以爭琉球「王國」、「王祀」的存續為己任，這就是「中華世界秩序原理」的「興滅繼絕論」。而日本則力持西洋近代國際法秩序原理的「實效管轄領有論」，以兼併琉球。隨著日本國力的增強和西洋近代國際法原理的適用，琉球王國遂由「中華世界秩序原理」下的獨立自主，墜入了中西國際秩序原理衝突的旋渦中，最後更在日本的武力兼併下亡國了。琉球屬藩的亡國，成為中國的最痛，因此強烈影響到清朝對中國邊疆政策的改弦更張，不得已只好開始根據西洋近代國際法秩序原理的「實效管轄領有論」實施新政，以救亡圖存。這就是清末中國國際秩序原理的轉型。

回顧清末西力東漸之初，在清朝屢戰屢敗之下，李鴻章目睹藩屬土日漸為西方列強所蠶食鯨吞，於是為了對抗列強的侵略，乃於同治年間，一面推行洋務運動，一面構思新中華世界秩序，企圖聯合東方的日本，共同抵抗西方的侵略，以達成其重建中華宗藩體制的構想。惟出乎意料者，乃日本趁明治維新

53　《大日本外交文書》第 12 卷、九五號文書。
54　張啟雄：〈「中華世界帝國」與琉球王國的地位—中西國際秩序原理的衝突〉，《第三屆中琉歷史關係國際學術會議論文集》，第 419—474 頁。

略收成果之機，力圖脫亞入歐，亟圖向周邊鄰國擴張，於是借用「萬國公法」的法理出兵臺灣，染指朝鮮，盡滅琉球並夷為郡縣。從此，清朝政府在遭遇西方侵略之餘，又受到東洋的威脅，終於陷入遭受東西列強腹背夾擊的困境。

（3）法國對中越宗藩關係之爭

近代初期，法國航海東來越南，先以天主教保護者自居，借保護傳教士和教徒之名，圖謀染指越南。1858 年，無視於中越宗藩關係，趁清朝內憂外患而無暇外顧之機，出兵越南，占領土倫港（蜆港）。1859 年，法國兼併湄公河三角洲，占領南圻的柴棍（西貢），鯨吞邊和、嘉定以及定祥等南部三省。1862 年，強迫阮朝簽訂《西貢條約》，將三省割讓給法國，旋改稱為交趾支那。1867 年，法國為擴張殖民地，又北上攻取越南昭篤、河仙、永隆等中部三省。至此，屬藩越南的版圖，僅剩北部地方。

1870 年企圖爭霸歐陸的法國，因妨礙德國統一，終於引發普法戰爭，結果大敗投降。翌年 3 月，簽訂《法蘭克福和約》，法國以割地賠款結束戰爭。從此，法國國力大損，乃又進謀海外發展以取償於越南。1873 年，法軍進犯河內，並入侵北圻。黑旗軍應阮朝之請，擊敗法軍，法軍退出北圻。然而，法國雖明知越南為中國之屬藩，仍於 1874 年強迫越南簽訂《法越和平同盟條約》，即第二次《西貢條約》，置越南為保護國。約中，第 2 款即為否定中越宗藩關係的條文，規定：「法國伯里璽天德相待越南為自主之國，不歸他國管屬」；第 3 款乃法國布局取代中國保護越南的條文，規定：「法國既有保護越南之約，則越國與別國往來通好事宜，亦應按照法國所行辦理」；第 4 款規定：「越南國欲整頓水陸各軍，法國特派水陸軍各教習數員，聽候該國差委」，亟圖控制越南國防；第 5 款規定：「法國所管安南地方，既經越南國認明應歸法國管轄」；第 11 款規定：「由呢哈江通至滇省，亦可通商」。[55]

據此，法國不但完全控制越南中、南部，並且對苟延殘喘於北部的越南王國，亦以承認越南為獨立自主來否定中國的宗主權，進而透過經紅河通商雲南的條款規定，企圖進一步蠶食鯨吞越南北部，直到滅亡越南為止。因此，國力中衰的法國，如何以軟硬兼施的外交手法對付衰敗的清朝，以否定中國的

55　〈總署收法使羅淑亞照會附法越 1874 年條約〉（光緒元年四月二十一日），《中法越南交涉檔》（1），中研院近代史研究所編印，1962，第 3—10 頁。

對越宗主權，與時俱進地逐步取得越南全境的控制權，遂成為法國的對中外交政策。

1875 年 6 月 15 日，總署照會法使羅淑亞（Le Comte de Rochechouart），稱：「交趾（按：中國古稱越南為交趾）即越南，本係中國屬國……查交趾國前因匪徒蜂起，迭經該國遣人至中國乞援，中國因其久列藩封，不能漠視，遴派官兵往剿」。[56] 從此掀起中法越南歸屬交涉。中國使臣曾紀澤聞法將有事於越南，乃先於 1880 年 1 月照會法國前任外交部長佛來西尼（Charles de Freycinet），聲明：「越南係中國屬邦等語」；又於 1881 年 1 月照會新任外交部長桑迪里（Barthélemy Saint-Hilaire），強調：「越南國王既受封於中朝，即為中國之籬屏，倘該國有關係緊要事件，中國豈能置若罔聞」。[57] 於是爆發了中法駐俄公使間的越南歸屬論爭。

> 商犀：本國與越南國王所定條約第二款內載法國認越南王為自主之君，許以助力，鎮守地方，以及保護敵人之攻擊等事。
>
> 曾侯：法國與越南定約，認為自主之國，不能與中國無干。緣三百年以前，越南尚隸中國版圖，厥後封為屬國，自理內政，法國雖與之定約，中國之權力尚在……中國不願鄰近屬邦改隸西洋之國。[58]

同年 12 月，李鴻章與法駐華公使寶海（Albert Bourée）亦就中越宗藩問題進行交涉。不過，此時法國的國力尚未完全恢復，法方交涉態度仍然柔軟。

> 李：傳聞皆謂：貴國將求逞於越南，越南吾屬國也。不識果有此議否？
>
> 寶：越南為貴國之屬邦，當議約時，越南並未提及，故仍待以與國之禮。使越南欽慕貴國，甘願朝貢，吾國斷無阻難之意，亦無吞併越南之心。
>
> 李：傳說紛紜，皆謂貴國有兼併之謀。
>
> 寶：吾國政府決無此意，本大臣不稍隱瞞。
>
> 李：越南屬中國已久，貴國如欲吞滅，中國斷不能置之不問，理合預

---

56 〈總署給法使羅淑亞照會〉（光緒元年五月十二日），《中法越南交涉檔》（1），第 11—12 頁。

57 〈總署收出使大臣曾紀澤文附給外部照會〉（光緒六年十二月三十日），《中法越南交涉檔》（1），第 147—148 頁。

58 〈總署收出使大臣曾紀澤夾單〉（光緒七年二月十九日），《中法越南交涉檔》（1），第 149—152 頁。

先聲明。[59]

其後，法國出兵越南的部署逐漸完成，對中越宗藩關係的主張漸感不耐。曾紀澤因對維護中越宗藩關係情報明朗，致態度強硬。以下乃曾紀澤公使與法外交部長佛來西尼的對話，從中可看出一些端倪。

佛：法國與越南辦事，未曾著意於中國。

曾：最當著意者莫過於中國，蓋中國乃越南鄰近之大國，越南乃朝貢中國之屬邦。法國若欲滅之，中國不能置若罔聞。

佛：本國欲使越南國王照約行事，倘彼不肯照辦，法國再設辦法。至於如何措置之處，目前尚難逆料。

曾：總之，法國若欲吞併越南，中國必欲干預。

佛：我所言者，以目前情形而論，不致到此地步，將來事體如何則不可知。

曾：總之，遇此等事，中國自有辦法。[60]

1882 年 11 月 26 日，李鴻章與寶海會談。寶海議及「越南事宜三條」，又稱「李寶協議」，計開：①倘中國將駐紮東京之滇桂軍隊撤至邊境內外，寶海將照會總署，切實申明，法國毫無侵占土地之意並將毫無貶削越南國王治權之謀；②闢保勝為口岸，令商船溯紅江北上貿易；③在滇桂界外與紅江中間之地劃定界限，北歸中國巡查保護，南歸法國巡查保護。[61] 這個協議，從歷史文化價值的角度來看，確實可以在相當程度上滿足中國作為上國對屬藩履行「興滅繼絕」的名分與義務，但在權益上卻無異承認法國對北圻南部擁有控制權，於保護屬藩安身立命的存國存祀上卻未見周詳且代價太高。

1883 年 6 月 9 日，為越南事，李鴻章與法使脫利古（Arthur Tricou）交涉。此時，法軍的戰爭部署已近完成，故態度強硬。相對的，中方則因積弱不振，列強環伺四境，既無意以武力解決紛爭，也未積極備戰制敵，終因敵強我弱致

59　〈總署英股抄付北洋大臣李鴻章函附與法公使寶海問答節略〉（光緒七年十月二十八日），《中法越南交涉檔》（1），第 181—183 頁。

60　〈總署收出使大臣曾紀澤文附一與法外長佛來西尼問答節略二〉（光緒八年五月二十六日），《中法越南交涉檔》（1），第 385—388 頁。

61　〈總署收受北洋大臣李鴻章函附一寶海議越事三條〉（光緒八年十月十九日），《中法越南交涉檔》（2），第 531—535 頁。

喪失以戰求和之先機。茲就中法交涉中越宗藩關係的論爭，條列如次：

> 脫：甲戌年（按：1874 年）已與越南立約，乃越人不守成約，於紅江通商一節，招誘土匪抗違阻擾，致啟兵端。日前業已開仗，法國上下已立意盡力用兵，必須辦到盡頭地步……中國……若欲稍侵甲戌年約之權利，法國斷不稍退讓，即與中國失和亦所不恤。

> 李：越南為我屬國已數百年……何必遽開兵端，且法越甲戌之約，本國未嘗明認。

> 脫：若欲辯論兩國應有之名分，此非辯論之時。目下情形，只論力不論理。我國諭令本大臣，不得認安南為中國屬邦。

> 李：越南久為中國屬邦，貴國斷難勉強中國不認。

> 脫：越為中國屬邦，法國自甲戌之約以後，已有明文，斷不肯認。至中國必欲自認為越南上國，本國亦難相強。[62]

總之，法國以甲戌條約規定越南為獨立自主之國，否認中國對越宗主權；並以受法國保護為根據，徹底否認「中華世界秩序原理」的宗主權，並代之以「萬國公法」的保護權。換句話說，法國武則挾西洋列強之堅船利炮，文則以「實效管轄領有論」否定中國的「以不治治之論」，逐步吞併越南。

關於理藩院轄下西藏的主屬關係

1. 中英對西藏主屬之爭

西藏號稱「世界屋脊」外力難以侵擾。惟自 1858 年英滅印度後，[63] 開啟英國窺伺西藏之野心，然中國仍不自知。1888 年，終於爆發英國侵略西藏的緒戰，英軍攻陷隆吐山，直入藏境。清朝迫於既成形勢，乃於 1890 年與英國簽訂《中英會議藏印條約》，承認屬藩錫金為英方保護國，一切內政外交皆歸英國管轄；又，劃分西藏與錫金界線。[64] 從此，西藏喪失藩籬，險失則守難，門戶因之洞開。1893 年，中英又簽訂《中英會議藏印續約》，即《藏印通商章程》，正式開放西藏通商，是為近代中英交涉藏案之初始。

62　〈總署收署北洋大臣李鴻章函附一與法使脫利古問答節略〉（光緒九年五月九日），《中法越南交涉檔》（2），第 883—887 頁。

63　吳俊才：《印度史》，三民書局，1990，第 10 頁。

64　Sir Charles Bell, *Tibet Past and Present*, 王光祈譯，《中國史學叢書續編‧西藏外交文件》，臺灣學生書局，1973，第 169—184 頁。

　　1895 年，十三世達賴喇嘛親政，他憎惡英國攫取西藏權益，其轄下噶廈政府也拒絕執行《中英藏印條約》。1904 年，英印總督寇松（Lord Curzon）藉口藏方不履行條約，乃派榮赫鵬（Francis Younghusband）率軍直趨拉薩；9 月 7 日，迫簽英藏條約。此時，十三世達賴喇嘛棄守西藏逃往蒙古，清廷下令革去達賴的名號。榮赫鵬於藏方簽署條約後，曾向清朝駐藏大臣有泰表示：「英國完全承認中國在藏持續的宗主權」，[65] 並進一步批評西藏所以不履行條約，實中國徒擁統治虛名所致，稱：「此次條約已證明毫無效用，西藏人民從未承認之，而中國當局又完全無力強制藏人也……中國之統治西藏，僅擁虛名」。[66] 從此，英國認為：清朝對西藏僅有宗主權（suzerainty），而無主權（sovereignty）。此時，英方的論點，其主要依據仍以條約履行與否來判斷中國對西藏是否具有管轄權。有則主權，無則宗主權。從國際秩序原理的角度而論，英方對「中華世界秩序原理」、「以不治治之論」的「因俗制宜、因地制宜、因人制宜、因時制宜」的民族自治、地方自治全然無知，但見戰勝者的片面主張與法理論述。相對於英方的「宗主權」說，清廷則認為中國派駐藏大臣駐紮西藏，干預西藏政務本身就是「主權」的象徵。不過，客觀而論，「干預」西藏政務與「管轄」西藏政務，仍略有不同。

　　9 月 8 日，清朝外務部接獲報告，以此約「有損中國主權」，乃緊急電訓駐藏大臣有泰「切勿畫押」。[67] 9 月 10 日，再度訓令有泰，稱：

> 藏為我屬地，光緒十六、十九兩次訂約，均由中英議訂，此次自應由中英立約，免失主權。開議之始，當以力爭主權為緊要關鍵。[68]

　　1905 年，清廷起用曾留學美國哥倫比亞大學的唐紹儀為藏案議約全權大臣，遠赴加爾各答與英國全權代表費禮夏（S. M. Fraser）談判。唐紹儀秉持「主國」係英文「搔付倫梯」（sovereignty）＝主權，「上國」係英文「蘇索倫梯」（suzerainty）＝宗主權，而華係藏之「主國」（sovereign state）而非「宗主國」（suzerain state）的原則與英方交涉。[69] 他向外務部報告他的交涉原則與談判過

65　Francis Younghusband, *India and Tibet* (London: John Murray, 1910), p.305.
66　榮赫鵬：《英國侵略西藏史》，孫煦初譯，臺灣學生書局，1973，第 44—46 頁。
67　〈外務部電有泰〉（光緒三十年七月二十九日），中研院近代史研究所藏外務部《西藏檔》冊 5。藏所下略。
68　〈外務部電有泰〉（光緒三十年八月一日），《西藏檔》冊 5。
69　〈外務部收議約大臣唐紹儀電〉（光緒三十一年四月一日），《西藏檔》冊 6。

程時表示：

> 查「上國」二字，英文係「蘇索倫梯」，譯言彼所管為屬國，而屬國自
> 有治民之權也。若自認為「上國」，是將西藏推而遠之，等西藏於昔日
> 之韓、越、球、緬也。「主國」二字，英文係「搔付倫梯」，譯言臣民
> 推為極尊，歸其管轄而各事可定也。故必爭為「主國」，視西藏如行省，
> 使主權勿外移也。

> 前數次會議費使願認藏為華屬，惟屬國與屬地，英文本同一字。嗣彼
> 聲出「上國」二字，經竭力剖辯，費使堅執我國所施行於西藏者，向
> 不盡「主國」之義務，故萬不能享「主國」之權利，倘中國先能盡「主
> 國」之義務，則英不至稱兵入藏，以收拾舊約原有之權利等語。[70]

1905 年 9 月 16 日，議約態度強硬的唐紹儀，為免談判破裂，乃稱病返國，改由議約參贊大臣張蔭棠續議。

最後，雙方簽訂《中英新訂藏印條約》，依該約第 2 條規定，「英國國家允許不占併藏境，及不干涉西藏一切政治，中國國家亦應允，不准他外國干涉藏境及其一切內治」。然此「外國」之規定，實應包括英國在內。又，該約第 3 款亦規定：「光緒三十年七月二十八日英藏所立之約，第九款內容之第四節所聲明各項權利，除中國獨能享受外，不許他國國家及他國人民享受」。[71]

總之，中國在藏獨享之權，實已包括管理西藏的領土權、干預西藏的內政權、派駐西藏官員權、經營西藏實業權、綜理西藏財政權等等，這些獨享之「權」，實已超出「宗主權」範圍，而進入「主權」的範疇。[72] 不過，駐藏大臣並不實際管轄西藏行政，監督行政的意義大過於實際管轄。

從國際秩序原理的角度來看，「干預」西藏政務與直接「管轄」西藏政務，確實略有不同。其道理在於，此乃介於「以不治治之論」和「實效管轄領有論」之間的統治方式，因此本章稱之為「不完全以不治治之論」。反之，亦可稱為「不完全實效管轄領有論」。換句話說，從東方國際秩序原理而論，應稱之為「不完全以不治治之論」；可是，從西方國際關係的角度而言，則應稱之為「不

70　〈外務部收議約大臣唐紹儀電〉（光緒三十一年五月三十日），《西藏檔》冊 6。
71　〈外務部收議約大臣唐紹儀電〉（光緒三十一年五月三十日），《西藏檔》冊 6。
72　馮明珠：《近代中英西藏交涉與川藏邊情—從廓爾喀之役到華盛頓會議》，臺北，故宮博物院，1996，第 167—168 頁。

完全實效管轄領有論」。中英的西藏主權歸屬交涉，提醒了也聲張了中國對藏之主權觀念，進而實施新政，直接管轄西藏政務。「舍東就西」的國際秩序原理轉型，乃其特色。從此，由「以不治治之論」轉型為「實效管轄領有論」，就成為清朝在蒙、藏地方對內實施「新政」落實「主權」，並於對外交涉時，得以「主國地位」取代「上國象徵」的最好根據。

1906 年 9 月 1 日，慈禧太后下詔頒布預備仿行立憲，從此清朝開始政治經濟體制改革，是為光緒新政。新政實施後，清朝政府開始強化它中央對地方的直接統治，西藏只不過是清朝全面實施「實效管轄」的一環而已。就當時而言，只有落實西方國際法的「實效管轄領有論」，才不會在武鬥落敗之外，又在國際秩序原理的文鬥上，再次喪失保疆衛土的論述先機。

2. 缺乏國際秩序原理論爭的俄並蒙疆

就蒙疆紛爭而言，沙俄與中國之紛爭，西起新疆、蒙古、滿洲，均逐一滲透蠶食。它甚至曾企圖染指中國藩屬土西藏，更曾置重兵於圖們江，集結艦隊於符拉迪沃斯托克，伺機南下朝鮮。在沙俄侵略清朝的歷史過程中，沙俄對中國屬藩問題既無「宗主權」或「主權」之爭，對中國轄下的邊疆領土也未見「無主地先占」或「主權歸屬」等理論根據的文攻，但見貪婪詭詐的陰謀，進而挾兵力以脅迫的武嚇，完全缺乏文化價值的底蘊。

鴉片戰爭後，沙俄在中國東北加緊侵略烏蘇里江流域、黑龍江流域和西北邊疆。1850 年，它公然撕毀《尼布楚條約》，侵占黑龍江口的廟街，並接連入侵黑龍江地區。沙皇曾命令東西伯利亞總督穆拉維約夫，表示：如中國政府抵抗，「可以武力迫其就範」。1856 年，俄國在克里米亞戰爭中敗於英法，西向擴張受挫，乃轉而致力於侵略遠東。第二次鴉片戰爭開始後，沙俄趁機向英法靠攏，企圖分享侵華成果。1858 年春，夥同英法公使北上，聯合對清廷施壓。當英法聯軍攻陷大沽口後，穆拉維約夫突率俄兵直趨璦琿，於 5 月 28 日脅迫黑龍江將軍奕山簽訂《璦琿條約》。在英法北攻中國之腹時，俄國趁機南擊中國之背，強占黑龍江以北外興安嶺以南計 60 餘萬平方公里的領土，並把烏蘇里江以東的中國領土先劃為中俄共管。[73]

73　王繩祖編《國際關係史》第 2 卷，世界知識出版社，1996，第 236 頁；復旦大學歷史系編《沙俄侵華史》，上海人民出版社，1986，第 159—350 頁。

　　《璦琿條約》簽訂不久，沙俄又配合英法侵略行動，強迫清廷簽訂《天津條約》，除分沾英法所取得的各種侵略利益外，還強求查勘「從前未經定明邊界」的條款，為進一步侵占中國領土留下伏筆。1860 年，英法聯軍攻占北京，沙俄又趁機向奕訢提交新的中俄條約草案和俄國單方面繪製的邊界地圖，脅迫清廷承認，最後簽訂了中俄《北京條約》。約中，除確認《璦琿條約》外，又將烏蘇里江以東約 40 萬平方公里的中國領土強行劃入俄國版圖；規定中俄西段疆界，自沙賓達巴哈界牌起，經齊桑淖爾、特莫爾圖淖爾至浩罕邊界，「順山嶺、大河之流及現在中國常駐卡倫等處」為界。根據這一條款，又於 1864 年簽訂了《中俄勘分西北界約記》，將巴爾喀什湖以東、以南和齊桑淖爾南北 44 萬平方公里的中國領土割讓給俄國；增設喀什噶爾為商埠；重申俄國在華的領事裁判權。短短數年間，沙俄利用中國受困於西歐列強之局，對北方邊陲鞭長莫及之勢，不斷以武力為要脅，強訂不平等條約，侵占中國領土總計 140 多萬平方公里。[74] 其後，多以勘界為名侵奪中國西疆，甚至出兵強占伊犁，勾結英國瓜分帕米爾高原。即使對清朝發祥地的中國東北也不手軟，在甲午戰後為與日本爭奪滿洲，聯合德法進行三國干涉還遼，騙取清朝的信賴而簽訂《中俄密約》，攫取東北路權，進而強租旅順、大連，劃長城以北為其勢力範圍。即使在日俄戰爭失敗後，仍聯日瓜分中國東北，日本取得南滿，俄國則仍保有北滿。此外，在 1911 年辛亥革命之際，更製造「外蒙獨立」，但卻以支持「外蒙自治」告終。理由在於以支援外蒙之統獨為要脅，企圖挾制中國，吞噬外蒙利權，得以隨時操控外蒙政治動向。中華民國成立後，沙俄雖警告北京政府不得對外蒙「移民、開墾、設官治理」，但不是基於國際法「領其地，理其政，征其稅」的「實效管轄領有論」，而是為了俄國便於操控外蒙，並排除中國在外蒙恢復舊有主權或勢力而已，所以也未引發國際秩序原理的劇烈攻防。[75]

　　沙俄攫取中國疆土最厲害之處，在於幾近不勞而獲。它既不會徒費口舌與中國論辯主權歸屬，也避免直接會戰，但卻能在對手腹背受敵或四面楚歌的緊要關頭，趁火打劫，或偽裝調解而自稱調停有功，或趁機占領，或陳兵要脅，劫略邊疆以自肥。因此，對這種但知陰暗蠶食鯨吞的交涉實務，而不知累積文

74　王繩祖編《國際關係史》第 2 卷，第 237 頁；《沙俄侵華史》，第 159—350 頁。

75　張啟雄：《外蒙主權歸屬交涉（1911—1916）》，中研院近代史研究所，1995，第 59—61 頁。

化價值以轉換成抽象性國際秩序原理以規範國際秩序的對外國家行為，本章稱為沒有國際秩序原理為基礎以供規範國際秩序的俄式外交。

總而言之，沙俄在對清交涉時，既無獨特的國際法秩序原理，也未提出西歐式國際法秩序原理進行法理論辯，[76] 更未透過大會戰以光明正大的手段使對方屈服，而是以陰柔手段，趁中國精疲力盡之際，對方腹背受敵之時，不戰而奪人之地。它與西歐一手捧國際法一手持槍來進行侵略的手法，實大異其趣；既赤裸裸，也無基於獨自文化累積而成的國際秩序原理，更無可供國際共用的共同價值。

四、宗藩體制的崩解與轉型

屬土臺灣的實效管轄化

1870 年代，日本向臺灣、琉球以及朝鮮等中國所屬邦土尋找出路。1874 年，以臺灣牡丹社生番戕害琉球的遇風難民為由，一面高倡「臺灣番地無主論」，一面出兵臺灣，深入內山，而受困於深山。此時，中國一面駁斥「臺灣番地無主論」，一面準備對日戰爭。日方在進退不得的情勢下，赴北京參加中日和會，雙方展開國際秩序原理的辯論。中方以《臺灣府志》的記錄為本，強調對臺行「因俗制宜」之政，徵「社餉」為稅，置「社學」為教，並設「州縣分轄」為治。日本則以「因俗制宜」為無律，「社餉」為無稅，「社學」為無教，「州縣分轄」為無官。結果，日本主張此乃「政令有無」之「無」；相對的，中國則認為這只是「政令異同」之「異」而已。最後，雙方締結《互換條款》，結束紛爭。

臺灣重歸清朝懷抱，清朝經此教訓，對臺施政開始捨棄「以不治治之論」，改行「實效管轄領有論」，不但積極開山撫番、開路墾荒、興學教化、鋪築鐵路、充實防衛，還捨棄福建省分轄臺南府，臺南府下轄臺灣各州縣的地方建制。光緒十一年（1885），更宣布臺灣建省，直轄中央，轉型成為西方式的管轄體制。

76　陳維新的研究，亦證實沙俄外交但知奪取權益，而不知應用國際秩序原理。見氏著《清代對俄外交禮義體制及藩屬歸屬交涉（1644—1861）》，中國文化大學政治學研究所博士學位論文，2006 年，第 1—414 頁。

屬藩琉球的淪亡

1874 年，日本為終結琉球的兩屬狀態，乃禁止琉球朝貢中國，因而爆發阻貢事件；1875 年，日本更宣布「琉球處分」，力圖斷絕中琉宗藩關係，並納琉球於日本實效管轄之下；1879 年，更進一步廢（琉球）藩置（沖繩）縣，片面將琉球納入日本版圖。至此，中國喪失屬藩琉球。

屬藩朝鮮的淪亡

1868 年，日本先在朝鮮企圖利用「名分秩序論」假王政復古之名，僭越自居朝鮮上國，因而爆發書契事件。1875 年，日本又以測量海上航道為名，製造雲揚號事件，強迫朝鮮簽訂《鮮日修好條規》（《江華條約》）。然後透過條約規定，開始榨取朝鮮，以開化為名滲透朝鮮，於 1882 年引發壬午兵變。其後，除一面剝削朝鮮，一面培養親日派外，還於 1884 年與親日派共謀發動甲申政變，然敗於袁世凱。政變失敗後，日本又策劃挾朝鮮國王與閔妃以制袁世凱之策，進而積極籌劃以優勢兵力擊敗清軍之戰略。情勢發展至此，甲午戰爭已箭在弦上。1895 年，清朝戰敗後，朝鮮淪為日本殖民地，中國至此喪失屬藩朝鮮。

屬藩越南的淪亡

法國同樣無視中越宗藩關係，1874 年強迫越南簽訂《甲戌條約》（第二次《西貢條約》），規定越南為「獨立自主」之國，並「受法國保護」。從此，法國以此約為根據，假「獨立自主」之名否認中國的對越「宗主權」，並借「受法國保護」之約文，以實力斷絕中國之干涉，並置越南於殖民統治之下。其後，中國長期交涉，但未果，法國更得寸進尺。1883 年 8 月，法國再以武力脅迫阮朝簽訂《順化條約》，承認法國的保護權。1884 年，中國忍無可忍，終於爆發中法戰爭。

就西方國際秩序原理而言，法國認為「以不治治之」的宗主權，並不是「實效管轄」；中國既不以實效管轄而領有越南，則越南不歸中國統屬。換句話說，中國對越既不享權利，自無義務負擔可言，既無義務負擔，自無過問法國對越政策之權。這就是法國徹底否認「中華世界秩序原理」的宗主權，並代之以「萬國公法」之保護權的道理所在。從此，法國以堅船利炮為要脅，並以「實效管

轄領有論」否定中國採「以不治治之論」統治越南之史實。1885年，中法戰爭爆發，清朝敗，法國勝，從此越南淪為法國殖民地，中國喪失屬藩越南。

屬土西藏的統一

　　1910年，俄國認為逃亡庫倫的達賴喇嘛奇貨可居，加以禮遇。清廷為防達賴親俄，派蒙古王公前往宣慰，同意恢復其名號，並送返拉薩。但自中國實行中央對地方直接統治的新政後，清廷與西藏的摩擦日益顯現。2月，十三世達賴喇嘛透過亞東英商務處出走印度，清廷再次革奪達賴喇嘛之名號。

　　1911年，辛亥革命爆發，旋肇建中華民國。駐藏清軍雖回應革命，但也引發西藏動亂，形成漢藏對峙局面。此時，藏蒙趁機簽訂《藏蒙條約》，宣布獨立，並互相承認。清軍則敗於英藏聯軍，遭解除武裝，遣送回內地。1913年1月，達賴喇嘛回拉薩重掌政教大權。袁世凱電達賴表示，恢復其封號，但達賴重申其西藏「獨立」的主張。1913—1914年，中、英、藏三方代表在印度舉行西姆拉會議。1914年，會議中，英國除表示支持藏方的大西藏主張外，並以不承認中國對藏宗主權、拒絕中國駐藏大員回拉薩駐紮，進而協助西藏抵抗中國等作為要脅，中國議約代表陳貽範以不能擅讓領土、改變疆域為由，拒絕簽署。此時，英國面臨歐戰爆發，中國也陷入軍閥割據亂局，中英均無暇理會西藏問題，唯獨西藏不斷擴軍，暫時取得優勢。相對的，中華民國政府的對藏權力，雖號稱中央對地方，但政令下達西藏並非易事。

　　1933年，第十三世達賴喇嘛土登嘉措圓寂於拉薩，情況出現轉機。1935年，西藏政府遴選出生於青海公繡的拉木登珠為第十三世達賴喇嘛的唯一轉世靈童，報請國民政府特准免予金瓶掣籤，中央並特派大員吳忠信會同熱振呼圖克圖主持坐床典禮。1940年2月22日，在拉薩布達拉宮正殿舉行典禮，拉木登珠繼位為第十四世達賴喇嘛。吳忠信稱：「結果均甚圓滿，從此對藏主權業已恢復」。[77]

　　就中央政府與西藏地方關係而言，清朝或民國政府為達賴喇嘛等蒙藏政教領袖舉行坐床典禮，從「封貢體制論」來看，其實就是涵蓋宗教性的封貢體制，可稱之為「政教合一型封貢體制」。在中央掌握宗教性封貢體制的前提下，

---

[77]　中國藏學研究中心、中國第二歷史檔案館合編《十三世達賴圓寂致祭和十四世達賴轉世坐床檔案選編》，中國藏學出版社，1991，第314—318頁。

駐藏大臣既具有監督達賴政府之權，噶廈也有秉承駐藏大臣與達賴喇嘛之旨意行政的義務。

1949 年 10 月，中華人民共和國於北京建政。1950 年 10 月，中國人民解放軍兵分八路進軍西藏，藏軍不敵，節節敗退，中央政府終於統一西藏。1951 年 5 月 23 日，中央人民政府與西藏地方政府在北京簽訂《關於和平解放西藏辦法的協定》（十七條協議），中國的對藏主權至此已完全恢復。

屬土外蒙的淪喪

在歷史上，沙俄不但對中國的邊疆蠶食鯨吞，而且對中國藩屬土加以兼併或鼓動獨立。

蒙古地處邊陲，以游牧為生，土廣而人稀，俄羅斯窺伺已久。清末，蒙邊空虛，為保疆衛土，清廷決心推動新政，乃透過移民墾殖政策，一面實邊，一面籌措經費。惟移民日增之後，舊有的「旗民分治」政策產生事權不一之流弊，乃有不得不設省改制，行直接管轄之勢。於是，施行「實效管轄」的設省改制籌邊論述成為壓倒性的主流意見，終於取代「因人制宜、因時制宜、因地制宜、因俗制宜」的傳統籌邊見解。此外，賣地墾殖所得因不足以支應新政開銷，大多就地增稅。對牧民而言，牧地日少，雜稅日多，蒙古雖是昔日戰友，但對清政府離心離德。

1911 年冬，沙俄以武器、彈藥、財政以及外交為支持，鼓動喀爾喀脫離中國，外蒙則以其利權交換，活佛哲布尊丹巴呼圖克圖乃在沙俄的支持下宣布獨立。1913 年，中俄簽訂《聲明文件》與《聲明附件》，規定俄國承認中國對外蒙擁有宗主權，外蒙土地為中國領土之一部分，中國則承認外蒙擁有自治權與俄國在《俄蒙協約》中所獲之種種利權。據此，在西方國際法的法理上，外蒙不但不是獨立國，而且必須遵守在中國宗主權下、中國完整領土之一部分下的規定。1914 年，中、俄、蒙三方依據《聲明文件》，在恰克圖開會解決蒙古問題，並於 1915 年簽訂《中俄蒙協約》，規定蒙方須取消蒙古國的國號，改稱外蒙古自治官府；哲布尊丹巴須取消帝號，改稱外蒙古博克多哲布尊丹巴呼圖克圖汗，並受中華民國大總統冊封；哲布尊丹巴須取消「共戴」年號，改奉民國正朔，但得兼用蒙古干支紀年。至此，情勢急轉直下，外蒙的獨立運動乃告失敗。

　　1917 年俄國爆發十月革命，剛成立的蘇維埃政權無暇兼顧外蒙。總統徐世昌與總理段祺瑞決定趁機出兵外蒙，乃派直系將領徐樹錚為西北籌邊使率兵入蒙，並於 1919 年 11 月令外蒙撤銷自治，回歸中國。1920 年，直皖戰爭爆發，徐樹錚回師參戰，駐庫倫兵力轉趨單薄，1921 年遂為白俄恩琴所敗。3月，蒙古人民黨軍隊在蘇聯紅軍的支持下攻占買賣城。相對的，此時中國軍閥正忙於內戰。不久，蘇俄紅軍入蒙俘虜恩琴，先借哲布尊丹巴呼圖克圖之名，扶植君主立憲政府。1924 年，哲布尊丹巴活佛逝世，蒙古人民黨旋即宣布廢除君主立憲，成立蒙古人民共和國。外蒙雖名為脫離中國獨立，實則淪為蘇聯附庸。北洋政府雖不承認外蒙獨立，但中國再次失去外蒙則是千真萬確之事。

　　相對於歐美的基督教文明，在民國以後的中俄交涉過程之中，看不到基於東正教文明所產生之俄羅斯國際法的論述，它在近代中俄外交談判上，特別是關於主權或宗主權的論述上，所表現出的國際法秩序原理，仍然是歐美的國際法。相反，從現實面來看，奪取鄰國的利權或土地，可能才是俄國外交真正的中心所在。

五、轉型後中華國際體系內部的原理矛盾

由「宗藩關係」走向「宗屬關係」的變革

　　1880 年 11 月 18 日駐日公使何如璋鑒於屬藩琉球淪喪，朝鮮情勢正岌岌可危，乃親撰〈主持朝鮮外交議〉上呈總理衙門與北洋大臣，建議政府代替朝鮮主持外交，消極可免「聽令朝鮮自行結約，他國皆認其自主，而中國之屬國忽去其名」之弊，積極則可「庶屬國之分，因之益明，他日或有外隙，而操縱由我，足以固北洋鎖鑰」。[78] 這是何如璋在歷考西洋國際關係與國際法後提出的改革宗藩關係的辦法，啟發了清朝的宗屬觀念，政策隨之改變，並由拒而漸，開始從東方式的「宗藩關係」走向西方式的「宗屬關係」。[79]

　　於是，假借國際法的法理，將東方傳統的「宗藩關係」轉型為西方近代的「宗屬關係」，以便借西方之衡量標準，讓列強承認其既有的宗藩關係。不過，這種做法卻也國際秩序原理在轉型上產生內部矛盾。原本「中華世界秩序

78　《清季中日韓關係史料》卷 2，342 號文件，附件 1。
79　張啟雄：〈清末中韓宗藩關係的政策轉變─從宗藩關係到宗屬關係〉，（韓國）《國際中國學研究》第 12 輯，2009 年 12 月，第 256─262 頁。

原理」認為「屬國」與「自主」兩立乃自明之理，但在西洋近代國際法看來，「屬國」與「自主」則是對立的概念。

就當時的國際局勢而言，中朝兩國因同時面對列強侵略，危機感日益高漲。結果，雙方都為了自身的國家生存，痛感必須開放門戶以維持均勢，同時必須將較弛緩的宗藩關係轉變成更緊密的宗屬關係。因此，中朝兩國都先後引進規範西洋進而規範世界的近代國際法秩序原理，企圖借用符合西洋近代國際法秩序原理的規定，以重新建構「中華世界秩序原理」下的中朝宗藩關係，於是雙方訂立了敕許的階層性《中國朝鮮商民水陸貿易章程》，這就是依據「中體西用」的見解與需要，而改造的宗屬關係。

結果，在 1882 年 5 月簽訂了「中體西用」的《朝美修好通商條約》，並以此條約作為範本，向世界列強開放朝鮮，亟圖維持東亞均勢。因此，以西方條約體制為本，強化中朝宗屬關係；其次，開放朝鮮，讓世界走進朝鮮，以維持列強在朝均勢；然後，讓朝鮮走向世界，與列強通商貿易，保持友好關係，就成為當時中朝兩國的國策與時代趨勢。

東西國際秩序原理的衝突

1. 主權平等 vs. 五倫階層

西方政治學界認為國家必須具備領土、人民、主權等三大構成要素。所以，國家必須在一定的領土上，居住一群人民，且擁有至高無上的主權。其中，主權的意義，在於對內表現出其對領土與人民的最高權，對外則呈現出獨立權。此外，不具領土屬性者不是主權，不具最高權力者（如省縣等領域性自治權力）也不是主權，強調主權在國際法上須具有獨立與非從屬的意義。其中，最高權指的是國家對其領土、人民的統治權；獨立權指的是國家在處理其對內、對外事務的國際關係中，具有獨立自主的權力。因此，本國內政既不容他國干涉，也不干涉他國內政。因此，主權國家可透過條約、國際慣例等國際性法律關係或慣例來設定其國際法關係，以取得權利、負擔義務。[80]

一般而言，根據近代國際法的基本原則，國家在國際法上具有平等權，此即國家地位平等原則。在國際法上之「主權對等」（sovereign equality）的

---

80 《國際法辭典》，331 頁。

前提下，國家雖然有大小、強弱之分，也有強凌弱、眾暴寡的侵略之實，但是在形式上它的國際地位對等，權利、義務相等。如果從主權的完整與否來分類國家，國家可以分為完全主權國與部分主權國。完全主權國是完整的國際法人，可以享受國際法上的任何權利，也得負擔國際法上的任何義務。相對的，部分主權國是不完整的國際法人，它們無法像完全主權國一樣，可以享受國際法上的任何權利，可以負擔國際法上的任何義務。所以，西方國家雖然高倡主權平等，但是實際上它卻透過國際法的「完全主權」與「部分主權」的分類，對不被西方承認的國家，或對受其侵略殖民的「國家」，施行「不平等」的國際待遇。

　　相對於西方的主權平等原則，東方則以五倫的社會倫理思維，建構出階層的國際關係。根據東方的歷史文化價值，在規範「中華世界帝國」之國際體系的「中華世界秩序原理」之下，其國際關係就是「事大交鄰論」的邦（國）際關係，而落實事大交鄰邦（國）際關係或邦（國）際禮儀的國際秩序原理，就是「五倫國際關係論」。

　　其次，「中華世界帝國」或東亞的國際秩序原理，基本上是在儒家文化價值的影響下所建立的邦（國）際關係理論。東西國際秩序原理的根本差異，即在於西方是建立在以基督教文明為基礎的價值判斷之上，相對的，東方則是建立在以儒家文化為根本的價值判斷之上。扼要言之，傳統中國的國際關係理論，其實就是根據儒家倫理思想建構而成的五倫國際關係理論。此即君臣、父子、夫婦、兄弟、朋友的邦交關係。在傳統的階層性五倫國際關係中，中國向來獨缺「朋友倫」邦交（＝「友邦」）關係。直到近代前後，西力東漸，中國遭遇歐美，在屢戰屢敗下，開始被西方納入國際法規範下的歐美國際關係後，始有西方式「朋友倫」國際關係的開建。說穿了，近代中國的「友邦倫」國際關係，名義上雖是「主權平等」的國際關係，但實際上則是遭列強輪番壓迫，早已淪為具殖民地色彩的「友邦關係」。

　　再從五倫國際關係論的國際秩序原理來看「中華世界帝國」或東亞邦（國）際關係發展史，在正常的情況下，中國與周邊國家或民族之間向來都建立「君臣」關係，又稱「事大字小」關係；屬藩與屬藩之間則建立「對等交鄰」的兄弟關係。兩者合稱，則為「事大交鄰」體制。再者，在非常時期，

宗藩之間的「君臣」關係的倫理性，常因位居中心的中國之盛衰而隨之改變。中國一衰，則君臣關係隨之降轉，改為兄 vs. 弟、伯叔 vs. 侄子等「兄弟倫」關係；再衰，則只能建立對等的「朋友倫」關係；又弱，則只好建立「舅甥」等具屈辱感的「夫婦倫」關係；更有甚者，則建立屈辱性「兒皇帝」等關係逆轉的「父子倫」關係；等而下之，則建立關係至為屈辱、地位完全逆轉的「君臣倫」關係，此時中華淪於夷狄，夷狄則進為中華，並入主中國。換句話說，這就是「華夷變態」的「王朝交替」。此等五倫的邦交關係，史上皆不乏其例。

考諸歷代宗藩關係，屬藩於朝貢中國之際，所以經常提及「以小事大，如子事父」、「義為君臣，情為父子」，其根據即在於此。因「中華世界帝國」之宗藩秩序體制，乃源於將家族倫理之「君臣、父子、夫婦、兄弟、朋友」等五倫精神，轉換成政治倫理的「君臣之國、父子之國、夫婦之國、兄弟之國、朋友之國」，因而形成五倫國際關係論的邦交體制。因此，在東方倫理精神下的國際關係，沒有侵略戰爭，只有基於「是非對錯」與「上下尊卑」的名分秩序，而給予教訓、懲罰性質的征伐，蓋「中華世界帝國」的觀念，就是「天下一家」，家人的過錯必須依照家族倫理（＝家規）懲處。相對的，在西方主權平等的原則下，既平等則無從懲罰，因此只有侵略或報復的戰爭。

總之，在西力東漸以後，東西方列強挾其堅船利炮的優勢，力主以國際法為國際交涉之唯一準則，「中華世界秩序原理」遂遭否定而逐漸湮沒不明。又，在屢戰屢敗的劣勢下，中國被迫簽訂城下之盟，西方的「實效管轄領有論」終於取代東方的「以不治治之論」，成為國際交涉的唯一標準；同樣的，倫理性的「五倫國際關係論」階層體制，也為西方近代高倡民族國家的「主權平等」觀念所取代。國與國之間，主權雖然平等，但是大欺小、強凌弱、剝削、榨取、侵略從無已時。從此，「中華世界秩序原理」由顯而隱，由隱而無，及今則不知其所終。是故，重新認識「中華世界秩序原理」，深入挖掘「以不治治之論」、「五倫國際關係論」的精神，以灌注西方國際法的缺陷，就成為當今之急務。

2. 屬邦 vs. 自主

清朝末年，李鴻章對宗藩關係從「以不治治之論」的東方傳統思維出發，主張「屬邦自主」，因為「屬邦」與「自主」是一體的觀念，二者並不矛盾。

不過從近代西方國際法的「實效管轄領有論」來看，「屬邦」與「自主」則是互為矛盾的觀念，無從並存。朝鮮大員金允植也認為：「惟敝邦，在中國為屬國，在各國為自主。名正言順，事理兩便」。[81] 朝鮮弱小，獨力不足於自保，因此強化中朝宗藩關係，對外可以達成國家安全的目的，對內可以維持邦國自主的政略，所以說「屬邦自主」是「事大字小」的「兩得體制」。他鑒於過往歷史，認為「屬邦」與「自主」透過中朝宗藩關係，既能阻止他國之侵略，政教禁令又得以自主，既不失自主之權，又不背事大之義，可謂兩得之策。

「屬國」與「自主」在東方的國際秩序原理上是可以成立的，其道理在於「以不治治之論」的文化價值與宗藩關係的實務運作，形成宗主國不干涉屬國內政的原則，所以原則上屬國的政教禁令得以自主。但在西方的國際秩序原理上，則是對立的概念。其道理則在於國際法主張「實效管轄領有論」，因為宗主國既然加以實效管轄，則屬國之內政、外交皆由殖民地總督管轄，故其政教禁令不得自主。反之，若屬國之內政、外交得以自主，那麼它就不再是屬國，而是主權獨立的國家。

在東方對西方開放門戶後，「中國＋屬藩」vs.「西洋＋日本」之間，在國家定位與使節駐紮往來上，由傳統的「賓禮」（朝貢禮）走向西式的「禮賓」（友邦禮），在過渡期間，不免造成中西禮儀之相互矛盾、窒礙、混亂等無所適從的現象。

這種強調宗屬關係的「中體西用」式做法，因為《朝美修好通商條約》的簽訂，伴隨美國勢力進入朝鮮，特別是歐洲列強也都各援美國之例進出朝鮮後，在身處劣勢的國際局勢下，不但在中國，在屬國，或在屬國之間或在宗屬之間，進而在宗藩與西方之間，何時爆發「屬邦」vs.「自主」、「宗屬關係」vs.「主權對等」等東西國際秩序原理的衝突，應只是時間遲早的問題而已。

3. 兩截體制的矛盾

兩截體制，意指「一個國家，適用兩種外交體制」的矛盾現象。從表面上看起來，它只發生在朝鮮王朝。其實，它也會發生在所有中國的屬藩身上。其主要理由有二：（1）中國是擁有國際秩序原理的國家，而且自成體系。（2）

81　金允植：《陰晴史》上冊，高宗十八年辛巳十二月二十六日，漢城：國史編纂委員會，1958。

中國國力式微，已不足以護持其國際秩序原理所規範之國際體系的國際秩序。另，所以只在朝鮮發生兩截體制之矛盾，蓋由於朝鮮王國較晚淪亡，更重要的是它採取對外門戶開放政策，引進歐美勢力，並與歐美列強互派使節駐紮，辦理外交事務。在中國屬土方面，理藩院轄下的蒙藏也有類似的情勢出現。

　　1880年代初，駐日公使何如璋鑒於列強亟圖進出中國屬藩，其中尤以美國更急於與朝鮮建交，乃在其所撰〈主持朝鮮外交議〉中建議李鴻章：中國政府，在締約前，派幹員「前往朝鮮，代為主持結約」，並於締約之後，飭令朝鮮聲明「奉中國政府命，願與某某國結約」，以為固朝存藩的變通之計。何如璋甚至連為日後強化宗屬關係之道，亦詳加思索規劃，乃更進一步建議朝廷應仿蒙古、西藏之例，「於朝鮮設駐紮辦事大臣」。[82] 1882年初，李鴻章遂在《朝美修好通商條約》草約的第1款中，插入「朝鮮為中國屬邦，而內政外交事宜向來均得自主」等字眼，美方以締約兩造對等為由加以拒絕。朝廷乃下諭飭令朝鮮國王撰擬「朝鮮國王致美國總統照會」，於光緒八年三月二十八日（1882年5月15日）照會美國，聲明：「朝鮮素為中國屬邦，而內治外交向來均由大朝鮮國君主自主……至大朝鮮國為中國屬邦，其分內一切應行各節，均與大美國毫無干涉」，進而以「奉清朝正朔」＝光緒八年（三月二十八日）的年號，遞送照會給美國。[83] 不久，朝美雙方又奉清朝正朔於光緒八年四月六日（1882年5月22日）在朝鮮京城簽訂《朝美修好通商條約》。[84]

　　繼《朝美修好通商條約》之後，1883年11月《朝英修好通商條約》及《朝德修好通商條約》、1884年6月《朝義修好通商條約》、1884年7月《朝俄修好通商條約》以及1886年6月《朝法修好通商條約》，都以《朝美修好通商條約》為藍本，而且朝鮮國王也都在締約之前先行遞交「奉中國正朔」的照會給締約國，聲明：「朝鮮素為中國屬邦，而內治外交向來均由大朝鮮國君主自主」，用以保護朝鮮的經濟利權和國家安全，強化中朝宗屬關係。至此，朝鮮終於展開全面性的門戶開放。

　　門戶開放後的朝鮮，開始面臨「一國二法」（＝「一個國家、兩種法理」）

82　吳汝綸編《李文忠公全集・奏稿》卷43，第34—36頁；《清季中日韓關係史料》卷2，389—397號文件。

83　《清季中日韓關係史料》卷2，420號文件附件5及422號文件附件3；卷3，101號文件，附件2。

84　《清季中日韓關係史料》卷2，420、422號文件，附件2。

的國際秩序原理＝「中華世界秩序原理」）與西方近代國際法的矛盾現象，而造成國際秩序原理的衝突與外交禮儀的矛盾。朝鮮官員金允植身處東方的傳統思維，認為「屬邦自主」正是「事大字小」的「兩得體制」。可是，面臨從東方體制過渡到西方體制，眼見東西國際秩序原理之矛盾與衝突的俞吉浚，認為這就是東西國際秩序原理衝突下的「兩截體制」。[85] 權赫秀稱此種現象為「一個外交兩種體制」。[86] 概括而言，所謂「兩截體制」，就是一面對中國或「中華世界帝國」所屬的國家，遵行「中華世界秩序原理」以推動邦交，另一面則對西方國家遵守國際法參與國際關係。前者主張屬國政教禁令自主；後者主張屬國政教禁令不得自主，自主者則非屬國。所以，「屬邦」與「自主」是對立的概念，還是兩得的概念呢？說穿了，仍然是「實效管轄領有論」與「以不治治之論」的東西國際秩序原理的衝突。

　　4. 賓禮與禮賓的外交禮儀衝突

　　1882 年 10 月，清朝以上國之名敕許朝鮮締結《中國朝鮮商民水陸貿易章程》。根據章程規定，中國於 1883 年派陳樹棠為「總辦朝鮮商務委員」，朝鮮則派南廷哲為「駐津商務委員」。商務委員與敕使不同，敕使歸禮部管轄，代表皇帝；商務委員的派遣權限，則分別屬於北洋大臣與朝鮮國王，中方駐紮於漢城，朝方則駐紮於天津。朝鮮國王的地位與北洋大臣對等，同樣都屬於「中華世界帝國」皇帝管轄下之臣民。

　　陳樹棠以商務委員頭銜擬參與駐紮朝鮮外交使節團事務，屢遭歐美列強使節拒絕，中國政府常痛感宗主權不彰，乃於 1885 年 11 月改商務委員為「駐紮朝鮮總理交涉通商事宜」，並派袁世凱以代陳樹棠。歐美使節以袁世凱為駐朝公使（Minister Resident），唐紹儀表示：袁世凱的頭銜為英文的「Resident」，而不是公使，因為中國絕不在其屬藩朝鮮派遣駐朝公使，否則無異於承認朝鮮獨立。不過美方鍥而不捨地追問總署，總理衙門於 1889 年 7 月答覆美國，表示：「駐紮朝鮮總理交涉通商事宜」乃基於中朝宗藩關係所「奉旨敕派」之「辦事大臣」，可參與「其國政凡與大局有關者」。[87] 袁世凱更建議政府「選派監國，

85　《西遊見聞》，該書編纂委員會編《俞吉浚全書》（4），漢城：一潮閣，1995，第 116—117 頁。
86　權赫秀：〈晚清對外關係中的「一個外交兩種體制」現象芻議〉，《中國邊疆史地研究》2009 年第 4 期。
87　G. C. Foulk to Secretary of State, Nov. 25, 1885, in George M. McCune & John A. Harrison, ed., *Korean-American Relations,* vol. 1 (Berkeley & Los Angeles : University of California Press, 1951),

代執其柄」，「仿漢封建，設相治事」。[88] 所以袁世凱本人正是推行監國大臣制的獻策者，也符合何如璋主張中國代為「主持朝鮮外交議」的建議。此事正意味著中國為了符合西方近代國際法的要求，在國際秩序原理上開始求新求變，逐漸由無為的「以不治治之論」轉型為「實效管轄領有論」。此時，朝鮮因受到刺激，也開始引進國際法、國際關係，派遣公使駐紮歐美，倡行主權平等的觀念，而「主權平等」的觀念正好與「名分秩序論」、「五倫國際關係論」等階層體制矛盾，於是逐漸危及中朝宗藩關係的歷史文化價值基礎。

經過總署釋明後，袁世凱從此擺脫「以不治治之論」的束縛，遂以袁總理名分，依據國際法「實效管轄領有論」原則，監督朝鮮國政，特別是奉宗主國上諭，負有指導朝鮮外交的任務，成為實質肩負監國任務的大臣，因此處處干預朝鮮國政，終於引發朝鮮的反彈。其中，尤其是袁世凱晉見國王的禮儀，李鴻章指示：依「不亢不卑」原則，照本國「司道謁親王」之禮，[89] 在宮門外「候請降輿」；謁見之際，行「三揖、側坐」之禮；逢國大典之際，無須鞠躬，行三揖之禮，可也。[90] 結果，因朝鮮對袁總理的禮遇程度遠超歐美各國，公使們視之為差別待遇，遂群起向袁世凱表達不滿與抗議。對此，袁世凱駁以禮儀所以不同，乃「屬邦與友邦之別」所致。[91] 果如李鴻章所料，締結《中國朝鮮商民水陸貿易章程》在禮儀上將造成上國官員的獨尊而形成階層禮儀，[92] 最後導致駐紮朝鮮中外使節因禮儀問題而衝突的現象日漸表面化。

同樣的，朝鮮派往北京的朝貢使節與派往天津駐紮的商務委員，在宗藩關係的階層體制下，只能以「陪臣」身分出現，仍須以三跪九叩禮謁見皇帝，而歐美日等各國駐華公使卻能爭取到優遇的禮儀，故不論在北京或在天津，朝鮮使節的國際地位與待遇，均遠不如歐美使領官員。假如朝鮮遣派的敕使、商務委員等使節，在國際上不能與歐美日等列強取得平起平坐之外交待遇的話，豈非獨厚侵華列強，而獨薄親華屬藩？在國際關係上不平等的差別待遇，其實就是離心離德的根源。其中，尤有甚者，當中朝同時派遣使節駐紮邦交國，

pp. 137—140.

88　《清季中日韓關係史料》卷3，919號文件，附件4；沈祖憲、吳闓生編纂《容庵弟子記》卷1，文星書店，1962，第16頁。

89　光緒朝《欽定大清會典》卷30〈禮部〉，商務印書館，1909，第1頁。

90　《李文忠公全集‧電稿》卷6，商務印書館，1921，第37頁。

91　《李文忠公全集‧電稿》卷6，第37頁。

92　《清季中日韓關係史料》卷3，649號文件。

如美國，其使節之差別待遇就更加明顯。

在宗藩體制的階層意識之下，朝鮮派往歐美各國駐紮使節之國際地位，當然遠不如擁有宗主權之中國駐外使節，中國甚至設有「三端」，加以節制。所謂三端，就是：（1）到任時，須先謁華使，請挈往，呈遞國書；（2）宗藩使節同席時，朝鮮使節須坐於中國公使之下位；（3）凡遇重大外交事件時，朝鮮公使須事先請求中國核示。[93] 不過，朝鮮因受國際法的洗禮和歐美使節的思想灌輸，獨立自主與主權平等的觀念日盛，決定對華陽奉陰違。於是，故意派遣朴定陽為駐美公使，授以全權公使之名，以獲駐紮使節中身分最尊的地位，甚至較宗主國中國所派二等公使之地位猶高出不少，因其身分地位居各國駐美使節團之冠，在形式上成為領導使節團之長。此外，朴定陽赴美後也不依約遵守三端，非但不先謁華使，還逕自謁見美國總統，呈遞到任國書。中國政府乃要求朝鮮政府懲處違約背信的朴定陽公使，結果朝鮮陽奉陰違。至此，無論在法理觀念上，還是在外交實務運作上，中朝宗藩關係均已逐漸走到盡頭。追根究底，外交禮儀衝突的根本原因，是賓禮與禮賓之不同，禮賓予人地位對等、受到尊崇之感，而賓禮則容易予人地位差別、受到折損之感。

中華宗藩體系轉型之評析

自古以來，中國發展出一套以儒家思想為中心的歷史文化價值，經日積月累發展成為一套規範東亞世界的國際秩序原理，並實際規範「中華世界帝國」的國際體系歷兩千年之久，我們稱此國際秩序原理為「中華世界秩序原理」。直到近代西力東漸後，始有根本性之國際秩序原理的衝擊、矛盾、衝突以及轉型。

近代稍前，西方因工業革命而國富兵強，因科技創新發展而船益堅炮越利。東西方的國力日益懸殊。西方又透過大航海而走向世界，為因應工業革命帶來的產業需求而逐漸向外擴張，甚至於尋求殖民地，以榨取原料、能源以及保障市場，終於演化成為進軍全球的列強。在堅船利炮下，亞、非、拉美各國紛紛被迫簽訂城下之盟，弱者因割地賠款而淪為殖民地；強者因宰制弱小而淪為帝國主義，進而建構西方價值中心主義，全面否定亞、非、拉美的異質文化。

93　《清光緒朝中日交涉史料》卷10，第38—39頁；《清季中日韓關係史料》卷5，1294、
　　1304 號文件；《李文忠公全集・電稿》卷9，第2—3頁。

　　西力東漸後，歐美列強不只帶來堅船利炮，同時也強銷用來規範西方國際秩序的國際法與國際關係，進而企圖挾此利器宰制非西方世界。其國際法的內涵先是「民族國家」的概念，凡不合乎此概念所定義的國家就是「無主地」，對於無主地就可以因「發現」而進行「先占」領有。當世界都已被先占瓜分殆盡之時，西方帝國主義若要在已成立國家的「有主地」上擴張勢力，就得一面否認因「發現」而「先占」的說法，一面提出「實效管轄領有論」的新主張與法理論述。西歐列強對於非西歐世界的國家，尤其是對多民族國家更刻意掃瞄，研究占領對策。於是將中國的領土區分為「實效管轄」、「不完全實效管轄」的領域，再依其對少數民族或地區的統治情況，先片面區分為「無主地」（如臺灣番地）、「宗主權」地區（如禮部轄下邦國、理藩院管轄地區）以及「主權管轄」領域（如各直轄省），然後「先兵後禮」（＝挾武力以製造既成事實），再利用國際法法理，取得或控制該土地以榨取權益。

　　列強對中國所屬「宗主權地區」所使用的國際法利器，就是「實效管轄領有論」，先對凡是宣稱屬國或屬藩的地區，進行「領其地，理其政，征其稅」之「實效管轄」深度的調查，再透過軍事占領，或將之培養成親帝國主義的政權，甚至轉化成自己的殖民地。

　　此時，中國對屬藩實施「中華世界秩序原理」、「以不治治之論」的政策，基於民族自治，實行「屬藩政教禁令自主」的地方自治。相對於西方列強，處於弱勢的中國，不但無力要求西方入境隨俗，甚至只能屈從於列強，在施行宗藩體制的邦國對外交涉上，亦得適用國際法。不過，中國對屬藩或屬藩對中國，仍然實施傳統舊制。於是，宗藩間在法理上形成了「兩截體制」的矛盾；在體制上形成了「主權對等」對「階層倫理」的衝突，在管轄交涉上形成了「屬藩」對「自主」的論爭，在國際禮儀上更形成了「賓禮」對「禮賓」的中外差別待遇。「中華世界帝國」原本天下一體適用的賓禮體制，至此發生無法規範歐美列強的實力落差，但是對屬藩卻仍率由舊章，當國力無法支撐國際秩序原理運作之時，即中華世界秩序崩解之際，無論在中國境內、屬藩境內還是在歐美境內的外交場合或國際關係上，都發生「兩截體制」的現象，造成獨厚列強、獨薄屬藩的不平等。其後果，就是屬藩開始離心離德，或遭列強吞併，或投靠列強宣告獨立自主。

屬於「不完全實效管轄」的蒙藏在英俄的鼓動與援助下宣布「獨立」；屬於「以不治治之」的琉球、朝鮮為日所併，越南則為法所並；屬於「實效管轄」的臺灣，在「臺灣番地無主論」下的「臺灣番地」，立即開山撫番，改行實效管轄，至於「全臺」則改建行省，直屬中央。不久，位居「中華世界帝國」中心的清朝也因革命而告崩解，西式共和的中國自此肇建。

歸結言之，「實效管轄」雖是最普遍的統治方式，但是「因人制宜、因時制宜、因地制宜、因俗制宜」的「以不治治之論」也是統治方式之一，套一句總理衙門的名言，這不是「政令有無」，而是「政令異同」的問題。蓋文化價值的不同，形成不同的國家體制；不同的國家體制，形成不同的國際秩序原理；不同的國際秩序原理，規範各自不同的國際體系。

於是，衰微的多民族國家，如「中華世界帝國」（＝中國），在力不如人的劣勢下，只好一面推動洋務以求自強，一面由「以不治治之」走向「實效管轄」統治的法理轉型，以圖列強的承認。

近代以前，中國的對外關係是宗藩體制；近代以降，因國力衰頹，屢戰屢敗之故，乃被迫簽訂城下之盟，自身尚且不保，又何以保護屬藩？國家宗廟幾乎不保，又如何保護其傳統的歷史文化價值與規範其國際體系的國際秩序原理？在劣勢下，遭遇國際挑戰乃必然之事，在力不足以自保的情勢下，唯有衡量自身能力，求變翻新，轉型以自保，變法圖強以謀再造。否則，宗藩體制必因樹倒而猢猻散，甚至連擁宗主權的上國都成為過江的泥菩薩，難逃為歐美國際洪流吞噬之命運。

最後，「中華世界秩序原理」在西方船堅炮利的武鬥下，「萬國公法」獨占國際關係的文鬥裡，喪失國際舞臺，以致無法經世致用。因此省思「中華世界秩序原理」之內涵何以鮮為世人所知，乃必為的重中之重。

中華宗藩體制之所以崩潰，蓋西力東漸後中華屢戰屢敗，力不足以自保所致。如今，為了使「中華世界秩序原理」在悠久的歷史進程中再次重現，進而發揚其扮演以原理潤滑國際關係，並探索其曾鞏固「中華世界帝國」長達兩千年之歷史任務，學者與學界除了在浩瀚文獻之中勾隱史料、發微原理之外，也應挖掘中西外交談判之交涉案例，將「中華世界秩序原理」與國際法等國際秩序原理，應用到國際交涉諸案例上，然後提出超然而有據的主張與論述。

　　近代以降，中國何止在軍事競爭上敗北，更殘酷的是中國連士大夫也在「國際秩序原理」上打了敗仗，如何重新基於歷史文化價值創造具有中國特色的「國際秩序原理」與「國際法」，正是今天中國知識分子與學術界不可推卸的責任與義務。不過，對中國而言，其根本之道，還是在於創造獨強的綜合國力，發揮歷史文化價值，提倡王道的價值理念，進而改造國際秩序原理，才能在必要之時，承擔國際權利義務，挺身護持國際秩序，創造大同世界，維護世界和平與進步。

第六章　太平天國的興起與敗亡

一、太平天國的興起

洪秀全的早期活動及廣西局勢

　　鴉片戰爭結束後，清政府並沒有從戰敗中警醒，積極求變，而是無視危機與挑戰，依然抱殘守缺：傳統的夷夏觀念沒有變，兵制等祖宗成法沒有變，吏治腐敗、文恬武嬉的現象沒有變，地少人多問題沒有減緩，從而使中國積弱積弊的狀況沒有得到應有改變。另一方面，清政府又在西方列強的武力威脅下被迫接受一些變化，諸如割地賠款、五口通商、設立租界、領事裁判權、傳教士的湧入等。這些變化既引發了新矛盾新問題，同時又使舊矛盾舊問題進一步激化，兩者交匯，最終導致清政府陷入嚴重的內外危機，其標誌為太平天國的興起和第二次鴉片戰爭的爆發。

　　說到太平天國的興起，必然要論及洪秀全的早期活動，特別是他的思想變化。

　　洪秀全 1814 年出生於廣東花縣（今廣州市花都區）一個客家村落，7 歲入私塾讀書，滿心博取功名。16 歲起先後四次參加科舉考試，均名落孫山，精神頗受打擊；1836 年（丁酉年）第三次科考落榜後大病一場，病中產生一些夢幻感覺，對科舉仕進感到絕望，同時自視甚高，不甘以設館授徒了此一生，這構成洪秀全此時的主要心態。1843 年，他偶讀基督教布道手冊《勸世良言》，對書中抨擊世風日下人欲橫流的言辭產生共鳴，尤其是自我認為書

---

* 本章由夏春濤撰寫。

中述及上帝的細節與自己丁酉年升天異夢的情節兩相契合，由此產生強烈的心理暗示，認為自己便是上帝指派來挽救世道人心、使中國重新信奉真神上帝的人。以此為轉折，時年 31 歲的洪秀全走上用「良言」來勸世、救世之路。

不過，洪秀全起初的布道活動並不順利，僅說服其家人以及密友馮雲山、族弟洪仁玕等皈依上帝。1844 年春，洪秀全、馮雲山結伴離鄉傳道，沿途信從者寥寥。接著，二人遠赴廣西潯州府貴縣（今貴港）賜穀村，半年內發展了一批以客家人為主的信徒。返回花縣後，洪秀全在教書之餘繼續布道，並陸續撰寫一些宗教宣傳品，苦口婆心地勸人拜上帝、不拜偶像，做正人、行善事。〈原道醒世訓〉一文還明確流露出改造社會的意識，宣稱上帝是天下凡間大共之父，「天下多男人，盡是兄弟之輩；天下多女子，盡是姊妹之群」，只要人們珍惜手足之情，習善正、棄奸邪，便可以「行見天下一家，共享太平，幾何乖離澆薄之世，其不一旦變而為公平正直之世也」。

洪秀全通過《勸世良言》，根據自己的理解來詮釋上帝信仰，可謂無師自通。1847 年春，在廣州民眾群起反對洋人入城的背景下，洪秀全來到美國傳教士羅孝全（I. J. Roberts）設在廣州的教堂學習基督教教義，每天接受兩小時輔導。不久正式申請入教，但因提出入教後的生活保障問題而被視為動機不純。因受洗不成，洪秀全再度前往廣西。這成為他人生的又一轉捩點。

在桂平縣紫荊山，洪秀全與滯留廣西的馮雲山重逢，得知後者在兩年多時間裡終於打開局面，在當地發展眾多信徒，形成一個名為「上帝會」[1]的宗教組織，不禁喜出望外。他以教主身分主持傳教。有關他的種種神秘傳聞在四鄉不脛而走，上帝信仰迅速傳播到周邊數縣。因勢力坐大且搗毀當地神像，上帝會引起鄉紳的敵意。同年底，紫荊山生員王作新率眾捉拿馮雲山未遂，遂向官衙指控馮雲山等人「結盟聚會」、「踐踏社稷神明」，籲請將其「嚴拿正辦」。馮雲山被羈押，骨幹信徒盧六在關押期間病亡。洪秀全為搭救馮雲山，來到廣州求助，未有結果。桂平縣衙最終草草結案，將馮雲山以無籍遊蕩之名遞解原籍管束。馮雲山事件前後歷時半年多，給上帝會帶來不小震盪。在洪秀全奔走廣州、馮雲山被押期間，紫荊山上帝會內部因群龍無首而陷入紛擾，

1　該宗教組織確實存在，其名稱為「上帝會」，所謂「拜上帝會」一說屬以訛傳訛。參見夏春濤〈「拜上帝會」說辨正〉，《近代史研究》2005 年第 5 期；〈「拜上帝會」說再辨正〉，《福建論壇》（文史哲版）2009 年第 2 期。

不少人詭稱神靈附體，各自發號施令，其中包括以種山燒炭為生的楊秀清、蕭朝貴仿效當地降僮巫術，分別托稱天父（上帝）、天兄（耶穌）附體下凡。洪秀全返回紫荊山後，承認了楊、蕭的特殊身分。

　　廣西是當時長江以南社會問題最複雜、社會矛盾最尖銳的一個省分，主要體現在三個方面，即民生問題、民族問題、土客問題。

　　廣西山多地少，且耕作粗放，水利落後，單位面積產量較低，素稱「地瘠民貧」；隨著人口持續增加，地少人多的矛盾變得越發尖銳，而土地兼併現象卻愈演愈烈，大量自耕農、半自耕農破產，淪為佃農或遊民。另一方面，由於長期過度墾殖，廣西生態環境不斷惡化，森林面積銳減，水土流失加重，不少山田旋墾旋荒；在平原地帶向河灘爭地則導致河道淤塞，引發水災。這使得廣西抵禦自然災害的能力十分脆弱。在道光朝，廣西境內災害頻仍，幾乎連年不斷，使民生問題雪上加霜。

　　廣西原是百粵（越）雜處之地，秦代始有漢人遷入，而以清代規模最大、持續時間最長。各民族共同為開發廣西作出了貢獻，但彼此間也不同程度地存在著隔閡與衝突。清雍正年間實行改土歸流後，廣西仍保留26個土州、4個土縣以及3個長官司。兩種體制並存，從側面反映了民族間存在的壁壘，有礙政令暢通。而官府對各民族不能一視同仁，官方文獻常將「民瑤」並稱、視瑤族同胞為「化外之民」，便是一例。在多民族雜居的情形下，民族關係處理不慎，極易引發族群衝突或民變，造成社會動盪，如乾隆年間柳州府境內壯、瑤為爭奪土地而仇殺，嘉慶年間西隆州苗民抗官起事，道光十二年（1832）賀縣瑤民起事。

　　「來土之爭」則更為白熱化，爭鬥雙方不完全按照族群來劃分，而是依是否是土著或入籍早晚來劃分。「來人」主要泛指清初以來自廣東惠州、潮州、嘉應州遷徙入桂的客家人；「土人」指壯、瑤等土著民族，也包括那些入籍已久反客為主的漢民。隨著客民人數不斷增加、分布區域越來越廣，土客之間常為爭奪耕地等發生衝突。雙方以血緣、地緣關係為紐帶各分營壘，動輒為睚眥之怨械鬥，給社會帶來極大破壞和震盪，成為廣西境內一大嚴重的社會問題。

　　耕地是民族、土客紛爭的焦點。因此，民族問題、土客問題說到底也是民生問題，是其特殊表現形式。從本質上講，廣西社會矛盾如此尖銳複雜，

其根源在於官府疲玩泄沓，殘民以逞，貪墨成風。民不堪命，勢必鋌而走險。欽差大臣賽尚阿 1851 年夏奏報桂湘兩省官習民情時承認：「州縣各官，膽大貪婪，任聽家丁者十居八九。百姓受其欺凌，終無了期，往往鋌而走險。奴才日接呈詞數十張，多係控告書差、家丁舞弊者⋯⋯粤西之匪蓄謀已非一日，緣大吏因循、州縣逼迫所致。」[2]

　　道光末年，以天地會為主體的民間拜會結盟現象在廣西迅速滋蔓，形成「盜匪如毛，會黨紛起」局面，其騷動形式逐漸從單純的打家劫舍、劫富濟貧向公然對抗官府過渡，「小之開角打單，大之攻城劫獄，浸成燎原之勢」。[3]民變大潮與土客械鬥、民族紛爭相交織，使廣西社會陷入劇烈動盪。面對這一局面，廣西當局方寸大亂。與鄰省相比，廣西統治力量存在先天不足：一是官員少，且人心不穩；二是駐軍少，且編制混雜；三是經費少，財政不能自給。而文恬武嬉、營伍廢弛的積弊又進一步削弱了其應變能力。因此，當境內發生局部騷亂時，廣西當局尚能應付；一旦出現民變蜂起局面，便頓時陷入缺兵少餉的窘境，難以招架。州縣官因而如坐針氈，「不願到任視事，每下檄嚴催，始行登程。民不聊生，官亦不聊生，可為太息」。[4]於是，各州縣對境內騷亂大多隱匿不報，一味敷衍了事。鄉紳為求自保，紛紛出面舉辦團練，在牽制天地會的同時，客觀上削弱了官府對基層的控制力。有些團練還捲入土客械鬥等私人仇殺，從而加劇了局面動盪。

　　馮雲山事件正是在上述背景下發生的。它使洪秀全意識到，用道德說教方式來扭轉世道人心，即便在紫荊山也行不通，而紛擾的時局更使他強化了這種認識，故而表示：「過於忍耐或謙卑，殊不適用於今時，蓋將無以管鎮邪惡之世也。」[5]上帝會成員以窮苦人居多，對社會現狀的不滿情緒蓄積已久。李秀成後來回憶說：「自教人拜上帝之時，數年未見動靜。自道光廿七八年之上

2　〈賽尚阿奏報沿途密訪湖南廣西會黨及官習民情片〉，中國第一歷史檔案館編《清政府鎮壓太平天國檔案史料》第 2 冊，光明日報出版社，1990，第 79 頁。

3　嚴正基：〈論粵西賊情兵事始末〉，太平天國歷史博物館編《太平天國史料叢編簡輯》第 2 冊，中華書局，1962，第 3 頁。按：天地會每至一地，照例先書富戶勒索銀錢，曰「打單」；群起洗劫財物曰「開角」。

4　嚴正基：〈論粵西賊情兵事始末〉，《太平天國史料叢編簡輯》第 2 冊，第 5—6 頁。

5　Theodore Hamberg, *The Visions of Hung-Siu-Tshuen and Origin of the Kwang-Si Insurrection* (Hongkong, 1854; Reprinted by Yenching University Library, 1935), p.43. 譯文採自簡又文〈太平天國起義記〉，中國史學會主編《中國近代史資料叢刊‧太平天國》（以下簡稱《太平天國》）第 6 冊，神州國光社，1952，第 864 頁。

下，廣西賊盜四起，擾亂城鎮，各居戶多有團練。團練與拜上帝之人兩有分別。拜上帝人與拜上帝人一和〔夥〕，團練與團練一和〔夥〕，各爭自氣，各逞自強，因而逼起。」[6] 1848 年冬，洪秀全等人正式確立反清意向─蕭朝貴以天兄名義與洪秀全對話，稱洪為「胞弟」，確認了他作為「日頭」即天子的身分，並在內部祕密進行打江山的動員。自此，上帝信仰被賦予鮮明的政治色彩，從單純的道德說教轉為宣導斬邪留正、創立新朝；上帝會也從單純的宗教團體轉變為一個祕密反清組織。廣西之所以成為太平天國的策源地，其根源在於它是長江以南社會矛盾最尖銳、清政府統治力量最薄弱的一個省分。

從金田起義到定都天京

洪、馮、楊、蕭以及韋昌輝（原名韋正）、石達開，構成密謀起義的核心層。1850 年初，天兄（蕭）在紫荊山召見絡繹而至的各地骨幹信徒，叮囑眾人要保密，真心擁戴已祕密稱王的洪秀全。起義進入具體醞釀階段。4 月 5 日，即咸豐帝舉行登基大典後不到一月，洪秀全在紫荊山悄然黃袍加身。他利用動盪時期人們普遍存在的避禍求福心理，數次以上帝名義發布預言，宣稱災劫將至、「人將瘟疫，宜信者則得救」等。隨後預言果然應驗，廣西數縣發生瘟疫，貴縣爆發慘烈的土客械鬥。於是信從上帝者愈眾。8 月初，洪秀全家屬被專人從廣東接至紫荊山。與此同時，上帝會核心層由近及遠，向各地會眾發出到紫荊山南麓金田村「團營」的號令。金田村成為起義隊伍集結地和策劃起義的大本營。時值楊秀清患病，團營事宜主要由蕭朝貴、韋昌輝出面主持。洪、馮則轉移到平南縣鵬化山區密藏。

桂平境內會眾最早集結。外地會眾也紛紛變賣或處理家產，各按地域聚集，舉家舉族扶老攜幼，從四面八方開赴金田；不少隊伍遭官紳堵擊，未及招齊人馬，且拒且走。為儘量聚齊隊伍，天兄（蕭）示意「千祈祕密，不可出名先，現不可扯旗，恐好多兄弟不得團圓矣」。[7]此時，廣西全境以天地會為主體的武裝暴動此起彼伏，且紛紛打出「替天行道」、「殺官留民」等旗號。年近七旬的廣西巡撫鄭祖琛求援不得，束手無策。廣西提督閔正鳳四下活動調任一事，想一走了之。左江鎮總兵盛筠見局面失控，乾脆告病撂挑子。到

6　羅爾綱：《增補本李秀成自述原稿注》，中國社會科學出版社，1995，第 107 頁。
7　〈天兄聖旨〉卷二，王慶成編注《天父天兄聖旨》，遼寧人民出版社，1986，第 77 頁。

1850 年夏秋，廣西已大局糜爛，「賊視攻城劓邑幾如反手」。[8]在全省狼煙四起的情況下，各地勇練自顧不暇，對過境的團營隊伍不敢窮追猛打，而是驅逐出境了事。接悉修仁、荔浦縣城被天地會攻陷的奏報後，咸豐帝這才意識到事態嚴重性，趕緊指派欽差大臣、對廣西進行人事調整，並相繼抽調滇、湘、黔各兩千名官兵馳援，欲從速鎮壓天地會。如火如荼的天地會暴動牽制了廣西官府的主要兵力，分散了其注意力，使金田團營得以避免夭折。

11 月初，楊秀清病癒視事。除廣東信宜凌十八外，各路人馬的主幹陸續聚集金田並接受整編，打破家庭結構，按性別劃分男營、女營。12 月末，楊秀清派兵接應洪秀全、馮雲山自平南返回金田。數日後擊潰前來圍剿的清軍。

1851 年 1 月 11 日（道光三十年十二月初十），參加起義的男女老幼約兩萬人在金田慶賀洪秀全 38 歲生日和起義的勝利，定次年為太平天國元年。今人以這一天作為金田起義紀念日。十天後，欽差大臣李星沅奏曰：「廣西賊勢披猖，各自為黨。如潯州府桂平縣之金田村賊首韋正、洪秀全等私結尚弟會，擅帖偽號偽示，招集游匪萬餘，肆行不法……近日恃眾抗拒，水陸鴟張，實為群盜之尤，必先厚集兵力，乃克一鼓作氣，聚而殲之。」[9]清政府這時才總算明白，金田太平軍才是廣西最具威脅、最難對付的力量。

太平軍隨帶大量婦女老幼，實際作戰兵力僅三千人，面對兵力、武器、給養均占優勢的清軍的圍追堵截，不得不避實就虛，在周邊地區迂迴作戰。但清軍將帥不和，各部不能協同作戰，士氣低落，且不習水土。署廣西巡撫周天爵趕至武宣縣城堵截，不意「帶兵一百名，如駐馬嵬坡，皆不願走也；路上募（勇）一百名，又如石壕驛，未走先哭」；而城中居民已逃避一空，「問縣官劉作肅有何準備，答云『只有一繩』，則大哭」。[10]而太平軍士氣明顯占優，連婦女也踴躍參戰，且熟悉地理環境，憑險據守。此消彼長，使太平軍在被動中掌握一定的戰略主動，一直牽著清軍鼻子走，並在轉戰過程中實現了繼續招集上帝會兄弟的目的，雖迭經惡戰，但兵員仍有擴充。9 月 25 日，太平軍一

---

8 〈杜受田奏陳兩廣起事情形並剿捕方略單〉，《清政府鎮壓太平天國檔案史料》第 1 冊，光明日報出版社，1990，第 207 頁。

9 〈李星沅等奏報桂平金田大股會眾抗拒官兵亟籌攻剿並請簡提鎮大員摺〉，《清政府鎮壓太平天國檔案史料》第 1 冊，第 131—132 頁。按：文中「上帝會」被避改為「尚弟會」；「韋正」即韋昌輝。

10 周天爵：〈致周二南書〉，《太平天國史料叢編簡輯》第 6 冊，第 3—4 頁。

舉攻克永安州城（今蒙山）。清軍四面圍攻，卻遲遲不能拿下這座蕞爾山城。洪秀全在城內抓緊進行政權建設：詔封楊秀清等五人為王；重定正朔，創建天曆；刻印專論禮儀制度的《太平禮制》等書籍。清廣西按察使姚瑩分析說：「竊謂人心齊、地理熟、膽氣旺，此三者賊之所長而我之所短也；火器精、糧餉足、兵勇眾，此三者我之所長而賊之所短也。」[11] 而人心、膽氣成為左右戰局的主要因素。時人有詩譏諷清軍道：「固壘深溝容賊據，缺斫破斧轉心寒；孤城在望無人近，半載甘從壁上觀。」[12]

1852 年 4 月初，太平軍撤離永安。旬日後逼近省城桂林，圍攻月餘未下，遂移師攻下興安、全州，沿湘江北上。清軍前堵後追，南王馮雲山在蓑衣渡之戰中炮身亡。太平軍跳出廣西，6 月上旬進入湖南境，進占道州。湖南社會矛盾同樣十分尖銳，境內天地會和白蓮教分支齋教十分活躍，連日投效太平軍者達三五千人。戰火蔓延至湖南，湖廣總督程矞采為廣西圍剿不力叫苦不迭，認為「不得因壤地攸分，遂置妖氛於不顧，為叢驅雀。賊皆自粵而來，不得以竄入湖南為了事」，[13] 並抱怨廣西兵勇「每遇賊蹤竄至，率皆尾追，從不敢迎頭堵剿」。[14] 然而，太平軍占領道州當日，程矞采卻以移護省會為名，微服坐漁船棄衡州（今衡陽）而下，以致沿途居民驚駭不已，遷徙紛紛。時人有詩譏諷道：「粵西賊匪尚天涯，走盡湖南十萬家；莫怪湘民俱膽落，制軍先已下長沙。」[15] 更有甚者，太平軍剛開進湖南，湖北巡撫龔裕便以不諳軍旅現復患病為由請准開缺，欲趁早規避風險。

太平軍在道州休整近兩月。清軍組織不起像樣的進攻；在太平軍棄城東進後，又摸不清其進軍路線，只得四面設防，顧此失彼，且大多不敢迎頭攔截，追擊則不堪露宿風餐之苦，故而被拖得疲憊不堪，始終撞不上太平軍。太平軍避實擊虛，旬日間疾馳數百里，8 月 17 日克郴州。兩旬後，率部先行北上的西王蕭朝貴在指揮攻打長沙時中炮，旋傷重殞命。太平軍主力趕至，在腹背受

11　姚瑩：《中複堂遺稿》卷 5〈與嚴觀察〉，第 10 頁 A。
12　佚名：〈粵西獨秀峰題壁三十首〉，《太平天國史料叢編簡輯》第 6 冊，第 369 頁。
13　〈程矞采奏報全州失守敵逼近楚疆飭屬竭力堵禦摺〉，《清政府鎮壓太平天國檔案史料》第 3 冊，社會科學文獻出版社，1992，第 216 頁。
14　〈程矞采奏陳敵情叵測勢必竄伺楚疆兵單難禦現移護長沙片〉，《清政府鎮壓太平天國檔案史料》第 3 冊，第 218 頁。
15　〈黎吉雲奏參程矞采臨敵由衡退避省城舉動乖方大為民害摺〉，《清政府鎮壓太平天國檔案史料》第 3 冊，第 473 頁。

敵的情形下強攻長沙 81 日未下，遂移師寧鄉北上，出洞庭湖。年已 76 歲的湖北提督博勒恭武駐防岳州府城（今岳陽），聞警棄城而逃。12 月 13 日，太平軍占岳州，四日後水陸併發，向湖北推進。在湖南半載，太平軍前後擴軍四萬人左右，聲勢大振。

1853 年 1 月 12 日，太平軍攻克湖北省會武昌，在此休整籌糧。人心向背成為左右戰局的一個重要因素。太平軍軍紀較嚴明，而清軍紀律鬆弛。署河南巡撫琦善承認，各路援兵自調撥後，「多以需索騷擾為事……甚至擄掠姦淫，無所不為。百姓受其荼毒之害，隱忍莫訴……是以民間有『畏兵不畏賊』之謠」。[16] 自廣西一直尾追太平軍的署湖北提督向榮亦云：「無如軍營積習，疲玩顢頇……其益陽、臨湘、咸寧並現在之黃州府、武昌縣，各文武均不能嬰城固守，乍聞賊至，即棄城先遁，以致百姓紛紛迎賊入城。」[17]

2 月 9 日，太平軍撤離武昌東下，帆幔蔽江，銜尾數十里。一路高歌猛進，連下九江、湖口、安慶等地。3 月 12 日，水陸合圍江寧府城（今南京）。19 日破城而入，次日攻陷八旗駐防城，完全控制江寧。太平天國不久宣布在此建都，改稱天京；以清兩江總督署為天朝宮殿，俗稱「天王府」。

為鎮壓太平軍，清政府在兩年多時間裡先後更換、任命九個欽差大臣，按時間順序，分別為林則徐、李星沅、周天爵、賽尚阿、徐廣縉、陸建瀛、琦善、向榮、祥厚。其中，林則徐死於赴任途中；周天爵在李星沅病逝後暫署欽差大臣，前後僅六天；祥厚因江寧被圍未接到接任欽差大臣的諭旨，旬日後即殞命。調動十餘省軍隊，耗費餉銀兩千餘萬兩，但由於統治機器失靈，戰局愈益惡化，其各種弊病在戰爭中暴露無遺。太平軍始終遭清軍圍追堵截，起初處境險惡，靠避實擊虛來保存實力；攻克永安後贏得喘息休整之機；進軍湘鄂開拓了新空間，兵力大增，逐漸掌握戰場主動權；攻克武昌後完全占據主動，乃至沿江東下，一路勢如破竹，占據東南第一都會江寧。從金田村到江寧城，太平軍先後轉戰六省，跋涉轉進數千里，從星星之火漸成燎原之勢，兵力從三千人擴充至十萬人左右，攻占大小城池近 40 座。兵鋒所及，清地方政權被

---

16 〈琦善奏陳請調派兵數及籌議防堵等情摺〉，《清政府鎮壓太平天國檔案史料》第 4 冊，社會科學文獻出版社，1992，第 114 頁。
17 〈向榮奏覆十八日進兵獲勝及現籌堵剿情形摺〉，《清政府鎮壓太平天國檔案史料》第 4 冊，第 258 頁。

衝擊得七零八落，大多處於癱瘓狀態。以安徽為例，「由省會以及沿江各州縣，被兵以來城中均無官長」。[18]

　　以定都為標誌，太平天國結束流動作戰狀態，進入以天京為中心開疆闢土的新時期。

二、太平天國與清政府的對峙

戰局之演變

　　武昌、安慶、江寧三座省城在 70 天內相繼陷落，清方驚呼「此我朝二百餘年未有之變也」。1853 年 3 月 31 日，天京太平軍輕取鎮江府城，威脅蘇杭財賦之區；次日，又占據北路咽喉揚州府城。三城在南北兩岸構成犄角之勢，導致清政府南北中梗。清廷趕緊調整部署，由欽差大臣向榮率重兵屯紮天京城外孝陵衛一帶，另分兵駐紮丹陽窺伺鎮江，是為江南大營；另由欽差大臣琦善率重兵屯紮揚州近郊，是為江北大營。南岸主攻，北岸主守，重點防止太平軍自揚州北上威脅京畿。

　　5 月中旬，為攻取北京，林鳳祥、李開芳等率兩萬餘人從天京出發在浦口登陸，揭開北伐序幕。太平軍自皖北渡過淮河突入河南，在鞏縣渡過黃河天塹。因久攻懷慶府城（今沁陽）不下，且清軍調集重兵防堵北路，被迫繞道山西東進，翻越太行山插入直隸。北京人心惶惶，部院各衙門紛紛告假。太平軍迅速推進，在泊頭鎮沿運河北上，破滄州，10 月末進占天津附近的靜海縣城和獨流鎮，距北京僅二百餘里。在不到半年時間裡，北伐太平軍轉戰數省，行程達四五千里，擴軍至四萬人。按照事先部署，林鳳祥等就地駐紮等待援軍。

　　太平軍主力部署在天京一線，能否抽調援兵北上，取決於南方戰場的走勢。同年 6 月初，太平天國發兵萬餘人溯江西征，旨在避實擊虛，開闢上游版圖作為天京屏障和糧餉供給之地。西征太平軍再克安慶，連下彭澤、湖口，但攻打江西省會南昌 93 天未下。翼王石達開親赴安慶主持西征後，攻勢得到加強。太平軍占九江，攻克清安徽臨時省會廬州（今合肥）；旋在湖北發起攻勢，進逼武昌。

18　〈向榮奏請飭周天爵派員迅赴各屬協濟倉穀先蘇民命片〉，《清政府鎮壓太平天國檔案史料》第 5 冊，社會科學文獻出版社，1992，第 257 頁。

然而，隨著與湘軍接戰，太平軍的勢頭很快受到遏制。

自廣西起，清政府為儘快鎮壓太平軍，一直在忙不迭地抽調軍隊，但遲遲不能實施有效圍剿，軍事危機反而日漸加重。除戰略戰術的因素外，其原因主要有三：一是作為經制兵的綠營、八旗積弊甚深，總體上將不知兵、兵不習戰、戰不用命，且軍紀鬆弛；二是前線大軍均係倉促拼湊而成，各存門戶之見，很難步調一致，甚至勝則相妒、敗不相救；三是各路人馬奉調後須長途跋涉，沿途又因自身不帶長夫、事事責成州縣而逗留遷延，以致行進遲緩貽誤軍機，且擾累地方甚巨。至於各地招募的壯勇多為無業遊民，大半唯利是圖，既無節制紀律，又無忠勇之氣。而官府倡首、鄉紳自辦的團練僅是輔助性武裝，也不足深恃。

在湖南湘鄉（今雙峰）守制的前禮部侍郎曾國藩深知這些弊病，遂利用奉旨幫辦團練之機，按照「別樹一幟」、「改弦更張」的思路，歷時年餘組建了 1.7 萬人左右的隊伍，自號「湘勇」，後因獨當一面聲名鵲起而被稱為「湘軍」。湘軍之「新」體現在：刷新營制，且重視冷熱兵器、水陸兩軍之配合；精神面貌新，地域化、私人化色彩甚濃；重視訓練，積極備戰；餉項從優，自辦軍需，自籌糧餉。於是，曾國藩借團練之名、行壯勇之實、充額兵之用，創建了一支有別於八旗綠營、具有較強凝聚力戰鬥力的新式軍隊，從而改變了戰爭態勢。

太平軍於 1854 年 2 月 27 日占湖南門戶岳州，13 天後逼近長沙，遭湘軍堵擊。太平軍在首次交鋒中失利，不到一月便退出湖南。未幾，太平軍增兵反攻，擊退湘軍，形成南北夾擊長沙之勢。4 月末，湘軍反撲靖港失利，曾國藩投水自盡，被部屬救起後敗退長沙。但在同時進行的湘潭會戰中，湘軍以少勝多；太平軍陣亡近萬人，導致全線潰敗，退守岳州。曾國藩抓緊休整，重點整頓水師，包括造新船、添購洋炮。

在湖北，太平軍經數月圍攻，於 6 月 26 日再克武昌。為收復武昌，湘軍水陸在休整後陸續北上，經連番鏖戰，於 7 月下旬奪回岳州，一月後占領城陵磯，並乘勝沿江追殺至湖北嘉魚縣境。太平軍至此徹底退出湖南，西征戰略受挫。而湘軍則打開進兵武昌的通道。

不久，湘軍揭開出境東征的序幕，水陸順流東進僅四旬、攻城僅三天，

便以較小傷亡，於 10 月中旬收復武昌，重創太平軍，一時名聲大噪。江南道監察御史沈葆楨認為：「賊自犯順以來，未有如此之大受懲創者。」[19] 自此，清廷在天京上游的軍事明顯倚重湘軍。

由於兵力同時投放在天京周邊和北伐、西征三個戰場，太平軍戰線過長，導致機動兵力不足，顧此失彼。受影響最深的是北方戰場。太平軍在獨流、靜海固守待援，頓時從戰略進攻轉為戰略防禦，遭僧格林沁、勝保等部清軍圍堵。在苦守約一百天後，太平軍被迫冒著嚴寒突圍南撤，從此又從戰略防禦轉入戰略退卻。僧格林沁督率馬隊猛追。太平軍且戰且退，因掉隊被殺及凍死凍傷者甚眾，元氣大傷，於 1854 年 3 月上旬退至阜城。以棄守揚州的人馬為主組成的七千餘援軍一路北上，兵力擴充到五六萬人，3 月末進抵山東臨清，距阜城僅兩百多里。但援軍攻打臨清耽擱十多天時間，錯失北上會師的最佳時機，且新兵紀律散漫，破城後擄掠財物成群乘間潛逃；北上遭阻擊後掉頭南撤，在清軍追擊下潰不成軍，折損殆盡。燕王秦日綱隨後奉命領兵北上，在安徽舒城遭阻擊，便以「兵單難往」為由折回。援北再告夭折。

5 月初，林鳳祥率七八千人自阜城突圍至橫跨運河的連鎮。在僧格林沁合圍連鎮之前，副帥李開芳率千名騎兵南下至山東高唐州，遭勝保圍困。北伐軍孤立無援，且被清軍分割包圍在不同地點，北伐戰略實際上已告失敗。連鎮太平軍在鐵壁合圍下拚死血戰，斷糧後食野菜樹皮，1855 年 3 月上旬終被攻破最後防線。林鳳祥被俘，旋被檻送北京凌遲處死。李開芳部得知連鎮敗訊，自高唐撤至茌平縣馮官屯，苦戰兩月餘亦告敗北。至此，持續兩年多的北方戰事結束，包括眾多首義將士在內的北伐太平軍全軍覆沒。清軍也遭受重創，僅在連鎮、高唐、馮官屯三處就陣亡八千餘弁兵，但總算解除了京畿的軍事威脅。太平天國自此轉為專心經略南方，再也沒有起兵北伐。

在南方戰場，湘軍自武昌繼續東征，迫使太平軍完全退出湖北。戰場重心隨即轉至江西，湘軍水師撲湖口，陸路攻九江。翼王石達開親臨湖口組織反擊。1855 年 1 月末，太平軍利用對方輕敵冒進的弱點封鎖隘口，將湘軍水師切割成內湖、外江兩部分，隨後以小船突襲湘軍外江的笨重戰船，並乘勝追擊至九江，迫使其敗逃上游。陸路湘軍失去水師呼應，在九江城下改取守勢。

19　〈沈葆楨奏請飭曾國藩迅劉令楊霈兼署湖北巡撫摺〉，《清政府鎮壓太平天國檔案史料》
　　第 15 冊，社會科學文獻出版社，1994，第 583 頁。

太平軍一舉扭轉頹勢，並迅速反攻湖北，連克北岸蘄州、黃州、漢口、漢陽；南岸也連下數城，形成夾攻武昌之勢。4月3日，太平軍三克武昌。署湖北巡撫胡林翼反撲武昌。曾國藩遣羅澤南援鄂，湘軍在贛兵力削弱。石達開趁勢展開凌厲攻勢，後來奉命回援天京。至1856年4月，太平軍已占據江西近三分之二版圖。曾國藩求援不得，只好收攏兵力扼守南昌。湘軍東征勢頭受挫。

天京周邊的爭奪也日趨激烈。江北大營係烏合之眾，各統兵大員除陳金綬外，皆文吏無將策，且各分畛域，不能和衷共濟，因而很少組織起像樣的進攻，主要對揚州實施圍困。1853年末，因糧食斷絕，太平軍主動撤離揚州，將防線收縮至瓜洲，與鎮江隔江呼應。江北大營仍進攻乏力。琦善病逝後，江寧將軍托明阿繼任欽差大臣，軍事依舊萎靡不振。不過，廣東紅單船參戰後，清軍逐漸控制了江面。1855年8月，江南大營在水師配合下攻陷安徽蕪湖。江蘇巡撫吉爾杭阿在鎮壓上海小刀會後移師會攻鎮江，江北大營則日漸進逼瓜洲。天京上下游同時告急，面臨被清軍兩個大營合圍的危險。

太平天國從安徽抽調援兵，由秦日綱掛帥自天京東進，1856年3月中旬擊潰圍堵鎮江的吉爾杭阿等部清軍。接著，太平軍北渡瓜洲發起突襲，大敗江北大營，於4月5日再占揚州。托明阿因戰敗革職，德興阿接任欽差大臣。秦日綱在籌得大批糧食後棄城南渡；石達開也從江西戰場火速回援。擊破江南大營成為太平軍的下一個目標。

清廷對兩個大營有親疏厚薄之分。江北大營幾度易帥，但均由滿族貴冑擔任；其兵源以包括八旗馬隊在內的所謂北方勁旅為主。而江南大營主要由南方綠營組成，雖兵力稍眾，但需攻打天京、鎮江兩城，還得援應江北、遮罩蘇杭以及兼顧天京上游戰事，戰線更長，兵力分散，軍事壓力更大，且同樣存在糧餉難繼、人心不穩、軍紀鬆弛等問題。主帥向榮雖久歷戎行，但年逾六旬老病交侵，已屬力不從心，面對城高池深防守嚴密的天京攻堅乏術。不過，長時間水陸圍困導致天京接濟困難、處境險惡，迫使太平天國下決心消除這一肘腋之患。石達開、秦日綱各自率部向天京靠攏，太平軍城內外兵力達五萬餘眾。而江南大營精銳盡已調出，存營者不滿五千，兵力單薄，左支右絀。6月19日，太平軍發起總攻，向榮苦心經營四載的紫金山營盤付諸灰燼。向榮敗走丹陽，不久病逝。

天京危機化解後，太平天國又將軍事重心轉到上游：北王韋昌輝坐鎮江西，翼王石達開救援武昌，與湘軍激戰，雙方互有攻守。

概括地說，太平天國在定都後相繼發兵北伐、西征，勢頭強勁，而清八旗、綠營戰鬥力屢弱，很難組織起有效抵抗，致使清政府的統治處在風雨飄搖之中。不過，清朝立國已逾二百年，且轄境遼闊，迴旋餘地大，能夠調動全國資源來應對危機。尤其是湘軍的崛起，有效阻遏了太平軍攻勢，牽制了其主要機動兵力。林鳳祥等北伐精銳最終因孤立無援而全軍覆沒。但清政府的形勢也不樂觀：江北大營、江南大營相繼敗潰，短期內無法恢復舊觀；從武昌到天京的許多沿江重要城市及大片腹地被太平天國占據。雙方爭奪激烈，所占地盤犬牙交錯，攻守不時易勢。在這種對峙狀態下，雙方都面臨戰線過長、兵力不敷、久戰力疲等問題，受到糧餉籌集、轉運困難和文報往來梗塞等制約，關鍵看誰能夠咬住牙、少犯錯。

與定都之初相比，太平天國兵力與版圖均已大幅擴張，軍事上總體呈上升勢頭。然而，就在這關鍵時刻，太平天國卻因高層權力爭奪而引發大規模內鬨。從 1856 年 9 月初到次年 6 月初，楊秀清、韋昌輝等開國元勛及兩萬多將士死於火拼，石達開因遭猜忌而離京出走，史稱「天京事變」。激劇的內亂使太平天國自亂陣腳、元氣大傷，在清軍乘機逼攻下，很快便從戰略進攻轉入戰略防禦乃至退卻階段，導致戰局逆轉：包括武昌在內的所據湖北城池全部丟失，包括九江在內的江西版圖喪失殆盡，安徽尤其是皖南戰局也驟然惡化；在天京周邊，鎮江、瓜洲等重要屏障相繼失陷，江南大營、江北大營重整旗鼓，重新對天京形成圍攻之勢，而且比以前圍得更緊更近。天京事變成為太平天國由盛變衰的一個轉捩點。幸災樂禍的曾國藩在 1858 年春預言，若無意外波折，「洪楊股匪不患今歲不平耳」。[20]

然而，曾國藩的預言並沒有成為事實。與此前受上海小刀會、廣東天地會等反清暴動的牽制相似，與洪秀全分道揚鑣後流動作戰的石達開，各地反清武裝特別是與太平軍協同作戰的捻軍，以及 1856 年秋英國侵略軍挑起、法國隨後加入的第二次鴉片戰爭，均在不同程度上牽制了清政府兵力，緩解了太平軍在正面戰場的壓力。特別是年輕將領陳玉成、李秀成臨危受命，率太平軍奮

20　曾國藩：〈家書（一）・致沅弟〉，《曾國藩全集》第 19 冊，嶽麓書社，1985，第 379 頁。

力反擊，逐漸扭轉了頹勢。

　　1858 年秋冬之交，陳玉成、李秀成在捻軍助陣下，集重兵二破江北大營、三克揚州，打通天京北岸的接濟線。江北大營死傷萬餘人，從此一蹶不振。[21] 趁太平軍主力東移，湖北清軍進逼安慶、廬州，皖北告急。陳、李火速回援，11 月中旬在三河鎮殲滅孤軍深入的湘軍李續賓部五千餘人，迫使清軍全線後撤，使皖北戰局恢復到以前態勢。湘軍遭遇前所未有的慘敗，湘鄉一時出現「處處招魂，家家怨別」的場面。

　　不過，太平軍總體上仍處於被動。陳、李回救皖北後，天京北岸戰局突變，天長、江浦守軍相繼譁變，糧道被斷。陳、李遂於 1859 年春回援。戰至同年冬，就在連敗江南大營之際，上游又告吃緊，經一年休整的湘軍再度東進，陳玉成被迫折回皖北。至 1860 年 2 月下旬，江南大營完成對天京的水陸合圍。天京米糧殆盡，守軍「先則殺馬而食，繼而餓死不少」。[22]

　　為解救天京，太平軍採用圍魏救趙策略，先長途奔襲並攻破浙江省會杭州，然後聚攏兵力，於 1860 年 5 月上旬乘虛二破江南大營。江南大營被殲二三萬人。接著，太平軍乘勝進軍蘇南，至 7 月中旬，占領常州、無錫、蘇州等大片區域，隨即設立蘇福省，以蘇州為省會。

　　太平軍主力挺進蘇南時，湘軍正在上游圍攻安慶。安慶是天京上游屏障、關乎天京安危，蘇南係清政府財賦之區、餉源重地，各為對方必救之地。迫於江南大營業已崩潰，僧格林沁正在北方防禦英法聯軍，清廷一再諭令湘軍馳援蘇南。照此部署，太平軍可不戰而解安慶之圍。曾國藩奏陳利害，認為欲平定江南，必據上游之勢、建瓴而下，乃能成功，並親自率兵駐紮皖南祁門，以阻截南岸太平軍援師。湖廣總督官文等人附議，力主不撤安慶之圍。太平天國本擬在進軍蘇南後移師上游，但由於英法武力阻擾而未能進占上海，購置火輪船溯江上取的計畫夭折，改為陳玉成、李秀成夾江會攻武昌，其他主力相機策應，以逼迫湘軍從安慶撤圍回救。

　　陳玉成在皖北經略多年，安慶守軍係其部屬，故率先投入安慶會戰。李秀成熱衷經略蘇浙，在天王洪秀全再三催促下方才領兵西進，進軍遲緩，以致

21　江北大營於 1859 年春被撤銷，餘部歸江南大營主帥和春節制。

22　蕭遠盛：〈粵匪紀略〉，《太平天國史料叢書簡輯》第 1 冊，第 50 頁。

會攻武昌計畫流產；交戰受挫後又無決戰之心，有意避開湘軍鋒芒，繼其堂弟李世賢之後退出安慶會戰，轉圖浙江。至 1861 年末，二李攻占浙江絕大多數城池。太平天國改浙江省為「浙江天省」，仍以杭州為省會。但由於缺乏戰略協同，安慶戰局持續惡化。湘軍圍城打援，依託深溝高壘以逸待勞，明顯占據主動。太平軍長途奔襲，且水師無力與湘軍爭衡，不能控制外江內湖，只能從陸路強攻，故而無法速戰速決，陷入漫長的消耗戰。戰局日漸朝曾國藩設想的方向發展。1861 年 9 月 5 日，太平軍據守九載的安慶陷落。

太平天國相繼開闢蘇福、浙江二省，改變了此前天京單純依賴上游供應糧餉的局面，極大地拓展了太平軍的戰略空間。對清政府來說，丟失最為富庶的蘇浙地區，籌措漕糧、軍餉更形棘手。不過，湘軍攻克安慶，既屏障了兩湖後方基地，又扼定建瓴之勢，使天京上游門戶洞開。從長遠看，太平天國的處境更為被動。

太平天國的權力格局及吏治

在太平天國與清政府的這場殊死搏殺中，內部穩定情況以及人心向背、糧餉供應、外交等因素，都對戰局走勢產生了不小影響。領導層內部互相傾軋便是導致太平天國由盛轉衰乃至最終敗亡的一個重要原因。

自起義立國始，太平天國實際上有兩個權力核心。洪秀全並不擁有一言九鼎的絕對權力，因為他與楊秀清除君臣名分外，還有一層子與父的關係：當楊托稱天父下凡時，作為天父次子的洪不得不俯首聽命。這種怪異的權力格局為洪楊之爭埋下隱患。不過，太平軍初期一直流動作戰、處境險惡，加上資歷甚深的馮雲山、代天兄下凡傳言的蕭朝貴所起的權力制衡和居中協調作用，所以首義諸王尚能做到和衷共濟。就連清方也承認，「夫首逆數人起自草莽結盟，寢食必俱，情同骨肉，且有事聚商於一室，得計便行，機警迅速，故能成燎原之勢」。[23] 及至定都，馮、蕭業已陣亡，北王韋昌輝、翼王石達開資歷相對較淺，前之有人居中協調牽制的局面已不復存在，變成洪楊的直接碰撞，兩人的摩擦隨之增多。

定都後的楊秀清居功自傲，專橫跋扈，每當與洪秀全意見相左時，便以天父下凡名義逼迫其就範，甚至以天父身分下令杖責後者，事詳《天父下凡

23　張德堅：《賊情彙纂》卷 6，《太平天國》第 3 冊，神州國光社，1952，第 172 頁。

《詔書》第二部。在韋昌輝等人面前，他更是百無禁忌，動輒濫施淫威，故而結怨太多，陷入孤立。就連清方也看出其端倪，推測「楊賊與昌輝互相猜忌，似不久必有併吞之事」。[24]

以楊秀清逼封萬歲為導火線，洪、韋、石等人密議誅楊。昔日同打江山的生死兄弟變得水火不容，非一死不能了之。韋昌輝率秦日綱、陳承瑢具體執行誅殺行動，血洗東王府，將楊秀清懸首示眾，接著在全城清洗楊秀清部屬，前後殺戮兩萬多人。洪秀全以及聞訊返京的石達開均不贊同濫殺無辜。韋昌輝又將石達開滿門抄斬，並脅迫天王懸賞誅殺縋城脫逃的石達開。內鬨進一步升級。石達開起兵討韋。洪秀全將北王韋昌輝凌遲處死，召石達開回天京。追隨韋昌輝大肆殺戮的秦日綱、陳承瑢被誅。但變亂並沒有就此結束。因洪秀全心有餘悸，對異姓大臣放心不下，石達開負氣出走，率十餘萬精銳遠征他方，從此與洪分道揚鑣，直至最終兵敗大渡河。這場內鬨使太平天國一時間「朝中無將，國內無人」，[25] 元氣大傷，人心離散，導致戰局急轉直下。

天京事變後，太平天國經過兩年多過渡，直至 1859 年才形成較穩定的新的領導中樞。但沒過多久，朝內黨爭又起，並且愈演愈烈。陳玉成與李秀成之間，陳、李與洪氏宗親之間，都不同程度地存在矛盾或嫌隙，其中以洪氏宗親與李秀成等異姓大臣之間的權力摩擦最為牽動全域。干王洪仁玕是總理大臣，李秀成為軍中大將，兩人關係的演變很具代表性，從一個側面凸顯了朝內黨爭的脈絡。

洪仁玕 1859 年 4 月輾轉抵天京，不到兩旬，寸功未立，就被委以總理朝綱的重任。這引起一班功臣宿將的不滿。洪仁玕見眾人不服，恐軍心散亂，具本屢辭。洪秀全降詔撫慰，謂「風浪暫騰久自息」，並准洪仁玕保奏，封陳玉成為英王，隨後又封李秀成為忠王、李世賢為侍王，從而安撫了軍中將領。至此，太平天國確立了新的領導中樞，且諸王受命於危難之際，均抱有建功立業之念，相互間的關係也較為融洽。太平天國之所以隨後能重整旗鼓，二破江南大營、開闢蘇南大片版圖，與將相之和是分不開的。

上海事件是洪仁玕、李秀成關係的一個轉捩點。1860 年夏，洪仁玕為進

24　張德堅：〈賊情彙纂〉卷 1，《太平天國》第 3 冊，第 48 頁。
25　羅爾綱：《增補本李秀成自述原稿注》，第 183 頁。

占上海一事，親自來蘇州進行外交斡旋，但各國駐滬外交官絲毫不予理會。眼見外交途徑交涉無望，李秀成便直接發兵攻打上海，結果被英法軍隊擊退。蘇州之行無功而返是洪仁玕主政期間的一大敗筆，導致威望受損。在兵敗被俘後各自所寫的供述中，李秀成對干王表示不屑，說他「初來封長，又冇才情」，「封過後未見一謀」，[26] 當有所隱指；洪仁玕則指責忠王執意主戰，惹惱洋人，攪了和談大局，而且事後還不肯認錯。[27] 雙方所言均與事實有較大出入。這說明圍繞上海未下的責任，兩人心存芥蒂，關係出現裂痕。

李秀成在軍中的地位僅次於陳玉成，侍王李世賢是其堂弟，洪仁玕副手章王林紹璋也與忠王關係甚密。而洪仁玕在太平天國原本根基甚淺，一旦失去實力派將領的支持，其影響力便大不如前，甚至一度被排擠出天京，以總理大臣身分催調兵馬援救安慶。此時，以血緣和利益關係為紐帶，李秀成等異姓諸王與洪秀全兩位兄長（王長次兄）等洪氏宗室成員成為朝中分庭抗禮的兩大派系，李秀成與洪仁玕隨之嫌隙日深。安慶失陷後，洪仁玕具本彈劾軍中各主要將領，結果觸怒天王，由此引發朝中走馬燈似的人事更迭：天王先是將洪仁玕和英王、章王等一併革職，不久恢復洪仁玕王爵，但未復軍師一職；接著又恢復林紹璋爵位，不准王長次兄及洪仁玕干預朝政，未幾又將林紹璋攆出京城，重新起用洪仁玕。朝內黨爭之激烈，於此可見一斑。

出現這種局面，與洪秀全用人不當有很大關係。天京事變後，心有餘悸的洪秀全對異姓大臣猜忌甚深，傾向於重用自己的兄弟子侄。不過，洪氏親屬過於平庸或少不更事，洪仁玕雖才堪大用但資歷甚淺，故而引發功臣宿將的離心傾向和抵觸情緒。而洪秀全後期專注宗教，無心親理政事，遂使局面失控。李秀成在其供詞中一再抱怨天王不信外臣、不用賢才、不問政事，確係有感而發。然而，洪氏宗親儘管地位顯赫，但無人握有兵權和地盤，洪秀全在軍事上不得不倚重異姓諸王。這使得他在用人上搖擺不定，對群臣駕馭不力。

洪氏宗親與異姓諸王之間的明爭暗鬥鬧得沸沸揚揚，就連清方也知其梗概。左宗棠在 1862 年 10 月末的一份奏摺中寫道：「查賊中偽王可數者共三十餘，惟偽忠王李秀成、偽章王林紹璋與李侍〔世〕賢尚稱投合，餘則彼此猜疑，勢不相下；金陵逆首洪秀全之兄偽勇王洪仁達尤為各賊所恨。似從前楊、

26　羅爾綱：《增補本李秀成自述原稿注》，第 352 頁。按：「冇」係粵語方言，作「沒有」解。
27　參見王慶成編著《稀見清世史料並考釋》，武漢出版社，1998，第 472、488、492 頁。

韋兩逆互相吞噬之事，不久必將復見。」[28] 朝內黨爭使太平天國領導中樞薄弱無方、波動渙散，無法從容應對日益嚴峻的政治軍事形勢。

朝內黨爭的實質是結黨營私黨同伐異，這與官場風氣的惡化有著緊密聯繫。

吏治是洪秀全思考解決社會問題的著眼點之一。他在推行森嚴的等級制度的同時，反復強調世人都是兄弟姊妹，試圖借虛擬的親情來化解上下尊卑之間的隔膜與矛盾，營造一個和諧有序的社會。這種思想有積極的一面，但如何使兩者並行不悖，卻是太平天國從一開始就無法也不可能解開的一個死結。

例如，洪、楊等人在全體軍民中推行禁欲主義，雖夫妻同宿也被問斬，而自己卻大搞多妻制，在天京城頻繁選美，引起一片恐慌和怨聲。再如，首義諸王的淨桶、夜壺均以金造，一度還準備打造金桌、金燈檯，但金子已罄。大小官員群起效尤，「臂必帶鐲，手必戒指。廣西、湖南人鮮有不備者，無金則銀」。[29] 在洪、楊等人看來，自己打江山、自己坐江山，享有特權是天經地義之事。在嚴判上下尊卑的背景下，是否為官及官職大小直接決定著每個人的社會地位和待遇，從而極大刺激了人們謀求當官和升遷的心理。

在太平天國，官員升遷主要看軍功大小，但血緣、地緣關係也起很大作用。這種用人上的褊狹進一步敗壞了官場風氣。既然上下尊卑涇渭分明，少數人的尊貴需要以多數人的卑賤作為襯托和基礎，那麼，官兵、軍民之間也就無法真正體現「四海皆兄弟」、「胞與為懷」等理念。正是隨著私欲膨脹，太平天國核心層的衝突日益升級，還沒等打下江山就爭奪起江山，結果釀成一場驚心動魄血流漂杵的內鬨。為走出內亂陰影，刺激眾人效命，洪秀全不斷給群臣加官進爵。但在失去素以鐵腕治軍理政的楊秀清後，他又掌控不了局面。人們醉心於升遷，跑官要官現象日甚一日；在外統兵將領則僭權任命官員，培植親信。洪仁玕主政不久便覺察到問題的嚴重性，為此頒布《立法制宣諭》。但他根本壓不住陣腳，這場以統一事權為主旨的改革很快便告夭折。

軍中將領擁兵自重，必然導致各自為政。後期，諸王各鎮一方，如陳玉

28　〈左宗棠奏報官兵攻剿龍游等處獲勝並攻克壽昌摺〉，《清政府鎮壓太平天國檔案史料》第 24 冊，社會科學文獻出版社，1999，第 605 頁。

29　張曉秋：〈粵匪紀略〉，羅爾綱、王慶成主編《中國近代史資料叢刊續編・太平天國》（以下簡稱《太平天國續編》）第 4 冊，廣西師範大學出版社，2004，第 56 頁。

成在安徽，李秀成在蘇南、浙西，李世賢在浙東，成為各地的實際最高長官；城市則各由其部將駐防，官制混亂、職權不清的現象十分突出。各省之間甚至一省之內，不僅彼此呼應不夠，有時還為爭奪糧餉與地盤發生摩擦。安慶是陳玉成轄區首府，該城之所以在湘軍圍攻一年多後最終失守，與李秀成、李世賢消極遷延救援不力有很大關係。

文武百官「動以升遷為榮」現象則使局面更加失控。天京事變後，洪秀全為避免重蹈覆轍，曾宣布永不封王；嗣後一度封自己兩個兄長為王，但不久就削去其王爵，直到洪仁玕投效後才再度破例。到 1860 年，洪秀全共計封了七個王，即干王洪仁玕、英王陳玉成、忠王李秀成、贊王蒙得恩、侍王李世賢、輔王楊輔清、章王林紹璋。隨後則越封越多，竟然封出 2700 多個王，不僅血緣、地緣關係照樣起作用，賣官鬻爵也幾乎公開化，銓選制度形同虛設。濫施爵賞助長了朝中貪瀆之風。據載，後期在天京城內，「各偽目無不極富，一館內箱櫳總不下數百件」。[30] 在軍中，擁兵自重、各爭雄長、安富尊榮之風則日益滋蔓。從廣西窮鄉僻壤挺進到江南繁華富庶之地，太平軍在開疆拓土的同時，其理想與銳氣卻悄然褪色。時人就此喟歎道：「故世謂髮逆之亡，亡於蘇州。蓋戀戀於此，即懷安之一念足以敗之矣。」[31] 由於不少將領貪念子女玉帛，加上軍心渙散，新兵良莠不齊且疏於管束和訓練，太平軍總兵力雖超軼往昔、遠比清軍占優，但戰鬥力卻大不如前。

與朝內、軍中相似，太平天國鄉村基層政權的情況也不樂觀。

太平天國在縣以下分設各級鄉官，由民人出任。太平軍攻占蘇州不到一月，忠王李秀成便頒布告示，促令舉官造冊。實際操作時，鄉官通常不是由鄉民公舉產生，而是由太平軍指派。由於設立鄉官的主要目的是解決軍餉急務，太平軍在遴選鄉官時，傾向於任用有名望有田產的鄉紳，其次是諳練公差的舊衙門胥吏和地保。蘇南常熟便大多指派富戶充鄉官，「倘遇差徭，有財應抵；虧缺糧餉，可使賠償……軍、師、旅帥三大偽職，非無資者所能營幹……而無業者欲做偽官，爭謀不易得手，蓋患其虧空無償、獲財逃去耳」。[32] 為使紳富就範，浙江樂清縣太平軍還採用強硬手段，故時人有「不論賢，不論能，

30　趙烈文：《能靜居日記》卷 16，《太平天國續編》第 7 冊，第 168 頁。
31　潘鍾瑞：《蘇臺麋鹿記》卷下，《太平天國》第 5 冊，第 302 頁。
32　湯氏：《鰍聞日記》卷下，《太平天國續編》第 6 冊，第 337—338 頁。

但呼富人強趨承，脅從不應繫以繩」[33] 一說。

這些染有官場舊習的人出任鄉官後，與太平軍貌合神離；有些人採用浮收勒索等手段，趁機巧取豪奪聚斂錢財。鄉官做生日、赴任或升遷時飲「開印酒」等陋習很快風行一時。太平軍也逐漸沾染上這種風氣，官越大，徵斂的錢越多。例如，聽王陳炳文的妻子做壽，僅嘉興王店鎮就攤銀三千兩。這些非正常開支加重了民眾負擔，進一步腐蝕了太平天國肌體，敗壞了官民、軍民關係。

再看看清政府的情況。為挽救統治危機、爭取民心，咸豐帝在即位初期數次下罪己詔，並著手整飭吏治，主要是廣開言路、羅致人才、調整人事，並宣布凡被兵省分，分別蠲緩錢糧、酌情撫恤，以蘇民困，嚴禁地方官借捐輸之名苛派騷擾民間。但雷聲大雨點小，這些旨令基本上形同具文，很難落實到位。而軍功保舉以及捐班人員激增，使仕途愈益擁擠，泥沙俱下，更增大了整飭吏治的難度。

曾國藩等人在兩湖地區則顯露出新氣象。針對官場疲玩泄沓百弊叢生的現象，曾國藩一再表示，「思欲稍易三四十年來不白不黑、不痛不癢、牢不可破之習……但求宏才偉識，共濟時艱。」[34] 自組建湘軍起，他一直重視延納人才；衡量人才時，主要看對方是否有血性、無官氣，期望借此「引出一班正人，倡成一時風氣」。[35] 湖北巡撫胡林翼、以撫署幕客身分治理湖南的左宗棠同樣重視整飭吏治，對官僚隊伍進行大換血。通過廣泛網羅、培植人才，曾、胡、左均集聚了一大批有「忠義血性」且各具才幹之人，倡立一種有別於官場陋習的新風氣，從而有效改變了當地人才匱乏、軍政萎靡不振的現狀。曾國藩還重視從嚴治軍，一再強調禁止擾民，並寫有一首淺顯通俗的〈愛民歌〉講明有關事項，強調「愛民之軍處處喜，擾民之軍處處嫌」；另注意防範不良習氣在軍中滋蔓，認為「軍事有驕氣、惰氣，皆敗氣也」。[36] 儘管湘軍無法擺脫日漸萎靡軍紀敗壞的趨勢，但直至攻打天京時，總體上仍保持著相當的戰鬥力。

更為重要的是，曾、胡、左三人均以忍辱負重共濟時艱相標榜，在戰略、

33　林大椿：〈粵寇紀事詩〉「立鄉官」詩，《太平天國史料叢編簡輯》第 6 冊，第 444 頁。
34　曾國藩：〈書信（一）・覆黃淳熙〉，《曾國藩全集》第 21 冊，嶽麓書社，1990，第 431 頁。
35　曾國藩：〈書信（二）・覆胡林翼〉，《曾國藩全集》第 22 冊，嶽麓書社，1991，第 1546 頁。
36　曾國藩：〈書信（二）・致李榕〉，《曾國藩全集》第 22 冊，第 1182 頁。

治軍、吏治、用人等方面頗多共識，並且都深知脣亡齒寒、保大局即所以自保的道理，鄙棄敗不相救、勝則相妒的惡習。湘軍之所以得以發展壯大，得益於有兩湖地區作為穩固的後方基地，而這與三人顧全大局通力合作是分不開的。正是依靠以曾、胡、左為代表的兩湖官紳所創立的湘軍和兩湖基地，清政府才得以抵擋住太平天國潮水般的攻勢，避免了湘鄂贛皖四省及相鄰省分戰局的迅速崩潰，並為日後大舉反攻積蓄了力量。清廷為應對危機，也注意調整內部特別是滿漢官僚之間的關係。左宗棠後來因為樊燮案遭彈劾，最終得以躲過此劫，以及曾國藩在 1860 年被任命為欽差大臣、官授兩江總督，與咸豐帝親信肅順的斡旋與大力舉薦有很大關聯。

太平天國的社會經濟政策及籌餉問題

與以往單純殺富濟貧、攻城劫獄的舊式農民戰爭相比，太平天國有著具體的改造中國社會的思想和政策。《天朝田畝制度》是太平天國的綱領性文獻，約 3800 字，建都初期頒布，具體反映了洪秀全的思想。

該文獻對社會經濟生活進行重新設計，宣布「凡天下田，天下人同耕」；規定按人口平分土地，「凡男婦每一人自十六歲以上，受田多逾十五歲以下一半」。每戶的生產方式及規模也完全一致，規定「凡天下樹牆下以桑；凡婦蠶績縫衣裳。凡天下每家五母雞、二母彘，無失其時」。為了使經濟生活整齊劃一，該文獻設想在民間採用軍事編制，由 13156 家組成一軍；由五「伍」25 家組成的「兩」是最基層單位，設國庫和禮拜堂各一，由兩司馬管理。推行財產公有、平均消費制度，規定「凡二十五家中所有婚娶彌月喜事俱用國庫，但有限式，不得多用一錢……通天下皆一式」；另宣布「鰥寡孤獨廢疾免役，皆頒國庫以養」。《天朝田畝制度》將上述思想和規定概括為 26 個字，即「有田同耕，有飯同食，有衣同穿，有錢同使，無處不均勻，無人不飽暖」。不過，該文獻並不否認上下尊卑。太平天國對永安突圍前入伍者一律加「功勳」銜，該文獻據此將全體社會成員劃分為「功勳等臣」和「後來歸從者」兩大類，規定前者「世食天祿」，後者「每軍每家設一人為伍卒，有警則首領統之為兵，殺敵捕賊；無事則首領督之為農，耕田奉上」。此外，該文獻還強調推行上帝信仰，宣布廢除舊習俗，「凡天下婚姻不論財」等。

概括地說，《天朝田畝制度》承認尊卑等級，同時又滿足了廣大農民對

土地的渴求和均勻飽暖的願望，試圖按照這種設想來重塑中國社會。其主要內容有值得讚許的一面，但缺乏可操作性，或自相矛盾，或不切實際。例如，它取消了一切私財和商業活動，卻又允許銀錢流通；它機械地規定每家養五隻母雞、兩頭母豬，卻沒有考慮如何解決禽畜自身繁殖的問題。在生產力水準低下和兵戈紛擾的情況下，平分土地、均享財物的方案客觀上難以實施；「處處平勻」很難保障「人人飽暖」，反而可能引發普遍貧困。最為關鍵的是，在西方工業革命飛速發展的時代，洪秀全卻懷著濃厚的復古情愫，將小農生活理想化、絕對化。

如果說《天朝田畝制度》是往後看，試圖按照理想中的古代大同模式來改造中國社會，那麼，《資政新篇》則是向前看，試圖通過效法西方，使中國也走上近代化的發展道路。

《資政新篇》是洪仁玕在總理朝政之初向洪秀全條陳的新的治國方略，1859 年夏刊行，由「用人察失類」、「風風類」、「法法類」、「刑刑類」四部分組成，約 11000 字。其中「法法類」是該文獻的核心內容，共提出 29 條建議，內容涉及交通運輸、採礦、銀行、保險、專利、稅收、郵政、新聞等業，堪稱當時國內最為完整和先進的近代化綱領。例如，「興車馬之利」一款建議仿造外國朝發夕至的火車，「興舟楫之利」一款主張仿造火船、汽船等等，並明確提出發展私人資本，「准富者請人雇工」。該文獻還介紹了世界大勢，在外交、法制、社會習俗等方面也提出了具體的改革建議。

這些新思想源於洪仁玕流亡香港等地期間的所見所聞。作者倡言「與番人並雄」，呼籲「乘此有為之日，奮為中地倡」，流露出一種強烈的憂患意識與自強意識。然而，在戰爭環境下，造火車、開礦山等方案客觀上無從落實，唯一留下的痕跡是洪秀全在其女婿等人官銜上新加正副「總開礦」虛銜，如天二駙馬鍾萬信為「又正總開礦」，天四駙馬黃棟樑為「副總開礦」。

自金田起義起，太平天國一直處於戰爭狀態；定都後更以攻占城池為目標，不斷開拓疆土。清政府則為收復失地而竭力實施反攻，屯集重兵圍攻天京、鎮江、揚州三城便是例證。這使得太平天國不得不實行戰時體制，貫徹軍事優先原則，一切圍繞軍事，一切服從軍事。在天京等城市實施戒嚴，取消家庭、嚴別男女，對全體居民實行軍事化管理，使城市變相成為軍營，便是這

種體制的一種典型體現。由此引出的問題是，龐大軍隊和行政系統的糧餉供應如何解決？自廣西北上沿長江流動作戰時，太平天國每以豁免錢糧號召民眾歸附，軍餉主要靠攻陷城池接收官庫、剝奪官紳浮財以及紳民進貢來接濟，如太平軍首克武昌起獲約百萬庫銀，但均非長久之計。於是，理想或設想，包括《天朝田畝制度》、《資政新篇》所提方案，不得不讓位於現實。約在 1854 年，楊秀清等聯名奏請在新占皖贛地盤實行「照舊交糧納稅」，「以充軍儲而裕國課」，[37] 獲洪秀全首肯。「照舊交糧納稅」遂成為太平天國轄境貫徹始終的主導經濟政策，實際上是籌餉政策。「照舊」意味著沿襲清朝舊制來徵收錢糧，即不觸動舊的地權關係，包括允許「業戶」即地主收租。

　　這便形成以農村供給城市、窮四方之力支撐城市的格局。太平天國要順利籌餉，需要具備兩個前提：一是軍事上處於主動或強勢，對農村有足夠的控制力；二是徵收錢糧的額度在老百姓能夠承受的範圍內。問題是，太平軍集重兵於城市，鄉鎮間有駐軍也以設稅卡為主；在地方設立鄉官，最直接、最主要的目的是徵辦糧餉，對政權與生產建設的考慮較弱。這便給籌餉帶來不小難度。

　　太平天國重視爭取民心。石達開在經略江西時，軍紀嚴明，並推行輕徭薄賦政策，頗得民心。時人慨歎道：「傳聞賊首稱翼王，仁慈義勇頭髮長，所到之處迎壺漿，耕市不驚民如常，賊至猶可兵則殃。」[38] 後期，洪秀全在蘇福省建立不久便下詔宣布體恤民艱，將應徵錢漕正款酌減若干。李秀成認真執行減徵政策，並在一些地區實行減租、限租。這些舉措兼顧到各方面利益，有利於休養生息，產生較好反響。為稱頌忠王減糧德政，蘇州鄉官特意在閶門外捐建一座牌坊，上題「民不能忘」四字。常熟南門外也建有一座「報恩牌坊」，鑴碑記述了「平租傭之額賦，准課稅之重輕」等惠民之舉。

　　不過，政權更迭決定了「照舊交糧納稅」不可能是原封不動、和風細雨，必然伴隨著土地關係的急遽變化。太平軍大兵壓境，不少地主因拒絕歸順而被殺或逃匿。在鄉地主的日子也不好過，面臨佃戶抗租這一棘手問題。常熟鄉間

37　〈東王楊秀清奏請准良民照舊交糧納稅本章〉，太平天國歷史博物館編《太平天國文書彙編》，中華書局，1979，第 168 頁。

38　鄔樹榮：〈蔿青詩草〉，中國科學院歷史研究所第三所近代史資料編輯組編《太平天國資料》，科學出版社，1959，第 78 頁。注：文中「兵」指湘軍。

甚至出現「業戶二年無租，餓死不少，幸而降價鬻田佃戶，十得二三」[39]的情形。不少富室在動盪中家道中落。針對地主或死或逃以及有些在鄉地主拒領田憑（土地證）的現象，為避免田賦落空，太平軍允許佃戶自行完糧，即「著佃交糧」。同樣出於籌餉考慮，鑒於地主收不到租就無法完糧，太平軍不支持佃農抗租，宣稱「同胞之將執戟之兵，雖有忠心，豈能枵腹」，申令「業戶固貴按畝輸糧，佃戶尤當照額完租……倘有托詞延宕，一經控追，抗租與抗糧同辦」。[40]由此引發了一些彈壓佃農抗租的事件。按理說，隨著輕徭薄賦政策的推行和秩序重建，籌餉會逐步走上正規。

但是，好景不長。隨著戰局惡化，減徵政策變得十分脆弱，未能切實持久推行。1862年初，李秀成再次發兵攻打上海，遭英法軍隊、洋槍隊和清軍堵擊。隨後數月，雙方在上海周邊互有攻守，戰事呈膠著狀態。至同年春夏之交，天京遭曾國荃部湘軍逼攻；皖南城池未幾丟失殆盡；浙東遭左宗棠進攻，也丟失不少地盤。於是，蘇浙尚存地盤便成為軍需的唯一供應地。與疆域縮小形成反差的是，各路將帥為謀名位，熱衷於廣招兵馬、搶占地盤，僅李秀成部據說就有百餘萬眾。[41]但這種擴充漫無節制，一是戰敗歸降的清軍兵勇和各地無業遊民或難民占了較大比例，大多桀驁不馴，漫無紀律；二是非戰鬥人員增多。據鎮守常州的護王陳坤書部殘存名冊統計，從事開店、官伺、看館、看馬、買菜、種菜、打柴、挑水、煮食、成衣之類的人員占了不小比例。[42]再就是官員隊伍迅速膨脹，隨之膨脹的還有為官者的腐化享樂意識，非分需索增多，如開印費、生日費以及建造王府、官場應酬等。

在上述背景下，單靠田賦顯然已無法支撐各項龐大開支。各地遂不時向民間攤派銀兩、物資，同時開徵各種名目的捐稅，並不時征派徭役，以致民眾實際負擔遠超出田賦正額。時人就1862年常熟東鄉的情形描述道：「三月，菜、麥勃然興起。賊忽而要米數百石，忽而要金數百兩，忽而要水木工、作衣匠，忽而要油鹽柴燭，忽而要封船數十，忽而要小工數百，時時變，局局新，

39　龔又村：《自怡日記》卷21，《太平天國續編》第6冊，第114頁。

40　〈戀天福董順泰為令完糧以濟軍餉勸諭〉、〈忠天豫馬丙興諭刀鞘塢等處告示〉，《太平天國文書彙編》，第136—137、140頁。

41　李秀成有云：「那時主見我部轄百餘萬眾，而何不忌我乎！」見羅爾綱《增補本忠王李秀成自述原稿注》，第306頁。按：「主」指洪秀全。

42　《軍中檔冊》，王慶成編注《影印太平天國文獻十二種》，中華書局，2004，第389—465頁。

其橫徵暴斂莫可名狀……現青黃不接，挪措絲毫無告，糧食極貴，絲織無利，家家洗蕩一空，已所謂室如懸磬。而賊之迫催嚴比，無出其右。」[43]

　　作為具體經辦者，一些鄉官趁機上下其手中飽私囊。但總的來說，幹這份差事的難度和風險明顯加大，不少鄉官因籌餉不力而被鎖拿拷打，以致被迫逃亡甚或自殺。太平天國蘇浙地盤與清軍控制區犬牙交錯，出任鄉官者原本大多持徘徊觀望態度或抱著投機心理，至此則趨於解體。而近乎竭澤而漁式的強制徵斂，加劇了民生狀況的惡化和鄉村經濟的衰落，使籌餉變得更加艱難，且大失人心。缺乏農村作為穩固的後方，城市的陷落僅是時間問題。後來，天京陷入兵少糧斷的絕境，而京外數十萬大軍遲遲不能應命赴援，缺糧是重要原因之一。

　　反觀清政府一方，左宗棠在湖南整頓漕政，革冗費、禁浮收，並實行減漕以紓民力，使湖南歲增銀 20 餘萬兩，紳民減賦數百萬兩。此舉嗣後為胡林翼在湖北、曾國藩在江西仿行，收到顯著成效，既緩和了社會矛盾，又有效緩解了湘軍軍餉匱乏的壓力。

上帝信仰與太平天國文化政策

　　太平天國還試圖改造文化，確立獨尊上帝的局面，用上帝信仰取代孔子的權威和地位。

　　其實，洪秀全所構建的上帝信仰是個混合體，既吸收了西方基督教因素，又糅合了本土的儒家學說、民間宗教成分。洪秀全自幼熟讀經書，後來熱衷於功名，先後四次參加科舉考試，與儒學淵源很深。皈依上帝後，基於禁拜偶像的信條，他撤除了書塾中孔子牌位，但並不否定孔子學說，對孔子仍懷有敬意。在早年撰寫的布道詩文中，他大量徵引儒家典籍，宣揚「非禮四勿」、「富貴浮雲」等觀念，並奉孔子為道德楷模，如〈百正歌〉稱「孔丘服教三千，乃以正化不正」，〈原道救世歌〉稱「孔顏疏水簞瓢樂，知命安貧意氣揚」；「周文孔丘身能正，陟降靈魂在帝旁」。這些詩文於 1852 年合輯為《太平詔書》刊刻，反映了洪秀全此時對儒學的公開態度。

　　然而，洪秀全起初勸人拜上帝時，所遇到的最大阻力來自士大夫階層。

43　柯悟遲：《漏網喁魚集》（排印本），中華書局，1959，第 56—57 頁。

據李秀成回憶，每村「亦有讀書明白之士子不從。從者具〔俱〕是農夫之家、寒苦之家」。[44] 舉兵起義後，洪秀全以宗教語言號召民眾響應，但反響最為寥落的依舊是士大夫階層。在讀書人看來，拜上帝是襲「外洋邪教」之餘緒，屬以夷變夏；「天下總一家，凡間皆兄弟」等說教有悖人倫；至於洪秀全升天受命、天父天兄下凡以及永生天堂、不朽靈魂說，則更是荒誕無稽。太平天國以宗教起家，又以宗教立國，能否確立上帝信仰，顯得至關緊要。顯然，上帝與孔子在外在形式上分別象徵著兩種不同的信仰；不徹底否定孔子的權威，上帝信仰便無法立足。

於是，太平天國在定都後態度驟變，宣布「凡一切孔孟諸子百家妖書邪說者盡行焚除，皆不准買賣藏讀也，否則問罪也……但世間有書不奏旨不蓋璽而傳讀者，定然問罪也」，[45] 即下令焚毀孔孟經書等，規定唯有經天王審訂、由官方刊刻的書籍始准傳讀。天京城隨即開始大規模搜書、焚書，「搜得藏書論擔挑，行過廁溷隨手拋，拋之不及以火燒，燒之不及以水澆。讀者斬，收者斬，買者賣者一同斬」。[46] 時人有詩歎曰：「敢將孔孟橫稱妖，經史文章盡日燒。」[47] 不過，同期刊行的《太平詔書》修訂本刪除了原先正面稱引古人古書的所有文字，但依然保留了大量間接稱引古書的文字，如源於《尚書·湯誥》的「天道禍淫惟福善」，源於《論語·顏淵》的「富貴在天生死命」等。這說明洪秀全對上述文字所表達的思想依舊持肯定態度。後期刊刻的一些圖書幾乎連篇累牘地渲染儒家倫理思想，其中以《天父詩》第378首講得最為直白：「只有媳錯無爺錯，只有嬸錯無哥錯，只有人錯無天錯，只有臣錯無主錯。」《王長次兄親目親耳共證福音書》則引天王預詔曰：「君不君，臣不臣，父不父，子不子，夫不夫，婦不婦，總要君君臣臣、父父子子、夫夫婦婦。」這說明，洪秀全否定的是孔子權威而不是其學說，是一種形式上而非內容上的反孔。

為了給這一文化政策確立理論依據，太平天國還對中國歷史作了新解釋，聲稱中國起初與番國同行拜上帝這條大路，從盤古到三代一直敬上帝，但自秦政開神仙怪事之屬階後便誤入鬼路，導致上帝真道在中國失傳兩千年，如今將

44　羅爾綱：《增補本李秀成自述原稿注》，第102頁。

45　《詔書蓋璽頒行論》，黃再興文，太平天國歷史博物館編《太平天國印書》，江蘇人民出版社，1979，第464頁。

46　馬壽齡：〈金陵癸甲新樂府〉「焚妖書」詩，《太平天國》第4冊，第735頁。

47　〈山曲寄人題壁〉「焚孔孟書」詩，《太平天國史料叢編簡輯》第6冊，第386頁。

由洪秀全來重新開闢。焚禁古書、貶斥古人是一種釜底抽薪的策略。洪秀全試圖借此來隔斷人們與傳統的接觸和聯繫，為確立上帝信仰掃清道路。

楊秀清反對排斥一切古人古書的做法，主張在獨尊上帝前提下，仍不割斷與中國歷史和傳統的聯繫。在楊秀清以天父名義干預下，洪秀全被迫妥協，宣布一切孔孟經書待刪改刊行後始准誦習。後期主政的洪仁玕與東王態度相近，主張給予儒學適當的尊重和地位。但是，楊秀清死於天京事變，洪仁玕無力左右洪秀全。儘管洪秀全後期的公開態度顯得溫和些，由他審定刊行的《天父聖旨》、《太平天日》稱孔子的書「亦有合真道」，說孔子「亦是好人」、「功可補過」，但沒有質的變化。據載，洪仁玕奉命從江南進獻萬餘卷古書，天王看完後「總用火焚」，並且「總不准宮內人看古書，且叫古書為妖書」。[48] 直到太平天國覆亡，洪秀全並未兌現孔孟經書待刪改鐫頒後仍可讀的承諾。於是，激烈反孔便成為太平天國文化政策的主要特徵。然而，洪秀全反孔主張的勝利卻在一定程度上招致太平天國最終的失敗。

當時，儒學雖受到西學衝擊，但其地位尚未發生動搖，仍被士大夫階層乃至一般民眾奉為圭臬。洪秀全再三辯解拜上帝不是「從番」、是恢復上古之風；他本人骨子裡尊孔，上帝信仰始終帶有濃厚的儒學色彩。但他卻推行過激的反孔政策，這實在是個昏招。排斥本土文化，上帝信仰也就失去依託，難以在中國社會紮根。更關鍵的是，這引起讀書人的普遍憎惡，導致太平天國難以招攬人才。不少士子將天京焚書與秦始皇焚書坑儒相提並論，指斥此舉「焚棄詩書踵暴秦」、「滅絕聖賢心枉用，祖龍前鑒正非遙」，甚至認為「較秦火尤甚，殊堪痛恨」，是「文章浩劫」、「文字之劫」。[49] 洪秀全以興漢滅滿的名義號召四民歸附，定都後卻既反滿又反孔，明顯缺乏策略性。即便是境況窘迫、對現實不滿的士子，也會因這種過激文化政策望而打消投效太平天國的念頭。

太平天國有敬重讀書人的一面。起義初期傳檄民間，表示各省「名儒學

48　〈洪天貴福覯書自述之三〉，王慶成編著《稀見清世史料並考釋》，第 520 頁。
49　以上見伍承組〈山中草〉，《太平天國史料叢編簡輯》第 6 冊，第 417 頁；〈山曲寄人題壁〉，同上書，第 386 頁；謝介鶴〈金陵癸甲紀事略〉，《太平天國》第 4 冊，第 681 頁；馬壽齡〈金陵癸甲新樂府〉「點狀元」詩，同上書，第 738 頁；佚名：〈粵逆紀略〉，《太平天國史料叢編簡輯》第 2 冊，第 31 頁。

士不少，英雄豪傑亦多」，號召他們「各各起義」。[50] 定都後正式開科取士，且錄取較寬。此外，太平軍大多不識字，需要讀書人辦理文牘，因此，「識字能書，賊頗敬重，均以『先生』稱之，其餘皆不足重」。[51] 後來以環遊世界著稱的江寧人李圭，被擄後先當苦差，被發現通文墨後被推為「先生」。官兵們對李圭解衣推食，延納唯恐不周，甚至主動為他說媒提親，使李圭不由得感歎太平軍「大有禮賢下士之風」。

但是，太平天國舉行科考時，體裁沿用八股文、試帖詩，但題目不是出自四書五經，而是依據上帝教教義。這讓儒生們感到丈二和尚摸不著頭腦。政治上的成見、文化上的隔膜，使讀書人避之唯恐不及，應試者多為粗通文墨的卜星相之輩。有些鄉官為了交差，以厚給盤纏等方法吸引讀書人應試，甚或捉考、逼考。另一方面，太平天國的用人思路存在很大局限。應試者即便考中狀元，也僅授指揮一職，並不能躋身決策層或參與機要；「先生」在營中雖受到禮遇，但僅限於抄抄寫寫，其餘則無從置喙。太平天國在定都初期張榜招賢，內稱「江南人才最多，英雄不少，或木匠，或瓦匠，或竹匠，或銅鐵匠，或吹鼓手。你有那長，我便用你那長；你若無長，只可出出力的了」。[52] 雖一才一藝皆搜羅錄用，但對讀書人的特殊作用明顯認識不足。使用但不重用讀書人，這是太平天國用人政策的一個主要特徵。

曾國藩抓住太平天國軟肋，在湘軍出師之初發布〈討粵匪檄〉，有意避重就輕，以捍衛道統名教的名義號召士大夫與太平天國為敵，很具有鼓動力。他與胡林翼等人均重視利用傳統文化的資源，設法延攬了一群才學之士，既篤守綱常名教，提倡「忠義血性」，又講求經世之學，憎惡玩泄驕惰的官場習氣，從而形成一個急思振作、較有生氣的官紳群體。特別是一批書生投筆從戎，被破格錄用，其中不少人後來成為湘軍悍將。

交戰雙方不同的文化政策和人才思想，決定了人才在兩大陣營之間的流向，進而對戰局產生重大影響。太平天國定都天京時，著名學者汪士鐸就在城內，年餘後設法逃出，後就經略蘇浙向曾國藩提出十條建議，深獲其心；留美回國的容閎在訪問天京後改變初衷，謝絕洪仁玕的挽留，嗣後轉投曾國藩；後

50　〈頒行詔書・奉天誅妖救世安民諭〉，《太平天國印書》，第 108 頁。
51　滄浪釣徒：〈劫餘灰錄〉，《太平天國史料叢編簡輯》第 2 冊，第 143 頁。
52　趙烈文：《落花春雨巢日記》卷 3，《太平天國史料叢編簡輯》第 3 冊，第 40 頁。

來成為著名維新變法人士的王韜化名「黃畹」向蘇州太平軍獻策，但未引起重視。太平天國儘管占據文化發達、人才薈萃的江南地區，但在延納人才方面遠不及曾國藩等人。時人就此評述道：「賊中無讀書練達之人，故所見諸筆墨者，非怪誕不經，即粗鄙俚俗。此賊一大缺陷，蓋天之所不與也。」[53] 李秀成被俘後，曾國藩幕僚李鴻裔問：「官兵某事好，某事不好？賊中某事好，某事辦得不好？」李秀成認為其一是前者「多用讀書人」，而後者「無讀書人」。[54] 但此時才痛感到這一點，為時已晚。

太平天國與西方列強關係的演變

太平天國興起時，正值西方列強依據不平等條約，加緊對中國進行滲透。於是，如何辦理外交便成為洪秀全等人無法規避的一個問題，並成為影響戰局的一個重要因素。

太平軍攻占江寧後，列強一時吃不准清政府是否會垮臺，遂宣布持「中立」政策，以靜觀事態發展，並相繼主動來訪，以試探太平天國的對外態度，摸清其底細。1853 年 4 月，英國駐華公使最早前來投石問路。同年 12 月、次年 5 月，法國、美國公使也先後來訪。太平天國因為彼此敬拜同一個上帝，所以親切地稱對方為「兄弟」。西方人自己也承認，太平天國境內軍民的態度始終十分友善。

但是，受其他因素影響，雙方並未確立「兄弟」般的關係。

太平天國對這幾批不速之客的到來事先毫無準備。由於來歷不明，這些擅闖長江的外國軍艦均在鎮江或天京江面遭太平軍炮擊。太平天國對西方人持「中立」態度感到詫異，並抱有戒心，擔心對方有刺探軍情的意圖。外交禮儀及國際觀念的衝突則成為雙方交往的最大障礙。太平天國視對方為「兄弟」，但同時又沿襲傳統的天朝上國觀念，視對方為進貢番邦，宣稱洪秀全是「天下萬國太平真主」，導致在外交禮儀上與對方發生激烈爭執。西方人這幾次均乘坐軍艦而來，明顯帶有炫耀武力的意思，粗暴侵犯了中國內河航運權。但由於缺乏國際法常識，太平天國卻沒有對此提出異議。

雙方接觸時，三國外交代表均提及各國與清政府所訂條約的內容或提交

53　陳徽言：〈武昌紀事〉，《太平天國》第 4 冊，第 600 頁。
54　羅爾綱：《增補本李秀成自述原稿注》，第 400 頁。

文本，要求太平天國承認其條約權利。太平天國沒有對此直接表態，僅表示不反對與外國通商，也同意開闢商埠，但一切要等全國平定後再行定奪，並明確表示嚴禁鴉片貿易。西方三國公使對這種答覆感到失望，加之對太平天國沿襲夷夏觀念十分反感，所以都打消了拜會天王或東王的念頭，悻然而返。

基於上述原因，加上太平天國在軍事上並無迅速取勝的跡象，西方列強遂調整策略，不再理睬太平天國，轉而全力與清政府進行修約談判。

由於修約談判未能如願，英國於 1856 年 10 月下旬悍然挑起戰爭，出兵攻打廣州。這場戰爭是鴉片戰爭的繼續和擴大，史稱「第二次鴉片戰爭」。後來法國也出兵參戰。在英法聯軍武力威脅下，1858 年 6 月，清政府被迫與英法等國簽訂《天津條約》。英法聯軍進攻廣州、大沽口，牽制了清軍在廣東、華北的兵力，客觀上減輕了太平天國的軍事壓力。太平天國基於強烈的漢民族意識，倡言興漢滅滿，視清政府為死敵，並不認為打擊清朝與打擊中國是一回事，故而對英法聯軍出兵拍手稱快，[55] 希望對方與自己聯手推翻清政府。1858 年 11 月，英國全權代表額爾金（J. B. Elgin）率艦隊自上海駛往漢口，欲根據《天津條約》考察沿江商務。遭太平軍炮擊後，英艦悍然將浦口炮臺夷為平地，然後揚長而去。洪秀全知悉後，寫御詔派人追送給額爾金，將其過境說成是「兄弟團圓」，言稱「西洋番弟聽朕詔，同頂爺哥滅臭蟲」、「替爺替哥殺妖魔」，[56] 表達了與列強聯手對付清政府的意願。不過，太平天國對辦理外交的重要性缺乏認識，不主動與對方接觸，且依然固守傳統的天朝上國觀念。而列強既與清政府簽約，自然需要通過清政府來兌現攫取的條約權利，且對太平天國成見日深，因此也無心與太平天國接觸。

洪仁玕總理朝政後，在《資政新篇》中扼要介紹世界大勢，說明舊的夷夏格局已不復存在，主張國與國之間以信義相示，彼此平等往來，不可妄自尊大輕侮對方，以免引起無謂的爭執和禍端。他批評了「拘拘不與人交接」的現象，認為這是「淺量者之所為」，主張採取開放務實的態度。他的建議基本上為洪秀全採納。在隨後的外交文書中，太平天國用「照會」等語取代「誥諭」、

---

55 例如，1860 年，12 名太平軍將領聯名致書英法聯軍統領，盛讚其攻占廣州之舉，表示「弟等曷勝欣幸，意欲刻即統兵前來，大齊斟酌，共展鴻圖」。見〈殿左三中隊將李鴻昭等致英法統領照會〉，《太平天國文書彙編》，第 311 頁。

56 〈天王賜英國全權特使額爾金詔〉，《太平天國續編》第 3 冊，第 59 頁。注：「爺」、「哥」分別指上帝、耶穌，「臭蟲」喻指清政府。

「札諭」等舊稱，並棄用「萬國真主」、「來朝」、「謁主」等字樣，改稱對方為「貴國」、「貴駕」等。1860年夏率部攻至上海周邊後，李秀成致函英、法、美三國公使，鄭重表示將保護洋人在上海的生命財產安全，並邀請對方來蘇州會晤，洽談通商聯和事宜。洪仁玕隨後又親自赴蘇州進行外交斡旋。但是，列強的外交政策完全視在華利益而定，並不取決於太平天國是否更新了國際觀念。太平軍剛占領蘇州，英、法公使便發布通告，宣布將由英法軍隊保衛上海，抵禦任何攻擊，且態度強硬，始終拒絕就此與太平天國進行接觸。李秀成在事先發出照會的情形下進兵上海，遭英法軍隊阻擊，致使占領上海功虧一簣。

在上海之戰的同時，英法因上年換約之爭在大沽口慘敗，再次出兵進犯大沽口。隨後，英法聯軍進占北京，火燒圓明園，脅迫清政府簽訂《北京條約》。第二次鴉片戰爭結束。為儘快落實長江通航通商一款，英國人又轉而主動與太平天國接觸。1861年春，雙方在天京通過談判達成協議，太平天國接受英方所提的通航通商要求，並承諾在本年內不進兵上海地區。洪秀全專門為此降詔，宣稱「中西永遠和約章，太平一統疆土闊」。但是，太平天國念念不忘一統山河，而英國則決意阻止太平軍進兵各商埠，以避免其商業利益等受損。這就註定這一紙協約不可能是「永遠和約」，無法保證長久相安無事。

1861年12月，太平軍攻克通商口岸寧波。次年元旦，太平天國拒絕再在攻打上海問題上讓步，雙方談判破裂。英國隨即圖窮匕見，從虛偽「中立」轉為赤裸裸的武裝干涉。在清政府方面，通過祺祥政變執掌中央大權的慈禧、奕訢為儘快擊敗太平天國，允准江浙官紳「借師助剿」的提議。於是，雙方一拍即合，形成聯手鎮壓太平天國的局面。英、法除直接出兵攻打上海周邊及寧波太平軍外，還為清軍在購買西式槍炮、練兵等方面提供便利和幫助，並授意現役軍官戈登（C. G. Gordon）、退役軍官日意格（P. M. Giquel）等以個人名義受雇於清地方政府，統領常勝軍（前身為洋槍隊）、常捷軍等多支中外混合軍，配合清軍深入內地與太平軍作戰。

在「借師助剿」問題上，太平天國與清政府的態度截然不同。當時，雙方都有外國人以個人名義投軍。太平軍中的雇傭軍主要由各國逃兵、浪人、投機商等組成，以歐美人居多，包括菲律賓浪人、印度黑人等，但聲勢和規模遠

不及清方，李秀成部雇傭軍人數最多時也不到二百人。這與太平天國所持的立場和態度有很大關聯。基於民族自尊心和對洋人的戒心，天王斷然拒絕某「鬼頭」聯手滅清、事後平分疆土的提議，正告「我爭中國，欲相〔想〕全圖，事成平定，天下失笑；不成之後，引鬼入邦」。[57]忠王也斷然否決原常勝軍領隊、美國浪人白齊文（H. A. Burgevine）獨立帶兵的要求。駐防蘇州的慕王譚紹光強調「我等同拜上帝耶穌，一教相傳，並無虛假損害之念」，明確宣布對前來投效的洋人實行來去自由政策，「既不誘之使來，亦不禁之不去」。[58]清政府也對「借師助剿」心存顧忌，擔心洋人趁機「肆其狼貪豕突之心」，但「以滅髮捻為先」的思想終究占了上風，故而孤注一擲，在財政吃緊情況下，不惜拼湊鉅資雇募洋人助戰。

列強的粗暴武裝干涉改變了戰爭的力量對比，幫助清軍扭轉了在蘇浙戰場的頹勢，從而極大影響了戰爭進程和結局。李秀成便憤憤不平地說：「蘇杭之誤事，洋鬼作怪，領李撫臺之賞，攻我各路城池。攻克蘇州等縣，非算李鴻章本事，實得洋鬼之能。」[59]洪仁玕也將太平天國敗亡原因之一歸結為「韃妖買通洋鬼，交為中國患」。[60]

三、太平天國的敗亡

攻克安慶後，曾國藩坐鎮該城，指揮湘軍夾江東下。太平軍節節敗退，廬州陷落，陳玉成被執遇難，上游尤其是皖北屏藩漸次丟失。到 1862 年 5 月末，湘軍水陸兩萬餘人攻至天京城下。自江南大營瓦解，天京在時隔兩年後又遭逼攻，而且面對的是湘軍。

上游告急時，李秀成正調兵全力攻打上海，但遭到英法軍隊、洋槍隊、清軍的聯合堵擊，始終未能攻至上海城根。1862 年 4 月，李鴻章率新組建的淮軍自安慶增援上海。太平軍由攻轉守，嘉定、青浦等城相繼失守。李秀成調重兵反攻，一舉扭轉浦西戰局，迫使英法軍隊龜縮上海、常勝軍坐困松江，但遭到淮軍有力抵禦，加之洪秀全一再嚴令回援天京，只得於 6 月中下旬退兵。

57　羅爾綱：《增補本李秀成自述原稿注》，第 385—386 頁。

58　〈慕王譚紹光復英國會帶常勝軍戈登述太平天國對外政策書〉，《太平天國文書彙編》，第 325 頁。

59　羅爾綱：《增補本李秀成自述原稿注》，第 328 頁。

60　〈洪仁玕在南昌府親書供詞〉，王慶成編著《稀見清世史料並考釋》，第 485 頁。

慕王譚紹光隨後組織進攻，復被擊退。淮軍則會同英法軍隊、常勝軍等轉入反攻，攻占蘇州門戶嘉定，由力保上海轉為窺伺蘇南。

皖南戰場，湘軍悍將鮑超率部展開攻勢。太平軍一再喪師失地，且不時有將領陣前倒戈。1862 年 7 月，作為江浙門戶的寧國陷落。輔王楊輔清等一路敗退，僅據守廣德、建平一隅，在皖南已勢窮力竭。

在浙江，左宗棠在皖南、福建清軍策應下發起攻勢，與侍王李世賢部在衢州、金華一線激戰。在濱海地區，英法軍隊、中法混合軍「常捷軍」、中英混合軍「常安軍」等配合清軍展開反攻，迫使太平軍退出溫州、台州和寧波三府全境。1862 年 8 月中旬，閩軍克復處州、縉雲，與左宗棠形成夾擊金華之勢。僅半年多時間，浙江太平軍丟失近半城池，處境被動。

清軍數路大兵壓境，太平軍全線吃緊。洪秀全以天京為重，意欲先消滅曾國荃部湘軍，再三催促李秀成火速起兵。李秀成從上海周邊撤兵，決計合 13 王、號稱 60 萬兵力攻打雨花臺湘軍大營。1862 年 10 月 13 日始，兵力、武器占絕對優勢的忠王部發起強攻；侍王不久也領兵三四萬自浙東趕來助戰。受疫病拖累的湘軍依託深溝高壘拚死抵禦。趁忠王、侍王率重兵回援天京，淮軍在吳淞江畔的四江口重創太平軍，左宗棠等部攻打金華甚急。太平軍在雨花臺血戰 46 日，糧食、冬衣匱乏，加之蘇州周邊戰事失利，遂在湘軍傷亡五千、幾乎難以繼續支撐的情況下撤圍，分兵回救。

太平軍雨花臺之戰失利，根本原因在於清軍同時在上海周邊、皖南、浙江發起攻勢，與天京戰場遙相呼應，致使太平軍被擠壓在有限的作戰空間內，顧此失彼，陷入全面被動。隨著版圖日漸縮小，太平軍糧食供應問題越發突出，成為一大制約因素。

為扭轉被動局面，遵照洪秀全「進北攻南」的指示，太平軍攻入防備空虛的皖北，同時在皖南發起攻勢，分別威脅湖北、江西，試圖扯動湘軍回援。但各路太平軍大多各自為戰，且後方不穩。李秀成因常熟守軍譁變而滯留蘇南約四旬，待領兵北渡增援皖北先遣軍時，清軍已布好防線。李秀成征戰不利，所部又因缺糧餓死不少，被迫於 1863 年 5 月末折回天長縣境。南岸太平軍也未打開局面。在浙江，因李世賢遲遲不能回救，至同年 3 月中旬，包括金華、紹興在內的浙東地盤全部陷落；守軍殘部退往杭嘉湖一帶和皖南。蘇南戰局也

迅速惡化，至 6 月上旬，淮軍會同常勝軍攻陷太倉、崑山以及常熟福山、江陰楊舍，形成圍攻蘇州的態勢。更為致命的是，太平軍捨雨花臺而進兵上游，雖先後調動曾國荃萬餘兵力，但同時也使後者堅定株守之念，並贏得募練新兵休整再戰的時間。6 月 13 日，即石達開在四川大渡河兵敗被執當日，曾國荃部攻破雨花臺石城和南門外九座石壘。李秀成奉命自江北回援，渡江時遭湘軍水師截殺，傷亡慘重。九洑州要塞不久失陷，天京江路補給線被切斷。

忠王折損數萬精銳自皖北無功而返，標誌著歷時半年多的「進北攻南」戰役以失敗告終。太平天國從此再也無力組織戰略反攻，完全陷入被動防禦的困境。根據戰爭態勢，曾國藩決計同時進攻天京、蘇州、杭州，「使該逆備多力分，不遑兼顧，或者致力於金陵、收效於蘇杭。三處有一得手，兩處可期並下。」[61] 圍繞三城的爭奪成為隨後戰局發展的主線。此時，淮軍陸師已擴至四萬人，另有淮揚、太湖兩支水師以及常勝軍策應；左宗棠部計三萬餘人，另有常捷軍等援應。太平軍剩餘兵力主要集中在蘇杭一帶，人數仍占絕對優勢，僅蘇州守軍就有近 20 萬之眾，但總體上士氣低落，且水師力量孱弱。

在蘇南，淮軍逐一攻占周邊要地，1863 年 9 月中旬進抵蘇州城外。李秀成自天京回救，激戰數月未能解圍，且見蘇州守軍人心離散，遂離城他走。12 月 4 日，納王郜永寬等刺殺慕王譚紹光，獻城投敵，蘇州陷落。李鴻章因倒戈太平軍人數甚眾，恐有異變，遂大舉殺降。1864 年 5 月 11 日，常州失陷，護王陳坤書被凌遲處死。至此，蘇福省全境淪陷，太平軍先後損失約 50 萬兵力。太平天國大勢已去。

在浙西，左宗棠因兵力較單，起初推進不快。程學啟等部淮軍在克復無錫後入浙助戰，形成夾攻之勢。太平軍人心浮動，數地發生譁變事件，導致嘉興等地相繼淪陷。1864 年 3 月末，太平軍撤離杭州。不久，湖州府城、廣德州城成為太平軍在浙西、皖南碩果僅存的據點。兩地位於浙皖蘇三省交界處，一時成為各路敗退太平軍的落腳地。

天京戰局則繼續惡化，附城要隘相繼失守。趕回天京的李秀成認為城中缺兵斷糧，人心不固，已無望解圍，建議「讓城別走」，但遭洪秀全嚴詞拒絕。

61　〈曾國藩奏覆金陵近日布置等情摺〉，《清政府鎮壓太平天國檔案史料》第 25 冊，社會科學文獻出版社，2001，第 253 頁。

1864 年 3 月初，湘軍正式合圍天京。兩個多月後，周邊所有城池悉數陷落。天京完全成為孤城，守軍僅萬餘人，而攻城湘軍達四五萬人。6 月 1 日夜，洪秀全病逝，終年 51 歲。幼主洪天貴福被尊奉為幼天王。7 月 19 日午刻，湘軍炸塌太平門城垣，衝殺而入，日暮時基本控制全城。太平天國建都 11 年多的天京終告陷落。湘軍圍攻該城兩載有奇，前後死於疾疫者萬餘人，死於戰陣者八九千人。曾國藩歎曰，城破後，守軍「無一降者，至聚眾自焚而不悔，實為古今罕見之劇寇」。[62] 湘軍入城後，隨即大肆洗劫財物，並縱火焚燒天王府滅跡，大火延燒七日不熄；另肆意姦淫殺戮。就連曾國藩幕僚趙烈文也認為，「其亂如此，可為髮指」。[63] 洪秀全屍身則被湘軍挖出，驗畢戮屍，舉烈火焚之。

城破當夜，李秀成掩護幼天王突圍而出。他本人不久被執，在囚籠中寫下數萬字供述，旋被處斬。幼天王逃至廣德，被先期離京搬救兵的干王洪仁玕迎至湖州。兩地守軍計十二三萬人向江西轉移，擬與在贛省覓糧的侍王李世賢、康王汪海洋等部會合。在清軍圍追堵截下，太平軍傷亡慘重，臨陣脫逃及譁變事件時有發生，一路上風聲鶴唳。行至江西石城縣境時，兵力已不足萬人，復遭清軍夜襲而潰散。幼天王被俘後拚命洗刷自己，稱「那打江山的事都是老天王做的，與我無干。就是我登極後，也都是干王、忠王他們做的」，[64]表示如今只想讀書考秀才。11 月 18 日，幼天王在南昌被凌遲處死，太平天國世系至此終結。干王被執後視死如歸，決意效法文天祥，為「志在攘夷願未酬」唏噓不已，隨後同在南昌殉難。

侍王李世賢、康王汪海洋接應幼天王未果，相繼輾轉移師福建。侍王克漳州，號稱有 20 萬眾；康王號稱有十六七萬人。來王陸順德以及由天地會眾組成的天將丁太洋、林正揚等部依附兩大主力，分別占據龍巖、永定、南靖等城池。閩軍堵擊失利。左宗棠奉命入閩督師圍剿，逐漸扭轉戰局。太平軍缺乏統一指揮，所占地盤陸續丟失，而內訌及倒戈事件進一步削弱了其實力。侍王戰敗後，其殘部投奔占據鎮平的康王；嗣後侍王隻身逃至鎮平，康王心存疑忌，將其刺殺。此外，繼丁太洋等人譁變後，林正揚捆縛來王陸順德，獻長樂縣城降清。康王勢孤力薄，在粵贛閩邊界流動作戰。1864 年 11 月 19 日攻占粵東

62　〈官文等奏報攻克金陵詳細情形摺〉，《清政府鎮壓太平天國檔案史料》第 26 冊，社會科學文獻出版社，2001，第 44 頁。按：該奏摺係曾國藩擬寫，由湖廣總督官文領銜會奏。

63　趙烈文：《能靜居日記》卷 20，《太平天國續編》第 7 冊，第 274 頁。

64　〈洪天貴福在江西巡撫衙門供詞〉，王慶成編著《稀見清世史料並考釋》，第 533 頁。

嘉應州城，不久陷入清軍圍攻。康王在交戰中負傷身亡。1865 年 1 月 19 日夜，偕王譚體元率眾棄城突圍，兩日後在豐順縣白沙壩一帶全軍覆沒。南方太平軍餘部至此悉被鎮壓。

撲滅太平天國後，清政府得以調集更多兵力，分別鎮壓中原地區捻軍、貴州苗民軍，以及雲南、陝甘地區的回民軍。1873 年秋，清軍攻占甘肅回民軍占據的最後一個城池肅州（今酒泉）。至此，國內以太平天國為主體、前後持續逾 20 年的大規模反清起事基本偃旗息鼓。

通過政治上調整人事、調節內部矛盾，軍事上組建湘軍、淮軍，經濟上開徵釐金新闢餉源，外交上「借師助剿」，特別是依靠曾國藩等漢族地方勢力，風雨飄搖的清政府終於躲過滅頂之災，迎來所謂「同治中興」；曾國藩、胡林翼、左宗棠、李鴻章因此而被推許為「中興名臣」。但是，漢族督撫勢力的崛起在挽救清朝的同時，改變了內滿外漢、封疆大吏多由滿族權貴出任的傳統政治格局，導致清廷軍權、財權等大權旁落，形成內輕外重的趨勢。這使得清政府統治潛伏著巨大變數，對隨後歷史的走向產生重大影響。

第七章　洋務運動與早期現代化

　　1860 年代開始的洋務運動，是中國早期現代化的起步階段。有學者對以往的研究作了扼要的回顧，指出在近代的諸多歷史事件中，洋務運動是第一個被納入現代化視角進行研究的事件，關於它的現代化敘事也取得了廣泛的共識。[1]洋務運動的發生和推進過程，曲折坎坷，反映了當時中國社會新舊因素消長纏繞的繁複場景，折射了中國現代化步履的蹣跚跟蹌。

一、動因與環境

內外交困

　　洋務運動的啟動，可以 1861 年 1 月 11 日恭親王奕訢、大學士桂良和戶部左侍郎文祥等連署的〈通籌夷務全域折〉為標誌。那時的清廷，正可謂風雨飄搖，岌岌可危。舉目四望，國都淪陷，山河殘破，內有太平天國起義的打擊，外有西方列強的侵略脅迫。北京失守，圓明園被焚，咸豐帝倉皇出逃熱河後，受命留在京城與外國侵略者「議和」的奕訢等人，比咸豐帝更痛切地意識到形勢的嚴峻和清廷統治的脆弱。權衡得失後，他們大膽上書，陳說利害關係，認為「自換約以後，該夷退回天津，紛紛南駛，而所請尚執條約為據。是該夷並不利我土地人民，猶可以信義籠絡」，強調「臣等就今日之勢論之，髮捻交乘，心腹之害也」，力主變通內外政策，對外妥協，度過危機，並酌議章程六條，其中首條便是「京師請設立總理各國事務衙門以專責成」。[2]

---

* 本章由戴鞍鋼撰寫。

1　郭世佑等：《突破重圍—中國早期現代化研究》，河南大學出版社，2010，第 118 頁。

2　〈恭親王奕訢等奏〉（咸豐十年十二月初三日），中國史學會主編《中國近代史資料叢刊·

1 月 20 日，逃亡在熱河的咸豐帝准奏，並委派奕訢、桂良和文祥三人負責總理各國通商事務，習稱「洋務」。以後在奕訢的主持下，凡需要與外國發生聯繫的事務，諸如購買軍火、船艦、機器，管理對外通商和關稅事務，創辦近代軍事工業和近代海軍，興辦近代教育事業和向西方派遣留學生，開辦近代機器製造、航運、鐵路、電報、礦業等，都納入總理各國事務衙門（以下簡稱「總理衙門」）的管轄範圍，使其成了清朝政府的外交和涉外事務的總彙機構，人稱洋務衙門。受命後，奕訢等人於 1 月 24 日奏稱：「探源之策，在於自強，自強之術，必先練兵。」[3] 強調中國屢敗於外敵，是技不如人，即軍事裝備和戰法不敵列強，主張辦洋務應先從引進、仿造外國的堅船利炮著手。此後的十餘年，洋務運動的重點是引進西方的先進技術，興辦近代軍事工業。

其實，早在第一次鴉片戰爭時，就有一些有識之士認識到中國在戰場上，面對強敵所處的明顯劣勢，並已提出奮起直追的主張。林則徐奏稱：「即以船炮而言，本為防海必需之物，雖一時難以猝辦，而為長久計，以不得不先事籌維。且廣東利在通商，自道光元年至今，粵海關已徵銀三千餘萬兩，收其利者必須預防其害，若前此以關稅十分之一製炮造船，則制夷已可裕如，何至尚形棘手。」主張：「製炮必求極利，造船必求極堅，似經費可以酌籌，即裨益實非淺鮮矣。」[4] 魏源指出「善師四夷者能制夷，不善師外夷者外夷制之」，明確主張「師夷長技以制夷」。[5] 但是，他們的這些主張，並沒有引起清廷的重視和付諸行動。有資料顯示，在道光後繼位的咸豐帝也見過《海國圖志》。據檔案記載，1853 年武英殿修書處奉旨將此書修繕貼錦進呈。但咸豐帝有沒有細讀，讀過後又有什麼感受，今人亦無從得知。[6]

嚴酷的現實是，在鴉片戰爭後的十餘年間，中國的局面未見改善。據時人描述：「國家承平二百餘年，海防既弛，操江亦廢。自英夷就撫後，始請以捐輸之餘作為船炮經費，而官吏侵漁，工匠草率偷減，不及十年，皆為竹頭木

　　洋務運動》（以下簡稱《洋務運動》）第 1 冊，上海人民出版社、上海書店出版社，2000，第 5、6 頁。

3　〈欽差大臣恭親王奕訢等奏〉（咸豐十年十二月十四日），《洋務運動》第 3 冊，第 441 頁。

4　林則徐：〈密陳禁煙不能歇手並請戴罪赴浙隨營效力片〉（道光二十年八月二十九日），《林則徐全集》第 3 冊，海峽文藝出版社，2002，第 478、479 頁。

5　魏源：《海國圖志‧原敘》，嶽麓書社，1998，第 1 頁。

6　茅海建：《苦命天子—咸豐皇帝奕詝》，三聯書店，2006，第 54 頁。

屑。」[7] 最直觀的是，第二次鴉片戰爭時，清軍使用的炮仍是前裝滑膛的土製火炮。這類炮的式樣，仍是晚明引進的紅夷炮稍加改變，射程近，精確度差，發射時間長，殺傷力小，又多有粗製濫造者，戰時間有震裂。其中一部分是第一次鴉片戰爭後鑄造的，但不少是清初、清中葉鑄造的，甚至是前明遺物，而英軍則是最新發明的阿姆斯壯炮，法軍則是新式的拿破崙炮。[8] 兩相對照，優劣有天壤之別，清軍在開戰後，自然難逃再遭慘敗的厄運。

　　也令清廷揪心的是，與其對峙的太平天國手中，也陸續握有洋槍洋炮。這些槍炮是由在上海的一些外國人出售給太平軍的，數目還不少，如太平天國定都天京後不久，「有洋艘二，自海道泊下關，賊始疑為大兵之借援者，繼偵知其為上海之領事，舟中所帶皆洋槍、火藥，以通貿易為詞，該逆延之入城」；[9] 太平軍占據浙江湖州時，「有夷人三十餘人來投，售賣洋炮、洋刀、洋粉等物」。[10] 1865 年左宗棠曾追述：「從前賊匪打仗，並無外國槍械，數年以來，無一枝賊匪不有洋槍洋火。本部堂自江西、安徽、浙江轉戰而來，各戰奪獲，為數不少，並有降賊帶出投誠者。上年陳炳文赴鮑軍門處投誠，稟繳洋槍七千餘杆，而本部堂一軍截剿湖州逆賊於皖、浙、江三省邊境，所得洋槍亦不下萬餘杆。」[11] 這就使清朝政府的一部分官員，特別是身處交戰前線的統兵大員，更急切地意識到引進先進技術，仿造洋槍洋炮的必要。

　　1861 年 7 月 4 日，奕訢等人奏請購買外洋船炮，以對付內外交困的危局，指出「蟊賊未能盡去，非拔本塞源之方也」，認為「賊情愈張，而外國之情必因之而肆」，強調「船炮不甚堅利，恐難滅賊」，主張「購買外國船炮，並請派大員訓練京兵，無非為自強之計，不使受制於人」。[12] 9 月 11 日，曾國藩遙相呼應，奏稱「恭親王奕訢等奏請購外洋船炮，則為今日救時之第一要務」。[13] 李鴻章自述：「自同治元年臣軍到滬以來，隨時購買外洋槍炮，設局鑄造開花炮彈，以攻剿甚為得力」；贊同「彼機巧之器，非不可以購求學習，

7　夏燮著、歐陽躍峰點校《粵氛紀事》，中華書局，2008，第 55、56 頁。
8　茅海建：《近代的尺度——兩次鴉片戰爭軍事與外交》（增訂本），三聯書店，2011，第 96 頁。
9　夏燮著、歐陽躍峰點校《粵氛紀事》，第 83 頁。
10　羅爾綱等主編《中國近代史資料叢刊續編・太平天國》第 2 冊，廣西師範大學出版社，2004，第 441 頁。
11　左宗棠：〈答福州稅務司美里登〉，《洋務運動》第 3 冊，第 602 頁。
12　〈總署奏〉，《海防檔・購買船炮》第 1 冊，中研院近代史研究所編印，1966，第 6—7 頁。
13　〈總署收三口通商大臣崇厚函〉，《海防檔・購買船炮》第 1 冊，第 20 頁。

以成中國之長技」。[14] 1864 年，他又強調：「今昔情勢不同，豈可狃於祖宗之成法，必須盡裁疲弱，厚給糧餉，廢棄弓箭，專精火器」，主張「仿立外國船廠，購求西人機器，先製夾板火輪，次及巨炮兵船，然後水陸可恃」，指出「中土士夫不深悉彼此強弱之故，一旦有變，曰吾能禦夷而破敵，其誰信之」。[15] 左宗棠也認為：「泰西巧而中國不必安於拙也，泰西有而中國不能傲以無也。」[16]

在君主專制制度下，如果沒有最高統治者的認可，奕訢及曾、左、李等人的上述主張，也很難被付諸實施。而 1861 年 11 月的北京政變又稱祺祥政變，為洋務主張的實際推行提供了可能。

政局演變

1860 年 11 月，在中國被迫簽訂一系列喪權辱國的不平等條約後，英法聯軍退出北京。奕訢等人一再奏請咸豐帝回京，咸豐帝仍心有餘悸，遲遲不願返京，與此同時越來越消極頹廢，倦怠於政事，沉湎於酒色，不久於 1861 年 8 月 22 日在熱河病逝。臨終前，授命以載淳為皇太子，由怡親王載垣和戶部尚書、協辦大學士肅順等八人為贊襄政務王大臣，將一個滿目瘡痍的江山丟給了年僅 6 歲的兒子。這個幼子的母親，就是日後赫赫有名的慈禧太后。

慈禧太后出身官宦之家，容貌出眾，據說也曾誦讀經史，初通文墨。1852 年 17 歲時入宮，1856 年生子載淳，母以子貴，在後宮的地位僅次於皇后鈕祜祿氏。時咸豐帝為內憂外患所困擾，身心疲憊，疏於朝政，常讓她代筆批答章奏，因此得以預聞政事，表現出很強的權欲。

咸豐帝死後，幼子載淳繼位，分稱鈕祜祿氏、那拉氏為慈安、慈禧皇太后。當時，清朝統治中樞除了兩宮太后以外，還存在另外兩股對立的勢力，一股以奕訢為首，另一股以載垣為首而以肅順為主心骨。奕訢等人在咸豐帝出逃時，被留在京城主持「議和」，咸豐帝死後被排斥在贊襄政務王大臣之外，但時時覬覦著最高權力。肅順集團隨咸豐帝出逃熱河後，陪侍左右，地位顯赫，咸豐

14　〈李鴻章摺〉（同治四年八月初一日），《洋務運動》第 4 冊，第 10、11 頁。

15　〈覆陳察院〉（同治三年九月十一日），顧廷龍、戴逸主編《李鴻章全集》第 29 冊，安徽教育出版社，2008，第 339 頁。

16　〈擬購機器雇洋匠試造輪船先陳大概情形摺〉（同治五年五月十三日），劉泱泱等點校《左宗棠全集》第 3 冊，嶽麓書社，2009，第 53 頁。

帝死後又以顧命大臣身分贊襄政務，實際上掌握了清廷的最高權力。奕訢等人被排斥於權力中心之外，兩宮皇太后也僅有「鈐印」的權力，清廷內部的權力之爭很快白熱化。

　　肅順等人仗恃贊襄政務王大臣的地位，力圖大權獨攬。頗有心計的慈禧則拉攏慈安，憑藉手中掌握的咸豐帝臨死授予的「御賞」和「同道堂」兩枚大印，以拒絕在贊襄政務王大臣發給內閣和地方官員的諭文上鈐印相要脅，迫使肅順等人同意將官員的疏章送兩太后披覽，諭旨呈兩太后鈐印，任用高級官員由樞臣擬名交兩太后裁定，任用一般官員在御前掣籤由兩太后批准。接著，慈禧又通過醇親王奕譞夫婦以及親信太監、侍衛，設法與留在北京的奕訢暗中聯繫。據知情者透露，當時慈禧和慈安在熱河密商時，為防止被人竊聽，特意作了防範，「以大缸置室中，相與倚缸而語，蓋人聲在缸中，則彌響而餘音不漏於外也。」[17]

　　經過密謀，慈禧、奕訢在暗中加緊了政變的部署，而目空一切、過分自信的肅順等人，則完全被蒙在鼓裡。1861 年 10 月 26 日，咸豐帝的靈柩從熱河啟運回京。慈禧設計讓載垣、端華等扈從兩宮皇太后及載淳，先行回京迎候，由肅順護送咸豐帝靈柩隨後啟程，這樣就把政敵的主謀與協從分隔開來，便於各個擊破。11 月 2 日政變發生，大學士賈楨等疏請皇太后垂簾聽政，兩宮太后隨即下令革去載垣、端華、肅順三人的爵位，景壽、穆蔭、匡源、杜翰、焦祐瀛等五人退出軍機處議罪。載垣、端華起而抗命，被囚於宗人府。這時，肅順護送咸豐帝的靈柩，才剛剛走到北京郊外的密雲縣境，亦被京城派出的禁軍連夜拘捕。幾天後，肅順被押赴菜市口斬首示眾，載垣、端華賜令自盡，其餘五人或被革職，或被革職並充軍。這場政變，以慈禧、奕訢一方大獲全勝告終。

　　政變的結果，得到列強的讚許。11 月 12 日，英國駐華公使卜魯斯（F. W. A. Bruce）向英國外交大臣羅素（John Russell）報告：「這一場鬥爭的關鍵，主要的要看這一年我們和恭親王交際中，給他的印象如何而定。幸運的是，恭親王信賴他自己對我們的觀察和經驗所獲得的結論，而不株守中國政治歷史典籍上的教條。」揚言：「為中國利益計，和我們作對，將招致悲慘的後果，我有理

17　蔡少卿整理《薛福成日記》，吉林文史出版社，2004，第 98 頁。

由相信，這已在恭親王及其同僚心中留下深刻的印象。」強調：「總之大家認為，其表現最可能和外國人維持友好關係的那些政治家掌握政權了。」聲稱：「這個令人感覺滿意的結果，全是幾個月來私人交際所造成的，這充分證明我們堅持下列政策之正確。就是我們應以溫和協調的態度，獲致恭親王及其同僚的信任，消除他們的驚恐，希望遲早總會發生變動，使最高權力落到他們手裡去。」[18] 列強的這種態度，為慈禧、奕訢等人上臺後開展有求於歐美的洋務運動，鋪平了道路。

1861 年 11 月 11 日，載淳在太和殿登基即位，奉兩宮皇太后在養心殿垂簾聽政，奕訢被任命為議政王，桂良、文祥、沈兆霖等為軍機大臣，奕訢兼管軍機處，並將肅順等人擬定的皇帝年號「祺祥」改為「同治」，意謂兩宮太后共同治政，慈安性格儒弱，對政治無多大興趣，1881 年又突然病故，實際上成了慈禧一人的統治，中國開始了長達 48 年的慈禧統治時期。她和奕訢上臺後，首先致力於鎮壓太平天國，並沿襲先前咸豐帝重用曾國藩、胡林翼等漢族地方實力派官員的做法，在政變後的第 18 天，就正式任命曾國藩以兩江總督節制江南四省軍務。繼而，又陸續任命左宗棠、李續宜、沈葆楨、駱秉章、劉長佑、李鴻章等一批漢族官員，執掌與太平軍交戰地區的軍政大權。

在眾多幕府中人的鼎力輔佐下，隨著對太平天國的戰爭漸占上風，以曾國藩、李鴻章、左宗棠等為代表的，新崛起的地方督撫的權力逐漸擴張，也為他們日後在其轄區內著手推行洋務運動創造了條件。其中，經他們提攜，其幕僚如願躋身於官場者為數不少。據統計，在咸豐、同治、光緒三朝，通過游幕獲取高級官位者中，有 56 人出自湘、淮軍幕府，占總數的 84.8%，其中24 人出自曾國藩的幕府，13 人出自李鴻章的幕府，11 人曾游走於曾、李幕府，其他 8 人則分別出自胡林翼、左宗棠、丁日昌、李瀚章等湘系或淮系官員的幕府。至於同一時期，出自湘、淮軍幕府的中下級官員，則為數更多。[19] 這些人經由幕府的歷練，相繼步入仕途，大有助於洋務運動的開展和推進。在洋務運動的重鎮—上海，據查考，歷任上海道臺中，在鴉片戰爭後被任命的四個滿人中，三人是 1860 年以前到任的，另一個則是在 1900 年以後，也就是說，「自

---

18 〈卜魯斯致羅素〉，1861 年 11 月 12 日發自北京，英國外交部檔案，轉引自經君健編《嚴中平文集》，中國社會科學出版社，1996，第 377、378、379 頁。
19 尚小明：《清代士人游幕表》，中華書局，2005，第 39 頁。

強運動期間（1861—1895）的上海道臺，全是漢人」。[20]

社會條件

洋務運動所開啟的中國早期現代化歷程，也是近代科學技術傳播和各類近代企業陸續興辦的過程。

鴉片戰爭後，外國資本主義列強通過中英《南京條約》及以後陸續簽訂的一系列不平等條約，在中國攫取了各種特權。甲午戰爭前，列強的對外經濟活動，雖然以商品輸出為主，但是資本輸出也已經開始。圍繞著商品輸出和原料收購，列強相繼在中國開辦加工廠和輕工業。據估計，截至 1894 年，外國在華的投資總額為 2 億至 3 億美元。[21] 這些外資企業多設立在通商口岸，尤以上海居多。以船舶修造業為例，1843—1894 年，外國資本先後在上海設有 27 家船舶修造廠，其間經兼併改組，至 1894 年繼續開工的有 8 家，資本總額達 323.3 萬元，占同期外國在滬資本總額的 1/3，企業數目也在各工業門類中名列第一。[22] 同一時期，在滬外資繅絲廠同樣也有發展。截至 1894 年，上海有 1882 年設於新閘的英商怡和絲廠、1891 年設於垃圾橋的法商寶昌絲廠、1894 年設於虹口的德商瑞綸絲廠共 4 家外資絲廠，合計擁有絲車 1500 部，雇工 3750 人，年產絲總量 1620 擔，資本 120 萬兩。在同期上海外資工業的總資本額中，該行業約占 20%，加上船舶修造業所占的約 33%，它們的資本總額超過了上海外資工業總資本額的一半。[23]

由洋務運動發端的中國近代企業的經營，需要國內有較為發展的商品經濟和日益擴大的商品市場。鴉片戰爭後，隨著外國資本主義的入侵，中國的自然經濟逐漸分解，越來越多的人與市場發生了聯繫。這個擴大了的國內市場，主要為外國資本主義所把持，中國的近代企業則是在有限的市場空隙中產生和發展起來。自然經濟的分解，也為中國近代企業的興辦提供了大量廉價勞動力的來源。舉辦近代企業，還需要有很多資本投資。鴉片戰爭後，隨著社會條件的變化，特別是外國科學技術的傳入和外國在華企業的豐厚利潤，

20 梁元生：《晚清上海—一個城市的歷史記憶》，廣西師範大學出版社，2010，第 60 頁。
21 吳承明：《帝國主義在舊中國的投資》，人民出版社，1955，第 35 頁。
22 張仲禮主編《近代上海城市研究》，上海人民出版社，1990，第 333 頁。
23 徐新吾等：《中國近代繅絲工業史》，上海人民出版社，1990，第 135 頁；張仲禮主編《近代上海城市研究》，第 333 頁。

使中國的很多富人萌發了投資近代企業的想法，並有所行動。其中，買辦的動向引人注目。

　　這裡所說的買辦，是指五口通商後，受雇於外國商行，為其在華推銷商品和收購原料奔走的那部分中國人。鴉片戰爭後，通商口岸陸續增闢，洋行數目不斷增加，買辦人數自然也就相應增加。其中很多人是隨著中國外貿重心由廣州向上海的轉移，跟著洋行從廣東北上者，早期活躍於上海的買辦，「半皆粵人為之」。[24] 在為外商奔走的過程中，買辦通過薪金、傭金等途徑，分沾了外商在華榨取的利潤，很快積聚起巨額財富，成為當時中國社會極富有的一個階層。據估算，到 1870 年代為止，先後做過洋行買辦的，至少應有 2000 人。加上那些雖沒有買辦名義，實為捐客及直接為洋行承銷洋貨、承購土產的買辦商人，估計總數不下於 4000 人。以每人平均擁有資產 10 萬兩計，便共有資財約 5 億兩，即使最低以每人平均 5 萬兩計，也共有約 2.5 億兩。[25]

　　清朝政府對興辦近代企業的態度還不明朗時，就有不少買辦以附股的形式，參與在華外資企業的投資。其中就有航運業，「各省在滬股商，或置輪船，或挾資本，向各口裝載貿易，俱依附洋商名下」。[26] 美商旗昌輪船公司 100 萬兩開業資本，有六七十萬兩是華人投資。僅唐廷樞一人，就握有英國怡和洋行華海輪船公司全部股本的 25％。[27] 據考察，在整個 19 世紀下半期外國在華的各類企業中，從新式工業到鐵路、航運、保險、銀行、碼頭、堆疊，以及房地產，幾乎沒有一項沒有華商的附股活動。[28]

　　這種狀況，為決意開展洋務運動的官員們所矚目，他們設想「若有官設立商局招徠，則各商所有輪船股本，必漸歸併官局，似足順商情而張國體」，也可改變「各口華商因無官辦章程，多將資本附入洋商輪船股內」的局面。[29]華商附股外資企業的經歷，也有助於將外國企業的經營管理知識應用於剛開辦的洋務企業。唐廷樞在擔任輪船招商局總辦之前，曾在英商怡和洋行當了 10 年的買辦。其間，他曾以大量的資金附股以航運為主的眾多外資企業，並在

24　王韜：《瀛壖雜志》，上海古籍出版社，1989，第 3 頁。
25　樊百川：《清季的洋務新政》，上海書店出版社，2003，第 64 頁。
26　〈李鴻章奏〉（同治十一年十一月二十四日），《海防檔・購買船炮》第 3 冊，第 916 頁。
27　汪敬虞：《唐廷樞研究》，中國社會科學出版社，1983，第 106 頁。
28　汪敬虞：《中國資本主義的發展和不發展》，經濟管理出版社，2007，第 69 頁。
29　〈李鴻章奏〉（同治十一年十一月二十四日），《海防檔・購買船炮》第 3 冊，第 916 頁；
　　〈直隸總督李鴻章奏〉（光緒元年二月二十七日），《洋務運動》第 6 冊，第 8 頁。

企業經營管理方面獲得「豐富而廣闊的經驗」。離開怡和進入輪船招商局後，他又把附股的外籍輪船帶到招商局「入局經營」。[30]

近代科學知識在中國的傳播，首先發端於東部沿海地區。1839 年來華的美國傳教士瑪卡雷・布朗稱：「單純傳教工作，是不會有多大進展的，因為傳教士在各個方面都受到『無知』的官吏們阻撓。學校可能消滅這種『無知』，但在一個短時期內，這樣一個地域廣闊、人口眾多的國家裡，少數基督學校能幹什麼，這就是出版書報的辦法。在該項雜誌和書籍內，不但能傳播基督教福音，同時也傳播一些現代的科學和哲學。」[31] 1843 年，英國傳教士麥都思（W. H. Medhurst）在上海設立了墨海書館，這是鴉片戰爭後外國人在中國大陸最早設立的翻譯出版機構，也是中國最早使用機器鉛印的出版機構。

墨海書館翻譯、印刷了一些西方宗教及文化書籍，成為當時中國士大夫瞭解西學的入門書。如 1853 年出版的《數學啟蒙》，介紹了西洋流行的算術、代數知識；1855 年刊行的《博物新編》，概括地介紹了西方物理學、化學、天文學、動物學等知識。這些書籍成了最早的西學啟蒙讀物，徐壽和華蘅芳慕名從無錫來到上海，去墨海書館參觀了各種科學書籍和儀器，並購買了一些書籍和試驗器具。回家後他們按照書中的講解和提示，做各種試驗，「朝夕研究，目驗心得，偶有疑難，互相討論，必求渙然冰釋而後已」。[32] 他們從中吸取了西方近代自然科學知識，後來進入江南製造總局等洋務企業，成為著名的工程技術專家。

1870 年代後，隨著中外貿易的擴展，各式外語學館在沿海通商口岸次第開辦。據統計，自 1872 年至 1875 年，僅在《申報》上刊登招生廣告的外語學館就有 14 所。加上此前已有的兼教外語的西學堂等，1875 年時上海至少已有 24 所教習外語的新式學校。[33] 這些學館有大有小，有外國人辦的，也有中國人辦的，有長期的，也有短期的，有日館，也有夜館，有的明碼標價，有的則聲言「修金面議，格外公道」。有的標明「授英字英語，兼譯英文帳目並

30　汪敬虞：〈中國現代化黎明期西方科技的民間引進〉，中國史學會編《辛亥革命與 20 世紀的中國》，中央文獻出版社，2002，第 1087、1088 頁。

31　何凱立：《基督教在華出版事業（1912—1949）》，陳建明等譯，四川大學出版社，2004，〈譯者序〉，第 1 頁。

32　《洋務運動》第 8 冊，第 15 頁。

33　張仲禮主編《近代上海城市研究》，第 948 頁。

書信等」，有的聲稱「專教英語，學習三個月之後，可能與西人把話」。[34]

洋務運動的開展，與外國機器設備及技術人才的引進直接相關。北京政變的結果，為列強所歡迎，當時中外航運電訊聯繫方式又有明顯改進。1870年，蘇伊士運河開通，上海至倫敦的航程，較之原先的繞道好望角，縮短近25％。1871年4月，英國人架設的香港至上海海底電報線開通營業；同年6月，香港至倫敦海底電報線接通。6月6日，上海收到了直接來自倫敦的第一份有線電報，以往用日月計的資訊傳輸，縮短為數小時可達。技術條件方面的這種革命性變革，助推了中外交往和洋務運動的開展。1864年太平天國被鎮壓後，國內民眾的反抗鬥爭陷於低潮，也使清朝政府得以推行洋務運動。

二、推進與成效

求強與求富

北京政變後，得慈禧太后的認可，在中央以奕訢為首、在地方以曾國藩、李鴻章、左宗棠等人為代表的一批官僚，開始引進西方的科學技術，興辦軍用工業和民用企業，旨在以此支撐日趨衰弱的封建皇朝，史稱洋務運動。其主旨前有馮桂芬所說的「以中國之倫常名教為原本，輔以諸國富強之術」，[35] 後有張之洞《勸學篇》所概括的「中學為體，西學為用」。首批創辦的近代企業是軍工企業。

1861年，曾國藩在安徽安慶創辦內軍械所。次年，李鴻章在江蘇蘇州設立製炮局。太平天國被鎮壓後，清朝政府繼續舉辦軍工企業。1865年，李鴻章在上海設立江南製造局，製造輪船、槍炮、水雷、火藥等，這是清朝政府所辦的規模最大的軍事工業。同年，李鴻章將蘇州製炮局移至南京，設立金陵製造局。次年，左宗棠在福州開辦福建船政局。以後，在天津、西安、蘭州、昆明、廣州、濟南、成都、吉林、北京、杭州、武漢等地，陸續又有軍工企業創辦，製造槍炮軍械。據統計，1865年至1894年，清朝政府在各地共舉辦了34家軍工企業。

34　《申報》1872年7月11日、12月16日。
35　馮桂芬：《校邠廬抗議》，上海書店出版社，2002，第51頁。

表 7-1 清朝政府舉辦的軍工企業（1865—1894）

名稱	起止（或停辦）年分	地點	創辦人
江南製造總局	1865—1894	上海	李鴻章
金陵機器局	1865—1894	南京	李鴻章
福建船政局	1866—1894	福州	左宗棠
天津機器局	1867—1894	天津	崇厚
西安機器局	1869—1874	西安	左宗棠
福建機器局	1869—1894	福州	英桂
淮軍行營製造局	1870—1894	天津	李鴻章
蘭州機器局	1871—1882	蘭州	左宗棠
雲南洋炮局	1872—1873	昆明	王文韶
廣東機器局	1873—1894	廣州	瑞麟
浙江機器局	1874—1887	杭州	楊昌濬
蘭州火藥局	1875—1894	蘭州	劉典
山東機器局	1875—1894	濟南	丁寶楨
湖南機器局	1875—1880	長沙	王文韶
四川機器局	1877—1894	成都	丁寶楨
新疆庫車火藥局	1878—1894	庫車	左宗棠
新疆阿克蘇製造局	1879—1894	阿克蘇	左宗棠
大沽船塢	1879—1894	大沽	不詳
福州火藥局	1880—1881	福州	不詳
貴州洋炮局	1880—1881	貴陽	岑毓英
金陵洋火藥局	1881—1894	南京	劉坤一
寧波製造軍械局	1881—1882	寧波	宗湘文
吉林機器局	1881—1894	吉林	吳大澂
浙江火藥局	1882—1894	杭州	不詳
神機營機器局	1883—1894	北京	奕訢
雲南機器局	1883—1894	昆明	岑毓英
旅順船塢	1883—1894	旅順	不詳
威海水師機器廠	1883—1894	威海	不詳
山西新火藥局	1884—1894	太原	張之洞
綏鞏軍行營製造局	1884—1894	威海	吳大澂
湖北機器局	1884—1885	武昌	卞寶第
臺南機器局	1885—1886	臺南	劉銘傳
臺灣機器局	1885—1894	臺北	劉銘傳
湖北槍炮廠	1890—1894	漢口	張之洞

資料來源：據張海鵬主編《中國近代通史》第 3 卷（江蘇人民出版社，2009）第 97、

98 頁統計表改編；原表說明：此表據中國史學會主編《洋務運動》第 4
冊第 1267—1390、1508、1522—1525 頁資料整理編制，並參考孫毓棠編
《中國近代工業史資料》以及樊百川《清季的洋務新政》有關資料。

洋務派官僚舉辦的這些近代軍事工業，除了採用機器生產和雇傭勞動外，
資本主義的成分很少，基本上是屬於封建性的官辦工業。它們的企業經費由官
款撥充，製造出來的產品如槍炮、彈藥、輪船等，由政府調撥軍隊使用，並
不以商品形式進入市場，企業經營的目的，也不是著眼於賺取利潤，而是為
了鎮壓人民和維護統治。在經營管理方面，仍沿用封建衙門的那套方式，官
場腐敗的種種陋習，被照舊移用到企業內部。1876 年，英國人巴爾福（F. H.
Balfour）在上海寫道：「只要中國依賴無知的官員管理所有涉及兵工廠的事務，
而不將他們的所作所為公之於眾，或以任何方式加以約束；只要這些官員懷有
私心，絲毫不顧及他們掌管的設施是否能成功運轉，而只對能迅速增加自己私
利的事物感興趣的話，那麼中國的相當一部分兵器、彈藥，還有戰艦，就必須
不斷地從歐洲購進。」[36]

而且，當時中國在經濟上和技術上非常落後，興辦這樣的企業，勢必要
依賴外國的機器設備、生產技術乃至技術人員和信貸資金。如據不完全統計，
洋務運動時期受聘來華的外國科技人員、教師、工人及海軍人員共 472 人，
其中在工礦企業的 248 人，在軍隊機構的 105 人，在洋務學堂的 119 人。[37]
又因當時中國並無近代基礎工業，鋼、鐵、銅等金屬器材，各種部件和儀錶，
油料甚至某些木料，以及蒸汽機所需的煤炭，都要依賴進口。這一切，又都是
在中國淪為半殖民地的過程中出現的，中外的經濟往來不是在平等互利的基礎
上，一些洋務派官僚又不思振作，甘願聽任外國人擺布。因而，這些軍事工業
對外國資本主義具有濃厚的依賴性，甚至出現一些企業的大權由外國人執掌的
狀況。儘管如此，由於這些企業畢竟採用了機器生產和雇傭勞動，因此它不同
於歷代封建政府所設製造軍械的官辦手工業，不再完全屬於封建經濟的範疇，
而多少帶有一些資本主義的性質。1881 年，受中國洋務運動軍工企業的吸引，
朝鮮政府曾有派遣工匠赴天津機器局學藝的舉措，期望以此使朝鮮面對歐美列

36　巴爾福：《遠東漫遊—中國事務系列》，王玉括等譯，南京出版社，2006，第 39 頁。
37　詳可參閱林慶元〈洋務運動中來華洋匠名錄〉，莊建平主編《近代史資料文庫》第 8 卷，
　　上海書店出版社，2009。

強的進逼，有所振作。但次年朝鮮國內政局風雲陡起，發生「壬午兵變」，在天津機器局的朝鮮工匠中引起極大恐慌，「爭欲還國，無一人赴廠，多般戒諭，終不恬然」，當年冬即全部啟程回國。朝鮮政府原本寄予很多期望的派遣工匠來華學藝一事，終告落幕。[38]

　　自同治末年起，洋務派官僚在經營軍事工業的同時，陸續舉辦了輪船、煤礦、冶鐵、紡織等民用企業。這些企業的開辦，一方面是為了適應軍事工業對燃料和原材料的需求，一方面是為了獲取利潤，即所謂「求富」，以補充軍事工業的經費不足。因為，洋務派官僚在開辦軍事工業後，逐漸面臨一系列新的問題。首先是軍事工業的開辦需要大量的燃料和原材料供應，長期依賴進口終非長久之計，也不是清朝政府的財力所能維持的。其次是這些企業的生產和經營，需要有近代運輸工具相配合，傳統的牛馬車船已不能適應。再次是經費問題，舉辦和維持軍事工業，需要大量的經費，財政已十分困難的清朝政府日感捉襟見肘，短絀不支。

　　洋務派官僚因此逐漸感到，要想繼續舉辦和維持軍事工業，實現所謂的「自強」，必須同時發展民用工業以「求富」，即李鴻章所歸納的「必先富而後能強」。[39]當時外商在華企業的高額利潤和買辦的暴富，又給他們以很大的刺激，「分洋商之利」也是他們舉辦民用工業的動機之一。於是他們便著手行動。據統計，1873年至1894年，洋務派官僚共舉辦民用工業48家。其中有中國人創辦的最早的輪船公司、近代煤礦和機器棉紡織廠，如輪船招商局、開平礦務局和上海機器織布局等。

表 7-2 清朝政府舉辦的民用工業（1873—1894 年）

名稱	開辦年分	停辦年分及原因	創辦人	經營方式
輪船招商局	1873		李鴻章	官督商辦
直隸磁州煤礦	1875	1883 退股	李鴻章	官辦
湖北興國煤礦	1875	1875 經費無著	盛宣懷	官辦
臺灣基隆煤礦	1876	1892 虧損	沈葆楨	官辦
安徽池州煤礦	1877	1891 虧損	楊德	官督商辦
直隸開平煤礦	1878		李鴻章	官督商辦

38　詳可參閱戴鞍鋼〈朝鮮工匠天津機器局學藝考述〉，復旦大學韓國研究中心編《韓國研究論叢》第6輯，中國社會科學出版社，1999。

39　〈試辦織布局摺〉（光緒八年三月初六日），《李鴻章全集》第10冊，第63頁。

蘭州織呢局	1879	1882 經營不善	左宗棠	官辦
山東嶧縣煤礦	1880		戴華藻	官督商辦
廣西富川煤礦	1880	1886 質劣	葉正邦	官督商辦
中國電報總局	1880		李鴻章	官辦
	1882		李鴻章	官督商辦
熱河平泉銅礦	1881	1886 虧損	朱其詔	官督商辦
直隸臨城煤礦	1882		紐秉臣	官督商辦
徐州利國驛煤鐵礦	1882	1886 虧損	胡恩燮	官督商辦
金州駱馬山煤礦	1882	1884	盛宣懷	官督商辦
湖北鶴峰銅礦	1882	1883 股本無著	朱季雲	官督商辦
湖北施宜銅礦	1882	1884 虧損	王輝遠	官督商辦
承德三山銀礦	1882	1885 虧損	李文耀	官督商辦
直隸順德銅礦	1882	1884 退股	宋寶華	官督商辦
安徽貴池煤礦	1883		徐潤	官督商辦
安徽池州銅礦	1883	1891 虧損	楊德	官督商辦
北京西山煤礦	1884		吳熾昌	官督商辦
福建石竹山鉛礦	1885	1888 經費不繼	丁樅	官督商辦
山東平度金礦	1885	1889 虧損	李宗岱	官督商辦
貴州青溪鐵礦和鐵廠	1886	1893 主持者死及事故	潘霨	官督商辦
開平鐵路公司	1886	1887 改組	伍廷芳	官督商辦
山東淄川煤礦	1887	1891 創辦者死	張曜	官辦
山東淄川鉛礦	1887	1892 質劣	徐祝三	官辦
雲南銅礦	1887	1890 經費不足	唐炯	官督商辦
熱河土槽子銀鉛礦	1887	1894 張翼接辦	朱其詔	李鴻章 官辦
海南島大豔山銅礦	1887	1888	張廷鈞	官督商辦
中國鐵路公司	1887		伍廷芳	官督商辦
臺灣鐵路	1887	1893 經費不足	劉銘傳	官督商辦
廣東香山天華銀礦	1888	1890 資本不足	何崑山	官督商辦
廣西貴縣天平寨銀礦	1889		謝光綺	官督商辦
黑龍江漠河金礦	1889		李鴻章	官督商辦
吉林天寶山銀礦	1890	1896 虧損	程光第	官督商辦
山東寧海金礦	1890	1890 資本不足	馬建忠	官督商辦
湖北大冶鐵礦	1890		張之洞	官辦
漢陽鐵廠	1890		張之洞	官辦
上海機器織布局	1890	1893 被焚重建	李鴻章	官督商辦

大冶王三臺煤礦	1891	1893 積水	張之洞	官辦
湖北馬鞍山煤礦	1891		張之洞	官辦
山東招遠金礦	1891	1892 虧損	李贊勛	官督商辦
熱河建平金礦	1892	1898 獲利極少	徐潤	官督商辦
湖北織布官局	1893		張之洞	官辦
吉林三姓金礦	1894	1900 庚子事件	宋春鼇	官督商辦
湖北紡紗局	1894		張之洞	官商合辦
湖北繅絲局	1894		張之洞	官商合辦

資料來源：據張海鵬主編《中國近代通史》第 3 卷第 107、108、320、321 頁統計表
　　　　改編。原表說明：此表據孫毓棠編《中國近代工業史資料》和樊百川《清
　　　　季的洋務新政》有關數據。

　　1873 年 1 月 14 日，上海輪船招商公局正式開業，半年後改名為輪船招
商總局，[40] 習稱輪船招商局，它是中國第一家資本主義性質的近代航運企業。
它的出現，打破了鴉片戰爭後外國資本主義把持中國沿海輪運業的一統天下，
挽回了一部分民族利權。1878 年開辦的開平煤礦，是中國當時規模最大的近
代煤礦。它的創辦，標誌著中國採煤業開始從手工作業階段向機器生產過渡，
勞動生產率明顯提高。該礦自 1881 年從國外引進機械採煤，每人每日可採煤
4.5 噸，比之手工勞動時每人每日至多五百公斤，有天壤之別。抽水機的使用，
克服了長期無法解決的排水問題，改變了土法開採時各煤窯只能挖取頭層煤，
頭層採完，窯即放棄的狀況。上海機器織布局是中國第一家近代棉紡織廠，
1878 年籌辦。次年 4 月 23 日美國《紐約時報》就有報導：「發起這項創建
國內製造業計畫的人斷言，用本國出產的棉花來製造紡織物，其品質相當於或
優於用國外進口的同類產品的品質。其所採用的方法和所遵循的步驟是，建造
一個由 800 臺織布機組成的紡織廠，聘請有經驗的英國人管理工廠三年。」[41]
1890 年該局投產，占地 300 餘畝，機器設備有美國製紡紗錠 35000 錠，英國
製織布機 530 臺等，有工人 2000 多名，日產五六百匹平紋、斜紋布，行銷上
海、天津、寧波等地。[42] 但投產不到三年，突發火災，損失慘重，被迫停產。

40　以往學界多有輪船招商局 1872 年成立說，本章所述相關史實，係據夏東元編著《鄭觀應年
　　譜長編》，上海交通大學出版社，2009，第 49 頁。
41　鄭曦原編《帝國的回憶—《紐約時報》晚清觀察記（1854—1911）》（修訂本），當代中
　　國出版社，2007，第 54—55 頁。
42　許滌新等主編《中國資本主義發展史》第 2 卷，人民出版社，1990，第 416 頁。

　　鐵路在 1825 年創行於英國。十餘年後，有關鐵路、火車的知識通過來華的外國人傳入中國。鴉片戰爭前後，由林則徐主持編譯的《四洲志》和魏源的《海國圖志》，都曾提到火輪車和鐵路，表現出對它們的興趣。太平天國期間，洪仁玕在《資政新篇》中明確提出，在倡設近代工業的同時，推行近代交通運輸業，其中包括仿造外國的火輪車，表示了對建設鐵路的積極態度。鐵路最早出現於中國，是在 1870 年代。1874 年，在上海的英美商人未經中國政府同意，擅自修築上海至吳淞的鐵路，並於 1876 年建成通車，正式對外營業。後經交涉，由清朝政府耗資 285000 兩白銀買下拆毀。

　　中國自辦的鐵路，則始於洋務運動期間。1880 年，開平礦務局以「非由鐵路運煤，誠恐終難振作」和「恐誤各兵船之用」等理由，得到清朝政府許可，從礦區所在的唐山動工修築一條鐵路到胥各莊。次年建成，全長 9.7 公里，名唐胥鐵路。這是近代中國鐵路運輸系統中最先建成的一個區段，也是中國正式有鐵路的開始。1888 年，這條鐵路已延展到天津，全程 130 公里。繼唐胥鐵路建成後，1887 年 3 月，劉銘傳上奏清廷，要求在臺灣建造鐵路，並強調興辦鐵路是振興臺灣經濟的關鍵所在。是年 5 月，他得到清廷允許後，即開始在臺灣興建鐵路。同年 7 月，臺北至基隆段鐵路正式動工，並於 1891 年竣工通車。這是繼唐胥鐵路後，中國較早投入運營的又一條鐵路。它的建成和通車，促進了臺灣的經濟開發。劉銘傳原打算將這條鐵路延築至臺南，後因其離職而未能如願。截至 1894 年，清朝政府共計修建鐵路 447 公里。[43]

　　1882 年，中國電報總局由官辦改為官督商辦。在其後的十年間，先後修建了五條主要幹線，即 1882 年的津滬線，1883 年的蘇浙閩粵線和江寧、漢口線，1885 年的川鄂雲貴線，1888 年的粵贛線，1889 年的陝甘線，加上各省自辦的線路，基本上形成了一個全國範圍的有線電報網。[44]它的開通和運營，有助於國防軍事通信，也便捷了各地間資訊的溝通，有助於經濟社會的發展。

　　洋務派官僚舉辦的民用企業，大多是從事商品生產的工礦業和對外營業的交通運輸業，採用雇傭勞動，以營利為主要目的，屬於資本主義性質的近代企業。據統計，至 1894 年，洋務民用工業資本總額 3961 萬元，加上其軍用工業資本總額 1071 萬元，合計 5032 萬元，占當時中國產業資本總數 6749

43　宓汝成：《帝國主義與中國鐵路》，上海人民出版社，1980，第 343 頁。
44　汪敬虞：《中國資本主義的發展和不發展》，第 273、274 頁。

萬元的 74% 以上，成為當時中國資本主義企業的主體。[45] 洋務民用企業的經營管理方式，除「官辦」外，還採取了「官督商辦」和「官商合辦」的形式。三者之中，尤以「官督商辦」為多，如輪船招商局、開平礦務局和上海機器織布局等，都是採用官督商辦的方式。

　　所謂官督商辦，就是民間集資設立企業，由政府委派官員經營管理。所以會出現這種情況，有其深刻的社會歷史原因。以煤礦為例，在中國傳統社會，採煤業歷來遭到「重農抑商」政策的壓抑。鴉片戰爭後，民間資本要想涉足採礦業，仍要遭遇重重阻力。舉其大者，有官府的壓制、守舊勢力的阻撓和各級官吏的勒索等。如 1868 年，商人何某在江蘇句容購買山地一處，準備開礦採煤，被當地士紳視為異端，遭到驅逐。1873 年，上海商人魏鏞等人向李鴻章申請在句容開礦，正在南京、鎮江參加科舉考試的儒生，「聞此消息，訛言日起，人心惶惶」，紛起反對。當地官府也立碑嚴禁，宣稱「如有不法棍徒再敢煽惑開礦，一經告發，或被訪聞，定即提案照例嚴辦，決不姑寬」。[46] 即使由洋務派官員主持的礦山，也難免受到守舊派的干擾。光緒初年，唐廷樞受李鴻章委派，創辦開平煤礦，不料建成投產後，就有禮部侍郎祁世長出來參奏，揚言煤礦鄰近遵化「陵寢重地」，在此採煤，有礙皇陵風水，奏請封礦。[47] 後經礦務局派人繪圖說明陵寢位置並山川形勢，保證無礙皇陵風水，方使煤礦得以繼續開辦。

　　顯然，在這樣的社會環境裡，不依仗一定的政治權勢，民間資本要想開礦採煤，是十分困難的。洋務派官員的參與，恰在這方面給民間資本提供了必要的幫助。如李鴻章在指定原英商怡和洋行買辦唐廷樞籌辦開平煤礦的同時，增派前天津道丁壽昌和時任海關道黎兆棠前去會同督辦，以防地方守舊勢力的阻撓。正因為如此，1870 年代和 1880 年代初創辦的安徽池州煤礦、山東嶧縣煤礦和江蘇徐州利國驛煤鐵礦等企業，雖然都是由私人資本集股設立的，卻都拉上「官督商辦」的關係，以期得到洋務派官員的支援，為企業提供政治保護。而洋務派官員之所以推行「官督商辦」，乃是為了吸引和利用民間資本，以緩和官府在舉辦民用企業時的資金困難。如 1878 年開平煤礦 80 萬兩

45　虞和平主編《中國現代化歷程》第 1 卷，江蘇人民出版社，2007，第 139 頁。

46　《洋務運動》第 7 冊，第 421、415、422 頁。

47　《姚錫光江鄂日記（外二種）》，中華書局，2010，〈前言〉，第 9 頁。

創辦資本中，原英商怡和洋行買辦徐潤一人的股份，就達 15 萬兩，約占總數的 19%。[48]

軍事與外交

洋務運動初期，李鴻章統率的淮軍，著力於武器和軍事訓練的近代化。1862 年淮軍初到上海時，芒鞋短衣，布帕包頭，遭到在滬外國軍隊的訕笑。不到一年，在李鴻章的操辦下，這支軍隊面目一新，「盡改舊制，更仿夷軍」。除留劈山炮隊作為進攻掩護外，所有刀矛、小槍、抬槍各隊均改為洋槍隊。在洋槍隊之外，李鴻章還建立了獨立的洋炮隊。隨著淮軍普遍使用洋槍洋炮，軍械的供應成為一大問題。作為淮軍首領的李鴻章，深知購買只是一時之策，設局製造才是根本大計。營制和裝備的變更，使得原來的營伍陣法，顯然不能適應新式武器作戰的要求。於是，李鴻章先後雇用一批洋教練，在各營中訓練「洋操」。[49]

可以說，淮軍是中國第一支較為系統地接受西方先進武器裝備和訓練的軍隊。後起的淮軍，在軍隊的近代化步伐上，遠遠超過湘軍，其原因是多方面的，單就各自的主帥而言，差異也是明顯的。曾國藩為人守拙持重，其思想深處更多地受到封建正統儒學的影響，而李鴻章的性格則落拓不羈，對人對事均採取注重實際的態度。曾國藩作為統領全域的主帥，主要職責在於運籌帷幄，自然不及獨當一面的李鴻章對洋槍洋炮的深刻體驗。再加上，李鴻章駐軍滬上，中西交匯，五方雜處，地理上的便利也促使他能得風氣之先。而對於軍隊的發展來說，主帥的態度與抉擇所起的作用，是不言而喻的。

配備了西式武器的淮軍，在與太平軍的交戰中，異軍突起，驍勇凶悍。李鴻章因此聲名大振，並在他的周圍，以淮軍將領為骨幹，逐漸形成一個龐大的淮系集團，在晚清政壇上頗具實力和影響。

在陸軍開始配備西式武器的同時，洋務派官員通過從外國購買或由本國軍工企業製造，著手組建近代海軍。1875 年，李鴻章、沈葆楨分別出任北洋、南洋海防大臣。至 1882 年，中國沿海已陸續出現北洋、南洋、福建、廣東四支小型艦隊。其中北洋有 13 艘艦船、南洋有 14 艘小型兵船、福建有十多艘

---

48 徐潤：《徐愚齋自敘年譜》，1927 年刊印本，第 76 頁。
49 翁飛等：《安徽近代史》，安徽人民出版社，1990，第 186、187、195—197 頁。

艦船，廣東則由於地理位置偏遠，未能成為海防的重點，只有 20 餘艘只能在內河航行的小兵船。[50]

中法戰爭期間，福建艦隊（習稱福建水師）損失慘重。1885 年，清朝政府設立海軍衙門，由奕譞任總理海軍大臣，奕劻和李鴻章為會辦，並由李鴻章具體主持。李鴻章遂著手組建北洋海軍。次年，北洋海軍正式成軍，共擁有新舊艦船 20 餘艘。與此同時，李鴻章還下令在旅順口、大連灣、威海衛等地修築海岸炮臺，並於旅順建設船塢，以旅順、威海衛兩地軍港為北洋海軍的基地，由淮系將領丁汝昌出任海軍提督。1891 年在檢閱北洋海軍後，李鴻章信心滿滿地奏稱：「綜核海軍戰備，尚能日異月新，目前限於餉力，未能擴充，但就渤海門戶而論，已有深固不搖之勢。」[51]證之 1895 年甲午戰爭的結局，這番大話如同夢囈。

清代前期，中央政府沒有辦理外交事務的專門機構，外國使節來華，俄國使臣循例由理藩院接待，其他國家則由禮部迎送。鴉片戰爭後，清廷設五口通商大臣，辦理對外通商和交涉事務，先後由兩廣總督和兩江總督兼任。1861 年，總理各國事務衙門在北京設立，它實際上是清中央政府一個重要的決策機構，權限不止於對外事務。其職官設置，大體仿照軍機處的體制，主要分大臣和章京兩級。大臣無定額，均由皇帝從內閣和各部院大臣中選任，內設首領 1 人，由親王等皇族和軍機大臣兼領，首批大臣共 3 名，後有增加，係由各部院保送。總理各國事務衙門各大臣、章京，仍兼任原有職務。其中章京負責辦理具體事務，分英、法、俄、美、海防等五股。通商、海關事務屬英國股，傳教事務屬法國股，陸路通商、邊防、邊界屬俄國股，華工等事務屬美國股。其他各國交涉往來，分屬以上四股。海防股係於 1885 年添設，南北海防、長江水師、船廠、炮臺，購買槍、炮、軍艦，開礦、修路等事務由其辦理。

擯棄理藩院，改設總理各國事務衙門，是清朝政府對外關係的一大變革，以後又有駐外公使派遣之舉。晚清首任駐外公使是郭嵩燾。

郭嵩燾，字伯琛，號筠仙，晚年自號玉池老人，湖南湘陰人。他自幼隨父親誦讀詩書，17 歲考取秀才，18 歲就讀於長沙嶽麓書院，與劉蓉、曾國

50　王宏斌：《晚清海防思想與制度研究》，商務印書館，2005，第 197、198、199 頁。
51　〈巡閱海軍竣事摺〉（光緒十七年五月初五日），《李鴻章全集》第 14 冊，第 95 頁。

藩換帖訂交，過往甚密。後又結識左宗棠、江忠源、羅澤南等人，交遊很廣，亦小有文名。20 歲以後，家境中落，曾去辰州（今湖南沅陵）任塾師。第一次鴉片戰爭期間，他以幕僚身分在浙江學政羅文俊處，參與海防事宜的籌劃。戰爭的失敗，促動他思索「洋患」的問題，注意瞭解外國的情況。1847 年得中進士，選翰林院庶吉士。1849、1850 年，母親和父親相繼去世，他守制在家。

1852 年，太平軍出廣西，過湖南。曾國藩奉旨辦團練，組湘軍，與太平軍交戰，郭嵩燾作為曾國藩的密友和幕僚，鼎力相助。1853 年 11 月，得授翰林院編修。以後三年，他曾先後在湖南、浙江等地辦理捐務、鹽務，為湘軍籌措軍餉。其間，郭嵩燾曾遊歷上海，會見英、法等國領事，參觀利名、泰興等洋行和火輪船，訪問外國傳教士主辦的墨海書館，親身接觸到一些西方資本主義的近代文明，思想頗受觸動。後曾任署理廣東巡撫、福建按察使等職。

1875 年英國駐華使館翻譯官馬嘉理（A. R. Margary）在雲南被殺，引起中英交涉，中國被迫應允派大員赴英「謝罪」。清廷遂於同年 8 月命郭嵩燾為「出使英國欽差大臣」，赴英國賠禮道歉，旋又被任命為駐英公使，是為晚清首任駐外公使。消息傳出，郭嵩燾頓遭眾人奚落，有一首對聯嘲諷他道：「岑毓英出乎其類，拔乎其萃，不容於堯舜之世；郭嵩燾未能事人，焉能事鬼，何必去父母之邦」。[52] 一些守舊的官僚，甚至視他為「漢奸」。[53]

郭嵩燾一度有些猶豫，慈禧太后親自召見，為他鼓勁打氣：「國家艱難，須是一力任之。我原知汝平生公忠體國，此事實亦無人任得，汝須為國家任此艱苦。」又勸慰說：「旁人說汝閒話，你不要管他。他們局外人，隨便瞎說，全不顧事理。你看此時兵餉兩絀，何能復開邊釁，你只一味替國家辦事，不要顧別人閒說。」[54] 有她撐腰，郭嵩燾不顧旁人的詬罵，於 1876 年 12 月由上海啟航赴英。途中歷經香港、新加坡、錫蘭（今斯里蘭卡）等地，遊覽了各地名勝古蹟，參觀了學校、官署，對當地的社會現狀有了較真切的瞭解。他逐日詳記所見所聞，成書《英軺紀程》（亦稱《使西紀程》），稱讚西洋「政教修明，

52　汪康年：《汪穰卿筆記》，中華書局，2007，第 141 頁。按：岑毓英為處理 1875 年馬嘉理案的清朝官員。
53　孟森等：《清代野史》，中國人民大學出版社，2006，第 318 頁。
54　《郭嵩燾日記》第 3 卷，湖南人民出版社，1983，第 49、50 頁。

具有本末」，批評中國士大夫不明時勢，只知一味負氣自矜，虛驕自大，無補於世。此書寄回國內後，遭守舊派群起攻之，被毀版停印。

　　次年1月，郭嵩燾抵達倫敦，開始了他的外交生涯。不久，他又奉命兼任出使法國大臣，常往來於倫敦、巴黎之間，但以駐英時間為多。他以濃厚的興趣，走訪英國的學校、圖書館、博物館和各種學會等，結識了不少數學、化學、天文、地理、海洋、測量、植物、醫學等方面的科學家。他因自己不懂英語，譯員亦不能勝任而深為抱憾，雖年已六旬仍孜孜學習英語。作為晚清首任駐外公使，郭嵩燾出使英、法期間，盡其所能維護中國的權益。他目睹海外華僑備受欺凌，得不到祖國的保護，上疏清廷要求在海外設立領事，保護僑民。在太古洋行躉船移泊案、廈門漁民被英商殘害案、英輪撞沉華船賠償案、英商虐待華工案等項交涉中，郭嵩燾都能據理力爭，維護或挽回了一些民族權利。

　　郭嵩燾在北京受命出使時，總理各國事務衙門就不顧他的反對，硬是委派一個反對西學的劉錫鴻擔任副使，隨同赴英，以致日後郭嵩燾時時受制，甚至連他在英國學外語、穿西服、起立迎客等舉動，都被劉錫鴻視為有辱天朝威儀，報告總理各國事務衙門。國內守舊官員也繼續攻擊他，要求將他撤職。在這種情形下，郭嵩燾勢單力孤，只得自行引退，奏請因病卸任。1878年8月，清廷詔命撤回郭嵩燾，以曾紀澤繼任出使英、法大臣。次年1月，郭嵩燾出使未滿三年，就被迫卸職東歸。回到國內後，他不願赴京，託病辭官，徑回故鄉。時湖南守舊風氣很盛，上至巡撫，下至地方士紳，皆視他勾通洋人，對他持有敵意。郭嵩燾就在這種壓抑的氛圍中，走完了人生的最後旅程，於1891年7月病逝。

　　在郭嵩燾1875年8月啟程赴任後，相繼又有一些駐外公使的派遣。同年12月，陳蘭彬為駐美公使，並兼西班牙、秘魯公使，容閎為副使。至1885年7月，許景澄受命出任駐德公使，兼任比利時公使，清朝政府已向英國、美國、西班牙、秘魯、日本、德國、法國、俄國、奧國（奧斯馬加）、荷蘭、義大利、比利時等12個國家派駐了公使。[55] 同時，又有一些駐外領事的派遣。1877年，駐英公使郭嵩燾奏稱，新嘉坡有僑民數十萬，「請設領事，以資統轄」，清朝政府遂任命當地僑商胡璿澤為駐新嘉坡領事。此後，在橫濱、漢城、

55　故宮博物院明清檔案部等編《清季中外使領年表》，中華書局，1985，第3—30頁。

小呂宋、三藩市、紐約、南非洲、澳洲等地也設立了領事。[56]

　　洋務運動期間，對外交往方面曾有一些引人注目的舉措。中國最早派代表出席的國際博覽會，是 1873 年奧地利維也納博覽會，但當時派去的是一名洋人，他是時任粵海關副稅務司的英國人包臘（E. C. M. Bowra）。1876 年美國費城萬國博覽會，中國派人前往，這次除了洋人，還有一位是中國人即浙海關文案李圭，受命「將會內情形並舉行所見所聞者，詳細記載，帶回中國，以資印證」。李圭一行 1876 年 5 月 13 日從上海出發，途經日本抵美，先後去了三藩市、費城、華盛頓、紐約等地。接著橫渡大西洋，遊歷倫敦、巴黎，最後經地中海、紅海、印度洋、太平洋回到上海。前後歷時 7 個月，行程 8 萬里，李圭將所見所聞寫成《環遊地球新錄》，記載了費城博覽會的盛況，介紹了蒸汽機等歐美國家的工業成就，認為「機器正當講求」，中國應該效仿，得到李鴻章的讚許，特為之作序推薦。1887 年，清政府又同時派遣 12 名官員前往亞洲、歐洲、南北美洲的幾十個國家，進行為期兩年的遊歷考察，最遠到達南美洲的智利，其出使規模是空前的。[57]

學堂與留學

　　自 1860 年代洋務運動開展後，一批洋務學堂陸續開辦。1862 年，清朝政府官辦的第一所學習外語的新式學堂—京師同文館設立，開創了中國近代官辦新式教育的先河。它的開辦，緣起於清朝政府培養翻譯人才的需要，最初只有英文館，學生 10 名。次年增設法文館和俄文館，各招學生 10 名。1866 年，隨著洋務運動的開展，總理衙門打算擴大同文館的規模，增設天文、算學二館，招收滿漢科舉正途出身人員入館學習。但遭到京師士大夫的強烈反對和抵制，總理衙門只得放寬資格而招收雜項人員，結果半年內報名的有 98 人，沒有一人是正途出身，應試的有 72 人，錄取了 30 人，因程度太差，半年後退學 20 人，剩下的 10 人被併入舊館。遭此挫折，京師同文館元氣大傷。至 1869 年，英文館只有學生 2 人，法文館 8 人，俄文館較多，有 18 人。[58]

　　繼京師同文館後，1863 年李鴻章在上海設立同文館，後改稱廣方言館。

56　《清季中外使領年表》，〈例言〉，第 1 頁。
57　王曉秋等：《晚清中國人走向世界的一次盛舉—1887 年海外遊歷使研究》，遼寧師範大學出版社，2004，第 2、16、17 頁。
58　熊月之：《西學東漸與晚清社會》（修訂版），中國人民大學出版社，2011，第 239 頁。

其初訂章程規定入學者須 14 歲以下，額定 40 人，延聘外籍教師教授英語和法語。1864 年，廣州也開辦了同文館，招收 20 名學生學習英語。京、滬、粵三地設立同文館的初衷，都是出於對外交往的需要，培養外語人才。只有上海同文館從一開始就規定，除了學習外語，還要學習算學，以備進而講求「西人製器尚象之法」。1869 年，它又移至江南製造局內，主辦者強調「學館之設本與製造相表裡」，旨在為製造局培養一些技術人才，規定學生在學習一段各科基礎知識後，即分專科學習，共分礦冶、鍛鑄、製造、汽機、航海、攻戰、外文等七門。[59]

1870 年以後，京師同文館的辦學狀況逐漸改觀。一是因為上海廣方言館和廣東同文館自 1868 年以後陸續選送優秀學生到京，二是中國數學家李善蘭奉調到館擔任教習，三是美國傳教士丁韙良（W. A. P. Martin）擔任了該館總教習。1871 年，增設了德文館。1876 年，規定除了英、法、俄、德等外語以外，學生要兼習數學、物理、化學、天文、航海測算、萬國公法、政治學、世界歷史、世界地理、譯書等課。京師同文館，由先前單純的外語學校，變成以外語為主、兼習多門西學的綜合性學校。1877 年，館中已有學生 101 人，中外教習十餘人。1888 年，又添設格致館、翻譯處。1895 年添設東文館，學習日文。[60]

隨著洋務企業的開辦，廣州、福州、天津、上海等地都有一些專門的技術學校設立。在廣州有 1880 年創立的廣東實學館，1884 年設立的廣東黃埔魚雷學堂，1887 年設立的廣東水師陸師學堂，1891 年設立的廣州商務學堂，1895 年設立的廣州鐵路學堂，1896 年設立的廣州蠶桑學堂，為廣東培養了一批早期工程技術和軍事技術人才。1866 年，閩浙總督左宗棠在福州設立福州船政局，同時附設求是堂藝局，後改名為船政學堂，招生學習製造、駕駛等技術。它分為前後兩堂，前堂學製造，以法文授課；後堂學駕駛，以英文授課，是近代中國第一所專門技術學校，為福州船政局培養了一批技術人才和近代海軍人才。著名啟蒙思想家嚴復，是該校的首屆畢業生。

1880 年，李鴻章在天津開辦北洋電報學堂，招聘丹麥籍教師培養中國最

59　劉志琴主編《近代中國社會文化變遷錄》第 1 卷，浙江人民出版社，1998，第 185 頁。
60　熊月之：《西學東漸與晚清社會》（修訂版），第 239 頁。1898 年，京師大學堂成立。1902 年 1 月 11 日，設立已有 40 年的京師同文館併入京師大學堂。

早的電信人才。至 1904 年，該校共培養學生約 3000 人。1881 年，李鴻章又設立天津水師學堂，為北洋水師的建立和發展培養人才，成為「開北方風氣之先，立中國兵船之本」的培養海軍人才的軍事學校。1885 年設立的天津武備學堂，是中國最早的一所培養近代陸軍人才的軍事學校。1893 年開辦的北洋醫學堂，是中國最早的培養西醫的學校。1895 年由天津海關道盛宣懷創設的北洋西學堂，最初是一所工科專科學校，1903 年復校後改稱北洋大學，是中國最早的工科大學。1898 年，江南製造局繼主辦廣方言館後，又設立工藝學堂，分化學工藝與機器工藝兩科，學額 50 名，學制 4 年。一些學生在日後的城市經濟發展中成績突出。上海近代化學工業的早期創業者吳蘊初（天廚味精廠、天原化工廠、天利氦氣廠創辦人）、方液仙（中國化學工業社的創始人）、李潤田（上海鑒臣香料廠的創辦人）均畢業於這兩所學校。

自 1865 年上海創辦中國第一家近代企業—江南製造局之後，為了儘快掌握西方機器工業的生產技術，1867 年徐壽提議設立翻譯館，「將西國要書譯出，不獨自增識見，並可刊印播傳，以便國人盡知」。[61] 1868 年江南製造局附設翻譯館，專事西書的翻譯。在翻譯館籌建的一年之內，就譯成《汽機發軔》、《氣機問答》、《運規約指》、《泰西採煤圖說》等 4 種。至 1872 年譯成 37 種，1880 年時已譯成 143 種，共 359 本。綜計前 13 年間，平均每年譯書 11 種。至 1890 年代中葉，共譯書數百種，其中以科學技術和軍事類為多。在前 12 年共翻譯的 156 部書中，根據內容和數量可分為算學測量 27 部，水陸兵法 26 部，工藝 22 部，天文行船 12 部，汽機 11 部，博物學 11 部，地理 10 部，化學 7 部，年表、報刊類 7 部，地礦學 5 部，醫學 5 部，外國史 5 部，造船 4 部，交涉公法 2 部，其他 2 部。綜計科技類共 114 部，約占 73%；軍事類 26 部，約占 17%，兩者共占 90%。這些書都公開售賣，很受歡迎，在開辦後的 11 年內，共售出書籍 31111 部，總計 83454 冊，另售出地圖 4774 張。1873 年，京師同文館派員在香港、上海等地購買鉛字、字架、印機等印刷機器，於北京設立印書處，開始印刷京師同文館師生翻譯的著作及其他書籍，成為僅次於江南製造局翻譯館的第二大洋務印書機構。到 1896 年時，共編譯了有關國際公法、世界歷史、外語及自然科學等各類書籍 29 部，這些書常免費

61　傅蘭雅：〈江南製造總局翻譯西書事略〉，戴吉禮主編《傅蘭雅檔案》第 2 卷，弘俠（中文提示），廣西師範大學出版社，2010，第 534—535 頁。

贈送京內外官員。[62]

　　中國留美學生，並非始於洋務運動時期。1847 年就有黃亞勝（又名黃勝）跟隨傳教士布朗赴美留學，一年後因病中斷學業回國。之後參與編輯出版《遐邇貫珍》，又於 1864 年至 1867 年擔任上海廣方言館的教員。[63] 但那尚是零星的個人行為。1871 年，時任兩江總督曾國藩接受留美學成歸國的容閎的建議，上奏清廷要求派遣留學生赴美「學習軍政、船政、步算、製造諸學，約計十餘年業成而歸，使西人擅長之技中國皆能諳悉，然後可以漸圖自強」。[64] 具體辦法是，每年選派幼童 30 名，四年共計 120 名，先入美國中小學，畢業後再入軍政、船政學院學習，一切費用由清政府提供，15 年後學成回國。

　　有趣的是，即使全由公費支出，當時願意出洋留學者並不多，甚至還視作畏途，所以凡入選學生的家長要簽署一份自願書，以證明他們是心甘情願地送子出洋留學 15 年，其間若學生發生意外傷害或死亡，政府皆不負責。[65] 最後選定的 120 名幼童中，主要來自廣東，共有 83 人，約占總數的 69%，其餘依次為江蘇（包括上海）22 人，浙江 8 人，安徽 4 人，福建 2 人，山東 1 人。在 83 名廣東幼童中，有近一半共 39 人來自毗鄰澳門的香山縣，約占總人數的 1/3，格外引人注目。[66] 次年秋，首批 30 名幼童在容閎的帶領下抵美；至 1875 年，先後派遣了四批共 120 人。

　　1875 年以後，又有派赴歐洲留學者。1875 年，福建船政大臣沈葆楨派福州船政學堂魏瀚、陳兆翱、陳季同、劉步蟾、林泰曾五位學生去英、法留學。其中陳季同後來成為駐法外交官，以其出色的法文造詣向世人介紹中國及其文化。1884 年 7 月，他用法文寫的《中國人自畫像》在巴黎出版，時值中法戰爭，法國人因對中國缺乏瞭解，偏見很深。這本書展示了一個文化悠久、風景秀麗、飄溢著沁人茶香的東方古國，為以往大多法國人所不知，引起轟動，年內再版 5 次，兩年內加印 11 次。在他之前，歐洲還沒有出版過中國人用西文寫的書，陳季同前後用法文寫了 8 本書，主要是向西方介紹中國文化和社會風俗，其中有的被譯成英、德、義、西班牙等多種文字，一定程度上破除了

62　劉志琴主編《近代中國社會文化變遷錄》第 1 卷，第 256、327 頁。
63　松浦章等編著《遐邇貫珍》，上海辭書出版社，2005，第 95 頁。
64　《洋務運動》第 2 冊，第 153 頁。
65　石霓譯注《容閎自傳》，百家出版社，2003，第 180 頁。
66　珠海容閎與留美幼童研究會主編《容閎與科教興國》，珠海出版社，2006，〈序〉，第 2 頁。

歐洲人對中國的偏見。[67] 在他之後，則有留學英國的嚴復通過譯作《天演論》等，向中國人介紹了西方的自然和社會科學，促進了晚清中國人的思想啟蒙。

　　1876 年，又有李鴻章派卞長勝等 7 人跟隨德國人李勘協（C. Lehmeyer）赴德國學習軍事，成為中國派遣軍事留學生的開端。次年，福州船政學堂從畢業生中又選派製造、駕駛門類 21 人留學英、法，日後大多成為晚清海軍的骨幹。[68]

　　正當留美學生學業漸有長進時，卻因一些官員顧慮他們年幼出國，未曾受過較多的中國傳統文化教育，需要補習，否則令人擔心其在西學有成之後，能否回國成為有用之才，而在國外則缺乏這種補習的條件。[69] 於是清政府於 1881 年下令提前分批撤回留美學生。除先前因故回國和在美國病逝的共 26 人外，其餘 94 人均在 1882 年分三批回國。首批 21 人都進入電報局任職，其餘兩批分別進入上海、福州、天津等地洋務企業及機構。[70] 在這些未完成學業中途被撤回國內的留學生中，日後仍出現了如鐵路工程師詹天佑這樣的傑出人才。

民間的迴響

　　在專制統治、閉塞守舊的中國，如果沒有政府的政策及其實際舉措方面的某些鬆動，民間資本即使有獨立投資近代企業的願望，也很少有敢於付諸行動者，於是便有為規避風險，附股外資在華企業的舉動。洋務運動的開展，順應了中國社會發展的要求，也為民間資本興辦近代企業減輕了一些阻力，得到他們的呼應。在洋務運動期間，已有一些民間資本獨立創辦了一批近代企業，其中有船舶修造業。上海發昌機器廠，原是 1866 年開設的一家手工鍛鐵作坊，設在虹口美商杜那普所辦船廠近側，並專為其打製船用零部件。1869 年開始使用機床，並能自己製造小輪船。1890 年擁有車床 10 餘臺、牛頭刨床 2 臺、鑽床 3 臺、龍門刨床1臺等多種機械設備，最多時工人 300 餘名。繼起者有 1875 年的建昌銅鐵機器廠、1880 年的遠昌機器廠、1881 年的合昌機器廠、1882 年的永昌機器廠、1885 年的廣德昌機器造船廠和通裕鐵廠等。它們多數

67　李華川：〈一個晚清外交官在歐洲〉，《中華讀書報》2001 年 8 月 15 日。
68　石霓譯注《容閎自傳》，第 255 頁。
69　潘向明：〈留美幼童撤回原因考略〉，《清史研究》2007 年第 2 期。
70　《容閎與科教興國》，第 227 頁。

設在黃浦江邊的虹口，限於資金和技術，業務大多依附於外資船廠，承攬一些零星加工業務。[71]

機器繅絲，也是民族資本較早涉足的工業部門。最早的創辦人是原籍廣東南海縣的僑商陳啟沅。1872 年，他在家鄉創設繼昌隆繅絲廠，雇用工人六七百名。該廠開辦後，出絲精美，行銷歐美，獲利豐厚，以至效仿者接踵而起。機器繅絲業的另一個中心是在上海。1882 年，繼外資繅絲廠之後，以公和永絲廠為先行，有一批華商相繼投資興辦繅絲廠。1886—1894 年，除公和永之外，又有裕成、延昌恒、綸華、錦華、新祥、信昌、乾康等七家民族資本機器繅絲廠先後創辦。[72] 據統計，截至 1894 年，民間資本創辦的近代工業先後約有 139 家，其中有的企業開辦不久就停辦歇業，它們主要分布在船舶修造、繅絲、麵粉、火柴、造紙、印刷、榨油等行業。[73]

洋務運動，開啟了海外華僑回國投資的途徑。海外僑資引起清朝政府官員的注意，始於洋務運動時期。1866 年，廣東巡撫蔣益灃率先提出應仿效歐美，保護旅居他國的本國僑民，並重視發揮他們的作用。他認為：「內地閩、粵等省赴外洋經商者人非不多，如新嘉陂（坡）約有內地人十餘萬人；新、老金山約有內地二十餘萬人；檳榔士（嶼）、伽拉巴約有內地數萬人，和約中原載彼此遣使通好，若得忠義使臣，前往各處聯絡羈維，居恒固可窺彼腹心，緩急亦可籍資指臂」。[74] 1874 年，福建巡撫王凱泰更直接提出招徠僑資回國經商，與外國在華資本抗衡，以期「不受洋人抑勒，是又暗收利權」。[75] 在此背景下，曾有部分華僑回國投資。在上海最早一批洋務企業中，就有海外華僑投資的記載。它可追溯到 1870 年代洋務運動肇興之初。華僑當時在上海投資的近代企業，主要有輪船招商局等民用企業。

輪船招商局自 1872 年開辦後，為發展業務和擴充資本，於 1879 年派遣

71 上海市工商行政管理局、上海市第一機電工業局機器工業史料組編《上海民族機器工業》，中華書局，1966，第 84、89 頁。
72 《中國近代工業史資料》第 1 輯，第 72 頁；徐新吾等：《中國近代繅絲工業史》，上海人民出版社，1990，第 140 頁。
73 張海鵬主編《中國近代通史》第 3 卷，第 175 頁統計表。
74 中華書局編輯部、李書源整理《籌辦夷務始末》（同治朝）第 5 冊，中華書局，2008，第 1808 頁。
75 《輪船招商局檔案》，聶寶璋主編《中國近代航運史資料》第 1 輯，上海人民出版社，1983，第 983—988 頁；〈上海機器織布局啟事〉，《申報》1880 年 11 月 17 日。

廣東試用道張鴻祿、候補知縣溫宗彥赴南洋、新加坡一帶考察航運，同時招徠華僑資本。他們在曼谷通過辦有機器磨坊並有一定聲譽的僑商陳善繼（清朝政府駐暹羅、新加坡領事陳金鐘之子）的協助，為企業招集到一批華僑股金。據檔案記載，當時回應者多數是粵籍僑商，也有部分閩籍人士，有姓名可稽者共 28 人，各人的投資額多則 5000 兩，少則 500 兩，大多為二三千兩，總計招集到股資 5 萬兩。次年即 1880 年，溫宗彥從曼谷到達新加坡募股，得到 38 名僑商回應，共集得股資 65200 兩，其中便有以後聲名顯赫的僑商巨頭張振勛，他的投資額是 3600 兩。[76] 當時輪船招商局正面臨怡和、太古等外國在華輪船公司壓價競銷的排擠，僑商的這些投資，無疑有助於它應付對手的傾軋，渡過經營難關。繼輪船招商局後，1880 年鄭觀應、經元善等人籌辦上海機器織布局，也曾向三藩市、南洋、新加坡、長崎、橫濱等地華僑募集股金。[77]

在建於上海的中國最早的近代軍工企業——江南製造局中，也可看到華僑提出籌辦倡議和實際參與的活動。1863 年，中國早期留美學生容閎，根據他在美國所學到的知識，返國向曾國藩建議在上海設立機器工廠，並強調他「所注意之機器廠，非專為製造槍炮者，乃能造成製槍炮之各種機械者也」，換言之，就是「可用以製造槍炮、農具、鐘錶及其他種種有機械之物」。[78] 經曾國藩批准後，容閎即攜款兩次赴美採購必要的設備。這是中國歷史上第一次規模較大的引進外國機器設備的舉動，影響頗為深遠。

但在清末新政前，僑資參與國內企業尚處於起步階段，在清朝政府方面，並未真正引起重視和形成相應的政策條規；華僑投資也多為零星舉動，並不普及，更未形成熱潮。相反，由於政府方面沒有提供相應的保護，陳啟沅在廣東南海辦的繼昌隆繅絲廠還不時受到地方守舊勢力的騷擾，以致不得不一度遷往澳門。

三、阻力與困頓

區域的差異

清朝官員的主導，既給洋務企業的興辦以一定的助力，也給這些企業日

76　《輪船招商局檔案》，《中國近代航運史資料》第 1 輯，第 983—988 頁。
77　〈上海機器織布局啟事〉，《申報》1880 年 11 月 17 日。
78　容閎：《西學東漸記》，嶽麓書社，1985，第 111、112 頁。

後的發展埋下了隱患。那些由政府委派的官員全面把持企業的經營大權，推行封建管理體制，並乘機任用私人、貪汙中飽、營私舞弊，嚴重侵害商股利益。一名曾參觀湖北紗廠的英國人記述：「這個紗廠最大的困難是派來大批無用的人做監督，這些人都管叫坐辦公桌的人，因為他們坐在桌旁無所事事。他們為了一點私利，把訓練好的工人開除了，雇用一些生手。」[79]

在洋務企業的起步階段，內陸甚至邊遠地區一度並不落伍。軍工企業有 1869 年的西安機器局、1872 年的蘭州機器局、1877 年的四川機器局和 1884 年的雲南機器局。1867 年，左宗棠以西安為基地發兵西北，為了就近解決軍火供應，1869 年他從江南製造局和金陵製造局調募一批熟練工人，購買機器，設立西安機器局，製造洋槍、銅帽和開花炮彈等軍火。當戰事重心移到甘肅後，1872 年他下令將西安機器局的設備拆遷至蘭州，設立蘭州機器局，調集浙江、廣東、福建等地工匠，由略懂機器的記名提督賴長主持，繼續生產軍火。[80]

1876 年，丁寶楨由山東巡撫調任四川總督，鑒於「各勇營亦皆慣用洋槍，均須購自上海洋行，價值既貴，而道路轉運，費亦不貲，並恐不免有受洋行欺騙之事」，奏請自設槍炮廠以供川軍之用。1877 年，四川機器局在成都擇地建廠，於 1879 年規模初具，有大小廠房 118 間，製造洋槍洋炮。但機器局剛建成，便遭到守舊官員以靡費為由彈劾，清廷下諭停辦，丁寶楨據理力爭。

針對反對者抨擊丁寶楨用 6 萬兩銀子只造了槍炮數十杆，丁寶楨下屬力陳這些銀子大部分是開辦經費，「譬如商賈初開鋪後，用本頗多，費用不盡在物，久之自有得利之日」。清廷才知究竟，讓丁寶楨決定是否續辦。丁寶楨奏稱「近來講求機器，實屬目前要圖，然頗為眾論不許」，請求保全，不久得以恢復。[81]

1856 年，滇西一帶爆發以回民為主的反清起義。為鎮壓起義，清軍使用了洋槍洋炮，因損耗甚巨，修理和補充困難，遂有在滇設局仿造軍械之議。1865 年，巡撫林鴻年向江蘇諮調洋槍隊來滇教習。1868 年，巡撫岑毓英利用廣東所籌給的餉銀和派來的工匠，開始設局仿造洋炮。1872 年，起義被鎮壓，

79　汪敬虞主編《中國近代工業史資料》第 2 輯，科學出版社，1957，第 578 頁。
80　秦翰才：《左文襄公在西北》，商務印書館，1947，第 138 頁。
81　《洋務運動》第 4 冊，第 340—346 頁。

該局也關閉。

　　1874年，雲貴總督劉長佑和巡撫岑毓英創設軍火局於昆明三聖宮。[82]
1884年，已升任總督的岑毓英由上海、廣東、福建等地雇來工匠，開辦雲南
機器局，製造彈藥並修理槍炮。最初規模很小，至1890年由繼任的雲貴總督
王文韶委託江南製造局向洋商訂購製造軍火的機器設備，進行擴充。擴建工程
於次年完工，規模雖有所擴大，但生產技術卻未見明顯提高，勉強仿造7.5釐
米口徑的克虜伯炮，又因地方守舊勢力風水之見的阻撓，不准加高煙囪，致使
熔煉的鐵質低劣。[83]英國人大衛斯（H. R. Davis）1890年曾目睹雲南軍工廠的
生產狀況：「他們造克虜伯槍、羅登菲爾茲槍、來福槍和子彈。機器是用蒸汽
驅動，但沒有氣錘，所以產品不可能是一流的。」[84]

　　民用工業有1880年的蘭州機器織呢局。1877年冬，主持蘭州機器局的
賴長用自製水輪機和當地所產羊毛製成一段毛呢交與左宗棠驗看，得左讚賞，
認為「竟與洋絨相似，質薄而細，甚耐穿著，較之本地所織褐子，美觀多矣」。
賴長建議從國外購買織呢機器，左宗棠遂致信在上海的胡光墉，囑其「購辦織
呢、織布火機全付，到蘭仿製，為邊方開此一利」。[85]胡光墉即與德商泰來洋
行接洽，由其代為在德國購置機器和招聘技術人員。

　　1879年春，這些機器運抵上海，然後由輪船招商局運至漢口，再經水陸
輾轉搬運至蘭州。1880年9月，蘭州機器織呢局開工生產。它有東廠，內設
紡線部和織呢部；中廠，內有汽鍋房和大車房，負責動力和運輸；西廠，從事
羊毛加工和毛呢的漂染及軋光；以及負責檢修設備的機器局。蘭州機器織呢
局亦由賴長主持，聘有9名德國管理和技術人員，「每日產呢八匹，每匹長
五十華尺，寬五華尺」。[86]

　　礦冶業有1886年的貴州青溪鐵廠。1885年，署貴州巡撫潘霨見「各省
機器局及大小輪船每年用煤鐵以億萬計」，而海軍衙門製造鐵甲兵船，對煤

82　雲南省國防科學技術工業辦公室軍事工業史辦公室：《雲南近代兵工史簡編（1856—
　　1949）》，1991年油印本，第1—3頁。

83　樊百川：《清季的洋務新政》，第1318頁。

84　大衛斯：《雲南：聯結印度和揚子江的鐵鍊》，李安泰等譯，雲南教育出版社，2000，第
　　174頁。

85　左宗棠：〈與胡雪巖〉，《洋務運動》第7冊，第439頁。

86　《中國近代工業史資料》第1輯，第902—903頁。

鐵的需求亦巨。貴州地瘠民貧，但「礦產極多，煤鐵尤盛」。為開闢財源，他主張開發鐵礦，既可「撥供鄰省海防之需」，又可為本省「民間多一生計，即公家多一利源」。1887 年，貴州機器礦務總局成立。鐵廠設在鎮遠縣的青溪，故又名青溪鐵廠，由江南製造局候選道、潘霨的弟弟潘露主持。初建時，向商號借銀 10 萬兩，計畫在貴陽、漢口和上海招募資本 30 萬兩，向上海雇覓礦師和工匠，並派人攜銀 8 萬兩去國外購買機器，向英國訂購全套熔鐵爐、煉鋼爐和軋鋼機等，並於 1890 年 7 月開爐生產。[87]

西部地區的這些近代企業，雖然起步較早，但開辦後多命運不濟。蘭州製造局隨著西北回民起義被鎮壓，左宗棠於 1881 年調京離開西北後，過去那種靠催逼各省供餉維持的局面不存，1882 年蘭州機器局終因經費不繼而停辦。[88] 1886 年丁寶楨去世，劉秉璋繼任四川總督，對四川機器局並不熱衷，「飭局將各項洋槍暫停鑄造」，並裁減局中司事和工匠，「飭令該局專鑄鋼帽、後門槍彈、炮彈及起造洋火藥」[89]，生產規模大為縮減。另外兩家民用工業則先後倒閉。

左宗棠對蘭州織呢局曾抱以厚望：「今日之學徒，皆異時師匠之選，將來一人傳十，十人傳百，由關內而及新疆，以中華所產羊毛，就中華織成呢片，普銷內地，甘人自享其利，而衣褐遠被各省。」但事先缺乏必要的規劃特別是產銷市場、技術要求等方面的考察，決策主觀隨意。當時有些人認為這種工廠最好設在漢口，把原料運到漢口來製造、銷售，因為漢口交通便利，有利於產品的銷售。反觀蘭州府一帶，雖位於西北羊毛產地，有購買原料成本低廉的優點，但當地人口稀少，地方貧瘠，購買力低，況且這一地區「均尚棉布」，呢布銷路更狹。然而左宗棠沒有採納這些意見，畢竟甘肅是他管轄的省分，他堅持在這裡設廠。[90]

蘭州織呢局的籌辦和開工，都早於上海機器織布局，但因路途遙遠，交通閉塞，進口的機器設備從上海運抵蘭州，就大費周折。「光緒五年春，機器開始運到蘭州，這是一個艱難而偉大的工作，這些機器太大，又太重了。

87 嚴中平主編《中國近代經濟史（1840—1894）》，人民出版社，1989，第 1412—1414 頁。
88 樊百川：《清季的洋務新政》，第 1295 頁。
89 劉秉璋：〈川省機器局暫行停鑄疏〉，《劉文莊公奏議》卷 5。
90 《中國近代工業史資料》第 1 輯，第 898、905 頁。

當時內地的交通工具，委實沒有資格負得起這個運輸的責任。但是既已老遠地從德國運到漢口，就得接運進來。可以拆散的，當然零星運，不能拆散的，只好整個運。平常的木船裝不下，定做可以裝得下的。大小機器共有 4000 箱之多。船到老河口上岸後，利用千百人力、畜力和大車來抬的抬、馱的馱、裝載的裝載。大車不能容，加以改造；村落不能過，只得拆讓。通過山中峽道兩面碰壁時，等候鑿去一層石壁再走。於是從第一批到蘭州和末一批到蘭州，足足相隔了一年的時間」。[91]

而在規劃開工廠時，又忽視了織呢工業用水的技術要求。由於當地「水源不足，能找到的一點水也含著堿，使得漂染很困難，結果是呢布的顏色很暗淡。因為水源缺乏，全部機器每天只能織成十匹呢布，每匹長十八碼，如果水源充足，無疑地可以多織很多」。顯然，這導致了產品成本高，生產效率低，況且當地的羊毛「很粗很雜，弄得每天得雇四十個人挑揀羊毛，每天只能挑兩磅，因此在織成呢布之前，羊毛的成本已經很貴」，也「很難希望本局的產品在品質上能比得上外洋輸入品」。[92] 這樣的局面，使企業很難維持，因為「產品沒有銷路」，只能限產，每日僅產呢 8 匹，遠低於實際生產能力。1882 年上海《字林西報》載：「近有人自甘肅回滬，述及該處機器織呢一事恐不能久，緣織成之呢無人購買。」[93] 陳熾在論及蘭州織呢局時指出：「左文襄前任甘督，亦嘗購買機器仿製呢絨，然牧場未立，風氣未開，萬里甘涼艱於轉運，資本太重，不利行銷，因創辦之時，本未通盤籌劃故耳」。[94]

1883 年蘭州織呢局停工，次年被新任陝甘總督譚鍾麟裁撤，全套機器設備被閒置。1906 年去蘭州遊歷的英國人在原廠區「非常吃驚地見到一個設備完整、費用極高的歐式羊毛加工廠……它顯然花費了成千上萬英鎊，這裡有發動機室、發動機、織機、梳毛機、清洗機、衝壓機，事實上這裡有整套完全用蒸汽力發動的現代工廠必需的機器，甚至它約兩英尺寬的皮發動帶也保存完整。儘管所有的機器都在無關緊要的維修之中，但看得出還能繼續使用」。[95]

91　秦翰才：《左文襄公在西北》，第 198—199 頁。
92　《中國近代工業史資料》第 1 輯，第 899 頁。
93　《申報》1882 年 12 月 23 日，譯載。
94　〈畜牧養民說〉，《陳熾集》，中華書局，1997，第 176 頁。
95　布魯斯：《走出西域—沿著馬可波羅的足跡旅行》，周力譯，海潮出版社，2000，第215—216 頁。

貴州青溪鐵廠自 1886 年籌建，1890 年開爐，在購買機器、建立廠房、採購原料和運費開支等方面，共耗銀 27.6 萬餘兩，而所招商股遠不敷支付，前後陸續挪借公款達 19.2 萬餘兩。按照廠方估計，在投產後，每月用於收煤、採礦、售鐵、運費和薪金等開支約需銀 1.8 萬兩；預期每月可產鐵 120 萬斤，依當時售價約值銀 2.21 萬兩，收支相抵，略有盈餘。但實際投產後，與預期的設想大不相同。在鐵廠附近沒有找到合適的煤炭基地，開工後發現所用煤炭不適合煉鐵的要求，以致在冶煉時「鐵水和煤渣凝塞爐竅」，鐵水不能順暢流出，「爐塞」成為令廠方深感棘手的難題。再加開工後不到兩個月，主持人潘露病故，鐵廠「無人督理」，暫時停工。但對從上海招募來的工匠捨不得全部遣散，留下半數以待復工。1890 年 12 月，改由該廠會辦、候補知府曾彥銓主持，官府又墊借 6 萬兩資助，[96] 仍未有起色。潘霨一籌莫展，1891 年「因病奏請開缺」，臨走時對友人歎息：「在黔創辦鐵廠，用帑三十餘萬而未見成效，黔中同僚詬病，家人亦非笑」。此後，鐵廠一直處於停工狀態，1898 年曾派道員陳明遠續辦，並無轉機，「幾年下來廠房、煉爐機器等反而損失殆盡」，陳明遠被撤職，青溪鐵廠亦告倒閉。[97]

內陸地區較早創辦的一些近代企業，或因戰事結束，或因缺乏周密規劃，決策主觀隨意，除四川和雲南機器局繼續勉強維持外，其餘均曇花一現，相繼停閉。在很長一段時間裡，內陸地區近代企業的創辦歸於沉寂，即使在經濟相對發展的四川，在四川機器局問世後的 20 多年間，四川並沒有再出現過一家近代民用工業企業。[98]

督撫的因素

洋務運動推進過程中，各地督撫的作用格外突出。就清朝政府而言，開始認識到實業建設的重要，是在經歷了第二次鴉片戰爭後。隨即開展的洋務運動，重點之一是引進西方的技術和設備，興辦近代企業。誠如有學者指出的，總的說來，當時的清皇朝並沒有明確的近代化意向，清朝中央政府更沒有對近代化予以制度創新和制度供給。事實上，甲午戰前洋務企業的開辦，新式軍隊的建立以及絕大多數新式學校的創辦，都是得之於地方政府或中央政府通過地

96　《洋務運動》第 7 冊，第 185 頁。

97　劉學洙：《貴州開發史話》，貴州人民出版社，2001，第 101 頁。

98　張學君：〈四川資本主義近代工業的產生和初步發展〉，《中國經濟史研究》1988 年第 4 期。

方政府去設立。中國早期現代化中至關重要的政府作用的發揮，可以說基本上是由地方政府承擔。在近代中國這種相當長的時間內，在施行現代化方面沒有制度供給的狀態下，地方現代化的能否啟動和發展，一個主導因素就是地方當政者的主體認識如何。

地方督撫們認識的提高和政府職能的轉變，首先需要讓地方督撫能獲得必需的認識環境，從思想上突破傳統的阻力。一些沿海地區由於較早受到外來因素的影響，使置身其中的地方督撫有了較為便利的認知條件，而在此之外的廣大地域，傳統仍維繫著自身的歷史連續性和不可侵犯性。中國早期現代化是在一個幅員遼闊、人口眾多、經濟發展落後的農業大國中進行的，而社會變革的效應，是與疆域、人口和原有的經濟發展程度有相當的聯繫。[99] 也有學者指出：「19 世紀後期至 20 世紀初期，我國現代化的推動多在於地方督撫與士紳階級，更增強其區域間的差異性」。[100] 這在曾國藩與江南製造局，李鴻章與滬、津等地區洋務事業，丁寶楨與山東機器局，左宗棠和沈葆楨與福州船政局，劉銘傳在臺灣的洋務舉措等史實中，已有清晰的體現。

容閎曾回憶，1867 年曾國藩在回任兩江總督之前，「巡視了其管轄區域，上海是他視察的重要地方之一，而江南製造局—他自己創辦的，則成為他在上海視察的重點。他興致極高地參觀了整個工廠，始終沒有倦意。我給他介紹那些從美國採購回來的機器，他站在機器旁，非常愉快地觀賞機器的自動運轉，因為這是他第一次見到這些機器以及它們的運轉情形」。[101] 1879 年 5 月，左宗棠在肅州宴請到訪的匈牙利探險家塞切尼（Grof Szechenyi Bela），「當我聽到左宗棠問我是不是願意喝點歐洲家鄉的葡萄酒時，我感到驚異，當即給予肯定的表示。他派人拿來小小一瓶匈牙利的多卡伊葡萄酒。」[102] 1885 年，左宗棠曾主張在臺灣興辦機器製糖業，建議「先派熟知糖務之員親赴美國產糖之區參觀做法，購小廠機器，兼雇洋工數名回華試製。俟考定得糖實數，另議章程，或購蔗製糖，或代民熬煮，民利仍還之民，官只收其多出之數。著有成效，即

99　崔運武：《中國早期現代化中的地方督撫—劉坤一個案研究》，中國社會科學出版社，1998，第 2、5、6 頁。

100　李國祁：《中國現代化的區域研究—閩浙臺地區（1860—1916）》，中研院近代史研究所，1982，〈緒言〉，第 3 頁。

101　石霓譯注《容閎自傳》，第 153 頁。

102　塞切尼：〈塞切尼眼中的李鴻章、左宗棠〉，符志良選譯，《近代史資料》總 109 號，中國社會科學出版社，2004，第 54 頁。

行擴充」。[103]

　　海關報告也有生動記載，1883 年 5 月直隸總督李鴻章經過上海去天津，他在上海停留期間，「像是很熱心要看看此地的一切值得看的東西和值得訪問的人。他對於雇用中國工人的各種外國工業特別感興趣，尤其是紗廠與繅絲廠。他參加了上海自來水公司的開工典禮，親自動手開動機關把水放進濾水池裡，從此公司的機器便開始轉動了。他對這個企業甚感興趣，似乎很懂得它對人們的好處，因為他表示希望不久在天津也要建立一個類似的企業」。[104] 據統計，在直隸總督任上，李鴻章對天津近代企事業先後投資約 800 萬銀兩。[105]

　　1885 年，劉銘傳受命出任首任臺灣巡撫。除了前述積極興辦鐵路外，針對臺灣四面環海的地理特點，劉銘傳還在臺灣積極興辦近代航運業。1886 年，他主持設立了招商局（後改稱臺灣商務局），「招股購製快船二隻，名駕時、斯美，船身各長二百五十英尺，純係鋼質，每點鐘能行十五六諾，裝兵運貨均極便捷」；[106] 最多時擁有大小輪船 5 艘，航行上海、香港及東南沿海，遠至新加坡、西貢等地，大大便利了臺灣與外界的經濟聯繫和交往。為進一步開拓近代航運業和溝通鐵路運輸，劉銘傳曾著手疏浚和建設基隆港，後因去職而未果。

　　督撫對洋務的作用在後起的洋務派官員張之洞身上，也有鮮明的體現。人們往往以為張之洞從清流到洋務的轉變，是在中法戰爭後的兩廣總督任上。其實，1882 年在山西巡撫任上，當他在官府舊檔裡，讀到英國傳教士李提摩太（Timothy Richard）給前任巡撫曾國荃關於修築鐵路、開挖礦藏、興辦工業等建議時，大感興趣，曾要求李提摩太幫助其將這些建議付諸實踐。不久，他調任兩廣總督，在山西的這些設想未果。[107] 而在張之洞履任前，雖然廣東地處東部沿海，對外交往較早和接受西學便利，「但事實上廣東的近代化自 19 世紀 60 年代前期開始有所啟動後，一直到 80 年代前期，可以說基本上處於半

103　洪安全等編《清宮洋務始末臺灣史料》第 3 冊，臺北故宮博物院，1999，第 1942 頁。

104　徐雪筠等：《上海近代社會經濟發展概況（1882—1931）：〈海關十年報告〉譯編》，上海社會科學院出版社，1985，第 28 頁。

105　何一民主編《近代中國城市發展與社會變遷（1840—1949 年）》，科學出版社，2004，第 181 頁。

106　《洋務運動》第 2 冊，第 607、608 頁。

107　《親歷晚清四十五年—李提摩太在華回憶錄》，李憲堂等譯，天津人民出版社，2005，第 150 頁。

停滯狀態」。主要原因在於，「從 1861 年至 1884 年 24 年中，任兩廣總督者共九人，任廣東巡撫者也是九人，他們中不無熱心洋務者如郭嵩燾、蔣益澧、劉坤一、張樹聲，但任期較長，受到朝廷信賴的基本是一些思想較保守、缺乏開拓精神的滿員，故此對於地方的近代化始終未能提出一個像樣的規劃和採取有力的措施。因此，當具有一定近代化意識，同時又勇於任事，頗為朝廷所倚重的張之洞擔任粵督時，廣東的近代化隨即有了一番新的氣象」。[108]

張之洞就任後，博採西學，大力興辦洋務。1886 年，張之洞在廣州將廣州機器局與增涉軍火廠合併，設立製造東局。1887 年，又在廣州城北石井圩創辦石井槍彈廠，稱製造西局。西局購買德國克虜伯炮廠製造槍彈的機器設備，使生產能力不斷提高，規模不斷發展，後來成為廣東省最有影響的兵工廠。與此同時，張之洞又在廣州興辦民用企業，如 1886 年在廣州設立廣東礦務局，頒布《礦務條例》，鼓勵開礦和開爐冶煉。1887 年，又在廣州創辦廣東錢局，購置英國造幣機器，開中國鑄銀幣之始。1889 年，還在廣州設立廣東繅絲局。民辦企業，如輪渡公司、造紙廠、電燈公司也在廣州興建。同時還設立了電報學堂、水陸師學堂、海圖館與洋務處等，聘請洋教習教學，顯示了其遠見卓識和務實通達，[109] 推動了廣東的近代化進程。1889 年調任湖廣總督後，「他建鐵路、辦工廠、興學堂、練新軍、理財稅、創市政，可以說是全方位振鄂興漢，使湖北從經濟不很發達的內陸省分經歷了一次近代崛起。」[110]

曾國藩、李鴻章、左宗棠、沈葆楨、丁寶楨、張之洞、劉坤一等督撫，致力於推動其轄區內的近代企業，除了他們較之同時代的其他官員對當時中國的處境認識較為清醒，對學習西方的態度較為積極外，與他們手中握有較為豐實的財源也不無關聯。清朝的財政體制，原先是以解款協款制度規定各款項，由中央政府統一管理收支，戶部擁有「制天下之經費」的權力，各省並無財政權，只是奉中央命令徵收各項賦稅，存入公庫，然後奏准開銷各項經費，如有節餘均須解運中央或收支不敷的鄰省。經太平天國之後，解款協款制度漸趨廢弛。各地督撫軍權在握，原來掌管地方財政並直接聽命於中央政府戶部的藩

108 趙春晨：〈張之洞與廣東的近代化〉，河北省社會科學院等編《張之洞與中國近代化》，中華書局，1999，第 221、223 頁。
109 楊萬秀等主編《廣州簡史》，廣東人民出版社，1996，第 271—274 頁。
110 皮明庥：《一位總督·一座城市·一場革命：張之洞與武漢》，武漢出版社，2001，〈引言〉，第 2 頁。

司，轉而受制於督撫，中央政府已無法通過藩司控制地方財政。

釐金制的實行與就地籌餉，使地方督撫的財權進一步擴大。因數額可觀的釐金均由地方徵收和控制，上繳僅為其中的一部分，大部分被地方督撫截留。由於各省財政獨立的趨勢日見明顯，戶部無法瞭解各省財政的實況，只得改變解款協款制，推行攤派制。實際執行時，「戶部歷次籌款，終有一二策或數策不能通行於各省，甚或有一案請行數次，歷時數年而各省終未遵辦。」[111]傳統的中央集權財政體制趨於瓦解。相對富庶的東部地區的督撫，在這個過程中崛起。

1889 年，熟悉內情的薛福成記述：「江蘇一省，丁、漕、鹽、稅、釐五者俱贏，歲入白金一千萬兩以外。曾文正公用之以削平大難，旋乾轉坤。今伯相合肥李公亦用之以招練淮軍，四出征剿。曾公所用，在江揚淮徐通海者為多，以鹽務為最饒，而地丁、釐金輔之。李公所用，在蘇松常鎮太者為多，以洋稅、釐金為最沃，而地丁、漕政輔之。浙江一省，亦五者兼備，歲入可得江蘇之半」。「福建一省，地丁、鹽課、釐金、茶稅等項，約逾三百四十萬金，加以閩關洋稅三百餘萬金，歲入尚在浙江之上」。「廣東一省，綜地丁、鹽課、稅、釐四項，歲入幾與浙江相埒」。「此外如直隸、陝西、安徽、廣西四省，其力皆足以自顧，如有非常措注，則必賴他省之轉輸」。「又如山東、河南、山西三省，財賦以地丁為大宗，而他項稍輔之，歲入各逾三百萬金」。「四川一省，地博物阜，賦額素輕，今於地丁之外加津貼，津貼之外加捐輸，雖三倍舊額，尚僅得江南田賦之半」。此外，「如甘肅、雲南、貴州三省，向賴他省之協助。雲南歲入六十餘萬金，甘肅歲入三十餘萬金，貴州歲入二十餘萬金，皆斷斷不能自立」。[112]

偏重於東部地區的一批洋務企業的興辦，與上述財政背景有著密切的關係，因為總的說來，當時「中央財政對於洋務企業的支援並不是十分積極、有力的。除了天津機器局、江南製造局、金陵機器局、漢陽鐵廠等少數大型企業得到中央財政的補助或撥款外，大多數洋務企業都是依靠地方財政的調劑而興辦起來的。這從一個側面說明，洋務派經濟活動的主要動力是來自地方。太平天國時期財政權的下移，為各地督撫經營洋務企業提供了一定的有利條

111　彭雨新：〈清末中央與各省財政關係〉，《社會科學雜誌》第 9 卷第 1 期，1947 年 6 月。
112　〈敘疆臣建樹之基〉，丁鳳麟等編《薛福成選集》，上海人民出版社，1987，第 291—292 頁。

件」。[113] 而財政本是拮据甚至須靠外省協款挹注的西部省分，可以騰挪籌措的管道狹窄，洋務企業寥如晨星，一些已經開辦的企業也經營乏力，或因左宗棠、丁寶楨等人離去而陷於停產或半停產的境地。可見，地方官員的地位、政見和財力，往往對所在轄區的經濟變遷影響甚大。

無言的頓挫

以往人們常常將 1898 年張之洞《勸學篇》中的「中學為體，西學為用」視為洋務運動的綱領，將其解讀為洋務派企圖以西方的科學技術去維護中國的封建統治制度，認為這是其失敗的內在根源。這種認識，未免稍顯籠統。實際上，在洋務運動的推進過程中，來自頑固守舊派的攻擊、抵制和反對，幾乎從未停歇。這種攻擊、抵制和反對，往往又是以堅持中國傳統的倫理道德和社會制度為說詞，在長期封閉、國門又是被西方列強強行轟開的社會環境下，對主張學習西方的洋務派自然有著先聲奪人的上風壓力，有學者形容「當時士大夫見解如是，宜乎郭筠仙、丁雨生（指郭嵩燾、丁日昌—引者），皆以漢奸見擯於清議也」。[114]

動輒得咎的洋務派，不能不想方設法為自己的洋務舉措辯解開脫，已有學者指出，後人論及中體西用論，每多譏刺之詞，其實中體西用論始現於 1860 年馮桂芬《校邠廬抗議》中的「以中國之倫常名教為原本，輔以諸國富強之術」，後被張之洞概括為「中體西用」，考察其歷史，可以發現中體西用論在尊崇中學的前提下，以比較溫和的色彩，避過了頑固守舊派「以夷變夏」的攻擊鋒芒，為引進西學開了一條通道。[115] 洋務運動，也因此得以坎坷前行。

在其推進過程中，李鴻章、郭嵩燾等人並非只以為中國只是技不如人，對西方的政治制度全無認識。但郭嵩燾稍有表露，即被撤職懲處。李鴻章在致郭嵩燾的信函中，則曾這樣寫道：「西洋政教規模，弟雖未至其地，留心諮訪，考究幾二十年，亦略聞梗概。」[116] 聯想到戊戌維新高潮時，他曾想列名主張變法的強學會，看來很難全以投機視之。但在洋務運動時期，他所做的確是中體西用論所標示的，如他後來所感歎的：「我辦了一輩子的事，練兵也，海軍也，

113 周育民：《晚清財政與社會變遷》，上海人民出版社，2000，第 307 頁。
114 孟森等：《清代野史》，第 318 頁。
115 熊月之：《西學東漸與晚清社會》（修訂版），第 588 頁。
116 李鴻章：〈覆郭筠仙星使〉（光緒三年六月初一日），《洋務運動》第 1 冊，第 269 頁。

都是紙糊的老虎，何嘗能實在放手辦理？不過勉強塗飾，虛有其表，不揭破猶可敷衍一時。如一間破屋，由裱糊匠東補西貼，居然成一淨室，雖明知為紙片糊裱，然究竟決不定裡面是何等材料，即有小小風雨，打成幾個窟窿，隨時補葺，亦可支吾對付。乃必欲爽手扯破，又未預備何種修葺材料，何種改造方式，自然真相破露，不可收拾。但裱糊匠又何術能負其責？」[117] 這段話，自然有為自己開脫的意味，但也多少道出洋務運動蹣跚跟蹌的緣由。

1880 年代，已有洋務派官員對中體西用論割裂體用的弊端有所認識，曾任兩廣總督的張樹聲指出：「西人立國具有本末，雖禮樂教化遠遜中華，然其馴致富強亦具有體用。育才於學堂，論政於議院，君民一體，上下同心，務實而戒虛，謀定而後動，此其體也。輪船、火炮、洋槍、水雷、鐵路、電線，此其用也。中國遺其體而求其用，無論竭蹶步趨，常不相及，就令鐵艦成行，鐵路四達，果足恃歟？」但這是他在 1884 年去世前夕的〈遺摺〉之語，此前懾於專制淫威，不敢公開表露此類言論，只能於身後呈遞。[118]

在近代中國，只從經濟或器物層面著手，不可能真正實現國家的富強和現代化。反觀中國的近鄰日本，自 1868 年明治維新後，國力迅速強盛，在它悍然發動的甲午戰爭中，枝枝節節搞了近三十年洋務運動的中國一敗塗地，李鴻章連同他標榜的能給中國帶來富強的洋務運動聲名掃地，眾多愛國者開始更多地思索通過變革中國的政治制度去謀求國家的富強。

應該指出，洋務運動作為中國早期現代化的一種模式，已不再能打動人，但其所奠定的一些物質基礎，如包括著名的江南製造局（即後來習稱的江南造船廠）在內的一批近代企業，並沒有因為甲午戰爭的失敗而終止，在隨後的中國現代化進程中，它們依然發揮著應有的積極作用。

117　吳永口述、劉治襄筆記《庚子西狩叢談》，中華書局，2009，第 121 頁。
118　馮天瑜：〈近代化方略之辯〉，馮天瑜等主編《張之洞與中國近代化》，中國社會科學出版社，2010，第 24、25 頁。

第八章　派系分合與晚清政局

　　質諸古今中外，權力的爭逐與妥協，利益的攘奪與交換，幾乎成為一般人對「派系」一詞的共同印象。就某種程度而言，這也是事實。然而，「黨」或「派」在政治史運作中近乎亦步亦趨的存在，卻也提醒我們派系互動在繁複的政治活動中，亦有其積極功能。

　　當本章將晚清政治史進程置諸派系脈絡下來觀察時，讀者不難發現，很多被認為已蓋棺論定的人或事，可能變得很不一樣。這未必表示派系之爭是解釋此段史事之唯一路徑，卻反映過往的認知方式，仍存在更深的掌握史事間之延續性的開拓空間。這亦使得本章的撰作可能因而更具意義。

一、咸同交替與派系新局的形成

　　如果我們可以同意，同光以降慈禧太后的專權是影響晚清歷史發展的一個關鍵因素，則對於「辛酉政變」在此一因素形成的過程中所具有的獨特地位，相信也早有共識。若非這場政變，慈禧莫說終有獨踞權力頂峰之日，就連「垂簾聽政」之形式能否存在，都將大有疑問。[1] 不過，如果只是慈禧個人對權力的欣趣，以有清成法，似亦難以造成扭轉朝局的大作用。其時客觀條件的配合，才是一個主要的關鍵。

內外衝擊與辛酉政變的發生

　　追溯「辛酉政變」的緣起，咸豐十一年（1861）七月十七日，文宗大行

---

* 本章由林文仁撰寫。

1　王闓運〈獨行謠〉即有「祖制重顧命，姜姒不佐周」之句，以名此例。參見王闓運《湘綺樓詩集》卷 9，文海出版社影印本，1963，第 363 頁。

於承德之前所做的權力結構安排，毋寧是刺激政局巨變的直接成因。文宗為新君—其年僅6歲的皇太子載淳—所指定的顧命陣容，已然使新權力核心陷入了其時足可影響朝局穩定的兩項衝突誘因中，此二誘因一顯一隱：顯者，柄政之御前大臣肅順，與在京的恭親王奕訢兩派勢力，長期對立與緊張；隱者，自太平天國起事後，漢士大夫集團中漸見復燃的歷史糾結—南北地域之爭。此二因素一旦互相為用，再加上承德行在護持幼帝的兩宮太后積極聯手所造成的效應，便可令朝局翻覆。辛酉之事，由是產生。

先說恭、肅兩派的權力矛盾。在文宗一朝，宗室出身的肅順所以能夠崛起，而得咸豐帝之倚畀，與文宗即位初期即在軍機領班輔佐乃兄的恭親王奕訢於咸豐五年被逐出軍機處而使文宗頓失股肱相關。文宗與恭王的關係，從「友愛如『親昆弟』」，到手足參商，源於其父宣宗立嗣時積下的心結，歷來多有論者。[2] 自奕訢罷出軍機，天下因太平軍作亂而引起之惡劣局勢仍在持續險化，但咸豐所倚為決策依仗的軍機，領班的協辦大學士彭蘊章性格庸懦，又已老衰；滿大臣文慶雖稱有見識，但此年七月方入直，越年即下世；杜翰為文宗帝師杜受田之子，文宗報答師恩而一力超擢，亦有才識，但仍資淺，缺少發言權；此外，穆蔭亦如杜翰之地位。國事蜩螗之際，咸豐不能不感到身旁少了一個真正可與言大事、一語安邦的左右手，這便造成了肅順崛起的機會。

肅順勇於任事，極力鼓舞文宗振衰起敝，的確是肅順之長，《清史稿》上都不能不說「其贊畫軍事，所見實出在廷諸臣之上，削平大亂，於此肇基」；[3] 曾國藩、左宗棠、胡林翼諸人之得蒙重用，更表現了肅順超越滿漢的眼界與對決策的強大影響力。然而，作為一個申韓法家的信仰者，肅順求治遂策的手段，有時不免過於激烈，也為他長期樹敵，終於積累出後日翻覆政局的能量。

咸豐十年九月，英法聯軍逼近北京，面對滿朝臣工幾乎一致反對的情勢，咸豐帝仍在肅順等人簇擁下，以「西狩」為名，避往熱河，而將「辦理撫局」的艱難任務，留給恭親王奕訢，使其處於與外人協商而易受譴責的難堪處境；而肅順、載垣等人，則恰可推掉辦洋務的麻煩擔子。再者，擁帝西行，非但可

2　相關析論，可參見董守義《恭親王奕訢大傳》，遼寧人民出版社，1989；寶成關《奕訢慈禧政爭記》，吉林文史出版社，1980；林文仁《南北之爭與晚清政局1861—1884—以軍機處漢大臣為核心的探討》，中國社會科學出版社，2005；等等。

3　《清史稿校註》卷394，「國史館」，1988，總9912頁。

避鋒鏑，且可將權力更集中在自己的集團手中。這由全班軍機大臣中，僅一向在朝中被認為屬恭王一系的文祥獨被留京，可以看出。

咸豐十一年七月十七日，文宗駕崩於熱河行宮。此前，於十六日短暫清醒之際，首諭「立皇長子載淳為皇太子」，次諭「著派載垣、端華、景壽、肅順、穆蔭、匡源、杜翰、焦祐瀛盡心輔弼，贊襄一切政務」。文宗此命，肅順長期隨侍，必有造陳，可以想見。不過，顧命大臣名單一公布，那些曾期望肅順與恭王能在現實政治演變下，和衷共濟，同輔幼主，以開新局的人，終於絕望了；而肅順無所不用其極的勝利，也使局面成了單選題式的「零和遊戲」。無論是恭王還是期望恭王再參樞機的人都明白，眼下只有一條路：以非常之手段，收非常之功。政變引信，就此埋下。

肅順的操作與結果，將前此因顯露對政務之熱衷，而與肅順結惡，但此時已貴為母后皇太后的慈禧，推向同因文宗身後布局，淪為權力失意者的恭王一邊。在慈禧影響下，對幼主未來處境，因肅順氣焰之盛而憂心忡忡的母后皇太后慈安，遂與慈禧同調。於是，兩宮衡量親疏與現實，決定與恭王合作，並以密旨交侍衛恒恒起馳返京師，交慈安之弟廣科，令其問計於恭王，「王正久希用事，遂不惜違反家法及文宗委任輔政禁遏牝朝之旨」，[4] 易言之，恭王已與兩宮達成了以贊同垂簾交換輔政大權之謀。歷史將兩個希冀權力而不可得的人推到一處，為改變晚清政局的大政潮接上環帶，開始運轉了。

其次，則可由漢士大夫集團南北地域之爭觀照。從歷代政爭成因分析，「地域」因素無論在任何一個斷代的研究者看來，都是主要的觀照點。自宋代以降，由於黃河流域政治勢力的混同與南方經濟力量的成熟，地域因素的主線由原來的東西對抗，轉為南北競爭，遂使問題更加無朝無之。加上科舉制度自宋代得到擴大，下至明、清已完全成熟為中國社會階級流動主要管道後，盤根錯節的師友、年誼、僚屬關係，及其背後存在的政治、經濟利益，使得派系成分愈見複雜。

研究清初史事的學者，往往提及八旗政權入關後，之所以能迅速掌握局面，使政治發展步上軌道，明末原屬閹黨的北派士大夫之合作，是一重要因

4　吳相湘編著《晚清宮廷實紀》，正中書局，1988 年重排版，第 51 頁。

由，[5] 也在這樣的條件下，清初順治、康熙兩朝，北派士大夫能挾此優勢，在軍事攻伐之外，屢興大案，重擊南士。[6] 康熙中期以後，歷雍、乾兩朝，清廷中央表現了天下大定後，君主集中權力、主導政局的強勢作風，已非立朝之初須借漢士原有矛盾以收操縱之實的階段可比，派系鬥爭遂一定程度地受到抑制。嘉道守文，雖中央已乏英主，政治風氣亦漸現如曾國藩所云「掩飾彌縫，苟且偷安」之貌，但還能維持一基本局面。一旦內外交攻，大勢漸脫君主全面掌控的格局之外，官僚集團之勢漸升，而政爭便不可免了。值此，南北地域成見，再出作祟，甚且取重於國朝利益，影響深遠。

咸豐朝後期，軍機漢員除老衰致仕之彭蘊章及滿洲正白旗出身的穆蔭外，少壯當事之匡源、杜翰、焦祐瀛俱為北士，且於咸豐十一年七月文宗駕崩時被全數指定為受顧命的「贊襄政務大臣」，成為新權力核心。如此格局，與其時文宗身後權臣肅順與恭王奕訢兩派之權力鬥爭相結合，終為往後歷同、光兩朝，漢士大夫集團在中央決策體系內所開展的南北之爭，創造了時機。

辛酉政變之成功，除恭王與慈禧兩核心人物臨大事之表現外，有另一助力同樣關鍵且不容忽視，此即一批暗助恭王之軍機章京。其中又有四名最具作用之章京領袖，即漢軍機章京領班江陰曹毓瑛，儀徵方鼎銳及仁和朱學勤、許庚身，此四人率皆南士。

軍機章京為供職軍機處之祕書群，日常之職務為起草較一般性之上諭、廷寄，及謄繕經上意認可頒行之廷寄文件，於樞垣決策上原不具發言權或影響力。然而，因彼等平日身處朝命所出之地，對任何重大決策及中樞動態瞭若指掌，因此一旦涉入政治上派系之鬥爭，處此地位往往便能有洞燭機先的功能。辛酉政變可稱一最具代表性，也可能是有清一代唯一的事例。他們透過在熱河的兩宮，與在京的恭王兩邊呼應，在檯面下積極拉攏反肅黨大老官僚，中有廁身樞垣之南人章京傳遞其間的布局，借由咸豐十一年九月三十日文宗梓宮移靈返京，顧命諸臣首尾不兼的機會，迅雷不及掩耳地發動政變。最終怡親王載垣、鄭親王端華及御前大臣、戶部尚書、協辦大學士肅順，先後加恩賜令自

5　美國學者魏斐德（Frederic E. Wakeman, Jr.）在其所著《洪業—清朝開國史》（陳蘇鎮等譯，江蘇人民出版社，1995）一書中，對此有多處論及。尤其該書第六章〈清朝統治的建立〉內「北人與南人」一節，述之最詳。

6　清史研究先行者孟森，對各案俱曾有文章考述，見其《明清史論著集刊》，南天書局，1987，第391—452頁。

盡及斬立決，以穆蔭為首，杜翰、匡源、焦祐瀛三北士在內的四名大臣被逐，
樞垣面臨重組的新局。

同治初期政壇勢力的整合

咸豐十一年十月初一，亦即政變成功的次日，新軍機陣容宣告產生，包
括：授為「議政王」的恭親王奕訢；原已在軍機大臣上行走，被視為恭王股
肱的戶部左侍郎文祥；恭王的岳丈，大學士桂良；另一名恭王的親信，戶部
右侍郎寶鋆等幾名滿員。其中，桂良於同治元年（1862）六月即下世，而彼
所占滿軍機一缺，此下即不補。至於另安插之漢軍機大臣，到同年落定，由
前述之江蘇江陰曹毓瑛與河南河內出身之李棠階入樞，由此南北士人同參樞
機之局乃漸成。

然而，慈禧與恭王因同仇敵愾於肅黨，而進行之政治利益合作，在剷除
共同敵人之後，畢竟難以避免直接面對權力分享抑或拉鋸之現實。慈禧一認垂
簾之君臣名分已定，恭王卻更認輔政之重心在彼，於是遂有同治四年恭王被褫
奪「議政王」頭銜之事作。

先是二月，有御史丁浩奏山東、河南一帶大雪震雷請亟修省；[7] 到了三月，
編修蔡壽祺上疏劾恭王攬權、納賄、徇私、驕盈，[8] 終於引起了朝局的風暴。
三月初四日蔡摺見覽，引起廷爭，恭王被慈禧削去一切差使，直到四月十五日
上諭命仍在軍機上行走，不復用「議政」名目，[9] 一番折騰，雖然又重領樞垣，
雷霆雨露之後，盡歸一句「恭王自是益謹」。[10] 其間於當事者心境之變化，饒
有深意。

就在上述政爭風波稍淡之際，軍機中兩席漢大臣，也因李棠階與曹毓瑛
先後辭世，而發生變動。時任內閣學士，並為同治帝師的直隸高陽李鴻藻，
與江蘇吳江出身的禮部右侍郎沈桂芬，雙雙入直樞垣。李、沈二人春秋正盛，
年富力強，正可為咸同交替以降派系格局漸次明晰的現實收攏盤勢。配合滿洲
親貴集團，因恭王受抑而產生的質變，晚清派系政治由此更開局面。

7　趙中孚編輯《翁同龢日記排印本附索引》（以下簡稱《翁日記》）第 1 冊，美國亞洲學會
　　中文研究資料中心出版，成文出版社發行，1970，同治四年乙丑二月廿二日條，總 269 頁。
8　《晚清宮廷實紀》，第 87 頁。
9　《翁日記》第 1 冊，同治四年乙丑四月十五日條，總 273 頁。
10　見王闓運《祺祥故事》，黃濬著，許晏駢、蘇同炳合編《花隨人聖庵摭憶全編》，聯經出
　　版公司，1979，第 463 頁。

「南北派系」與「恭醇之爭」的成形

由同治四年及六年，李鴻藻與沈桂芬行走軍機，自辛酉以來的軍機陣容終於展開了一段穩定的歷程。以恭王為首，以下「兩滿」（文祥、寶鋆）、「兩漢」（沈桂芬、李鴻藻）的結構，維持到光緒二年（1876）五月文祥病逝，才開始有變動產生。也就在這段時期，由辛酉以降一直有山雨欲來之勢的南北派系，終於在決策核心有了久居其位且備受推重的領導人樹立標的之後，迅速地集中資源，並開始了實際政治運作中的權力抗衡。

在此時期，南北派系先以政策論辯而見其大異，各聚士論，門戶愈張。進而為鞏固權力基礎，一方面爭取決策主導權，一方面削弱對方之競爭實力，逐步深化鬥爭。由同治九年至光緒四年間，有三件史事正可反映此一發展步驟，分別為同治九年之天津教案、光緒三年李鴻藻丁憂免直與王文韶的入樞、光緒四年沈桂芬簡黔撫事及其後引發之沈桂芬與榮祿的政治角力。

1.天津教案

天津教案發生在同治九年五月廿三日，數千名天津百姓聚集在法國天主教教堂前表示抗議。此舉導因於近來天津頻頻發生人口失蹤的案子，而市囂傳言此乃天主堂中的洋教士有利用所屬育嬰堂拐帶兒童，殺害嬰兒，並加以剜眼剖心，以為煉製邪藥之資。兒童失蹤、無知謠諑與仇洋情緒糾結在一起，愈傳愈激切，遂有此日之事。

事發之後，法國駐天津領事豐大業（Henry Fontanier）認為天津地方官員對此種態勢不認真予以彈壓，遂帶著書記官西門前往三口通商大臣崇厚處「交涉」，實則咆哮威迫衙署。隨後，豐大業等又來到教堂前，並與在場處理群眾滋事的天津知縣劉傑發生衝突，豐大業持槍擊傷劉的隨員，遂引爆群眾情緒，群眾砸毀了育嬰堂，焚燒教堂以及多處教會建築，併入劫法國領事館，毆斃豐大業及西門，並十名修女、兩名神甫、四名法國男女、三名俄國男女及三四十名中國教徒。

五月二十六日，駐京的各國公使聯合向總理衙門遞送〈致恭親王及各大臣函〉，此函措辭頗強硬，要求中國政府代為伸張正義，並重新保證在華外國公民的生命安全，並且在函中指出此事是有組織的排外事件，而提督陳國瑞指揮會黨在後操縱。外人的指控，使朝廷在處置措施的拿捏上更見困難，因為這

極可能須牽涉對部分官員直接論罪的取捨。由此，在歷次廷議上，南北兩位漢軍機大臣，在處置基本態度上，漸見壁壘。

基本上，在南北兩派之中，以恭親王掌樞之地位，自不宜有所偏袒，但以私衷而論，恭親王一向較近南派，似不算過分之推論。一者，恭親王在辛酉政變中的勝利，非南士之運作不為功，曹毓瑛即代表人物；再者，南士在洋務辦理上，一向有較明敏通達的態度，這對頗須耗神於對外事務的恭親王來說十分重要，而沈桂芬正是此道之幹才，更令恭王倚重。相對於此，李鴻藻與恭親王向不稱親近，甚且在治絲益棼的天津教案處理期間，又秉持北派一向對洋務伸張「春秋大義」的路線，屢屢對抗形同代表恭王的寶鋆及沈桂芬之立場，更造成恭王與李鴻藻的疏離。由同治年間的經驗，再到光緒初期的幾番升沉，遂使南北派系更見分明。

2. 李鴻藻丁憂免直與王文韶的入樞

光緒三年九月十一日，李鴻藻本生母姚太夫人病故，李旋上疏乞俱服三年。李鴻藻的免直，使軍機上再補一席漢臣成為當務之急。但此次人事之議，卻至光緒四年二月五日方有旨意，且是由上年十月甫自湖南巡撫內召，二月二日方到京的王文韶入直學習行走。

以王文韶在湘將近六年，平黔苗及湘省民亂，「內治稱靜謐焉」的政績，內召署兵部侍郎，再予補實，應稱合理；但入直樞垣，便有可商榷的餘地了。何況以王未經翰林之資歷，而於四月又補禮部左侍郎，這便更與向例有所不侔。及至七月，在毫無相關資歷的情形下，王又兼在總理各國事務衙門行走，亟於接收李鴻藻資源之用心，愈見切實。這便難怪時人對此皆有認王乃沈所援引，其目的在求厚植南派之勢的看法。[11]

王之入樞，打破了南、北兩派近十數年來於決策核心各占一席的慣例，北派魁首不得已而免，卻有此事，其用意更見昭然。對照於前此恭王、寶鋆與李及北派關係之演變，李鴻藻在軍機上之孤立，終於由議政時的壓抑，發展到了權力布局的消長。北派經此一變，突然從權力核心的在朝者，一下子成了真正的在野派。這便不只關係李鴻藻個人進退，而是未來北派一至少在恭王執政

11　王為浙江仁和人，咸豐元年（1851），沈桂芬放浙江鄉試副主考時取中舉人，並於次年與李鴻藻、景廉同成進士。沈、王間師生之誼，早有其來。這也難怪王之入樞，議論紛紜。參見黃濬《花隨人聖庵摭憶全編》，第 554 頁。

時期—於權力版圖中可能面臨全面萎縮的現實了。

北派為求扳回下勢，遂將派系間爭鬥的水準全面升級，終成水火之勢；而北派長期以來與恭王一系不相能，至此亦可化暗為明。

3. 沈桂芬簡黔撫事

要談此案，除前文已述及的南派領袖沈桂芬之外，兩造關鍵人物的另一人—榮祿，宜稍加介紹。

榮祿，字仲華，與文祥、桂良等重臣同樣出身滿洲八大貴族之一的瓜爾佳氏，祖父塔斯哈曾任喀什噶爾幫辦大臣，父長壽及伯父長瑞曾分任涼州、天津總兵，但分別於回部張格爾及洪楊之亂初起時殉國。有此兩代忠烈之條件，幾即註定榮祿之騰達必易於常人。尤其在同治初年，朝廷設「神機營」，榮祿以五品京堂，充翼長兼專操大臣，再遷左翼總兵。熟悉晚清歷史者應都明白，實際指揮神機營者，即醇郡王奕譞，彼歲由此與醇王建立了密切關係。恩眷隆盛時，榮祿甚且集工部尚書、步軍統領及總管內務府大臣三要職於一身，時值光緒四年，亦沈、榮對抗進入白熱化階段。

榮祿與李鴻藻之親近，時人多有述及，相對於與李鴻藻之親近，沈桂芬與榮祿之間卻於當年穆宗駕崩時，即有宿怨，沈桂芬疑簡黔撫之事，乃李鴻藻在丁憂居停之中，聯絡榮祿由內廷路線對沈桂芬及南派所進行的反擊，應該是合理的推論。

沈、榮之爭，標識了南北派系已由廟堂之上，以政見為核心所進行的權力角逐，進展到以人事傾軋—此種權力版圖最赤裸的方面—為核心的階段。既已至此，則理念與手段已無明顯分野，政見亦只成純粹之黨同伐異的工具。

尤有進者，漢官僚之派系對立，又與滿洲親貴中，自同治初期即領導政府，但與借垂簾實掌權柄之慈禧隱然對立的恭親王奕訢，因其異母弟，亦為慈禧妹婿之醇郡王奕譞，對乃兄輔政路線之異見，引發其間之權力意識抬頭，而致矛盾逐步糾結。

醇郡王自同治初年以來，迭授都統、御前大臣、領侍衛內大臣、弘德殿總稽察，尤其是親自管理了被其視為朝廷武力新銳的「神機營」，幾年下來，頗覺躊躇滿志，也漸不耐為池中物了，凡有機會，總力求表現，尤其似每不自覺地以恭親王作為比較對象。前述天津教案最後在有限度妥協的情形下結束，

醇王仍極感不滿，最終以「在事諸臣，汲汲以曲徇夷心為務」，故恥與同列之理由下，憤而辭去一切差使，直到翌年正月廿六日方銷假。也就在這段時間，醇王以手繕密摺面呈太后，對恭王進行了直接的攻擊。論者每以此疏關係晚清之成敗極深，最直接之影響即「鼓勵守舊派之氣焰，虛憍言論因益囂張」。[12]以此較於前引六月廿五日之會議過程，則相爭之勢不但未斂，反而愈顯。此又豈僅止於恭醇之間，或新舊之間，蓋一切黨同伐異，緣之益可盤根錯節，且益能以高論，甚且清議之形式，包裝其中派系利益之色彩。此點於日後北派之作為，特別明顯。

　　「南北派系」與「恭醇之爭」的逐漸合流，遂埋下光緒朝前十年政局變異的伏筆；加上亟欲擴權的慈禧，以其垂簾持柄之高度，從中操作，終於指向光緒十年朝局的翻覆。

二、派系之爭與政務影響的深化

「南北派系」失衡與「清流黨」的產生

　　「清流黨」係指光緒初年，一群在翰詹科道—尤以前二者為盛—供職的京官，以儒家傳統觀念為基礎，以國家利益為訴求，以奏疏為主要工具，議論國是，搏擊權要，全面發揮中國傳統制度中的監察功能。也由於這批官僚常以集體行動以成聲援之勢，遂有「清流黨」之稱。

　　有關清流之歷史淵源，本章所真正關切的，仍在清流與南北派系之爭的聯繫。我們或許可以這麼說：若無光緒三年九月李鴻藻的丁憂，清流黨是否會在光緒朝前十年間有如此積極的表現，還有待商榷。

　　歷來有關清流黨成員的界定，除清人所云之「四諫」—張佩綸、張之洞、黃體芳、寶廷外，加上鄧承修、陳寶琛及吳大澂，是一般研究者所認定的。[13]而此一陣容，於奉李鴻藻為宗師的北派來說，其實只存在親疏，而不存立場之別。其中張佩綸、張之洞及寶廷，更被視為北派之中堅。其餘諸人，亦「皆高陽李文正公之羽翼」。[14]簡言之，清流不介入南北之爭，則未必有斯後之暢

12　《晚清宮廷實紀》，第 109 頁。
13　有關「四諫」之說法，不同著作中往往各有記載之差異處，此處則依《清史稿》之說。參見《清史稿校注》卷 451，總 10487 頁。
14　黃濬：《花隨人聖庵摭憶全編》，第 199 頁。

旺；北派不有清流之角色為工具，亦難以在優勢盡失之情形下開創局面，二者
實為一體兩面。

清流與北派互為表裡，展現於外者，則其凝聚力之強，絕非一般抽象之
清議者結合可比。言事之步調，務求一致，因此而有「張之洞、陳寶琛、張佩
綸多以公（指李鴻藻）馬首是瞻，彼等所上奏摺，亦先得公之同意」之現象；[15]
而清流中人彼此互為揄揚薦舉，固有對彼此才幹與致用之志的肯定，就派系運
作之實質論，無非為占缺卡位，尋求人事上更有利之升遷路徑，擴大權力版
圖，如「兩張」在光緒五年後晉升之快，便令李慈銘有「張有文學，以上疏為
特知，然亦內有奧援」之批評。[16]「內有奧援」，非李鴻藻誰何？凡此，實非
一般理念相近云云，所可窮其底蘊。

光緒三年底起，清流之搏擊開始轉趨積極，已如前述。初時猶以地方督
撫、基層官員及外派使臣為對象。既未受抑止，彈奏對象開始指向京官大員，
自光緒四年下半年起，與南派關係密切之大吏，包括崇厚、萬青藜、董恂、童
華等部院主官紛紛被劾，且終致開缺，言路大振。對軍機之實際主持者的恭王
及南派而言，這不能不說是一項警訊。

西北變局與派系傾軋的加劇

1.崇厚使俄案

新疆回變於同治九年（1870），隨浩罕回酋阿古柏據天山南北而成勢。
同治十年，俄乘機由西伯利亞派兵占領伊犁。總署照會俄國，質問占領之理由
何在，俄稱乃代中國收復，俟中國號令一旦可達伊犁，定然奉還。及至光緒四
年，在左宗棠主持下，天山南北路逐次肅清，這便令俄國必須履行歸還伊犁之
承諾。

其時使俄人選之決定過程中，一度曾將曾紀澤列為主要考慮對象，但終
因沈桂芬力主由崇厚出行，才使任命案最終底定。[17] 以其時沈桂芬在外交決策
上已是實際主導者之地位，崇厚有此，沈、崇之關係自不在話下。

崇厚抵俄後，經長時間之談判，光緒五年底已告完成。全約共 18 條，其

15　李宗侗、劉鳳翰：《清李文正公鴻藻年譜》上冊，臺灣商務印書館，1981，第 288 頁。

16　《越縵堂日記》第 12 冊，光緒八年正月二十四日條，總 6998 頁。

17　參見《李文忠公全集‧朋僚函稿》卷 19，總 421 頁。

於中國之唯一所得，真的只有「俄願將伊犁交還中國」，除此之外，其餘 17
條條文有 16 條是載明中國須履行割地、通商、償款等義務。揆其大要，無異
「將中俄一隅問題，擴大為全面交涉」了。[18]

消息抵京，朝野震動。清流對崇厚原就不存好感，行前議論紛紛，而樞
垣未依，結果一一應驗。恭王以降之樞、譯諸臣固感氣折，清流中人當然更是
為之沸然。此於北派而言，正是可遇而不可求的良機。

於是十二月初五日，張之洞一馬當先，上摺言宜戰，搭配盛昱與以王仁
堪為首共 22 人署名的兩份「主殺使臣」的摺子，[19] 頗有先聲奪人之勢；此後
寶廷、黃體芳及張之洞又輪番封奏，持續加溫。清流的意向，形成一股牽引決
策的力量，甚至連垂簾的兩宮都受到強烈感染。十二月初十的廷議上，兩宮
即有「此事委曲已久，不意要脅至此，萬不能忍，若再從之，上不能對祖宗，
下不能對天下臣民」之諭，[20] 遂致崇厚以辦理伊犁事件不善，革職拿問，交刑
部議罪。

諸端紛雜，千頭萬緒，但若細理其中線索，問題的根源，實在清流，及
隱身於清流背後的北派；而清流之奉李鴻藻為宗師，已是朝局中一個現實。
即以此次中俄伊犁交涉，李鴻藻的意向，仍是清流議劾的一主要依據。今日，
我們可見到其時儼然是清流黨在伊犁事件中議論的主攻者張之洞，致李鴻藻
的二十六通密函。在這批多用暗語，且不附日期，但皆談中俄伊犁交涉的密件
中，有對條約內容的討論，有對決策者直率甚至嚴厲的批評，幾皆與清流之立
場及議論相合；而「所望惟在公耳」，亦甚見其懷。密函之中，對南派的攻擊，
實是基調，[21] 派系交傾，躍然紙上。

光緒六年正月十七日之會議，崇厚被依「增減制書」律，擬為「斬監候」，
並於二十三日上諭確定。其後數日，並分有多道廷寄，命多處封疆大吏籌辦防
務，加上正月初八，李鴻藻服闋奉旨仍在軍機、總署上行走，一時令清流士氣
大振。不過，中俄交涉發展的撲朔迷離，尤其是清廷決策內容的起伏，令在
中國具重大利益國家開始沉不住氣了，英、法兩國尤其憂心，先後表達調停

18　郭廷以：《近代中國史綱》上冊，南天書局，1994，第 212 頁。
19　《翁日記》第 3 冊，光緒五年己卯十二月初五日條，總 1038 頁。
20　《翁日記》第 3 冊，光緒五年己卯十二月初十日條，總 1039 頁。
21　《清李文正公鴻藻年譜》上冊，第 310—320 頁。

之意，並勸免崇厚之罪，以求和平解決。這對主其事者而言，自然是個機會，加以重要疆臣如直督李鴻章、江督劉坤一等，都以為應從英、法之請，如是則可「結歡於兩國，俄夷換約之事可因之以求緩頰」，[22] 總署遂遞密摺請旨，一時天平似又傾向南派；新約之成，乃成早晚間事。

中俄伊犁交涉的發展，最終雖南派仍算保住決策主導權不失，其實已有捉襟見肘之勢，沈桂芬尤其獨當清流鋒銳，保和局，保崇厚，亦所以保南派，心力交瘁，可以想見。最後之轉圜，幾全在被動中經營出來，也賴諸多因緣湊巧，不可不謂險。唯最險者，仍在北派陣容愈整，處處主動；而南派與一向傾重的恭親王，卻已暮氣漸深。

2. 雲南報銷案

光緒六年十二月廿九除夕之期，兵部尚書協辦大學士，久值軍機、總署的洋務當家大臣沈桂芬，於是日巳初二刻溘然長逝。

沈一下世，南派頓見群龍無首，王文韶以樞垣行走，遂成沈之繼承人，一下子被推到南派領袖群倫、抵擋北派鋒銳的最前線。只是，論起資望及政治歷練，王比沈都差一大截，甚且比起其在軍機中之同年李鴻藻，無論經歷或簾眷，亦皆不如，遑論清流一向視王文韶如眼中釘，亟欲去之而後快。清流中人亦自言從王入樞以來，對彼之糾劾「無歲無之」，[23] 致怨之深，可想而知。相對於王文韶的徬徨，北派固不致因沈之作古而「彈冠相慶」，唯「沈卒後公（指李鴻藻）勢大增」，[24] 畢竟是一個政治現實。諸端輻輳，朝局又將多事矣，首當其衝者，自然是王文韶。下至光緒八年，終來大舉。

「雲南報銷案」的緣起，在光緒八年七月，一位甚見活躍的御史陳啟泰上奏，參劾太常寺卿周瑞清包攬雲南報銷，經該省糧道崔尊彝、永昌府知府潘英章來京匯兌銀兩，托賄關說，上諭派刑部尚書潘祖蔭及理藩院尚書麟書確切查明。

九月初一，鄧承修首先發難，且擺明直挑王文韶，張佩綸隨之而出，半月之內，連上三摺，且蒙召對，致力者唯一道：請罷王文韶。既攻報銷案，甚

22　《越縵堂日記》第 11 冊，光緒六年五月十三日條，總 6382 頁。
23　〈三請罷斥樞臣王文韶摺〉（光緒八年十月廿七日），《澗於集・奏議》卷 2，文海出版社，1968 年影印本，總 343 頁。
24　《清李文正公鴻藻年譜》上冊，第 310 頁。

且議論及於王之私德。[25]

　　張摺既上，王文韶乃於廿二、廿四日，兩度乞奉親終養，皆未獲准。[26] 而事實上在廿二日之前，王已請假十日，案情發展之疑慮與清流之力唱罷論，顯然已令其不安於位了。隨著此下數日，案情更趨擴大，王文韶遂於十一月初五三度乞請開缺，終獲慈禧首肯。但經此一事，南派聲勢更見低迷。

中法越南衝突與派系對決

　　就在前述王文韶乞請開缺獲允的同日，兩位南派部院大臣翁同龢與潘祖蔭，奉旨同在軍機大臣上行走。但來年（1883）正月，潘氏即因丁父憂開缺，南派樞垣領袖之地位，即由資歷稍遜於李鴻藻的翁同龢應機而出了。

　　歷經同光兩朝，南北之爭背後的陰影愈形巨大，且愈形沉重。主要原因，自然離不開兩個隱身在此陰影後的人物：慈禧太后與恭親王奕訢。只是，一如北派與南派的此長彼消，慈禧與恭王之間的權力比重似亦由此愈見落差。於是，同一時間已在發展的中法越南衝突，就成為前此派系對立能量累積，與幕後操作者階段性的決戰點。

　　對以垂簾執持權柄的慈禧而言，首要排除對象，自是多年來掣肘其擴權的恭王。南北派系與恭王親疏之別，正是慈禧運用操作的籌碼。另一方面，與慈禧關係更為親近，卻又頗思挑戰乃兄高度的醇王，便成為慈禧取恭以代的關鍵角色。「恭醇之爭」與「南北派系」，到此徹底合流，並以越南衝突引爆，「倒恭用醇」之伏筆遂作。

　　法國自咸豐末年以來，有計劃地對越南進行侵略，先後於同治元年、同治十三年，與越南簽訂兩次《西貢條約》，在此二約之下，法國固然為越南之脫離中國做出了法理上的準備，但更重要的，卻是要使之成為法國通往中國西南門戶的鎖鑰，尤其是控制北圻紅江的通行權。不過，由於越南仍求固守與中國之宗屬關係，而中國對法國之期望亦無積極反應，與中、越商討而久無結果後，光緒八年四月，法軍再度攻占北圻的河內，進窺滇越沿邊，遂再次形成了中國西南的緊張局勢。

25　〈請罷斥樞臣王文韶摺〉（光緒八年十月十五日），《澗於集・奏議》卷2，總326—328頁。
26　《翁日記》第3冊，光緒八年壬午十月廿二、廿四日條，總1195頁。

整體氛圍如此，清流也到了該說話的時候了，以張佩綸為主論者，上摺不斷，由宗主國不容法國凌欺藩屬及不許越南與之私訂盟約，談到越南與滇、粵的不可分；尤以坐視越南亡胥，必鼓勵日本放大膽量侵吞琉球，尤其法國在歐洲諸國中現勢最為不利，若示弱於法，則必見輕歐洲各國，群起要索，如此，則「但知戰敗之患大，而不知和之患更大；但知增防之費多，而不知和之費更多」，言之極切。[27]

事態的發展已漸漸偏離恭王及李鴻章等外交長期掌舵者「和」的主旨，劉永福在千里走邊的唐景崧鼓勵下，主動向盤踞北圻的法軍襲擊，並有斬獲的消息，使主戰派士氣愈振。此既著眼於張國朝力護藩屬、抗擊外患之大義，實亦對傾向主和持穩路線的南派步步進逼。然主和一道，南派背後是掌樞垣的恭王，這就使意在恭王的慈禧，對北派清流言論之張弛，有更大的操弄空間。於是，光緒九年五月二十七日，慈禧決定派醇親王「會籌法越事宜」。百年以降，論者有指此為「恭、醇兩王內廷勢力消長之始」，誠是的論。[28]

時機需要等待，布局卻須先行開展，這便不能不提及一個人：孫毓汶。

孫毓汶，字萊山，山東濟寧州人。其父孫瑞珍於道、咸之間，歷任左都御史、禮部尚書及戶部尚書，其時與翁同龢之父翁心存，正好皆在部院大臣位階，故有世交之好。孫毓汶與翁同龢且同於咸豐六年（1856）成進士，翁為狀元，孫為榜眼，旋同入翰林。不過咸豐八年，孫瑞珍下世，孫毓汶丁憂居里，又正逢髮洋兩亂，孫毓汶在籍辦團練，卻因抗捐，被僧格林沁嚴劾，恭親王其時總理撫局，對孫「世受國恩，首抗捐餉，深惡之」，辦了孫毓汶「革職遣戍」。僧邸之參，實在恭邸之惡也，《清史稿》中已然說明。孫、恭邸之恩怨，自此即始。相對的，醇王會籌法越事宜後，「毓汶以習於醇親王，漸與聞機要」。[29] 今日觀之，「機要」也者，實即光緒十年三月的朝局之變了。

光緒十年的朝局之變，究其根本，實即慈禧「倒恭用醇」路線的實現。醇王誠事件之總其成者，而出謀劃策在孫毓汶，《清史稿》行文已隱喻之。士論之間，亦有如同「那拉后主持於上，下唯孫毓汶實有默契焉」之記載甚多。[30]

27　〈法越之事請嚴備北圻摺〉，《澗於集‧奏議》卷3，總469頁。
28　《清李文正公鴻藻年譜》上冊，總392頁。
29　《清史稿校注》卷443，總10417頁。
30　黃濬：《花隨人聖庵摭憶全編》，第503頁。

「甲申易樞」與派系格局的翻整

光緒十年三月十三日，慈禧在其掌權生涯中，演出了第三次將樞廷完全拋在一邊，內召御前、大學士及六部尚書等重臣，直接交代諭旨的戲碼；亦是彼繼咸豐十一年辛酉政變之後，第二次盡罷樞垣諸臣，存在內心多年「倒恭用醇」的路線，到此實現。

十三日盡罷軍機後，同日即組成新軍機，由庸懦無能之禮親王世鐸頂恭王領樞；其餘成員包括戶部滿、漢尚書額勒和布及閻敬銘，刑部尚書張之萬，工部左侍郎孫毓汶，及後添入之刑部右侍郎許庚身學習行走。此外，三月十四日，即有懿旨：軍機處遇有緊要事件，會同醇親王商辦，俟皇帝親政後再降懿旨。[31] 醇王用事之願，畢竟達成了。整個軍機中，除孫毓汶、許庚身二人較被界以大任，而孫用事尤專外，[32] 禮王純代醇王占領樞之缺而已，閻則藉以示外以整頓之心，至於張之萬及額勒和布，伴食而已，頂頂檯面。其中張之萬之入樞，或亦有安撫北派之用意，蓋之萬為之洞堂兄，而朝局翻覆，北派長期以來主戰施壓，亦為主要成因，不料李鴻藻竟亦出樞，勢不能不稍加安撫。

自同治元年南北同治格局開始浮現以來，南派與北派首度完全被排出作為權力核心的軍機。對作為北派第二梯隊的清流中人而言，如果內恃高陽、外仗清議的資本，是彼等一向賴以爭取簾眷、打壓南派、擴張權力版圖無往不利的固定模式，張佩綸、陳寶琛等清流中人此時恐怕已經開始感覺到事情不對了。

揄揚清流，在於彼作為高陽羽翼，搏擊南派不遺餘力，且有書生格調，壯其氣以為武器，而實施壓恭王，慈禧自有其盤算。一旦恭王已倒，什麼南北派系，什麼清流濁流，已不具意義矣。甚且留此群言路健輩，對慈禧之專權反成累贅。

於是，借由讓清流一派主戰書生督辦軍務，順以此後中法戰事之失利追究責任，清流勢力由此崩解。繼翁同龢、李鴻藻被罷去軍機，近二十年南北派系格局為之動搖後，清流作為北派主幹與接班勢力而受此重挫，終令北派漢士之傳承，為之敗壞，李鴻藻即使於甲午再起，一以耄耋，一以班底全失，

31　朱壽朋編《光緒朝東華錄》第 2 冊，光緒十年三月己丑日條，中華書局，1958，總 1677 頁。
32　《清史稿校注》卷 443，總 10418 頁。

亦已無力回天。南、北二派，甲申之後固尚有發展，惟已全失其過去二十年來作為決策核心運作主流之地位，只愈成殘酷之權力拚搏，下開甲午之後連串國權淪喪之難，而終導向戊戌之又一大變故。

三、「帝后黨爭」浮現與派系分合的激化

「恭醇」與「南北」兩滿漢派系爭鬥之合流，與慈禧之操縱，極大地改變了晚清政治權力結構與派系互動的格局。恭王的退出政壇，使自咸豐初年形成之恭系勢力，煙消雲散；醇王一系雖取得權力鬥爭之勝利，但以醇王與其派下新決策核心較諸已倒之恭系軍機的素質，幾乎難以避免地淪為慈禧個人操弄權力的工具。惟此一情況，將隨進入 1880 年代後半，光緒帝親政日近，而浮現新政治結構。

光緒親政前後的政治情勢

已將逼近之光緒親政，與或可稱為「後慈禧時代」的即將來臨，無疑牽動各方勢力的算計。此中衝擊最大者，尤在慈禧，與其垂簾時期，備享權力，卻對光緒充滿不確定感的內外派系。內廷之糾葛，固為權力矛盾之投射，惟權力競逐之壇場，究在外朝。欲於權力角逐中掌握積極主動，則萬緒所本，實在人事一端。若云權力鬥爭中，所較即為人事布局，諒非虛詞。光緒十五年（1889）德宗親政後，布局之事已然展開。當此之時，慈禧多年柄政，在整個權力結構中盤根錯節、罕有死角的優勢，便易顯現，甚且帝系人馬，亦可巧為運用，以達其目的。相對於此，德宗往往只能在局內「作活」，難以主導。此勢於日後愈見鮮明之帝后權力鬥爭歷程中，幾是一以貫之。

先就中央而論，自甲申易樞後，醇系人馬掌握軍機，樞垣以醇王馬首是瞻，靈魂人物孫毓汶尤為西后親信，慈禧得能直接掌握，他日只要此結構猶存，即令撤簾，慈禧仍能持續其左右決策之影響力。此由光緒親政當年，軍機大臣許庚身病故開缺，繼入者仍為親后黨之徐用儀，[33] 即可見之。此外，光緒十四年歸政前夕，兩項易為人忽略之人事安排，尤見西后布局之深意，此即以吏部尚書徐桐，於軍機大臣張之萬晉升體仁閣大學士管戶部後，授協辦大學士，並先後成翰林院掌院學士與上書房總師傅；[34] 另則由西后愛將，時任鑲藍

33　朱壽朋編《光緒朝東華錄》第 3 冊，光緒十九年十二月辛亥日條，總 3291 頁。
34　《清史稿校注》卷 472，總 10707 頁。

旗蒙古都統之榮祿，充領侍衛內大臣。[35] 此二項任令，若能明其時帝后雙邊漸成之陣營結構，當可見其旨。蓋徐桐之用處，在以其上書房總師傅與翰林院掌院學士之任，盯住翁同龢及其一班以翰苑新貴為主力之南派門人；而榮祿之要緊，則能以其職司內廷宿衛之實權，為西后之耳目。徐、榮二人之政治屬性，除一貫忠於西后外，與翁氏不甚對頭，亦為彼二人之共同點。徐桐之迂滯守舊是出了名的，時人有視之為李鴻藻之外，北派之另一代表，[36] 惟終不及高陽之夙望，以其學問與格局，實非士林魁首之器。彼與翁氏曾同於穆宗時在弘德殿行走，徐之授讀雖遠不及翁，卻自此建立內廷路線。後與翁氏由議政差異，加上南北對立漸烈，兩人由「意見更深，至其後則成為仇敵」。[37]

　　至於榮祿，以功臣之後，庇蔭而起，入神機營系統，復以自身之幹練，受恭、醇兩王賞識，兼以西后器之，光緒初年已晉身卿貳，門面大開。卻因與北派李鴻藻交善，於沈桂芬大張南派陣勢時，代為出頭，終致跌躓。經此一挫，近十年來榮衰互見，情何以堪？帝后對立之局既可預見，此時用以與役，正其時也。慈禧以此操盤，其中之彈性空間愈大；進退取予，端視現實耳。

　　中央之布局有此，地方亦自有其重點安排，甚且開展得更早。惟以自太平軍之役後，地方督撫多為湘、淮系宿將所踞，是以，除逐步布建覓縫外，更見地方派系間之彼此牽制。以衛戍京津、資源最豐之直隸總督兼北洋大臣來說，光緒十年之前，李鴻章固已為朝廷倚為柱石，但以其與恭王互動合作之密切，不能不有所制衡，此尤以光緒七年起，以兩江總督兼南洋大臣一職授甫收新疆而炙手可熱之東閣大學士左宗棠最見痕跡。俟光緒十年後，因恭王倒臺，新格局猶待展布之際，轉而利用李鴻章所面臨充滿不確定性之憂危心態，由醇王著意拉攏結納，透過資源之取予，達成進一步收編之目的。但若由與親帝黨勢力之互動的角度來看，情勢對李氏與北洋，實屬不利。雖然光緒自親政以降，仍處於探測其在慈禧布局陰影下之權力底線，並期盼其實權得穩定擴充，而無何大事更張之動作，但透過每日書房形同「獨對」之固定互動，翁同龢與南派新貴之漸形活躍於權力壇坫，終是實情；而翁氏對北洋之開展設限之基本路線，也依舊強勢。尤其光緒十六年十一月醇王下世，

35　王鍾翰點校《清史列傳》卷 57，中華書局，1987，總 4495 頁。
36　參見惲毓鼎等《清光緒帝外傳（外八種）》，北京古籍出版社，1999，第 90 頁。
37　惲毓鼎等：《清光緒帝外傳（外八種）》，第 90 頁。

使李鴻章與西后乃至德宗之間，失去一個中介或轉圜的關鍵觸媒後，北洋政治影響力之流失，更難阻遏。

惟即令李氏於政治權力版圖上，已移向親慈禧之一方，制衡之形實仍在。依此，除兩江一缺，仍持續以畀老湘系外，慈禧自甲申之前，即已由北派陣營中拔擢培養，且升遷甚速之張之洞，此際顯成西后進退可據之樁腳。由光緒七年以內閣學士授撫山西，光緒十年中法越事兵馬倥傯之際，入督兩廣，至十五年已遷湖廣總督。識者或猶記昔年李鴻章即由此而躍向直隸，大開局面，則此舉於合肥衷心有何意示，今固難知，惟南皮與西后之特達恩遇，畢竟非他官僚可比，即今人思之，亦不能無聯想，何況老於官場之李氏？

慈禧另一頗具權謀之安排，當推以自甲申後與李氏漸成最大政治對手之翁同龢出掌戶部。[38] 令翁氏掌地官，不啻在淮系北洋與翁系南派之競爭中，令翁氏得掣肘以資源豐沛為得力點之北洋一利器。此或可能令翁與南派勢力稍張，惟西后可收不令李與北洋擴張過速，且為與翁氏抗衡，勢需進一步向后黨靠攏之效。

西后所踞之制高點，誠亦即將親政之光緒所必取之者。然光緒在人脈上之弱點，使其往往只能在局中被動作眼，以爭取一定均勢之維持。如果在親政之前，令慈禧於基本人事布局上已占盡先著，光緒顯然伺機以求扳回些局面。而光緒之所倚重，端在自開毓慶宮書房以來，十數年亦師亦父的翁同龢。

如前所述，翁氏初入權力核心，在光緒八年十一月，頂替甫因「雲南報銷案」而被北派攻倒之王文韶，在軍機行走，但旋於甲申易樞後，與恭王、寶鋆、景廉、李鴻藻等，一併出樞。當日諸人，皆於此過程中，各受極實際之打擊。翁氏雖亦退出軍機，但只遭革職留任，且革留之處分，當年十月即蒙慈禧五旬壽慶，加恩開復；[39] 更重要的是，易樞之諭中，令彼「仍在毓慶宮行走」，保留了翁之權力紐帶中最重要的一環，他日證明至為關鍵。

自入光緒朝以來，隨翁同龢在官僚體系中地位之逐次拔升，與再為帝師之崇隆身分，其於各科衡文掄才大典之影響，亦愈巨大。甲申（1884）之後，翁氏實際地位之不降反升，更使翁氏幾乎主導了每一場其所參與之重大考試。

38　翁出任戶尚在光緒十一年（1885）十一月廿九日，見朱壽朋編《光緒朝東華錄》第 2 冊，光緒十一年十一月癸亥日條，總 2045 頁。同日接其工尚遺缺者，為潘祖蔭。

39　朱壽朋編《光緒朝東華錄》第 2 冊，光緒十年十月壬午日條，總 1844 頁。

此不僅進一步確立其士林鉅子之地位，為常熟門下開一代人才之盛，亦成南派勢力再起之根本依憑。

相較之下，甲申易樞前，氣勢大好於南派，卻同跌躓於朝局翻覆之際的北派，在翁同龢與南派新銳們門面漸次大開的同時，卻是另一派榮枯互見的不同景象。自甲申三月，時為協辦大學士、吏部尚書的李鴻藻，以「內廷當差有年，只為囿於才識，遂致辦事竭蹶」之譴，被開去一切差使，降二級調用後，直至來年（1885）二月，始奉旨補內閣學士，兼禮部侍郎銜。令人不勝唏噓的是，此缺正是整整二十年前，李鴻藻將入軍機行走前所得授者。一場政潮，毀了近二十年在官僚體系中之努力，誠不可謂重挫；但更形雪上加霜的是，其於過去二十載苦心孤詣，拉拔培練之北派第二梯隊人馬，所謂「清流黨」者，也在稍後中法越南之役中，以會辦軍務而全盤皆墨，加以其後當政者對其他「清流黨」人一陣似顯刻意之抑壓，而告土崩瓦解。兵敗之日，張佩綸函李鴻藻，作「師徒撓敗，上損國威，下慚知己，靦顏治事，北望神馳」等語，[40] 適成夕陽悲歌。

李鴻藻浮沉於革職留任邊緣的年月，與翁同龢引領之南派陣容漸盛同時，更局限了高陽擴張派下成員之可能空間。加以翁、李與德宗親疏有別，光緒親政後，李氏之政治影響力，自然更不及翁同龢，北派若還想在決策圈中占有一席之地，向西后靠攏亦不足意外。尤其昔與北派相善者，多已漸成后黨中堅，榮祿尤為關鍵，更易加大李鴻藻與北派殘餘勢力之政治傾斜。但不容諱言者，當榮、李再度結合時，人們或已忘卻：光緒初年，榮是站在李氏與北派旁邊的一員；此時，則是高陽與幾乎快消失的北派站在榮的旁邊。

中日甲午戰爭期間的派系角力

光緒二十年四月，自本年三月間起事之東學黨徒，攻陷全羅道，一時聲勢大漲。四月廿八日，朝鮮求告入；五月二日，清廷定議出兵，並依光緒十一年，為解決中日兩國因朝鮮「甲申事變」所引發之對立，而簽訂的《中日天津條約》，知會日本。惟五日之後，朝鮮政府已與東學黨達成妥協，占領全羅道之東學黨叛軍，宣布退出。這便使中、日雙方出兵理由宣告消失。其時清軍由

40　張佩綸：《澗於集‧書牘》卷3，第58頁。

直隸提督葉志超率領，進抵牙山，[41] 但以事平，奉旨「先擇進退兩便之地，扼要移紮」。[42] 然此期間，日方已啟動其預設之「軍事主動，外交被動」機制：在軍事上，繼續派兵入韓，分由仁川、釜山登陸，以扼要害；在外交上，則提出「共同改革朝鮮內政」案，以「獨立」、「改革」兩手並用之法，拖延清廷反應判斷，及日方更有效布局之時間，並向朝鮮政府積極施壓，以落實日本版之所謂「內政改革」及「獨立屬邦」計畫。及至五月十九日，日本外相陸奧宗光以所謂「第一次絕交書」照會中國，[43] 拒絕撤兵，清廷方真感事情嚴重。

三天後（五月二十三日），一道廷寄發往北洋：

> 現在日本以兵脅議，唆使朝鮮自主……據現在情形看去，口舌爭辯已屬無濟於事。前李鴻章不欲多派兵隊，原慮釁自我開，難於收束。現倭已多兵赴漢，勢甚急迫，設協議已成，權或歸於彼，再圖挽救，更落後著。……李鴻章身膺重任，熟悉倭韓情勢，著即妥籌辦法，迅速具奏。前派去剿匪之兵，現應如何調度移紮，以備緩急之處，並著詳酌辦理。俄使喀希尼留津商辦，究竟彼國有無助我收場之策，抑另有覬覦別謀？李鴻章當沉幾審查，勿致墮其術中，是為至要。[44]

此件密寄，堪稱自事態漸峻以來，德宗首度向李相發聲，由前引內容，不難覺出異於昔日朝廷柄政者對待合肥的一份嚴肅氣息，連「身膺重任」四字，在通篇看來，非只不帶一絲寄望殷深之情，反多一重耳提面命之意。上諭末段言及聯俄之意，尤充滿不信任之感。事態之嚴重，於李鴻章而言，殆不僅在韓事之日非，更在來自朝廷之巨大陰影，似已漸覆北洋上空。以李相政治經歷之豐與思慮之深，焉能見不到此廷寄背後蘊積之鬥爭能量？

李鴻章在此一月中，於軍事調度或行動上，始終極主持重，對轄下亦再三申令，並不斷強調審慎樂觀之情緒。李鴻章之所以能有如此態度，甚且以避免提高自身戰備，減低擦槍走火之危險，當在彼恃有其可行之方針。此中思維，一言以蔽之，仍在「以夷制夷」，而所以制東夷者，就地緣政治條件論，則北夷也。「聯俄制日」之原則，於此正式拋諸檯面。

41　朱壽朋編《光緒朝東華錄》第 3 冊，光緒二十年五月戊寅日條，總 3407—3408 頁。

42　朱壽朋編《光緒朝東華錄》第 3 冊，光緒二十年六月丁巳日條，總 3426—3427 頁。

43　陸奧宗光：《蹇蹇錄》，龔德柏譯，臺灣商務印書館，1967，第 26 頁。

44　《清光緒朝中日交涉史料選輯》上冊，卷 13，大通書局，1997，第 256 頁。

俄對東事之姿態，對中國具一定之正面幫助，惟此中感獲益最多者，恐即為李鴻章。自韓事初起，合肥在軍事措置上之保守與遲滯，不但難見容其時之德宗與一班翰詹新銳之清議，時至今日，亦往往難曲容於史家之論。然而，就李相而言，此中實有太多難言之隱。

自德宗親政，而慈禧結束所謂「訓政」，退居頤和園後，李氏明顯感受到與中央漸行漸遠之現實，尤其天平強烈傾向其政治對手翁同龢與彼所領南派之一端，更令李相長期統領北洋，班列輔臣、疆臣之首的地位，即便不是岌岌可危，也似日近黃昏。此於長享中外尊榮，坐擁龐大政治資源之合肥與淮系北洋而言，其情何以堪。惟此一現實中，更令李鴻章冷暖自知者，在二十餘年前，其人地位之崛興，因有淮軍成朝廷緩急可恃之主力；而今朝廷似只缺臨門一腳，卻未能將彼踢落北洋寶座，竟亦只因其手上掌控之淮軍。李氏甚明彼何能在此時猶踞此座，是以，力保淮軍與北洋海軍之實力，已為合肥刻下行事之最高指導原則。由此一點，我人方能真正領會李相何以自東事以來，總將一切解決之方法，寄託於外交手段、國際調停，也更能明白何以喀使以津而不以京，為聯繫表態之管道；蓋雖迂迴，卻能相通也。相較於此，一方面，德宗自親政以來，決策權威之建立，猶在未全，正躍躍於以此一戰，達其立威固權之目標，尤其扶桑蕞爾舊邦，畢竟較船堅炮利之西夷，處理起來要有勝算得多，是以不宜示弱；另一方面，較諸其門生天子，翁同龢所以看待此一外交衝突之角度，就更多元且積極，而此亦正李鴻章所最感憂慮者。所謂政治對手，往往即是這般的所慮者同，所立者異。李鴻章亦明白，這對掌握決策地位的師生，為達其政治目的，對耗損淮軍及北洋海軍，恐不會因何利害考慮而手軟。

就在六月十二日上諭催李鴻章速籌戰備以調派，[45] 而李鴻章猶對在朝鮮之葉志超添兵之請，持恐開釁之議，逡巡徘徊之際，[46] 六月十三日，上諭頒下：「本日據奕劻面奏，朝鮮之事，關係重大，亟須集思廣益，請簡派老成練達之大臣數員會商等語。著派翁同龢、李鴻藻與軍機大臣、總理各國事務大臣會同詳議，將如何辦理之處，妥籌具奏。」[47]

45　《清光緒朝中日交涉史料選輯》上冊，卷14，第273頁。
46　《翁日記》第4冊，光緒二十年六月十二日條，總1891頁。事實上，李鴻章似非全無戰意，只是過於偏重外力，而顯得處處被動，其婿張佩綸曾記：「是日，俄使來，合議無成，合肥甚憤，始決用兵意。然陸軍無帥，海軍諸將無才，殊可慮也。」見張佩綸《澗於日記》第4冊，光緒二十年六月七日條，總2332頁。
47　《清光緒朝中日交涉史料選輯》上冊，卷14，第275頁。

　　軍機諸臣再遲鈍，此時亦應恍然。翁同龢終於由一書房中之帝師與幕後獻議者，重新走至決策核心之前臺。對刻下之軍機，尤其實居樞紐之孫毓汶來說，德宗此一人事安排，不能不令彼等觸目驚心。十年前，當中法越事日沸之際，已故之醇親王，不正曾奉懿旨與軍機、總署會籌法越事宜，而成日後罷黜以恭親王奕訢為首之全班軍機的「甲申易樞」之前奏？而今德宗以近乎相同形式援入於中日朝事日沸之際之兩大臣，正甲申所遭罷降之軍機舊成員。昔年西后以醇王人馬倒恭王軍機而權大張，今德宗竟欲借恭邸軍機再翻醇系陣容以抓穩實權耶？此中用心，非自多重派系糾葛考慮看，誰能真透析之？

　　隨此下中日兩國終究於朝鮮開戰，淮系北洋海陸兩軍先後重挫，李鴻章固深受衝擊，德宗所承感者，當更在合肥之上。蓋如此慘重之折損與難堪之敗退，不但對前此較所有臣工更傾向一戰之德宗，形成信心上之打擊，更可能因而轉為對德宗判斷力之質疑，而進一步動搖其建之不易的領導權威；而加深皇帝領導地位之權力根柢，正是德宗力求一搏，強硬以對日的關鍵因素。既如是，則此路只可堅定意志，或云硬著頭皮走下去，苦撐待變，或見轉機；一旦回頭，則前此之努力必大打折扣，徒然為慈禧與親後官僚在天平上加碼。

　　相對於德宗，翁師傅對這位天子門生之考慮雖不能無理解，並為綢繆，畢竟對淮系北洋之遷延瞻顧，以至僨事，不能無憤憤；於與李鴻章相呼應，百般掣肘之輩，如軍機大臣孫毓汶、徐用儀等，更已失卻耐心。於是，翁拉攏大老同仇敵愾之情，聯繫派下力搏諸「佞」之識，便更趨積極；由此，南派言路少壯之新一波攻勢升級而起。

　　在翁系南派對軍機中兩大傾李要角孫毓汶、徐用儀的連番折攻中，每指孫、徐二人企圖以種種欺蒙作為，干擾德宗之決策判斷，阻撓德宗之主戰思維，罪屬欺君，事在不赦也。孫、徐之敢於如此，必有其恃，且此恃足可令孫、徐之輩視德宗形同虛位元首也。以孫、徐二人之政治關係，則此恃為何，豈不自明？如此愈趨深化的派系攻伐，對象甚且已直指阻撓主戰思維者之所「恃」的高度，將屆花甲的老太后決定結束觀望。透過向領導總署、職司情資掌握之奕劻垂詢，慈禧等於宣示將直接過問這場戰爭的相關決策。[48]

　　對翁同龢而言，此一情勢，其實在分寸拿捏上是頗費周章的。翁師傅誠

48　《翁日記》第 4 冊，光緒二十年七月十七日條，總 1899 頁。

願助其門生天子乾綱獨振,並同時擴大南派之權力版圖,但應避免事情發展成帝后間的一道權力單選題,甚且是零和遊戲。此一立場,長期作為皇家西席,同受兩宮恩眷的翁師傅,該是清楚的。因此,以翁氏之思維,其乃求透過削弱包括北洋與李鴻章,及樞廷中長期與彼同聲一氣之舊勢力,並局限住如北派與李鴻藻,及神機營系統等勢力之發展空間,以創造南派清流作為新政治主流地位,並借之協助德宗完成最高權力之收束,及輔佐光緒開創一代明君之偉業。惟此中應力避者,乃形成皇帝對太后地位之正面挑戰,否則不免治絲愈棼,徒增爭議。

只是,即令德宗與乃師君臣相得甚深,作為南派魁首的翁氏在這一點上,仍不免顯得過於一廂情願了。相對於翁氏之擴大南派權力版圖以佐德宗,並進一步強化南派之主流地位,德宗所仰仗於翁氏及南派的,其實正是掃除與西后之間權力關係曖昧不明,致其無法完全執政之根本障礙。一定程度來說,這令翁氏與南派終須面對在德宗與西后間選邊站的關鍵問題,而不容翁氏為自己與南派—其實,翁氏相信此亦是替德宗著想—打著「尊后扶帝」的如意算盤。如果翁氏認為此一路線乃為德宗完全執政,創造最大可能之南針,則德宗恰認為這是完全執政最不可能實現的死路。說穿了,師生考慮中之矛盾,實亦在以自身利益與需求為出發點,所造成之差異。來日於戊戌(1898)將出現且極為致命之裂痕,實早隱於今日。

一般相因成習之觀念,總以為甲午之事,西后自始即一力主和,實此說大可商榷。東事之初,慈禧之態度即令不可強言為「主戰」,離所謂「主和」,亦還差得遠。嚴格說來,應為觀望。蓋若一戰功成,為彼六旬萬壽踵事增華,豈非美事;若戰有不利,必要時以其權威,出而在德宗與群臣之上,抓抓綱領,協調皇帝與諸臣達成共識,覓個了局,而不直上決策火線,亦是符合刻下超然於最高層之身分認知。然而,自衝突初起以來,德宗與簇擁於其下之翁同龢與南派成員之表現,卻令老太后愈來愈感到不安。由外而內的一連串鬥爭,令慈禧相信此一圖謀之目的,即在瓦解其權力布局,斷失其根柢,最終架空自己。

慈禧由觀望而漸主和,關鍵不在其對和戰有何具體看法,而是李鴻章、孫毓汶、徐用儀及樞、譯二署中舊臣之態度,明確了她的立場。其所對抗者,非在日本,而乃欲借中日交戰而改變權力格局之一方—德宗,以及毋寧已被割

歸同一陣營的翁同龢，與南派中、青兩代精英。今日之下，我人不能不說德宗與南派，在自身實力與形勢之評估上，犯了極嚴重之失誤，也傷害了進一步累積其掌握主動權條件之可能。一旦慈禧直接介入，德宗原已逐步建立之最高統治者的合法地位，可有計劃地拉攏、安撫、重整或削弱各種政治勢力之棋局，立歸一二元對立之新局面。如此，則派系資源之流動，便不再是單純之妥協、附從，與重組於「一人」之下的版本，而是陣營基於自身利害之選邊遊戲。在這種情形下，派系對兩方實力之結算，便成為儘管殘酷，卻最重要之考慮因素。如是，則我人不免要問：親帝勢力會是較具實力的一方嗎？若答案為非，則必居被動；而為扭轉此被動且已失互信之局，惟賴更激烈之鬥爭。甲午一役，基本上盡在此派系格局中發展。

中日戰事，終於光緒二十一年三月廿三日，以和約畫押而收場。但圍繞近半年蠢動於和戰爭議背後的派系拉鋸，使整場大戰所引致的人事浮沉，慘烈絕不遜之。在淮系海陸兩軍瓦解於甲午一役後，失此權力依恃的李鴻章，終究被褫奪了執掌達二十五年的直隸總督兼北洋大臣要職，加以核心人馬在此役中非遭論罪，即被南派精銳彈劾去職，叱吒風雲一個世代的淮系，宣告崩解，也失去了對資源雄厚的北洋之掌控權。淮系之崩潰與李鴻章之失勢，於其時政壇明顯而立即之影響，反映於兩部分，一為淮系所失卻之北洋控制權，向何派系轉移；一為自 1860 年代中期以降，長期作為清廷國防武力主體之淮軍基本瓦解後，新國防武力培成之主導權，所勢必牽動之派系角力。後者涉及諸多政策之討論與釐定，路線或猶待延長；前者卻是當下便可卡出結果，立占有利山頭之競爭。此亦將成下一階段，派系結構重整間之重要議題。

瓜分危機與派系的持續拉鋸

在 19 世紀與 20 世紀之交，中國經歷了列強紛紛在中國要求獨占性地緣政治利益的「租讓權爭奪戰」，一度瀕臨被瓜分的邊緣。究其緣起，光緒二十六年六月，為聯俄制日，中國與俄國簽訂的《防禦同盟條約》（簡稱《中俄密約》），堪稱禍根。

自甲午戰爭發軔前後，俄國因與日本在東亞，尤其是中國滿洲地緣政治利益之衝突，便頗積極介入中日和戰事務。及至《馬關條約》簽訂，俄國又結合德、法，強力干涉遼東半島之贖還，並提供對日賠款之貸放。俄國種種作為，

使在其時東亞戰略情勢中，只能秉「以夷制夷」之旨，非「聯日制俄」即「聯俄制日」之中國，天平很大程度上傾向俄國。於是，當俄國沙皇尼古拉二世（Czar Nicholas II）即將登基，各國分派使團前赴致賀之際，便成中俄密商之契機。而當其任者，即令稍經曲折，最終仍依俄方所望，由李鴻章承命持節。對李相而言，此不啻其甫歷生涯谷底的再起之機。

對李鴻章而言，多年外交折衝，已使其與俄國方面，建立甚深厚之人脈關係。若能促使中俄聯盟，而使俄國成為影響中國外交路線之主脈，則以李相與俄方之深契，將可避免個人政治生命之全然邊緣化，甚且猶有轉機。《中俄密約》即在此狀態下，以李鴻章為機轉，最終壓服亦有「密結外援」之想的翁同龢等帝黨領袖而簽訂。

事實上，俄國力促此約，實欲借中國聯俄制日之迫切，以達其自 1891 年以來，即抱持之熱望：借地築路─令建造中之西伯利亞大鐵路東段，穿過中國北滿，直抵符拉迪沃斯托克─設若如是，俄國在區域地緣政治中之戰略主動可得。聯中制日與否，實是副題。但李鴻章與俄國各取所需之密約，卻為中國留下更大之後患。

就在李鴻章出使返國，並奉命行走總署後不及兩月，狀況開始出現。十一月初十，德國駐華公使海靖（Edmund Heyking）向總理各國事務衙門提出租借膠州灣五十年的要求，但遭總署拒絕；十二月二十七日，海靖再提同樣要求，再次被拒，於是德國決定自行其是。

光緒二十三年十月初七日，「曹州教案」發生，兩名德國天主教徒尼斯（Franz Nies）和休爾（Richard Heule）在土匪洗劫中一併被殺，造就德國十月二十日出兵膠澳之事。事起之初，樞廷懵然，但李鴻章已直奔俄使館求援，[49]何以致之？

依次日翁日記中所言，膠澳之禍至二十一日皆未入警，主要因電線為德方所斷，且電信局全為德方控制，只能「發洋信，不准接華信」所致。[50] 既如此，則李鴻章從何而知？由合肥立奔俄使館，而其餘臣工連一點風聲亦無的情形看，其訊息應即來自俄館。以俄使與合肥之關係，此或不致令人意外，但

49　郭廷以編著《近代中國史事日誌》下冊，中華書局，1987，第 974 頁。
50　《翁日記》第 5 冊，光緒二十三年十月二十二日條，總 2128 頁。

若深一層想，俄方之透風於合肥，是否即抓準李氏必將求俄助，且推成此局？再進一步，俄方是否亦有把握：俄國路線，合肥必擁以自重，不令他人插手，而此正適令俄方所面對之局勢更單純？李鴻章二十一日得俄訊後走俄館，提出求助之說，純為其個人行為，無任何朝命指授，甚且無同僚間之商榷，要說如此舉措純為憂危君父，實在缺乏說服力，更遑論乙未（1895）以來，李鴻章處積毀銷骨之低迷中，應有其臨深履薄心念。反常以此，一言以蔽之：以利於俄者爭決策主導權，並更有效地將聯俄之道引為自身之政治資源。李相所想不及，或更可能明知於心卻難可顧及的是，俄方亦正是要利用李相這種守勢待變下的迫切感，以遂其圖。

內部派系的長期矛盾，甚而欲挾外力以固盤勢的私圖，終令局勢趨於複雜。原本在中方反應之持重，與英方透過海關總稅務司赫德（Robert Hart）傳達隱有制俄思維之表態下，至十一月初，由翁同龢主導談判的中方，與德使海靖原已就解決膠事達成六項協議，卻在李鴻章強詆成議，獨斷獨行，力邀俄國遠東艦隊依《中俄密約》南下助拳的作為下，旦夕翻盤。

此下由中德《膠澳租借條約》，到終食《中俄密約》苦果之《旅大租借條約》，進而引出各國侵逼連串，幾近瓜分之獨占性利益範圍條約風潮，都已見諸史冊。今日之下，我人仍不能相信以李相之閱歷與遠高於判斷如此事體所需之智慧，會無法預見俄國必借此擴大實占利益之後果。說到底，派系權力執念之私心自用，與全無互信至忘棄謀國忠誠，豈非個中曲折之關鍵？

由膠澳、旅大而全面湧起之危迫，早已令朝中君臣為之悚懍。十二月二十四日，德宗於一早見軍機時，亦有於後日極為重要之表態：

> 見起，上頗詰問時事所宜先，並以變法為急。恭邸默然（謂從內政根本起），臣頗有數對，諸臣亦默然。退令領班擬裁綠營、撤局員、薦人材之旨，又擬飭部院諸臣不得延閣官事旨。

未來半年中，即將改變朝局結構之重大改變與發展，其實已肇基於此日；而樞臣第一時間之反應，實亦為後日之張本。諷刺的是：這場因膠澳、旅大之事為引，而匯出極具政治角力意涵之變革，諸多要角之政治生命甚且猶撐不過膠、旅事端未盡底定之時，此尤令人不勝唏噓。

由「戊戌維新」到「戊戌政變」的格局翻覆

經歷由親政以來，糾纏於帝后根本性權力矛盾，以致由中日戰爭，以至瓜分危機的種種挫折，德宗終於看到非變換體制，不足以振乾綱的領導局限。於是，變法之宣告既出，派系對決遂不可避免。

一般談及變法運動，幾乎都與康有為聯結。但本章主談派系政治對晚清政局之影響，由此以論，康氏亦派系格局運作中之環節而已。

帝黨與南派拉攏康氏為首之維新人士最具體之行動，殆即光緒二十一年七月初強學會之成立。惟亦因此，強學會極有限之活動期間，始終籠罩派系角力之陰影，甚且淪為各方勢力意欲透過介入強學會，以爭食變法大餅的局面。[51]後日李鴻章以南派盛聚於斯，唆使其子李經方之兒女親家楊崇伊參劾強學會，終致被迫停止，其實也不過此一底因之延伸耳。

只是，相較其門人對強學會之直接參與，翁同龢在此時雖對變法之論亦有同情，同時亦努力爭取新局面中之主動權，其態度畢竟間接而審慎。筆者甚且認為翁氏對壯大帝黨之積極，遠大於變法本身。康氏曾云其屢勸翁氏宜立舉大事，行新政，利用其毓慶宮行走之身分，佐德宗創一番作為。但翁氏之態度，毋寧極為猶豫。筆者相信，對翁氏而言，南海誠堪拉攏，且翁氏一向於變法之說並不排斥，但隨著康氏因翁氏之薦而終得目見青光，翁與康乃至與德宗思維之差異，卻逐次擴大，終致左右大局。

對翁氏而言，薦康氏與壯大維新派聲勢的前提，必須符合有利於德宗與南派擴張權力版圖的邏輯，一旦偏離此道，則翁同龢之猶豫，乃至反彈，只會高於其南派門眾。隨著對康氏企圖擴大政治資本、改變權力格局之行徑愈趨激進，南派成員立場出現鬆動，翁氏態度轉趨曖昧，終究導致變法已勢在必行的德宗與長期倚如股肱的翁同龢之關係產生質變。

德宗在康有為一派之激勵下，走激烈路線，以達彼透過變法，對權力格局大破大立的目標，與多年來以鞏固帝權、調和兩宮為基本原則之翁同龢，產生了最嚴重的偏離。在翁氏而言，一旦帝后走向決絕，非但德宗中興切望必成泡影，以南派為主力之帝黨根柢，亦必毀於一旦；但這正是如康氏般鋌而

51　相關分析，參見林文仁《派系分合與晚清政治—以「帝后黨爭」為中心的探討》，中國社會科學出版社，2005，第 405—408 頁。

走險者，所不必負擔的代價。論者其謂「康亦非真忠於帝，乃欲博帝之信任，以獵大權。太后既去，帝柔弱易制，而己可以為所欲為矣」，[52] 大抵極類翁氏刻下心境之寫照；其甚且以「居心叵測」名康氏，亦不難知。

尤有要者，自德宗親政以降，歷經帝后及其黨附勢力間歷次明爭暗鬥，翁同龢基本上已被后黨視為帝黨代表人物，且漸失恩信，一旦德宗真趨康氏一派之激烈路徑，翁氏個人亦必陷於孤立險境，甚且成派系間表態之籌碼。衡諸後日，似即如此。種種複雜因素，將翁同龢由原本變法運動的領導者，變成反對者。論者有以「卑劣的自保手段」一語名之者，[53] 我人則毋寧更願以久處權力核心之派系領袖，與謀國老臣的無奈相理解。

自光緒二十四年四月廿二日至四月廿七日，凡六日間，堪稱以變法為主軸的本年中影響最為深遠的一段時日。此六日之發展，可以帝后兩黨間之妥協，與帝黨抽梁換柱式之調整兩點涵蓋。具體作為，包括協辦大學士兵部尚書榮祿，升文淵閣大學士，管戶部；刑部尚書剛毅調兵部，協辦大學士；剛毅遺缺則由蒙古鑲白旗都統崇禮補入，並兼步軍都統。[54] 有論者強烈主張此乃懿旨所出，為后黨阻止變法之布局。[55] 后黨如此布局，是否有心阻止變法，是一可討論之問題，惟刻下之要點，應在此局非依后黨成辦，乃帝后就推動變法，且放手由德宗主導，達成協議後，德宗所釋出之條件。這才有次日「上奉懿旨，以前日御史楊深秀、學士徐致靖言國是未定良是，今宜專講西學，明白宣示等因，並御書某某官應准入學，聖意堅定」之決然綸音。[56]

事實上，慈禧於德宗主持國家重大決策方向，其初都未必持反對態度，中日甲午之役，太后原於主戰一路之支持，即為前例。慈禧之干預，皆在事態漸演為派系權力爭逐後，是以此次德宗以實質利益圖取帝后兩黨之妥協，凝聚變法共識，更見合理，且換來「上奉懿旨」式之表態支持。惟如此一來，無論是對「專講西學」之保留，抑或翁系南派政治影響力之進一步壓縮，翁同龢都不能不有個態度，此遂有德宗作政策性宣示之當日，翁氏「臣對西法不可

52　參見濮蘭德、白克好司著，張憲春整理《慈禧外記》，陳冷汰、陳詒先譯，珠海出版社，1995，第 102 頁。

53　蕭公權：《翁同龢與戊戌維新》，楊肅獻譯，聯經出版公司，1983，第 109 頁。

54　朱壽朋編《光緒朝東華錄》第 4 冊，光緒二十四年四月甲辰日條，總 4093 頁。

55　許晏駢：《翁同龢傳》，遠景出版事業公司，1986，第 389 頁。

56　《翁日記》第 5 冊，光緒二十四年四月廿三日條，總 2178 頁。

不講，聖賢義理之學尤不可忘」的回應，及其擬於前晚，而於當日發布之〈定國是詔〉中，「以聖賢義理之學，植其根本，又須博採各學之切於時務者，實力講求，以救空疏迂謬之弊」，與德宗「專講西學」之落差。對德宗而言，詔諭中之門面話如何，已非重點，關鍵在其所欲推動以一新格局之各項作為。翁氏之說法，亦無須字斟句酌，一如對后黨所做出之讓步，其實正欲將凡此讓步納入一屆時不具根本作用之新政治─亦是權力─環境中。只是，翁氏此時之態度，恐只令德宗更感非將此石頭搬開不可。於是，光緒二十四年四月二十七日，翁同龢遭黜之詔諭下。

　　長期以來，此道罷翁上諭，已與翁同龢被黜一事，同樣引人議論紛紛，百年不休。一種流行的說法是，朱諭乃慈禧強迫德宗頒布，甚且其內容原即后黨擬定。[57] 此一說法由康有為、梁啟超諸人傳播而為承襲至今，影響其時局外人之聞見記錄及後學之研究結論甚深。然向來之種種結論或記述，卻鮮有人直接由上諭內容去琢磨，甚且由朱諭實物本身去計較。中國人民大學清史研究所出身的著名學者孔祥吉，曾為文就朱諭本身進行分析，肯定令翁同龢開缺之朱諭乃出自光緒親筆，極為明確。[58] 脫開外部考證一層，就朱諭內容數落翁同龢之各項罪名來說，幾段有明確指涉，且用詞極為直截的語句，大概也只有自君臣關係生變以來，與翁同龢多次當面爭執的德宗，方能語語中的。

　　翁同龢的垮臺，宣告了自沈桂芬時代以來所建構之重要政治派系─南派的消沉，自「南沈北李」以來之漢士大夫兩大派閥，至此統緒已盡。南派步北派後塵之命運，再次印證在晚清政治環境中，派系一旦由運作主體，而成為更大之政治角力下一附從勢力時，即不免因主動性漸失，而趨向消沉。醇系如此，北派如此，淮系北洋如此，刻下之南派亦不能免。

　　以南派一向以來擁君之忠，德宗最終對待翁同龢與南派之方式，的確有些冷酷。我人固可理解德宗望治之切，寄希望於變法之深，惟歸根結底，德宗對南派之決絕，關鍵實在南派因長年派系對耗，已喪失支持德宗繼續從事權力鬥爭之實力。翁同龢長期以來，在帝后關係處理態度上之溫和傾向，固然可

57　孫孝恩、丁琪：《光緒傳》，人民出版社，1997，第349─350頁；許晏駢：《翁同龢傳》，第398─400頁；謝俊美：《翁同龢傳》，中華書局，1994，第540─543頁。另，在蕭公權《翁同龢與戊戌維新》第118頁，對時人及後世學者持此說者，亦做了一番整理，可供參考。不過，蕭氏個人對此種見解並不同意。

58　孔祥吉：〈翁同龢與百日維新〉，氏著《晚清史探微》，巴蜀書社，2001，第192─194頁。

視為曾同受兩宮提攜厚恩，且相信唯有以「下孝」換「上慈」，方能維持政局穩定的老臣心地。但由德宗及欲利用德宗一圓其政治企圖者如康有為輩之角度看，其亦可能反映翁同龢對南派實力不足之疑慮，導致其不願見到帝后黨爭過劇，而令作為帝黨主力之南派，付出更大代價；而當維新勢力表現得愈積極，翁系南派相對愈形保守，亦是同樣理由。若依此線索思考，則德宗最終之決定，與其說是拋棄了翁同龢與南派，不如說是選擇了康有為與維新勢力。在派系長期角力與帝后間無解之根本權力矛盾壓力下，君臣師生之情義，難免微不足道。

基於豐沛之派系實力，與立根於深厚執政經驗之細膩操作手段，慈禧與后黨，誠為此次變法前權力調整中之最大贏家。尤其去翁之安排，更令榮祿為后黨掌握北洋軍、經脈絡之長期經營，水到渠成，且無形中，帝黨形同自我內部清洗；而德宗寄擴權希望於一個從未實際參與政治的團隊，與一套從未檢證與實施過的新法，也犯了面臨可能之重大調整前，派系運作之大忌。

問題是，此於德宗及帝黨，畢竟為一場政治豪賭，同時亦暴露帝黨在開拓權力空間時，嚴重受限之病根。前已論及，德宗之策略，在求以變法徹底改變舊有權力結構，扭轉長期被動之局。為免於起步之初即遭阻滯，德宗一方面嚴肅地調整了帝黨內部結構，執行「以康代翁」路線，使維新派取代南派，成為帝黨之戰鬥核心；另一方面則不惜釋出包括部分內閣、樞垣，乃至北洋人事權，以達成與后黨間之妥協，圖以化解彼等在變法之初可能償事的顧慮。對德宗而言，這只是暫時性地「欲取還予」，透過對后黨傳統政治思維下派系利益的滿足，德宗要將后黨納入一個傳統派系利益不具重大意義的全新政治結構中。走到 19 世紀末的此時，對德宗而言，或許這已是在變法觀閃現下，所能運用以一翻局面的唯一途徑。

然姑不論德宗用以操作此一戰略之思維，是否即其所欲摧毀之舊結構下之產物，僅由派系角力層面觀之，則透過與后黨達致之利益妥協，交換變法主導權，幾乎等於將所有資源全押在新政必成一注上，設若變法不成，新政處逆，甚且導致新一波派系角力，則帝黨落於被動，其勢盡失，幾為必然，加上帝黨近乎抽梁換柱後，成為核心之維新派，較諸南派，更缺乏執政經驗與組織能力，新政推動一旦受挫，彼輩所用以補救的，只能是一貫大破大立思維下，

更加激烈而極端之手段，以彌補彼輩如同德宗相對於慈禧在政治操控實力上之弱勢。當事情走到這一步，變質為一場「零和遊戲」，勢難避免，派系關係也因此被推到了懸崖邊緣。

由維新到政變之歷程，終結了近十年來帝后黨爭之格局，而漸導入一條於晚清政局愈見黯淡之狹徑。所謂「政變」，初有康系無「勢」而妄為之舉措，後有后黨無「法」而力取之翻局，但二者皆致清廷於迎向新世紀之際，陷入更見遲滯之沉淪。

四、滿洲親貴集團的掙扎與清末派系的殘貌

一場名為「變法」，實蘊帝后權力拉鋸內涵的派系拚搏，最終以慈禧三度聽政、光緒斷送主政權而收場。自同治時期以來之派系格局，亦因而隳墮。莫論恭醇之爭早成歷史，漢官僚南北派系亦幾消蕩於戊戌之後。於是，迎向光緒二十五年（1899）的中樞，主導勢力又經更迭。

由廢立爭議到義和團事件的過渡

后黨在戊戌政潮中，最終以零和式結局宣告得來的勝利，也徹底改變了同、光兩朝延續逾三十年之派系結構。作為漢官僚核心之南北派系，在帝后黨爭中之消融與崩解，也使戊戌八月後之權力結構中，漢官僚之決策影響力，掉落到 1860 年代以來之最低點。滿洲親貴集團之重新抬頭，使彼輩試圖以最迅速有效之方式，重掌絕對主動，以充分抑制漢人勢力。

衡諸戊戌之後的中樞格局，滿洲親貴幾乎占盡要津。其中，向被視為后黨主力的榮祿，自光緒二十四年四月以降，除授文淵閣大學士，並補直隸總督兼北洋大臣，成為李鴻章之後，掌控北洋的實力派人物。至八月戊戌政變作，榮祿奉召入軍機、總理衙門行走，直隸總督兼北洋大臣一職，雖交由裕祿接手，但榮祿仍節制北洋各軍，管理兵部事務，政、軍兩界領袖群倫，儼然慈禧三度垂簾政權的中流砥柱。與此同時，軍機上漢大臣只剩兩席原親南派的錢應溥、廖壽恒，與復出之後行事身段甚受后黨接受的「琉璃蛋」王文韶，餘則世鐸、剛毅、裕祿、啟秀一列，加上前述之榮祿，盡皆滿員，而榮祿與剛毅尤為軍機實際運作之核心。在濃厚的翻局氛圍下，原已在同光政局中權力邊緣化的滿洲親貴之反彈與自視，不免更見放大。個中代表人物，當為端郡王載漪。

載漪乃宣宗第五子惇親王奕誴之次子，因過繼給宣宗之弟瑞親王綿忻早亡的繼承人瑞郡王奕志為嗣，光緒二十年，由貝勒實授郡王。但以述旨之誤，本來的「瑞郡王」，變成了「端郡王」，遂以因之。

載漪之得由旁系繼立，依例降等襲封貝勒後，竟又得實授郡王，議論多以為與其裙帶關係相繫。載漪的福晉，乃慈禧之弟承恩公桂祥之女，其同胞姊妹就是德宗皇后，亦即他日之隆裕皇太后。有這層關係，加上部分史料點出載漪與其妻，因善事慈禧，寵眷特隆，遂造就載漪在戊戌後滿洲親貴意圖再起的過程中，占據攀緣的利基，甚而在這段掙扎的歷史中插一腳。

由於戊戌政變之後，慈禧對德宗已無指望，加以欲對剷除不及，甚而流庇外人之帝黨除惡務盡，遂有廢立之圖。廢立而誰替？端王世子溥儁，乃以載漪「賢伉儷」之經營而成首選。由此，也帶出載漪望逾其格的念想。只是，廢立之圖，外國反應極差，加上后黨內部亦有遲疑，終究以立溥儁為「大阿哥」，作為有所堅執下的妥協。

「廢立」一端，歷來討論皆集中於慈禧或后黨對德宗之態度變化。其實，若由派系運作角度思考，或許更見合理。事實上，后黨內以滿洲親貴為主之強硬派喊出「廢立」，一方面可借除去帝黨最後之殘餘—德宗，以持續后黨之長期優勢。但更重要的，透過此事之推動，亦可壓迫路線不同之政治人物或派系，接受收編，或使其不可妥協性浮現，而明確打擊目標。此種做法，確實狠列，令多數漢員大吏，噤若寒蟬，進退維谷。但另一方面，也是在炒作「廢立」之舉措下，后黨內部亦出現分立。以榮祿為首，較具長期參政決策經驗之穩健派官僚，基於廢立對中外觀瞻及后黨權力基礎所可能產生之影響，全力勸說慈禧，為此圖謀降溫。[59] 此令以端郡王載漪為首之新興親貴集團領袖，至為不滿，也體現彼此間權力意志之落差。相較於手擁軍政資源，備受西后倚重之榮祿，及立場與之相近之奕劻等人，載漪集團在以「廢立」達「引蛇出洞」之作用後，遂再舉「排外」之旗幟，企圖借激進之行動，反客為主，令穩健派如榮祿、慶

59 有關榮祿力阻后黨中人拱著慈禧搞廢立之情形，自以王照所述最詳，也最為人所熟悉。參見王照《方家園雜詠紀事（附吟草四種）》，文海出版社，1966，第542—546頁。另，王闓運後日曾有〈榮文忠故宅詩〉云：「丞相新居近御垣，當年櫪馬夜常喧。宮衣一品二朝貢，門客長裾四海尊。調護無慚狄仁傑，池亭今似奉誠園。只應遣恨持節使，重對茶瓜感夢痕」，其中亦з諫止廢立事。參見王闓運《湘綺樓日記》第5冊，臺灣商務印書館，1973，民國三年閏五月十日條，總3316頁。

親王奕劻等就範，且亦有以此隱然向慈禧施壓，要求權力釋放之作用。尤其載漪之子溥儁被立為「大阿哥」之事成定局，更令以彼為首之激進派親貴圖求權力之動機增強。光緒二十六年（1900）「義和團事件」之背景，實肇於焉。

有關「義和團事件」之發展，及其後招致八國聯軍繼咸豐十年（1860）英法聯軍，再次蹂躪北京之慘禍，過程容此不加細述。但義和團於山東遭袁世凱鎮壓，後卻竄入京畿，載漪等滿洲或旗下親貴臣僚輩之援引，實為關鍵。相對的，漢臣自戊戌一變，多年派系格局崩解，即使封疆大吏如劉坤一、張之洞、李鴻章等，在此番事態發展中，亦幾全遭邊緣化，可看出漢官僚實力與隊形猶在重整，與滿洲當權勢力的壓抑。一定程度上，這也使庚子巨禍的決策列車衝向懸崖時，更少了點可磨擋的剎車皮。

不過，歷史的可堪玩味，往往也在此。正因以載漪為首的激進派親貴，在短暫掌控權力時，自廢立之議以降，與漢官僚為主的一眾封疆大吏動輒對立，反而促使後者在北京局勢大非之際，能發動「東南互保」運動，稱朝命乃載漪等輩與義和團脅持廟堂下的矯詔、亂命，不支持義和團殺害外人的行為，不承認朝廷對各國宣戰一事的合法性，並承諾將採取各種措施，保護外人在華生命財產安全及合法權益，借此與各國達成不使兵燹向南延伸的共識，相當程度地控制減低了庚子之禍可能更難想像的後果。只是，這也幾乎宣判了載漪等激進派親貴與官僚，他日必將承擔全部罪責的下場。

在此，本章不欲對義和團運動之屬性多所討論，惟以派系政治之角度觀察，此事實與廢立爭議有異曲同工之處。若云廢立乃令帝黨崩解後，對后黨內「復古」路線心念不純者之誘引；則借義和團而行辯證式之再鬥爭，進而完全掌握載漪者輩期許溥儁扶正後，決斬投機者如榮祿一路人物，並借亂局與外力，令慈禧承擔罪責，交出權力，是彼等之真目的。此所以榮祿為首之后黨中堅，在八國聯軍期間，態度遊疑，甚至在極其掙扎與充滿爭議中，力阻災難擴大；即令對八國宣戰時，意態昂憤之慈禧，在載漪等輩圖窮匕見之後，重回倚重榮祿；在西行前，命彼留京辦事，後又譽以「保護使館，力主剿匪，復能隨時贊襄，匡扶大局」。[60] 相較之下，載漪與呼應之一眾，則淪為《辛丑和約》之首惡，或伏誅或流放。即使載漪保其首級，自戊戌後乘勢突起，意圖

60　《清史列傳》卷 57，總 4499 頁。

主導政局的激進派滿洲親貴，歷經短暫喧囂，畢竟在識見、實力與權力意圖迥不相侔的現實下，由此走入歷史。此下之派系局勢，迎向有清一朝落日餘暉之際，將見證有實力者勝的殘酷現實。

晚清軍制改革與袁系北洋的崛起

溯自中日戰爭時期，因戰事不利，與倚為主力的淮系兩軍全面潰敗，即使大戰仍酣，清廷已積極展開軍備重整工作，大體包括三項主要任務：其一，編練新軍；其二，整編有作戰實績的部隊；其三，遣散臨時招募或潰敗的軍隊。其中，第二及第三項，自光緒二十一年戰後，即交劉坤一協調王文韶、李鴻章執行。此部分之任務，目的較為消極，要在控制原已有，而經大戰後建制仍可勉存之武力，實即在進一步瓦解前此以地方練勇為主力之國防規制，尤以淮軍及其支系為主。帝后兩黨之執行者，或許在派系利益上總相扞格，但在消弭淮系實力，令彼交出北洋控制權一端而言，倒是有志一同。

中日戰役，淮軍已於歷經災難性慘敗後，註定將自歷史第一線退下，軍備重整正式搬上日程。后黨經由實控督辦處，又任兵部尚書的榮祿進行對定武軍接收之計畫，亦進入實施階段。未來將於派系角力中，扮演重要角色的另一人物，亦由此而與政局所趨因緣際會。此即甫結束在東事期間一段灰頭土臉經歷，生入榆關之袁世凱。

相較於自「壬午事變」（1882）初露鋒芒，進而長駐朝鮮，代表宗主國之中國力控韓局的十二年，袁世凱在甲午（1894）至乙未（1895）不到一年之折騰，確是別如天壤。直至中日和約已成，袁氏由關外返津銷差，方有段從容辰光，思索未來，及與此相涉之種種政治現實與人脈。終而由走通李鴻藻門路，進而得結榮祿，以袁氏在朝鮮曾代練新軍的歷練，遂於當時軍備重整之潮流間，走出一條青雲之路。

光緒二十一年十月，袁世凱接管定武軍，改稱「新建陸軍」，擴充到7000餘人，參照德國軍制進行編制，並分立步、馬、炮、工、輜等兵種。這也是所謂小站練兵的序幕。後日所謂袁系北洋的要角，如王士珍、段祺瑞、馮國璋、曹錕、張勳等都曾在此新軍中任職，或由此發跡。光緒二十四年十月，戊戌政變後，雖入直軍機，但仍節制北洋各軍的榮祿，整編前淮系與新建陸軍，創立「武衛軍」，總計達90000兵力；而袁所領導的「新建陸軍」，改

為「武衛右軍」。相較於武衛各軍，袁所領導的右軍編制最新，運作最嚴謹，被寄望為建構未來清廷中央軍主力的實驗單位。[61]

然而，庚子一役，武衛軍大受折損，除屯駐山東的右軍之外，以舊淮系整合戰力組建的各軍，幾近潰散，這就使袁氏所領的武衛右軍，成為辛丑後一片殘破的格局中，清廷賴以復原的軍事主力。加上此前袁氏署理山東巡撫期間，對義和團的彈壓，與對條約義務及外人的尊重保護，甚得各國正面評價，終使袁氏依憑實力，逐步走向屬於他的時代。

光緒二十七年，短暫重掛直隸總督兼北洋大臣頭銜，以利談判八國聯軍入侵後之和約的李鴻章，心力交瘁，逝於京師。以當時情勢，各國傳達希望署理魯撫任內，表現甚得肯定的袁世凱接棒，加以榮祿翼助，於是，就在光緒二十七年九月，李鴻章下世當天，朝命即令袁世凱署理直督，並在來年（1902）四月實授。

作為晚清軍事資源重鎮的北洋，自光緒二十一年李鴻章去職，淮系掌控宣告轉移後，榮祿透過一系列兵源與編制的重整，儼然成為北洋新的領袖。但因庚子之亂的衝擊，與榮祿在光緒二十九年四月辭世，實授北洋，且所屬武力保持最為完固的袁世凱，順理成章成為北洋新時代的建構者。由定武軍、新建陸軍、武衛右軍，光緒二十七年，袁世凱增建總數約6000人的「新練軍」，並在同年六月，擴建為「北洋常備軍」，簡稱「北洋軍」。至光緒三十一年，在袁世凱的整並經營下，北洋軍擴充至六鎮，逾70000的兵力，加以各種軍事學堂等人才培育施設一一就軌，於是，這股新興武力，就成為清廷晚期政權的保障，也是袁世凱建構派系勢力的最大資本。晚清最終決勝大局的所謂「北洋系」亦由此形成。

「丁未政潮」與派系勢力的波動

瞿鴻禨，字子玖，湖南善化人，因此政壇常以「善化」稱之而不名。同治十年（1871）二甲賜進士出身，選庶起士，三年散館考試及格，授翰林院編修。光緒元年翰詹大考一等第二名，超擢翰林院侍講學士，充日講起居注

61　學者曾分析袁氏善於治軍的幾個層面，包括「採用現代化的軍隊編制」、「開始選用軍事學堂出身的人擔任軍官」、「實行厚餉制度」、「充分滿足官兵們對於升遷的願望」、「建立鐵的紀律」，印證袁氏以實力崛起，誠非僥倖。參見苗長青《晚清官僚派別派系研究》，遼寧大學出版社，1993，第198—202頁。

官，並派充河南鄉試正考官，來年（1876）授河南學政。此後兩經丁憂，仕
途不免延宕，及至庚子之際，瞿氏官至禮部右侍郎。

庚子兩宮西狩後，因為隨扈的軍機大臣載漪、剛毅、啟秀、趙舒翹承擔
致亂罪責而遭黜，軍機上只剩老邁退縮的王文韶，與已成領班的榮祿，亟須
人力。因榮祿所薦，卓有清譽的瞿鴻禨，由禮部右侍郎升授都察院左都御史，
光緒二十七年（1901），再晉工部尚書，召至西安行在入樞行走，並轉任新
成立的外務部尚書，門面因而大開。由於受到慈禧的欣賞與倚畀，即使光緒
二十九年薦主榮祿下世，慶邸時期的軍機，瞿氏仍居述旨秉筆的要角。

瞿鴻禨的任重，一定程度反映了庚子之後，自戊戌以來一波邊緣化漢官
僚決策參與角色逆流的趨緩。也在這段時期，瞿氏近身觀察到慶、袁沆瀣一
氣、圖利固權的作為。在中樞漢士大夫派系勢力幾近崩解的局勢下，善化欲思
有以制衡，勢須如慶邸之有項城。於是，瞿鴻禨與岑春煊產生了聯結。

岑春煊是同、光兩朝歷任封疆要職，平定雲南回變的岑毓英第三子，得
乃父庇蔭，捐官出身，後又鄉試中舉，緩步升遷。至甲午之役，岑春煊因赴關
外視察，又布防山東，擔當漸獲肯定，至戊戌變法期間，破格簡任廣東布政使，
紅頂已然在望了。

不過，岑氏宦途的大轉折，仍在庚子之事。當時的岑春煊已調任甘肅布
政使，在兩宮倉皇奔亡於西路之際，岑春煊領兵勤王護駕，讓惶惶不可終日的
慈禧大感慰藉，也建立了岑三公子此下少有可比的簾眷。於是，安抵西安後，
岑氏升任陝西巡撫。此下又轉山西巡撫，表現仍可取，終而數歷署理督撫，再
晉雲貴、四川總督。

事實上，由光緒三十二年到三十三年，岑氏兩調雲貴、四川總督，都稱
病滯留上海而未到任。個中曲折，在岑氏署理兩廣總督三年多期間，整頓在地
貪瀆牟利官員不遺餘力，而以其時慶、袁把持政治資源配置的態勢下，岑氏打
擊者後臺或誰屬焉？以懲辦粵海關書辦周榮曜貪瀆的案例，岑氏在其回憶文字
中，即指周氏「納賄京朝，廣通聲氣，得慶親王奕劻之援」，[62] 這使論者不免
懷疑岑氏被明授雲、川帥缺，實則又是邊緣化的老戲。[63] 然而，正因岑春煊的

62　岑春煊：《樂齋漫筆》，中華書局，2007，第 27 頁。
63　參見莊練《中國近代史上的關鍵人物》第 3 冊，四季出版公司，1979，第 226—227 頁。

簾眷，及其明顯與慶、袁不同路，但又位列封疆的重量，讓在樞垣中相對缺乏有力奧援的瞿鴻禨，密與相應，並籲進京共圖改政，於是丁未，也就是光緒三十三年，一場牽動晚清國祚跌宕之政潮作。

光緒三十三年（1907）三月，岑春煊在奉旨啟程赴任途中，突然轉道北京入覲。由於事出意外，慶、袁不及阻擋，乃得順利面聖。按袁世凱的說法，岑氏此來，「有某樞暗許引進」，其自指瞿鴻禨。派系對立愈明，而戰雲密布。

據岑春煊自述，彼到京後，共入對四次，每次均痛詆慶親王奕劻貪庸誤國，導致政治腐敗的種種劣跡，並自陳「意欲留在都中，為皇太后、皇上作一看家惡犬」，[64] 語甚深切，兩宮不能不有感，隨令岑春煊留京補授郵傳部尚書。尤有進者，岑氏才剛受命，馬上面參該部侍郎朱寶奎，且竟只因面參之語，而非具體罪狀，慈禧便准革了。無怪乎「都人士群相驚告，詫為異事」了。更重要的是，朱寶奎乃袁世凱派下人馬，岑春煊此舉，形同向袁氏下戰帖，且展示慈聖之優寵。

然而，就在瞿岑連線看似風向益順之際，四月中事態卻發生急遽翻轉，政潮也者，此時方見浪高。四月十七日，朝命岑春煊調任兩廣總督，雖經彼稱病請收回成命，不准，仍飭著即赴任，連請賞假，都毋庸議，只能黯然就道。

其事何以如此，慶、袁以何可令慈禧簾眷一夕而變的手法對付岑春煊，就不難看清。平心而論，幾位親慶邸的滿漢大臣如何向慈聖緩頰，還在其次，重點是慶王十六日獨對時，顯然以慈禧最忌諱的戊戌前事為打擊點。清代筆記資料中有此一段，合理地串聯了慶邸獨對時對其「下藥」的藥引：

> 岑春煊性極粗莽，戊戌服闋入京，結交康黨，入保國會，慷慨上書，急欲一試，遂由候補京卿外簡廣東布政使。[65]

我們很難判斷，其時服闋復起，急欲有所表現的岑春煊，是為了理念相通而加入保國會，抑或是視變法時尚為晉身之階，但岑氏積極的表現，確乎在當時有不錯的結果。只是當日所賴以簡放者，今日卻成為更上層樓之絆馬索。加上岑氏所推舉者，如鄭、張等人，不能不讓慈禧聯想到昔日的翁系南派，乃至康、梁一黨，加上盛宣懷又與袁世凱對頭，於是「推翻大老，排斥北洋」

---

64 岑氏入對的相關憶述，見岑春煊《樂齋漫筆》，第 29—31 頁。

65 胡思敬：《國聞備乘》，上海書店出版社，1997，第 15 頁。

的文章便很好作了，一旦再延伸至「為歸政計」，即謀翻案戊戌，歸政光緒，那就觸及慈禧最敏感的政治神經了。如此，即令眷顧如岑春煊，也承受不起此訐浪的衝擊。若還有人以詐術加之，再深厚的君臣恩義，怕也難擋禍厄。

岑春煊既經驅離，瞿鴻禨置身權力核心的時光，遂亦進入倒數。瞿鴻禨宦途跌躓，約在半月後。其事之曲折，不亞於岑事，先看事情基本樣貌：

> 善化得君最專，一意孤行。適內閣官製成，力排項城援引之某某等，一律退出軍機；嗣以樞廷乏人，復召桂撫林贊虞中丞為助。項城暨某某等為之譁然，思有以報復。善化恃慈眷優隆，復擬將首輔慶邸一並排去。兩宮意尚猶疑，詎訛言已傳到英國，倫敦官報公然載中國政變，某邸被黜之說。適值慈聖宴各國公使夫人於頤和園，某使夫人突以相詢，慈聖愕然。嗣以此事僅於善化獨對曾經說過，並無他人得知，何以載在倫敦新聞紙中？必係善化有意洩漏。天顏震怒，項城探知原委，利喙言官奏劾。善化薄有清名，言路不屑為北洋作鷹犬，一概謝絕。重賄講官某，上疏指參，善化竟不安其位而去。[66]

關於此事之相關說法不少，最常被提及的說法，當為瞿鴻禨在當日獨對後，將消息透給了在京辦《京報》，以為瞿派喉舌的學生兼姻親汪康年，汪氏轉告英國《泰晤士報》記者高某，結果該報揭露此一訊息。[67]但也有論者以為，在丁未春夏之交，慶王眷已稍衰，是各方都能感見的，而預測政局將變，未必需要有瞿鴻禨透露情事。[68]重點是，這提供給慶、袁一派藉以攻擊瞿鴻禨的話頭，純粹是政治上的操弄；而前引文中，接受重賄，出頭告發的某講官，即翰林院侍讀學士惲毓鼎。

善化既倒，岑春煊滯留上海，亦已乏援而無觀望之機，但賄惲出手的人，顯然欲求除惡務盡，遂令惲氏以今日看來都嫌誇張之情節，配上煌煌之理，必令瞿岑連線全潰，且亦真達目的。三天後，朝旨令岑春煊開缺養病，以示體恤。尤有進者，軍機大臣中原受瞿鴻禨支持的林紹年，同日也一併外放河南巡撫。樞垣之內，再無反慶、袁的積極力量。丁未政潮，到此定局。不過，今日當我人檢視惲氏日記時，赫見上述兩日記事之前，都有斷漏，且未補錄。劾瞿的

66　《夢蕉亭雜記》卷2，第99—100頁。
67　徐凌霄、徐一士：《凌霄一士隨筆》第2冊，總579—580頁。
68　徐凌霄、徐一士：《凌霄一士隨筆》第2冊，總1872頁。

五月六日條之前，由四月十二日以降至當天均失記；而劼岑的七月初一日前，則溯自五月初九日以下，亦皆失記。衡以通篇，極屬特例。若此非意外或力不可及之疏失而致，那就使丁未政潮期間，派系操作之深刻，因此一配角，更添斧鑿了。

　　丁未政潮以瞿岑連線興波，卻反由慶、袁一派獲得最終優勢，此於領樞的慶親王奕劻而言，自是得利最多者。綜觀慈禧三度聽政，手握權柄四十餘年來，大抵歷經三位滿洲親貴重臣輔政的時代，分別為恭親王奕訢、醇親王奕譞，與此時的慶親王奕劻。其中，恭王雖與慈禧始終存在權力矛盾，彼此拉鋸逾二十年，但其輔國才具與識見，畢竟堪稱親貴中第一等，也協助創造了同光中興之局。醇親王奕譞一般認為才不及乃兄，而庸懦則遠過之，註定受制慈禧，但至少不是斷送天下的類型。及至慶親王奕劻，幹才能否與前二王相比，更見疑問，但貪婪好貨的性格，只會使政治運作更趨墮落。衡此三王之陣列，也真不能不說此亦氣運所繫了。不過，由慈禧用人之流變，尤其經庚子大禍後而以慶王領樞，一定程度反映歷經庚子、辛丑一番磨難的慈禧，更在意權力的穩固掌控，與臣工的絕對忠誠。以此觀察丁未政潮的起伏與結局，對慈禧而言，貪庸無能但於慈禧幾無威脅的慶邸，似乎比臣節清明、謹飭幹練，卻存在某種「為歸政計」之可能心思的瞿岑連線，要相對安全。心態若此，亦毋怪西后柄政以來，權力格局愈趨狹隘了。

　　相對於慶邸安度危機，袁世凱與北洋系在這場政潮前後的處境，就要更審慎地看了。先是光緒二十三年的中央官制改革，袁世凱與北洋系原本主推取消軍機處、設立責任內閣的方針，不意前者仍存，而後者不立，反而在新設各部中，多了些形同削弱北洋系實力的單位，其中，由滿洲少壯親貴鐵良出任大臣的陸軍部，將依規制統率北洋六鎮，此等於削奪了袁氏倚為根本的軍權。更重要的是，丁未政潮後，因著瞿鴻禨與林紹年的開缺及罷直，湖廣總督張之洞與袁世凱同日被內召，在軍機大臣上行走，袁氏且接任外務部尚書。看似高升樞垣，進入權力核心，實亦令袁世凱與北洋切割了。無法穩控此依恃，對袁氏之影響，很快就浮現了。

漢人益孤，抑滿人益孤？——由抑制北洋到「皇族內閣」的晚清派系終曲

據說就在奕劻的舉薦下，丁未政潮之後，袁世凱入軍機行走，但以慈禧有意制衡袁氏，乃令漢臣大老張之洞同直。此外，也為了防奕劻與乃子載振他日聲勢，醇親王載灃也受命行走軍機。[69] 慈禧此慮，本不可不謂周延，但歷經近半世紀的風光與跌宕，慈禧畢竟已老病力衰，很多事無法如早期一般細審獨斷了。於是，充滿不確定感的晚清政壇，各方勢力的明爭暗鬥自將趨於激烈。

先由北洋系與袁世凱觀之。自袁氏入直軍機，直隸總督兼北洋大臣由袁世凱保薦的楊士驤接任。楊家兄弟三人，相較乃兄士燮與士琦，士驤才具被認最庸，但官至最高。[70] 但有士驤掌門，袁氏尚可調度北洋資源，維持彼所擅長的人脈經營。此反映於各部卿貳與巡撫之任，就有 14 人之多；其餘部丞與監司守令，尚多有之。[71] 看似北洋系不衰反盛，實此一強勢，也造成亟欲用事的少壯滿洲親貴，對北洋系的疑忌與敵意。

此際朝中派系，袁世凱的北洋系幾乎已是漢官僚主導的唯一流派，且一定程度倚結慶親王奕劻，方能內外通透。張之洞雖是大老，畢竟幾近孤立，只能以個人資望撐持晚景。於是邁向落日時分的派系折衝，但存袁系北洋，與自原漢官僚派系結構崩壞後，崢嶸紛出的滿洲少壯親貴在小格局中困鬥了。

光緒三十四年十月，在至今仍爭論不已的兩宮相續上賓後，因其子溥儀入承大統而成監國的載灃，立刻展開意圖瓦解北洋系勢力的動作。首當其衝的自是袁世凱。後人有謂載灃掌政後之動作，乃為報其兄德宗因戊戌項城密告，而至晚期形同廢帝之仇怨，或彼入直軍機期間，每遭袁氏以其少不更事，而不假辭色地見輕，等等；但若由滿漢勢力自戊戌解構後的鬥爭，平心觀照，顯然將成朝局核心的監國，圖以徹底瓦解北洋系，鞏固復古式「滿主漢從」格局的積極用心，毋寧更切實際。於此，眼界與謀略有限的載灃，初時想殺袁世凱，以收彼等所視鎮服朝野之疾效，也就不甚意外。時論云當下奕劻等輩「不敢置一詞」，但因張之洞的爭取，才讓項城開缺回籍養痾，以示體恤。[72] 然而，

69　胡思敬：《國聞備乘》，第 71 頁。
70　胡思敬：《國聞備乘》，第 72 頁。
71　參見莊練《中國近代史上的關鍵人物》第 3 冊，第 177 頁。
72　徐凌霄、徐一士：《凌霄一士隨筆》第 2 冊，總 406—407 頁。

若由傳統派系「恩庇侍從」體系的慣性思考，袁氏留此不絕如縷，只要沉住氣，自有契機現於他日。

閑廢了袁世凱之後，新掌大權的監國意圖瓦解北洋系的作為，仍未收手。自宣統元年（1909）初起，砍刀轉向袁氏以下的派系成員，檢視當年清代職官年表，包括陳璧被革去郵傳部尚書，永不續用；學部左侍郎嚴修被迫休致；原任東三省總督的徐世昌，此時倒是調回北京接陳璧的遺缺，但廣大的東三省區域治理權，由錫良接手，而且錫良一到任，便以貪汙罪名革去黑龍江布政使倪嗣沖，展開對北洋系人馬的整肅行動；民政部右侍郎趙秉鈞亦告休致，彼所經營的北京員警體系，也一併交出；直隸總督兼北洋大臣楊士驤在當年六月病故，朝命端方接任。轉至宣統二年，剛由候補侍郎接任郵傳部尚書的唐紹儀稱病休致；鐵路總局局長梁士詒撤職；江北提督王士珍以病自請開缺，也獲照准。上述人等，自袁世凱建構北洋系以來，多屬腹心之輩，受袁氏去位影響也最直接。

不僅如此，逐退袁世凱之後，載灃立即另編了兩協近衛軍，由良弼出任訓練大臣並兼第一協協統；又派其弟載濤任軍諮府大臣，掌握陸軍；載洵任海軍大臣，管理海軍，監國則制高掌握中央軍權，滿洲親貴掌握軍事實權的用心甚切。此外，為有效鬆弛北洋各軍中間領導幹部結構，載灃嘗試以留日學習軍事的非北洋系精英，逐步取代北洋人馬。[73] 凡此激進之手段，當然有一定程度的震懾作用，但也考驗這批以載灃為首的滿洲少壯親貴的政治實力。如若實力與企圖不相比肩，在操切中自暴其絀，則他日受抑者反撲力道將更強勢。

宣統三年四月，歷經漫長的等待及「預備」，清廷終於裁撤自清初以來形同權力機制運作核心的內閣及軍機處，成立責任內閣。內閣以總理大臣為首，協理大臣兩席，以下由外務部至理藩部共十部，各設大臣領部。不意首屆內閣名單一經公布，輿論大嘩，因為十三席大臣之中，由總理大臣慶親王奕劻以降，加上兩協理大臣與十部大臣，滿洲籍官員即占了九席，當中甚且有六席是宗室親貴，令原本因預備立憲期過長而備感失望的輿論，更是跌落谷底。時人以「皇族內閣」相譏，恐怕已經是非常表象而自制的反應了。

事實上，由當時內閣名單發表之初，一些當事人第一時間的動作，便可

73　李宗一：《袁世凱傳》，中華書局，1989，第157—158頁。

提供我人觀察刻下清廷各種政治勢力間暗潮湧動的跡象。先是新內閣成立當天，總理大臣奕劻與兩位協揆那桐及徐世昌，均上摺奏請辭職，後經上諭慰勉，才接受任命。[74] 根據監國載灃的胞弟載濤其後回憶，請辭協理大臣的那桐與徐世昌兩人，竟皆表示自己才絀，而已經罷退兩年多的袁世凱，其能力十倍於彼二人，若蒙特予起用，必可宏際艱難等。徐世昌本即北洋系要角，如此說法尚可理解；但那桐是滿洲籍重臣，竟然也這麼摻和，這便耐人尋味了。[75]

局勢演變至此，原支持立憲人士多認為清廷坦然面對時局的誠意不夠；更鑒於自洋務運動、變法維新，到立憲變革，都只是在清政權原有體制內包袱重重地原地踏步，無法滿足救亡圖存的迫切期望，遂開始轉而支持從體制外徹底除舊立新的革命運動，終於造就宣統三年武昌起事後，以十四省諮議局人士為中心之獨立觀變形勢，最終迫使清室黯然交出政權，創造了走向共和政體的全新格局。

當然，武昌之事，有如壓垮載灃監國政權這匹駱駝的最後一根稻草，宣統三年九月，由總理大臣奕劻與那、徐兩協揆聯名上的〈自請罷斥另簡賢能組閣摺〉，形同與載灃攤牌，逼迫攝政王讓路，請袁世凱出山，其中「退避賢路」一語，與其目為自陳，毋寧乃明示要載灃站到一邊。北洋系在袁氏跌躓後，依然在監國解權壓力下，運用原有人脈與資源的持續暗抗，配合滿洲親貴間三年來的權力矛盾，終於造就袁世凱的再出掌權，出任總理大臣，改組內閣；當年十月，隆裕皇太后頒下懿旨，讓載灃引咎退居藩邸，責歸總理大臣與內閣承擔，袁系北洋最終以實力與時勢輻輳，成為晚清政治派系升沉變異的總結者，也為有清二百六十八年統治畫下句點。這個句點所以巨大，不止在它代表一個王朝的終結，更在北洋系的本質，與晚清以來派系政治運作的邏輯，將為民國政局帶來的各種影響。

74　北京市檔案館編《那桐日記》下冊，新華出版社，2006，總 688 頁。
75　相關討論，可參見孔祥吉《清人日記研究》，廣東人民出版社，2008，總 296—297 頁。

第九章　從甲午戰爭到戊戌變法

　　從一定意義上說，戊戌變法在中國近代歷史中是開新篇的第一章。眾所周知，洋務運動雖然為戊戌變法提供了某些條件，但它本質上是屬於中國傳統體制範圍內的自強自救運動，雖然因為技術和經濟的新因素而撬動了某些管理體制的創新或變動，但基本上還局限於地方的層面。戊戌變法就不同了。它是由國家政權的頂層發動的，它的目標是要變更整個國家在經濟、政治和文化各領域的傳統體制，是要朝著現代國家體制的方向邁進的，它的推動者不僅具有國際的視野和標準，而且具有歷史、現實、未來三者貫通思考的理論體系，儘管其體系的內涵並不成熟，但向現代國家邁進的努力基本上是自覺的。不過，無論是變法推動者的主觀因素還是變法需要的客觀條件，當時都存在多方面的局限，使實際上所展現出來的變法的面貌與現代國家體制的要求尚存較大的差異。開創中國近代新歷史的戊戌變法大致可從四個部分來認識，即甲午戰爭的深度刺激、變法訴求的步步升級、變法舉措與阻力的較量、政變發生的內外因由和結局。

一、甲午戰爭及其深度影響

　　甲午戰爭是中國近代史上一個巨大的事件。一方面，它標誌著中國遭受更嚴重的侵略和奴役的開端；另一方面，隨著戰後國際國內政治局勢的緊張和經濟狀況的急劇變化，中國人民為救亡圖存而掀起的改革和革命也在快速醞釀之中。

---

* 本章由蔡樂蘇撰寫。

日本侵略中國的甲午之戰

日本自 1868 年明治天皇登基之後，將對外侵略擴張立為基本國策。其近期直接侵犯的目標就是琉球、臺灣和朝鮮半島，由於這些地區藩屬或直屬中國，中日之間的外交糾紛從此接連不斷。1875 年，日本強迫朝鮮簽訂《江華條約》，獲得在朝鮮租地、沿海測量和領事裁判權等多項特權；1882 年，又強迫朝鮮簽訂《仁川條約》，日本可在漢城駐兵。1884 年日本趁中法交戰，清廷無暇東顧之機，策動朝鮮親日派發動「甲申政變」，駐朝清軍協助朝鮮國王平息政變。日本派伊藤博文來中國與直隸總督兼北洋大臣李鴻章簽訂《天津條約》，規定朝鮮如發生變亂，中日兩國若派兵進入朝鮮，應先互行文知照。日本深知，欲侵占朝鮮，必須戰勝中國，甚至滅亡中國。日本軍內提出的總目標首先是擊敗北洋艦隊。於是日本加快建設海軍，明治天皇下令每年從內庫撥款 30 萬元建造艦艇。為造艦，天皇諭令節省宮廷費用，文武官員繳納薪俸十分之一。而中國則相逆而行，截取海軍經費去修頤和園，使海軍建設處於停頓狀態。至甲午戰爭爆發之際，日本海軍已擁有各種艦隻 30 餘艘，計 6 萬餘噸。

1894 年春，朝鮮爆發東學黨起義，朝鮮政府請清政府派兵協助鎮壓，清軍出動 2500 人。日本見挑戰清軍的機會到了，派入朝鮮的陸軍增至 7600 人，大大超過清軍數量；而且有 8 艘軍艦到達朝鮮海面。如此架勢使朝鮮政府深感不安，要求中日同時撤軍，中方同意，日方拒絕。清政府想讓西方列強出面調停，促使日本從朝鮮撤軍，但無結果。日方提出中日共同參與改革朝鮮內政，清政府反對干涉朝鮮內政。日本政府指示駐朝日軍進攻朝鮮王宮，國王李熙被禁，大院君李罡應被迫命外務衙門廢除與中國的通商條約，並委日軍以驅逐清軍之權。中日衝突如箭在弦。7 月 25 日，日本海軍不宣而戰，在朝鮮豐島海面向中國北洋艦隊實行海盜式襲擊，擄走中國運輸艦「操江」上官兵 83 人、餉銀 20 萬兩、大炮 20 門、步槍 3000 支和大量彈藥，擊沉中國租借英國的運兵船「高陞」號，致使船上 1116 名官兵中 871 名葬身大海。8 月 1 日，中日宣戰。戰爭分別在陸路和海上展開。陸路的首次大規模戰鬥是平壤之戰，清軍 1.3 萬人，日軍 1.6 萬人。清軍將領馬玉崑、衛汝貴率部在城南英勇抗擊，從凌晨戰至下午 2 時，日軍死傷 400 餘人，被迫後撤。城北日軍集中 7000 多人，分兩路向清軍堡壘發起攻擊。清軍將領左寶貴率 1500 人迎敵，時左寶貴突患右偏中風，仍力疾視事。以往臨敵，他總是衣士卒衣，此次他特服朝服，

誓與守城共存亡，兩次受傷，仍堅持在炮臺指揮，復被炮彈擊中胸前陣亡。[1]
日軍傷亡近 300 人，最終攻占了玄武門。在日軍疲憊已極的情況下，清軍統
領葉志超下令趁黑夜棄城北逃，遭遇日軍伏擊，傷亡和被俘 2000 餘人，價值
上千萬的軍用物資落入敵手。清軍元氣大傷。10 月下旬，日軍分兩路攻入中
國本土，一路渡過鴨綠江，清軍 3 萬重兵駐守的鴨綠江防線抵擋不住。日軍
為奪取奉天（今瀋陽），向北襲占連山關，但在摩天嶺被清軍靈活機動的戰鬥
所困，轉而西占海城。清軍多次發起規復海城的戰鬥，與日軍在遼陽東路相持
不下。日軍第二路從花園口登岸，攻占金州和大連灣，向旅順推進。11 月下
旬，日軍進攻旅順。清軍雖奮力抵抗，終被日軍攻陷。日軍發出命令：「凡穿
著平民服裝，疑為清兵的青壯年者一律誅殺。」日軍屠城 4 天，「戶內戶外
到處是屍體，橫積在路中央，通行無法落足，必須踩在屍體上面才可以通過。
船塢廣場向東西方向輻射的東街、中街、西街，每條街道皆屍體滿地，屍體總
數少說有兩千具之多。沿海灣向西逃亡者遭到路上的射擊，海中漂浮許多被射
殺者的屍體。」[2] 日軍侵占旅順後，第一師團北犯以解遼陽東路之困。1895 年
3 月上旬，日軍 3 個師團會師田莊臺，結束了遼陽南路的戰鬥。陸路戰場，日
軍雖消耗極大，但勝多敗少，處於優勢地位。

　　海上戰場，黃海海戰是中日海軍實力的一次決戰。1894 年 9 月 17 日，
戰鬥在鴨綠江口以西的大東溝附近海面打響。日本艦隊 12 艘艦隻投入戰鬥，
噸位 40849 噸、平均航速每小時 16.4 海浬（其中第一游擊隊為每小時 19.4
海浬）、各種口徑速射炮 97 門。北洋艦隊 10 艘艦隻投入戰鬥，噸位 31366 噸，
航速每小時 15.5 海浬，沒有一門速射炮。雙方相持不久，日艦即從右翼繞攻
我弱艦「超勇」、「揚威」，我「定遠」、「鎮遠」衝上前去將日本艦隊攔
腰截斷，重創日艦「比叡」、「赤城」、「西京丸」，「赤城」艦艦長斃命，
三艦逃逸。日艦轉而前後夾擊北洋艦隊，我督艦信號裝置被擊毀，提督丁汝昌
受重傷，在指揮失靈的危急之中，諸艦各自為戰，「定遠」中炮起火，「鎮遠」、
「致遠」急駛上前掩護，使「定遠」得以滅火突圍。「致遠」身中多炮，全速
直衝日艦「吉野」，被敵艦擊沉，鄧世昌、陳金揆與 200 餘名官兵壯烈殉國。
隨後「經遠」亦沉沒，「濟遠」、「廣甲」駛離戰場。戰鬥歷時 4 小時又 40

1　戚其章：《甲午戰爭史》，上海人民出版社，2005，第 106 頁。
2　宗澤亞：《清日戰爭（1894—1895）》，世界圖書出版公司，2012，第 353—355 頁。

分，我「鎮遠」、「定遠」在敵艦的圍攻中沉著應戰，配合默契，堅韌頑強，以寡敵眾，最後迫使日艦不敢再戰，倉皇遁逃。[3]黃海海戰，中國損失「致遠」、「經遠」、「超勇」、「揚威」、「廣甲」五艦，其餘各艦受傷程度輕重不一；陣亡官兵 90 餘人、溺斃官兵 600 餘人、受傷 200 餘人，合計 890 餘人。日本方面雖無軍艦沉沒，但各艦亦無不受傷，「赤城」、「比叡」、「西京丸」損傷尤重，「松島」差點沉沒，不得不將旗艦改換為「橋立」；其陣亡官兵 90 人，受傷 208 人，總體傷亡只及中國方面的三分之一。[4]如此結局，實在發人深省。

陸路戰場的節節失利，特別是旅順口失陷，更使北洋艦隊雪上加霜。日軍開始欲對困守威海衛基地的北洋艦隊施以誘降，為丁汝昌所拒，日軍遂從榮成登陸，分兩路對威海衛實行抄襲。增援的清軍剛入山東，又以京畿吃緊調頭北上。1895 年 1 月底，日軍開始向威海炮臺發起攻擊，炮臺守軍在港內「定遠」艦的配合下，擊斃日軍指揮官大寺安純少將，在頑強堅守中全部戰死。威海陸地淪入敵手後，日軍得以水陸夾擊劉公島守軍和港內艦隻。炮火連天之中，陷入絕境的提督丁汝昌、管帶劉步蟾飲藥自盡。北洋艦隊的覆滅使中日戰爭轉向了一個新的階段。

《馬關條約》與衛臺戰爭

自中日衝突之起，清廷內部主戰主和，意見不一。日軍突破鴨綠江防之後，慈禧更傾向於求和，先派津海關稅務司德國人德璀琳（Gustav von Detring）攜總理各國事務衙門照會和李鴻章私函東渡，但日本政府不予接待。清廷又派戶部左侍郎張蔭桓、署湖南巡撫邵友濂為全權大臣，赴日議和。日本政府對中國代表雖予接待，但以全權不足為由，拒絕開議。北洋艦隊覆沒後，日本政府認為近期戰略目標基本達到，戰爭進展已引起西方列強的干涉，戰爭的巨大消耗已導致國內矛盾加劇。「社會宛如被一種政治恐怖所襲，驚愕至極陷於沉鬱，憂心忡忡，我國要處似有隨時有受三國炮轟之虞，無人高談匡救目下大難之大策。」[5]因此亦願盡速結束戰事，開展和談。日本要求中方派出能辦大事有名之員，並給予十足全權責任。1895 年 3 月 19 日，以全

3　戚其章：《甲午戰爭史》，第 144 頁。
4　王家儉：《李鴻章與北洋艦隊》，三聯書店，2008，第 459 頁。
5　陸奧宗光：《甲午戰爭外交秘錄》，陳鵬仁譯，海峽學術出版社，2005，第 171 頁。

權大臣李鴻章為首的中國議和代表團抵日，於馬關與日本全權大臣伊藤博文、陸奧宗光開始談判。日方提出的停戰條件是要占領山海關、大沽和天津，而且停戰期間中國須負擔日軍軍費。中方對此不能接受，將之擱置。當李鴻章返回寓所途中，有暴徒朝他開槍，擊傷面頰。日本怕中方中止談判，更怕列強干涉，允諾停戰三周，隨即簽訂《中日停戰協定》，但停戰區域不包括臺灣和澎湖列島。3月底，日方拿出《和約底稿》，提出：中國割讓盛京省南部、臺灣全島及澎湖列島給日本；中國向日本賠償軍費庫平銀3億兩；在中國已開通商口岸之外再開放七處為通商口岸。李鴻章一面竭力辯駁，一面密電清廷請示。日方掌握了李與清廷往返密電的內情，依據內外形勢，將條件稍作調整，踩住底線不再鬆口，且態度極為傲慢強硬。直至第七次談判，清廷亦無計可施，只好指示李鴻章與之訂約。

　　4月17日，中日兩國全權大臣於馬關之春帆樓正式簽約，條約規定：中國認明朝鮮國確為完全無缺之獨立自主；中國割讓遼東半島、臺灣全島及所有附屬各島嶼給日本；中國約將庫平銀二萬萬兩交與日本，作為賠償軍費，該款分作八次交完，第一次賠款交清後，未經交完之款，應按年加每百抽五之息；日本臣民得在中國通商口岸城邑，任便從事各項工藝製造，又得將各項機器任便裝運進口，只交所定進口稅；開放沙市、重慶、蘇州、杭州為商埠，日船可以沿內河駛入以上各口搭客載貨。另約規定：暫為駐守威海衛之日本國軍隊應不越一旅團之多，所有暫行駐守需費，中國自本約批准互換之日起，每一周年屆滿，貼交四分之一，庫平銀五十萬兩。[6]

　　中日《馬關條約》，使中國喪權辱國無以復加，激起強烈反響。國際上俄、法、德三國懷抱各自的目的，也應中國的請求，聯手干涉日本割讓中國遼東半島，最終促成中國以銀3000萬兩贖回遼東半島。中國國內相當多的官員和士子上書呼籲，要求拒和備戰。

　　臺灣官民獲知臺灣將被割讓，群情激奮，署理臺灣巡撫唐景崧見臺民強烈反對割臺，兩月之中20餘次致電清廷，懇請保臺；在籍工部主事、全臺義軍統領丘逢甲刺血上書，表示誓死保衛臺灣：「如倭酋來收臺灣，臺民惟有開仗！」[7]臺灣官民為抵抗日本侵略，迫不得已臨時採取應變措施，成立「民主

6　戚其章：《甲午戰爭史》，第415頁。
7　王彥威等編《清季外交史料》第109卷，文海出版社，1964，第5頁。

國」，公推唐景崧為「總統」，年號「永清」，「遙作屏障，氣脈相通，無異中土。」[8]「民主國」政府任命新的官員，建立起清軍與義軍聯合抗日體制，在反割臺鬥爭中發揮了重要作用。日本任命海軍大將樺山資紀為臺灣總督兼軍務司令官。6月初，日軍攻陷基隆，臺北告急，唐景崧內渡。日占臺北，樺山資紀在臺北主持「始政典禮」，宣布臺灣總督府成立。臺灣府義軍統領吳湯興於苗栗縣誓師北上抗敵；丘逢甲派所部四營參戰；日軍雖在炮火掩護下占據了新竹城，但被義軍包圍。義軍胡嘉猷部以安平鎮為據點，不斷襲擊日軍，使之難以向南進兵。淡水的義軍也給日軍造成很大傷亡。在義軍抗敵壯舉的影響下，新楚軍統領楊載雲率四營北上，與吳湯興義軍共同向新竹城日軍三次發動攻擊，終因火力不濟而失敗。在隨後的戰鬥中，楊載雲和吳湯興先後陣亡。日軍占領彰化後，以陸軍4萬人的強勢兵力向臺南逼進，劉永福、楊泗洪、徐驤義、柏正林等眾多愛國將領率部堅持抵抗，直至彈盡糧絕。臺南被日本侵略者占據。

甲午戰爭的深度影響

甲午戰爭的失敗給中國帶來了深重的災難，包括大片領土的喪失，巨額財富被掠奪，[9]以及由列強的干涉和因賠款須借款而引起的列強對中國的爭奪。俄、法、德三國干涉還遼，接踵而至的就是俄、法向中國貸款4億法郎，約合庫平銀1億兩，年息4%，折扣94.125%，期限36年。英、德兩國不甘落後，以各種威逼利誘的手段迫使清政府與之簽訂貸款合同，向清政府貸款1600萬英鎊，合庫平銀9762.2萬兩，除去折扣後清政府實收庫平銀只有9142.5萬兩。後來英、德又迫使清政府續借1600萬英鎊，年息4.5%，折扣83%，限期45年。通過這些利息高、折扣大、期限長的巨額貸款，列強不僅可以干預中國內政，而且可以操控中國的經濟財政。

甲午戰後，列強不僅強迫中國貸款，還在中國掀起了搶奪鐵路權益的狂

8　中國史學會主編《中國近代史資料叢刊・中日戰爭》（本章以下簡稱《中日戰爭》）第1冊，新知識出版社，1956，第202頁。

9　據戚其章先生的研究，日本經甲午戰爭從中國掠奪的財富總額達3.4億兩，包括直接賠款的2億兩，贖回遼東半島的3000萬兩，威海衛駐軍費每年50萬兩，三年150萬兩，日本以庫平銀必須足色又讓中國多付1325萬兩，日本還要求必須以英鎊在倫敦付款並由日本規定匯率標準，使中國因「鎊虧」而多付1494萬兩，再加上日本從中國獲得的艦船、槍炮、金銀、糧食等戰利品可折合8000萬兩。參見戚其章〈甲午戰爭賠款問題考實〉，《歷史研究》1998年第3期，第65—78頁。

潮。1896 年，法國率先取得了從越南到中國龍州的鐵路修築權，同年，俄國更獲得了修築從西伯利亞穿越中國東北直通符拉迪沃斯托克的中東鐵路的權益。1897 年，清政府決定向比利時借款修築南北幹線盧漢鐵路，因比利時與俄、法關係密切，引起英、德兩國的不滿，英、德出動軍艦向清政府耀武揚威，結果，不僅英、德獲取了津浦路修築權，德國還獲得了山東境內其餘鐵路的修築權益，英國更把借款築路的巨手伸向了山西、河南、長江下游、珠江流域，甚至山海關外俄國人的勢力範圍。在這股爭奪築路權益的狂潮中，美國也扮演了重要的角色，通過與英國的妥協，最終與清政府簽訂了貫通華中、華南的粵漢鐵路的借款合同。

　　列強對某一鐵路修築權的獲得是獨占性的，即近期內別國不能，中國自己也不能投資修築。債權國一般還要壟斷鐵路材料的供應，從中進一步獲取利益。爭奪鐵路修築權與爭奪礦產資源緊密相連。因此，鐵路經過和到達的地方，重要的礦產資源，如煤、鐵礦等，大多亦為列強所控制。爭奪鐵路權益和礦藏資源，勢必導致勢力範圍的劃分。從 1895 年至 1899 年，列強在中國所占勢力範圍的大致情況是：俄國租借旅順、大連 25 年，以此為基點，將長城以北視為它的勢力範圍；英國占據香港、租借九龍半島 99 年，以此為基點，將西藏、雲南一部分、廣東和長江流域視為它的勢力範圍；德國租借膠州灣 99 年，以此為基點，將山東視為它的勢力範圍；法國以廣西和臨近越南的雲南、廣東兩省部分地區視為它的勢力範圍；日本侵占臺灣、澎湖列島後，視福建為其勢力範圍。美國沒有來得及把中國某一地域視為自己的勢力範圍，它於 1899 年提出「門戶開放」政策，要求各勢力範圍對美國開放，使美國享有均等權益和機會。「門戶開放」政策陸續為列強所接受，這樣就使中國既處瓜分危機之中，又在列強共同奴役之下。

　　列強侵入中國的勢力，金融占有突出的地位，英國的滙豐銀行、德國的德華銀行、法國的東方匯理銀行、日本的正金銀行，以及俄、法合資成立的華俄道勝銀行和美國花旗銀行，它們建立的金融網路，不僅深深地影響著中國的經濟，而且直接或間接滲透到中國的政治、軍事、文化和社會之中。比如，中國關稅收入存放滙豐銀行，銀行向清政府支付年息 4％，而同樣是這筆錢，銀行拿來貸給清政府的年息則要 10％。這一出一進之中，清政府就損失 6％。外國金融資本向中國工礦、運輸、電信等行業滲透，1896 年到 1900 年，外

資工礦企業資本 10 萬元以上者開設 20 餘家，資本總額達 2400 多萬元。外企利潤匯出數額成倍增加。

由於《馬關條約》開放了宜昌至重慶的長江航運，英、美、法、日等國的輪船，甚至軍用船隻就可從上海、漢口上達重慶。輪船與中國舊式木船相比處絕對優勢地位，致使一些華商行棧轉而為洋行服務，洋行在長江流域的勢力快速增長。

甲午戰爭後，列強不僅把中國作為商品傾銷之地，更把剩餘資本向中國競相投放。中國自主發展經濟的條件受到越來越嚴重的制約。正是這種制約，也促使一些仁人志士把發展民族工業作為挽救民族危亡的出路，要求准許民間設廠的呼聲日漸增強。清政府迫於形勢，不得不採取措施加以應對。1895 年 7 月，光緒皇帝在上諭中明確提到要恤商惠工。1896 年初，清廷批准了各省設立商務局的建議。之後，清廷漸漸放寬了對民間創辦實業的限制，允許民間招商集股開礦、開放內河航運等，並制定了《振興工藝給獎章程》。民族資本中一股比較強的力量是輕紡工業，上海的裕晉、大純，無錫的業勤，寧波的通久源，南通的大生等 10 家紗廠，有紗錠 19.5 萬枚、資本 500.7 萬元。其中尤以清末狀元張謇在南通創辦的大生紗廠具代表性，大生紗廠採用股份制向社會集資，然後逐漸擴大產業規模，發展到農墾、麵粉、榨油、製鹽、機械、貿易、航運、碼頭、金融和房地產等多個行業領域，走的是一條以農村為基地、以工業為中心、農工商協調的鄉土經濟發展之路，形成大生企業集團。更多的民族資本選擇了繅絲工業。1895 年至 1911 年，全國創辦了 140 多家資本萬元以上的絲廠。民族資本還創辦了一批麵粉廠、火柴廠、船舶修造廠和輪船運輸企業。

甲午戰後的國際壓力和國內局勢，從不同方向催促清朝政府進行一場歷史性的變革。

二、變法訴求步步升級

自 1840 年鴉片戰爭之後，隨著西方勢力對中國侵入的逐漸加深，中國人對西方世界的瞭解日益增多，中西之間的差異與社會進步上的差距為越來越多的人所關注和認識，經過第二次鴉片戰爭、中法戰爭，特別是中日甲午戰爭，中國自身體制的缺陷和弊端一次又一次暴露出來，並且留下慘痛的教訓。中華

民族面臨前所未有的大危機。正是伴隨這種危機感的產生和加劇，要求學習西方、變更舊制、重新定位中華文明發展目標的改革意識逐漸明朗、強烈起來。變法訴求步步升級。甲午戰爭前，早期改良思想分散表達；甲午戰後，變法形成思潮和群體集合型訴求；後來又發展到以《時務報》為代表陣地的全國性輿論和以湖南維新運動為先驅的實施層面；最終促成統治集團內部比較明確、比較強勢的變法意向。百日維新既是甲午以後的時局逼出來的，也是在漫長的心理、思想累積之上發生的。

要求變法的先驅者

　　容閎，號純甫，廣東香山人，1847 年赴美國留學，1850 年入耶魯大學學習，獲學士學位。1855 年回國。1860 年與太平天國領袖洪仁玕等商談富強大計，提出七點計畫：（1）依正當之軍事制度組織一良好軍隊；（2）設立武備學校以養成多數有學識軍官；（3）建設海軍學校；（4）建設善良政府，聘用富有經驗之人才為各部行政顧問；（5）創立銀行制度及釐定度量衡標準；（6）頒定各級學校教育制度，以耶穌教聖經列為主課；（7）設立各種實業學校。洪仁玕對容閎的建議甚有興趣，十分重視，但因戰爭條件，無法實施。

　　馮桂芬，字林一，江蘇吳縣人，進士，翰林院編修。1853 年奉旨辦團練，得曾國藩、李鴻章賞識。馮桂芬著作很多，但集中反映其變法思想且對後來的變法運動影響較大的是《校邠廬抗議》。馮桂芬認為，中國在天時、地利、物產三個方面均甲於地球各國，而今然屈於俄、英、法、美四國之下者，主要是人為的因素造成的，人無棄材不如夷，地無遺利不如夷，君民不隔不如夷，名實必符不如夷。只要皇帝反省自問，振刷紀綱，一轉移間即可解決，無待於求諸夷人。至於軍事方面，中國船堅炮利不如夷，有進無退不如夷。只要改革科舉，設立特科，不僅能師夷長技，而且能駕而上之。他還提出，要在自強的基礎上，學會利用歐洲諸強國在中國的均勢，採取堅定一貫的外交政策。1876 年《校邠廬抗議》正式刊行，1889 年光緒帝命將其中與時政關聯密切的〈汰冗員〉、〈許自陳〉、〈省則例〉、〈改科舉〉、〈采西學〉、〈善馭夷〉等篇抄錄成冊。百日維新開始後，光緒帝又命將該書新印 1000 部，頒發給大學士、軍機大臣、六部九卿、翰詹科道及各省督撫將軍，要求仔細閱讀並發表意見。

　　王韜，字仲弢，號紫銓，江蘇長洲人。曾在上海、香港和英國與傳教士理雅各（James Legge）交往，協助其將中國典籍五經等譯成英文。1871 年開始經營出版事業，出版自著《普法戰記》14 卷，創辦《循環日報》，發文縱論變法圖強之道。1883 年撰〈論變法〉上、中、下三篇，認為，中國取士之法宜變，練兵之法宜變，學校之虛文宜變，律例之繁文宜變，且皆宜亟變。參用西法，移風易俗，權操之自上，轉移於不覺。由本以及末，由內以及外，由大以及小，非徒恃乎西法。[10] 後來百日維新時期所進行之科舉考試改革、教育改革、律法改革、軍事訓練改革，在王韜的變法設計中幾乎皆已論及。

　　馬建忠，字眉叔，江蘇丹徒人。1876 年赴法，回國後在天津協助李鴻章辦理洋務，著有《適可齋記言記行》和語法著作《馬氏文通》等。1877 年夏，他從歐洲寫信給李鴻章說：

> 歐洲各國講富者以護商為本，求強者以得民心為要。護商會而賦稅可加，則蓋藏自足；得民心則忠愛倍切，而敵愾可期。他如學校建而智士日多，議院立而下情可達。其製造、軍旅、水師諸大端，皆其末焉者也。[11]

　　1890 年馬建忠提出「富民說」，強調對外商貿體制須改革，要把擴大出口、減少進口作為國家富強的關鍵：欲使出口貨增多，關鍵「在精求中國固有之貨，令其暢銷」；欲使進口貨減少，則須「仿造外洋之貨，敵其銷路」，同時應開採礦山，以保證財富常聚而不散。

　　何啟與胡禮垣。何啟，字迪之，號沃生，廣東南海人，1872 年赴英攻讀醫學和法律，1882 年回香港當律師，1890 年任香港立法局議員。曾協助孫中山籌劃廣州起義，起草對外宣言。胡禮垣，字榮懋，號翼南，廣東三水人，早年畢業於香港大書院並留院任教，後創辦《粵報》。1894 年冬至次年春，何啟與胡禮垣合著《新政論議》，建議以復古為革新，進行七項改革。

　　（1）中國應仿照西方國家責任內閣制或總統制，「下令國中，自今以往，諸臣中有以改為是者，准其留職；有仍以不改為是者，著令辭官。如此則凡有宜改之處，諸臣只可將其事斟酌盡美，行之盡善而已，不能梗阻也」。

10　王韜：〈論變法〉（中），《近代中國對西方及列強認識資料彙編》第 2 輯第 2 分冊，中研院近代史研究所編印，1986，第 858—859 頁。

11　《近代中國對西方及列強認識資料彙編》第 3 輯第 2 分冊，第 653 頁。

（2）大幅提高官員待遇。待遇提高後，「文員武員有受及民間一錢一物，或擅支國庫一毫一厘者，立行革職，永不再用，恩俸盡削。如此，則賄賂之風未有不絕」。

（3）立即停止捐官舊例，「以真法取才，真才出，而偽才去；以偽法取才，偽才進，而真才亡。今當改革之初，事之從真，必自官場始，而官之從真，必自廢捐始」。

（4）下令國中各府州縣俱立學校，每省設一學政大臣，負責全省學校事務。學校教育除學習中國語言文字外，還應分設外國語文、萬國公法、中外律例、中外醫道、地圖數學、步天測海、格物化學、機器工務、建造工務、輪船建造、輪船駕駛、鐵路建造、鐵路管理、電器制用、開礦、農務樹畜、陸軍、水師、電線傳遞等專門學科，考試合格者分別發給某科秀才、舉人、進士執照，國家有公事，則選這些獲得專利執照的人去辦理。

（5）凡欲專攻帖括者，聽其參加考試，考試內容加萬國公法及律學大同二門，合格者發給文學秀才、舉人、進士頭銜，可擔任翰林院翰林或參加議員選舉。

（6）除省、府、縣行政長官仍由天子任命、以三年為任期外，每省、府、縣各由童生、秀才、舉人、進士公舉 60 名議員，分別負責本縣、府、省的議政工作。興革大事、度支轉餉，均謀之議員。官與議員意合，方得施行。

（7）各省一年一次會於都會，開議院事，以宰輔為主席，議畢，各議員將其本省來歲應行之事，如公項出入、選取人員等件，記明畫押公奏，主上御筆書名，以為奉行之據。如有未諮，則再議再奏，務期盡善而止。[12]

陳熾，字克昌，號次亮，江西瑞金人，長期任職戶部。曾遊歷山東、江浙、閩粵等沿海地區及香港、澳門，感念時變，著成《庸書》，1895 年初由翁同龢進呈光緒帝。《庸書》分內、外篇，其外篇如西書、洋務、遊歷、議院、育才、藝科、商部、稅則、考工、商務、鐵政、利源、鐵路、賽會（博覽會）、公司、巡捕、輪船、西法、編審、善堂、報館、民兵、炮臺、公法、使才、驛傳、刑法、海國、天文、電學、格致、西臣、婦學、合縱、養民等，這幾乎囊括了甲午以

12　中國史學會主編《中國近代史資料叢刊‧戊戌變法》（本章以下簡稱《戊戌變法》）第 1
　　冊，神州國光社，1953，第 188—201 頁。

前中國人所瞭解的西學的各個層面，書中不乏卓識遠見。在〈報館〉一篇中他認為，應該「曉諭民間，准其自設」，一轉移間，「諸利皆興，而諸弊皆去，集思益廣，四民之智識宏開，殫見博聞，萬里之形聲不隔，高掌遠蹠，明目達聰」。他高度評價歐美國家的議院制度，認為這是西方國家富強的根本原因。他認為，泰西議院之法，合君民為一體，通上下為一心。中國也應仿照歐、美的議院制度。

這一時期還有鄭觀應、湯震、陳虯、宋恕、宋育仁等思想家，分別撰有《盛世危言》（1893）、《危言》（1890）、《治平通議》（1890 年前後）、《卑議》（1891）、《時務論》（1890 年前後）等探討變法問題的著作。

在這個時期顯露出來的改革思想者中，康有為應當引起更多的注意，他不是生活在中外交往的第一線，也無參與行政的實踐經驗，但他的思想更具歷史深度、哲學高度和現實與理想的張力，是富於文化內涵和信念關懷的體系性改革思想。

康有為，字廣廈，號長素，廣東南海人，曾從嶺南大儒朱次琦學，構築了中國傳統學問的深厚基礎。他喜冥想，好佛理，救世拯民之念甚堅。1879年冬，康有為遊香港，耳目一新：「覽西人宮室之瑰麗，道路之整潔，巡捕之嚴密，乃始知西人治國有法度，不得以古之夷狄視之。」[13]

1882 年，康有為赴京參加順天鄉試，道經上海，益知西人治術之有本，自是大講西學，始盡釋故見。聲、光、化、電、重學及各國史志，諸人遊記，皆涉獵，甚至樂律、韻學、地圖學也未放過。

1885 年，康有為自認學已「大定」，思想體系初步形成。從他此時期的著作《康子內外篇》、《教學通義》、《民功篇》、《實理公法全書》等來看，確乎非同凡響。

《康子內外篇》論述了自然界和人類社會的基本法則，人性和人生的態度，統治思想的精意和作用，文明與文化的發生、比較、趨向，世界大勢和中國的出路等。《實理公法全書》中心觀念是崇尚「平等」，即「人有自主之權」。《教學通義》對秦漢以來政治教化的內容、體制及效應進行了嚴厲的批判，同時提出了較為完整的變革現實的主張。

13　樓宇烈整理《康南海自編年譜》，中華書局，1992，第 9—10 頁。

　　1888 年康有為再次入京參加順天府鄉試，他意氣高昂，倜儻自喜。雖榜上無名，豪情依然萬丈。他想與當朝達官名流直接聯絡，表達自己的變法訴求。翁同龢拒絕他的求見。三訪徐桐，皆被擋駕。工部尚書潘祖蔭雖給了面子，但熱情不高。康未氣餒，再次上書潘祖蔭，力勸潘氏「與二三公忠同志大臣」，涕泣上書君上，要求變法。康有為仍覺不夠，乾脆直接上書皇帝，寫了約五千言的〈上清帝第一書〉。提出三點：「變成法」、「通下情」、「慎左右」。翁同龢拒絕代遞，都察院代遞也遭阻。

　　1889 年康有為離京南下，直至 1895 年，六七年中他講學著書，頗有成就：一是以萬木草堂為基地聚集了一批青年學子，形成了「康門」或稱「康黨」的基幹力量；一是借公羊今文經學的形式，構建了一個相對完整的「復原孔教」的理論框架。之後他陸續撰成《新學偽經考》、《孔子改制考》、《春秋董氏學》和《大同書》。

　　《新學偽經考》刊行於 1891 年，該書立意非常簡單，其大量的考辨證明，只為得出一個結論：古文經典及傳注（《周禮》、《春秋》左傳、《詩》毛傳、古文《尚書》、古文《孝經》、古文《論語》等）都是劉歆為王莽新朝編造出來的，所以是「新學」「偽經」。其論證過程多有牽強附會、魯莽滅裂之處，如謂《史記》、《楚辭》經劉歆竄入者數十條，出土之鐘鼎彝器，皆劉歆私鑄埋藏以欺後世。1894 年 8 月，《新學偽經考》遭人參劾，被禁毀。

　　《孔子改制考》始於 1892 年，由萬木草堂高才弟子陳千秋、曹泰等協助編輯，因「體裁博大」，直至戊戌年方才面世。這部被梁啟超喻為「火山大噴火」的著作，其基本思想是：上古三代「文教之盛」和三皇、五帝、堯、舜等的事蹟，都是周朝末年孔子及其他諸子為創教、改制所假借、編造而成的；儒教為孔子所創立，中國的義理制度也皆由孔子所創立，孔子是創教和改制立法的教主聖王；孔子創教改制的精義是撥亂世致太平；孔子以布衣之身立法改制，「事大駭人」，故假借古代先王名義。

甲午戰後變法訴求日趨強勁

　　首先是博通中西的嚴復在天津連續發文，從中西文化差異和中外局勢的深邃眼光呼籲變法刻不容緩。嚴復，字又陵，號幾道，福建侯官人。1867 年入福州船政局求是堂。1877 年赴英國學習海軍，並研讀西方經濟、哲學、歷

史、社會科學等方面的著作，旁聽法庭審案，觀察英國社會政教風情。1879年學成歸國，先後任北洋水師學堂教習、總教習、會辦、總辦。甲午戰敗，引發嚴復深沉的思索和激銳的吶喊。自此他開始登上思想啟蒙領袖的高臺。1895 年 2 月，嚴復在天津《直報》上發表〈論世變之亟〉，認為中西之間的理道本來是相同的，但西方國家行之則常通，中國行之則常病，究其原因，則在於西方有自由，而中國無自由。3 月上旬，又發表〈原強〉，提出標本兼治的變法圖強方案：標者何？收大權、練軍實。本是民智、民力、民德。果使民智日開，民力日奮，民德日和，則上雖不治其標，而標將自立。3 月中旬，發表〈闢韓〉，對唐代思想家韓愈的〈原道〉提出尖銳批評，提出與韓愈論點針鋒相對的觀點：民迫不得已而立君與臣的初衷，是欲君臣擔當「衛民」的職責，而非只是收稅徵糧，作威作福。5 月，《直報》連載嚴復的長文〈救亡決論〉，提出，今日中國不變法則必亡，而變法應首先從變八股始。他批判科舉制度具錮智慧、壞心術、滋遊手三害。有一害即可使國家由弱而亡，中國三害兼有，國家焉得不弱亡！嚴復這些連珠炮似的戰鬥檄文，以其文化內涵和思想犀利的巨大衝擊力，像春雷一樣震盪著中國知識界，呼喚著變法思潮的來臨。

1895 年 4 月 15 日，即李鴻章在馬關簽約的前兩天，康有為令梁啟超鼓動廣東籍舉人上摺請拒和議。梁啟超迅速聯絡了一百多名同鄉舉人。湖南舉人也分頭聯絡。兩省舉人達成協議，同時遞摺。4 月 22 日，粵、楚舉人數百名到都察院呈請代奏。各省舉子亦相繼跟進。臺灣舉人莫不哀之。大規模的上書活動甚至得到某些政府官員的鼓動和支持。康有為奮筆草成的一萬八千字的請願書在眾多舉子中傳觀議論。這就是震驚內外的「公車上書」。

「公車上書」請求皇帝獨斷聖衷，翻然變計，採取四大措施：（1）下詔鼓天下之氣；（2）遷都定天下之本；（3）練兵強天下之勢；（4）變法成天下之治。變哪些法呢？

（1）富國之法，通過建立國家銀行、修建鐵路、興辦機器廠、輪船公司、開辦鐵礦、統一銀幣、設立郵政等措施，實現國家富強。

（2）養民之法，包括務農、勸工、惠商、恤貧四個方面，國家應廣譯西方農學著作，在各地城鎮遍設農林牧漁茶學會，改良農業，以開農業利源；令各州縣咸設考工院，廣譯西方製造之書，選學童研習工藝製造，獎勵發明創

造，允許民間設廠製造槍炮；設通商院，選派廉潔大臣長於理財者，經營其事，同時令各直省設立商會、商業學堂，比較廠（即展覽會），以商務大臣統一領導，上下通氣，通同商辦，以奪外商之利，以擴商務；對窮困無業、游散無賴之貧民，國家宜設法收恤，或幫助其移民於邊遠地區或外國，或設立警惰院，收容貧民，強迫教以工藝技術，使之參加大型工程建設，以工代賑，或勸籌鉅款，設立專院，收養鰥寡孤獨、疲癃殘疾、盲聾喑啞等，以固結民心。

（3）教民之法，武科考試廢弓刀步石，改設藝科，令各省、州、縣遍開藝學書院，凡天文、地礦、醫律、光重、化電、機器、武備、駕駛，分立學堂，而測量、圖繪、語言、文字皆學之，考試合格後國家分別授予秀才、舉人、進士等頭銜，並分別給予不同的職務。同時，開設報館，傳播新聞，政俗備存，文學兼述，小之可觀物價，瑣之可見土風。清議時存，等於鄉校，見聞日辟，可通時務。

（4）改官制去壅塞，官制太冗，俸祿太薄，外之則使才未養，內之則民情不達，若不變通，無以為教養之本。中國大病，首在壅塞。事皆文具而無實，吏皆奸詐而營私。上有德意而不宣，下有呼號而莫達。同樣的事，外夷行之而致效，中國行之而益弊，只因上下隔塞，民情不通所致。

　　康有為飽蘸愛國激情寫成的這份請願書，實際上是一份完整的變法綱領。4 月 30 日和 5 月 1 日兩天，18 省舉人 1200 多人紛紛從各會館雲集於松筠庵。清政府中的主和派對此極為恐慌，使人「妄造飛言恐嚇」。有些人畏禍退縮。康有為、梁啟超和數百名各省舉子仍堅持將請願書向都察院遞進，但未能如願。轟轟烈烈的公車上書雖未直接實現其目標，但使久已鬱積的變法訴求公開化、群體化、強勁化了。政府中的某些要人如翁同龢等也更關注康、梁等人的變法活動。5 月底，已中進士的康有為，將原上書稿修改，撰成上清帝第三書，呈請都察院代奏。康有為的奏摺很快就遞到了光緒帝手中。皇帝覽而喜之，命呈太后、發各省督撫將軍議。

　　要求變法的氣氛日益濃厚。朝廷內外聞風而動者頗不乏人。6 月 3 日，甘肅新疆巡撫陶模上了一份〈培養人才疏〉。提出 13 點變法建議：（1）整飭國子監；（2）汰減科舉考試和錄取名額；（3）重視小學啟蒙教育，年未及冠者不得提前參加科舉考試；（4）停止捐官，大力汰減冗官、宦官；（5）

中央各部院堂司各官練習政事，熟悉業務，防止書吏把持欺蒙；（6）八旗兵宜破除積習；（7）文武大員革除嗜好，勤於政務戎務，政戎之餘，應涉獵地理政書及新譯西籍有關兵法者；（8）士大夫禁食洋煙；（9）分設實學及藝學科目，以培養專科人才；（10）停止舊例武科科舉考試，從新式的水、陸師學堂中選拔具有航海、駕駛、天文、測繪、機械製造、陣法等新學問的文武兼通之才，分別授以海、陸軍秀才、舉人、進士等稱號；（11）各省駐軍變通操法，改習西式水陸操；（12）考求工藝兵法，學習算學、重學、化學、汽學等專門學藝，優秀者選送出洋深造，務期各精一藝，以立富強之基；（13）總理衙門翻譯各國政書，呈皇帝御覽，並刊發各衙門、各書院，俾天下士大夫洞悉中外情形，以便人人知恥、知難、發憤，從而易危為安，轉弱為強。[14]

被人稱作「老頑固」的大學士徐桐也上奏，說「外省釐差鹽務關務閒員甚多，內地腹省並無軍務，藉口彈壓多招勇營，安置私人，歲糜鉅款」，請皇帝下令「痛加刪汰」。

康有為得知皇帝非常重視自己的上書，又撰寫了長達萬言的第四次上書，專談變法體要及先後緩急之宜。建議皇帝採取五大變法措施：

（1）下詔求言，破除壅蔽，罷去忌諱，許天下言事之人到午門遞摺，令御史輪值監收，不必由堂官呈遞，亦不得以違礙阻格，永以為例。

（2）開門集議，令天下郡邑十萬戶而推一人，凡有政事，皇上御門令之會議，三占從二，立即施行，其省府州縣咸令開設，並許受條陳以通下情。

（3）闢館顧問，請皇上大開便殿，廣陳圖書，每日辦事之暇，以一時許親臨，顧問之員輪班侍值，皇上翻閱圖書，隨宜諮問。

（4）設報達聰，令直省要郡各開報館，州縣鄉鎮亦令續開，日月進呈，並備數十副本發各衙門公覽，使民隱咸達，官慝皆知。中國百弊，皆由蔽隔，解蔽之方，莫良於是。外國新報，能言國政，今日要事，在知敵情，通使各國，著名佳報，咸宜購取。俾百僚咸通悉外情，皇上可周知四海。

（5）開府闢士。宰相之職，在於進賢，可令其自開幕府，略置官級，聽其聘士，督撫縣令，均可仿此自製設立相應的幕府。

14　參見《戊戌變法》第 2 冊，第 269—276 頁。

　　康有為的這個第四次上書沒有第三書那麼幸運，被阻未能上達。

　　7月19日，署兩江總督張之洞上〈籲請修備儲才摺〉，建議光緒帝採取九條變法措施：（1）亟練陸軍，一年之內，於海疆各省練得力陸軍三萬人，軍制學德國，聘用洋將訓練，同時遣將弁出洋學習，並自設學堂，延西師教練；（2）亟治海軍，國家無論如何艱難，即使借款，也要復建南北洋和閩、粵四支海軍；（3）亟造鐵路，允許西方小國商人借款承包修築；（4）分設槍炮廠，精製兵器；（5）廣開學堂，培養專門人才；（6）速講商務，國家採取措施護商，各省設商局、辦公司，以興商務；（7）講求工政，講求格致，通化學，用機器，精製造，化粗為精，化賤為貴，各省設工政局、招商局，加工精造貨物，或出口，或內銷，以富國養民；（8）多派遊歷人員出國考察，增加閱歷，增長才識，將來任以洋務等事；（9）預備巡幸之所，擇腹省遠水之地，如山西、陝西等處，建設行宮，一旦外敵入侵，可臨時巡幸，不必遷都，又可免受敵人牽制。

　　閏五月間，御史胡燏棻上〈變法自強疏〉，提出十點變法建議：（1）開鐵路以利轉輸；（2）籌鈔幣銀幣以裕財源，設立官家銀行，統一貨幣；（3）開民廠以造機器；（4）開礦產以資利用；（5）折南漕以節經費；（6）減兵額以歸實際，對各省綠營無用之兵，裁其老弱，年裁二成，五年裁竣，所省之款，用以按西法招募創練新軍，同時仿西方巡捕之制在各城鄉市鎮設立巡捕；（7）創郵政以刪驛遞；（8）創練陸兵以資控馭，通飭各省一律改練近年新出之西法，設武備學堂，聘洋員教習，學生畢業後分派入營充當哨、營各官，武科鄉試改試槍炮，提高營哨各官之薪水及兵勇之餉項；（9）重整海軍以圖恢復，購艦而外改定章程，選求將帥，直聽樞府號令，戰時可便宜行事；（10）設立學堂以儲人才，改書院，設農、工、商、礦、醫、格致、水陸師、女子、聾啞等專門學堂，許民間集資設立，以開民智，國家設大書院以考試之。

　　七月間，道員伍廷芳上書，提出九條變法建議：（1）講求洋務以禦外侮，請皇帝明降諭旨，令內外臣工留心洋務，竭力考究外國情形及交涉各事，並飭各省將軍督撫，悉心搜羅深知洋務、熟諳交涉、確有實學之員，立即奏明召見；（2）整頓武備以固疆圉；（3）牽制強鄰以資控馭，易干戈為玉帛，厚結英、德、美諸國，密訂盟約，以牽制俄、法、日，一面簡派智謀兼備之員遊說各國，用夷間夷，以夷制夷，一面飭水陸各師將領朝夕訓練，以成勁旅，使敵不遑謀

我，不敢謀我；（4）速繪輿圖以便布置；（5）酌改稅則以增國課；（6）創設銀行以塞漏卮；（7）創興郵政以裕利源；（8）推廣鐵路以利轉輸；（9）仿行印花紙稅以收利益。[15]

　　同月，兩江總督劉坤一與署兩江總督張之洞聯名上摺，條陳時務，提出六項自強之法。軍事方面，著重整頓陸、海軍。駐防各省之綠營、勇營、水師須汰弱留強，大事整編。凡兵多之營，無論水陸，均酌減一半或裁三成。整編後之水陸軍無事則操練，有事則徵調，循序漸進並嚴格訓練及嫻習各類新式槍炮，使成精銳之師。實業方面，偏重交通與礦業之發展，且二者須相輔為用。國內各種礦產資源豐富，應盡量開採，以供應冶煉鋼鐵、造船、修築鐵路及有關發展民用工業等方面所需之原料及燃料。教育方面，以培養中西兼通之人才為基本，尤以洋務人才為重，不以八股、試帖、辭賦取士。大量翻譯各種西學書籍，分發各省書院。各省增聘西方飽學之士或長於西學之華人為教師，側重以西學之成績為取捨學生之標準，習西學優異者，經各省書院保送入「同文館」深造，俟機隨使臣出洋，以廣見聞。[16]

　　要求變法的呼聲雖然在趨向強勁，但昧於情勢、畏懼變法的勢力仍普遍存在。因此維新派還須做出更大的努力。

從強學會、《時務報》到時務學堂

　　康有為認為，變法必從京師開始，必從王公大臣開始，才能成功。為使更多的王公大臣贊成或同情變法，康有為自己出資開印《中外紀聞》，免費分送。1895 年 7—8 月，他發起「遊宴」運動，在遊宴的基礎上組織強學會，以從組織上加固維新派的營壘。開始幾次很不理想。8 月底，康有為與陳熾分頭約集浙江溫處道（未到任，在督辦軍務處任職）袁世凱、內閣中書楊銳、丁玄鈞、沈曾植沈曾桐兄弟、張孝謙等參加宴會。宴席上，大家約定各出義捐，一舉而得數千元，並當場推選陳熾負總責，張孝謙幫之。推舉康有為負責起草序文和章程。此後，宴會活動日漸增多，來者日眾，一些高級官員、外國使節及傳教士也捲了進來。康有為等人所組織的京師強學會，具有濃厚的官方色彩，可以說它是一個京師高級官員俱樂部，其成員分別來自或代表著軍機處、

15　參見《近代中國對西方及列強認識資料彙編》第 4 輯第 1 分冊，第 161—166 頁。
16　參見王玉堂《劉坤一評傳》，暨南大學出版社，1990，第 114—115 頁。

總理衙門、內閣、翰林院、督辦軍務處等機構或這些機構的主要官長，除前邊提到的有關官員外，侍讀學士文廷式、翰林院編修徐世昌等也是會中重要分子。強學會的活動在京城令人矚目。不到半年，御史楊崇伊上疏彈劾強學會，詆其以私立會黨、開處士橫議之風。強學會遂被清廷封禁。

強學會遭禁之前，康有為已離京南下。他由滬至寧，順利地與張之洞達成協議，由張之洞帶頭出資，在上海組織強學會並發行會刊。張之洞委託康有為與梁鼎芬等負責起草學會的有關章程、序文及其他工作。章程末尾共有 16 位發起人的署名。這份經張之洞授意指定，具體由梁鼎芬電約或代簽的名單，幾乎囊括了張之洞周圍的主要屬僚和後來戊戌變法中南方地區的大部分骨幹分子。11 月底，康有為帶著起草好的有關文件和張之洞允撥 5000 元作為上海開辦強學會的啟動經費的許諾，躊躇滿志地到了上海，準備施展身手，大幹一番。他把門人徐勤和何樹齡電調來滬，協助辦報。1896 年 1 月，上海強學會機關刊物《強學報》創刊，文章中除了提出「光大維新之命」、「昌言變法」、設立「議院」等主張之外，更有關於孔子改制的康氏議論。

康有為的架勢令張之洞十分懊惱，決定調汪康年到上海主持強學會各項事業，同時對康有為所召集的會議一概抵制，拒絕派人參加。京師強學會遭禁，更使張之洞不得不迅速採取停辦上海強學會及《強學報》的措施。於是就有汪康年和梁啟超先後到滬合創《時務報》的情況發生。

創刊於 1896 年 8 月的《時務報》旬刊，直到 1898 年 8 月終刊，共出 69 冊。它不僅執當時維新輿論之牛耳，起著維新思想宣傳的主管道的作用，而且是一時間維新人士的集散中心和各種維新事業的策源地。

《時務報》「論說」欄，連載梁啟超的《變法通議》，梁氏或闡發「凡在天地間者莫不變」的通理通則（自序）；或列舉各國強盛衰亡事例及本朝列祖變前代之法的事實，反復辯難，痛陳今日處「萬國蒸蒸」，大勢相迫下中國變法的必要性和緊迫感（通議一）；或指斥今日講求變法者不知本原的種種弊端，標揭變法的根本，即「變法之本在育人才，人才之興在開學校，學校之立在變科舉，而一切要其大成在變官制」（通議二）。梁氏的行文明白曉暢，剴切動人，文采飛揚，警語迭出，且措辭謹慎，出語委婉，博得許多人的欣賞和讚揚。《時務報》的風行，於一度沉悶的局勢中闢出了一條新知識、新思想

流動的通道，在啟發民智、鼓動人心、宣傳變法、引導輿論等方面居功至偉。

時務報館實際上也成了各種維新事業的聯絡站。自 1896 年至 1898 年，共有 40 人自浙江、四川、江蘇、湖北、安徽、山東、湖南、廣州、北京、西安、吉林、檳榔嶼等地來信，請求幫助辦理各類事務近 60 項。這些事務涉及擬開辦學堂請代聘各科教師，擬建藏書局請代購書籍，請代購各種機器、儀器、農具、良種等並代聘技師、技工，請代為探聽和收集各種工藝方法、價格、款式及有關書籍、章程，請代為銷售、推廣報刊，請幫助籌劃設學堂、辦公司等等。各地報刊、學會、學堂等的興辦，其主要者大都和《時務報》有直接或間接的關聯。

《知新報》、《國聞報》在《時務報》的影響下廣為流布。兩報一南一北，互為聲援，往來密切。其他當時影響較大的報刊，如《農學報》、《萃報》、《蒙學報》等，也都和《時務報》關係密切。湖南的《湘學報》、《湘報》，四川的《渝報》、《蜀學報》，在創辦之初，都曾得到時務報館的各種幫助（購機器、鉛字、代為銷報等）。《時務報》被時人譽為「報王」和當時各種新報的「祖館」，所以，當時創辦的各種報刊，大多與時務報館有過聯繫，而目的則無非是欲借《時務報》之名以求推廣。

在當時眾多的學會中，「務農會」是興辦較早的一個，幾乎為時務報館所包辦。當時影響最大、參加人數最多的學會，該屬「不纏足會」。時務報館諸人不僅是該會的倡辦者，也是該會的主持者。

對於當時其他有影響的學會，時務報館也多予支持，或參與創辦（如「蒙學公會」），或廣為宣傳（如「聖學會」、「知恥學會」等）。自第三十八冊起，《時務報》闢出「會報」一欄，專門登載各地學會「辦事情形及序記、章程等」，以為提倡和推廣。《時務報》中人，曾力助上海中國女學堂之成立。汪康年倡議開辦東文學社，此校成立後，成才日眾。

1897 年可謂時務報館的黃金年。在全面介入和指導、贊助各項維新事業的同時，《時務報》的報務發展也達到鼎盛。然而在這年的下半年，《時務報》於一片花團錦簇中卻顯現出衰象。康有為一系的骨幹如徐勤、康廣仁、歐集甲等先後到滬後，時務報館中的門戶派系之爭日益凸顯，以致發生章太炎與康門子弟間的毆鬥。接著，汪康年與黃遵憲之間又為立董事一事，「幾於翻臉」。

黃遵憲力薦梁啟超、李維格赴湘主持時務學堂，梁、李二人亦欣然願往。康有為挾官方之力試圖壓服汪康年。汪康年則借助張之洞之力與之相抗，並與孫家鼐、劉坤一等聯絡溝通，結果僵持不下。與此同時，黃、梁、汪等又在報刊上登發各自的啟事、聲明，大打筆墨官司，一時鬧得沸沸揚揚。

康、梁一派的變法訴求，在京師和上海相繼受阻，於是他們把陣地轉移到湖南。湖南巡撫陳寶箴正想以一省為天下倡立富強之基，在經濟技術層面採取了一系列改革措施。在改善吏治、培育新式人才方面也欲有所作為，就與康、梁的目標相遇了。1897 年 9 月，陳寶箴刊發〈湖南時務學堂緣起〉，並親自擬定〈招考時務學堂示〉，任命熊希齡為學堂總理，聘請梁啟超任中文總教習。梁偕同分教習韓文舉、葉覺邁，西文總教習李維格抵達長沙。年底，湖南時務學堂正式開學。

梁啟超以萬木草堂為藍本，在時務學堂內營造出一種平等、自由、探討的學習氣氛。師生情誼融洽，諸求教可往教習室個別談話，或數人集體會談；功課以寫箚記為常課，先生批答學生箚記，每條或至千言。諸生閱報聽講，看書自習，遇有心得，可暢抒己見，教師亦隨時批答指導。學堂還延攬學者名流，輪流講演，官紳士民集者甚盛，時務學堂諸生多往聽講。

梁啟超在講堂上無所忌諱，所言皆當時一派之民權論，又多言清代故實，臚舉失政，甚至盛倡革命。學生皆住舍，不與外通，堂內空氣日日激變，外間莫或知之。及年假，諸生回家，出箚記示親友，反響強烈。梁啟超與譚嗣同、唐才常等又竊印《明夷待訪錄》、《揚州十日記》等書，加以按語，祕密分布，傳播革命思想，並使南學會、《湘報》在言論上與學堂暗相策應。

照維新派的設想，時務學堂是擔當開民智的任務。開紳智的任務歸之於南學會，南學會名為學會，實際目的是培訓議員，以為興民權創造條件。會中廣集書籍、圖器，延聘通人定期講演，長官亦時時蒞臨鼓勵。會員由各州縣品行端正、才識開敏之紳士組成，於會中學習議事方法，並逐步參與地方及全省新政事務的討論。官智之開則賴於課吏堂，巡撫親任課吏堂校長、司道為副校長。正副校長時時稽查功課，隨時教誨，頗帶威儀之意。課吏堂內廢除官場上下級的禮節，一律以師生之禮相處。平日以候補各官到課吏堂接受培訓，實職官則指定書籍功課，令其在餘暇中學習，並記箚記待查，以求官吏人人向學，

以裨治事。

正當時務學堂、南學會、課吏堂等將變法思想與變法活動融為一體，辦得有聲有色之時，來自周圍的反對、詰難之聲如妖風一般刮了起來。1898 年春，以王先謙代熊希齡、以葉德輝代梁啟超的流言開始出現。不久又發生了聯名函告湘籍京官的事，說陳寶箴紊亂舊章，不守祖宗成法，恐將來有不軌情事，不能不先事預防。接著就有人破壞南學會講演。邵陽守舊士紳將南學會會長樊錐驅逐出境。嶽麓書院學生賓鳳陽等上書山長王先謙，以維護「名教綱常」、「忠孝節義」為名，攻擊時務學堂，要求從嚴整頓，辭退梁啟超等人，另聘教習。王先謙、張祖同、葉德輝等十人聯名向陳寶箴呈遞〈湘紳公呈〉，請將時務學堂嚴加整頓，摒退主張異學之人，俾生徒不為邪說誘惑；王先謙獨自致書陳寶箴，要求停辦《湘報》。嶽麓、城南等書院學生邀集士紳訂立〈湘省學約〉，攻擊梁啟超和時務學堂，並及南學會和《湘報》、《湘學報》。進而守舊派到處刊貼誣衊時務學堂師生的匿名揭帖，言辭不堪入目。

湖南時務學堂及變法實踐中遭受的挫折，原因並不完全來自地道的守舊勢力，維新派中康黨的指導思想和活動方式亦是誘發矛盾的重要因素。湖南新政未及京師變法高潮的到來就偃旗息鼓了。它似乎是「百日維新」結局的一個預兆。

1898 年春天的幾個變法方案

由於有官員的上奏、維新團體的呼籲、報刊輿論的傳播、地方新政的舉行，中央做出變法決策的時機日趨臨近。1898 年 1 月 24 日（光緒二十四年正月初三日），康有為應召到總理衙門接受王大臣問話。參加問話的有李鴻章、翁同龢、榮祿、刑部尚書廖壽恒、戶部左侍郎張蔭桓。談話從下午 3 點開始，一直持續到黃昏。據翁同龢日記記載，「康有為到署，高談時局，以變法為主。立制度局、新政局，練民兵，開鐵路，廣借洋債數大端。狂甚」。[17]翁同龢等將與康有為談話情況奏報給光緒帝。光緒命召見康有為，而奕訢則主張先令康有為用書面方式條陳所見，如有可採之處，再令召見。

1 月 28 日，康有為將《日本變政考》及《俄彼得變政記》連同自己奉命趕寫出來的〈請大誓臣工開制度局革舊圖新以存國祚摺〉一併呈遞總理衙門，

17　引自清華大學歷史系編《戊戌變法文獻資料繫日》，上海書店出版社，1998，第 482 頁。

比較系統地提出了自己的變法方案與實施計畫。康有為進呈的《俄彼得變政記》，意在欲光緒帝效法彼得以君權變法的雄心和魄力。「願皇上以俄國大彼得之心為心法。」康有為所說的「心法」，大約有如下幾層意思：（1）有為之君，應知時從變，應天而作，奮其勇武，雷動而草木坼；（2）俄國體制與中國同，中國變法莫如法俄，法俄在學彼得能紆尊降貴，遊歷師學，採萬國之美法，創千古之奇功；（3）威權是實，體制是虛，與其泥虛文之體制不能保實有之威權，則不如以實有之威權改虛文之體制。康有為說，皇上效法彼得，不必完全模仿，要在神武舉動絕出尋常，雷霆震聲，皎日照耀，一鳴驚人，萬物昭蘇，必能令天下回首面內，強鄰改視易聽。

康有為希望光緒帝效法彼得大帝改革的雄心和魄力，更希望光緒帝模仿日本明治天皇變革的方針和措施。為此，他刻意編纂了《日本變政考》一書。這部書果然很受光緒帝的重視，以至於進呈一次之後，再向康有為索要改訂本。康有為在該書的跋語中說：「日本為政，備於此矣。其變法之次第，條理之詳明，皆在此書。其由弱而強者，即在此矣。」、「我朝變法，但採鑒於日本，一切已足。」[18]

嚴復也在此時提出了自己的變法方案。1月27日至2月4日，他在天津《國聞報》上發表〈擬上皇帝書〉。在這篇著名的萬言書中，嚴復深入分析了中國積弱的原因，提出中國之所以積弱，由於內治者十之七，由於外患者十之三。外患幾乎無代無之，而外患之所以成為大患，是因為「內治之不修，積重而難返」。要根本改變局面，只有急起變法，進行徹底的、全方位的、系統的改革，既要布新，更要除舊。嚴復指出：

> 今者審勢相時，而思有所改革，則一行變甲，當先變乙；及思變乙，又宜變丙。由是以往，膠葛紛綸。設但支節為之，則不特徒勞無功，且所變不能久立。[19]

嚴復建議光緒帝在正式宣布變法之前，首先迅速完成三件大事：（1）出洋遊歷，聯各國之歡；（2）到各省視察，結百姓之心；（3）破把持之局。

嚴復的萬言書剛在報紙上連載完，另外一位精通外情的官員伍廷芳也提

18　轉引自王曉秋、尚小明主編《戊戌維新與清末新政》，北京大學出版社，1998，第41頁。
19　王栻主編《嚴復集》第1冊，中華書局，1986，第67頁。

出了一個變法方案。伍廷芳的變法計畫主要著眼於跟世界各國建立良好的通商關係。2月10日，他上〈奏請變通成法折〉，建議主動、有序地向各國商人開放。伍廷芳認為，西方各國以貨來，中國以貨往，有無相通，小民需利。中國若能廣拓商務，精求工藝，師其所長，輔我之短，益處必多。西方各國建國歷史有早有遲，或數百年，或千餘年，通商立國者多，通商失國者無一先例。中國應破除成例，各處開放通商後，應仿照西方國家通例，加重入口稅，減輕出口稅，必對國家財政收入有益。只要控制得宜、權衡得當，就可為將來國家的富強打下基礎。[20]

　　創辦大生紗廠的狀元張謇，於5月22日在呈報給翁同龢的〈農工商標本急策〉中提出三條措施：

> 一、商務亟宜實辦。實辦之計有三：定法；籌款；定捐稅。
>
> 二、工務亟宜開導。開導之計有二：各省開勸工會；派大員集合資本，博采各省著名精巧之器，入巴黎大會，並選名商慧工同往，察視各國好尚風俗，以便推廣製造。
>
> 三、農務亟宜振興。振興之計有四：久荒之地，聽紳民召佃開墾、成集公司用機器墾種；未墾之地，先盡就近之人報買；凡開墾之地，援照雍正元年上諭，水田免賦六年，旱田免賦十年之例，變通為免賦三年，免賦五年；戶部及各衙門費宜明定成數，杜書吏挑剔需索之習，釋民間繳價畏沮之心。[21]

　　上述幾個具有代表性的變法方案頒布的同時，一些單項的改革建議也相繼提出，比較著名的有1897年12月16日貴州學政嚴修請開經濟特科，1898年1月17日兵部尚書榮祿請參酌中外兵制設立武備特科，2月黃思永奏請發行昭信股票，3月御史陳其璋奏請統籌全域向英國借款以相牽制而策富強，御史宋伯魯奏請統籌全域派員往美國集大公司准其興辦中國全境鐵路礦務以保大權而存疆土，剛毅奏請裁冗員薪水各局雜支整頓保甲等。這些單項的改革提案大多很快就得以批准並開始實施。但全域性、政治性較強的變法方案仍被阻滯，因為人事條件尚不具備。

20　丁賢俊、喻作鳳編《伍廷芳集》上冊，中華書局，1993，第49—50頁。
21　《張謇全集》第2卷，江蘇古籍出版社，1994，第12—13頁。

三、明定國是　急行新政

　　隨著維新變法思潮的步步升級，更因外部局勢的日趨緊迫，清廷最高權力層不能不做出變法維新的決定。所做出的決定表明了兩點：一是停止變與不變的爭論，統一思想，一意改革，舉國上下，奮發圖強；二是改革的標準是採用西法，有裨實用，不要空談。但做出的決定既對改革的目標定位不明，也對改革的步驟表述不清。或者說在目標和步驟上並沒有真正統一思想，達成共識。改革採用西法是採用西方政治制度，還是經濟文化管理體制？是先從政治體制入手，還是先從經濟文化體制入手？短期內要實現哪些目標？中長期要達到什麼目標？這些問題都是不清楚的。更重要的是，改革所依靠的核心力量和主體力量到底是哪些人，其實也頗為混沌。所以，所謂明定國是，實際上並不明確。在這樣的情況下，僅憑著皇帝的雄心和康有為等人的熱情，改革就必然要出現急行、漸進和抵制三股勢力的明爭暗鬥與是非難辨的複雜局面。

「明定國是」詔書頒布前後

　　1898 年 5 月末，恭親王奕訢病逝。清廷中樞失去了一個特殊的、對光緒帝和慈禧太后、對政府中各個不同派系均有牽制作用的人物。急欲變法的康有為得知奕訢去世的消息後，立即上書翁同龢，促其速變法，勿失時。康有為連擬數摺，請楊深秀、徐致靖、宋伯魯和李盛鐸等分別以他們的名義遞上，請光緒帝「明定國是」，迅速變法。康有為在代楊深秀所擬〈請定國是而明賞罰摺〉中指出：

> 近者外國交逼，內外臣工，講求時變，多言變法，以圖自保。然舊人多有惡為用夷變夏者。於是守舊開新之名起焉。其守舊者，謂新法概宜屏絕；其開新者，謂舊習概宜掃除。小則見諸論說，大則形之奏牘，互相水火，有如仇讎。臣以為理無兩可，事無中立，非定國是，無以示臣民之趨向；非明賞罰，無以為政事之推行。[22]

　　就在康有為每日忙於代人起草奏摺、請明定國是之時，年輕的光緒帝也在緊張地進行著各種有關「明定國是」的準備工作，特別是說服慈禧太后的工作。光緒帝提出一個以榮祿和剛毅等為首的內閣組織方案，得到了慈禧太后的

22　湯志鈞編《康有為政論集》，中華書局，1891，第 243—245 頁。

認可。6 月 11 日，光緒帝在侍奉慈禧太后用完早膳後，返回養心殿，隨即連發兩道顯然是經慈禧太后首肯的上諭：

> 數年以來，中外臣工，講求時務，多主變法自強。邇者詔書數下，如開特科，裁冗兵，改武科制度，立大小學堂，皆經再三審定，籌之至熟，甫議施行。惟是風氣尚未大開，論說莫衷一是，或托於老成憂國，以為舊章必應墨守，新法必當擯除，眾喙嘵嘵，空言無補。試問今日時局如此，國勢如此，若仍以不練之兵，有限之餉，士無實學，工無良師，強弱相形，貧富懸絕，豈真能制梃以撻堅甲利兵乎？
>
> 朕惟國是不定，則號令不行，極其流弊，必至門戶紛爭，互相水火，徒蹈宋明積習，於時政毫無裨益。即以中國大經大法而論，五帝三王不相沿襲，譬之冬裘夏葛，勢不兩存。用特明白宣示，嗣後中外大小諸臣，自王公以及士庶，各宜努力向上，發憤為雄，以聖賢義理之學植其根本，又須博采西學之切於時務者，實力講求，以救空疏迂謬之弊。專心致志，精益求精，毋徒襲其皮毛，毋競騰其口說，總期化無用為有用，以成通經濟變之才。
>
> 京師大學堂為各行省之倡，尤應首先舉辦，著軍機大臣、總理各國事務王大臣會同妥速議奏，所有翰林院編檢、各部院司員、大內侍衛、候補候選道府州縣以下官、大員子弟、八旗世職、各省武職後裔，其願入學堂者，均准其入學肄業。以期人才輩出，共濟時艱。不得敷衍因循，循私援引，致負朝廷諄諄告誡之至意。將此通諭知之。[23]

「明定國是」詔書的頒發，在變法維新的整體進程中，開啟了一個新的階段，從這一天開始，至 9 月 21 日（八月初六日）政變發生，共計 103 天，史稱「百日維新」。

6 月 12 日，光緒帝就總理衙門奏侍郎榮惠請特設商務大臣及選派宗支遊歷各國摺發布上諭：「商務為富強要圖，著各督撫督率員紳認真講求，妥速籌辦，總期聯絡商情，上下一氣，毋得虛應故事，並將辦理情形迅速回奏，至選派宗室王公遊歷各國，著宗人府察看保薦、聽候簡派。」[24] 次日，光緒帝繼續

23　徐致祥等撰《清代起居注冊》（光緒朝）第 60 冊，臺北聯合報文化基金會，1987，第 30767—30771 頁。
24　參見徐致祥等撰《清代起居注冊》（光緒朝）第 60 冊，第 30774 頁。

頒發上諭，宣布將於三天以後召見工部主事康有為、刑部主事張元濟；令湖南鹽法長寶道黃遵憲、江蘇候補知府譚嗣同送部引見，廣東舉人梁啟超著總理衙門察看具奏。[25] 6 月 15 日，光緒帝在頤和園又連發五諭，引起更為廣泛的關注和更加強烈的反響：

> 嗣後在廷臣工仰蒙慈禧端佑康頤昭豫莊誠壽恭欽獻崇熙皇太后賞項及補授文武一品暨滿漢侍郎，均著於具摺後恭詣皇太后前謝恩。各省將軍都統督撫提督等官亦著一體具摺奏謝。

> 嗣後朕駐蹕頤和園之日，各該衙門遇有應行引見之員，著一體帶領引見。

> 協辦大學士、戶部尚書翁同龢，近來辦事多未允協，以致眾論不服，屢經有人參奏，且每於召對時諮詢事件，任意可否，喜怒見於詞色，漸露攬權狂悖情狀，斷難勝樞機之任，本應察明究辦，予以重懲。姑念其在毓慶宮行走有年，不忍遽加嚴譴。翁同龢著即開缺回籍，以示保全。

> 昨經降旨，令宗人府保薦王公貝勒等選派遊歷。因思近支王貝勒等職分較尊，朕當親行察看，毋庸保薦。其公以下及閒散宗室內如有志趣遠大、才具優長者，著宗人府隨時保奏。

> 王文韶著迅即來京陛見。直隸總督著榮祿暫行署理。[26]

五道諭旨中，第一、二兩道表明，慈禧太后和光緒帝已就變法過程中的人事權限達成共識，中央各部侍郎以上、地方各省提督以上重要官員由光緒帝任命，由慈禧太后考察、訓話，以此確保新選官員的可靠性。第四道諭旨反映出光緒帝日前所發有關宗人府保奏宗室王公貝勒赴各國遊歷的上諭受到了來自皇族上層內部的反對，迫使光緒帝不得不對已發詔諭進行重新解釋。第

---

25 徐致祥等撰《清代起居注冊》（光緒朝）第 60 冊，第 30777—30778 頁。

26 徐致祥等撰《清代起居注冊》（光緒朝）第 60 冊，第 30783—30786 頁。

三和第五道諭旨涉及重要人事變動：翁同龢開缺回籍、直隸總督王文韶調京、新任大學士榮祿調署直隸總督。王文韶入京是為填補翁同龢開缺回籍後所留下的空缺。榮祿調署直隸總督，表面的原因是要補王文韶所留下的空缺，深層的原因則是北洋權重，以利掌控政治全域。人事變動的核心是翁同龢開缺回籍。翁之開缺回籍是由多方面複雜的原因造成的，既涉及具體的外事交涉和禮儀問題，又涉及總體的外交政策，涉及治國方略和變法指導思想，還涉及財政和經濟問題。當時光緒與翁同龢確有不協之處。

　　6月11日，光緒帝在頤和園與慈禧太后就有關變法的問題詳細交換意見後回到宮中，向翁同龢等人傳達慈禧太后的意見，讓他們以此為據去擬定變法詔書。據翁同龢記：「上奉慈諭，以前日御史楊深秀、學士徐致靖言國是未定，良是。今宜專講西學，明白宣示等因，並御書某某官應准入學，聖意堅定。」這反映出慈禧太后和光緒帝設想中的變法指導思想是「專講西學」，而且態度「堅定」。但翁同龢卻提出：「西法不可不講，聖賢義理之學尤不可忘。」[27]翁同龢擬旨，將此寫入其中，就出現了「明定國是」詔中的「以聖賢義理之學植其根本、又須博採西學之切於時務者實力講求」等語。這樣一來，「專講」變成了「博採」，西學由變法的主要內容降到了依附於「聖賢義理之學」的次要地位。在翁同龢看來，這可能是強調在學習西方長處的同時要確保中華民族的文化獨立性，盡可能使變法在穩健中進行。而在慈禧太后和光緒帝看來，這種修正未必能夠容忍。6月12日，光緒帝因張蔭桓被劾，要求翁同龢出面力保。張氏曾擔任過駐美公使，熟悉世界大勢和對外交涉，光緒帝對之十分倚重。翁同龢拒絕為張蔭桓辯解，與光緒帝「據理力陳，不敢阿附」，[28]更加引起光緒帝的不快。6月13日，侍讀學士徐致靖保薦康有為、張元濟、黃遵憲、譚嗣同、梁啟超等人，光緒「欲即日召見」，翁同龢認為「宜稍緩」。[29]

　　由於在外交、內政、財政、人事諸方面的觀點與舉措過於固執乖張，翁同龢不僅受到外國使節的攻擊，並引起官員階層的反感，更使自己站到了與光緒帝相左的地位，或許也不無保守勢力的從中策動，因而導致了6月15日變法一啟動就被開缺回籍的後果。

27　陳義傑整理《翁同龢日記》第6冊，中華書局，1988，第3132頁。
28　陳義傑整理《翁同龢日記》第6冊，第3133頁。
29　陳義傑整理《翁同龢日記》第6冊，第3133頁。

　　恭親王之死與翁同龢被開缺回籍，使清政府中樞機構短期內接連失去了兩位最有影響力和實際權威的核心人物。它究竟會給剛剛開始的變法運動帶來怎樣的影響呢？

經濟和文化方面的改革

　　經濟方面比較重大的變法措施首先是設立國家銀行，此項工作在 1897 年初即已由盛宣懷具體負責，商請總理衙門王大臣並會同北洋大臣、直隸總督王文韶、湖廣總督張之洞等先後在上海籌設總行，在天津、漢口、廣州、汕頭、煙臺、鎮江等處設立分行，1898 年初又在北京開設京城銀行。明定國是詔頒發後，盛宣懷奏報遵旨籌辦國家銀行—中國通商銀行的進展情況及在各省會城市及通商碼頭設立分行的設想。7 月 13 日，光緒帝發布上諭：

> 國家設立銀行，原為振興商務，本非壟斷利權，即著盛宣懷將銀行收存官款，如何議生利息、匯兌官款，如何議減匯費，先與各省關商訂明確，切實辦理，並著戶部諮行各省將軍、督撫、各關監督，凡有通商銀行之處，匯兌官款協餉，如查明匯費輕減，即酌交通商銀行妥慎承辦，以重商務。[30]

　　中國向有舊式的錢莊、票號，規模小，經營方式落後，不能適應近代工商業發展的要求。國家銀行的設立為近代銀行體系在中國的建立奠定了基礎。

　　振興商、工、農、路、礦各業，保護其發展，是經濟方面變法的第二項主要內容。6 月 12 日，在百日維新的第二天，光緒帝即發布上諭，要求設局講求商務：

> 商務為富強要圖，自應及時舉辦，前經該（總理）衙門議請，於各省會設立商務局，公舉殷實紳商，派充局董，詳定章程，但能實力遵行，自必日有起色。即著各督撫督率員紳，認真講求，妥速籌辦，總期聯絡商情，上下一氣，毋得虛應故事，並將辦理情形迅速具奏。[31]

　　7 月 4 日，光緒發布上諭，批准御史曾宗彥等人的奏摺，要求兼採中西之法，講求農政：

30　《戊戌變法》第 2 冊，第 38 頁。
31　徐致祥等撰《清代起居注冊》（光緒朝）第 60 冊，第 30773—30774 頁。

農為富國根本，亟宜振興。各省可耕之土，未盡地力者尚多。著各督撫督飭各該地方官勸諭紳民兼采中西各法，切實興辦，不准空言搪塞……如果辦有成效，准該督撫奏請獎敘。上海近日創設農學會，頗開風氣。著劉坤一查明該學會章程，諮送總理各國事務衙門查核頒行，其外洋農學諸書並著各省學堂廣為編譯，以資肄習。[32]

7月19日，康有為上摺條陳商務，認為：

商之源在礦，商之本在農，商之用在工，商之氣在路……當設專官以講之。先出礦質，發農產，精機器之工，精轉運之路，然後開商學，譯商書，出商報，以教誨之，立商律以保險，設兵艦以保衛之，免釐金稅，減出口徵以體恤之，給文憑，助遊歷經費以獎助之，行比較賽珍會以鼓勵之，定專利嚴冒牌以誘導之，定冊籍草簿之式以整齊之。故宜開局講求，自內國之中，外國之情，土產若何，礦質若何，工藝製造若何，及稅則之輕重，價值之低昂，轉運之難易，天時之寒暖，地利之險彝，何道而浮費可省，何法而利源可興，何經營而貿易可旺，何物暢銷，何物可自製，何方之貨物最多，何國之措施最善，薈萃諸法，草定章程，行之各省埠，則萬寶並出，豈復患貧。[33]

7月25日，光緒帝發上諭：

著劉坤一、張之洞揀派通達商務明白公正之員紳，試辦商務局事宜，先就沿海沿江如上海、漢口一帶，查明各該省所出物產，設廠興工，使製造精良，自能銷路暢旺，日起有功。應如何設立商學、商報、商會各端，暨某省所出之物產，某貨所宜之製造，並著飭令切實講求，務使利源日闢，不令貨棄於地，以期逐漸推廣，馴至富強。[34]

8月2日，光緒帝又發上諭，重申對商務問題的重視：

著各直省督撫認真勸導紳民兼采中西各法，講求利弊，有能創制新法者必當立予優獎。該督撫等務當仰體朝廷開物成務之意，各就該管地方考察情形，所有頒行農學章程及製造新器新藝專利給獎並設立商務局、選派員紳開辦各節，皆當實力推廣，俾有成效……毋得徒托空言，

32　徐致祥等撰《清代起居注冊》（光緒朝）第 61 冊，第 30857—30859 頁。
33　參見湯志鈞編《康有為政論集》，第 325—330 頁。
34　《戊戌變法》第 2 冊，第 43—44 頁。

一奏塞責，並將各項如何辦理情形隨時具奏。[35]

8 月 18 日，康有為遞上〈請開農學堂地質局以興農殖民而富國本摺〉。在這份奏摺中，康有為介紹了外國根據不同的土質，利用農業機械、溫室大棚（玻罩）以及化肥（灰石磷酸骨粉）、選種等工具和方法，大大提高農業產量的情況。[36] 21 日，光緒帝同意康有為等人的建議並發布上諭，宣布在北京設立農工商總局：

> 著即於京師設立農工商總局，派直隸霸昌道端方、直隸候補道徐建寅、吳懋鼎為督理……其各省、府、州、縣皆立農務學堂，廣開農會，刊農報，購農器，由紳富之有田業者試辦以為之率。其工學、商學各事宜亦著一體認真舉辦，統歸督理農工商總局端方等隨時考察。各直省既由該督撫設立分局，遴派通達時務、公正廉明之紳士二三員總司其事。[37]

由於鐵路、礦務事務繁重，涉及面較廣，光緒帝在此之前已於 8 月 2 日下令成立礦務鐵路總局，特派總理各國事務大臣王文韶、張蔭桓專理其事，負責統轄各省開礦築路一切公司事宜。[38]

經濟方面第三個重大變法舉措是國家對重要的發明創造提供專利保護並加以獎勵。康有為建議學習西方經驗，設立專利，鼓勵發明創造：

> 請飭下總署議定勸勵制器、著新書專科。凡有新器新書，呈學政或總署存案，由學政詻行、督撫會銜，加以獎勵，給予特許專賣執照，准其專利數十年……其有能自創學堂、自修道路、自開水利、有功於民者，酌其大小，給以世爵。頃中國之大，尚無槍炮廠，宜募民為之……以中國聰明靈敏之才，四萬萬人民之眾，踴躍舞蹈，竭其耳目心思以赴，皇上之求何求不得哉？[39]

近代世界與古代不同之處就在於隨著人類經驗的積累和知識的增長，知識和科學技術在整個經濟發展和社會進步中所起的作用越來越大。康有為正確把握住了這一時代特點，提出了以專利促科學工藝技術發展的建議。7 月 5 日，

35　徐致祥等撰《清代起居注冊》（光緒朝）第 61 冊，第 30963—30965 頁。

36　〈傑士上書彙錄〉，載黃同明等主編《康有為早期遺稿述評》，中山大學出版社，1988。

37　徐致祥等撰《清代起居注冊》（光緒朝）第 61 冊，第 31035—31037 頁。

38　參見徐致祥等撰《清代起居注冊》（光緒朝）第 61 冊，第 30962—30963 頁。

39　〈請以爵賞獎勵新藝新法新書新器設立特許專賣以勵人才開民智而濟時艱摺〉（1888 年 6 月 26 日），〈傑士上書彙錄〉，載黃同明等主編《康有為早期遺稿述評》。

光緒帝發布上諭，批准了康有為關於設立專利的建議。總理衙門的反應也異常迅速。7 月 12 日正式提出專利和獎勵章程 12 條。第二天，光緒再頒上諭，宣布正式實施專利和獎勵政策。

財政危機和經濟落後，使舉國上下都承受著巨大的壓力，不改革無出路已成共識，加之原來洋務派也打下了相當的基礎，所以經濟方面的改革相對比較順利，在統治集團內部幾乎沒有遇到太大的阻力，地方官員回奏雖有時顯得過於遲緩，但那更多不是因為心理上有抵觸或意存觀望，而是光緒帝留給他們做出反應、貫徹實施、總結彙報的時間實在太少太少。

文化，尤其是教育方面的改革，也是被普遍關注的問題。廢八股的問題提上議事日程後，兩種互相對立的意見隨之產生：一派主張以廢八股改策論為起點，最終全廢科舉；另一派則主張科舉事關重大，應慎重對待。兩派中，前者的代表人物是康有為，後者的代表人物是剛毅。6 月 17 日，康有為連擬兩摺，分別以他自己和御史宋伯魯的名義遞上，痛陳八股之弊，要求光緒帝「獨斷乾綱」，「立廢八股」，而不要通過部臣議論，以免受阻。6 月 22 日，康有為再擬一摺，以翰林院侍讀學士徐致靖的名義遞上：

> 伏望皇上特旨以諭天下，罷廢八股，鄉會試及各項考試，一律改用策論，天下數百萬童生、數十萬生員、萬數舉人，務為有用之學，風氣大開，真才自奮。新政之最要而成效最速者，莫過於此。

要不要廢八股的爭論最後鬧到慈禧太后那裡，慈禧的態度是肯定的。這樣就促成了 6 月 23 日廢八股上諭：

> 著自下科為始，鄉會試及生童歲科各試向用四書文者一律改試策論。[40]

「自下科為始」意味著要等三年以後才能開始實施廢八股。但康有為等維新志士認為，變法事業不能等待。6 月 30 日，康有為替御史宋伯魯擬一摺一片，請光緒帝勿為反對派所搖，將經濟特科併入正科，立廢八股。同時，康有為又令梁啟超四出活動，組織參加完會試後仍留在京城的舉子共同上書，以便在社會上造成廢八股的強大聲勢。7 月 5 日，梁啟超以各省舉人的名義寫成〈公車上書請變通科舉摺〉，請光緒帝特下明詔，將下科鄉會試及此後歲科試中廢止八股試帖，推行經濟六科，以培養人才而抵禦外侮。康有為、梁啟

40　徐致祥等撰《清代起居注冊》（光緒朝）第 61 冊，第 30812—30814 頁。

超等人的活動既在上層遇到了阻力，又在讀書人中間引起了相當強烈的反對。康有為後來說，廢八股的上諭發布後，「八股士驟失業，恨我甚，直隸士人至欲行刺」。[41] 梁啟超也說，廢八股的詔書發布後，「海內有志之士，讀詔書皆酌酒相慶，以為去千年愚民之弊，為維新第一大事也……然愚陋守舊之徒，驟失所業，恨康有為特甚，至有欲聚而毆之者，自是謠諑大興，亦遍於天下」。[42]

　　廢八股是清末中國政治、經濟、文化發展的必然要求，反映出新學力量的擴大和經濟發展對新式人才的需求的增長。但是，僅廢八股而不廢科舉制度，新學的發展仍會受到牽制，而新式知識分子的隊伍又確實沒有壯大到足以與舊式士大夫隊伍相抗衡的程度。為了儘快扭轉這種被動局面，傾向於維新的封疆大吏和滿腔熱忱的維新志士把希望寄託在新式教育系統—學堂的建立上，希望通過學堂普及新式教育，擴大新式知識分子隊伍，並最終廢除科舉制度，因此，學堂成為維新志士關注的另外一個焦點。

　　6 月 30 日，江南道監察御史李盛鐸參照日本和英國的大學體制，提出五條辦學大綱：詳定章程、擇立基址、酌定功課、寬籌的款、專派大臣。幾天以後，總理衙門遞上〈遵籌開辦京師大學堂〉摺，提出：寬籌經費，宏建學舍，慎選管學大臣，簡派總教習。大學堂設於京師，以為各省表率，事當開創，一切制度，均宜審慎精詳，非有明體達用之大臣以管攝之，不足以宏此遠模。尤應慎簡教習，以收尊道敬學之效。[43]

　　7 月上旬，康有為上摺請各省改建或新設中小學堂，嚴旨戒飭各疆臣清查善後局及電報招商局各溢款、陋規、濫費，盡撥為各學堂經費。中學、小學所讀之書、所辦之章程，皆特設書局編輯中外要書，頒發誦讀遵行。改諸廟宇為學堂，以公產為公費。上法三代，旁採西例。責令民人子弟年至六歲者，皆必入小學讀書，而教之圖算、器藝、語言、文字。其不入學者，罪其父母。使人人知學，學堂遍地，不獨教化易成，亦且風氣遍開。農工商兵之學亦盛。[44]

　　7 月 10 日，光緒帝頒發上諭，令各省書院改為新式學堂，改建或新創學堂的工作迅速鋪開，京師、直隸、山西、陝西、兩湖、江浙乃至邊遠的甘肅、

41　樓宇烈整理《康南海自編年譜》，第 45 頁。
42　梁啟超：《戊戌政變記》，《飲冰室合集》第 6 冊，中華書局，1989，第 26 頁。
43　《戊戌變法》第 2 冊，第 410—412 頁。
44　〈傑士上書彙錄〉，載黃同明等主編《康有為早期遺稿述評》。

貴州等省份都有新學堂的設立。第一批女子學校也由經元善等人在上海等地創設，開創了婦女接受正規學校教育的先河。

裁冗署 罷頑臣 用新人

1. 裁冗署

8月23日，雲貴總督岑毓英之子岑春煊以太僕少卿的身分遞呈〈敬陳管見伏冀採擇摺〉。摺中提出十條改革措施，其中第三條專論裁冗署事。其時，光緒帝改革的決心已定，諭旨的語氣也愈益強勁。8月30日，光緒帝在未作任何預備性部署的情況下，陡然發布大規模裁併冗署的上諭，諭曰：

> 詹事府本屬閒曹，無事可辦，其通政司、光祿寺、鴻臚寺、太僕寺、大理寺等衙門事務甚簡，半屬有名無實，均著即行裁撤歸併內閣及禮、兵、刑等部辦理。

> 所有督撫同城之湖北、廣東、雲南三省均著以總督兼管巡撫事，東河總督應辦事宜即歸併河南巡撫兼辦。

> 各省通、佐貳等官，有但兼水利、鹽捕並無地方之責者，均屬閒冗，即著查明裁汰。

> 除應裁之京外各官本日已降諭旨暨裁缺之巡撫、河督、京卿等員聽候另行錄用外，其餘京外尚有應裁文武各缺及一切裁減歸併各事宜，著大學士、六部及各直省督撫分別詳議籌辦，仍將籌議情形迅速具奏。內外諸臣即行遵照，切實辦理，不准藉口體制攸關，多方阻格，並不得以無可再裁敷衍了事。

> 至各省設立辦公局所，名目繁多，無非為位置閒員地步，薪水、雜支虛糜不可勝計。疊經諭令裁併，乃竟置若罔聞，或僅聽委員劣幕舞文，一奏塞責，殊堪痛恨。著各督撫懍遵前旨，將現有各局所中冗員一律裁撤淨盡，並將候補、分發、捐納、勞績等項人員一律嚴加甄別沙汰，限一月辦竣復奏。

> 爾等在廷諸臣暨封疆大吏若具有天良，其尚仰體朕懷，力矯疲玩積習，一心一德，共濟時艱，庶幾無負委任。若竟各挾私意，非自便身圖，

　　即見好僚屬，推諉因循，空言搪塞，定當予以重懲，決不寬貸。[45]

　　諭令意圖明瞭，語氣果斷，是國是之論頒發之後，實施改革的重大舉措，京城內外極為關注。詹事府、通政司、光祿寺、鴻臚寺、太僕寺、大理寺等衙門奉旨被裁，光緒帝又於9月1日諭軍機大臣等：「所有各該衙門一切事宜當並歸內閣六部分辦。著大學士、六部尚書、侍郎即行分別妥速籌議，限五日內具奏。」[46] 9月8日，光緒帝再發諭旨，安置冗署裁併之後的閒散人員。兩天後，未等各王大臣奏上，「再申諭大學士、六部尚書、侍郎及各省督撫等懍遵前旨，將在京各衙門閑冗員缺，何者應裁，何者應併，速即切實籌議。外省道員及同道、佐貳等官暨候補、分發、捐納、勞績等項人員認真裁併，並嚴加甄別沙汰，其各局所冗員一律裁撤淨盡」。諭旨以嚴厲的語氣催督：「大學士、尚書、侍郎、督撫等務當從速籌辦，不准稍事遷延，尤須破除積習，毋得瞻徇情面，用副朝廷綜核名實之至意。」[47]

　　光緒帝一而再再而三地發出上諭，內外大員幾乎沒有一人為妥善處理裁併冗署問題而提出更為完整全面的方案。光緒帝在改革的社會基礎和經濟條件還很不成熟的條件下，憑著奮力改革的主觀願望和節省財政開支的原初目的，沒有從長遠發展和提高效率的角度事先做出比較系統的考慮和安排，也沒有細緻的動員與準備，沒有得到內外大多數官員的認同與支持，試圖在短促的時間內以突然展開的方式完成如此複雜的改革重任，事實上是根本不可能的。它所造成的實際後果是給維新變法的全域增加困難，並使反對改革的勢力獲得社會基礎和輿論支持。它的結局是可想而知的。

　　2. 罷頑臣

　　康有為等認為，在守舊勢力非常強大的條件下，要使變法實施下去，必須使用皇帝的權威，採取能震懾群臣的「大舉動」，對膽敢阻撓新政、誤國病民者，果速罷黜，甚至誅殺一二大臣，以警頑庸，而示朝廷決意除舊圖新之志。6月20日，御史宋伯魯、楊深秀上奏，彈劾禮部尚書、總理各國事務大臣許應騤，指責他品行平常，見識庸謬，妄自尊大，剛愎凌人。光緒帝本欲將許應騤即行罷斥，而剛毅出面為之乞恩，光緒帝不許；又請令總理衙門查覆，

45　徐致祥等撰《清代起居注冊》（光緒朝）第 61 冊，第 31093—31099 頁。
46　《戊戌變法文獻資料繫日》，第 914、943 頁。
47　徐致祥等撰《清代起居注冊》（光緒朝）第 61 冊，第 31164—31166 頁。

仍不許；再請令其自行回奏，光緒帝不得已允之。許應騤對剛毅感激不盡，夜訪剛毅，並謀對付之策。剛毅、許應騤都知道宋、楊彈劾之摺是受康有為鼓動而上的，只有反脣相譏，才能使光緒帝左右為難，不便單方面責罰。因此，最好的辦法是在回奏中，將康有為狠狠指責一番。6月22日，許應騤回奏，請斥逐工部主事康有為。光緒帝看了無可奈何，只得不了了之。

許應騤並未因轉危為安而善罷甘休。他又聯絡洪嘉、聳動御史文悌上摺，彈劾宋伯魯、楊深秀，進一步揭發康有為在京的種種活動。文悌曾與御史黃桂鋆奔走謀議，聯名提議翻國是、復八股。康有為、楊深秀針鋒相對，上摺阻之，並提出敢請亂國是、復八股者重懲之，得到光緒帝的支持。7月8日，文悌遞上嚴參康有為的長摺，指斥宋伯魯、楊深秀與康有為「公然聯名庇黨，誣參朝廷大臣」。光緒帝明白，這是文悌受許應騤的唆使，替許幫腔辯解。為了整肅臺規，光緒帝批諭：「文悌不勝御史之任，著回原衙門行走。」

一波未平，一波又起。這時禮部主事王照擬摺建議皇帝奉太后巡幸中外，請禮部堂官代遞。尚書許應騤、懷塔布拒遞。王照上章彈劾許應騤、懷塔布等禮部堂官。上諭：「懷塔布等均著交部議處。」9月4日，吏部遵旨對禮部堂官阻撓上書言事拿出處理意見，即降三級調用。光緒帝認為處理太輕。因發特諭：

> 若不予以嚴懲，無以儆戒將來。禮部尚書懷塔布、許應騤、左侍郎堃岫、署左侍郎徐會灃，右侍郎溥頲、署右侍郎曾廣漢，均著即行革職。[48]

禮部六堂官一併革職，「舉朝震駭」。被革職的官僚四處活動，尋找時機，組織反撲。據梁啟超《戊戌政變記》所載，禮部堂官一被革職，第二天，滿大臣懷塔布、立山等七人就同往天津謁見榮祿去了。

3. 用新人

在維新變法的高潮中，為了使具有新學識、新思想的通達之才進入中樞機構，參與謀劃新政，康有為等四處奔波，反復上奏，從提議開制度局、設議政處，到奏請開南書房、懋勤殿，最終都因守舊大臣的拖延阻撓和西太后的冷漠拒斥而化為泡影。但是光緒帝並未完全退讓，他知道，如果不破格使用新

---

48 徐致祥等撰《清代起居注冊》（光緒朝）第 61 冊，第 31124—31125 頁；《戊戌變法文獻資料繫日》，第 921 頁。

的人才，新政措施既無法產生，也難以貫徹落實。因此，他頂著巨大的壓力，令各督撫舉薦人才，然後加以挑選使用。在光緒帝挑選使用的俊才新秀中最引人注目的是譚嗣同、林旭、劉光第和楊銳。

譚嗣同，字復生，號壯飛，湖南瀏陽人，出身官僚家庭。1896 年春，譚嗣同北遊訪學，在京城結識梁啟超，謁見翁同龢。在南京，他閉戶養心讀書，冥探孔、佛之精奧，會通群哲之心法，奮臂著述，成《仁學》一書，以新的政治、倫理標準闡發君民關係。他在書中吶喊，要衝決網羅，滌蕩舊俗。他往返於南京上海間，與梁啟超等商量學術，縱論天下事。1898 年 2 月譚嗣同回家鄉湖南協辦新政，在南學會講〈論中國危急〉、〈論今日西學與中國古學〉、〈論學者不當驕人〉、〈論全體學〉等，呼籲聯合眾力，官民上下，通為一氣，相維相繫，以圖國事。《湘報》創刊，他負責編務，撰〈湘報後敘〉，宣導立學堂、設學會，辦報刊。同時，他又與唐才常等設湖南不纏足會，與熊希齡等組延年會，在瀏陽倡建群萌學會。特別是南學會，在湖南維新事業中影響甚大，而譚嗣同「實為學長，任演說之事，每會集者千數百人，慷慨論天下事，聞者無不感動，湖南全省風氣大開，君之功居多」。

譚嗣同應詔於 8 月 21 日抵京，他在給妻子李閏的信中寫道：「朝廷毅然變法，國事大有可為。我因此益加奮勉，不欲自暇自逸。」[49]

林旭，字暾穀，號晚翠，福建侯官人。少負才名，鄉試冠全省，長老名宿皆折節為忘年交。1893 年入都，結交名士，1895 年入為候補內閣中書。1897 年，膠州灣事件發生，在康、梁等人的號召宣導之下，粵學會、蜀學會、閩學會、浙學會、陝學會等相繼出現。林旭成為宣導建立學會的重要骨幹，他遍訪福建在京的名流先達，從中鼓動，實際上成為閩學會中的領袖人物。康有為組織保國會，林旭在其中提倡最力，成為董事。在組建學會的鬥爭實踐中，林旭對康有為所論政教宗旨，大為傾服，拜康為師，追隨問學。康有為編《春秋董氏學》，闡發春秋公羊之理、孔子改制之說，林旭為之作跋，末署弟子侯官林旭。

林旭不僅與康有為聯繫深密，還曾受到朝廷大員榮祿的賞識。榮祿見林旭才學出眾，又是沈葆楨的孫女婿，榮出任直隸總督兼北洋大臣時，想將其引

入自己的幕府。林亦決定就榮之聘。8月29日，署日講起居注官詹事府少詹事王錫蕃上奏保薦通達時務人才，在奏摺中推舉林旭「才識明敏，能詳究古今以求致用，於西國政治之學討論最精，尤熟於交涉商務。英年卓犖，其才具實屬超群」。[50]

劉光第，字裴村，四川富順人，家貧不廢讀，卓犖不與世伍。中進士，授刑部主事，性端重敦篤，治事精嚴，志節嶄然。自中法越南戰爭至甲午中日之戰，他一直為時局危急而憂患思索，希圖變革。1894年，甲午戰爭爆發，劉光第憂國之心如焚，置個人安危於度外，毅然以一候補主事的小臣地位向皇帝遞呈自己的政見書。政見書雖然沒有呈上，但衙門中已公然傳之。當康有為、梁啟超等在京發起組織學會，搞得風風火火時，劉光第與同鄉京官倡設蜀學會，也參與保國會的活動。劉光第被保薦，實際是張之洞在起作用。劉光第與楊銳是好友，楊銳是張之洞駐京的親信。張之洞與陳三立談起劉光第，陳把張的用意告知父親陳寶箴。陳寶箴於8月5日上「密保」摺，共保舉17人，其中就有楊銳和劉光第。

楊銳，字叔嶠，又字鈍叔，四川綿竹人，張之洞任四川學政時賞其才，愛其謹密，收為弟子。1889年，楊銳考授內閣中書，參與修纂《大清會典》，書成，晉侍讀。楊銳每月都有一兩封密函遞送張之洞，向張之洞通報宮闈禁事、朝政動態、官吏黜陟等各方面情況。康有為與諸志士倡設強學會，楊銳起而和之甚力。1896年，上海《時務報》刊行，楊銳在京代派，熱心宣傳。1898年初，他在四川會館組織蜀學會，後列名保國會，又與四川同鄉京官公同商酌，就北京觀善堂舊址創設蜀學堂。

楊銳心儀張之洞，與康有為的關係總是若即若離。一方面他也參與康有為等人倡設學會團體的活動，承認康有為的言行對挽救國家危亡確有積極意義；另一方面，他又認為康多謬妄，不能把救國變法的希望放在康有為身上。

8月29日，光緒帝就陳寶箴保薦人才摺發出諭旨，著各衙門、各督撫傳知楊銳、劉光第等預備召見。9月1日，光緒帝在西苑勤政殿召見楊銳。9月5日，光緒帝正式任命楊銳、劉光第、林旭、譚嗣同為軍機章京，參預新政。

50　國家檔案局明清檔案館編《戊戌變法檔案史料》，中華書局，1958，第163—164頁；《戊戌變法文獻資料繫日》，第906—907頁。

　　四軍機章京上任之後，每日要協助光緒帝批閱大量關於維新變法的奏章，起草上諭。據不完全統計，僅起草上諭一項，從 9 月 6 日至 20 日，就有 56 條，最多的 9 月 12 日，多達 10 條，其緊張勤勉是可想而知的。四軍機章京參與新政，使光緒帝有了較得力的助手，維新變法的節奏也明顯加快。加快的結果，自然會激起守舊勢力更加強烈的抗拒，同時也暴露出四軍機章京中部分人躁進驕浮的毛病。康有為覺得徐瑩甫、徐毅甫、梁啟超、黃遵憲等人入軍機更合適。因此，極力推動光緒帝開懋勤殿。

從鼓動設制度局到急欲開懋勤殿

　　先變法律、官制，在皇帝的身邊新設制度局，是康有為一派主張維新變法的政治綱領。康有為在向朝廷口頭表達自己的政治主張之後，旋即呈遞全面闡述自己變革方案的政見書，即上清帝第六書，題名〈為外釁危迫，分割洊至，急宜及時發憤，大誓臣工，開制度、新政局，革舊圖新，以存國祚〉。康有為明確提出：「考日本維新之始，凡有三事：一曰大誓群臣以革舊維新，而採天下輿論，取萬國之良法；二曰開制度局於宮中，徵天下通才二十人為參與，將一切政事、制度重新商定；三曰設待詔所，許天下人上書，日主以時見之，稱旨則隸入制度局。此誠變法之綱領、下手之條理，莫之能易也。」[51]

　　康有為的本意，一是要採西方三權分立的精神來指導中國的維新變法，嘗試先將立法權與行政權分別開來；二是試圖轉移或至少是分解軍機處和總理衙門的權力，在皇帝周圍另行設立議政機構；三是為具備新學知識但地位卑微的人才，找到直接進入宮內決策新政的合法途徑和舞臺。

　　在康有為的設計中，包括兩層權力關係，即朝廷內部制度局與其他十二專局的關係；制度局與地方新政局、民政局的關係。內之專局其名稱與功能如下。

　　（1）法律局，考萬國法律公法，以為交涉平等之計，或酌一新律，施行於通商口岸，以入萬國公法之會。

　　（2）稅計局，掌參用萬國之稅則，定全地之稅、戶口之籍、關稅之法、采祿之制、統計之法、興業之事、公債之例、訟紙之制。

51　《戊戌變法文獻資料繫日》，第 555 頁。

（3）學校局，掌於京師。各直省即書院、佛寺為學堂，分格致、教術、政治、醫律、農礦、製造、掌故、各國語言文字諸科，別以大小，公私並立，師範、女學而廣勵之，其有新書、新藝、新器者，獎勸焉。

（4）農商局，掌凡種植之法、土地之宜、墾殖之事、賽珍之會、比較之廠，考土產、計物價，定幣權，立商律，勸商學。

（5）工務局，掌凡製造之廠、機器之業、土木之事。

（6）礦政局，掌凡天下一切礦產，開礦學，定礦則，凡開礦者隸焉。

（7）鐵路局，掌天下開鐵路事。

（8）郵政局，掌修天下道路及通信、電報之事。

（9）造幣局，掌鑄金、銀、銅三品，立銀行，造紙幣，試其輕重。

（10）遊歷局，掌派人遊學外國，一法一藝，宜得其詳，其有願遊學者報焉。

（11）社會局，泰西政藝，精新不在於官而在於會，以官人寡而會人多，官事多而會事暇也。故皆有學校會、農桑會、商學會、防病會、天文會、地輿會、大道會、大工會、醫學會、各國文學會、律法會、剖解會、植物會、動物會、要術會、書畫會、雕刻會、博覽會、親睦會、布施會等，宜勸令人民立會講求，將會例、人名報局考察。

（12）武備局，掌編民兵，購鐵艦，講洋操，學駕駛，講海戰。

康有為說：「十二局立而新制舉。凡制度局所議定之新政，皆交十二局施行。」這種關係是議政與行政既相互區別又相互統一的關係。其統一性意味著在朝廷內部不是光設立制度局的問題，而是要建立與制度局相配套的整個執行系統。新的執行系統的建立，將對原有六部存在的必要性構成實際的挑戰。

除朝廷內部權力關係的調整之外，制度局還要關涉朝廷與地方各級的權力結構。在道、縣兩級分別設新政局和民政局，作為在地方貫徹落實新政的權力機構。每道設一新政局督辦，不拘官階，隨帶京銜，准其專摺奏事，聽其辟舉參贊隨員，授以權任。凡學校、農工、商業、山林、漁產、道路、巡捕、衛生、濟貧、崇教、正俗之政皆督焉。每縣設一民政局，由督辦派員會同地方紳士公議新政，以釐金與之，其有道府缺出皆令管理。三月而責其規模，一年

而責其治效。學校幾所、修路幾里、製造幾廠，皆有計表上達制度局。新政局、民政局與制度局的關係，仍是議政與行政的關係，行政者有責任將有關情況上達制度局，但議政與行政不是統屬關係。

康有為向總理衙門遞交開制度局的條陳之後，緊接著就在維新派中做起宣傳鼓動工作來。他把所遞條陳的副本拿出去互相傳閱，獲得認同，又分別為之起草奏摺，以圖造成聲勢，引起光緒帝的重視，同時也可迫使總理衙門速將條陳遞進，不能故意拖延。6 月 16 日，光緒帝召見康有為。康借此良機，向光緒帝口頭表達了開制度局的設想。康說：「今數十年諸臣所言變法者，率皆略變其一端，而未嘗籌及全體。又所謂變法者，須自制度法律先為改定，乃謂之變法。今所言變者，是變事耳，非變法也。臣請皇上變法，須先統籌全域而全變之。又請先開制度局而變法律，乃有益也。」[52]

康有為見光緒帝對他的變法思路和開制度局的要求，表示認同的態度，便於召見的第二天，又代宋伯魯擬摺。摺中以「三權鼎立」之義為依據，追溯中國政治傳統，明確提出開立法院於內廷、酌定憲法的主張，使開制度局的設想更加明朗、更具現代意識的色彩。宋摺上奏之後兩天，6 月 19 日，康有為又上一摺，為推行新政，請御門誓眾，開制度局以統籌大局，革舊圖新，以救時艱。康有為代他人草擬奏章時，一般不提制度局，而提議政處、立法院等。但康自己的上書，或面見光緒帝時的答對，總是提制度局。康有為這次上奏，也是直接提出開制度局的問題。他始終強調開制度局是整個變法大局中的提綱立本之事，希望皇上從此處下手。

康有為步步逼進，光緒帝也有些情意衝動。總署動作遲緩，光緒帝很不滿意，甚至動怒，責令他們拿出意見。總署王大臣在為難之中想找靠山來應付皇帝。慶親王奕劻暗中將康有為、光緒帝的方案和態度陳報於西太后，並加進他自己的反對理由。西太后的反應是諭以「既不可行之事，只管駁議」。7 月 2 日，奕劻等在上奏中對康有為開制度局及變法的整體方案逐段反駁，否定了開制度局的必要性。光緒帝讓總理衙門「另行妥議具奏」。奕劻接旨後，拖了十天，7 月 13 日才上奏，又找出一個推脫的辦法，他說康有為所上條陳主要不是外交方面的事，而是內政改革的重大問題，總理衙門不能單獨對此

52　樓宇烈整理《康南海自編年譜》，第 41 頁；《戊戌變法文獻資料繫日》，第 697 頁。

做出議斷，應由軍機處等王大臣會同議奏，再由皇帝聖裁。光緒帝無可奈何，只得批示：「著軍機大臣，會同總理各國事務衙門王大臣，切實籌議具奏。」並特意加上一句：「毋得空言搪塞。」8月2日，以軍機大臣世鐸領銜上奏，提出開制度局應變通為：「皇上延見廷臣，於部院卿貳中，如有灼知其才識，深信其忠誠者，宜予隨時召對，參酌大政。其翰林院、詹事府、都察院值日之日，就輪派講讀、編檢八人、中贊二人、科道四人，隨同到班，聽候隨時召見，考以政治，借可覘其人之學識氣度，以備任使。」[53] 如此一變通，制度局這一常設機構就沒有必要了。康有為的本意是要使議政與行政分開，要設立立法議政的常設機構；是要轉移軍機處、總理衙門的權力。世鐸等人的變通，仍是保持原來君臣召對的老套。

在世鐸等軍機大臣上奏否定康有為開制度局於內廷的設想之前，康有為即已與梁啟超等人開始策劃在內廷開懋勤殿。懋勤殿在紫禁城內，清代已有開懋勤殿議政的先例。康、梁等人最直接的目標是要進到皇帝身邊，參與議政。他們認為，制度局既是外來名字，又目標太大，易遭阻遏，也許開懋勤殿更實際可行。

孫家鼐與奕劻聲氣相通。在他們看來，康有為等人是品學不純、心術不正、鄉評不佳的。他們表面上不反對開南書房、懋勤殿，但是他們無論如何也不能讓康有為等人進入內廷，日值皇帝左右。他們要從品學、心術上做文章，使光緒帝心存疑忌，不敢擢用。

開制度局和開懋勤殿均無下落。又一個多月過去了，康有為等仍在繼續奔走努力。9月5日，康有為代徐致靖草擬的〈冗官既裁請置散卿以廣登進摺〉遞到了光緒帝的手裡。同日奉上諭「著孫家鼐妥速議奏」。9月9日，孫家鼐議覆徐致靖請設散卿摺遞上。從孫摺中可知，康有為、徐致靖所謂置散卿不過是開制度局、懋勤殿的另一種提法，目的仍然是區別行政之官與議政之官，使康有為等人有機會進入議政機構。軍機大臣仿照慣例，將「孫家鼐等封奏恭呈慈覽」，結果是徐摺「應無庸議」。

開制度局、懋勤殿，是維新派的政治綱領，是關係政治大權的重新分配和清朝政治體制的變革問題，亦涉及很大一部分官員的地位和切身利益，同時

---

53 〈軍機大臣世鐸等摺〉，《戊戌變法檔案史料》，第10頁。

還牽及對康有為等人人品學術的評論等。慈禧太后是個老辣的政治家，從她
的政治眼光角度看，對此二事決不能輕易讓步。當光緒帝決意要開懋勤殿時，
慈禧卻冷漠置之。有記載說：「皇上赴頤和園請安。上意仿照先朝懋勤殿故事，
選舉英才，並延東西洋專門政治家，日夕討論，講求治理，從康請也。蓄心多
日，未敢發端，恐太后不允。至是決意舉辦，令譚嗣同引康熙、乾隆、嘉慶三
朝諭旨擬詔……赴頤和園時稟請太后之命。太后不答，神色異常，懼而未敢申
說。」[54] 康有為等焦急地盼望著從光緒帝那裡能傳出好的消息，誰知等來的卻
是令人惶恐不安的密詔。9 月 15 日，光緒沮喪地回到大內，召見楊銳，令其
帶出密詔速籌對策。

四、陰影下的困局與悲劇

　　當變法進入高潮之後，原本存在的各種矛盾逐漸尖銳化。滿、漢之間，帝、
后之間，新、舊之間，聯英日與聯俄之間，滿族大臣之間，漢族大臣如翁同龢、
張蔭桓、張之洞、李鴻章等之間，維新派內部康黨與其他人士之間等多層次、
多方位的種種摩擦對峙也都因甲午戰後外部壓力的增大、國家財政危機的加
深，而日益加劇。康、梁等維新人士由於指導思想上存在問題，總以奔競躁進
的姿態，試圖鼓動年輕無政治經驗、無真實權力的光緒帝，以發號施令、急賞
急罰的方式，在一個很短的時間內，不顧各種矛盾的客觀實際，而取得變法的
成功，這實際上是不可能的。百日維新，西太后表面放手，實際無時不在關注
控制，光緒帝在康有為等人的鼓動下，情緒越來越不冷靜。禮部六堂官的罷黜
和冗署冗員的裁撤，由於過急過猛而引起強烈的社會動盪和心理不安，這些都
預示著慈禧出而執政的時機即將來臨。維新變法的失敗當然是由於守舊勢力的
絕對強大造成的，但也與光緒帝及康、梁等人政略上的失誤緊密相關。

袁世凱奉召入京的前前後後

　　光緒帝對袁世凱的特殊青睞，顯然會引起榮祿和其他握有兵權的人的驚
疑和警惕，但對西太后，與其說是疑懼，不如說是光緒帝愚蠢地授之以柄，使
西太后毫不猶豫地亮起了「紅燈」。「紅燈」一亮，光緒帝和康、梁等人更加
亂了陣腳，企圖孤注一擲，把轉危為安的一線希望全部押到袁世凱一人身上。

54　蘇繼祖：〈清廷戊戌朝變記〉，《戊戌變法》第 1 冊，第 342 頁。

袁世凱後來的活動，並不是政變發生的關鍵因素，但袁世凱之被光緒帝召見擢升，的確是引發政變緊要的一環。

袁世凱，字慰亭，河南項城人。1882 年隨吳長慶軍入朝鮮，表現出幹練的作風和勇敢的精神。1884 年 11 月，朝鮮發生「甲申事變」，袁臨機應變，敗日軍，救韓王，幹得非常出色，深得李鴻章的信賴。1890 年升二品銜分省補用道，繼續留駐朝鮮。1892 年以海關道存記擢用。1893 年實授浙江溫處道，實缺實職，本應赴任，經李鴻章奏留，仍駐朝鮮，處理一切事務。

1895 年袁奉旨督練「新建陸軍」。短短兩三年的時間，督練的新建陸軍取得引人矚目的成績。袁世凱是政治上嗅覺靈敏度很高的人，他長駐朝鮮，從事軍事、商務、外交等活動，瞭解外洋情形，產生了變法圖強的要求。1895 年 8 月 2 日，光緒帝召見他，命他條陳變法事宜，他即上了一份長達一萬三千餘言的條陳，分為儲材九條、理財九條、練兵十二條、交涉四條，從政治、經濟、文化、軍事、外交等多方面闡述了他的改革意見。

從袁世凱的經歷和甲午戰後的表現可以看出，袁氏是有經驗、有思想、知大局、欲變法救國的人，且有一定的政治地位，能與朝廷重臣直接交往。他與康有為都憂患時局，急欲實現自己報國之志，但兩人變法思路、人生經歷、活動的政治背景都大不相同。

當光緒帝和康有為等人急進的變法路線遭遇巨大的阻力時，他們已惶惶不安，擔心將發生剝奪皇帝改革大權的軍事政變。為防備不測，康有為從戊戌年六月起開始謀劃爭取軍隊控制權的行動。他首先想到有可能被爭取過來的人就是袁世凱。康有為派徐仁祿到袁世凱幕府中去摸底，主要目的是離間袁與榮祿的關係。通過光緒帝對袁的召見和提升，使袁脫離榮祿的轄制，效忠光緒帝，進而謀殺榮祿，控制軍權，挾制太后，震懾群臣，強行變法。

主意打定之後，冒險計畫一步一步開始實行。9 月 11 日，康有為將署禮部右侍郎徐致靖草擬的保薦袁世凱的奏摺遞上。不冷靜的康有為的自作聰明，加之年輕的光緒帝在政治上的不成熟，使本來已經十分緊張的政治形勢猛然惡化。徐致靖摺遞上的當天，光緒帝發出上諭，「電寄榮祿，著傳知袁世凱即行來京陛見」，並將徐摺「恭呈慈鑒」。[55] 榮祿與慈禧都是政治上極機警的人，

55　《戊戌變法文獻資料繫日》，第 959、961 頁。

他們絕不會無動於衷，相反，只會從容布局，以待康有為等自投羅網。

慈禧知道光緒帝要召見袁世凱的消息後做出的反應是「神色迥異尋常」。光緒帝給楊銳帶出密詔：「近日朕仰觀聖母意旨，不欲退此老耄昏庸大臣而進英勇通達之人，亦不欲將法盡變。朕豈不知中國積弱不振，非力行新政不可？然此時不惟朕權力所不及，若強行之，朕位且不保。爾與劉光第、譚嗣同、林旭等詳悉籌議，必如何而後能進用英達，使新政及時舉行，又不致稍拂聖意。即具奏，候朕審擇，不勝焦慮之至。」[56]

光緒帝想召見袁世凱，授以特殊權力，公開與慈禧爭奪軍事力量的控制權。慈禧做出如此強烈的反應，榮祿的行動又如何呢？9月15日，「早車有榮相密派候補道張翼進京謁慶邸，呈密信並稟要事。據見此信者言信有四五十頁八行書之多」。[57]一封四五十頁的信，已經是非同尋常了，當是有很重要的事要予以說明和商討；這麼一封長信，應非一日可就；從乘早車密派張翼進京、呈密信、稟要事等緊急情況看，似非許多天以前的事，很可能就是光緒帝上諭：電寄榮祿，著傳知袁世凱入京陛見之後，榮祿要與慶親王奕劻密商對策，故而派專人持密信急赴京師。榮祿此舉正是袁世凱已到北京，正預備召見之時。

榮祿農曆七月間致董福祥函曰：「貴部邇來分紮各處，聞與地方紳民均能聯絡，約束嚴明，良深敬佩。秋高氣爽，天色暢晴，正好督飭各軍，勤加訓練。三秦勁旅，移衛畿疆，壯我軍容，隱維大局，長城之望，知非公莫屬。」[58]函稿中值得注意的是「隱維大局，長城之望，知非公莫屬」。這應視為「召袁入京」之事發生後，榮祿向董福祥做出的重要暗示，讓董部做好準備，隨時聽從調遣。

西太后、榮祿對「召袁入京陛見」尚且如此看重，對陛見後事態的發展，自不能不予以嚴密監視。

9月16日，光緒帝在頤和園毓蘭堂召見袁世凱。見後發出上諭：「直隸按察使袁世凱辦事勤奮，校練認真，著開缺以侍郎候補，責成專辦練兵事務，所有應辦事宜著隨時具奏。」[59]當天晚上，康有為、梁啟超等知此上諭，喜出

56　《清史稿》第4冊，中華書局，1998，第3266頁。
57　《戊戌變法》第1冊，第343頁。
58　《戊戌變法文獻資料繫日》，第1008頁。
59　《戊戌變法文獻資料繫日》，第1017頁。

望外，拍案叫絕，說：「天子真聖明，較我等所獻之計尤覺隆重，袁必更喜而圖報矣。」他們在慶賀薦袁計畫成功的同時，正籌謀著軍事政變的行動方案。[60]

袁世凱由於被召見而極不自安，深知「無寸功受重賞決不為福」，就利用在京城停留時間，盡可能多地去疏通達官貴人，求得他們的諒解和信任，以免不測之禍。當天午後，袁去拜謁禮邸，不遇，拜謁剛相國和王、裕兩尚書，均晤，備述無功受賞萬不克稱，並商王尚書，擬上疏辭。王尚書謂出自特恩，辭亦無益，反著痕跡，甚謂不可。9 月 17 日早，袁謝恩召見，「復陳無尺寸之功，受破格之賞，慚悚萬狀」。光緒帝反而笑著說：「人人都說你練的兵、辦的學堂甚好，此後可與榮祿各辦各事。」袁世凱當然明白，這是讓他脫離榮祿的節制，以後直接聽從皇帝的調遣。這使袁心裡更感沉重。退下，在宮門外候見慶邸，匆匆數語，即回寓。[61]

9 月 18 日晨，袁世凱趕緊去拜謁李鴻章，與他「久談兵事」。午飯後，又去拜見慶親王奕劻。可以說，除張蔭桓之外，當時朝廷掌權的重臣，袁都一一拜訪，以此聯絡感情，以防後患；同時，也證明自己在京城沒有進行別的活動。

因光緒帝有旨令八月初五日請訓，而榮祿催他速回營，袁需擬摺稟明緣由，申請提前請訓。正在內室秉燭擬稿時（也就是初三日夜），譚嗣同有要公來見。譚是軍機章京，又是新貴近臣，突然來訪，袁只得擱筆出迎。譚便服稱賀，「謂有密語，請入內室」。袁「屏去僕丁，心甚訝之」。果然，譚要求袁請旨赴津誅榮祿，然後率兵圍頤和園。袁大驚失色。

譚嗣同走後，袁世凱心神無法安定，他反覆籌思，如癡如病。本準備初四請訓回津，因摺稿沒有擬就，也因如何應付譚嗣同提出的要求而頗費心思，故初四一天，可能是在寓所閉門未出，徘徊審思，最後決定，利用遞摺請訓的機會，向光緒帝暗示：要慎重用人，以防釀生大變。

9 月 20 日，袁世凱請訓上奏，摺中說：

> 古今各國變法非易，非有內憂，即有外患，請忍耐待時，步步經理，如操之太急，必生流弊。且變法尤在得人，必須有真正明達時務、老成持

60　《戊戌變法文獻資料繫日》，第 1018—1019 頁。
61　《戊戌變法文獻資料繫日》，第 1055 頁。

重如張之洞者，贊襄主持，方可仰答聖意；至新進諸臣，固不乏明達猛
勇之士，但閱歷太淺，辦事不能慎密，倘有疏誤，累及皇上，關係極重。
總求十分留意，天下幸甚。臣受恩深重，不敢不冒死直陳。

　　袁世凱如此上奏，應當說是很符合他當時的思想狀態的。袁世凱退下，
因急欲回津，即赴車站。到車站，等候達佑文一同返津。達佑文是榮祿主管陸
軍的幕僚。袁與達同來同往，使自己的行蹤有人做證，亦可避免因皇帝的特殊
召見而使榮祿對自己起疑心。這正是袁世凱成熟周密的表現。袁、達乘坐的
是 11 點 40 分的火車。下午 3 點鐘到津。同城文武各官咸往迎迓。袁下車後
即往總督府，榮祿已令衛兵夾道羅列，見到榮祿，「略述內情，並稱皇上聖孝，
實無他意，但有群小結黨煽惑，謀危宗社，罪實在下，必須保全皇上以安天
下」。當榮祿詳知原委後，驚恐失色，大呼冤曰：「榮某若有絲毫犯上之心，
天必誅我，近來屢有人來津通告內情，但不及今談之詳。」袁說：「此事與皇
上毫無干涉，如累及上位，我惟有仰藥而死耳。」兩人籌商良久，迄無善策。[62]

　　當 9 月 21 日榮祿與袁世凱正在天津造膝籌商，苦無良策以彌合兩宮之時，
朝廷已赫然頒發慈禧訓政的上諭。上諭內容絲毫未涉及譚嗣同策動袁世凱發動
軍事政變之事。可知慈禧訓政與袁告密與否並無直接關係。

伊藤博文來華

　　伊藤博文是在戊戌政變將發未發的緊要時刻來到北京的。他的到來，既
有複雜的背景，又有隱祕的目的。他身分顯赫，易招各方面注目，亦易為各方
面所利用。維新變法者欲藉以為助，穩健守舊者欲藉以發難，而伊藤自己顯然
另有打算。毫無疑問，伊藤的到來是與政變的發生緊密交織在一起的。

　　伊藤博文，日本著名政治家，1898 年 6 月，第三次伊藤內閣總辭職。伊
藤辭職不久，就醞釀來中國「遊歷」。與此同時，維新派的聯日活動，特別是
在上海，也在緊鑼密鼓地進行。

　　伊藤博文 8 月 3 日由日本啟程，啟程前，多次與明治天皇祕密會談。[63] 啟
程時，「各大臣均至伊藤住宅送行」，「聞其中尚有密議」。9 月 12 日早 9 點鐘，
伊藤拜謁直隸總督榮祿，交談一小時。9 月 14 日午前 11 時，伊藤一行乘火車

62　譚嗣同見袁及袁見榮祿資料，均見《戊戌變法文獻資料繫日》，第 1056—1057 頁。
63　《戊戌變法文獻資料繫日》，第 868 頁。

抵達北京。9 月 15 日，伊藤拜見總署王大臣，訪問李鴻章。伊藤談話的主要精神：（1）對光緒帝銳意圖新表示讚賞；（2）主張用人要老成練達者與盛壯氣銳者相配合；（3）變法圖新必須循序以進，詳加規劃，理其端緒，細細考慮，切忌輕躁，不可猝然急激；（4）軍隊改革的當務之急在辦士官學校，培養人才；（5）經濟方面的改革應著眼於置產興業，而非專注於關稅一途。

9 月 17 日《國聞報》報導，外間傳言有初五日（9 月 20 日）伊藤入觀皇上之說，「近日京朝大小官奏請皇上留伊藤在北京用為顧問官，優以禮貌，厚其餼廩。持此議者甚多」。9 月 17 日，「慶邸、端邸同赴頤和園，哭請太后訓政，且言伊藤已定初五日觀見，俟見，中國事機一洩，恐不復為太后有矣。」[64]

9 月 18 日，與李鴻章之子李經方為姻親關係的廣西道監察御史楊崇伊向西太后上了一個可以置康有為於死地的密摺，此摺將維新派的聯日戰略與孫中山的反清活動聯繫起來，使西太后不能不提起十二分的警惕。

李提摩太是康有為、梁啟超早已崇拜並且交往甚密的英國傳教士。康有為向光緒帝推薦，建議聘請這位傳教士當中國維新改革的顧問。當伊藤一行到達北京時，李提摩太與容閎、袁昶一道也來到了北京。李提摩太與伊藤同住一個旅館，又與伊藤的祕書有過長時間的談話。從《國聞報》的報導到楊崇伊的密奏，再參考李提摩太的記述可知，9 月 17 日、18 日，京城已有輿論認為，皇帝於 9 月 20 日要召見伊藤，伊藤有可能被聘為顧問。同時，暗中極力阻止聘用伊藤的圖謀也在緊張地進行之中。一方面，伊藤作為兩國交往的重要一環，西太后等人不可能不給他一點面子，不可能突然改變原定的計畫。他們既要光緒帝召見伊藤，但又不能讓光緒聘用伊藤。另一方面，康有為等維新派已知事成敗局，但仍對光緒帝召見伊藤寄託希望。此時光緒帝已密諭康有為迅速離開北京，但康沒有遵旨速行。但見康氏兄弟等紛紛奔走，意甚忙迫。大概康、梁這時尚未估計到政變會來得如此迅疾。他們想先發制人，國內力量方面，他們不惜孤注一擲，拉袁世凱搞武裝冒險；國際力量方面，他們想全力爭取英、日的支持。據李提摩太的祕書程淯所記，9 月 18 日午後，康有為去找李，「言新政施行甚難，吾頃奉諭旨辦上海官報，明日將南下矣。吾欲乞友邦進忠告，

而貴邦公使又不在京，至可惜也」。李說：「竟不能調和兩宮乎？」康說：「上行新政，盈廷衰謬諸臣恐被罷黜，哭訴太后，太后信之，致橫生阻力，夫復調和之可言。」[65]

康有為從袁世凱那裡未能獲得明確的答覆，到李提摩太這裡也是無可奈何。他只能把全部希望放在伊藤身上了。9月19日，午後3時，康有為去找伊藤，告知伊藤光緒帝的困境，請求他從國際局勢的危急角度說服西太后贊成變革。兩人可謂知無不言，言無不盡，一連談了三個多小時，夜幕降臨方別。

伊、康私晤，充分表露出康有為在政治上的幼稚可笑。其實，在康有為來找伊藤之時，慈禧出而訓政的大局已定。伊藤對康的請求，不過應付而已。伊藤來華的主要目標是聯華制俄，以求日本在中國的殖民權利獲得更大發展，所以，他決不會為支持政治上不成熟的康有為急進的變革思路而妨礙自己與清廷決策者的交往。

9月20日午前11時，伊藤博文謁見光緒。從召見過程看有幾點值得思考。第一，召見的時間安排在午前11時，這顯然是沒有準備長談。第二，正當光緒帝將話題轉到讚佩伊藤擘畫日本維新事業，取得顯著成效這一實質問題上來時，慶親王與光緒帝耳語移時。之後，光緒帝只接著說了一句，而這一句的真正含義是要伊藤將對中國維新變法的建議和看法告訴總署王大臣。這即是說，接收伊藤建議的權力是由總署王大臣掌握的。第三，整個召見過程只有約兩刻鐘，中間還穿插了慶親王好一會兒的耳語，更使召見短暫簡略。這樣的安排和結果，既遠沒有達到康有為所希望的效果，也與光緒帝自受康有為的影響之後，對日本維新成就的熱切嚮往心情很不相符。

光緒召見伊藤第二天，9月21日，執政權完全轉移到慈禧手裡。康有為等維新派試圖使光緒帝召見伊藤成為朝廷權力結構發生新變動的一個契機。他們想通過渲染國際局勢的萬分危急，來證明建立中、日、英、美聯盟的必要，又因建立聯盟而需要共選通達時務曉暢各國掌故者百人，專理四國兵政稅則及一切外交等事。這百人不能無主腦，所以請速簡通達外務、名震地球之重臣，如李鴻章這樣的人，去同李提摩太、伊藤博文商酌，再請康有為當參贊。這實際上是要成立一個以光緒帝為首，以李鴻章、李提摩太、伊藤博文、康有為為

65　《戊戌變法》第1冊，第421頁；《戊戌變法文獻資料繫日》，第1027頁。

輔，以百名維新人士為骨幹的新政府。這個計畫，當慈禧訓政的上諭一頒發，就立刻化為泡影了。

撲朔迷離的政變過程

面對西太后的滿臉怒氣，光緒帝已陷入進退兩難的困境，一方面，康有為等維新派要全力推動光緒帝去實現他們自己的改革計畫；另一方面，西太后因袁世凱入京之事而向光緒帝亮出了「黃牌」。9月15日，光緒帝賜楊銳密詔說：

> 近來仰窺皇太后聖意，不願將法盡變，並不欲將此輩老謬昏庸之大臣罷黜而登用英勇通達之人，令其議政，以為恐失人心。雖經朕累次降旨整飭，而並且有隨時幾諫之事，但聖意堅定，終恐無濟於事。即如十九日之朱諭（指將禮部堂官革職的朱諭），皇太后已以為過重，故不得不徐留（《趙柏巖集》29頁為「徐圖」）之，此近來實在為難之情形也。朕亦豈不知，中國積弱不振至於阽危，皆由此輩所誤。但必欲朕一旦（《趙柏巖集》為「旦」）痛切降旨，將舊法盡變而盡黜此輩昏庸之人，則朕之權力實有未足。果使如此，則朕位且不能保，何況其他？今朕問汝，可有何良策，俾舊法可以漸（《趙柏巖集》為「全」）變，將老謬昏庸之大臣盡行罷黜，而登進英勇通達（《趙柏巖集》為「通達英勇」）之人令其議政，使中國轉危為安，化弱為強，而又不致有拂聖意。爾等（《趙柏巖集》為「其」）與林旭、譚嗣同、劉光第及諸同志妥速籌商，密繕封奏，由軍機大臣代遞，候朕熟思審處（《趙柏巖集》無「審處」二字），再行辦理。朕實不勝緊急翹盼之至。特諭。[66]

9月16日，光緒發出上諭，袁世凱「著開缺以侍郎候補，責成專辦練兵事務，所有應辦事宜著隨時具奏」。趙柏巖記：「御史楊崇伊善總管太監李蓮英，內事纖悉報知之。崇伊亦去天津詣榮祿，告曰：『上之用慰亭，欲收兵權也。上得權必先圖公，公其危哉？且康有為亂法，臣工怨之，事宜早圖也』……榮祿謂崇伊曰：『爾言官也，可約臺垣請太后訓政，試歸與慶邸謀之。』遂為書與崇伊還京。」[67]楊崇伊去天津找榮祿之前，找過王文韶和廖壽恒，但這

---

66 《戊戌變法》第2冊，第91—92頁。
67 趙炳麟：《趙柏巖集》，潛並草堂，1922年印本，第29頁。

兩位漢族大臣不敢做主。楊已擬好請太后訓政的摺稿。他說服榮祿的理由非常明確，就是皇帝擢用袁世凱，是要收兵權，兵權一旦由皇帝掌握，首先要殺的就是榮祿。其實這個道理用不著楊崇伊來給榮祿講，榮祿自己心裡非常明白，所以兩人一拍即合。榮祿要楊崇伊回京與慶親王奕劻商量，並寫了親筆信託楊交慶親王，表示自己贊成和支持政變。

從上述情況看，政變發生的直接源頭起於光緒帝召袁入京陛見，引起西太后的驚疑和發怒。懷塔布等被罷免的高級官員正伺機反撲，阻止光緒帝的改革。因楊崇伊與李蓮英的關係，得知太后的真實心態，遂乘機聯絡榮祿與慶王，策劃擁太后再訓政。

楊崇伊回到北京是 16 日的晚上或 17 日的上午。他奉榮祿之意，先找慶王等人謀劃，再向太后上奏。趙柏巖記：「崇伊與慶王、端王、徐桐、懷塔布、立山等日夜謀，因約仲炘（張仲炘）聯名上書太后，請訓政以慰天下之望。至頤和園門外，不得達（時皇上在乾清宮，奏事官皆隨皇上。太后歸政久，頤和園未設奏事官），遇端王載漪弟鎮國公載瀾，告以故，載瀾遂持摺遞太后。」[68]從檔案文獻看，楊崇伊請太后訓政的奏摺是以他單獨一人的名義，向太后密陳的，宮中檔案原件標明時間為八月初三日（9 月 18 日）。

楊崇伊此摺是政變發生最為關鍵的一步。楊在摺中，隻字未提皇帝擢拔袁世凱之事，而是從一個更大的時空範圍來說服西太后。楊崇伊的後臺是李鴻章，李鴻章的目的不光是阻止光緒帝任用袁世凱，他更要防備翁同龢之復起，與張蔭桓組成新的權力中心。因此楊崇伊在密奏中追溯甲午主戰之事，特意指名文廷式由主戰而招致割地償款，又創大同學會，蠱惑士心，「外奉廣東叛民孫文為主，內奉康有為為主」，而且得到黃遵憲、陳三立、陳寶箴等人的支持。康有為既與大同學會有關，又「不知何緣，引入內廷，兩月以來，變更成法，斥逐老臣，藉口言路之開，以位置黨羽」，更招引伊藤博文來華，將專政柄，使祖宗所傳之天下，不啻拱手讓人。楊摺從文廷式說到康有為，又從黃遵憲說到伊藤博文，目的是要告訴慈禧，翁同龢、張蔭桓所信任和接近的人，有背叛朝廷的重大嫌疑，他們招引伊藤博文來華，懷有不可告人的目的。皇帝受這些人的蒙蔽，將危及國家社稷。在看到楊崇伊密摺之前，慈禧大概不會從如此

68 趙炳麟：《趙柏巖集》，第 31 頁。

嚴重的角度來考慮光緒帝所推行的變法，她所關注的無非是光緒權力的範圍、用人是否合適、進退大臣是否妥當。但楊崇伊密摺一上，使慈禧對變法的看法在性質上發生了變化。只要慈禧聽信楊崇伊之言，維新派頃刻就會被摧毀；光緒帝以長江流域幾大重臣為支撐點的聯英日戰略就會立即擱淺；翁同龢復起與張蔭桓組織新的權力中心的打算就會落空；而李鴻章集團自甲午戰爭以來的被動局面，將會有所改變。

慈禧即刻做出了決斷。首先，必須在光緒帝會見伊藤博文之前，警告光緒帝，不能聘用伊藤當什麼顧問；其次，立即拿辦康有為等人，以消除禍患。

由楊崇伊的密奏而促使西太后做出政變的決策，與由光緒的密詔而導致康有為等人做出防止政變而採取行動的決定，幾乎是同時發生的，即都發生在9月18日（八月初三日）這一天。

很有可能，在慈禧回宮之前，光緒帝於乾清宮已與慶親王等王大臣發生了一場驚心動魄的爭吵。「皇上於是日謂樞臣曰：『朕不自惜，死生聽天，汝等肯激發天良，顧全祖宗基業，保全新政，朕死無憾。』」[69]堂堂一國之君，居然在大臣面前怒氣沖沖地講到要死，如果不是王大臣們毫無畏懼地圍攻皇帝，迫其下詔廢除新政，拿捕維新派，這幾句話是不會脫口的。大臣們之所以能如此放肆，說明他們對政變已是成竹在胸了。

西太后回宮後怒斥光緒帝：「我撫養汝二十餘年，乃聽小人之言謀我乎？」上戰慄不發一語，良久囁嚅曰：「我無此意。」太后唾之曰：「癡兒，今日無我，明日安有汝乎？」短短數語，慈禧發動政變的根本原因就包含在這裡面，即認定光緒已有謀制她的意圖，她已看透康有為等維新派不僅是要離間太后與皇帝，而且對光緒也不過是一時的利用而已。

慈禧怒斥光緒之後，光緒實際上已失去執政權。但為了減少外交上的壓力，在已預先安排好20日會見伊藤博文這一活動沒有過去之前，慈禧沒有發出訓政的懿旨。宮中的變局進行得平穩而隱祕。20日一早，袁世凱照常請訓。光緒帝看了袁的請訓摺，「動容，無答諭」。9月21日，上諭宣布慈禧訓政。同日又諭：

> 工部候補主事康有為結黨營私，莠言亂政，屢經被有參奏，著革職，

並其弟康廣仁，均著步軍統領衙門拿交刑部，按律治罪。[70]

從上諭內容來看，政變主旨首先是剝奪光緒帝的執政權；其次是要除掉康有為，其罪行是「結黨營私，莠言亂政」，並未提謀殺榮祿及圍頤和園等事。

一夥頑固守舊的大臣，在康有為急進改革的壓力下，惶惶不可終日。他們造謠、構陷，不遺餘力。光緒帝十分賞識康有為。頑固派要除掉康有為，必須剝奪光緒帝的執政權；要禁制光緒帝，必須抬出西太后；要抬出西太后，必須有兩個條件，一是要有實力穩健大臣的參預，二是要有能激起太后憤怒的事實，這些他們都做到了，所以政變最先裸露出來的原形，是剝奪皇帝的執政權，革去康有為的職務並予治罪。

康、梁脫難與「六君子」就義

康有為在9月18日得知光緒帝催他迅速出京的明諭和楊銳、林旭帶出的密詔後，當天下午「欲乞友邦進忠告」，而英國駐華公使已去北戴河；去找李提摩太（Timothy Richard），而李的態度並不熱情；深夜派譚嗣同勸說袁世凱，袁又借詞推託；第二天下午赴日本公使館，求伊藤向太后進言，伊藤佯諾之態，使康亦不能寄予希望，奔波兩天一夜，知大勢已無可挽回，遂決意離京。

康有為9月20日天未明出京。9月21日，康廣仁、程式穀等被捕。米市胡同口，車騎塞途，觀者如山。康廣仁說：「若死而中國能強，死亦何妨！」程說：「外國變法，皆前者死，後者繼。今我新黨寡弱，特恐我輩一死，後無繼者也」康說：「八股已廢，人才將輩出矣，何患無繼哉？」

梁啟超躲進日本公使館。譚嗣同亦到。譚勸梁東遊日本，並且把譚自己所著的書及詩文稿本數冊、家書一篋都託付給梁。譚說：「不有行者，無以圖將來；不有死者，無以酬聖主。」遂相與一抱而別。9月22日，梁啟超斷髮洋裝，在日本人的掩護下潛赴天津。康有為亦已逃脫上海官吏的魔掌，轉乘駛往香港的輪船。康、梁師徒經歷整整一月的風風雨雨，驚濤駭浪，在英、日軍艦的保護下，脫離險境，逃避了大難，在日本重新相聚，繼續著他們的救國之業。

然而，仍留京城的維新志士，無時無刻不在危險之中。9月24日，上諭宣布：「張蔭桓、徐致靖、楊深秀、楊銳、林旭、譚嗣同、劉光第均著先行革職，

交步軍統領衙門拿解刑部治罪。」《戊戌變法》第 2 冊，第 100 頁。

清廷迫於英、日的壓力，張蔭桓被區別對待，「六君子」未經審訊而速遭殺害。「六君子」被押至菜市口刑場，觀者萬人。康廣仁欲有所語，而左右顧盼無一人。譚嗣同神氣不稍變，呼監斬大臣剛毅曰「吾有一言」，剛不聽。六人遂從容就義。

「六君子」的死，驚天地，泣鬼神。經歷這悲壯的一幕，多少中國人開始醒悟！「六君子」雖或各不相同，然而他們的血是一樣的鮮紅。有詩曰：「求治或太急，論事或過烈。庶幾鼓朝氣，一洗宇宙曀。」在殺害「六君子」的第二天，清廷補充宣布了康有為、梁啟超和「六君子」的所謂罪狀。同時著將張蔭桓發往新疆，將徐致靖交刑部永遠監禁，將湖南學政徐仁鑄革職永不敘用。隨後，李端棻、陳寶箴、陳三立、江標、熊希齡等參與維新變法的官員亦相繼被革職。

政變後，慈禧雖將百日維新中所採取的改革措施大加否定，但有關經濟、教育和軍事等方面仍保留著一部分變法的成果，特別是慈禧提出了以國計民生為標準，化除新舊之見的思想，這對新因素的生長是有利的。不過從當時較短的一段時期的情況來說，維新變法的風氣從整體上已被打壓下去了。守舊的、頑固的勢力猛然抬頭。特別是滿族親貴中的腐朽愚昧勢力迅速膨脹起來，使政變之餘的維新事業事實上難以為繼。歷史前進的道路從來都不會是直線的。熱熱鬧鬧的變法維新一時間雖徒然沉寂了下來，但頑固愚昧勢力的倒行逆施不久就闖出了大禍，並被大禍沖得落花流水。試圖推翻清朝反動統治的革命運動和試圖建立近代國家政治體制的憲政運動，在義和團和八國聯軍之役剛剛過去就漸漸從醞釀中浮出水面。清政府開始陷入垂死掙扎的泥潭，而新時代的曙光已隱約可見。從歷史的連續性來看，戊戌變法不過是近代政治體制轉型長劇中的一首序曲，亦可視為後來大喜劇之前的首場悲劇。它是歷史前進必然要付出的代價。戊戌變法當之無愧稱得上是我們今天現代國家的真正的起點。萬事開頭難，老大的中國，要邁開跨入現代社會的第一步，無疑是萬事中之至難者。這第一步不可能是穩健的，更不可能是成功的，卻是偉大的、具有深遠意義的。歷史愈往前行，伸向未來，離新的起點愈遠，就愈顯示新起點的可貴和偉大。我們當然需要總結變法失敗的種種教訓，但總結應當建立在客觀地、全面地分析當時的條件和情境、對變法志士予以足夠的同情的基礎之上。

第十章　義和團運動與二十世紀中國

　　按照西方人的演算法，1900 年是 20 世紀第一年。這一年所發生的重大事件，對於這個新世紀或許都具有重要的指標意義。然而對於中國來說，這一年無疑是中國被迫走上近代化道路之後最為糟糕的年分，一場突如其來的義和團運動以及隨之而來的八國聯軍入侵幾乎將中國逼至崩潰邊緣。

一、義和團運動興起的國際國內背景

　　義和團運動的發生有著深刻的國際國內背景，是中國被迫走上近代化道路之後一個無法避開的重要環節，是自 1840 年中國與西方開始交往後民族主義情緒的總爆發，也是先前政治發展的一個重要轉折。

　　甲午戰前幾十年，中國利用國家管制的方式發展經濟獲得了一定成就，恢復了往昔的一些氣象，即便傳統史觀所說的「同光中興」並不一定代表歷史真實，但中國在 1890 年代初期確實與先前不太一樣了。然而到了甲午年間，一場規模並不大的戰爭幾乎耗盡了先前幾十年的積累。更重要的一點還在於，先前幾十年以「中體西用」為指導思想的洋務新政可能只是一場「跛足的現代化」，中國的發展必須另找參照係。這就是稍後維新運動之所從來。

　　從比較嚴格的意義上說，維新運動在戰爭尚未結束時就開始了。整軍經武，允許地方進行自治試驗，鼓勵資本主義發展，為新社會階級的誕生掃清制度層面障礙。應該說，經過幾年發展，到了 1897 年，以模仿明治維新為基本特徵之維新運動進展順利，緩慢的政治變革其實在有序進行。

---

* 本章由馬勇撰寫。

　　然而，由於《馬關條約》允許「日本臣民」到中國自由創辦企業，允許自由貿易，那時的國際資本正如列寧所說已經發展到了帝國主義階段，資本的輸出已經大於對領土的覬覦，因此在甲午戰後沒幾年，外國資本就像潮水一樣湧進了中國。先前爭論不已的鐵路開始修築了，而且很快構築了影響後世的基本路網；許多礦產資源開採了，一些基礎專案差不多都在甲午戰後迅速開建。這是一個大發展的時期，同時也由此衍生出許多問題。

　　經濟的發展主要憑藉的是國際資本，國際資本除了要利潤最大化，當然還看重資本的安全和便捷。我們過去說列強在甲午戰後有個瓜分中國的狂潮，其實就是指國際資本潮水般地湧進中國之後，一方面希望「整片開發」，減少成本，與中國政府協商集中投資，比如英國將資本主要集中在長江領域，日本集中在福建，德國集中在山東，法國集中在西南；另一方面由於中外貿易額度大幅增加，遠洋巨輪在經過漫長航海靠岸後總需要休整維修，因而在甲午戰後不久，在中外貿易達到一定規模之後，列強相繼向中國政府提出仿照英國人租借香港的前例，在中國沿海租借一些尚未開發的港灣，以備各國民用及護航的海軍艦隊使用。這種要求放在世界經濟一體化背景下進行考察，並不是不可理喻的繁難問題，但在一個被動的後發國家，這樣的要求往往被視為對主權的侵害，因此清政府在實際操作上總是一拖再拖，總是在內心深處希望對方能夠放棄這些要求。

　　列強中比較急切需要一個沿海港口的是德國。德國在1895年馬關議和談判中支持中國，並聯合俄國、法國向日本施壓，讓日本將已經占領的遼東半島歸還給中國，儘管中國為此多花了一大筆銀子，但「三國干涉還遼」確實維護了中國本土的完整性，其戰略意義不容低估。德國之所以如此積極干預中國事務，當然有其外交上的考慮，其中一個值得關注的目標在於，德國希望與中國政府的親善，有助於德國順利地從沿海拿到一個港口。中德貿易大幅增長，德國太需要一個港口了。

　　對於德國人的要求，清政府原本是答應的，只是礙於體制，礙於傳統領土、主權的法律因素，清政府在答應了之後一拖再拖。德國政府遂接受一些人的建議先斬後奏，乘著山東鉅野教案的機會，出兵強占膠州灣，造成既成事實，然後倒逼清政府與其談判膠州灣租借問題。

膠州灣的租借在清廷最高統治層原本並不構成問題，只是德國人的做法無疑使日本人很不高興。日本人覺得三年前到嘴的肥肉被德國、俄國和法國給攪黃了，也就三年時間，德國人竟然異想天開從中國獲取如此大的利益。日本人對德國人的做法很不能認同，於是一個原本並不張揚的軍事行動，一個細節並不為外人所知的祕密外交，竟然被具有日資背景的《國聞報》全程報導、逐日追蹤。中國的民族主義情緒因此被充分調動，一個甚至比甲午戰敗還恐慌的危機情緒在中國新一代知識分子中迅速蔓延。嚴復呼籲中國人「急求所以自立之道」，[1] 而梁啟超、譚嗣同、黃遵憲、唐才常等一大批更加激進的知識分子甚至為中國作「亡後之圖」，計畫將正在進行維新試驗的湖南轉變為中國復興的基地，一旦北方局勢持續惡化，他們就可以據湖南而獨立，進而成為未來中國復興的基地。[2]

德國人並沒有因為中國人的反對而中止對膠州灣的占領和稍後的租借談判，清政府原本寄望於俄國政府能夠看在老朋友的面上勸說德國人注意適可而止，別讓自己在民眾面前太丟面子，但俄國人一面爽快地答應了清政府的請求，實際上不僅站在德國人方面出主意、想辦法，而且和德國人狼狽為奸、一唱一和，以出師威嚇德國的名義占據了旅順和大連灣，中國在痛失膠州灣之後再失旅大。稍後，英國人也利用這些機會以利益均霑的理由向中國提出類似要求。儘管列強的這些要求只是租借，根據約定，租借總有歸還的那一天，但在當時那種特殊背景下，中國人面對這些租借總有亡國之痛。

列強相繼向中國提出租借港口的要求，嚴重困擾著當時的中國人，一大批充滿激情的年輕知識分子真正感到空前的民族危機。

膠州灣事件尚未完全處理完畢的時候，來自廣東的年輕知識分子康有為就向朝廷提交了一份建議書，以為甲午戰後三年，列強咸以瓜分中國為目標，到處流傳著列強準備瓜分中國的示意圖，由此可見列強籌劃之詳明嚴密。根據康有為的推測，德國出兵強占膠州灣，實在是為列強瓜分中國開了一個很

1　〈再論俄人為中國代保旅順大連灣事〉，王栻主編《嚴復集》第2冊，中華書局，1986，第465頁。
2　膠州灣事件發生後，譚嗣同等湖南人士格外恐慌，他們計畫以湖南獨立獲取未來中國發展空間，「而獨立之舉，非可空言，必其人民習於政術，能有自治之實際然後可」，於是他們建議湖南巡撫陳寶箴推廣地方自治，增強人民的政治能力，「以為他日之基，且將因此而推諸於南部各省，則他日雖遇分割，而南支那猶可以不亡」。參見梁啟超《戊戌政變記》附錄二〈湖南廣東情形〉，《飲冰室合集‧專集之一》，中華書局，1990，第138頁。

不好的先例，德若成功，列強必群起效尤，諸國咸來，並思一臠，瓜分豆剖，漸露機牙，整個中國猶如地雷四伏，導管遍布，一處有警，舉國回應，膠州灣事件在康有為看來只不過是列強瓜分中國的開始而已。鑒於此，康有為在這份後來被命名為〈上清帝第五書〉的文件中呼籲朝廷師法日俄進行政治改革，逐步從君主專制走上君主立憲。[3] 這就是 1898 年「百日維新」的開始。

可惜的是，到了這年秋天，維新運動在一場政變中結束。康有為、梁啟超等指責是以慈禧皇太后為首的守舊派鎮壓了維新派，而清廷在當時的處理決定中明白說是康有為等人糾集亂黨，謀圍頤和園、劫持皇太后，是用武力解決和平變革中的問題，實際上就是一場武裝政變。[4]

戊戌年間政治變革及其結局當然還可以繼續研究，只是經過這件事情的打擊，產生兩個最嚴重的後果。第一，光緒帝似乎因為對康有為這些年輕政治家失察而自責甚深，其原本就不太好的身體竟然突然出了問題。第二，或許因為光緒帝身體出了問題，慈禧皇太后再次從幕後走上前臺，出園訓政。這雖說是他們愛新覺羅家族的內部事務，但對正在進行的政治變革無疑是一個巨大轉折，大清王朝政治走向從此開始了一個「維新變法的反動時期」。[5] 所謂「反動」當然是指反新政，凡是新政中所提出或實行的舉措，似乎都值得拿出來重新討論其價值。而新政基本價值取向是向西方學習，所以這一政治上的反動時期在基本價值取向上無疑鼓勵、縱容了盲目的排外主義，似乎先前幾十年向西方學習的選擇從根本上就是錯誤的，中國未來只能從自身傳統中去尋找。

強烈的排外意識是戊戌後社會各界的基本共識，那時朝野似乎一致厭惡西方、反對西方，最上者如皇太后，她雖然是近代中國比較早認識西方近代發展實質意義的領導人，但在戊戌後，出於最實際利益的考量，她對西方的看法發生了變化，她不明白她那樣執著地勸說中國人學習西方，西方為什麼還那樣與她過不去。大清王朝已明白宣示康有為、梁啟超「犯上作亂」，而西方國家不僅不幫助中國將康梁緝拿歸案，反而協助他們出逃，予以庇護，拒絕引渡給中國，甚至允許他們成立什麼保皇會，發行報刊，攻擊詆毀天朝上國，最可惡

3　〈上清帝第五書〉，湯志鈞編《康有為政論集》（上），中華書局，1981，第 210 頁。

4　清廷官方文件指責康有為「乘變法之際，陰行其亂法之謀，包藏禍心，潛圖不軌，前日竟有糾約亂黨謀圍頤和園劫制皇太后陷害朕躬之事」。參見朱壽朋編《光緒朝東華錄》第 4 冊，中華書局，1984，第 4206 頁。

5　李劍農：《中國近百年政治史》，復旦大學出版社，2002，第 172 頁。

的是允許康梁肆意攻擊她本人。專制體制獨裁者無論如何也不能理解西方社會價值取向和民意，這也是慈禧皇太后在戊戌後一變成為西方文明反對者的根本原因之一。

慈禧皇太后的變化深刻影響了朝中大臣和一般士紳，曾經參與過新政的那些大臣已經在政變後受到相應處分，而現任大臣或原本就不滿意光緒帝和康有為推動的政治改革，或因皇太后態度轉而對西方文明比較反感。他們過去或許一度仰慕讚美過西方文明，但他們實在弄不明白西方何以總是欺負這個中國學生，總是跟中國過不去。他們感到西方人和西方國家之所以支援中國政治變革，可能與他們的總體陰謀有關，那就是防止中國真的強大，阻止中國發展，乃至徹底搞垮中國，進而使中國淪為他們的殖民地。[6]

一般民眾當然沒有這種深刻認識，不過他們出於最直接的感受，覺得自五口通商以來，自從外國商品與傳教士毫無節制湧入中國以來，他們的日子不是比過去更好些，而是比過去更糟糕，舊式手工業受到前所未有的衝擊，失業人口急劇增加。再加上甲午戰後巨大戰爭賠款壓力，戰後大量兵勇遣散，流民數量成倍增加。更為不幸的是，那幾年天災不斷，尤其是華北地區大面積持續乾旱以及黃河連年失修所導致的災難，造成哀鴻遍野，民不聊生。一般民眾當然不會進行理性分析，不可能具有多少深刻認識，但他們直觀感受到日子之所以一天比一天艱難，大概都是洋人來了之後所造成的，洋人在中國大規模造鐵路、開礦山，將中國的龍脈挖斷了，地藏的寶氣洩漏了；洋人在中國城鄉遍設教堂，把中國傳統神祇、祖先得罪了、侮辱了，這些神祇、祖先也不保佑中國人了。

基於直觀感受與判斷，民眾的集體無意識就是想恢復往昔寧靜生活，就只有將那些可惡的洋人驅逐出去，尤其是非將那些洋教士以及追隨那些洋教士為非作歹的漢奸教士即所謂教民殺掉不可。這種集體無意識逐步發酵，終於釀成此伏彼起、連年不斷的教案。僅德國占據膠州灣後一年半，山東省境內因鐵路、礦山及教案所引發的外交糾紛就有一千餘件。

就大清王朝統治者來說，列強在戊戌後對中國內政毫無收斂的干涉，也

6　〈鄭觀應致盛宣懷函〉（1899 年 5 月 1 日），陳旭麓、顧廷龍、汪熙主編《義和團－盛宣懷檔案資料選輯之七》，上海人民出版社，2001，第 3 頁。

使他們相當惱火。追根溯源，他們認為是新政象徵光緒帝依然在位的結果。他們越來越傾向於相信，只要光緒帝在位一天，甚至只要光緒帝還活在人世，不僅康有為等流亡海外的所謂維新志士還有精神寄託和從事政治活動的資本，而且西方國家就會繼續以光緒帝這一問題向中國施壓，無所作為、束手待斃的光緒帝竟然一度成為「麻煩製造者」。

事實上，早在皇太后出園訓政時朝野間就瀰漫著光緒帝病重甚至已去世的謠言，這些謠言既有清廷政治高層有意向外釋放的資訊，以便為未來政治決策預留足夠空間，也有康梁等海外流亡人士故意誇張的成分。康梁等人清楚，只要光緒帝一天不倒，只要光緒帝依然活在人間，即便他們現在吃夠苦頭，他們終究會有揚眉吐氣、重出江湖的一天，因為年輕的皇上終究要比年邁的皇太后活得時間更長些。

光緒帝的存在成為皇太后和那時當權者的一個重大心病，起初他們或許真的企圖通過宮中太監使用藥物等辦法摧毀光緒帝的肉體，但這一做法很快遭到各方面公開譴責，中外各界一致警告那些政治野心家不要違背民意進行這種陰謀。

不過，謠傳中的這一做法在多大程度上出於皇太后指使，實際上是很值得懷疑的。作為一國領袖，皇太后不會也不至於這樣下作，她如果想置光緒帝於死地，應該並不困難。光緒帝雖然不是皇太后親生，但承受她多年養育之恩，正如光緒帝自己所辯白的那樣，他並沒有對慈禧皇太后表示過不忠，據現在能夠看到的比較可信的資料，即便是在光緒帝確實感到皇太后對新政干預太過分時，即便他與皇太后發生過言語衝突後，他找楊銳所要商量的也是考慮怎樣既能推動新政進行，而又不使皇太后生氣。[7] 光緒帝的真情實意並不難被皇太后理解。所以皇太后如果真的像康梁等人所宣傳的那樣指使宮中太監使用藥物從肉體上摧殘光緒帝，未免太過於誇大了帝后之間的衝突，也太過於戲劇化。

康梁等人因新政失敗流亡國外，雖然吃盡了苦頭，但獲得了許多道義上的同情和支持，且較清廷擁有更強的話語權勢。相反，清廷特別是慈禧皇太后

---

7 上諭第 228，中國史學會主編《中國近代史資料叢刊・戊戌變法》第 2 冊，神州國光社，1953，第 92 頁。

畢竟用「六君子」的鮮活生命換取了政權，不管怎麼說似乎都在道義上虧了一層。再加上，專制政體資訊不透明，清廷在很大程度上反而成了話語弱勢一方。所以我們看到所謂皇太后利用宮中太監向皇上使用藥物的說法，基本上來源於康梁系，並沒有檔案或其他方面的證據作為支持。

兩宮之間的真實情形我們並不太清楚，但我們知道皇上在戊戌年秋天那場未遂政變之後確實病倒了，第二年（1899）一整年時好時壞，至年底，似乎大有一病不起的跡象。12 月 20 日，皇上發布一道上諭，駁斥康有為、梁啟超等人在海外造謠誣衊，強調皇太后出園訓政以來上下一心，宮府一體，希望臣民不要聽信康有為等人瞎說，妄為揣測。[8]

皇上的諭旨證明兩宮之間沒有矛盾，然而為時不久，一個流傳很久的傳言竟然變成了事實，滿洲貴族統治集團開始為皇上物色繼承人，至 1900 年 1 月 24 日，上諭宣布立端郡王載漪的兒子溥儁為大阿哥，入繼穆宗毅皇帝同治帝為子，實際上就是光緒帝的接班人。由於這一天為農曆己亥年十二月二十四日，因此歷史上稱這一事件為「己亥建儲」。

二、從拳到團：清廷對民間結社的利用

「己亥建儲」確乎為光緒年間的重大政治事件，這一事件對於後來的政治發展具有相當重要的作用。但是這一事件的真相現在已經很難弄清了，其本質應該與光緒帝的病情惡化，以及清代權力傳承有關。

中國文明很早就確立了政治權力父死子繼的大原則。如果沒有子嗣，中國文明中政治權力傳承的小原則是兄終弟及。假如兄終弟及也無法實現，比如皇帝沒有親兄弟，那也沒有問題，按照血緣關係，以與皇帝血緣關係的遠近確定皇位繼承人。這種制度設計最大限度地減少了皇族內部的權力衝突，是一種自然順位。然而由於清廷是以「異族」身分入主中原，所以自第一個皇帝開始，直至最後一個皇帝，始終面臨著皇位繼承問題的困擾，始終不知究竟怎樣解決。

立端王之子溥儁為大阿哥，主要是因為光緒帝的身體經過 1898 年的折騰可能實在頂不住了，而且光緒帝大婚已經十幾年了，看來已經很難有自己的龍

8　朱壽朋編《光緒朝東華錄》第 4 冊，總 4454 頁。

子龍孫了，因為在過去兩年中，也曾有外國公使館的醫生為皇上看過病，已經證明皇上的腎病相當嚴重。為了大清王朝長治久安，為了防止光緒帝萬一發生什麼不虞，特別是因為皇上需要靜養，而清廷煩瑣的日常典禮實在太多，所以如果有一個大阿哥代勞，至少可以使朝廷日常事務重回正常狀態。這是立大阿哥的真實原因，完全是為光緒帝的身體著想，而且這個想法在很大程度上就是光緒帝本人的主意。

從善意去理解「己亥建儲」是對的，清廷官方文書也都是這樣解釋的。然而由於此時離 1898 年政治變動太近了，許多問題並不那麼容易看清楚。出於政治原因，在清廷為正常的政治運作，而在被流放的康有為、梁啟超等人看來，可能就是一個陰謀。他們認為這是以慈禧皇太后為首的守舊派試圖更換皇帝的做法，為了保護他們心目中的英明皇上，他們發起了一場規模浩大的「保皇運動」，許多不明真相的人出於摯誠，通電抗議清廷「名為立嗣，實則廢立」，呼籲朝廷中的健康力量如慶親王、榮祿等公忠體國，奏請皇上不要有退位之想，「上以慰太后之憂勤，下以彌中外之反側」，[9] 將一個正常的人事調整視為影響中外關係的大事件，這就為後來的政治發展注入了許多不確定因素。

「己亥建儲」所引起的政治格局變化只在上層，而下層民眾則是另外一種情形。只是到了後來，當上層政治變化引發中外關係緊張和衝突時，政治高層非常不恰當地利用了民粹主義情緒，遂使問題複雜化。

下層民眾在甲午戰後承受著更多痛苦，他們根本沒有多餘精力當然也沒有能力就國家大事表明自己的態度。不過，甲午戰敗對下層民眾來說也是直接的政治事件，他們的生活在經歷了這次戰爭後更加艱難，「集體無意識」促使他們不甘心於中國社會繼續沉淪，不甘心於具有五千年歷史文化傳統的中華民族就此滅亡。於是，以廣大農民、手工業者為主體的中國社會各階層民眾自發地再次聯合起來，他們用自己獨特的應變方式掀起一場以挽救民族危亡為根本目的的政治運動。他們像顧炎武在兩百多年前所揭示的那樣，對於國家的滅亡並不感到特別可怕，他們真正感到可怕的是「亡天下」，是民族文化無法在這個世界繼續存在，於是有義和拳在山東悄然興起。

9　〈上總署轉奏電稟〉（1900 年 1 月 27 日），虞和平編《經元善集》，華中師範大學出版社，1988，第 309 頁。

正如人們久已知道的那樣，義和團運動至 1900 年初方才引起人們注意。在此之前數月間，義和拳一直在魯西北慢慢積蓄力量。至 1899 年冬，義和拳越過直隸和山東交界地區，以迅雷不及掩耳的速度擴展到華北平原大部分地區，甚至蔓延到東北及蒙古。[10] 所以經久不衰的民謠稱「義和拳起山東，不到三月遍地紅」。

義和團運動的迅速崛起，與甲午戰後國際局勢變化以及國內社會經濟大變化有著直接關係。隨著《馬關條約》的落實，外國資本潮水般進入中國，外國傳教士也隨著外國資本大量湧入內地，形成新的文化衝突，於是民間祕密結社形式及其政治訴求多有變化，他們往往不滿意於「新異族」傳教士的所作所為，開始放棄先前兩百年「反清復明」的政治訴求，轉而將傳教士作為鬥爭目標和襲擊對象。

祕密結社是中國民間社會的一個重要組織形式，有著悠久的歷史傳統，其功能是在政治高壓社會網路中為孤立無援的個人提供諮詢和幫助。據研究，晚清北方中國活躍的所謂義和拳只是中國民間祕密結社的一個分支，大多屬於白蓮教系統，其政治起因多是不滿意於「異族」統治，故而在清朝前期從事「反清復明」政治活動，基本上是以民間力量為清朝政治統治製造麻煩。

到清朝中期，種族意識在長時期消磨中逐漸喪失，由白蓮教系統演化出來的所謂義和拳實際上已演變成以強體健身、自衛身家為宗旨的民間武術團體，他們的政治訴求一般說來比較簡單具體。

鴉片戰爭後，傳教士隨著列強的戰艦大規模東來，湧入內地，他們在向中國社會傳遞西方近代文明的同時，毫無疑問也因為對中國國情缺乏瞭解而支持或者說利用了一些不良中國人。不可否認早期教民中有許多虔誠的中國人真心向教，但同樣不可否認早期教民中也有一些不良之士甚至為中國人所恥的地痞無賴。這些不良之士利用傳教士作背景欺行霸市，為非作歹，橫行鄉里，激化了民間社會中西矛盾，西方來華傳教士無端替那些不良教民承擔了責任。民間社會與「新異族」傳教士的矛盾不斷加劇，他們逐漸將傳教士作為主要鬥爭目標和襲擊對象。於是民間祕密結社成為晚清中國社會中抵抗外來侵略尤其是反對外國傳教士鬥爭的中堅力量。

10　〔美〕柯文：《歷史三調：作為事件、經歷和神話的義和團》，杜繼東譯，江蘇人民出版社，2000，第 15 頁。

在甲午戰前，民間祕密結社反洋教的鬥爭雖然時有發生，但從總體上看，這種鬥爭既沒有形成規模，也沒有多少政治深度，更多的只是各地因某些具體事件而發生的反對教士、教民不法行為的所謂「教案」而已。

甲午戰後則不然。隨著外國資本無節制地進入中國，外國商品無限制地湧入使許多中國人的生活愈發艱難，許多下層民眾的生活狀況較戰前不是有所改善，而是進一步惡化。有了這種最直接的個人生命體驗，中國人尤其是廣大農村民眾在將責任歸罪於朝廷的同時，他們更直接的感受就是那些仰仗洋槍洋炮而作威作福的洋教士們以及他們所豢養的那些所謂教民幾乎沒有什麼好東西。他們的憤怒無一例外地對準這些洋教士和中國教民。

就傳教士本身來檢討，這些傳教士本來是肩負著傳播「福音」的使命來到中國的，在甲午前，一般地說來除了個別傳教士懷有某些政治野心，不安分於傳教而熱衷於政治活動外，大多數傳教士還是在中國廣大地區尤其是農村地區，特別是偏遠的農村地區做了許多有益的慈善工作和教育普及工作。

然而到了甲午戰後，隨著外國資本在中國大幅增加，各國在中國的利益也在增加，相當一部分傳教士已不安心於傳教，而是開始直接或間接地為其國家利益服務，違背了其傳播「福音」的原初宗旨。例如德國天主教會聖言會在山東的主教安治泰（John Baptist Anzer），一直要求德國政府為教會利益採取積極有力的行動。野教案發生後，他立即向德國外交部建議應該利用這個大好機會占據膠州灣，並將其變為德國在遠東的一個重要基地。[11] 這種具有明顯政治色彩的言行顯然不符合傳教士的角色，不符合傳教士來華的本意，顯然是以宗教外衣從事宗教外的事務，這自然引起中國人的反感。

像安治泰這樣的傳教士在當時雖然並不具有普遍意義，但也為數不少。諸如法國傳教士樊國梁（Pierre Marie Alphonse Favier）和美國傳教士丁韙良（W. A. P. Martin）、李佳白（Gilbert Reid）等，他們雖然在近代中國社會轉型過程中起過相當重要的作用，但隨著中國與西方國家尤其是與他們自己的國家發生某種衝突或外交緊張時，他們都在某種程度上背棄了最初的宗教乃至政治信仰，而屈從於更現實的政治，都曾向他們自己的國家竭力鼓吹過瓜分中國，要求其政府動手建立自己的侵略基地。

11　孫瑞芹譯《德國外交文件有關中國交涉史料選譯》第 1 卷，商務印書館，1960，第 154 頁。

甲午戰後，中外衝突最劇烈的地方無疑是山東。山東人不僅在戰爭中遭受直接痛苦，而且在戰後受到直接影響，特別是德國強占膠州灣之後，山東成了德國人獨占的勢力範圍。德國人修鐵路，開礦山，強占民田民房，破壞水道，破壞墳塋，山東境內鐵路沿線、礦山周圍的百姓沒有得到經濟開發所帶來的好處，反而因經濟開發而受到了無端傷害。

按照中德雙方達成的諒解，德國人在山東修築鐵路、開採礦山，需要占用民田民房的，都會給予相應補償甚至優待，但實際上，那些被占用的民田民房根本得不到補償，或者得到的補償非常少，這勢必引起被占土地的大量農民強烈不滿，引發一系列突發事件。

這種情形當然不能全怪罪於德國人。按照中德約定，德國鐵路、礦山所需要的土地當然由中國政府徵收整理後提供，德國方面不介入與中國百姓的直接關係，德國方面的補償主要是通過貿易形式提供，因此這些徵用補償的責任主要在中國政府。至於突發事件發生後，德國方面也不得直接介入，因為這是中國政府的權力，是司法自主。然而由於中國地方政府效率低下，突發事件發生後往往反應遲鈍，制止不力，甚至有縱容民間社會向德國殖民當局鬧事的嫌疑，於是久而久之，德國人根本不再顧忌中德原先達成的諒解，一旦某地發生騷亂，德國人往往繞開中國地方當局，迅速直接派兵強行鎮壓，從而增加了中外之間的仇視和中國人的反感。

為了平息民怨，參與處理這些糾紛的山東地方官吏曾向清廷提出過建議，希望由總理衙門出面協調與德國殖民當局的關係，維持原條約中的約定，但凡租界外發生糾紛，仍歸中國地方當局處理，「庶免喧奪而起紛爭」。[12] 然而這樣的建議或不被清廷重視，或不被德國人接受，結果矛盾越積越深，局部抗爭逐步演化成大規模武裝反抗。

在山東開發投資的不只是德國人，日本、英國在山東也有自己的利益。甲午戰後，威海衛曾被日本作為抵押占領三年之久，後被英國順手租借。這些租借、開發，雖然不是完整意義上的殖民，但無疑使中外發生衝突的概率上升。這是義和拳興起的一個外部原因。

12　〈高密縣民與鐵路口角拔去路標並圍公司肇釁致動德兵議結案內電底稟底〉，陳旭麓、顧廷龍、汪熙主編《義和團—盛宣懷檔案資料選輯之七》，第 13 頁。

　　義和拳的興起，還與當時經濟轉型有關。甲午戰後，外國資本蜂擁而至，投資中國的鐵路。鐵路很快成為經濟大發展中的一個重要的物流管道，其便利、低價、規模具有極強的競爭優勢。外國資本控制的沿海航運業也是一個新興的價格低廉的物流管道，因而甲午戰後不久，傳統的物流通道即南北大運河日趨衰落，原先憑藉運河謀生的船夫、挑夫、搬運工，甚至相關的餐飲店、旅館等都受到極大影響，從業者大批失業，四處流浪。

　　除了外部原因，義和拳的興起還與當時連續自然災害有關。那幾年天災頻仍，黃河不斷決口，受災面積不斷擴大。到了1899年，黃河流域又遇到空前乾旱，許多地方顆粒無收，不僅造成了嚴重饑荒，流民遍野，而且由於乾旱，人們的情緒也受到非常惡劣的影響，怒火中燒。這些流民、災民，就是義和拳，就是大刀會，就是民間祕密組織，他們的本意不過是抱團取暖，相互扶持，度過最困難時期，所以他們一旦遇到非常事件就很容易爆發。

　　我們過去始終以為義和拳、大刀會等都是民間祕密結社，其實這個說法可能並不準確。這些人聚到一起無須結社，他們只是因為困難而走到一起，他們中稍有知識的人可能會宣傳某些「劫變」觀念，宣稱他們渡過這個難關，或許有機會順應天意，拯救劫難，這實際上是一種宗教安慰，是自我撫慰。在本質上，他們抱團取暖，習拳練武，兼習法術，其實只是強身健體，在經濟困難時期自我保護而已。至於他們所渲染的刀槍不入等超自然本領，則是中國農村社區精英從來就有的一種表演方式，即便到了後來，這種情形在黃淮平原廣大農村仍非常普遍。

　　作為受災受難的災民，義和拳、大刀會等不可能有什麼明確的政治訴求和政治理念，他們之所以反對外國教會，反對教民，除了教會、教民的活動侵犯了他們的利益之外，可能有中西文化上的不認同的原因，是基督教文明與中國本土文明的衝突，但是這個衝突不宜誇大，如果不是後來被別有用心的政治人物利用，義和拳、大刀會都不會成為那樣的排外組織。什麼「反清復明」，什麼「扶清滅洋」，顯然都是外部力量強加上去的，並不是這些農村民眾發自內心的政治信仰，他們就是一撥流浪者，一撥生活沒有著落的人。

　　根據後來的研究，義和拳、大刀會最活躍的地區主要在魯西南，其中影響最大的是曹州、單縣的大刀會和茌平、高唐、平原一帶的神拳。那一帶處在

政治統治的邊緣，因而有利於民眾四處流浪，集會練武，也不容易引起清廷及時注意。這是義和拳、大刀會等在最初階段發展的真實機緣。

　　義和拳、大刀會發展最直接的動力其實又與朝廷的政治變動有關，這些原本並不對政治有任何興趣的人被迫介入了政治，成為政治的籌碼。

　　在 1900 年之前，由於《馬關條約》簽訂後中國對外國資本全面放開，外國資本蜂擁而至搶占中國這個廣袤而尚未開發的市場，外國人剛到中國，中國人剛剛遇到外國企業和外國人，相互之間的不協調、不適應在所難免，在這個過程中下層民眾的利益受到某種程度的傷害也是實情，所以許多地方政府在對這些流民尤其是具有結社傾向的流民進行鎮壓的同時，也多少給予道義上的同情，有時地方政府甚至以這些受到冤屈的流民作為與外國人談判的籌碼。在這一點上，中外利益衝突最嚴重的山東格外明顯，這或許因為德國在列強中還比較落後，發展或者說財富的積聚對其更為迫切，因而與山東地方的衝突也比較多，所以山東幾任巡撫李秉衡、毓賢等一方面執行朝廷的指令盡量鎮壓鬧事流民，另一方面對流民給予適度同情，畢竟他們是自己的子民，何況他們本身確實有冤屈。

　　毓賢在任時，山東的民教衝突更加嚴重，不僅本地那些失去土地的民眾不斷鬧事，很多從外地趕來的流民也加入其中。這些本地與外地的流民是否真的組織起嚴密的組織，其實是值得懷疑的，但是從毓賢的立場上，為了穩定地方，他一改李秉衡嚴厲鎮壓的措施，對於本地那些失去土地的流民，對於他們習技勇以自衛身家的行動略表同情。一旦地方發生大規模群體衝突，毓賢的本能反應是將本地人與外地人區別處理，盡量使本地人解脫，將責任推給外地人，甚至宣稱這些外地流民是打著義和拳、大刀會名義的遊匪，因而這些群體事件與真正的義和拳、大刀會並無關聯。[13]

　　很顯然，毓賢擔心如不分別對待，誠恐株累太多；[14] 擔心老百姓一旦不能忍受，勢必鋌而走險，潰川決防，不可收拾。[15] 他深感僅僅憑藉政府力量並不足以與洋人進行交涉，並不足以抗衡飛揚跋扈的外國教會，因此他真誠希望在

13　《教務教案檔》第 6 輯，中研院近代史研究所編印，1974，第 152 頁；中國社會科學院近代史研究所、《近代史資料》編譯室主編《籌筆偶存》，中國社會科學出版社，1983，第 42 頁。

14　《籌筆偶存》，第 45 頁。

15　《教務教案檔》第 6 輯，第 241 頁。

一定程度上保護義和拳、大刀會民眾的積極性，在主觀上有利用他們以與外來
勢力相抗衡的政治或外交目的。

　　李秉衡、毓賢的做法到了新巡撫張汝梅的時候更進一步。張汝梅覺得既
然這些義和拳、大刀會民眾是一種可以憑藉的力量，為什麼不能將他們官方化
呢？為什麼不能將他們引導到體制內呢？1898 年 6 月 30 日，張汝梅將這個
意思向朝廷做了報告，宣稱在山東、直隸一帶活動的這些義和拳、大刀會，其
實就是咸豐、同治年間創辦的「鄉團」，具有鄉間自治的意思。因此，張汝梅
建議朝廷「化私會為公舉，改拳勇為民團」，將他們納入體制，交給地方官嚴
加管理，將他們引導到自衛身家、守望相助、維護地方秩序方面來。這就是我
們後來一般不再說「義和拳」而改稱「義和團」的背景。其實從原初意義上說，
義和拳可能比義和團更準確。

三、義和團轉戰京津

　　張汝梅改拳勇為民團的建議獲得了朝廷默許，這就為後來的政治演變注
入了新因素，義和團從此成為官方可以動員的一種力量，成為對外交涉中的一
個籌碼，他們當然不會像過去那樣堅定鎮壓這些民間組織。毓賢明白無誤地
說過：「當此時局艱難，外患紛沓之際，當以固民心為要圖」，相信只有整
合民心、利用民心才能度過艱難。[16] 他們甚至認為，如果一味對這些民眾團體
施加鎮壓，很可能為淵驅魚，為叢驅雀，必將把全體民眾都弄成教民而後已。
真的到了這種狀況，國家也就到了萬劫不復的境地。[17] 在這些地方行政長官看
來，對外交涉僅僅憑藉政府外交人才是不夠的、無效的，如果將民間力量統統
推到敵對方面，對外交涉可能更加困難，不僅無法約束外國人的活動，甚至沒
有辦法鎮住那些原本就是中國人的教民。既然民心可用，當然不會強力鎮壓，
而是利用他們作為對外交涉的工具。[18]

　　山東地方官府將義和團作為對外維權工具還情有可原，只是不巧得很，
這種情緒不幸遇到了後來涉及國家層面的大事變，外交上的雕蟲小技成為主

16　《籌筆偶存》，第 45 頁。
17　〈御史鄭炳麟摺〉（光緒二十六年四月初三日），故宮博物院明清檔案部編《義和團檔案
　　史料》（上），中華書局，1959，第 84 頁。
18　給事中胡孚辰說：「豈知今日時勢，不仗兵力而仗民心；各國之覬覦而不敢遽動者，亦不
　　畏兵力而畏民心。」參見《義和團檔案史料》（上），第 84 頁。

導，義和團竟然成為政府的調控工具，終於衍生出後來一系列重大問題。

我們前面已經說過，清廷為光緒帝立大阿哥有其正當性，是一個不必懷疑的內政問題，但是一個正當的事情被弄成好像不正當，弄成像是一個廢立陰謀。這主要是因為清廷貴族集團選擇了端王的兒子為大阿哥，這裡既沒有能力上的比拚，也沒有血緣上的充分理由，當然不足以說服貴族集團內部的反對者。

端王在這之前其實並沒有深度介入現實政治，不論是清廷內部還是外國人其實都很難說端王究竟是左還是右，究竟是排外還是具有一定的國際視野，因為他從來沒有這方面的表現，他後來的排外形象其實是一點一點被塑造、被加工，而他自己也就在這個過程中不斷向著這個方面轉化。

實事求是地說，端王是個平庸的人。他能上位，他的兒子能夠被立為大阿哥，就是因為他的平庸。他如果鋒芒畢露、性格外向，真的具有堅定的排外立場，後來的情形或許也不是這個樣子。一個平庸的端王得到了意外好處，一定會使那些不論是自認為還是別人都不會認為平庸的貴族心中不爽，比如慶王，他自恭親王之後一直負責中央事務的日常管理，與外國公使有著非同尋常的私人關係，慶王家的孩子為什麼不能當大阿哥呢？這個主管外交事務的王爺究竟在端王排外傾向的塑造中起了怎樣的作用？我們當然不能說慶王將端王的形象往排外主義者方面去塑造，但是我們有足夠理由可以說，負責外交事務的慶親王真的沒有向外國公使解釋，沒有說這位端王爺並不是一個排外主義者。

清廷立端王之子溥儁為大阿哥的消息是 1900 年 1 月 24 日對外公布的。奇怪的是，各國公使一反外交禮儀，對清政府這樣巨大的人事變動根本不願做任何反應，硬是將端王父子晾在一邊，讓清廷出盡了洋相。清廷內部人事變動當然無須徵詢外交團的意見，只是外交使團太不給面子，這勢必影響清政府的威望，清政府需要公使幫忙時，公使不幫忙。那麼繼續拖下去，總有各國公使需要清政府幫忙。這種機會並不難等到。

其實，就在這個時候或稍前，由於山東地方官府前述心態，義和團、大刀會在那裡有了相當快的發展，這些不官不民的組織令外國人格外憂慮，所以外交使團在 1899 年底的時候以山東地方當局鎮壓不力為由，請求清廷任命袁

世凱替換毓賢。

在各國公使看來，袁世凱早年常駐朝鮮，其所具有的國際視野會使他對義和團、大刀會有個比較正確的判斷。而其小站練兵聘請外國教練訓練的幾千新軍也使他有力量迅速剿滅這些義和團、大刀會。袁世凱的個性也受到各國公使的讚賞，以為他在關鍵時刻總會從容不迫鎮靜堅持。各國公使相信在袁世凱治理下，山東一定會很快恢復秩序。[19]

列強的建議很快獲得了清廷的積極回應，因為那個時候還沒有大阿哥事件發生，中外溝通還不存在多大問題。1899 年 12 月 6 日，清廷免去毓賢的山東巡撫職，提升袁世凱接任。

袁世凱沒有辜負列強期待，就職伊始，就發布一道措辭強硬的告示，要求各地義和團民眾儘快自動解散，否則嚴厲鎮壓，格殺勿論，決不姑息；對於那些「獻首」、自新的義和團民眾，袁世凱宣布既往不咎。[20]

剿撫兼施的兩手策略很快見效，然而誰也想不到的是，袁世凱的這個政策引發了一個非常奇怪的「卜克斯問題」。

卜克斯（S. M. Brooks）是英國傳教士，是一個比較狂熱的宗教極端分子，在當時比較緊張的氣氛中，他堅持要從泰安返回平陰。不料途中遇到幾個準備打家劫舍的流人，他們試圖綁架卜克斯去吃大戶。然而年輕氣盛的卜克斯根本不願配合，這幾個流人鑒於袁世凱嚴厲的鎮壓措施，以為與其放掉卜克斯準備吃官司，不如將他殺死，一了百了。[21]

民教衝突是山東的老問題，卜克斯既不是在山東遇害的第一個傳教士，也不是最後一位傳教士。但是卜克斯死得實在不是時候，這對於袁世凱的強力鎮壓政策構成了極大衝擊，一些大臣將卜克斯被殺歸罪於袁世凱的這一政策，英國公使聯絡各國公使向總理衙門一次又一次地提出抗議。然而，此時朝廷正因大阿哥事件鬧得不可開交，自然無暇也沒有人顧及卜克斯事件。

清政府的拖延使英國人非常憤怒。1900 年 1 月 23 日，法國公使畢盛（Stephen Pichon）提議召集英法德美四國公使會議，討論怎樣與清政府交涉

19　胡濱譯《英國藍皮書有關義和團運動資料選譯》，中華書局，1980，第 4 頁。

20　〈袁世凱致徐世昌函〉，《近代史資料》1978 年第 2 輯，第 19 頁。

21　〈署理山東巡撫袁世凱摺〉（光緒二十六年二月十五日），《義和團檔案史料》（上），第 66 頁。

日趨嚴重的山東局勢，他們要求清廷嚴厲鎮壓在山東、直隸的義和團、大刀會，因為這些地區的這些團體已經公開在自己的旗幟上寫上「滅洋」的字樣。四國公使開會時，還不知道義大利在山東、直隸也有不少傳教士，因而稍後他們邀請義大利公使參加，「四國公使聯盟」演變為「五國公使聯盟」。

不管是四國公使，還是五國公使，他們都不知道這個會議正在召集時，清廷也在舉行重大會議。同一天（1 月 23 日），清廷御前會議宣布了一個驚人決定，宣布以端郡王載漪之子溥儁為皇子（大阿哥）。[22] 這一消息立即在國內外引起高度混亂和密集抗議，清廷自然無暇顧及五國公使就卜克斯事件發出的抗議。

其實，清政府此時特別需要來自各國公使的說明，各國公使如果此時向清廷伸出援助之手，就大阿哥事件稍作肯定性表態，情形肯定不一樣。然而，各國公使不知出於什麼樣的考慮，他們始終不願就大阿哥事件發表任何評論，他們只希望清廷儘快鎮壓義和團、大刀會。結果，清廷對各國公使的要求既無興趣又確實沒有時間進行討論。又過了一個月，五國公使於 2 月 21 日致信總理衙門，催促答覆。25 日，總理衙門的答覆姍姍來遲，表示朝廷已有旨，由山東巡撫、直隸總督予以剿撫。

總理衙門的回覆無法使各國公使滿意，不過這個回覆畢竟使各國公使與清政府自動恢復了失去很久的外交聯繫。各國公使趁熱打鐵，再接再厲，要求總理衙門安排一個緊急會晤，並明確要求慶親王參加。總理衙門很快同意了這項要求，時間安排在 3 月 2 日。

就在會晤的前一天（3 月 1 日）晚上，五國公使分別接到總理衙門的照會及附件，附件中有直隸總督奉旨剿辦義和團的布告及一道上諭，這篇上諭使用了「取締」義和團等字樣。

總理衙門的照會沒有使各國公使放心。3 月 2 日，他們依然如約前往總理衙門與慶親王等清大臣會晤。慶親王向各國公使解釋了朝廷的政策，對於各國公使要求在政府公報中正式發布那份剿滅義和團的上諭，慶親王婉言拒絕，以為不合體制。

22　李希聖：〈庚子國變記〉，中國史學會主編《中國近代史資料叢刊・義和團》（以下簡稱《義和團》）第 1 冊，上海人民出版社，1957，第 11 頁。

如果從大清國體制說，各國公使的要求確實有點問題，這其實是對清廷的不信任，是要求清廷將皇上的御旨公開發布，以便稍後對照檢查。這當然不太合適。不過，各國公使也無法理解中國的體制運轉，有時候覺得中國體制很有效率，有時又覺得這個體制根本轉不動。清廷明明白白說要對義和團進行鎮壓了，但是這個鎮壓始終沒有付諸實踐，除了袁世凱在山東略展拳腳，其他地方還是老樣子。而山東在袁世凱治理下形勢好轉，只是這個好轉又以義和團大規模向直隸遷徙為代價。鑒於這一系列複雜情形，各國公使越來越傾向於武裝干預，至少各國應該聯合起來在中國北部沿海進行一次軍事演習，以此警告清廷和義和團。

各國公使的建議並沒有很快得到各國政府的同意，因為軍事干預畢竟不是小事，各國政府依然期待清政府能夠變化，能夠在義和團問題上拿出勇氣。然而或許是因為清廷內部問題太複雜了，拖到 3 月下旬，華北的局面不僅沒有好轉的跡象，反而越來越複雜，義和團開始大規模向京津地區轉移。

讓各國公使看不明白的還有一點，即各國公使曾經明白告訴清廷不要重新起用力主排外的前山東巡撫毓賢，然而清廷不僅大張旗鼓地重新起用，而且將毓賢派往外國人比較多的山西當巡撫。這在各國公使看來，是公然挑釁，是讓各國難堪。

各國公使得知毓賢被重新起用的消息後反應強烈，英國公使竇納樂（C. M. MacDonald）表示，卜克斯的案子尚未處理，清政府不對毓賢進行懲處，反而重用，這無疑是與各國作對。各國公使再次要求本國政府派遣軍艦到中國沿海示威，以防止更嚴重的事情發生。

對於公使們的要求，各國政府也給予謹慎回應。英國、美國、德國、義大利等，從防患於未然的角度開始調兵遣將，準備在情況危急時出手救助各國在華傳教士、外交官、工程師及那些中國教民。

在各國公使向清政府施壓的時候，俄國、日本的公使沒有參與。俄國公使格爾思（M. N. de Giers）在與英國公使竇納樂交談時表示，根據他的觀察，各國的強硬舉動對中國人來說，不僅沒有效果，可能適得其反，中國人不會因為列強示威而屈服。不過，對於清政府，格爾思也盡量施加積極影響，希望清政府正視列強的警告，無論如何要早點出手，主動平息華北的義和團騷亂，

不要給列強留下軍事干預的任何藉口。[23]

　　俄國人的忠告也沒有引起清廷的警覺，清廷到這個時候其實還在大阿哥事件上糾結，列強始終不願在大阿哥問題上表示支持態度，這也是清廷對於列強要求冷漠的一個原因。清廷的冷漠為義和團的發展提供了一個難得的機會，到了這年春天，義和團已經大搖大擺進入京津。他們「分遣黨羽在山東、直隸各省煽誘愚民。近因直隸拿辦嚴緊，潛來近畿一帶傳教惑眾，行蹤詭秘」。[24]根據御史李擢英的調查，京師義和團主要來源於山東，這大概是因為山東巡撫袁世凱強行鎮壓，迫使義和團向京津地區轉移，這些義和團「散布京城，潛通南宮、冀州一帶，無知之輩，明目張膽，到處勾勸」。[25]

　　根據唐晏記載，此時京師紛傳義和團民之多，幾至遍地皆是。每當夕陽既西，肩挑負販者流，人人相引習拳，甚至有大戶人家也開始設壇，王公貴族隨著起舞，據說宣導最力的就是大阿哥的父親端郡王。這顯然不是單純信仰義和團、大刀會，而是別有政治用心在。[26]

　　清廷鎮壓無力，義和團急劇發展引起列強恐慌。4月6日，英美德法四國公使聯名照會，要求清政府兩個月內將義和團一律剿滅，否則各國將派兵代為剿除。[27]這大約是列強第一次提出出兵代剿方案。

　　列強的不滿容或確有事實依據，不過如實說來，清廷除個別官僚如端王載漪等對義和團有所偏愛外，就其整體而言，他們對義和團並非一味縱容和默許，不論是山東巡撫袁世凱，還是直隸總督裕祿，他們一直奉行強硬的鎮壓手段，舉凡發現哪裡出現義和團，他們無不迅速派兵「妥為彈壓解散」，毫不客氣地將「設立拳廠，煽惑滋事首要匪犯拿獲」。[28]然而，他們的強力鎮壓並沒有收到預想效果，義和團運動不僅沒有因他們的鎮壓銷聲匿跡，反而在四五月間迅猛發展，直接影響到京師安全。

　　4月中旬，義和團在蘆溝橋至保定一線頻繁活動，他們分散在附近鄉村

23　張蓉初譯《紅檔雜誌有關中國交涉史料選譯》，三聯書店，1957，第215頁。
24　《義和團檔案史料》（下），第700頁。
25　〈御史李擢英片〉（光緒二十六年三月初六日），《義和團檔案史料》（上），第71頁。
26　唐晏：〈庚子西行記事〉，《義和團》第3冊，第471頁。
27　〈八國聯軍志〉，《義和團》第3冊，第169頁。
28　〈直隸總督裕祿片〉（光緒二十六年三月初十日），《義和團檔案史料》（上），第72—73頁。

中，並且相當成功地在當地居民中招募信徒。義和團定期舉事的匿名揭帖到處張貼，[29] 據估計，僅僅屯紮於保定府南門外的義和團就有一萬多人。[30] 在蘆溝橋的義和團百餘人舉行會議，並皆暗帶兵器，散布揭帖，專以殺害教民反對洋人為詞。各國公使甚至清廷普遍擔心這些在京郊活動的義和團可能很快會與京城中的外國人發生衝突。[31]

4月下旬，部分義和團民潛入京師，凡遇教堂，他們遍貼揭帖，宣稱現在中國的「混亂擾攘均由洋鬼子招來，彼等在各地傳邪教、立電杆、造鐵路，不信聖人之教，褻瀆天神，其罪擢髮難數」，「天意命汝等先拆電線，次毀鐵路，最後殺盡洋鬼子。今天不下雨，乃因洋鬼子搗亂所致」，「消滅洋鬼子之日，便是風調雨順之時」。[32] 義和團民鼓動民眾與他們一起定期舉事，攻擊教堂和外國人。[33] 4月底，京城第一個義和團壇口終於在東單牌樓西裱背胡同于謙祠內出現。

進入5月，京城內外的義和團相互配合，越鬧越大。近畿一帶，如清苑、淶水、定興，尤其是保定府，相繼發生焚毀教堂、殺害教民等多起事件。在京城地面，「頗有外來奸民，妄造符咒，引誘愚民，相率練習拳會；並散布謠言，張貼揭帖，輒稱拆毀教堂，除滅洋人，藉端煽動。」[34] 在西四牌樓羊市南壁上發現的義和團乩語云：「一愁長安不安寧，二愁山東一掃平，三愁湖廣人馬亂，四愁燕人死大半，五愁義和拳太軟，六愁洋人鬧直隸，七愁江南喊連天，八愁四川起狼煙，九愁有衣無人穿，十愁有飯無人餐，過戌與亥是陽間。」[35] 隨後不久，類似的揭帖在京城到處張貼，鼓動拳民焚毀教堂、使館，「在京洋人，均有自危之心。各電本國，請兵來京，自行保護。」[36]

---

29 北京大學歷史系中國近現代史教研室編《義和團運動史料叢編》第2輯，中華書局，1964，第90頁。

30 〈拳亂紀聞〉，《義和團》第1冊，第9頁。

31 〈總理各國事務衙門致直隸總督裕祿電報〉（光緒二十六年三月十七日），《義和團檔案史料》（上），第79頁。

32 〈英國檔案館所藏有關義和團運動的資料〉，《近代史資料》1954年第2輯，第9頁。

33 〈拳亂紀聞〉，《義和團》第1冊，第111頁。

34 〈總理各國事務奕劻等摺〉（光緒二十六年四月二十六日），《義和團檔案史料》（上），第97—98頁。

35 〈義和團文獻〉，《近代史資料》1957年第1輯，第15頁。

36 〈總理各國事務奕劻等摺〉（光緒二十六年四月二十六日），《義和團檔案史料》（上），第98頁。

四、八國聯軍入侵北京

　　義和團在京津地區活動加劇引起列強高度警惕，事實上，清廷此時對於義和團其實也已經無能為力，因為中外交涉困難默許義和團進入京津地區，一些王公大臣甚至故意與義和團稱兄道弟，以此向列強顯示眾志成城。其實，民粹主義操控原本就是一把雙刃劍，煽動起來不難，呼之即來，但很難做到揮之即去。這大約也像中國老話說的，請神容易送神難。

　　而且，還有一點值得關注的是，不管是義和拳，還是後來的義和團，他們原本並沒有多少政治訴求，但是到了 5 月底 6 月初，他們進入京津，與王公大臣結合起來之後，他們的政治訴求越發明顯，排外的性質越來越清晰。一份落款為 5 月 28 日的義和團揭帖寫道：「茲因天主教並耶穌堂，諛謗神聖，上欺中華君臣，下壓中華黎民，神人共怒，人皆緘默。以致吾等俱聯繫義和神拳，保護中原，驅逐洋寇，截殺教民，以免生靈塗炭。」[37] 這樣清晰的表述，顯然不是農民兄弟所為，一定另有捉筆者。

　　清廷鎮壓無力，或者許多時候不願鎮壓，這一點不論是義和團民，還是各國公使，似乎看得都很明白，其中的原因，似乎也都知道，總是與大阿哥的事情有關聯，各國公使不願在大阿哥問題上做出絲毫讓步，不願做任何友好表示。在這種情形下，京津地區越鬧越亂，直至一發不可收拾。

　　5 月 17 日，法國駐華公使畢盛向各國公使報告，義和團在保定府附近某處毀壞了三個村莊，殺死了 61 名天主教徒。18 日，竇納樂通過倫敦會得到消息，稱義和團在北京東南大約 40 英里處毀壞了他們的一個禮拜堂，並且殺死了一個中國牧師。竇納樂為此立即致函總理衙門，強烈要求清政府必須採取堅決措施，避免繼續發生騷亂。同一天，竇納樂又前往總理衙門，詢問清廷正在採取什麼措施，並且特別強調必須保護偏僻的農村地區。在座的總理衙門大臣現在終於承認局勢是嚴重的。但他們也向竇納樂解釋道，朝廷 5 月 17 日頒布了一道上諭，以京城內外奸民以拳會為名，張貼揭帖，搖惑人心，事關交涉，命順天府尹、五城御史、步軍統領衙門會同妥議章程，立即鎮壓義和團，並令直隸總督裕祿一體嚴禁。據竇納樂後來回憶，總理衙門的大臣們在此次會晤過程中的態度是真誠嚴肅的，他們既與竇納樂坦率討論清政府必須加以克服的實

37　〈告白〉，《義和團》第 4 冊，第 149 頁。

際困難，也以最嚴肅的口吻向寶氏保證，這些困難將得到克服，而且在很短時間內必能將這場大規模騷亂鎮壓下去。

然而 5 月 19 日，各國公使首席代表、西班牙公使葛絡幹（B. J. de Cologan）將法國傳教士樊國梁的一封信轉給各國公使。樊國梁在這封信中用最陰森的筆調描繪北京的情形，以為北京局勢基本失控，北京已經被義和團包圍。根據他的說法，義和團的目標就是要消滅在中國的歐洲人，因此他預言最大的不幸可能很快就會出現。[38]

樊國梁大主教是元老級傳教士，在中國已經生活了 38 年之久，懂中文，廣交際，一口地道的北京腔使其獲得他人無法獲得的資訊。雖然有公使覺得樊國梁的說法或許有點誇大，但總體上大家還是比較認同這樣一個判斷，即北京已處在危險之中。各國在華傳教士、僑民，乃至各國公使，都面臨著巨大危險。所以各國公使不約而同地請求各自政府儘快向中國派遣部隊，保護僑民、傳教士和公使館。

北京的局勢確實在持續惡化，清廷對此也開始感到憂慮。5 月 27 日下午，慶親王應邀與英國公使寶納樂、俄國公使格爾思會晤。慶親王表示朝廷知道現在的困難，也已向直隸總督發布最嚴厲的命令，他勸各國公使相信清廷有能力保護公使館，因此不贊成各國軍隊進入北京，只是各國政府執意這樣做的話，清廷並不完全反對。慶親王刻意強調，義和團不僅是外國人的敵人，也是清廷的敵人。[39]

慶親王的態度是游移不定的，各國公使鑒於北京局勢的發展，為慎重起見，還是決定從天津，從大沽口外海面上調集一批軍隊進入北京，加強使館區及教堂警衛。5 月 31 日，第一列軍用專車向北京進發，幾天後抵達北京的使館衛隊接近千人。[40]

38　〈樊國梁神甫致畢盛先生函〉，《英國藍皮書有關義和團運動資料選譯》，第 73 頁。
39　《義和團檔案史料》（下），第 702 頁。
40　第一批進京的使館衛隊人數說法不一，寶納樂在 1900 年 6 月 10 日致索爾茲伯理（H. E. Salisbury）的信中說總計 337 人，其中英國特遣部隊由 75 名士兵和 3 名軍官組成。參見《英國藍皮書有關義和團運動資料選譯》，第 81 頁。而裕祿在當天致總理衙門的電報中根據鐵路局查點「洋兵上車」的實在數目為：英國兵 72 名，軍官 3 名；美國軍官 7 名，士兵 56 名；義大利軍官 3 名，士兵 39 名；日本軍官 2 名，士兵 24 名；法國軍官 3 名，士兵 72 名；俄國軍官 4 名，士兵 71 名。總計各國軍官 22 名，士兵 334 名。參見《義和團檔案史料》（上），第 111 頁。

　　各國公使之所以急於從天津調集使館衛隊，是因為 6 月 1 日是中國傳統的端午節，早有傳言說義和團將在那一天舉行大規模活動，這是列強行動的背景。然而從義和團方面說，列強大規模的軍事行動並沒有阻嚇住團民，或許僅僅出於看熱鬧的心理，在北京的義和團民反而越來越多，形勢並沒有因使館衛隊進京而舒緩，反而因使館衛隊的驚擾更趨嚴重。另一方面，使館衛隊進京也使清廷中的強硬派找到了對抗理由。5 月 30 日，軍機大臣兼刑部尚書趙舒翹等人向朝廷上了一個奏摺，建議放棄先前對義和團一味鎮壓的辦法，以為誅不勝誅，不如不誅；剿不勝剿，不如不剿。不如將義和團民眾收編，納入清軍序列，統以將帥，利用其仇教的情緒，以防範列強。[41] 列強向北京派遣使館衛隊原本可能並不與清廷為難，結果在這裡被解讀成了一種敵意。

　　使館衛隊進京客觀上加劇了北京及華北地區的緊張形勢，在隨後幾天，在華北主要鐵路線上工作的歐洲人差不多都遇到了麻煩，他們開始大規模向天津收縮，不料這一舉動又被中國民眾誤解，歐洲人在撤退途中遇到了中國民眾多次攔截，甚至發生多次衝突。[42]

　　華北特別是京津地區空前恐慌引起了列強注意，6 月 6 日，駐紮在大沽口的各國艦隊司令官舉行會議，討論局勢，同意在必要時採取統一行動。各國政府對艦隊司令官的決定表示默認，相繼同意他們在外國僑民受到威脅時可以採取適當的行動。由此，各國開始向天津租界調集軍隊。

　　各國調集軍隊的目標是為了保護他們的傳教士、僑民、教民和外交官，同時也蘊含著當清廷對義和團鎮壓不力時「代剿」的意思。列強至少此時並沒有以清軍作為作戰對象，但各國軍隊的調動依然引起了清軍將領的嚴重不安。正是在這樣一種背景下，清廷高層對義和團的態度發生變化，以端王載漪、體仁閣大學士及大阿哥的師傅徐桐、軍機大臣剛毅和趙舒翹、都察院左副都御史何乃瑩等為代表的主撫派漸漸占了上風。6 月 6 日，清廷發布一個上諭，有意改變義和團定性，刻意強調義和團的出現主要是為了練藝保身，守護鄉里，均為國家赤子。[43] 清廷或許期待用這種辦法收服義和團，但在各國公使看來，

41　〈刑部尚書兼順天府尹趙舒翹等摺〉（光緒二十六年五月初三日），《義和團檔案史料》（上），第 110 頁。

42　〈張美翊致盛宣懷函〉（1900 年 5 月 29 日），《義和團─盛宣懷檔案資料選輯之七》，第 15─17 頁。

43　〈上諭〉（光緒二十六年五月初十日），《義和團檔案史料》（上），第 118 頁。

清廷的新上諭其實是對先前鎮壓立場的倒退，勢必引發新問題。[44]

毫無疑問，清廷的寬容政策引起了新的形勢變化，在隨後幾天，為了防止外國軍隊繼續向北京進發，有團民開始扒鐵路，毀電線杆，到處張貼焚教堂、殺教民、驅逐外國人的揭帖，甚至與前來鎮壓的清軍發生正面衝突。[45]清廷的寬容政策不僅沒有取得預想效果，反而使原本已經混亂的局面越來越混亂。6月9日一大早，慈禧皇太后和光緒帝從頤和園匆忙趕回宮中召集王公大臣討論時局，端王載漪大約為了報復列強的輕慢，在會上肆意撩撥皇太后的情緒，以為義和團聲勢之所以一撥高過一撥，主要是因為洋人的欺負，而洋人的目的並不僅僅在於欺負這些中國人，而是要推翻皇太后的統治，重建一個新政府。

端王載漪的鼓噪擊中了皇太后的心病，皇太后自1898年秋天之後最煩心的事情莫過於與外國人的關係陷入低谷。憤怒的皇太后在這次會議上決定不再對義和團進行鎮壓，任命端王載漪為總理衙門首席大臣，改組政府，極端排外的禮部尚書啟秀等在總理衙門上行走，命令董福祥的甘軍從南苑進駐城裡。清廷的政策從這一天開始，對義和團由鎮壓正式轉為利用，對列強由盡量溝通維持關係轉為決裂，儘管還未公開宣布。

清廷的動向很快被各國公使獲悉，各種傳言如雪花一樣飄來，有的說皇太后在會上表示要把外國人逐出京城，有的說董福祥的甘軍已經做好總攻的準備，只等一聲令下。這些傳言嚴重困擾著各國公使，為預防萬一，他們的選擇只能是寧願信其有，不可信其無，即便一直與中國方面保持良好溝通的俄國公使也有點沉不住氣了，向國內報告各國公使在北京的使命或許即將結束，未完事宜或許要轉移至各國海軍將領那裡。言下之意，各國對於義和團所能做的，只剩下武力干預一個選擇。

根據這種認知，列強很快在天津組織了一支規模並不大的聯軍，由英國海軍中將西摩（E. H. Seymour）率領，於6月10日浩浩蕩蕩開往北京，他們的目標如前所說只是保衛使館，拯救傳教士、僑民和教民，但這個舉動無疑使清廷方面非常恐懼，以為列強是不宣而戰。6月11日，清廷派總理衙門大臣

44　〈竇納樂爵士致索爾茲伯理侯爵函〉（1900年6月10日），《英國藍皮書有關義和團運動資料選譯》，第86頁。

45　劉春堂：〈畿南濟變紀略〉，《義和團檔案史料》（上），第340頁。

許景澄和太常寺卿袁昶前往各使館，請求各國公使勸阻聯軍進京，宣布各國公使和所有在華外國人的安全都是有保障的。[46]

　　經過艱難交涉，幾天時間過去了，各國公使都不願接受停止向北京用兵的建議，然而出乎各國公使意料的是，包括義和團在內的中國民眾竟然主動在京津線上攔截聯軍，使西摩聯軍用了 17 天時間竟然無法抵達北京，反而於 6 月 26 日狼狽逃回天津。[47]

　　西摩聯軍引發了兩個嚴重後果，對於中國方面，聯軍向北京進發引起高度恐慌，北京的局勢越發不可收拾，前門商業區 6 月 16 日燃起熊熊大火，竟然連燒三天，損失慘重。17 日，清廷召集御前會議，討論對策，鑒於聯軍繼續向北京挺進的事實，決心招撫義和團民眾，用他們和清軍配合作戰，以防範列強突然或持久攻擊。

　　另一方面，由於西摩聯軍向北京進發並不順利，這也引起各國公使、海軍將領的思考，他們經過反復研探，以為聯軍之所以在進京路上如此艱難，主要是聯軍的後路被清軍遏制，後援部隊無法提供及時支援，這是西摩聯軍行進困難的主因。為此，各國將領認為，要履行保護公使、僑民、傳教士的責任，就只有確保天津通往北京的路暢通，而其中的關鍵就是要將大沽炮臺控制在聯軍手裡。

　　大沽炮臺是天津的屏障，也是海上通往天津的必由之路，具有重要的軍事價值，是中原王朝自明代以來重點經營的北方要塞。當時，駐紮大沽炮臺的清軍有三千人，總兵羅榮光為最高指揮官。此外，北洋海軍統帥葉祖珪的旗艦及魚雷艇也都在周邊巡弋，與大沽守軍遙相呼應。

　　6 月 16 日，各國海軍艦隊司令與西摩聯軍失去聯繫快一個星期了，他們為此做出占領大沽炮臺的決定。在聯軍司令官看來，他們向北京挺進只是為了營救公使、傳教士和教民，並非與中國政府為敵，因為保護使館和傳教士的安全也是清政府的責任，他們更不是要與清軍決戰，聯軍這樣做在某種程度上還是在幫助清軍。所以，聯軍司令官在當天會議上簽發一份通牒，限中國守軍在 17 日凌晨兩點讓出大沽炮臺。[48]

46　〈袁昶奏稿〉，《義和團》第 4 冊，第 160 頁。
47　〈庚子中外戰紀〉，《義和團》第 3 冊，第 293 頁。
48　〈賈禮士領事致索爾茲伯理侯爵函〉附 6 月 16 日《會議記錄》，1900 年 7 月 2 日於天津，

聯軍司令官會議是 16 日上午 11 點結束的，最後通牒也應該在此後不久送給了羅榮光和直隸總督裕祿。作為軍人，羅榮光當然不會接受聯軍的要求，將大沽炮臺移交給聯軍。他在拒絕聯軍要求的同時，立即向海軍統帥葉祖珪及直隸總督裕祿做了通報，請求他們在必要時給予援助。

羅榮光不願將炮臺和平移交，而聯軍又堅定認為大沽炮臺是他們向北京、向華北用兵的咽喉，志在必得，於是一場惡戰無法避免。距最後通牒規定的時間還有 70 分鐘時，爭奪大沽炮臺的戰鬥終於打響，經過幾個小時的激戰，至清晨 5 時許，大沽炮臺陷落，中國守軍數百人壯烈殉國。

在大沽炮臺爭奪戰打響之前，羅榮光曾派員向直隸總督裕祿求救，裕祿表示天津防禦已經很吃緊，無暇他顧，更沒有辦法提供支援。這不能說就是羅榮光失利的原因，但很顯然作為直隸總督的裕祿對大沽炮臺失守負有相當責任。

其實，聯軍大約也注意到了這一點。聯軍送給羅榮光、裕祿的同文照會，送達的時間就有差別。送給羅榮光的時間為 16 日下午，而送給裕祿的則拖到第二天上午 10 點，儘管照會上的時間仍然寫著 16 日。

當裕祿收到聯軍送來的索要大沽炮臺的外交照會時，大沽炮臺已經到了聯軍手裡，幾千守軍早已潰敗。然而，裕祿不是將這個結果及時報告朝廷，反而將聯軍的最後通牒緊急報送朝廷，說本月 17 日他接到法國總領事送來的照會，以各國水師提督的名義「限至明早兩點鐘時將大沽口各炮臺交給」聯軍，逾期不交，即當以武力占領。[49]

裕祿的報告送到朝廷的時間為 19 日下午，此時距離大沽炮臺失守已經兩天。儘管過了兩天，朝廷對天津的事情一概不知。慈禧皇太后和光緒帝雖然在那幾天連續召集御前會議，王公大臣雖然對戰與和、剿與撫做了許多發言，出了許多主意，但究竟是戰是和，列強究竟是像他們自己所宣揚的那樣要幫助清廷剿滅義和團，還是要以清廷為敵，對清軍開戰，這在之前的幾次御前會議上並沒有結論。現在好了，裕祿的報告來了，列強索要大沽炮臺了，這不就是明明白白要以大清為敵，準備開戰嗎？

---

8 月 15 日收到，《英國藍皮書有關義和團運動資料選譯》，第 176 頁。

49　〈直隸總督裕祿摺〉（光緒二十六年五月二十一日），《義和團檔案史料》（上），第 147 頁。

其實，慈禧皇太后、光緒帝和所有與會者都不知道大沽炮臺已經不在清軍手裡，所以他們討論的前提就是怎樣阻止聯軍，怎樣保住大沽炮臺。[50] 與會者普遍認為，聯軍索要大沽炮臺將引發嚴重的政治危機，權衡利弊，他們所能做的就是堅決拒絕聯軍的這一蠻橫要求。怎樣才能做到這一點呢，那就要有不惜破裂的決心和意志，要以不可動搖的強硬態度迫使列強讓步。19 日下午 5 時許，總理衙門向十一國駐華公使館和關稅處送去十二份同文照會，大意是聯軍索要大沽炮臺令人震驚，顯然是各國有意失和，首先開釁。既然如此，現在北京城裡也一片混亂，人心浮動，那就請各國公使在二十四小時之內下旗開路，前往天津。[51] 這個照會就是後來一直爭議的「宣戰照會」，其實仔細分辨，這只是一份普通的外交照會，只是表明清政府的強硬姿態而已。

我們今天可以這樣理解這個照會，但在當年，各國公使卻不這樣認為。他們收到這份照會後立即陷入極度恐慌，因為他們既不知道天津究竟發生了什麼事情，也不知道清政府的這個最後通牒究竟意味著什麼。

當天晚上，十一國公使聚集在首席公使官邸召開會議，爭論了一個晚上也沒有找到解決辦法。德國公使克林德（Klemens Freiherr von Ketteler）建議天亮之後集體前往總理衙門要求會晤，至少要表達二十四小時的寬限太短了，那麼多的公使、家屬及傳教士，根本無法撤退完。然而外面的局勢或許真的很混亂，其他公使竟然全部反對克林德的建議，不敢集體前往總理衙門。

別人的反對並沒有阻止克林德單獨行動，何況他與總理衙門原本第二天中午有個約會，所以他第二天（6 月 20 日）上午還是帶著祕書乘坐轎子離開了公使館，不料剛到東單路口，就被清軍神機營的槍手一槍斃命。[52]

克林德之死是 1900 年中外關係的重大轉折，先前勉強還能維持的外交窗口至此全部中斷，各國公使退守使館區組織衛隊嚴密防守，並將散在各處的傳

50　直至五月二十四日（6 月 20 日），清廷仍發布上諭，要求裕祿報告聯軍索要大沽炮臺的最新進展，仍不知道大沽炮臺已被聯軍占據。上諭說：「裕祿於二十一日（17 日）後並無續報，究竟大沽炮臺曾否開戰強占？連日洋兵作何情狀？現在招募義勇若干？能否節節接應？拳民大勢又是如何情形？著即迅速諮明總署轉呈，並遵前旨隨時馳報一切。」參見〈軍機處寄直隸總督裕祿上諭〉（光緒二十六年五月二十四日），《義和團檔案史料》（上），第 157 頁。由此可見，清廷在召開決定開戰的御前會議時仍以列強索要大沽炮臺為前提，以為僅僅是外交爭端一類的事情，故而比較容易取強硬的態度。

51　〈照會〉（光緒二十六年五月二十三日），《義和團檔案史料》（上），第 152 頁。

52　許國英：《十葉野聞》，中共中央黨校出版社，1998。

教士、教民儘量接到使館區。從這一天開始，使館區與外界幾乎隔絕。

在使館區外面，確實有一支清軍，清軍外面有中國民眾，這些民眾被統稱為義和團，其實也不儘然。使館外面的清軍，按照過去流行的說法是在圍攻公使館，但按照清廷特別是慈禧皇太后、榮祿等人的解釋，其實是為了防止中國民眾衝擊公使館而實施的保護措施，當然在此後局勢日趨緊張的時候，這些清軍也與公使館的守軍發生過一些衝突和戰鬥，只是從總體上說，清方的解釋更合乎情理。

公使館不僅和清政府失去了聯絡，與天津、與他們各自的政府也失去了聯繫。這種情形使各國政府非常焦慮，各國駐天津的領事和海軍將領只好抓緊時間組織聯軍往北京進發，準備用武力去解救被包圍的公使、僑民，還有聚集在西什庫教堂的傳教士和教民。

各國海軍將領對中國方面的力量估計過高，他們一定要等到各國援軍到來方才準備向北京進發，於是時間在一天一天消逝，北京的僵局沒有辦法打破。直至 8 月初，各國後援部隊方才完成向天津的集結。8 月 4 日下午，兩萬名聯軍從天津出發，分兩路直撲北京。清軍雖然在津京一線集結了十萬軍隊，然而總體上說，清軍並沒有組織像樣的抵抗。8 月 14 日上午，八國聯軍先頭部隊突破北京防線，順利進入使館區，被困兩個多月的使館終於解圍。[53]

五、《辛丑合約》：中國的低谷與起點

當八國聯軍即將侵入北京的時候，清廷內部一片混亂。慈禧太后和光緒帝一片慌亂，聯軍雖然與清軍在過去一段時間發生過衝突，但從總體上說，由於榮祿與公使館保持著一種特殊的溝通管道，並沒有使中外關係完全中斷，聯軍當局也一再傳信清廷，不要讓兩宮離開北京，就留在宮中好了。但是事關國家體制和尊嚴，假如聯軍進京之後少了一點約束，兩宮威嚴受到任何傷害，都是不得了的大事。為鄭重起見，兩宮在做了一些善後安排，任命一些留守大臣後，於 8 月 15 日凌晨在槍炮轟鳴聲中出西華門，奔德勝門，經頤和園稍事休息，然後經居庸關，向太原方向行進。[54]

53　〈竇納樂爵士致索爾茲伯理侯爵函〉（1900 年 9 月 20 日），《英國藍皮書有關義和團運動資料選譯》，第 119 頁。
54　楊典誥：〈庚子大事記〉，《義和團運動史料叢編》第 1 輯，第 21 頁。

　　兩宮出走並不是臨時起意，而是有一個比較長的醞釀籌備過程。大約在總理衙門改組、克林德被殺，中外溝通受到嚴重阻礙的時候，兩宮就對後來的政治發展有所安排，留有後手。

　　6月9日，總理衙門改組，端王載漪出任首席大臣。十天後，6月20日，德國公使在前往總理衙門的路上被槍殺。當天，朝廷向各省督撫發布了一道密旨：

> 各省督撫均受國厚恩，誼同休戚。時局至此，當無不竭力圖報者。應各就本省情形，統盤籌劃，於選將、練兵、籌餉三大端，如何保護領土，不使外人逞志；如何接濟京師，不使朝廷坐困。事事均求實際。沿江沿海各省，彼族覬覦已久，尤關緊要。若再遲疑觀望，坐誤事機，必至國勢日蹙，大局何堪設想？是在各督撫互相勸勉，聯絡一氣，共挽危局。[55]

　　這道上諭的詞句非常奇怪，許多閱讀者認為這就像一個行將就木的政府發布的遺命。不過，這個密旨賦予各省督撫便宜行事權力，希望各省督撫發揮能動性切實保護各自管轄的省分，儘量對北京危急局勢提供力所能及的幫助。

　　第二天（6月21日），兩廣總督李鴻章又收到榮祿發來的密信，忠告李鴻章不必再對北京的御旨繼續給予重視。這個消息在東南各省督撫和西方外交官中很快傳開，大家一個比較共同的看法，是端王載漪可能已經篡奪了清廷的政策主導權，因而此後來自朝廷的指示，他們都可以視自己的需要有選擇地接受，不合乎需要或者說不利於地方穩定的可以視為「偽詔」。[56] 這就為稍後發生的「東南互保」提供了一個重要的依據。

　　6月22日，在輪船招商局擔當重要角色的鄭觀應致信盛宣懷，以為聯軍在北方的戰事持續下去必將對南方發生重大影響，列強鑒於這種形勢極有可能進行類似於瓜分的行動，特別是由於英國人在上海、在整個長江流域有著非常重要的經濟利益。隨著局勢持續惡化，英國人一定擔心南方也會像北方一樣混亂，因此英國人一定會與列強一道向南方用兵，在上海登陸，進而向整個長江流域派兵，穩定局勢。果如此，東南大局不堪設想。為避免不必要的損失，

55　〈軍機處寄各省督撫上諭〉（光緒二十六年五月二十四日），《義和團檔案史料》（上），第 157 頁。

56　〈代總領事霍必瀾致索爾茲伯理侯爵電〉（1900 年 6 月 29 日），《英國藍皮書有關義和團運動資料選譯》，第 59 頁。

鄭觀應建議盛宣懷不妨抓緊將一些中國公司轉換到外國名下，或許有利於保護。[57]

　　鄭觀應的提醒無疑啟發了盛宣懷，三天後即 6 月 24 日，盛宣懷致電兩廣總督李鴻章、兩江總督劉坤一、湖廣總督張之洞，提議「從權」與各國領事進行談判，將上海租界交給各國保護，長江內地歸各省督撫保護，兩不相擾，以便在目前複雜局勢下保全各國及本國商民財產及生命安全。[58]

　　盛宣懷的提議獲得了李鴻章、劉坤一和張之洞等的首肯，其實在這之前劉坤一和張之洞也有類似考慮，以為在目前困難局勢中只能儘量為國家保存一點元氣。根據盛宣懷的建議，劉坤一、張之洞等又邀集東南各省督撫共同討論，終於達成與各國合作，共同維護東南半壁相對穩定的局面。他們相信這個辦法並不違背朝廷密電「聯絡一氣，以保疆土」精神。[59]

　　根據這些共識，上海道臺余聯沅與各國駐上海領事舉行談判，並最終達成《東南互保章程》共九條，東南各省在沒有喪失主權、治權的前提下，與各國友好合作共保東南、長江流域各省的和平與穩定，嚴格禁止義和團以任何方式南下，各國也承諾不在上海、不在長江流域登陸、用兵。[60]

　　東南互保行動在多大程度上得益於清廷那份神秘詔書的啟示，還值得研究。不過由此可以知道，清廷在總理衙門改組特別是克林德被殺之後，也確實做了一些善後準備，不僅通過各種各樣的外交管道刻意與列強保持溝通，營造一些友好氣氛，而且很早就通過各種管道向列強求和。

　　總理衙門的改組為 6 月 9 日，然而也就是幾天後，慈禧皇太后於 6 月 16 日電召兩廣總督李鴻章迅速北上，爭取早點開始與列強談判。

　　李鴻章無疑是當時中國最善於外交的人，他與各國公使也有著非同尋常的友誼。他在接到通知後雖說並沒有及時北上，但他確實迅速利用各種管道與各國進行接觸。他通過駐外公使向各國政府說明情況，請求和解，為後來的正式談判準備了條件。

57　〈鄭觀應致盛宣懷函〉（光緒二十六年五月二十六日），《義和團—盛宣懷檔案資料選輯之七》，第 81 頁。

58　盛宣懷，〈寄李中堂劉峴帥張香帥〉（光緒二十六年五月二十八日），《愚齋存稿》卷 36，文海出版社，1975，第 5 頁。

59　〈盛京堂來電並致南洋〉（光緒二十六年五月二十九日），《李鴻章全集》第 3 冊，第 954 頁。

60　朱壽朋編《光緒朝東華錄》第 4 冊，總 4523 頁。

　　由於北方戰局一直沒有停止的跡象，清廷在克林德事件之後既沒有集中力量鎮壓義和團，也沒有拿出精神與列強真的開戰，北方戰局在不破不和中僵持著，而各國司令官在軍事力量沒有達到預想狀態時也不願冒險向北京進發，北京局勢的僵持使李鴻章無法順利北上，直至八國聯軍侵入北京一個月之後，李鴻章方才有機會於 9 月 15 日離開上海前往北京，中外之間的正式談判方才有可能開始。

　　在李鴻章抵達北京前，聯軍當局其實已經與中國方面進行過接觸。清廷在離開北京時任命有留京辦事大臣，這些大臣通過私人關係很快與總稅務司赫德取得聯繫，然後再通過赫德與聯軍當局建立溝通管道。在赫德幫助下，跟隨兩宮播遷的慶親王也很快被追了回來，這都為後來的正式談判做了充分的鋪墊。

　　應中國政府要求，赫德在與各國公使磋商後，於 9 月 1 日向中國方面提交了一份善後清單，並私下告誡中國大臣無論如何不能將圍攻使臣的事情看得太輕，更不能誤看，因為這是各國在國際交往中最看重的一件事情。赫德在這份文件中詳細列舉事件始末，分析中國方面應該承擔的責任，以為中國政府要想息事寧人，必須承認姑息縱容義和團的錯誤，必須就義和團圍攻公使館和槍殺公使、教民等事情認錯道歉，並給予適當賠償。[61]

　　大致說，清政府主導力量應該能夠接受赫德的這些建議，此後的交涉也大致按照赫德的提示進行。只是清政府對各國要求追究煽動義和團排外的責任，追究德國公使、日本使館書記官、傳教士、教民等死亡原因和責任有點出乎預料。

　　知道列強真實心跡的俄國人很早就向中國方面做過類似建議，希望清政府不要讓列強牽著鼻子走，應該主動懲辦一批可以犧牲的「肇亂大臣」，以此換取列強的信任，為後續談判鋪路。[62]

　　由清政府自行懲處所謂肇亂大臣或許是緩和時局的一個辦法，在俄國政府提出這一動議前後，法國政府也通過外交管道表明類似立場。法國人認為，

61　〈圍攻使臣始末節略〉（1900 年 9 月 1 日），《中國海關與義和團運動》，中華書局，1983，第 32 頁。

62　〈陝西巡撫端方代奏李鴻章電報〉（光緒二十六年八月初九日），《義和團檔案史料》（上），第 543 頁。

推動善後議和的前提有四：一是清政府務必確保各位公使的行動自由與安全；二是清政府應先行將端王載漪等「肇禍大臣」革職查辦；三是將各處軍隊撤回，不得再與外國軍隊接戰；四是清政府務必徹底剿滅義和團。[63]

其實，懲處所謂「肇禍大臣」的想法在李鴻章等一批稍具國際視野大臣那裡早就想到了，只是礙於同朝為官，礙於這些「肇禍大臣」許多人都是皇親國戚。而這些皇親國戚依然盤踞在皇太后周圍，不僅掌握著清廷大權，而且似乎依然受到皇太后信任，所以始終沒有人敢向皇太后提出。文獻表明，至少在7月中旬前後，李鴻章準備奉旨北上時，就已意識到清政府自行懲處那些煽動排外的愚昧大臣可能是緩解中外衝突的一個重要步驟，只是怎樣實現，李鴻章就沒有把握了。

李鴻章不敢貿然彈劾那些宮中實權大臣，但對那些不在宮中的「肇禍大臣」，李鴻章當然一點也不客氣。9月2日，他與劉坤一、張之洞聯名奏請將署黑龍江將軍壽山、署奉天副都統晉昌罷斥治罪，以為壽山、晉昌二人縱容義和團毀路構釁，一意主戰，致使許多地方失陷，殃害人民，貽國家無窮之累。[64]

清廷很快同意了李鴻章等人的建議，但僅僅將壽山、晉昌兩人作為替罪羊遠遠無法平息列強的憤怒。在各國公使心目中，「肇禍大臣」絕對不是這樣幾個人，即便不追溯到慈禧太后這樣的最高層，也必須追溯到在混亂時期出任總理衙門首席大臣的端王載漪，以及莊親王載勛等。

對於這些皇親國戚，李鴻章等漢大臣當然不敢向朝廷提出，因為這幾個人都是皇上、皇太后的至親。

9月5日，德國政府正式提出議和條件，第一條就是「嚴懲」罪魁禍首。[65]

在德國政府提出要求的第二天，俄國人也正式提出幾點要求，其中最重要的一條，就是要求懲辦那些所謂「叛亂首犯」，包括端王載漪、董福祥、剛毅、李秉衡、毓賢等。[66]

63　〈裕庚致軍機處電〉（1900年8月19日），《義和團—盛宣懷檔案資料選輯之七》，第196頁。

64　〈調補直隸總督李鴻章等摺〉（光緒二十六年八月初九日），《義和團檔案史料》（上），第539頁。

65　〈外交副大臣李福芬男爵致駐北京公使穆默電參事克萊孟脫草稿〉（1900年9月5日），《德國外交文件有關中國交涉史料選譯》第2卷，第111頁。

66　〈代理外交大臣致巴黎密函草稿〉，《紅檔雜誌有關中國交涉史料選譯》，第243頁。其第二、三兩條原為一條。

　　德國人要求懲處那些「罪魁禍首」，俄國人提出一個具體名單。列強很快就哪些人應該承擔戰爭責任展開討論。經過漫長的調查取證和討價還價，列強與清廷終於在 1901 年 2 月 6 日就懲處「肇禍大臣」達成共識：端王載漪、輔國公載瀾由中方判處其死刑，然後再以皇帝的名義赦免，流放新疆，永遠監禁；儘快剝奪董福祥的兵權，然後予以嚴懲；英年、趙舒翹、毓賢、徐承煜、啟秀等，處死；對於已死亡的李秉衡、剛毅、徐桐，由清廷宣布追奪原官，撤銷恤典。

　　與此同時，清廷與各國還達成一個共識，為徐用儀、許景澄、聯元、袁昶、立山等大臣恢復名譽，平反昭雪，他們在義和團戰爭期間因反對圍攻使館和對外作戰而被清廷下令處死。[67]

　　此外，各國公使還在 4 月 4 日向中國方面提交一個上自藩王督撫、下至知縣士紳的 142 名必須懲處的名單，[68] 後經反復交涉，清廷於 4 月 29 日發布上諭，以義和團戰爭期間奉行不力、致釀事端，焚燒教堂，傷害教民、教士等「罪名」，分別輕重，將山西歸綏道鄭文欽等 56 人予以嚴懲。[69]

　　6 月 3 日，清廷再發上諭，將盛京副都統晉昌等 11 人發往極邊充當苦差。[70] 8 月 19 日，清廷三發上諭，又懲處地方官員士紳 58 人。[71] 至此，列強要求的所謂懲辦「肇禍大臣」交涉大致結束。

　　懲凶之外是就克林德和日本使館書記官杉山彬被殺進行道歉和賠償。這個談判比較簡單，清政府同意以皇帝名義致信德、日兩國元首道歉，並派遣高級代表分赴兩國當面「認罪」。清政府還同意在克林德遇難處修建一座紀念物，至於支付必要的撫恤金更是無須討論。[72]

　　至於戰爭賠款的談判確實比較艱難，列強之間的看法並不一致，德國人、俄國人出於各自國內需要，確實希望利用這場戰爭大發一筆橫財，確實有竭澤而漁的味道，[73] 但是美國、英國，還有日本，特別是總稅務司赫德（Robert

67　《英國藍皮書有關義和團運動資料選譯》，第 461 頁。
68　〈全權大臣奕劻李鴻章電報〉（光緒二十七年二月十六日），《義和團檔案史料》（下），第 1014 頁。
69　〈上諭〉（光緒二十七年三月十一日），《義和團檔案史料》（下），第 1067 頁。
70　〈上諭〉（光緒二十七年四月十七日），《義和團檔案史料》（下），第 1185 頁。
71　〈上諭〉（光緒二十七年七月初六日），《義和團文件史料》（下），第 1286 頁。
72　〈上諭〉（光緒二十六年閏八月初二日），《義和團檔案史料》（上），第 643 頁。
73　《義和團》第 3 冊，第 7 頁。

Hart）並不認同德、俄兩國的看法，談判的結果就是既要中國就戰爭軍費進行賠償，又不能超出中國的支付能力，「合理的賠償部分可以通過已經增加的保證外國的權利和豁免權的安全來實現；更為重要的是，通過中國向全世界開放平等通商來實現」。[74] 這是美國總統的政策聲明，這個聲明後來成為各國談判的基礎。

根據各國公使建議，赫德於 1901 年 3 月 5 日提交了一份備忘錄，就中國究竟能夠支付多少賠款，最適合的償付方式是什麼，中國能夠最容易獲得的歲入是什麼，以及列強需要得到什麼樣的控制權四個問題提出了方案。赫德是過去幾十年中國經濟的總管，也是一個真正意義上的技術官僚，各國公使後來又任命一個專門委員會就賠款問題進行調查、計算和討論，以為要保證中國經濟還能正常運轉，中國能夠支付的賠償總額不得超過 4.5 億兩。[75] 至於各國如何分配，當然只能參照各國實際損失和實際軍費支出。

善後談判還涉及使館區的擴大、使館衛隊、武器禁運，以及在中國駐軍等問題，這些問題確實涉及中國主權和尊嚴，也正是從這個意義上說，以上述內容為基本構架的《辛丑合約》其實只是一項共識。[76] 1901 年的這個條約，既使中國的國際地位、國家尊嚴跌至谷底，也是中國重新起步、從頭開始的起點。這一年重新啟動的新政就蘊含著這個因素，幾年之後開始的預備立憲，實際上也是其邏輯發展。

---

74 〈美金萊總統在第四個年度諮文中談八國聯軍與《辛丑合約》部分〉，見閻廣耀、方生選譯《美國對華政策檔選編——從鴉片戰爭到第一次世界大戰》，人民出版社，1990，第 441 頁。
75 〈駐北京公使穆默致外部電 308 號〉，《德國外交文件有關中國交涉史料選譯》第 2 卷，第 390 頁。
76 所謂《辛丑合約》只是中國人的說法，因為談判、簽字在「辛丑」年。西方人稱為「北京議定書」，共有「正約」12 款及 19 個「附件」。

第十一章　十年新政與清朝覆滅

　　20 世紀頭十年，也即清朝統治的最後十年，中國歷史在遭受內憂外患的一再衝擊之後，進入了一個新的拐點。在這十年裡，除外部國際形勢繼續對中國政治和社會產生巨大影響之外，國內則出現了三股政治勢力，尋找並影響中國歷史的走向。一是清朝統治階級，他們在吸取庚子事變的慘痛教訓之後，痛定思痛，再次祭出改革主義大旗，試圖通過仿效日本明治維新，除弊振衰，繼續維護清王朝的統治；二是以康有為、梁啟超為代表的海外立憲派和國內由部分開明紳商群體轉化而來的立憲派，他們為實現參政的願望，試圖通過和平請願等方式，在中國建立英國式的議會制君主立憲政體，促進中國由傳統國家向近代國家轉型；三是以孫中山、黃興為代表的革命黨人，他們主張用暴力革命手段推翻清朝統治，在中國建立美國式的民主共和政體，從而達到振興中華的目的。本章僅就清朝統治階級在最後十年裡所實行的各項改革及其命運，做一探討和反思。[1]

---

* 本章由崔志海撰寫。

1　國內研究清末新政的學術性著作主要有：趙軍《折斷了的槓杆—清末新政與明治維新比較研究》，湖南出版社，1992；張連起《清末新政史》，黑龍江人民出版社，1994；吳春梅《一次失控的近代化改革—關於清末新政的理論思考》，安徽大學出版社，1998；李細珠《張之洞與清末新政研究》，上海書店出版社，2003；趙雲田《清末新政研究—20 世紀的中國邊疆》，黑龍江教育出版社，2004。國外研究清末新政的代表作為卡梅倫的《中國的維新運動 1898—1912》(Meribeth E. Cameron ,*The Reform Movement in China, 1898-1912*, New York: Octagon Books. Inc., 1963) 一書，該書自 1931 年由斯坦福大學出版以來，一直為研究這段中國歷史的外國學者廣泛引用，多次重印。有關國外學者清末新政的研究，可參見崔志海〈國外清末新政研究專著述評〉（《近代史研究》2003 年第 4 期）一文。

一、清末新政改革綱領的制定

清末新政是對 1901—1911 年清政府實行的各項改革的總稱，它是晚清歷史上的第三場改革運動，也是晚清歷史上的最後一場改革運動。新政的啟動與前兩場的改革—洋務運動和戊戌變法有許多相似之處，它們都在內憂外患的衝擊下啟動，都是統治階級的自救運動：洋務運動係受太平天國農民戰爭和第二次鴉片戰爭的觸動，戊戌變法係受甲午戰敗的刺激，清末新政則受義和團運動和八國聯軍侵華事件的打擊。但與前兩次改革分別由部分洋務派官僚和維新派人士倡議發起不同，清末新政從一開始就由清朝的最高統治者發起和領導。1900 年 8 月 22 日，慈禧太后和光緒帝駐蹕太原後即發布上諭，表達自新願望，稱：

> 自來圖治之原，必以明目達聰為要。此次內訌外侮，倉卒交乘，頻年所全力經營者毀諸一旦。是知禍患之伏於隱微，為朕所不及覺察者多矣。懲前毖後，能不寒心！自今以往，凡有奏事之責者，於朕躬之過誤，政事之缺失，民生之休戚，務當隨時獻替，直陳毋隱。[2]

1901 年 1 月 29 日，慈禧太后和光緒帝再次發布上諭，批評各級官員有關改革建言不是窒礙難行，就是不切實際，再次宣示改革決心，宣稱：

> 世有萬古不易之常經，無一成不變之法治。窮變通久，見於大《易》。損益可知，著於《論語》。蓋不易者三綱五常，昭然如日星之照世。而可變者令甲令乙，不妨如琴瑟之改弦。伊古以來，代有興革，即我朝列祖列宗，因時立制，屢有異同。入關以後，已殊瀋陽之時。嘉慶、道光以來，豈盡雍正、乾隆之舊？大抵法積則敝，法敝則更，要歸於強國利民而已。[3]

上諭接著對丁戊年間康梁推動的維新變法運動大加撻伐，斥責康梁變法妄分新舊，離間兩宮，將康有為的所作所為比作與朝廷作對的民間祕密組織活動，甚至表示「康逆之禍，殆更甚於紅拳」；斥責康梁所講新法「乃亂法也，非變法也」。同時，上諭極力為慈禧太后當年發動戊戌政變辯護，稱之為「剪除亂逆」之舉，並非守舊、反對變法，宣稱「皇太后何嘗不許更新、損益科條？

---

2 中國第一歷史檔案館編《光緒宣統兩朝上諭檔》第 26 冊，廣西師範大學出版社，1996，第 274 頁。

3 故宮博物院明清文件案部編《義和團檔案史料》（下），中華書局，1959。

朕何嘗概行除舊？」並宣示現恭承皇太后之命，一意振興，「嚴卻新舊之名，渾融中外之跡」。

上諭認為當前中國社會的弊端和積弱的根源在於「習氣太深，文法太密，庸俗之吏多，豪傑之士少」，「誤國者在一私字，禍天下者在一例字」；認為西方富強的根源在於「居上寬，臨下簡；言必行，行必果」。上諭批評中國以前的改革和學習西方只學西方的皮毛，諸如語言文字、製造機械而已，同時「佐以瞻徇情面，肥利身家之積習」，結果不能實現富強的目標。因此，上諭通令各軍機大臣、大學士、六部九卿、出使各國大臣及各省督撫「各就現在情弊，參酌中西政治，舉凡朝章、國故、吏治、民生、學校、科舉、軍政、財政，當興當革，當省當並，或取諸人，或求諸己，如何而國勢始興？如何而人才始出？如何而度支始裕？如何而武備始修？各舉所知，各抒所見，通限兩個月，詳悉條議以聞，再由朕上稟慈謨，斟酌盡善，切實施行」。[4]

根據這道變法上諭對清廷以前改革所做的反思以及要求各級官員所建言的改革內容來看，這明確預示著這次啟動的將是一場全方位的改革運動，而不會是一些枝節的變革，也不會是後來一些研究者所認為的那樣，是三十多年前洋務運動的翻版。並且，後來的歷史也表明，這是晚清歷史上一道具有劃時代意義的上諭，它標誌清末十年新政的開始，是清末新政第一份綱領性文件；清末新政的改革內容遠遠超出洋務運動乃至戊戌維新運動的範圍。

然而，由於這道上諭依然以中國傳統儒家的「損益」、「變通」、「興革」、「自新」等古訓作為改革的指導思想，其中還有「蓋不易者三綱五常，昭然如日星之照世」等維護中國封建專制君主統治的套話，特別是上諭對兩年前康梁領導的戊戌維新運動繼續大加撻伐，這就使得當時朝野均對慈禧太后發動改革的誠意多有疑慮。在變法上諭下達之後，不少地方督撫揣摩「懿旨」，不敢對改革問題貿然表達意見。美國駐華公使康格（E. H. Conger）在將這一重要上諭譯送美國政府的報告中，也以上諭仍然否定 1898 年的戊戌變法，斥責康有為的變法非變法，乃亂法，對慈禧太后發動改革的誠意抱懷疑態度，未加認真對待，認為「這道上諭出自皇太后的意願和鼓動，不能期望會有許多真

4　《光緒宣統兩朝上諭檔》第 26 冊，第 460—462 頁；朱壽朋編《光緒朝東華錄》第 4 冊，中華書局，1958，總 4601—4602 頁。後者所載上諭文字與前者稍有出入，研究者利用時須加留意。

正的改革」。[5]

　　鑒於清廷朝野對變法上諭態度冷淡，4月21日，在改革上諭頒布兩個多月之後，慈禧太后再次以光緒帝名義發布上諭，敦促封疆大吏就變通政治、力圖自強提出建議，並宣布設立督辦政務處作為清末新政改革的總機關，任命慶親王奕劻、大學士李鴻章、榮祿、崑岡、王文韶、戶部尚書鹿傳霖為督辦政務大臣，劉坤一、張之洞遙為參與，「於一切因革事宜，務當和衷商榷，悉心評議，次第奏聞，俟朕上稟慈謨，隨時擇定，俟回鑾後，切實頒行，示天下以必信必果、無黨無偏之意」。[6]

　　根據4月21日上諭精神，8月20日，作為朝廷負責新政改革總機關的督辦政務處制定並頒布政務處章程10條，除對政務處的組成、職能、權限和地位做出規定外，同時還就新政改革提出一些原則性建議。督辦政務處將改革內容分為兩大類，宣布變法大綱有二：一是認真整理舊章；二為中法所無則參用西法。對於改革，督辦政務處持審慎態度，認為政務處的首要目的是求自強，而救貧又為富強之始基，強調改革絕不可「先事搜刮」，建議先盡裁冗費，取天下所痛惡者革除一二，天下所甚願者興辦一二，以爭取民心，「使天下之人，曉然於朝廷變法，為吾民興利除害，人人有悅服之誠，而事事有求實之意，則此後下令如流水矣」；否則，「人心一失，雖有良法，亦難措置」。其次，督辦政務處贊同改革應遵循上年上諭「嚴禁新舊之名，融通中外之跡」訓條，吸取洋務運動、戊戌維新之教訓，去私心，破積習，化除黨禍之害；強調改革應根據中國國情，因地制宜，因勢利導，指出：「今言變法，動引日本為例。殊不知日本幅員非廣，風氣齊一，號令易行，且以外國學外國，譬猶楚學齊語，不甚懸殊，故事易舉而效甚速。中國地方四萬里，歷代相承二千餘年，從不知西學為何事。東南諸行省風氣已開者，語以西法，尚不驚疑；若西北之民，質性忠樸，耳目未廣，驟令變革，何異聾俗鳴球，修菱蒂藕乎？」並認為「今學西學，欲學其事，先學其心」，指出「西人作事，千人一心，共利其國；中

<hr/>

5　"E.H.Conger to the Secretary of State, March 1, 1901," in Jules Davids, ed., *American Diplomatic and Public Papers: The United States and China, Series III, The Sino-Japanese War to the Russo-Japanese war 1894-1905, Volume 1, The China Scene* (Wilminton: Scholarly Resources Inc., 1981), p.73. 正是根據這道上諭的一些語言表述，後來國內一些學者也不恰當地認為清末新政只是洋務運動的翻版。其實，這種理解是片面的。

6　《光緒宣統兩朝上諭檔》第27冊，第49—50頁。

人作事，百人百心，各利其身，身有利有不利，而國決無一利」，因此，「必先正中國之人心，乃可行西人之善法」。[7]

督辦政務處提出的上述改革建議，雖然在一定程度上反映了當時中國的國情，具有極大的合理性，尤其是關於中國當務之急在於「救貧」和「求自強」的主張，以及有關改革須因地制宜、以爭取民心和切勿擾民為前提的建議，對後來新政改革的成敗具有重大指導意義，但是這些改革建議因過於籠統和保守，並不適合當時清朝最高統治者慈禧太后力圖改變自身頑固守舊形象的革新願望和要求，與變法上諭精神多有偏離，因而並未受到重視和採納。對清末新政起指導作用的是湖廣總督張之洞和兩江總督劉坤一兩位地方實力派督撫在〈江楚會奏變法三摺〉（以下簡稱〈江楚三摺〉）中提出的改革方案和主張。

變法上諭頒布之後，兩江總督劉坤一和湖廣總督張之洞在與其他督撫會商之後，於 1901 年 7 月間由劉坤一領銜，先後三次上奏朝廷。在〈江楚三摺〉中，與督辦政務處將「救貧」和「求自強」放在首位不同，劉、張將培養人才看作改革的突破點，置於各項改革之首，指出中國的問題「不貧於財而貧於人才，不弱於兵而弱於志氣」，「保邦致治，非人無由」，因此，他們就如何育才興學提出四條改革措施：設文武學堂、酌改文科、停罷武科、獎勵遊學。他們強調「此四條為求才圖治之首務，其間事理，皆互相貫通，互相補益。故先以此四事上陳。蓋非育才不能圖存，非興學不能育才，非變通文武兩科不能興學，非遊學不能助興學之所不足。揆之今日時勢，幸無可幸，緩無可緩。仰懇宸衷獨斷，決意施行。其間條目章程，自須詳議，而大綱要旨，無可游移」。[8]

其次，劉、張認為治國如治疾，欲行新法，必先剷除舊弊；而立國之道有三：曰治，曰富，曰強，國必治而後可求富強，國不治則富強亦必轉為貧弱。整頓舊法者，為治之具；採用西法者，為富強之謀。據此，他們認為改革的第二步就是整頓中國舊法，為求強致富提供一個良好的政治和社會環境，並提出以下 12 條措施：崇節儉、破常格、停捐納、課官重祿、去書吏、去差役、恤刑獄、改選法、籌八旗生計、裁屯衛、裁綠營、簡文法。他們宣稱：「以上十二條，皆中國積弱不振之故，而尤為外國指摘詬病之端。臣等所擬辦法，

7　該章程內容詳見沈桐生輯《光緒政要》卷 27，江蘇廣陵古籍刻印社，1991，第 9—11 頁。
8　朱壽朋編《光緒朝東華錄》第 4 冊，總 4728、4737 頁。

或養民力 ，或澄官方，或作士氣……仰懇聖明裁察施行，以為自強之根本。」[9]

最後，劉、張就上諭採用西法以達富強提出以下 11 條建議：選派官員出國考察；用外國操練兵；廣軍實，發展近代軍工企業；修農政；勸工藝；定礦律路律商律交涉刑律；用銀元；行印花稅；推行郵政；官收洋藥；多譯東西方各國書籍。以上 11 條大致涉及軍事、經濟、金融財政、實業教育等方面的改革。他們強調以上各條與戊戌年康有為的變法主張「判然不同」，「大旨尤在考西人富強之本源，繹西人立法之深意。伏望聖明深察遠覽，早賜施行。」[10]

劉、張提出的改革方案全面、具體，每一條改革建議都有具體內容，不像督辦政務處的改革建議那樣籠統、空泛，迎合了當時趨新的願望，最後為朝廷所採納，成為新政的改革綱領。10 月 2 日，慈禧太后即發布懿旨，加以肯定，稱劉、張「會奏整頓中法、仿行西法各條，事多可行，即當按照所陳，隨時設法擇要舉辦」，並通令「各省疆吏，亦應一律通籌，切實舉行」。[11] 對於劉、張制定的改革方案，近來研究清末新政史的學者也幾乎一致加以肯定，稱讚它是一個全面系統的改革方案。

其實，〈江楚三摺〉只是劉、張根據變法上諭揣摩慈禧太后懿旨而制定的一個改革方案，是 1901 年 1 月 29 日變法上諭的具體化。這個改革方案固然全面、系統，但完全出於迎合慈禧太后懿旨，滿足她樹立開明、改革形象的需要，以博外人歡心，同時又不出 1901 年 1 月 29 日變法上諭的範圍。劉、張在〈江楚三摺〉中提出 12 條整頓中國舊法的改革措施，並強調這 12 條內容「尤為外國指摘詬病之端」；而在提出採用西法的 11 條建議中，劉、張一方面辯稱他們的改革方案與康梁變法有別，同時強調這 11 條改革內容可獲外人歡心，「使各國見中華有發憤為雄之志，則鄙我侮我之念漸消」。[12] 因此，在〈江楚三摺〉的改革方案裡，劉、張根本沒有考慮和顧及當時中國的國力和財力。儘管劉、張在〈江楚三摺〉之外，專門上了一個〈請專籌鉅款舉行要政片〉，意識到改革與經濟實力之間的關係，意識到改革要有充足的財力支持，

9　朱壽朋編《光緒朝東華錄》第 4 冊，總 4753 頁。
10　朱壽朋編《光緒朝東華錄》第 4 冊，總 4769 頁。
11　《光緒宣統兩朝上諭檔》第 27 冊，第 188 頁。
12　朱壽朋編《光緒朝東華錄》第 4 冊，總 4769 頁。按：清末新政改革自然離不開整頓舊法、採用西法，甚至接受一些外國人的建議，但倘若這些改革要以列強的觀感為出發點，取悅列強，不顧中國自身利益和需要，那就又是另外一回事了。

建議為舉辦新政「專籌鉅款」，但是在這個附片裡，劉、張並沒有為新政如何籌得鉅款提出任何可行的建議或方案，只是一味強調籌款的必要性和重要性，認為「既須籌賠償之款，尤宜籌辦自強之款。賠償之款，所以紓目前之禍難；自強之款，所以救他日之淪胥」，聲稱「此時應省之事必須省，應辦之事必須辦，應用之財必須用」，[13] 全然以封建官僚長官意志看待改革可能遇到的困難和問題。

再者，雖然劉、張在〈江楚三摺〉裡對各項改革之間的關係有所闡述，諸如他們所說的「保邦致治，非人無由」、「治國如治疾」、「欲行新法必先除舊弊」等，都頗有些道理，且還有些理論深度，但是細加推敲，這些理論均不足以指導改革獲得成功。譬如，根據「保邦致治，非人無由」理論，劉、張將教育放在各項改革之首，這就有些不適合改革路徑了。人才固然重要，但發展教育一則必須有相應的經濟和物質基礎，二則教育也須與社會發展程度相適應，滿足社會需要；否則，發展教育就會成為無源之水、無本之木。事實上，後來新政教育改革就遇到這個大問題。又如，在與經濟有關的改革方案中，劉、張對農工商業三者之間的關係也做了闡述，大體認為發展農業為發展近代工商業的基礎，指出「夫富民足國之道，以多出土貨為要義；無農以為之本，則工無所施，商無可運」。關於工業與商業兩者之間的關係，他們認為工業為商業的基礎，「有工藝然後有貨物，有貨物然後商賈有販運」。但就他們為發展近代農業和工業提出的一些具體建議來看，並沒有為中國經濟的近代化制定出一個可行的方案。儘管他們為發展近代農業提出設立司農專官、培養農業專門人才和推廣農業生產技術，以及招墾荒地、發展近代大農場等富有建設性的建議，但是這絲毫沒有觸及封建土地制度。至於他們為發展近代工業所制定的幾項改革措施，也僅局限於設立工藝學堂和勸工廠，培養技術人才，還是沒有找到發展近代工業的門徑。

總之，〈江楚三摺〉作為清末新政的一個綱領性文件，它所描繪的改革方案一方面代表了當時清朝統治階級的最高認識水準，具體、詳盡、全面、系統，對清末十年新政改革起了很好的指導和促進作用，即使在 1906 年預備立憲政治改革啟動之後，〈江楚三摺〉設計的許多改革內容也仍然得到貫徹和執

13　朱壽朋編《光緒朝東華錄》第 4 冊，總 4770 頁。

行。但另一方面，〈江楚三摺〉設計的改革方案並不科學：一則脫離當時中國的國力和財力，沒有處理好發展與穩定兩者之間的關係；二則各項改革沒有輕重緩急之分，沒有處理好各項改革之間的相互關係；三則除教育改革設計比較周全之外，並沒有為其他改革找到一個循序漸進的路徑和突破點。這樣的一個改革方案如不在實施過程中加以調整和補充，註定不足以將新政改革引向成功之路。

二、1901—1905 年的新政改革

1901 年 1 月新政改革上諭頒布之後，尤其是在〈江楚三摺〉為新政改革制定出具體方案和負責新政改革的總機關督辦政務處成立之後，新政的各項改革立即全面啟動，齊頭並進。直至 1905 年，新政的各項改革基本上都在按照〈江楚三摺〉設計的方案進行。

根據〈江楚三摺〉「為政之道，首在得人」的改革思路，在 1901—1905 年的各項改革中，教育改革的步子邁得最快，成績也最顯著，在不到五年的時間裡，就完成了戊戌維新的改革目標，初步實現了中國教育由傳統向近代的轉變。這一時期的教育改革涉及三方面內容。

第一，興辦近代學堂，創立近代學校制度。創辦新式學堂並不始於新政改革時期，早在洋務運動時期即已實行。清末新政教育改革的特殊意義在於將興辦學堂作為一項國策在全國加以推廣，並建立起比較完整的近代學制。1901 年 9 月 14 日，清政府即頒布興學詔書，明令全國各省改造各省書院，在省城改設大學堂，各府及直隸州改設中學堂，並多設蒙養學堂。[14] 在清朝中央政府的督促下，興辦學堂的詔書迅速得到貫徹，截至 1902 年，先後有山東、江蘇、浙江、福建、甘肅、陝西、廣西、四川、廣東、貴州、安徽、湖南等至少 12 個省區（占全國行省三分之二以上）的督撫、學政報告已完成改省城書院為大學堂的工作，並報告了各府、州、縣書院改設中、小學堂的情況。

與此同時，清朝中央政府又不失時機地於同年 8 月 15 日頒布由管學大臣張百熙制定的中國近代第一部學校系統章程《欽定學堂章程》，又稱「壬寅學制」。「壬寅學制」包括《京師大學堂章程》、《考選入學章程》、《高等

14　《光緒宣統兩朝上諭檔》第 27 冊，第 175—176 頁。

學堂章程》、《中學堂章程》、《小學堂章程》、《蒙學堂章程》等六個文
件，是全國興辦學堂的指南。[15] 隨後，清政府又任命張之洞會同榮慶、張百熙
對「壬寅學制」加以修改、補充，於 1904 年 1 月頒布更為完備的學堂章程，
又稱「癸卯學制」。「癸卯學制」共計 22 個章程，對各類學校的辦學宗旨、
入學規則、課程設置、學習年限、教員任用、學校管理、學生考試與獎懲，
乃至校舍建築、儀器設備，以及各類學校的相互關係等，均做了詳盡的規定。
根據「癸卯學制」，全國學堂分為普通教育和專門職業教育兩大類。其中，普
通教育分為三段七級：第一階段為初等教育，設蒙學堂、初等小學堂和高等小
學堂；第二階段為中等教育，設中學堂；第三階段為高等教育，設高等學堂、
大學堂、通儒院。專門職業教育則分為師範教育、實業教育和特別教育三種。
其中，師範教育設初級師範學堂和優級師範學堂，分別與中等普通教育和高等
普通教育平行；實業教育中的藝徒學堂、初等實業學堂和實習普通學堂與初等
普通教育平行；中等實業學堂與中等普通教育平行；高等實業學堂、實業教員
講習所等與高等普通教育平行；特別教育的進士館、譯學館等與高等普通教育
平行。另外，《奏定學堂章程》還鼓勵私人興辦學堂，規定對出資創辦小學堂
者，由地方官予以嘉獎，或戴紅花，或贈匾額。[16]「癸卯學制」作為中國近代
第一個被付諸實施的學制，雖然有不完備之處，如將女子教育排除在學校系統
之外，但它無疑為中國近代學制奠定了基礎，對推動清末新式學堂的發展起
了很好的指導作用。在清政府的大力提倡和指導下，各類新式學堂快速興起，
由 1903 年的 769 所增至 1904 年的 4476 所和 1905 年的 8277 所，學生數則
由 1902 年的 6912 人增至 1903 年的 31428 人、1904 年的 99475 人和 1905
年的 258873 人。[17] 並且，這種發展勢頭一直延續至 1911 年清朝覆滅。

　　第二，鼓勵出國留學。派遣學生出國留學的做法亦始於洋務運動時期，
兩個最為著名的例子是 19 世紀 70、80 年代 120 名中國幼童的赴美留學和福
建船政學堂學生的赴歐留學，但在清末新政改革之前，派遣中國學生出國留學
均由地方督撫及一些重臣因辦理洋務需要宣導和推動，清末新政改革開始後，
留學政策才上升至國家政策層面，並由此得到推廣。1901 年 9 月 16 日，清

15　詳見璩鑫圭、唐良炎編《中國近代教育史資料彙編・學制演變》，上海教育出版社，
　　2007，第 241—295 頁。
16　璩鑫圭、唐良炎編《中國近代教育史資料彙編・學制演變》，第 296—529 頁。
17　詳見王笛〈清末新政與近代學堂的興起〉，《近代史研究》1987 年第 3 期。

政府發布上諭，明令各省督撫仿照江蘇、湖北、四川等省做法，選擇文理明通之士出國留學；如學有成效，即行出具切實考語，諮送外務部考驗，據實奏請獎勵；留學經費，也作為正式開支，由各省負責籌措。同時，上諭對自費留學亦予鼓勵，宣布對自費留學生，各省督撫應諮明出使大臣隨時照料；自費留學生如學成獲得優等文憑回國，准照官派留學生一體考驗、獎勵和任用，分別賞給進士、舉人等各項出身。[18] 隨後，清政府又令相關部門和官員制定一系列鼓勵留學的章程和規定，如 1903 年 10 月頒布的由張之洞制定的《獎勵遊學畢業生章程》對畢業於各類日本學堂的留學生給予不同等級的獎勵，規定：對畢業於日本普通中學堂、高等學堂、實業學堂、大學堂、國家大學堂和大學院，並獲得文憑者，分別授以拔貢、舉人、進士、翰林出身，加以任用。[19] 同時，清政府還批准張百熙、榮慶和張之洞三人的奏請，鼓勵在職官員和王公子弟自費出國留學，免扣資俸；畢業回國後，將予破格獎勵，立予重用。[20] 鑒於地理、文化和留學費用等多種因素，當時清政府特別提倡中國學生前往日本留學，認為「歐美各國，道遠費重，即不能多往，而日本則斷不可不到」。[21] 在清政府的提倡和鼓勵下，新政教育改革啟動後不久國內就出現留學日本的熱潮，赴日留學的中國學生由 1901 年的 280 名左右增至 1902 年的 500 人和 1903 年的 1300 人左右，1905 年底則達到 8000 餘人的規模。[22]

第三，改革和廢除科舉考試制度。始於隋唐的科舉取士制度千餘年來一直將教育與做官結合在一起，其弊端雖然長期以來受到許多有識之士的抨擊，但始終沒有受到動搖。1905 年 9 月 2 日，清政府應袁世凱、趙爾巽、張之洞等奏請，發布上諭，以科舉制妨礙學校的發展，妨礙人才的培養，宣布「自丙午科為始，所有鄉、會試一律停止，各省歲科考試亦即停止」。[23] 同年 12 月 6 日，又下令設立學部專管教育，且位在禮部之上。[24] 由此，清末新政終於完成了廢除科舉制這一重大教育改革，不但有力推動了新式學堂的大發展，而且

18　《光緒宣統兩朝上諭檔》第 27 冊，第 177 頁。
19　陳學恂、田正平編《中國近代教育史資料彙編‧留學教育》，上海教育出版社，2007，第 58—59 頁。
20　陳學恂、田正平編《中國近代教育史資料彙編‧留學教育》，第 22—23 頁。
21　陳學恂、田正平編《中國近代教育史資料彙編‧留學教育》，第 21 頁。
22　〔日〕實藤惠秀：《中國人留學日本史》，譚汝謙、林啟彥譯，三聯書店，1983，第 39 頁。
23　璩鑫圭、唐良炎編《中國近代教育史資料彙編‧學制演變》，第 541 頁。
24　有關學部設立的經過及學部在推動晚清教育文化事業上的作用，請參見關曉紅《晚清學部研究》，廣東教育出版社，2000。

深刻影響了中國近代政治、社會和價值觀念的轉型。[25]

　　根據〈江楚三摺〉有關「練兵一端，必須改弦易轍，乃可圖存」的改革思想，清政府在 1901—1905 年舉辦新政期間也進行了比較廣泛的軍事改革，以推動清朝軍隊的近代化。在宣布實行新政當年的 8、9 月間，朝廷就發布數道上諭，諭令廢除傳統的武科科舉考試，各省均設立近代武備學堂，培養新式軍官，宣布裁汰和改造綠營、防勇等舊式軍隊，採用西式槍炮，建立一支國家常備軍，申明「朝廷振興戎政，在此一舉，各該將軍督撫，務當實力整頓，加意修明，期於日有起色」。[26] 1902 年 12 月 12 日，朝廷又以直隸總督袁世凱編練的北洋新軍和湖廣總督張之洞編練的自強軍為全國編練新軍的榜樣和新軍將目的訓練基地，指令北方河南、山東、山西等省的新軍將目均赴北洋學習操練，南方江蘇、安徽、江西、湖南等省的新軍頭目均赴湖北學習操練，練成後再回各省，帶領訓練新兵。[27] 1903 年 12 月 4 日，朝廷還在中央設立「練兵處」，作為主管全國新軍編練和教育的最高行政機關。

　　練兵處成立後，頒布了一系列軍事法規和法令，以加快軍隊改革步伐。其中 1904 年 9 月 12 日奏准頒布的新軍《營制餉章》，對軍隊建設加以統一規範，內容涉及軍制、營制、軍隊軍官的選任、士兵的招募、軍隊的訓練和調派、官兵的獎懲和賞罰、軍服軍械以及衛生和後勤運輸的標準和統一，以及各級大小軍官薪水和各弁目兵丁餉銀及各騾馬、軍械的開支等等。根據該章程的規定，清末的軍事力量由常備軍、續備軍和後備軍構成。常備軍考選「土著之有身家者充之，屯聚操練，發給全餉」，三年後退伍返歸原籍；續備軍則以剛退伍的「常備軍」充任，「分期操練，減成給餉」，三年後遞退；後備軍又以剛遞退下的「續備軍」充任，「仍分期應操，餉院又遞減」，四年後退為平民。常備軍新軍的最高編制為軍，下轄兩鎮，設總統為總指揮，統轄全軍。平常新軍的最高編制單位為鎮（相當於師），設統制為最高指揮官；每鎮下轄兩協（相

25　對於廢除科舉制的歷史意義，嚴復就沒有局限於教育領域，而是將它與商鞅變法和秦始皇的廢除封建制、建立郡縣制相提並論，稱：「此事乃吾國數千年中莫大之舉動，言其重要，直無異古之廢封建、開阡陌。」見王栻主編《嚴復集》第 1 冊，中華書局，1986，第 166 頁。

26　《光緒宣統兩朝上諭檔》第 27 冊，第 152、172—173 頁。有關清末軍事改革研究，可參見〔美〕拉爾夫・爾・鮑威爾《中國軍事力量的興起：1895—1912》，陳澤憲、陳霞飛譯，中國社會科學出版社，1979；〔澳〕馮兆基《軍事近代化與中國革命》，郭太風譯，上海人民出版社，1994。

27　《光緒宣統兩朝上諭檔》第 28 冊，第 314—315 頁。

當於旅），設統領為指揮官；每協下轄兩標（相當於團），設統帶為指揮官；每標下轄三個營，每營設管帶為指揮官；每營下轄前後左右四隊，每隊設隊官為指揮官；每隊下轄三排，設排長為指揮官；每排下轄三棚，設正目、副目為指揮官。此外，每鎮還直轄馬隊、炮隊各一標，工程、輜重各一營和一個軍樂隊。每鎮官兵總人數為 12512 人。其中，全鎮官長和司事人員 748 人，夫役人員 1328 名，弁目兵丁總計 10436 人。[28]《營制餉章》的頒布，為清末新軍的編練提供了統一標準，起到了很好的促進和指導作用。過了一年，北洋六鎮即告編練成軍；至 1911 年，編練成軍的新軍計有 14 個鎮、18 個混成協及 1 個禁衛軍和 4 個標，[29] 成為中國近代不可忽視的一支新式軍事力量。

　　與此同時，練兵處還大力推進近代軍事教育，先後制定和頒布《新定陸軍學堂辦法二十條》、《陸軍小學堂章程規則》、《貴冑學堂章程》、《陸軍參謀大學堂章程》，設立各類軍事學堂，為中國培養合格的近代軍事人才。根據《陸軍學堂辦法》的規定，清末陸軍學堂分為四級：陸軍小學堂、陸軍中學堂、陸軍兵官學堂和陸軍大學堂。鑒於完成以上正課學堂學業需耗時 7 年 4 個月至 10 年，另設陸軍速成學堂和速成師範學堂，以備目前各軍武官及各堂教習之急需。另各省應在省會所在地設立一所講武學堂，為在職軍官們「研究武學之所」。《陸軍學堂辦法》和《陸軍小學堂章程規則》還規定，根據全國常備軍 36 鎮所需官長十分之一之數為定衡，全國須創辦 27 所陸軍小學堂。其中，大省陸軍小學堂學額為 300 名，每年招收 100 名；小省學額為 210 名，每年招收 70 名；將軍、都統駐地學額為 90 名，每年招收 30 名；另在京師設立一所蒙古陸軍小學堂，專門招收蒙古子弟學生，定額為 120 名，每年招收 40 名。 此外，清政府還在直隸、陝西、湖北和江蘇分別設立第一至第四陸軍中學堂。其中，陸軍第一中學堂招收京師、直隸、山東、山西、河南、安徽及東三省和察哈爾駐防各小學堂畢業生；陸軍第二中學堂招收陝西、甘肅、四川、新疆各小學堂畢業生；陸軍第三中學堂招收湖北、湖南、雲南、貴州、廣西及荊州駐防各小學堂學生；陸軍第四中學堂招收江蘇、江西、浙江、福建、廣東

28　商務印書館編譯所編《大清光緒新法令》第 14 冊，商務印書館，1910 年鉛印本，第 54—72 頁。

29　有關清末新軍編練經過，可參見中國社會科學院近代史研究所中華民國史組編《清末新軍編練沿革》，中華書局，1978。

及駐防各小學堂學生。[30] 根據《貴冑學堂章程》的規定，該學堂係為滿洲貴族軍事學堂，除招收王公世爵和四品以上宗室子弟外，也招收二品以上京外滿、漢文武大員的聰穎子弟，學期為 5 年，招收定額為 120 名，並於 1906 年 6 月正式開辦。[31] 此外，為彌補國內軍事教育之不足，練兵處還制定和頒布了《選派陸軍學生遊學章程》，規定赴日陸軍留學生的選派以四班為一輪，每年選送一班，每班 100 名，至第四年四班送齊為一輪；留學經費由練兵處和各省各半籌措。[32] 而各省實際選派情況甚至超出練兵處的這一規定，至 1908 年 7 月，派赴留日陸軍留學生便已不下一千人[33]。練兵處的上述舉措有力地推進了清末的軍事近代化。

在 1901—1905 年啟動新政改革過程中，清政府對〈江楚三摺〉中有關振興實業的內容也予以相當重視，推出一系列改革措施。1902 年 2 月 24 日，清政府在發布的一道上諭中就充分強調「農工商業，為富強之根本，自應及時振興」，明令各省按照劉、張的改革建議，認真興辦。[34] 3 月 11 日，又以「近來地利日興、商務日廣」，諭令設館編纂礦律、路律、商律，「用示通變宜民之至意」。[35] 一年之後（1903 年 4 月 22 日），清政府再次發布上諭，令載振、袁世凱和伍廷芳儘快制定商律，以便設立商部，提倡工藝，鼓舞商情，宣稱：「通商惠工，為古今經國之要政。自積習相沿，視工商為末務，國計民生，日益貧弱，未始不因乎此。亟應變通盡利，加意講求……庶幾商務振興，蒸蒸日上，阜民財而培邦本，有厚望焉。」[36] 9 月 7 日，未及商律編竣，清廷就迫不及待地宣布設立商部，任命慶親王之子載振為尚書，伍廷芳、陳璧為左、右侍郎，下設四個司，職權涵蓋各個經濟領域。其中保惠司主要負責處理商務，平均司主要負責農林牧副業，通藝司主要負責近代工礦、交通事業，會計司主要負責稅務、銀行、貨幣、賽會和度量衡等事務。商部成立後，成為清朝政府振興實業的總機關，並在清朝各部中位列第二，僅次於外務部，充分體現了當

30 《大清光緒新法令》第 14 冊，第 1—3、8—27 頁。
31 《大清光緒新法令》第 14 冊，第 29 頁。
32 《大清光緒新法令》第 14 冊，第 3—5 頁。
33 《清末新軍編練沿革》，第 342 頁。
34 《光緒宣統兩朝上諭檔》第 28 冊，第 17 頁。有關清末經濟政策和改革的研究，可參見朱英《晚清經濟政策與改革措施》，華中師範大學出版社，1996。
35 《光緒宣統兩朝上諭檔》第 28 冊，第 36—37 頁。
36 《光緒宣統兩朝上諭檔》第 29 冊，第 71—72 頁。

時清政府對發展經濟的重視。

　　值得特別指出的是，清政府在 1901—1905 年推行的經濟政策和改革已明顯突破封建制度的藩籬而具有資本主義性質。清政府在這一期間制定和頒布的一系列經濟政策和法令、法規，基本上多仿照西方資本主義國家做法，以促進中國近代工商業的發展。如 1904 年初商部頒布的《商人通例》對商人身分、經商權利及相關通行制度從法律上做了規定；《公司律》則將近代西方資本主義企業的組織形式引入國內，將公司形式分為合資公司、合資有限公司、股份公司、股份有限公司四種，規定合資有限公司和股份有限公司在其公司虧空倒閉後只承擔有限責任，只以變賣合資人和股份公司的資產為限，不得向合資人或股東另行追補，並給予商辦公司與官辦、官商合辦公司同等的法律地位，聲明「無論官辦、商辦、官商合辦等各項公司及各局（凡經營商業者皆是），均應一體遵守商部定例辦理」。[37]《公司註冊試辦章程》則進一步明確規定：「無論現已設立與嗣後設立之公司局廠行號鋪店，一經註冊，即可享一體保護之利益。」[38] 第二年，商部又奏定《破產律》69 條，對投資工商業的合法破產者予以保護，強調不能按刑法對待之，對詐偽倒騙與正常虧蝕倒閉應加區別，「若僅以懲罰示儆之條預防流弊，而無維持調護之意體察下情，似與保商之道猶未盡也」。[39] 商部奏准頒布的《重訂鐵路簡明章程》和《礦務暫行章程》及《礦政調查局章程》等，也多鼓勵本國官商投資近代鐵路和礦務，以收回利權，因此招來帝國主義列強的嚴重抗議。[40] 同樣，清政府和商部在制定《商標註冊試辦章程》以及在專利和版權保護等問題上，也都以保護本國企業商標和有助中國學習和引進西方先進技術為宗旨，因此招來帝國主義列強的強烈不滿和干涉。[41] 另一方面，商部制定頒布《獎給商勳章程》，獎勵國內實業家從事創造

37　《商部奏定商律》，《大清光緒新法令》第 16 冊，第十類〈實業・商律破產律〉，第 4 頁。

38　《商部奏定公司註冊試辦章程》，《大清光緒新法令》第 16 冊，第十類〈實業・註冊〉，第 26—27 頁。

39　〈商部修律大臣會奏議訂商律續擬破產律摺〉，《大清光緒新法令》第 16 冊，第十類〈實業・商律破產律〉，第 13 頁。

40　有關清政府與列強圍繞收回路礦權利所展開的交涉和鬥爭，可參見 Lee En-han, *China's Quest for Railway Autonomy, 1904-1911* (Singapore: Singapore University Press, 1977)；李恩涵《晚清的收回礦權運動》，中研院近代史研究所，1978。

41　有關清政府與列強在智慧財產權保護問題上的矛盾和衝突，可參見 William P. Alford, *To Steal a Book Is an Elegant Offence: Intellectual Property Law in Chinese Civilization* (California: Stanford University Press, 1995), pp.30-49；崔志海〈中國近代第一部商標法的頒布及其夭折〉（《歷史檔案》1991 年第 3 期）及〈試論 1903 年中美《通商行船續訂條約》〉（《近代

發明，規定工商業者凡有「創制新法新器，以及仿各項工藝，確能挽回利權，足資民用者」，由朝廷頒給商勛，酌予獎勵。[42]另制定頒布《商會簡明章程》、《商部接見商會董事章程》，鼓勵和支援國內商人設立商會組織，用以「通商情、保商利」，密切官商關係。[43]此外，清政府還啟動貨幣金融和財政改革，於 1903 年 4 月 22 日設立財政處，諭令慶親王奕劻和瞿鴻禨會同戶部，整理財政，劃一幣制，強調「從來立國之道，端在理財用人。方今時局艱難，財用匱乏，國與民俱受其病，自非通盤籌劃，因時制宜，安望財政日有起色」。[44]但這一時期朝廷有關貨幣金融和財政改革的思路並不清晰，許多政策尚處在討論之中，具體的改革成果十分有限，其中一個比較重要的成果是 1904 年財政處會同戶部頒布《試辦戶部銀行章程》，創辦戶部銀行。總之，在 1901—1905 年的新政改革中，清朝這個封建舊政權部分已開始接受和仿行資本主義國家的經濟政策。中國近代資本主義經濟在 20 世紀頭十年得到初步發展，應該說與這一時期清政府的經濟政策和改革有著直接關係。

再者，根據〈江楚三摺〉「治國如治疾」、「欲行新法必先除舊弊」的改革思路，清政府還開始著手整頓吏治，進行行政改革，諸如頒布上諭，宣布裁汰書吏、差役，停止捐納買官，改陋規為公費等。另為適應社會發展的需要，一方面，清政府裁撤了一些閒衙冗員，增設了新機構，如：1902 年裁撤河東河道總督，裁撤通政使司，將詹事府併入翰林院；1904 年裁撤督撫同城的湖北、雲南巡撫和粵海關、淮安關和江寧織造衙門；1905 年裁撤廣東巡撫衙門等等。另一方面，清政府又先後增設外務部、商部、練兵處、財政處、學部和巡警部等新機構。此外，還改良刑獄，修訂刑律，限制刑訊逼供，規定「以後除盜案命案、證據已確而不肯認供者，准其刑嚇外，凡初次刑供時及牽連人證，斷不准輕加刑責」。[45] 1905 年經沈家本、伍廷芳奏准，又廢止部分酷刑，規定「凡死罪至斬決而止，凌遲及梟首、戮屍三項，著即永遠刪除」，「刺

史研究》2001 年第 5 期）。

42　〈商部奏酌擬獎給商勛章程摺〉，《大清光緒新法令》第 16 冊，第十類「實業‧勸業」，第 47 頁。

43　有關清末官商關係的調整和商會的興起，可參見〔美〕陳錦江《清末現代企業與官商關係》，王笛等譯，中國社會科學出版社，1997；虞和平《商會與中國早期現代化》，上海人民出版社，1993。

44　《光緒宣統兩朝上諭檔》第 29 冊，第 71 頁。

45　朱壽朋編《光緒朝東華錄》第 5 冊，總 5329 頁。

字等項，亦著概行革除」。[46] 同時，又推行了一些社會改良政策，如 1902 年 2 月 1 日，朝廷發布上諭，宣布廢除滿漢通婚禁令，稱：「滿漢臣民，朝廷從無歧視。惟舊例不通婚姻，原因入關之初，風俗語言，或多未喻，是以著為禁令。今則風道同一，已歷二百餘年，自應俯順人情，開除此禁。所有滿漢官民人等，著准其彼此結婚，毋庸拘泥。」同時，要求戒除漢族女子纏足陋習，指出：「至漢人婦女，率多纏足，由來已久，有傷造物之和，嗣後縉紳之家，務當婉切勸導，使之家喻戶曉，以期漸除積習。」[47] 但上述這些改革並沒有觸及政治體制，基本上還是在傳統體制內進行行政改革和社會改良，這是 1901—1905 年新政改革與 1906 年開始的預備立憲改革的最大的一個區別。也正是由於這一區別，過去有些學者不恰當地只把 1901—1905 年清政府的改革稱為「清末新政」，而將 1905 年之後的預備立憲改革排除在清末新政之外。其實，1905 年之前的改革與此後的預備立憲改革只是清末新政中兩個彼此關聯的改革階段而已，前後有著很強的政策連續性，不能只以政治改革作為立論依據。

三、1906—1908 年：政治改革的啟動

在清末新政改革過程中，1905 年是一個重要的分水嶺。受日俄戰爭日勝俄敗係立憲戰勝專制神話的迷惑和鼓舞，在國內立憲派和一部分官員的建議和奏請下，清政府開始醞釀啟動政治體制改革。是年 7 月，清廷頒布上諭，命鎮國公載澤等五大臣出洋考察政治。1906 年 9 月 1 日，清廷發布詔書，宣布「仿行憲政」，將政治體制改革置於核心地位，作為新政的突破口，要求各項改革都要為預備立憲服務，強調中國之所以國勢不振，「實由於上下相睽，內外隔閡，官不知所以保民，民不知所以衛國」；而各國之所以富強，「實由於實行憲法，取決公論」。[48]

清廷預備立憲仿效日本明治維新做法，也從改革官制入手。在頒布預備立憲上諭的次日，清廷就委派載澤、世續、那桐、載振、榮慶、鐵良、奎俊、

46　朱壽朋編《光緒朝東華錄》第 5 冊，總 5328 頁。
47　《光緒宣統兩朝上諭檔》第 27 冊，第 272 頁。
48　〈宣示預備立憲先行釐定官制諭〉（光緒三十二年七月十三日），故宮博物院明清檔案部編《清末籌備立憲檔案史料》上冊，中華書局，1979，第 43—44 頁。按：有關清末立憲運動史的研究，以韋慶遠、高放、劉文源合著《清末憲政史》（中國人民大學出版社，1993）和侯宜傑著《二十世紀初中國政治改革風潮》（人民出版社，1993）所做的研究最為全面，走在國內學者前列。

壽耆等八名滿族親貴和張百熙、徐世昌、袁世凱、戴鴻慈、葛寶華、陸潤庠等
六名漢族大臣為編纂新官制大臣，另令端方、張之洞、升允、錫良、周馥、岑
春煊等地方重臣選派司道大員進京隨同參議，並加派奕劻、孫家鼐、瞿鴻禨為
總司核定大臣。9月6日，又專門成立官制編查館，吸收一大批學習政法的留
日歸國官員如金邦平、汪榮寶等入館參與官制的起草工作。由此可見清政府對
官制改革的重視和認真。

經過兩個月的策劃、爭論和商議，11月6日，清廷最終頒布上諭，推出
由慈禧太后欽定批准的中央新官制。這個中央新官制的基本內容如下：內閣軍
機處一切照舊，各部尚書均充參預政務大臣，輪班值日，隨時聽候召對。中央
行政改設11部，它們依次為外務部、吏部、民政部、度支部、禮部、學部、
陸軍部、法部、農工商部、郵傳部、理藩院，各部主管除外務部外，其餘設尚
書1人、侍郎2人，不分滿漢；監察機構都察院設都御史1人，副都御史2人；
改大理寺為大理院，專掌審判。另外，增設資政院，以為博採眾言；增設審計
院，以為核查經費。再者，一些主要與宮廷皇室有關的機構，如宗人府、內閣、
翰林院、欽天監、鑾儀衛、內務府、太醫院、各旗營、侍衛處、步軍統領衙門、
順天府、倉場衙門等，均保留不變。[49]

在頒布中央官制的同一天，朝廷又頒布上諭，啟動地方官制改革，諭令
奕劻等編纂新官制大臣編訂直省官制，並會同地方督撫籌備推行地方自治制
度。由於地方官制牽涉地方利益，較諸中央官制更為複雜，經過長達8個月
的策劃、討論和商議，1907年7月7日奕劻、載澤等編纂新官制大臣才奏定
地方官制改革方案。這個地方官制改革方案的主要內容如下：一省或數省設總
督一員，總理該地方外交、軍政，統轄地方文武官員；總督所駐省分，不再另
設巡撫，由總督兼管該省巡撫事；每省設巡撫一員，總理本省行政，但外交、
軍政事宜須承本管總督辦理。除東三省之外，各省督撫之下設三司、兩道。三
司分別為：布政司，負責該省戶口、財賦，考核該省地方官吏；提學司，管
理該省教育事務，並監督各類學堂和學會；提法司，管理該省司法行政事務，
監督各省審判。兩道分別為：勸業道，專管全省農工商及各項交通事務及驛傳
事務；巡警道，專管全省巡警、消防、戶籍、營繕、衛生等事務。各省行政

---

49 〈裁定奕劻等擬中央各衙門官制諭〉（光緒三十二年九月二十日），《清末籌備立憲檔案
史料》上冊，第471—472頁。

區劃則依管轄區域大小、任務繁重，分為府、直隸州和直隸廳三種；府、廳、州之下為散州和知縣兩種。各直隸州、直隸廳及各州、縣應設佐治官─巡警長、視學員、勸業員、典獄、主計員各 1 人，舊有佐貳雜職，一律裁撤。另外，各省應就地方情形，分期設立府、廳、州、縣議事會、董事會，由民政部擬定細則後施行；各省應分期設立高等審判廳、初級審判廳，分別受理訴訟及上訴事件。[50] 同日，朝廷還頒布上諭，宣布該地方官制方案先在東三省試行，直隸、江蘇兩省擇地試辦，各省於 15 年內分期完成官制改革。

由於此次官制改革依舊保留軍機處，並沒有仿行立憲國家的官制，成立責任內閣，地方官制也變動不大，且有些虎頭蛇尾，因此當時輿論大失所望，多責備清廷無實行憲政之意。但考慮到官制改革遭到各方面的強烈抵制和反對，清廷推出這個新官制實屬不易，情有可原，並不能說明清廷無立憲誠意。任何改革都不能一蹴而就，需要妥協和循序漸進。事實上，朝廷在 11 月 6 日批准中央新官制的上諭中就明確表示：「此次斟酌損益，原為立憲始基，實行預備，如有未盡合宜之處，仍著體察情形隨時修改，循序漸進，以臻至善。」[51] 而當時清廷在最後批准的中央官制中否決裁撤軍機處、成立責任內閣方案，一方面的確說明清朝最高統治者無意削弱君主權力，但另一方面也與當時清廷內部的權力鬥爭有密切關係，即防止奕劻和袁世凱出任總理大臣，攫取政府權力。

並且，就新官制來說，雖然沒有成立責任內閣，但是立憲政治的三權分立原則一定程度上還是得到了貫徹。如在中央和地方官制中，在行政部門之外，安排設立大理院和高等審判廳、初級審判廳專管審判，這就貫徹了司法獨立的原則；另外，在中央增設資政院，在地方設立府、廳、州、縣議事會、董事會，籌備地方自治，也有為將來中央和地方開設議院做準備之意；而各部尚書均充參預政務大臣的做法，實也寓有向責任內閣過渡之意，至少部分吸收了責任內閣的制度安排。再者，新官制的機構和官員設置較以前更為合理，更趨職業化和專業化，很大程度上消除了舊體制中的權限不分、職責不明、名實不符等弊端，促進了國家行政機構的近代化。總之，新官制既有保守一面，

50　詳見〈總司核定官制大臣奕劻等奏續訂各直省官制情形摺〉（光緒三十三年五月二十七日），《清末籌備立憲檔案史料》上冊，第 503─510 頁。

51　〈裁定奕劻等復擬中央衙門官制諭〉（光緒三十二年九月廿日），《清末籌備立憲檔案史料》上冊，第 572 頁。

也有合理性和進步一面，是當時清廷內改革派和反改革派妥協的一個結果，不應簡單地看作「偽改革」。

　　新官制頒布後，清政府事實上也在繼續推進預備立憲政治改革。1907 年 7 月 8 日，在推出地方官制改革的第二天，清廷緊接著就發布上諭，就立憲如何預備和施行向全國官民徵求建議，稱：「直省官制已據王大臣議擬飭行試辦矣。惟立憲之道，全在上下同心，內外一氣，去私秉公，共圖治理。自今以後，應如何切實預備，乃不徒托空言，宜如何逐漸施行，乃能確有成效，亟宜博訪周諮，集思廣益，凡有實知所以預備之方施行之序者，准各條舉以聞。」[52] 同年 8 月，清廷將考察政治館改為憲政編查館，作為編制憲政文件的總機關，使該機構的目標和任務更為明確，並歸軍機大臣直接領導。9 月 9 日，鑒於先前五大臣出洋考察各國政治過於寬泛，清廷特簡外務部右侍郎汪大燮、郵傳部右侍郎于式枚、學部右侍郎達壽分赴英、德、日三國考察憲政，為清政府制定憲法提供參考。9 月 20 日，清廷頒布上諭，明確宣布在上下議院未開之前，以資政院為議院之基礎，並任命浦倫、孫家鼐為資政院總裁，責成他們會同軍機大臣妥擬《資政院章程》。10 月 19 日，為與中央未來開設議院相配合，清廷又發布上諭，要求各省也儘快設立諮議局作為未來的地方議會，由各省合格紳民公舉賢能作為該局議員，共同集議各省應興應革等各項地方事宜，並為資政院儲備人才。

　　經過近一年的籌備，同時也由於受國內速開國會請願運動的影響，至 1908 年 7、8 月間，清政府便加快了預備立憲的進程。為表明其立憲誠意，清廷於 7 月 8 日即匆匆將資政院院章第一章「總綱」和第二章「選舉」先行頒布，同時督促其餘八章「著即迅速妥訂，具奏請旨」。[53] 7 月 22 日，又將憲政編查館會同資政院擬訂的《諮議局章程》62 條和《諮議局議員選舉章程》115 條公布於世，並令各省督撫迅速舉辦，實力奉行，限一年內開辦，申明「中國立憲政體前已降旨宣示，必須切實預備，慎始圖終，方不致托空言而鮮實效」，並進一步要求憲政編查館、資政院等部門加緊將憲法大綱及議院選舉各法，以及議院未開之前逐年應行籌備事宜詳細羅列，具奏呈覽，「以立臣工進

52　〈立憲應如何預備施行准各條舉以聞諭〉（光緒三十三年五月二十八日），《清末籌備立憲檔案史料》上冊，第 44 頁。

53　〈資政院等奏擬訂資政院院章摺〉（光緒三十四年六月初十日），《清末籌備立憲檔案史料》下冊，第 628 頁。

行之準則，而副吾民望治之殷懷，並使天下臣民曉然於朝廷因時制宜、變法圖強之至意」。[54] 根據清廷的指示，憲政編查館會同資政院很快於 8 月 27 日推出中國近代第一部憲法《欽定憲法大綱》和《議院法要領》、《選舉法要領》以及《議院未開以前逐年籌備事宜清單》（又稱《九年籌備立憲清單》），明確宣布開設議院年限為九年，「擬自本年光緒三十四年（1908）起，至光緒四十二年（1916）止，限定九年將預備各事一律辦齊」。[55] 同日，朝廷即頒布上諭，對上述 4 個文件予以批准，承諾「至開設議院，應以逐年籌備各事辦理完竣為期，自本年起，務在第九年內將各項籌備事宜一律辦齊，屆時即行頒布欽定憲法，並頒布召集議員之詔」，並要求在京各衙門以及外省各督撫、府尹、司道等均須將《九年籌備立憲清單》懸掛堂上，按照清單所開各節依限舉辦，每屆 6 個月，將舉辦成績報憲政編查館核查。[56]

　　根據籌備立憲清單，每年籌辦內容具體如下。第一年（1908）：籌辦諮議局；頒布城鄉地方自治章程和清理財政章程；請旨設立變通旗制處，籌辦滿漢生計，融化滿漢事宜；編輯簡易識字課本和國民必讀課本；修改新刑律；修訂民律、商律、刑事民事訴訟律等法典。第二年（1909）：舉行諮議局選舉，各省一律開辦；頒布資政院章程，舉行該院選舉；籌辦城鎮鄉地方自治，設立自治研究所；頒布廳州縣地方自治章程；調查各省人戶總數和各省歲出入總數；釐定京師官制；編訂文官考試章程、任用章程、官俸章程；頒布法院編制法；籌辦各省省城及商埠等處各級審判廳；核定新刑律；頒布簡易識字課本，創設廳州縣簡易識字學塾；頒布國民必讀課本；廳州縣巡警限一年內粗具規模。第三年（1910）：召集資政院議員舉行開院；續辦城鎮鄉地方自治；籌辦廳州縣地方自治；彙報各省人戶總數；編訂戶籍法；複查各省歲出入總數；釐定地方稅章程；試辦各省預算決算；釐定直省官制；頒布文官考試章程、任用章程、官俸章程；各省省城及商埠等處各級審判廳限年內一律辦齊；頒布新刑律；推廣廳州縣簡易識字學塾；廳州縣巡警限年內一律完備。第四年（1911）：續辦城鎮鄉和廳州縣地方自治；調查各省人口總數；編訂會計法；會查全國歲

54　〈諮議局及議員選舉章程均照所議辦理著各省督撫一年內辦齊諭〉（光緒三十四年六月二十四日），《清末籌備立憲檔案史料》下冊，第 683—684 頁。

55　〈憲政編查館資政院會奏憲法大綱及議院法選舉法要領及逐年籌備事宜摺〉（光緒三十四年八月初一日），《清末籌備立憲檔案史料》上冊，第 67—68 頁。

56　〈九年籌備立憲逐年推行籌備事宜諭〉（光緒三十四年八月初一日），《清末籌備立憲檔案史料》上冊，第 57 頁。

出入總數；頒布地方稅章程；釐定國家稅章程；實行文官考試章程、任用章程、官俸章程；籌辦直省府廳州縣城治各級審判廳；創設城鎮簡易識字學塾；籌辦城鎮巡警；核訂民律、商律、刑事民事訴訟律等法典。第五年（1912）：城鎮鄉地方自治，限年內粗具規模；續辦廳州縣地方自治；彙報各省人口總數；頒布戶籍法；頒布國家稅章程；頒布新定內外官制；直省府廳州縣城治各級審判廳，限年內粗具規模；推廣鄉鎮簡易識字學塾；推廣鄉鎮巡警。第六年（1913）：實行戶籍法；試辦全國預算；設立行政審判院；直省府廳州縣城治各級審判廳一律成立；籌辦鄉鎮初級審判廳；實行新刑律；廳州縣地方自治和鄉鎮巡警，限年內粗具規模。第七年（1914）：試辦全國決算；頒行會計法；試辦新定內外官制；廳州縣地方自治一律成立；鄉鎮初級審判廳，限年內粗具規模；人民識字義者，須達百分之一。第八年（1915）：確定皇室經費；變通旗制，一律辦定，化除畛域；設立審計院；實行會計法；鄉鎮初級審判廳一律成立；實行民律、商律、民事刑事訴訟律等法典；鄉鎮巡警一律完備；人民識字義者，須達五十分之一。第九年（1916）：宣布憲法和皇室大典；頒布議院法和上下議院選舉法；舉行上下議院議員選舉；確定預算決算；制定明年確當預算案；新定內外官制一律實行；設弼德院顧問大臣；人民識字義者，須達到二十分之一。[57]

　　從這份清單的內容來看，清政府籌備立憲的任務還是相當繁重的，每年開列的工作除第七年和第八年僅為 6 項和 8 項之外，其餘都在 9 項之上，平均每年有 10 項之多，每項工作都有始有終，且每年都有具體目標。這些內容基本上都與立憲政治有關，概括起來，大體涉及以下數端：修訂和頒布憲法；制定和頒布議院法和議院選舉法，開辦上下議院，以及推行地方自治制度；修訂、頒布和施行中央和地方官制，以及創設文官制度和設立相關行政監督機構；修訂刑律、民律、商律、民事刑事訴訟律等法典，實行法制改革，同時設立各級審判廳，實現司法獨立；完成全國人口普查，制定、頒布和實行戶籍法；實行財政制度改革，調查地方和中央歲出入總數，制定、頒布和實行地方稅和國家稅章程及會計法，最終實行預決算制度；逐步提高普通民眾識字率，最終實現民眾識字率達到二十分之一的目標；此外，還要逐步變通旗制，消除滿漢畛域，同時逐步在全國推行巡警制度，為籌備立憲政治提供良好的政治和社會

57　〈附逐年籌備事宜清單〉，《清末籌備立憲檔案史料》上冊，第 61—67 頁。

治安環境。鑒於中國國土的遼闊及經濟和教育的落後，且缺乏立憲政治傳統，清政府要在九年內完成上述立憲籌備工作，任務是相當艱巨的，那種揣度清政府行九年預備立憲意在拖延的看法，是難以成立和缺乏依據的。

一方面，在《欽定憲法大綱》裡，清政府接受了立憲政治的三權分立原則和法治原則，同意君主權力接受憲法的約束，《欽定憲法大綱》的前言明確宣示：本憲法大綱「謹按君主立憲政體，君上有統治國家之大權，凡立法、行政、司法，皆歸總攬，而以議院協贊立法，以政府輔弼行政，以法院遵律司法。上自朝廷，下至臣庶，均守欽定憲法，以期永遠率循，罔有逾越」。並且，《欽定憲法大綱》還初步接受立憲國家的人權原則，其第二部分的前六條規定在法律允許範圍內，臣民享有言論、著作、出版、集會、結社、財產居住和人身等自由和訴訟權利，以及依法定資格擔任文武官員和議員的權利。就此來說，《欽定憲法大綱》的頒布是中國政治生活中一件破天荒的事情，開了中國立憲政治的先河。

但另一方面，《欽定憲法大綱》又抄襲日本憲法，其第一部分前十四條賦予立憲君主與專制君主幾乎完全相當的權力，總攬立法、行政和司法大權，不但政府對皇帝負責，而且議會對皇帝也只有「輔弼」、「協贊」作用，宣布大清皇帝「萬世一系，永永尊戴」、「君上神聖尊嚴，不可侵犯」，規定：皇帝在立法和對立法機關之議會及發布行政命令方面，有頒行法律及發交議案之權，有召集、開閉、停展及解散議會之權，有發命令及使發命令之權，有在議會閉會期間代發緊急詔令之權；在軍事方面，有統率陸海及編定軍制之權和宣告戒嚴之權；在人事和賞爵方面，有設官制祿及黜陟之權，有賞爵及恩赦之權；在司法方面，有總攬司法之權；在對外方面，有宣戰、議和、訂立條約及派遣使臣和認授使臣之權；在皇室事務方面，有制定皇室經費常額及議定皇室大典之權。同樣，《議院法要領》和《選舉法要領》也最大限度地限制了議會權力及臣民的選舉資格，表現出很強的保守性。

綜觀 1906—1908 年清廷的政治改革，其顯然與民間立憲派所期待的尚有很大距離。清政府從鞏固君權、減輕外患和消弭革命這三個目的出發，它所認可的政治改革至多接受某種類似日本和德國崇尚君權的二元制君主立憲政體，尚無意接受和採納民間立憲派所期待的英國式議會制君主立憲政體。作為統治

者，清政府對於政治改革所持的這一立場是十分明確和公開的，並像人們所批評的那樣，抱有「欺騙」意圖。當然，清政府和民間立憲派在政治改革上的這一分歧和矛盾，無論是對清末政治改革，還是對整個新政改革，都造成致命的傷害，這是當時的清朝統治者始料未及的。

四、1909—1911 年：攝政王載灃主持下的改革

1908 年 11 月 14 日、15 日光緒帝和慈禧太后相繼去世後，清朝最高權力出乎意料地實現了平穩交接。根據慈禧太后的臨終安排，年僅三歲的溥儀於 12 月 2 日舉行登基典禮，正式繼任皇位，溥儀的父親醇親王載灃則以攝政王身分具體負責清朝軍國大事。從此，清末新政改革進入攝政王載灃時代。

由於攝政王載灃執政三年清朝即告滅亡，同時也由於攝政王載灃政策上的一些失誤，對於載灃主持下的改革，人們長期來不予重視，甚至認為這一時期改革出現嚴重倒退。但事實上，在攝政王執政的三年裡，清末新政的各項改革不但沒有中斷，而且在經歷八年的改革之後，進入關鍵的實施階段，不少方面還有所擴大和深化。

首先，在政治改革領域，載灃在舉行登基典禮的次日（12 月 3 日）就以宣統帝名義發布詔書，向中外宣示將嚴格執行《九年籌備立憲清單》的要求，仿行立憲「仍以宣統八年為限，理無反汗，期在必行」。[58] 1909 年 1 月 2 日，諭准憲政編查館在館內設立考核專科，負責考核京外各衙門應行籌備工作。3 月 6 日，又發布上諭，重申朝廷推行預備立憲決心，宣稱：「國是已定，期在必成，嗣後內外大小臣工皆當共體此意，翊贊新猷。」[59] 5 月，斥責陝甘總督升允反對和詆毀立憲，並於 6 月 23 日發布上諭，准其開缺，以示懲戒。[60] 針對憲政編查館在考核中發現京外各衙門在籌備立憲過程中存在不作為等問題，11 月 25 日，載灃再次頒布上諭，要求各級政府機構和官員實心辦事，指出「先朝諭旨，諄諄以籌備立憲為要圖，業經嚴定年限，各專責成，期於計日程功，屆時頒布，不止三令五申。朕臨御以來，又復疊降明諭，或於批摺內告誡再三，其於憲政前途、實事求是之心，早為天下臣民所共見」，警告各級機

58　《光緒宣統兩朝上諭檔》第 34 冊，第 274 頁。

59　《光緒宣統兩朝上諭檔》第 35 冊，第 63 頁。

60　《光緒宣統兩朝上諭檔》第 35 冊，第 229 頁。

構和官員不得因循敷衍，遇事畏難、推諉，毫無作為，否則，「朕惟有凜遵上年八月初一日諭旨，按照溺職例懲處」。[61]

在攝政王的嚴厲督促和強力推動下，作為未來地方和全國立法機關的諮議局和資政院如期開辦。按照《九年預備立憲清單》的規定，至 1909 年 10 月 14 日，除新疆之外，全國 21 個行省的諮議局均如期成立，一律開辦。根據 1908 年 7 月 22 日清政府頒布的《諮議局章程》和《諮議局議員選舉章程》的內容，以及各省第一屆會議的實際情況，一方面，諮議局還沒有像在立憲國家那樣具有完全的地方立法權和行政監督權， 如章程規定「各省督撫有監督諮議局選舉及會議之權，並於諮議局之議案有裁奪施行之權」；[62] 在有關諮議局與地方督撫之間來往的行文用語上，章程也未將諮議局放在與地方督撫平等的位置上，對督撫的行文，《各省諮議局章程》均用了「呈候」、「呈請」、「報告」等下級對上級的用語，督撫對諮議局的行文則用「令」、「批答」、「批准」等上級對下級的用語；[63] 此外，由於章程對選舉人資格實行嚴格限制，致使各省實際享有選舉權的人數在各省總人口中所占的比例十分有限，最高為 0.62%，最低僅為 0.19%，平均為 0.42%。[64]

但另一方面，諮議局並非地方督撫的諮詢機構，也非毫無實際意義的民主制度的點綴品，而是一個可以獨立議事的、擁有一定程度的立法權和監督行政權的地方議會。章程第六章第 21 條明確規定諮議局擁有以下 12 項職責和權限：（1）議決本省應興應革事件；（2）議決本省歲出入預算；（3）議決本省歲出入決算；（4）議決本省稅法及公債；（5）議決本省擔任義務增加事件；（6）議決本省單行章程規則的增刪和修改；（7）議決本省權利的存廢；（8）選舉資政院議員；（9）申覆資政院諮詢；（10）申覆督撫諮詢事件；（11）公斷和解本省自治會爭議事件；（12）收受本省自治會或人民的陳請建議。同時，章程第六章還賦予諮議局一定的地方行政監督權，規定本省官紳如有納賄及違法等事，諮議局得指明確據，呈候督撫查辦；本省督撫如有侵奪

61　《光緒宣統兩朝上諭檔》第 35 冊，第 432—433 頁。

62　《清末籌備立憲檔案史料》下冊，第 681 頁。

63　按：在後來諮議局第一屆會議上，浙江、江蘇、江西、奉天等許多省的諮議局議員就對這套諮議局與地方督撫往來公文格式表示強烈不滿，要求改用平行機關的「照會」、「諮」或「移」等用詞。

64　張朋園：《立憲派與辛亥革命》，吉林出版集團有限責任公司，2007，第 14—15 頁。

諮議局權限，或違背法律等事，諮議局可以呈請資政院核辦；諮議局於本省行政事件及會議廳議決事件，如有疑問，有權呈請督撫批答，強調「本條係申明諮議局於本省政務有與議之權」；在諮議局議決事件或督撫交令覆議事件上，諮議局與督撫如爭議不下，得將全案諮送資政院核議。這些規定，在一定程度上已將諮議局與地方督撫放在一個平行的位置上。此外，章程中有關諮議局內部組織、會議程序、議事和表決方式，以及議員、議長、常駐議員的產生、任期、補缺和改選、辭職及對議員的處分等的規定，也基本符合立憲國家的議會規則。而在諮議局第一屆會議上，總計 1643 名各省議員，雖然 89％為有傳統功名的士紳階級，但是他們多數是受過新式教育的新知識人，是地方立憲派人物，且大多是 43 歲左右的中年人，年富力強，具有極強的議政和參政能力；[65]多數議員在第一屆會議上積極議政、參政，並在會後發起速開國會請願運動。諮議局的成立為一部分國民打開了行使民主權利的第一扇大門，並在隨後的兩年裡成為推動中國民主化進程的一股重要政治力量和一個有力的戰鬥堡壘。

在籌備開辦諮議局的同時，根據《九年籌備立憲清單》的安排，地方自治也得以加速推進。1909 年 1 月 18 日，攝政王載灃上臺執政不久就頒布了《城鎮鄉地方自治章程》和《城鎮鄉地方選舉章程》，強調「地方自治為立憲之根本，城鎮鄉又為自治之初基，誠非首先開辦不可」，諭令民政部和各地方「迅即籌辦，實力奉行，不准稍有延誤」。[66] 1910 年 2 月，又頒布《京師地方自治章程》、《京師地方選舉章程》、《府廳州縣地方自治章程》、《府廳州縣議事會議員選舉章程》。在清政府的督責下，地方自治在清朝的最後三年裡進入實質性實施階段，在全國各地推廣開來。據不完全統計，截至 1911 年，全國成立的城議事會、董事會超過 1087 個，鎮議事會、董事會超過 580 個，鄉議事會、董事會超過 2070 個；而其上之府廳州縣議事會則超過 329 個。[67]

與開辦諮議局和推行地方自治制度相呼應，作為國家議會的過渡性機構的資政院也在攝政王政府的推動下，於 1910 年 10 月 3 日如期成立開辦。根

65　有關諮議局議員的身分分析，請參見張朋園《立憲派與辛亥革命》，第 23—27 頁。

66　《光緒宣統兩朝上諭檔》第 34 冊，第 368 頁。

67　以上資料根據馬小泉《國家與社會：清末地方自治與憲政改革》（河南大學出版社，2001），第 157—159 頁中的相關統計及說明得出。另，有關清末地方自治運動的研究，可參 John H. Fincher, *Chinese Democracy: The Self-Government Movement in Local, Provincial and National Politics, 1905-1914* (Canberra: Australian National University Press, 1981)。

據 1909 年 8 月攝政王批准頒布的《資政院章程》65 條，資政院作為一個過
渡性的立法機構，尚不完全具備立憲國家議會的性質，其民主色彩較諮議局薄
弱，如資政院的總裁和副總裁均由君主特旨簡充，議員的產生欽選和諮議局議
員互選各為 100 名；[68] 同時，資政院的立法權也不完全，無制定修改憲法之權，
議決的議案還須經過君主「裁奪」；在政府與資政院的關係上，並無軍機大臣
對資政院負責的規定，軍機大臣和各部行政大臣如有侵奪資政院權限或違背法
律之事，以及在資政院通過的議案上發生分歧時，資政院只能請旨裁奪。但另
一方面， 資政院又擁有一些立憲國家議會所具有的職能和權力，如根據院章
規定，資政院擁有議決國家財政預決算、稅法和公債的權力，擁有制定和修改
憲法之外的新法典的權力，擁有質問行政部門的權力，擁有彈劾軍機大臣、行
政大臣侵奪資政院權限或違背法律的權力，擁有核議具奏諮議局與地方督撫異
議事件的權力。而在資政院第一屆常年會召開後，在民選議員的強力推動和主
導下，資政院也積極行使上述民主權力。在 100 天的會期裡，資政院議案討
論的內容涉及政治、經濟、軍事、外交、法律、文化、教育、地方事務和社會
習俗等各個方面 。其中，針對各省諮議局與地方督撫發生許多有爭執的議案，
資政院專門設置了由 18 人組成的「審查各省諮議局關係事件特任股員會」，
負責審查研究，向全體會議提出審查報告，調解督撫與諮議局之間的爭議，或
支持諮議局行使正當權力。在經濟領域，資政院曾提出商辦鐵路非經國會協
贊不得收回國有案、鐵路公司適用商律案等重要議案。在改良社會風俗方面，
資政院提出的重要議案有改用陽曆案、禁止婦女纏足案、禁煙案和剪髮易服案
等。在政治領域，資政院不但多次行使質問權，對各衙門行政事件及內閣會議
政務處議決事件提出質詢，而且公開提出速開國會案、設立責任內閣和彈劾軍
機大臣案以及開放黨禁案等重大敏感政治議案。[69] 這些都充分表明資政院並不
是一個封建專制機構，而是一個民主政治機構；它與諮議局一道推進了中國民
主化的歷史進程。

　　繼諮議局和資政院相繼開辦之後，作為立憲政治另一重要制度設置的責
任內閣制也在速開國會請願運動的催促下，於 1911 年 5 月 8 日宣告成立。是
日，攝政王政府批准並頒布憲政編查館和會議政務處制定的《內閣官制》19

68　資政院第一屆議員實際名額為各 98 名。
69　參見韋慶遠、高放、劉文源《清末憲政史》，中國人民大學出版社，1993，第 421—455 頁。

條和《內閣辦事暫行章程》14 條，並頒布上諭，任命內閣總理大臣、協理大臣及各部大臣，同時宣布裁撤舊設內閣、軍機處和會議政務處等機構。根據《內閣官制》和《內閣辦事暫行章程》的內容，一方面，新內閣採行立憲國家責任內閣制，規定內閣由國務大臣組成，國務大臣包括內閣總理及各部大臣。國務大臣輔弼皇帝，擔負責任。總理大臣為政府首腦，決定政治方針，保持行政統一，有權停止執行各部大臣的錯誤命令或處分；有權對各省及藩屬長官發布行政訓示，實行監督，並停止其錯誤的命令或處分；有權頒布內閣令，並隨時入對。國家頒布法律、敕令及有關國務諭旨，凡涉及各部者由國務大臣會同署名，專涉一部或數部者由總理大臣會同該部大臣署名。同時，內閣會議也由國務大臣同意議定，並以總理大臣為議長等等。這就明確了國務大臣的政治責任，將新內閣和國務大臣與舊時的軍機處和軍機大臣區別開來。舊時的軍機處只是皇帝的辦事機構，軍機大臣相應也就不對國務負有責任。而新內閣作為國家最高行政機關，總攬國務，制定和頒布國務政策，實行副署制度，這就使新內閣官制和國務大臣不能像舊時的軍機處和軍機大臣那樣遇事敷衍塞責，且在一定程度上對君主專制獨裁構成限制，同時也有助於國家行政機構趨於合理化以及國家政令的統一和暢通，達到「萃一國行政大臣於一署，分之則專所職，合之則共秉國鈞，可否於以協商，功罪於以共負，無隔閡，無諉卸」的效果。[70]

　　但另一方面，新內閣還不是完全的責任內閣，與議會責任內閣制多有不符之處，保留了濃厚的君主專制制度色彩，並極力維護君主實際權力不受根本性侵害。如新的《內閣官制》和《內閣辦事暫行章程》規定，內閣總理大臣在處理國務問題上與各部大臣、各省長官及藩屬長官發生嚴重分歧時，最終須「奏請聖裁」。在內外新官制施行之前，各部大臣仍可自行請旨入對；按照向例蒙獲召見人員，於國務有所陳述者，由內閣總理大臣或協理大臣帶領入對，但御前大臣、領侍衛內大臣、軍諮處、海軍司令部、宗人府、內務府各大臣及其他蒙特旨召見者，不在此限；關於國務陳奏事件，凡例應奏事人員及言官奏劾國務大臣，仍得自行專摺入奏，候旨裁奪，等等。另外，內閣總理大臣、協理大臣和國務大臣，也均由君主特旨簡任，而非由議會任命。這就使得新內閣還不是完全真正意義上的責任內閣，而具有過渡性質。不但如此，在新內閣

70　〈憲政編查館會議政務處奏擬定內閣官制並辦事暫行章程摺〉（宣統三年四月初十日），《清末籌備立憲檔案史料》上冊，第 560 頁。

成員的任命上，攝政王政府還違背了皇族不得充當國務大臣這一最基本的立憲原則。在 13 名內閣成員中，漢族大臣只有 4 人，滿族大臣則有 9 人，其中皇族又占了 7 人（皇族本支即宗室 6 人，遠支即覺羅 1 人），且居於領導地位。這充分暴露了滿洲貴族無意放棄國家權力的本質，使攝政王載灃的政治改革大打折扣，並導致嚴重的政治後果。至於武昌起義爆發之後，攝政王政府懾於灤州兵諫，推出《憲法信條十九條》，應諾成立完全責任內閣，建立議會制君主立憲政體，已不屬於攝政王載灃的自主改革，不代表其改革的真實意願；與其說是清朝政府的改革，還不如說是辛亥革命的成果。

除了預備立憲政治改革之外，清末新政的其他改革，諸如法制改革、財政改革、教育改革、軍事改革、振興實業等，也都在攝政王載灃執政的三年裡得以繼續或加速推進。如在法制改革方面，經過多年的編纂，1909 年 10 月 12 日修訂法律大臣奏進《編訂現行律例》，經多次爭論修改，1911 年 1 月 25 日正式頒布《大清新刑律》總則和分則兩編共 411 條，對舊律進行了諸多改革。2 月 24 日，攝政王載灃又從法部奏請，通諭停止刑訊，永遠革除一切非刑、私刑，要求有關死刑人犯應行訊者，務須恪遵現行律例辦理。[71] 同時，大力推進近代司法制度建設，於 1909 年 12 月頒布《各級審判廳試辦章程》，在中國首次確立了較為完備的起訴制度、檢察官制度和回避制度。1910 年 2 月頒布的《法院編制法》則為中國確立了四級三審制的審判制度。1910 年 12 月修訂法律館起草完成的《刑事訴訟律草案》和《民事訴訟律草案》排除地方督撫及保守官僚的反對，對陪審制和律師制均予保留，並且內容更為完備。這兩部草案雖因清朝覆滅未及核議頒行，但成為稍後北洋政府立法的藍本。

在教育改革方面，學堂制度得到進一步完善，如 1909 年 5 月，批准學部《變通初等小學堂章程》，將初等小學堂分為五年制的完全科和四年制、三年制的簡易科三種，以推廣小學教育，並制定、頒布《檢定小學教員及優待小學教員章程》，以加強小學師資力量，提高小學師資水準。另為配合預備立憲，提高國民識字率，學部編定和試行《簡易識字課本》和《國民必讀課本》，頒布實施《簡易識字學塾章程》，責令地方督撫在廳州縣推廣簡易識字學塾，對年長失學和無力就讀的貧寒子弟進行掃盲教育。在中學教育方面，學部仿照德

71　《光緒宣統兩朝上諭檔》第 37 冊，第 16 頁。

國學制,於 1909 年 5 月 15 日奏準將中學堂分文科和實科兩類,令在全國實行,文科重經學,實科重工藝,另制定、頒布《檢定初級師範中學教員及優待教員章程》,以保證初級師範中學教員品質,為培養合格小學教員提供保證。在女子教育方面,繼 1907 年 3 月學部頒布《女子小學堂章程》和《女子師範學堂章程》,彌補壬寅學制和癸卯學制對女子教育之疏忽之後,1911 年 4 月,各省教育總會聯合會還進一步打破男女不得同校的禁令,議決「初等小學兒童年齡在十歲以內,准男女同學」。[72] 此外,大力充實和發展實業教育,強調「實業教育最為富國裕民之本」,[73] 同時繼續推動留學教育,1909 年 7 月在美國政府的配合和支持下,外務部和學部擬訂利用美國退還部分庚子賠款派遣中國學生赴美留學辦法大綱,成立遊美學務處,創辦留美預備學校清華學堂,於 1909—1911 年的三年裡分別挑選 47 名、70 名和 63 名中國學生,分三批前往美國留學。在攝政王載灃執政的三年裡,國內學堂和學生數也繼續呈增長態勢,學堂數由 1905 年的 8277 所和 1908 年的 47995 所,增至 1909 年的 59117 所、1910 年的 42696 所和 1911 年的 52500 所;在校學生則由 1905 年的近 26 萬人和 1908 年的 130 萬人,增至 1909 年的 163 萬人。[74] 這說明教育改革在清朝的最後三年裡繼續得到執行。

　　在軍事改革方面,攝政王載灃不但繼續此前政策,而且在加強中央軍事管理,著實推進中央對全國軍隊的控制方面取得突破。他於 1909 年 7 月 15 日頒布上諭,宣布皇帝為海陸軍大元帥,在皇帝未親政之前,暫由攝政王代理;將軍諮處從陸軍部分出,成為凌駕於陸軍部之上的一個獨立軍事機構,「通籌全國陸海各軍事宜」,使之相當於贊佐攝政王統率陸海軍的總參謀部,統轄陸軍大學堂、陸軍測繪學堂、駐各國使館武官、陸軍文庫,並負責全國各地海陸軍參謀等官的管理、考核等事宜;任命貝勒毓朗和自己的親弟弟載濤負責軍諮處事務。[75] 同時,陸軍部也在尚書蔭昌的主管下改革內部機構,釐訂陸軍部暫行官制大綱,將原陸軍部由 2 廳 10 司縮減為 8 司 2 處,以提高陸軍部辦事效率,明確各司職掌,加強對全國陸軍的領導。在載濤和蔭昌的相互配合和領導

72　〈各省教育總會聯合議決案 · 請變更初等教育法案〉,李桂林、戚名琇、錢曼倩編《中國近代教育史資料彙編 · 普通教育》,上海教育出版社,2007,第 81 頁。

73　〈學部通飭整頓籌彙編實業教育箚文〉(宣統元年八月一日),璩鑫圭、童富勇、張守智編《中國近代教育史資料彙編 · 實業教育、師範教育》,上海教育出版社,2007,第 21 頁。

74　詳見王笛〈清末新政與近代學堂的興起〉,《近代史研究》1987 年第 3 期。

75　《光緒宣統兩朝上諭檔》第 35 冊,第 251、253 頁。

下，軍諮處與陸軍部先後採取一系列措施，削弱地方督撫兵權，加強中央對地方軍隊的直接領導和控制，如繼 1907 年陸軍部尚書鐵良將袁世凱北洋四鎮收歸陸軍部之後，1910 年 10 月，陸軍部尚書蔭昌將直隸總督控制的剩餘二鎮北洋軍（第二鎮和第四鎮）收歸陸軍部直接管轄，另將軍隊各級高級軍官置於軍諮處和陸軍部的絕對控制之下，由他們負責任免，並取消督撫所兼各省督練公所督辦和會辦頭銜，派員調查地方駐軍編制情況等等。在軍事改革中，攝政王載灃還特別重視切實加緊重整海軍，1909 年 2 月 19 日即頒布上諭，宣稱「方今整頓海軍，實為經國要圖」，委派肅親王善耆、鎮國公載澤、尚書鐵良、提督薩鎮冰負責籌劃；[76] 7 月又諭令設立籌辦海軍事務處，任命自己的另一位親弟弟載洵和提督薩鎮冰為籌辦海軍大臣；1910 年 12 月 4 日即宣布海軍部脫離陸軍部獨立，作為全國海軍的最高領導機關；另批准籌辦海軍事務處制定的《發展海軍七年規劃》，統一南北洋艦隊，將 15 艘適於海戰的艦艇編為巡洋艦隊，將 17 艘適於江防的艦艇編為長江艦隊；籌建象山軍港，先後兩次派遣籌辦海軍大臣出國考察海軍，訂購軍艦 12 艘等等。[77] 這是自甲午戰敗以來，清政府為重整海軍而做的力度最大也最有成效的改革。

金融、財政政策方面，經過多年的討論和籌備，在攝政王載灃當政的三年裡也多有突破。在 1905 年底清政府頒布上諭、確定銀本位的基礎上，1910 年 5 月 23 日度支部頒布《幣制條例》24 條，進一步統一國內幣制，除確定國幣單位、改兩為元外，還對各種鑄幣的成色、重量，主輔幣間的關係和使用數量，以及收兌方式、法律責任等做了明確規定，並將鑄幣權收歸中央。同時，度支部還進一步清理紙幣，於 1909 年 7 月 23 日頒布《通用銀錢票暫行章程》20 條，對各官商銀錢行號發行銀錢票的條件和數目加以限制。次年，度支部又頒布《釐訂兌換紙幣則例》19 條，將發行紙幣權收歸國家中央銀行。在財政制度建設方面，度支部在建立近代金融機構的基礎上，進一步建立與完善近代公庫制度，1910 年底與資政院奏定《奏定國庫章程》15 條，規定由國家銀行設立金庫，專門代國家保管現款，經理出納事務。另一方面，度支部還根據《九年預備立憲清單》的要求，於 1909 年初頒布《清理財政章程》27 條，

76　張俠等合編《清末海軍史料》，海洋出版社，1982，第 93 頁。

77　有關攝政王載灃為重整海軍所做的改革，可參見海軍司令部《近代中國海軍》編輯部編《近代中國海軍》，海潮出版社，1994，第 563—578 頁。

在中央設立清理財政處，在各省設立清理財政局，加強中央對全國財政的控制和管理，並在此基礎上實行現代預算制度，於 1910 年底推出經資政院議定的中國第一個以立法形式宣布的宣統三年（1911）預算案。總之，在攝政王載灃當政的最後三年裡，清末新政在金融和財政改革方面邁出可喜的步伐。

在經濟政策方面，攝政王政府雖然在個別政策上有所調整，特別是 1911 年 5 月推出的鐵路國有政策，不但與新政初期商部鼓勵商辦政策相矛盾，而且直接導致辛亥革命的爆發。但鐵路國有政策的推出，並不意味著清政府振興實業的政策發生逆轉。事實上，在攝政王載灃當政的最後三年裡，振興實業的各項政策不但繼續得到執行，在某些方面還有所深入，譬如農工商部在發展近代農業的力度上就較前一時期有所加強。並且，就攝政王政府推出鐵路國有政策的本意來說，其固然有迎合列強投資中國鐵路的因素，但主要還是出於商辦鐵路「奏辦有年，多無起色」，希望通過將鐵路收歸國有，克服商辦鐵路的各種弊端，加快中國的鐵路建設，同時促進國防建設和交通運輸業的發展及軍政的統一，並減緩民眾負擔。攝政王載灃在頒布鐵路國有政策的上諭中就堅定申明了這一點，指出：「朝廷每念邊防，輒勞宵旰，欲資控馭，惟有速造鐵路之一策。況憲政之諮謀，軍務之徵調，土產之運輸，胥賴交通便利，大局始有轉機。熟籌再四，國家必得有縱橫四境諸大幹路，方足以資行政而握中央之樞紐。從前規劃未善，並無一定辦法，以致全國路政錯亂紛歧，不分枝幹，不量民力，一紙呈請，輒行批准商辦。乃數年以來，粵則收股及半，造路無多；川則倒帳甚鉅，參追無著；湘、鄂則開局多年，徒資坐耗。竭萬民之脂膏，或以虛糜，或以侵蝕。恐曠時愈久，民累愈深，上下交受其害，貽誤何堪設想。」[78] 因此，攝政王推出的鐵路國有政策與新政的振興實業政策不但不矛盾，而且是為推進振興實業政策而做的一個調整。[79]

總之，在攝政王載灃當政的三年裡，一方面，新政的各項改革不但沒有倒退和停頓，反而加速推進。另一方面，其在許多方面表現出加強中央集權趨向。但這是新政改革一開始就固有的本質，只是隨著改革的推進而愈益顯化，並不意味改革的倒退。並且，加強中央集權既是清末新政改革的必然要求，也

78　《光緒宣統兩朝上諭檔》第 37 冊，第 92—93 頁。
79　有關清末鐵路政策的演變及如何看待清末的鐵路政策，請參見崔志海〈論清末鐵路政策的演變〉，《近代史研究》1993 年第 3 期。

是清末新政改革的應有之義；新政改革要取得成功，就必須克服先前清朝出現和存在的地方主義等弊端，通過加強中央權力和皇權，實現中央對改革的統一領導。事實上，從世界範圍來說，在近代化初期，加強中央集權和鞏固君權不僅不會妨礙向近代國家轉型，反而更有助於一些落後國家的近代化，日本的明治維新歷史和德國的俾斯麥（O. E. L. von Bismarck）改革就是很好的例子。

清末新政改革的癥結在於，在20世紀初滿漢矛盾趨於激烈和君權被視為中國積貧積弱的罪惡之源之時，以及清政府因不能恪盡守土保民之責而喪失權威性和合法性、被視為「洋人的朝廷」的情形下，清政府加強中央集權和鞏固皇權的舉措，必然激化滿漢矛盾，破壞新政改革的合理性和進步性，由此葬送整個新政改革事業，並為革命黨人的排滿宣傳提供口實。這是當時的清朝統治者未曾認識到的一個重大問題，而清政府也將為此付出沉重代價。

五、新政改革與清朝的覆滅

清政府啟動新政改革的初衷無疑是度過內外危機，迎合形勢發展，挽救清朝統治。然而，這場具有一定資本主義性質的改革運動不但沒有實現清政府的初衷，反而加速了清朝的覆滅，並隨之而夭折。新政改革以如此命運結局，其中的原因是多方面的。

首先，清末新政的整體改革綱領超出了清政府國力和財力所能承擔的限度，極大地加重了人民的負擔，致使新政改革不但得不到廣大民眾的擁護，反而成為「擾民」之舉，激化了社會矛盾，由此極大削弱了清政府的統治基礎。清政府的財政在甲午戰爭之前雖然已經呈現東補西綴的窘狀，但大體尚能維持出入平衡，歲入和歲出均在8000萬兩左右；從甲午到庚子年間，因受甲午戰費借款和戰爭賠款的影響，清朝財政每年開始出現1300萬兩的財政赤字，歲入則增加到8800萬兩左右，而支出也擴大到1億多兩。隨著新政改革的推行，清政府的歲入歲出和赤字在最後10年裡都呈大幅增長之勢。根據比較權威學者的研究，1903年清政府的歲入為10492萬兩，歲出為13492萬兩，財政赤字為3000萬兩，比庚子之前激增1倍；1905年歲入為10292萬兩，歲出13694萬兩，財政赤字增加到3402萬兩；1909年歲入30122萬兩，歲出36787萬兩，財政赤字高達6665萬兩。根據清朝度支部的預算，1910年和1911年清政府的歲入分別為29696萬兩和29700萬兩，支出分別為33305

萬兩和 37400 萬兩，財政赤字分別為 3609 萬兩和 7700 萬兩。[80]

清末最後十年財政赤字的大幅擴大和歲出的激增，一部分固然因為每年新增了 2000 萬兩庚子賠款，但主要還是舉辦各項新政費用所致，這從度支部 1911 年預算案所列的支出中便可一目了然。在該年預算案中，僅軍費一項支出就高達 13700 餘萬兩，超過甲午以前軍費支出 2 倍多，占該年支出預算總數的 1/3 以上；其中，除 3134 萬兩屬舊軍費支出外，其餘均屬新政改革支出，一為編練新軍軍費 8000 萬兩，二為籌辦海軍軍費 1050 萬兩。行政費也因清末官制改革而快速擴張，支出達 2731 萬兩，比庚子時增加 2 倍多。另用於推行司法改革的經費為 770 萬兩；用於財政管理及稅收機構的經費為 2813 萬兩；用於郵傳部經費及輪、路、郵、電及各省交通費總計為 5514 萬兩。教育費預算案定為 336 萬兩，實際支出則不下 1700 萬兩。民政費預算案定為 422 萬兩，而實際支出至少在 2000 萬兩。[81] 而清末歲入由庚子年不到 1 億兩增加到 1909 年之後每年 3 億兩，在 10 年時間裡增加 2 倍，則深刻反映了新政改革給廣大民眾帶來沉重的財政負擔。

清末十年歲入由 1 億兩增加到 3 億兩，固然有經濟發展等因素，但最根本的還是對廣大人民進行無情盤剝的結果。為了籌備新政款項，清政府一方面加重徵收田賦、鹽稅、釐金等舊稅，例如許多省分都將興辦巡警和學堂經費在田賦中加以攤派，一些地方還在田賦中推行隨糧自治捐、鐵路捐、礦務費等新政費用，致使清末田賦收入直線上升，由庚子之前的不超過 3000 萬兩增加到 1903 年的 3700 萬兩，1909 年達到 4396 萬兩，1911 年的預算數幾近 5000 萬兩，較庚子前增加近 2/3。除正稅之外，清政府為籌獲新政經費既加價徵收舊有捐稅，如契稅由庚子之前的按契價每兩徵稅 3—4 分，到 1909 年度支部統一提高到賣契每兩徵銀 9 分，典契每兩徵銀 6 分，同時還開辦名目繁多的新稅，諸如房捐、豬捐、肉捐、魚捐、米捐等地方雜捐，致使各種雜稅的收入由庚子之前每年無關痛癢的一二百萬兩，擴大到 1911 年度支部歲入預算案中的 2616 萬兩，占到該年總歲入的 8% 以上。[82] 由此可見，清政府對人民的搜刮，在清末簡直已經到了無以復加的地步。對此，清廷諭旨也是直認不諱，

80　汪敬虞主編《中國近代經濟史（1895—1927）》中冊，人民出版社，2000，第 1334—1336 頁。
81　汪敬虞主編《中國近代經濟史（1895—1927）》中冊，第 1326—1331 頁。
82　汪敬虞主編《中國近代經濟史（1895—1927）》中冊，第 1337—1349 頁。

指出：「近年以來民生已極凋敝，加以各省攤派賠款，益復不支，剜肉補瘡，生計日蹙……各省督撫因舉辦地方要政，又復多方籌款，幾同竭澤而漁。」[83] 報紙輿論也感歎：「以前不辦新政，百姓尚可安身；今辦自治、巡警、學堂，無一不在百姓身上設法。」[84]

新政各項改革給廣大民眾帶來沉重負擔，嚴重惡化了官民關係，並將新政改革推向廣大人民的對立面，致使新政改革失去群眾基礎，加速了清朝的覆滅。自1901年新政改革啟動以來至1911年辛亥革命爆發前夕，廣大人民抗捐抗稅、反洋教、反飢餓、反禁煙、反戶口調查、抗租和搶米風潮等各種形式的「民變」，連綿不斷，風起雲湧，多達1300餘起，「幾乎無地無之，無時無之」，並且愈演愈烈。[85] 引發清末民變的原因十分複雜，多種多樣，可謂千差萬別，但其中不少與新政改革有著直接或間接的關係。事實上，對於新政改革加重人民負擔而激化官民關係並因此危害清朝統治的後果，當時一些清朝官員就發出警告，建議對新政改革加以調整。如直隸總督陳夔龍在1910年的一道上奏中就建議清政府為減輕各地負擔，緩和社會矛盾，宜放緩改革步伐，縮減改革內容，指出：「竊維比年中外臣工兼營並騖，日不暇給，而時事之阽危，眾情之抵觸，幾倍曩昔，良以規章稠疊，觀聽紛歧，或數人數十人所分任之事畀之一手，或數年數十年所應辦之事發之一時，上之督責愈嚴，下之補苴愈甚，而帑藏尤艱窘萬端。臣愚以為，此時但當擇其事之直接關係預備立憲者專精以赴。」[86] 同年，河南巡撫寶棻也向朝廷提出相同的建議，指出：「方今內外臣工所曰汲汲者，地方自治也，審判廳也，實業也，教育、巡警、新軍也，而所恃以籌備者不外增租稅、行印花、鹽斤加價、募集公債，臣恐利未見而害叢生。」[87] 御史趙炳麟在考察1910年湖南長沙搶米風潮過後湖北、湖南兩省的社會景象之後，更是直接痛陳新政改革給百姓所帶來的痛苦，指出：「百姓困窮至此，若不度量財力，以定新政次序，在上多一虛文，在下增一實禍；保民不足，擾民有餘，良可慮也。」呼籲清政府必須關心民生，切勿忽視百姓利益，謂：「夫民之所好，孰切於生；民之所惡，孰甚於死。無食則飢，無衣

83　朱壽朋編《光緒朝東華錄》第5冊，總5251頁。
84　《東方雜誌》第7卷第12期，1911年1月，〈記載第一・中國大事記〉，第181—182頁。
85　詳見張振鶴、丁原英編〈清末民變年表〉，《近代史資料》1982年第3、4期；馬自毅〈前所未有的民變高峰—辛亥前十年民變狀況分析〉，《上海交通大學學報》2003年第5期。
86　金毓黻編《宣統政紀》第25卷，遼海書社，1934，第26頁。
87　金毓黻編《宣統政紀》第25卷，第27頁。

則寒。生死所關，正治民者所當加意也。」[88] 可以說，新政改革沒有顧及占全國人口絕大多數的廣大下層人民的利益，反而將改革的各項負擔多轉嫁給廣大下層民眾，這是新政改革失敗及加速清朝滅亡的一個重要原因。

其次，清政府在存在嚴重爭議的情況下啟動預備立憲政治改革，不但打亂了清末新政改革計畫，而且誘發和激化了清朝統治集團內部的權力鬥爭，並由此葬送了整個新政改革事業以及清朝的統治。由於政治改革涉及權力的再分配，自預備立憲啟動以來，清朝統治集團內部在新政初期達成的大體比較一致的改革共識即趨瓦解，各派圍繞政治權力的再分配展開激烈鬥爭，政潮迭起，且愈演愈烈。1906 年 9 月中央官制改革甫一啟動，袁世凱就有意借官制改革機會裁撤軍機處，按照立憲國家成立責任內閣，擁護他的政治盟友慶親王奕劻出任國務總理， 自己做副總理大臣，以此達到控制中央政府的目的。但此方案傳出後，立即遭到王文韶、鹿傳霖、瞿鴻禨、醇親王載灃等官員的堅決反對，部院彈章蜂起，甚至慈禧太后本人也大為震怒，結果設立責任內閣方案胎死腹中。1907 年春、夏間，東三省官制改革又直接導致清廷內部發生轟動朝野的「丁未政潮」。以岑春煊、瞿鴻禨、林紹年為首的漢族官僚不滿直隸總督兼北洋大臣袁世凱勾結慶親王，於是借中央和地方官制改革之機擴充個人勢力，聯合御史趙啟霖等，以楊萃喜案參劾慶親王貪庸誤國，引用非人，賄賂公行，結果導致袁世凱的親信、黑龍江巡撫段芝貴遭撤職、查辦，慶親王之子載振被免去農工商部尚書一職。袁世凱和慶親王則聯手部署反擊，先以廣東有革命黨人起事為由，將岑春煊排擠出京，由郵傳部尚書調任為兩廣總督，繼又賄買御史惲毓鼎，參劾軍機大臣瞿鴻禨「暗通報館，授意言官，陰結外援，分布黨羽」，致使瞿遭革職，後再設計誣陷岑春煊結交康梁、密謀推翻朝局，致使岑再遭開缺；同時，林紹年也被趕出軍機處，出任河南巡撫。丁未政潮從 1907 年的 4 月一直延續到 8 月，長達 4 月之久，雖然最終以奕劻和袁世凱的獲勝而告終，但因預備立憲政治改革引發的權力鬥爭並沒有因丁未政潮的落幕而歸於平靜，相反，以丁未政潮為契機，重新點燃了清廷內部權力鬥爭之火。丁未政潮平息後不久，富有統治經驗的慈禧太后就著手進行權力的再分配，為抑制奕劻和袁世凱的權勢，她於 9 月 4 日以明升暗降之策將袁調離北洋，削去袁的兵權，任命袁為軍機大臣兼外務部尚書，同時將另一位漢族重臣、湖廣總督張之洞調

88　趙炳麟：〈再請預算行政經費疏〉，《諫院奏事錄》卷 6，第 40 頁。

入北京，任命張為軍機大臣兼管學部；而在此之前的 6 月 19 日，慈禧太后乘罷黜瞿鴻禨軍機大臣之機，任命醇親王載灃在軍機大臣上學習行走，以此達到既制衡慶、袁權勢，又加強中央和皇族集權的一箭雙雕的目的。

1909 年攝政王載灃上臺執政後，清朝統治集團內部圍繞預備立憲政治改革而展開的權力鬥爭更趨白熱化。為防止袁世凱在將來立憲政治改革中通過攫取責任內閣總理大臣一職控制朝政，攝政王載灃在一部分滿洲貴族和漢族官僚的鼓動下，於 1909 年 1 月 2 日下達上諭，徹底剝奪袁世凱的權力，以「足疾」為由將袁開缺，令其「回籍養疴」。 在打擊袁世凱勢力，並盡一切可能排除漢人在中央的權力的同時，攝政王載灃還進一步將權力集中在以他本人為首的滿族親貴少壯派之手，不但自任陸海軍大元帥，訓練一支由他親自統率的禁衛軍，而且任命他的親弟弟載洵為籌辦海軍事務大臣，載濤和貝勒毓朗掌控凌駕陸軍部之上的軍諮處，打擊妨礙他集權的其他滿洲貴族，先後解除當時清廷中兩位滿族幹才鐵良和端方的職務，撤除鐵良的訓練禁衛軍大臣和陸軍部長職務，將他外放為江寧將軍；端方則在直隸總督兼北洋大臣位上，因在慈禧太后出殯之時所犯的一個小錯誤而遭革職重罰。

一方面，政治改革所引發的清廷內部權力鬥爭導致清末預備立憲政治改革嚴重走樣，毀壞了清末政治改革的名聲和實際效果，同時也削弱了新政改革的領導力量，致使攝政王載灃執政末年出現「朝中無人」的景象，缺乏一個堅強有力的領導核心。1911 年皇族內閣成立前夕，軍機處只有軍機大臣奕劻、毓朗、那桐、徐世昌四人，根本無力解決改革中出現的問題。另一方面，政治改革引發的權力傾軋還嚴重激化了清朝統治集團內各派政治勢力之間的矛盾，加速了統治集團內部的離心傾向，特別是瓦解了作為清朝統治支柱的滿漢官僚政治同盟，由此給清朝統治帶來災難性後果。辛亥革命爆發後，手握北洋軍權的漢族官僚大臣袁世凱沒有像曾國藩當年鎮壓太平天國農民起義那樣對付武昌起義，繼續維護清朝統治，為清末新政保駕護航，反而與南方革命黨人談判、妥協，逼迫清帝退位。而清朝的滿族親貴們也因清末的權力鬥爭彼此猜忌、交惡，不能合力對付革命，而是自謀出路，各奔前程。清朝統治就這樣在眾叛親離中轟然倒塌，這不能不說是預備立憲政治改革所產生的一個惡果，

誠如一位清人評論所說，所謂「革命之事，仍諸王公之自革而已」。[89]

　　同時，預備立憲政治改革還誘發了國內立憲派參政和行使民主權利的熱情，由此加劇了清朝政府與國內立憲派之間的矛盾和衝突，促使原本支持清政府改革的國內立憲派倒向革命一邊。儘管清政府啟動預備立憲，一再公開聲明他們無意放棄君主權力，實行英式或美式立憲政治，可是預備立憲一旦啟動，就等於是打開了潘朵拉盒子，自然激發起國內立憲派的民主熱情，這是不以清朝統治者的意志為轉移的一個必然結果。1906 年 9 月 1 日仿行立憲上諭頒布之後，國內立憲派們便聞風而動，成立立憲團體和組織，研究和宣傳立憲政治，推動國內政治改革。諮議局和資政院相繼開辦後，國內立憲派更是充分利用這個政治平臺行使民主權利，並於 1910 年發起三次全國性的速開國會請願運動，要求清政府於 1911 年召開國會，成立責任內閣。雖然立憲派們提出的速開國會的要求在當時並不具備條件，過於激進，但是他們因立憲問題與清政府產生嚴重衝突和破裂，這是一個不爭的客觀事實。在國會請願運動中，國內立憲派對攝政王載灃拒不接受速開國會的請求極為失望，批評攝政王載灃的態度簡直「視愛國主義為仇國之舉動」，[90]「必舉巴黎、英倫之慘劇演之吾國而始快耶！」[91] 雖然載灃最後做出讓步，於 11 月 14 日發布上諭，宣布縮短 3 年，於宣統五年（1913）開設議院，但國內立憲派並不滿足於此，對載灃 12 月 24 日頒布取締請願運動上諭更是強烈不滿，認為上諭「直視吾民如蛇蠍如竊賊」，明確表示靠和平請願辦法已無濟於事，「勢非另易一辦法不為功」；[92] 警告攝政王「今日毋謂請願者之多事也，恐它日欲求一請願之人而亦不可得矣」。[93] 在京的國會請願代表團在奉命宣布解散時向各省立憲派發表的一份公告中則公開表示和平請願已走到盡頭，以後如何從事政治活動，「惟諸父老實圖利之」。[94] 1911 年春、夏間，國內立憲派還在國會請願運動的基礎上成立全國性的政黨組織─憲友會，將立憲的政治希望寄託在自身力量的壯大上，而不再像立憲初期那樣寄希望於清政府，宣布組織成立政黨的目的一是「破政府輕視國民之習見」，二是「動外人尊重我國民之觀念」，三是「充吾民最後

89　劉體仁：《異辭錄》卷 4，上海書店，1984 年影印本，第 28 頁。
90　〈敬告國民〉，《時報》1910 年 7 月 1 日。
91　〈讀二十一日上諭贅言〉，《時報》1910 年 7 月 2 日。
92　〈讀初三日上諭感言〉，《時報》1910 年 11 月 8 日。
93　〈讀二十三日上諭恭注〉，《申報》1910 年 12 月 26 日。
94　〈國會請願代表團通問各省同志書〉，《時報》1910 年 11 月 14 日。

自立之方針」，[95] 公開表達了立憲派努力確立其獨立政治地位的意圖。皇族內閣甫成立，各省立憲派便立即採取行動，於 6 月初在北京召開諮議局聯合會第二次會議，先後兩次上摺，抨擊皇族內閣與君主立憲政體不能相容，要求解散皇族內閣，按照內閣官制章程，另簡大員，重新組織，並指出內閣應受議會監督，發表《宣告全國書》，揭露皇族內閣「名為內閣，實則軍機；名為立憲，實則為專制」。[96] 對此，攝政王載灃於 7 月 5 日發布上諭，聲稱：「黜陟百司係君上大權，載在先朝欽定憲法大綱」，各省諮議局議員「不得率行干請」。[97] 各省諮議局議員也不甘示弱，立即發表〈通告各團體書〉，對上諭逐條進行駁斥，宣稱「皇族政府之階級不廢，無所謂改良政府，亦即無立憲之可言」，指出只有「另改內閣之組織，吾民得完全之內閣，可以求政治之改良。皇族不當政治之中樞，君主立憲愈益鞏固，國利民福，豈有曁焉！」[98] 向以穩健著稱的江浙立憲派領導人物張謇也在皇族內閣頒布之後生了二心，批評朝廷「均任親貴，非祖制也；復不更事，舉措乖張，全國為之解體」。[99] 1911 年 6 月，他為組織商界赴美訪問團而到京請訓時，特意繞道從武漢北上，到河南彰德探望謫居在家的袁世凱，商談時局，有意與袁聯合，另謀出路。[100] 迨至武昌起義事發，各省相繼宣布獨立，各省立憲派便紛紛拋棄清政府，倒向革命一邊。清政府推出預備立憲政治改革，最後卻落得將國內立憲派推向自己的對立面，這不能不說是清末新政改革的一個重大失策。

此外，繼皇族內閣之後，攝政王載灃於 1911 年 5 月 9 日推出鐵路國有政策，也是清末新政改革中的又一個重大失策，進一步將國內立憲派推向自己的對立面。如前所述，攝政王推出鐵路國有政策並不意味清末經濟政策的整體轉向；就修建鐵路本身來說，鑒於鐵路在國計民生中的特殊地位，國有政策實有其合理性和必要性。但鐵路國有政策在以下幾方面激化了清政府與國內立憲派的矛盾，使清政府與包括立憲派在內的全國人民為敵。首先，當時的鐵路政策不只是經濟問題，它首先是一個政治問題。自 19 世紀末以來，鐵路即成為

95　〈國會同志會請各團體電約各議長入都定計書〉，《申報》1911 年 3 月 28 日。

96　〈諮議局聯合會宣告全國書〉，《國風報》第 2 年第 14 期，1911 年，「文牘」，第 12 頁。

97　《清末籌備立憲檔案史料》上冊，第 579 頁。

98　〈直省諮議局聯合會為閣制案續行請願通告各團體書〉，《國風報》第 2 年第 16 期，1911 年，「文牘」，第 8 頁。

99　張孝若：《南通張季直先生傳記》，中華書局，1930，〈年譜〉，第 66 頁。

100　劉厚生：《張謇傳記》，香港龍門書店，1965，第 181—182 頁。

西方列強爭奪中國勢力範圍的一個重要對象。20 世紀初，國內各省發起成立商辦鐵路公司，目的就是要收回路權。而攝政王政府在推出鐵路國有政策後，又於 5 月 20 日與英、德、法、美四國簽訂〈湖廣鐵路借款合同〉，這就極大地傷害了立憲派和廣大士紳的民族主義感情，使鐵路國有政策之爭成為愛國和賣國之爭。

其次，清政府鐵路國有政策頒布的程序缺乏合法性。根據清政府頒布的《資政院章程》第 14 條第 3 款和《諮議局章程》第 21 條第 1 款之規定，國家募集國債須由資政院議決，凡涉及各省利權之事，則應由各省諮議局議決。而清政府未與資政院和諮議局商議，便擅自宣布將地方鐵路收歸國有並與列強簽訂借款合同，這就使鐵路國有政策問題與當時國內捍衛立憲政治的鬥爭聯繫在一起。對此，四川立憲派人士鄧孝可在〈答病民〉一文中指出：「於此不爭，而曰立憲立憲，則將來不過三五闊官，東描西抄，餡釘湊塞，出數十條欽定憲法，於事何濟？」他還呼籲只有在這個問題上與清政府進行堅決鬥爭，「使知徒恃其專制野蠻，一步不能行，則憲政可以固而國基鞏矣」。[101] 四川立憲派在發表的〈保路同志會宣言書〉中則公開表示：「政府果悔於厥心，交資政院議決以舉債，交諮議局、股東決議以收路，動與路權無干之款以修築，朝諭下，夕奉詔。非然者，鹿死無陰，急何能擇，吾同志會眾惟先海內決死而已，不知其他。」[102]

再次，清政府的鐵路國有政策損害了地方立憲派和民眾的經濟利益。在宣布將粵漢、川漢鐵路收歸國有之後，清政府沒有給予各省商辦鐵路公司相同的合理經濟補償：粵省鐵路公司由清政府發還六成現銀，其餘四成發給國家無利股票；湘、鄂兩省商股全數發還現銀，米捐、租股等發給國家保利股票；而對川省鐵路公司，清政府不但對其在上海的 300 餘萬兩倒折之款不予承認，並且對其已用之款和現存之款，一概不還現款，一律換發給國家鐵路股票，這就極大損害了川省立憲派和廣大中小股東的經濟利益，使川省立憲派和民眾與清政府的矛盾格外尖銳，以致四川的保路運動成為辛亥革命的導火線。

最後，清末新政沒有挽救清朝統治，這是由於新政改革本身就具有革命性，具有顛覆清朝統治的內在動力。清政府本質上是一個封建政權，而新政改

101　隗瀛濤、趙清主編《四川辛亥革命史料》上冊，四川人民出版社，1981，第 212—213 頁。
102　隗瀛濤、趙清主編《四川辛亥革命史料》上冊，第 193—194 頁。

革在許多方面具有近代資本主義性質。由一個封建舊政權推行具有資本主義性質的改革，一方面令清末新政改革具有保守一面，不能完全資本主義化，這在新政改革暴露出來的問題和不足中得到充分體現。但另一方面，清朝這個封建舊政權推行有限度的資本主義性質的改革，必然要突破舊政權的限制，成為舊政權的對立面，這是不以清朝統治者的意志為轉移的歷史必然規律。例如，清政府推行近代教育改革的目的無疑是培養其統治所需要的人才，因此千方百計將教育改革限制在符合舊政權統治需要這一根本目的上，在興辦近代學堂過程中強調無論何種學堂「均以忠孝為本，以中國經史之學為基，俾學生心術壹歸於純正，而後以西學淪其智識」，[103] 一再嚴令學生不得從事政治活動，並諭令學務官員和地方督撫及學堂監督、學監、教員等務須切實整飭學風，對那些離經叛道的學生嚴加懲處，「以副朝廷造士安民之至意」。[104] 在駐外使館中則設立留學生監督處，監督中國留學生學習和日常活動，制定留學生約束章程，規定留學生不得「妄發議論，刊布干預政治之報章」，出版和翻譯著作不得「有妄為矯激之說，紊綱紀害治安之字句」[105] 等等。但學堂學生和留學生一旦接受近代西方教育，接觸西學知識和民主政治理論，就不是清朝統治者所能控制的了，他們必然要突破清政府的限制，成為清朝封建專制制度的批判者，發起學潮，投身愛國民主政治活動。清廷在 1907 年底的一道上諭中所說的「乃比年以來，士習頗見澆漓，每每不能專心力學，勉造通儒，動思逾越範圍，干預外事；或侮辱官師；或抗違教令，悖棄聖教，擅改課程，變易衣冠，武斷鄉里。甚至本省大吏拒而不納，國家要政任意要求，動輒捏寫學堂全體空名，電達樞部，不考事理，肆口詆諆，以致無知愚民隨聲附和，奸徒游匪藉端煽惑，大為世道人心之害」，[106] 就反映了這樣一個客觀事實。截至 1911 年，新政教育改革培養了大約 200 萬名學堂學生和萬餘名留學生，他們多數因接受近代教育而成為舊政權的反對者。這些新型知識分子在當時中國人口中所占比例雖然還十分有限，但由於他們屬於知識精英分子，是傳統封建社會溝通官民的中介群體，是中國傳統封建社會的穩定器，因此，他們對清朝統治的影響就非同

103　張百熙、榮慶、張之洞：〈重訂學堂章程摺〉（1904 年 1 月 13 日），璩鑫圭、唐良炎編《中國近代教育史資料彙編・學制演變》，第 298 頁。

104　朱壽朋編《光緒朝東華錄》第 5 冊，總 5807 頁。

105　張之洞：〈籌議約束鼓勵學生章程摺（附章程）〉（1903 年 10 月 6 日），陳學恂、田正平編《中國近代教育史資料彙編・留學教育》，第 57—58 頁。

106　朱壽朋編《光緒朝東華錄》第 5 冊，總 5806—5807 頁。

小可，確乎如上諭所說，「大為世道人心之害」。事實上，對於新政教育改革對清朝統治造成的危害，當時一些清朝官員就有所認識，如曾出任廣東巡撫、山西巡撫、河南巡撫和兩廣總督等職的張人駿就抨擊清政府的留學政策敗壞人心，助長革命，是自毀長城，「開闢至今未有之奇禍」，指出中國學生湧入日本留學「好者，不過『目的』、『影響』數百新名詞，全無實際，否則『革命』、『自由』、『排滿』而已」。[107]

　　與教育改革相似，新政軍事改革也具有相同的效果。軍隊是國家統治的重要機器，清政府編練新軍，不言而喻是為了鞏固清朝的統治，並且部分也曾收到了這樣的效果，清末的反清起義有些就是被新軍所鎮壓。但是，隨著新軍接受近代軍事教育和近代軍事技術訓練，以及新軍官兵文化知識的提高，他們的國家意識和民族意識及政治覺悟也大為提高，逐漸認識到當時中國社會的腐敗、黑暗、落後以及民族危機的嚴重性，從而滋生對清朝統治的強烈不滿，最終成為清政府的掘墓人。1911 年 10 月 10 日推翻清朝統治的武昌起義的槍聲，就是由湖北的新軍首先打響；隨後，新軍在宣布獨立各省的起義中均發揮了十分重要的作用。其中，湖北、湖南、江西（九江）、陝西、山西和雲南六省的起義均由新軍領導；貴州、浙江、廣西、安徽、福建、廣東、四川（成都）、江西（南昌）和江蘇九省雖然由各省諮議局合同士紳、商人和商會宣布獨立，但是都得到新軍的有力支持，實際上是新軍軍官與各省諮議局攜手合作設立軍政府；甚至在由清政府直接控制的原袁世凱訓練的北洋軍中，也發生了著名的聲援武昌起義的灤州兵諫和灤州起義。並且，無獨有偶，作為清末軍事改革重要組成部分的更為現代化的軍事力量的清朝海軍，雖然在辛亥革命初期曾配合清軍鎮壓武昌起義，但在革命形勢及革命黨人的策反下，武昌起義爆發後僅一個月，整個清朝海軍即反戈相向，完全倒向革命一邊，並參加了反清作戰和北伐。[108]

　　清政府的軍事改革導致這樣一個相反的結果，其原因就如澳大利亞學者馮兆基在《軍事近代化與中國革命》一書中所分析的：「軍事教育和軍事技術的劇烈變革往往是一場政治性的經歷。這些變革以某種形式向官兵提供了公民的權利和義務方面的教育，儘管他們沒有受過明確而正式的政治訓練。新式軍

107　〈致張允言等〉（1907 年 6 月 2 日）《張人駿家書日記》，中國文史出版社，1993，第 114 頁。
108　有關清朝海軍反正起義的情況，詳見《近代中國海軍》，第 679—710 頁。

人越來越懂得發展新的技術領域與新的技術體系是近代國家的基礎，從而十分清楚地意識到中國比較衰弱，也理解了他們所處社會的政治性質，並知道他們自己在社會發展中的特殊作用」，由此「願意為建立強大昌盛、獨立民主的中國而奮鬥」。[109] 這是一個不以清朝統治者的意志為轉移的必然結果。

除了教育改革和軍事改革之外，清末新政的其他改革，諸如經濟政策、預備立憲政治改革等，也均具有類似的效果—搬起石頭砸自己的腳。作為一場具有資本主義性質的近代化改革運動，清末新政的最後結局無非以下兩種：要麼是清政府真心實意地開放政權，和平實現政權性質的轉換，由此消除舊政權與近代化改革運動之間這一不可調和的矛盾；要麼就是清朝政府被革命推翻，由一個新的政權重新設計中國的出路。

歷史最終選擇了後一種結局，清末新政改革沒有挽救清朝統治，清朝政府最終還是被革命推翻。並且，在清政府這個舊政權被推翻之後，由於特殊的歷史環境，中國在很長一段時期內處於戰亂之中，沒有誕生一個穩定的、具有權威性和合法性的新政權，領導中國走上一條適合中國國情的近代化道路。就此意義來說，清末新政是完全失敗了。但就新政改革內容及其所產生的實際效果和影響來說，它並沒有完全失敗，原因有二：一則新政的許多改革內容並沒有因清朝統治被推翻而遭中斷，而是在民國的歷史上得以繼續；二則新政所產生的實際效果和影響與辛亥革命的方向，最終在很大程度上是一致的，是並行不悖的。因此，我們既不必因肯定辛亥革命而否定清末新政改革內容的進步性，也不必因肯定清末新政改革而否定辛亥革命的正當性和進步性，為新政沒有挽救清朝的統治而感惋惜。清朝的滅亡乃是歷史的必然，是其咎由自取。

109　〔澳〕馮兆基：《軍事近代化與中國革命》，第 94—95 頁。

第十二章　立憲運動與民間憲政訴求

　　清末立憲運動與預備立憲是既相關聯而又有不同的兩個概念。雖然兩者的基本目標都是以和平變革方式實現從君主專制制度向君主立憲制度轉型，但運動的主體與路線並不相同。預備立憲是清政府主導的自上而下的憲政改革，是清末新政從體制內變革發展到政治體制變革的必然結果。而立憲運動則是由立憲派領導的自下而上推動清政府走向憲政改革的運動，是從體制外促動清政府進行政治體制變革的運動，實際上可以說是「運動立憲」。兩者相互作用，相互影響，立憲派發動立憲運動是清政府實施預備立憲的重要推動力量，清政府預備立憲的進度又直接影響立憲運動的進程甚至成敗。

　　日俄戰爭以後，立憲思潮高漲。1906 年 9 月 1 日，清廷正式宣布預備立憲。立憲派聞命歡欣鼓舞，對朝廷的憲政改革充滿了熱切的期望。他們紛紛組織立憲團體，積極參與諮議局和資政院的組建及議政活動，並連續多次發動了轟轟烈烈的國會請願運動，將立憲運動推向高潮。但是，清廷並沒有完全按照立憲派的意願行事，其遲緩拖延的態度與借立憲之名而行集權之實的舉措與立憲派的憲政改革理念頗有差距，「皇族內閣」的頒布終於使立憲運動陷於絕境。武昌起義後，對清廷絕望的立憲派最終走上了與革命派合流的道路。

　　學界關於清末最後十年（1901—1911）歷史的研究，在相當長的一段時期內主要是以辛亥革命為主線。在這種革命史的框架中，立憲派的活動只是作為革命的背景來敘述，甚至是當作革命的對立面來批判。1950 年代末，大陸學者胡繩武、金沖及二位先生合著《論清末的立憲運動》（上海人民出版社，1959），對立憲運動做了開創性的研究，他們認為：「弄清楚這次運動的性質、

＊ 本章由李細珠撰寫。

社會基礎、發展過程和影響，對理解中國近代在戊戌變法以後一系列的改良主義政治運動和思想思潮的反動本質及其複雜性，對理解辛亥革命時期的階級鬥爭，都有著十分重要的意義。」（〈前言〉）顯然，這個研究思路有著非常明顯的時代印記。1960 年代末，臺灣學者張朋園先生出版《立憲派與辛亥革命》（商務印書館，1969），也是從辛亥革命史的角度研究立憲派，總體上仍未脫革命史的窠臼，但其對立憲派在辛亥革命中貢獻的正面敘述則被稱為「擴充了歷史研究的範疇」（〈韋慕庭先生序〉）。張玉法先生的《清季的立憲團體》（中研院近代史研究所，1971）也是相關研究的重要著作。大陸學界對立憲運動的理性實證研究，則晚至 1970 年代末 1980 年代初才真正起步。李新先生主編的《中華民國史》第一編下冊（中華書局，1981）用較長篇幅客觀地描述了立憲派的立憲運動。1993 年，韋慶遠、高放、劉文源三位先生的《清末憲政史》（中國人民大學出版社）和侯宜傑先生的《二十世紀初中國政治改革風潮—清末立憲運動史》（人民出版社）是這方面重要的代表性著作。本章擬在既有研究成果的基礎上，系統論述清末立憲運動的來龍去脈。

一、立憲派與立憲思潮

　　立憲派大致由兩部分人組成：一是戊戌時期形成的以康有為、梁啟超為首的維新派，他們在戊戌政變之後又以保皇派的姿態出現，基本上在海外活動；二是在清政府新政推行的過程中形成的紳商群體，包括具有一定新知識、新思想的近代式商人、實業家和一些開明士紳，如張謇、湯壽潛等人，他們是國內立憲運動開展的主要社會基礎和領導力量。日俄戰爭前後，由於立憲派的鼓吹，立憲思潮高漲，以和平方式從體制外推動清政府進行憲政改革的立憲運動逐漸步入正軌。

日俄戰爭的刺激與影響

　　清末新政啟動之後，隨著教育、經濟、軍事等各項改革的進行，政治體制改革也逐漸被提上議事日程。這既是新政改革本身發展的內在需要，同時也是國內外政治形勢壓力所致。「吾國立憲之主因，發生於外界者，為日俄戰爭；其發生於內部者，則革命論之流行，亦其有力者也。」[1] 革命運動的蓬勃發展

1　倫父：〈立憲運動之進行〉，中國史學會主編《中國近代史資料叢刊‧辛亥革命》（以下簡稱《辛亥革命》）第 4 冊，上海人民出版社，1957，第 4 頁。

與立憲思潮的勃興，迫使清政府不得不做出憲政改革的抉擇，以迎合立憲派而對付革命。其中關節，日俄戰爭的刺激是一個重要的因素。

1904—1905 年的日俄戰爭，是日本與俄國為爭奪中國東北地區利益而在中國領土上進行的一場帝國主義戰爭。戰爭爆發後，軟弱無能的清政府竟然無視戰火在自己領土上燃燒，宣布嚴守「局外中立」，任憑兩個帝國主義國家肆意蹂躪中國人民的生命與財產。人們懷著尷尬屈辱的心情關注著戰爭的進程，預測著戰爭的結局，並企盼著中國的前途與希望。戰爭伊始，人們希望黃種而立憲的日本戰勝白種而專制的俄國，因為這個結果將證明兩點：「一則黃種將與白種並存於世，黃白優劣天定之說，無人能再信之；二則專制政體為亡國辱種之毒藥，其例確立，如水火金刃之無可疑，必無人再敢嘗試。」[2] 戰爭的結局果然是「蕞爾島國」日本戰勝了龐大凶橫的沙皇俄國，這對中國思想界產生了極大的震動。

日俄戰爭的結果對中國思想界的影響主要表現在以下三個方面。

第一，黃種戰勝白種，給中國人以信心。自鴉片戰爭以後，中國在西方列強的武力侵略之下被迫進入近代世界。長期中外較量和競爭中的挫折與屈辱使國人逐漸形成一種抑鬱、悲憤的民族自卑心態。在進化論剛剛風行神州大地的時代，中國屢戰屢敗的慘痛現實，加上西方殖民主義者對「白種優於黃種」謬論的宣揚，使國人心中產生一種深深的憂慮：黃種將有被白種殘酷淘汰的危險！日俄戰事剛起，便有人表露了這種憂慮的心態：「黃種、白種，中國之一大問題也。若俄勝日敗，則我國國人之意，必以為白興黃蹶，天之定理，即發憤愛國之日本，亦不足與天演之公理相抗，而何論於中國。此意一決，則遠大之圖，一切絕滅，而敬畏白人之意將更甚於今日，而天下之心死矣。」[3] 隨著日本對俄國的節節勝利，這種憂慮逐漸煙消雲散。同為黃種的日本戰勝了白種的俄國，徹底戳穿了所謂「白種優於黃種」的謬論，使鬱悶已久的國人頗感振奮和欣慰。

第二，立憲戰勝專制，給中國人以希望。日本自明治維新以後成為新興的立憲國家，沙皇俄國則是老牌的專制帝國。時人認為，日俄之戰不僅是黃種

2　〈論中國前途有可望之機〉《東方雜誌》第 1 年第 3 期，1904 年。
3　〈論中國所受俄國之影響〉，《中外日報》1904 年 4 月 4 日。

與白種之間的種族之戰，更重要的是「立憲、專制二政體之戰」。[4] 對此，國人還有一大憂慮：如果俄國戰勝日本，豈不為清政府加強專制統治提供口實？因為日俄戰爭既是兩國綜合實力的較量，也是「專制國與自由國優劣之試驗場」。[5] 如果日本戰勝俄國，就為立憲戰勝專制提供了鐵證。「非有此戰，則俄國之內容不顯，而專制、立憲之問題不決。我國十餘年來，每言及專制、立憲之問題，輒曰：專制既不足以立國，何以俄人富強如此？自有此戰，而此疑釋矣。」[6] 可以說，日俄戰爭的結局使中國人民認清了專制的禍害，明確了立憲的方向。

第三，師法日本模式，確定立憲的目標。中國向日本學習並不始於日俄戰爭，但日俄戰爭促使國人進行了深刻的反省。甲午一戰，中國被迅速崛起的東鄰日本戰敗，曾經使國人頗感震驚，於是開始走上師法日本的道路。中國與日本為同洲、同文、同種之國，「故言變法者莫不曰師日本，師日本」，但至日俄戰爭時，「十年以來，徒得其形式而不得其精神」，並沒有顯著的成效。日本明治維新之精神何在？「日本丕變之精神，在易少數貴族之專制政體而為多數民族之代議政體，由集權中央惟一之制度而調和以地方自治之制度而已。」可見其關鍵在立憲。因此，中國欲救亡圖存，必須「改行立憲政體」。[7] 日本以立憲國戰勝專制國俄國，為中國的憲政改革提供了一個現成的榜樣。中國立憲宜仿日本成法，已成時人之共識。事實上，日後清廷的預備立憲就多有取法日本之處並非偶然。

日俄戰爭是中國思想界轉向立憲的一大契機。「自甲午以至戊戌，變法之論雖甚盛，然尚未有昌言立憲者。政變以後，革新之機，遏絕於上而萌發於下，有志之士，翻譯歐美及日本之政治書籍，研究其憲法者漸眾。甲辰日俄戰爭起，論者以此為立憲專制二政體之戰爭。日勝俄敗，俄國人民，群起而為立憲之要求，土波諸國，又聞風興起。吾國之立憲論，乃亦勃發於此時。」[8] 立

4　〈中國立憲之起原〉，《憲政初綱‧立憲紀聞》，《東方雜誌》臨時增刊，商務印書館，1906，第 1 頁。

5　中國之新民（梁啟超）：〈俄羅斯革命之影響〉，張枬、王忍之編《辛亥革命前十年間時論選集》第 2 卷上冊，三聯書店，1978，第 20 頁。

6　〈論日勝為憲政之兆〉，《中外日報》1905 年 5 月 21 日。

7　〈論朝廷欲圖存必先定國是〉，張枬、王忍之編《辛亥革命前十年間時論選集》第 1 卷下冊，第 945—946 頁。

8　儻父：〈立憲運動之進行〉，《辛亥革命》第 4 冊，第 3—4 頁。

憲思潮陡然高漲，清政府的憲政改革即在此背景下應運而生。

立憲思潮的奔湧勃發

　　立憲思想在近代中國純屬西方舶來品。19 世紀末，一些早期改良派人士與康梁維新派都零星地介紹了諸如議院之類的若干關於西方近代憲政制度方面的知識，立憲思想開始萌發；20 世紀初，在民主革命思潮勃興的同時，君主立憲思想也蔚然成為一股頗具影響的社會政治思潮。立憲思潮興起以後，人們便把主張君主立憲者稱為立憲派，立憲派一詞便取代維新派而成為改良派的代名詞。[9] 立憲派的主要代表人物有流亡國外的康有為、梁啟超和留日學生楊度（後回國活動），以及在國內頗為活躍的張謇、湯壽潛、鄭孝胥、趙鳳昌等人。

　　較早系統地闡述君主立憲理論的思想家是梁啟超。1901 年 6 月，梁啟超在《清議報》上發表〈立憲法議〉一文，認為世界上有君主專制、君主立憲和民主立憲三種政體，當時全球強國之中除俄國為君主專制政體、美國與法國為民主立憲政體以外，其餘各國都是君主立憲政體，故「君主立憲者，政體之最良者也」。立憲政體與君主政體的根本區別就在於是否有憲法限制權力，各種有限之權皆來源於憲法，憲法是國家的根本大法。因此，政體改革必須立憲。值得注意的是，梁啟超在此文中提出了「預備立憲」思想。他認為，當時的中國並不能立刻實行立憲政體，「立憲政體者，必民智稍開而後能行之」。日本從宣布立憲到實施憲法用了二十年時間，中國最快也得十年或十五年。為此，他設想了預備立憲的幾個基本步驟：一是頒明詔確定中國為君主立憲之帝國；二是派遣重臣三人帶領隨員考察歐、美、日本各國憲法之同異得失，以一年為期；三是重臣考察回國後，在宮中開設立法局，起草憲法；四是由立法局翻譯各國憲法原文及其解釋憲法之名著，頒布天下；五是憲法草稿完成後，在官報刊布，令全國士民逐條辨析，經五年或十年時間損益，制成定本頒布，非經全國人投票，不得擅行更改；六是自頒詔確定政體之日始，以二十年為實行憲法之期。[10] 該文概括地說明了立憲思想的基本綱領，對立憲思潮的興起有

9　有人查證，立憲派這一稱謂最早見於 1903 年 9 月出版的《浙江潮》第 7 期所載〈四政客論〉。參見侯宜傑《二十世紀初中國政治改革風潮─清末立憲運動史》，人民出版社，1993，第 39 頁。

10　梁啟超：〈立憲法議〉，《清議報》第 81 冊，1901 年 6 月 7 日。

著重要的推動作用。隨後，梁啟超還陸續發表論著，進一步闡述自己的憲政思想，並有意識地勸告清廷實行立憲。同時，他還在《清議報》和《新民叢報》上刊發大量其他有關憲政的著作，介紹各國立憲史及各種憲政學說。

康有為流亡海外後以保皇派自居，始終堅持君主立憲主張。1902 年，康有為發表著名的公開信〈答南北美洲諸華商論中國只可行立憲不可行革命書〉，明確表示要依靠光緒帝實行君主立憲。同年，康有為還以數百萬海外華僑的名義起草了一份摺稿，批評清政府剛剛開始的「新政」變法是「無其根本而從事於枝葉，無其精神而從事於其形式」，要求慈禧太后「歸政皇上，立定憲法，大予民權，以救危亡」。[11] 顯然，康有為仍然寄希望於依靠光緒帝實行君主立憲。

張謇早在 1901 年參與劉坤一、張之洞〈江楚會奏變法三摺〉的起草工作時就著有〈變法平議〉，主張仿照日本明治維新，提出「置議政院」與「設府縣議會」的構想，但未被採納。1903 年，張謇從日本遊歷考察回來，深受日本憲政的鼓舞，非常熱衷研討立憲問題，「見到官員友人，遇到談論通信，沒有不勸解磋摩各種立憲的問題」。[12] 次年，張謇與蒯光典、趙鳳昌、湯壽潛等人數易其稿，為鄂督張之洞與江督魏光燾起草了一份〈請立憲奏稿〉，張之洞再三囑咐張謇要先與直隸總督袁世凱商量，袁世凱表示「尚須緩以俟時」，結果這個奏稿終於沒有上奏。與此同時，張謇還與趙鳳昌等人刻印《日本憲法》及《日本憲法義解》、《議會史》等書，並將之送達清廷及鐵良等重臣。[13] 這時的張謇，始終在為立憲積極奔忙。

在立憲派思想宣傳的影響下，國內思想界開始更多地關注立憲問題。一般士人逐漸不滿清政府枝枝節節的「新政」變法，認為「變法不自設議院、改憲法始，則變如不變」。[14] 顯然，人們希望新政能更進一步而至於實行立憲，於是，憲法問題遂被時人所重視。當時上海積山喬記書局出版的《新學大叢書》，收集了許多關於憲法的書籍，包括《憲法通義》、《憲法溯源》、《憲

11 康有為：〈請歸政皇上立定憲法以救危亡摺〉，上海市文物保管委員會編《康有為與保皇會》，上海人民出版社，1982，第 19、8 頁。

12 張孝若：《南通張季直先生傳記》，中華書局，1930，第 138 頁。

13 〈日記〉、〈嗇翁自訂年譜〉，《張謇全集》第 6 卷，江蘇古籍出版社，1994，第 528—529、865—866 頁。

14 孫寶瑄：〈忘山廬日記〉上冊，上海古籍出版社，1983，第 556 頁。

法論》、《各國憲法論略》、《日本憲法創始述》、《英國憲法沿革考》、《德意志憲法沿革考》、《普魯士憲法沿革考》、《法蘭西憲法沿革考》等。[15]可見，立憲問題已經成為新知識界一個重要的思想興奮點。

其時立憲思潮的高漲主要表現在以下兩個方面。

一方面，立憲派進一步加強了輿論宣傳，並奔走運動中央與地方權要贊成立憲。1904 年，夏瑞芳在上海創辦《東方雜誌》，梁啟超協助狄葆賢在上海創辦《時報》，這兩家報刊立即成為鼓吹立憲的重要思想陣地。其他還有不少報刊如《中外日報》、《外交報》、《政藝通報》、《大公報》等，也加強了對立憲的輿論宣傳。如《大公報》在 1905 年舉行千號紀念徵文時，被取為一等獎的就是一篇大談「君主立憲者，政體之完全無缺者也」的文章。[16]立憲之詞一時成為新聞輿論的焦點。與此同時，在張謇與湯壽潛、趙鳳昌等江浙立憲派的積極奔走運動之下，清政府的軍機大臣奕劻、瞿鴻禨和地方督撫袁世凱、張之洞、岑春煊、端方、周馥等重臣都不同程度地表示了贊成立憲的態度，甚至慈禧太后在看了張謇、趙鳳昌等人送呈的《日本憲法》後也對立憲表示了好感，她在召見樞臣時說：「日本有憲法，於國家甚好。」[17]其時，立憲之聲四起，上自王公大臣，下至紳商學子，多口談立憲。立憲一詞幾乎成為「中國士夫之口頭禪」。[18]

另一方面，清政府內部發出了立憲的呼聲，部分開明官僚傾向立憲。1904 年 1 月，日俄開戰之前，雲貴總督丁振鐸與雲南巡撫林紹年聯銜電奏清廷請迅速實行全面變法。他們主張：「中國自今以後，一切即盡行改革，期於悉符各國最善之政策而後已。…… 即力行改革，期如不數年即悉如泰西各國而後已。」[19]雖然沒有明確點出立憲，但立憲自是其全面變法主張的題中應有之義。同年 4 月，駐法公使孫寶琦上書政務處，則明確提出「仿英、德、日本之制，定為立憲政體之國，先行宣布中外」，然後派大臣採訪各國憲法，按照立憲政體制定憲法，並建議變通各國議院成例，在中央設立上下議院，

15　參見張玉法《清季的立憲團體》，中研院近代史研究所，1971，第 306—307 頁。

16　參見方漢奇《中國近代報刊史》上冊，山西人民出版社，1981，第 283 頁。

17　〈嗇翁自訂年譜〉，《張謇全集》第 6 卷，第 866 頁。

18　〈論立憲當以地方自治為基礎〉，《東方雜誌》第 2 年第 12 期，1905 年。

19　〈癸卯十二月初三日雲南丁制臺、林撫臺來電〉，《張之洞存來往電稿》，中國社會科學院近代史研究所圖書館藏檔案，檔號：甲 182-436。

以政務處為上議院，都察院為下議院，同時在地方各省、府、縣設立公議堂，選舉紳士議政。他還認為，如果實行立憲，國家將迅速強盛，「不但遠軼漢、唐，且將與英、德、日本比強。」[20] 孫寶琦的上書在當時引起了轟動，尤其使立憲派備受鼓舞。1905 年，慈禧太后召見端方，詢問新政舉辦情形，端方以立憲相對，太后頗有所感。[21] 正是清政府內部部分開明官僚的傾向立憲最終促成了清廷的預備立憲。

需要說明的一點是，這個時期立憲思潮的高漲還與革命運動的蓬勃發展密切相關。立憲思潮最能打動清政府的恰是立憲可以消弭革命的主張。「當此之時，國民之中，主張激烈之革命論者，日益蔓延。清政府欲利用立憲說，以消弭其患，其採用君主立憲制之本意，尤以此為多。」[22]

立憲派希望通過立憲運動改變專制政治的現狀，實現政治民主化，使自己有機會參與國家政治，以提高其政治地位。因為立憲派與清政府有著千絲萬縷的聯繫，所以他們主張用和平改革的方式達到自己的政治目的。在選擇立憲模式的問題上，與清政府師法日本模式不同，立憲派主張建立英國式的君主立憲政體。他們認為：「今世言憲政者，莫不首推英國，非特君主國之憲政宜以英為稱最也，即共和國亦無有能及之者。」[23] 英國的憲政模式是通過議會來限制與削弱君主的權力，置君主於事實上的虛君地位，雖然君主名義上仍然是國家元首，但其實只是一個國家的政治象徵符號；國家政治大權由議會（立法權）與議會多數黨組織的責任內閣（行政權）掌握，其結果勢必在一定程度上將君主的權力架空而削弱君權。因此，雖然清政府預備立憲與立憲派的立憲運動都主張君主立憲，但是日本模式與英國模式的選擇上，結果大不一樣。如果說清政府看重日本模式，主要是維護君權，那麼立憲派鍾情英國模式，則是在有意擴充紳權。

二、立憲政團紛起

清廷宣布預備立憲後，立憲派紛紛組織立憲團體。據不完全統計，在

20　〈出使法國大臣孫上政務處書〉，《東方雜誌》第 1 年第 7 期，1904 年。
21　魏元曠：〈魏氏全書・堅冰志〉，中國史學會主編《中國近代史資料叢刊・戊戌變法》第 4 冊，神州國光社，1953，第 313 頁。
22　傖父：〈立憲運動之進行〉，《辛亥革命》第 4 冊，第 4 頁。
23　熊範輿：〈立憲國民之精神〉，《中國新報》第 1 年第 4 號，1907 年。

1906—1911 年的立憲運動中，海內外各地共建立各種立憲團體 84 個。[24] 各地立憲團體的湧現是立憲派作為一個獨立政治派別走向成熟的重要標誌。

江浙立憲派與預備立憲公會

以上海為中心的江浙地區，經濟發達，人文薈萃，風氣開通，思想先進，是國內立憲派活動最重要的基地。張謇、湯壽潛等江浙立憲派是立憲運動的積極宣導者和領導者，他們的思想與活動都已超越狹隘的省區地域而具有全國性意義。清廷開始預備立憲後，正是他們首先著手組織了國內第一個立憲團體——預備立憲公會。

1906 年 12 月 16 日，預備立憲公會在上海成立，鄭孝胥任會長，張謇、湯壽潛任副會長。據一份〈預備立憲公會會員題名表〉所列資料統計，235 名會員中江蘇 103 人，浙江 55 人，江浙籍人士共占會員總數的 68% 強，可見該會是以江浙立憲派為主體的立憲團體。在這 235 人中，有 113 人曾經任過各種政府官職或具有某種官銜，這些官紳將近占會員總數的一半，其餘便主要是在各種企業、銀行、公司、商會任職的商紳。[25] 事實上，那些所謂官紳也有不少經營各種工商企業。可見，預備立憲公會的主要階級基礎是紳商，並與官府有著密切的聯繫。該會的靈魂人物是江浙立憲派的領袖張謇。

預備立憲公會的活動以籌辦憲政為中心，主要表現如下：[26] 第一，出版書刊，宣傳憲政知識。該會編輯的報刊主要有《預備立憲公會報》和《憲志日刊》兩種。《預備立憲公會報》為半月刊，於 1908 年 2 月在上海創辦，至 1910 年 1 月停刊，共出 46 冊。1910 年 5 月在北京改出《憲志日刊》，由孟昭常主編；次年 2 月，又議決改為《憲報》。該會出版的書籍主要有：孟昭常的《公民必讀》和《城鎮鄉地方自治宣講書》、錢潤的《地方自治綱要》、張家鎮的《地方行政制度》、孟森的《諮議局章程講義》以及邵羲譯的《日本憲法解》、湯一鶚譯的《選舉法要論》等。各書暢銷一時，影響頗大。第二，開辦法政講習所，培養憲政人才。1909 年 2 月，該會接辦由原江蘇學會創辦的法政講習

24　參見張玉法《清季的立憲團體》，第 91—98 頁。

25　〈預備立憲公會會員題名表〉，浙江省辛亥革命史研究會等編《辛亥革命浙江史料選輯》，浙江人民出版社，1981，第 210—222 頁。

26　參見張玉法《清季的立憲團體》，第 369—370 頁；侯宜傑《二十世紀初中國政治改革風潮——清末立憲運動史》，第 121—123 頁。

所，招收各省學員學習法政知識。先有半年一期的班次，注重地方自治知識，包括財政、預算、決算等方面，專門培養地方自治人才；後增設一年一期的班次，注重法律，以造就司法人才。第三，推動地方自治的進行與諮議局的籌辦。在推行地方自治方面，預備立憲公會不僅督促各地士紳學習法政知識，而且催促憲政編查館從速制定地方自治章程。在籌辦諮議局方面，預備立憲公會也做了不少工作：在會中設立通信部，統一諮議局章程的解釋與施行辦法；每週召開談話會一次，商議諮議局議案；與各省諮議局聯繫，互相交流經驗。張謇被選為江蘇諮議局議長，其他不少預備立憲公會會員被選為諮議局議員。第四，參與國會請願運動。張謇、雷奮、楊廷棟、孟森、孟昭常等預備立憲公會成員在清末國會請願運動中表現得非常活躍（詳見下文）。

預備立憲公會是清末存在時間最長、影響最大的立憲團體，其活動一直持續到武昌起義以後。

康梁與帝國憲政會和政聞社

在張謇等立憲派於國內設立預備立憲公會的同時，流亡海外的康梁也在謀求組織立憲團體。

1906 年 10 月 21 日，康有為以個人名義向各埠保皇會會眾發布公啟，宣布在丁未（1907 年）元旦改保皇會為國民憲政會，並擬定了改會簡章。[27] 當時，梁啟超正在日本與熊希齡、楊度、蔣智由、徐佛蘇等人商議組黨。他接到康有為關於保皇會改名的信後，便與熊希齡等人商榷。熊希齡等人建議改用「帝國憲政會」之名，梁啟超表示贊同。他致書康有為稱：「何不用帝國之名，而用國民之名耶？豈趨不及耶？竊以為及今改之，未為晚也。」[28] 康有為並未表示反對。

1907 年 3 月底 4 月初，康有為在紐約召集各埠代表召開改保皇會為憲政會大會，正式宣布帝國憲政會成立。帝國憲政會成立後，在國內的活動主要是響應國會請願運動。1907 年底至 1908 年初，康有為發動亞、歐、美、非、澳五洲二百埠帝國憲政會僑民數十餘萬人上書請願，要求「立開國會以實行立

27　〈布告百七十餘埠會眾丁未新年元旦舉大慶典告藏保皇會改為國民憲政會文〉、〈行慶改
　　會簡要章程〉，湯志鈞編《康有為政論集》上冊，中華書局，1998，第 597—606 頁。
28　梁啟超：〈與夫子大人書〉，丁文江、趙豐田編《梁啟超年譜長編》，上海人民出版社，
　　1983，第 369、374 頁。

憲」。[29] 在海外，帝國憲政會不僅面臨著日益壯大的革命黨人勢力的競爭，而且因為開辦商務公司、華墨銀行尤其是振華公司等實業，經營不善，內部矛盾重重，勢力大為削弱，反而不如保皇會時期聲勢之大。武昌起義以後，康有為通告各埠會眾改帝國憲政會為「國民黨」，[30] 後被合併於共和黨。

就在康有為醞釀改組保皇會的同時，梁啟超也在與楊度等人謀求組黨。後來，由於領導權問題，雙方發生矛盾，合作組黨計畫流產，各自分道揚鑣。梁啟超認為，楊度之所以熱心組黨之事，是因為他「頗有野心」，即希望利用康梁一派的人力、財力與名譽圖謀個人的發展。所謂「欲以其所支配之一部分人為主體，而吾輩皆為客體」，「欲利用吾黨之金錢名譽，而將來得間則拔戟自成一隊」。[31] 結果，楊度成立了憲政講習會，梁啟超與蔣智由、徐佛蘇等人組織了政聞社。

1907 年 10 月 17 日，政聞社在東京神田區錦輝館正式召開成立大會。當天與會者有以梁啟超為首的社員近二百人，其他赴會者千餘人，並有日本名士犬養毅等人為之捧場。當梁啟超演說國會議院等事時，潛伏其中的革命黨人張繼、金剛、陶成章等人起身喊打，會場一片混亂，梁啟超等人落荒而逃，大會不歡而散。[32] 政聞社在一場鬧劇中正式成立。

政聞社在海外成立後，便面臨著艱難的生存環境，主要是與革命派的矛盾衝突不可避免。雙方當時在海外的活動主要是以華僑與留學生為依託，因此在人力、財力與活動空間等方面存在著激烈的爭鬥。還在商議組黨之時，梁啟超就已經察覺到形勢的嚴峻性，他致書康有為稱：「革黨現在東京占極大之勢力，萬餘學生從之者過半。……今者我黨與政府死戰，猶是第二義；與革黨死戰，乃是第一義。有彼則無我，有我則無彼。」[33] 政聞社成立大會上革命派張繼等人的存心搗亂更使雙方的矛盾衝突公開化。因此，政聞社成立不久，即謀求轉向國內活動。

29 〈海外亞美歐非澳五洲二百埠中華憲政會僑民公上請願書〉，湯志鈞編《康有為政論集》上冊，第 609 頁。
30 康有為：〈致各埠書〉，《康有為與保皇會》，第 368 頁。
31 梁啟超：〈致蔣觀雲書〉、〈與南海夫子大人書〉，丁文江、趙豐田編《梁啟超年譜長編》，第 391、409 頁。
32 〈政聞社社員大會破壞狀〉，湯志鈞編《章太炎政論選集》上冊，中華書局，1977，第 370 頁。
33 梁啟超：〈與夫子大人書〉，丁文江、趙豐田編《梁啟超年譜長編》，第 373 頁。

　　1908 年初，政聞社總務員馬良、常務員徐佛蘇、麥孟華率本部遷回上海。政聞社在國內活動的最大目標是請願速開國會。在 1907—1908 年立憲派發動的國會請願運動中，政聞社充當了一個重要的角色。政聞社不僅與上海預備立憲公會等團體發起組織國會期成會，發動全國規模的簽名請願速開國會運動，而且還以該社全體名義致電憲政編查館請願，要求「乞速宣布期限，以三年召集國會」。[34] 1908 年 7 月 25 日，政聞社成員法部主事陳景仁以個人名義電奏朝廷，請求確定三年內召開國會，並把主張從緩立憲的赴德國考察憲政大臣于式枚革職以謝天下，結果陳景仁反被清廷革職。8 月 13 日，清廷諭令查禁政聞社，正式成立不到一年的政聞社因此被迫解散。

楊度與憲政講習會及憲政公會

　　楊度與梁啟超等人合謀組黨失敗後，遂謀求獨立組黨活動。1907 年 2 月 9 日，楊度與方表、陸鴻逵、楊德鄰等人在東京組織政俗調查會，「其宗旨在反對政府及革命黨，而主張君主立憲。」[35] 7 月，楊度與熊範輿等人在政俗調查會的基礎上，正式成立憲政講習會，其宗旨標榜「預備憲政進行之方法，以期憲政之施行」。[36] 憲政講習會以熊範輿為會長，實際主持人是楊度。

　　憲政講習會成立不久，即對外公開發表〈意見書〉，提出設立民選議院的主張，認為欲救中國「非改造責任政府不可，欲改造責任政府，則非設立民選議院不可」，並表示本會同志願為「憲政之先驅」。[37] 同年 10 月，在楊度與憲政講習會的策劃下，由熊範輿領銜向清廷請願要求開設民選議院，開民間請願開國會之先河，並掀起了一場全國性規模的國會請願運動。

　　其時，楊度因料理伯父喪事回湘，憲政講習會也隨之開始在國內發展勢力。是年底，楊度與湘紳譚延闓、龍紱瑞、廖名縉等人在長沙成立憲政講習會湖南支部。1908 年初，楊度改憲政講習會為憲政公會，湖南支部即稱為湖南憲政公會。隨後，楊度進京設立憲政公會本部，並在上海等地建立分會，積極從事國會請願聯絡活動。4 月 20 日，由於張之洞與袁世凱的保薦，清廷諭令

34　參見丁文江、趙豐田編《梁啟超年譜長編》，第 454 頁。
35　〈我之歷史〉，陳旭麓主編《宋教仁集》下冊，中華書局，1981，第 713 頁。
36　〈東京中國憲政講習會總章〉，《時報》1907 年 8 月 11 日。
37　〈東京憲政講習會意見書〉，《時報》1907 年 8 月 12 日。

楊度「以四品京堂候補在憲政編查館行走」。[38] 此後，楊度借助在政府中的各種關係，大力發展憲政公會的勢力。

　　然而，楊度在進入清政府體制後，其政治立場逐漸發生微妙的變化，開始由著名的立憲派領袖轉變為清政府籌辦憲政的御用官僚。其時，清廷頒布《欽定憲法大綱》和《九年籌備立憲清單》。某些立憲派人士認為九年為時過長，攻擊清廷有意拖延時間，甚至懷疑清廷立憲的誠意。楊度以憲政公會常務長的名義發表〈布告憲政公會文〉，公開為清廷辯護，認為「以君主大權制欽定憲法，實於今日中國國勢辦理最宜」；至於立憲期限，則是「寧遲無速，立憲政體不可早成」，「上而諭旨惶惶，豈宜違反」；並勸告本會會員「此時但宜奉揚諭旨，引導人民恪遵分年預備之單而為確立基礎之法，不宜以空言為重，以實事為輕，見目前之近情，遺天下之大計」。[39] 除楊度以外，憲政公會其他一些重要骨幹分子也紛紛進入官場：熊範輿先被河南巡撫林紹年聘為法政學堂總教習，後又被雲貴總督李經羲調往雲南任知府；沈鈞儒被浙江巡撫增韞聘為諮議局籌辦處總參議；薛大可應湖廣總督之聘，陸鴻逵應湖南巡撫之聘，方表、黃敦懌應山東巡撫之聘，楊德鄰應東三省總督之聘，籌辦諮議局和地方自治等等。誠如時人所謂，「彼團中人皆分布各省督撫幕府」。[40] 憲政公會會務無人打理，組織漸形渙散。政聞社被查禁後，清政府對集會結社取締甚嚴，憲政公會也自然消亡。

其他地方性立憲團體

　　除了上述幾個跨省區甚至具有全國性規模的重要立憲團體以外，立憲派還組織了基本上是以省區為單位的地方性立憲團體，如吉林省自治會、廣東粵商自治會、貴州自治學社與憲政預備會、湖北憲政籌備會、福建政與會等等。

　　1. 吉林省自治會

　　1907 年 1 月 6 日，吉林地方自治研究會成立，松毓為正會長，慶山、文祿為副會長。10 月 7 日，吉林地方自治研究會正式改名為吉林省自治會，以署理吉林民政使司民政使謝汝欽為監督，松毓為正會長，慶山為副會長。自

38　中國第一歷史檔案館編《光緒宣統兩朝上諭檔》第 34 冊，廣西師範大學出版社，1996，第
　　63 頁。

39　〈布告憲政公會文〉，劉晴波主編《楊度集》，湖南人民出版社，1986，第 511—512 頁。

40　徐佛蘇：〈致任公先生書〉，丁文江、趙豐田編《梁啟超年譜長編》，第 464 頁。

治會成立後，便在省城設立自治研究所，編輯《自治報告書》，開辦宣講所，培養自治人才，傳播新學，以開通風氣，並積極開展籌辦地方自治的準備工作。除此之外，自治會還參與了吉林省諮議局的籌辦等憲政籌備工作，表現極為活躍。但是自治會的發展使紳民權力逐漸得以擴張，引起了官府的不滿，最終招致被解散的命運。1908 年 11 月 10 日，東三省總督徐世昌與吉林巡撫陳昭常發布公告，宣布解散該會，將吉林省地方自治事宜改歸諮議局籌辦處一併籌辦，並收小規模，改為吉林府自治局，擬先從吉林一府試辦。[41]

2. 廣東粵商自治會

粵商自治會是廣東商人自行組織的立憲團體。1907 年冬，在兩廣人民開展反對英國攫奪西江緝捕權的鬥爭中，商人陳惠普等決定成立自治組織，「冠以粵商名號」，即粵商自治會。粵商自治會主要由廣東的商業和金融業資本家組成，其重要代表人物有陳惠普、李戒欺、陳基建、黃景棠等。粵商自治會成立時宣稱：「本會遵旨預備立憲，先與同胞謀自治，將以研究內政、外交之得失，發為議論，供朝廷採擇；調查工商實業之利弊，力為整頓，以謀地方公益。」在籌辦憲政方面，粵商自治會自籌經費辦起了自治研究所，並協助一些城鎮設立自治會，推動了廣東地方自治的開展。與此同時，粵商自治會還積極參與 1908 年的國會請願運動。1909 年，廣東諮議局成立，粵商自治會的成員幾乎被全部排除在諮議局之外，但是粵商自治會還是以民間團體的形式積極提出議案，努力參與諮議局的一些活動，對推動廣東憲政改革運動的發展起了重要的作用。[42]

3. 貴州自治學社與憲政預備會

貴州較早的重要立憲團體為自治學社，由張百麟等人於 1907 年底創辦。自治學社發行《自治學社雜誌》作為其輿論機關，其社章標榜「以預備立憲、催促立憲為宗旨」。起初，自治學社完全是一個立憲團體；1908 年秋以後，自治學社逐漸轉向革命；1910 年以後，自治學社終於捲入革命的洪流，成為

---

41 〈自治會移民政司吉林省地方自治沿革錄〉、〈吉林地方自治會監督、會長、參議、職員銜名一覽表〉、〈總督徐世昌、巡撫陳昭常為吉林自治會歸併諮議局籌辦處收小規模改為吉林府自治局布告〉，吉林省檔案館、吉林省社會科學院歷史所編《清代吉林檔案史料選編・辛亥革命》，內部發行本，1981，第 106—108、122—123、132—133 頁。

42 以上關於粵商自治會的情況，主要參見邱捷〈辛亥革命時期的粵商自治會〉，《紀念辛亥革命七十周年青年學術討論會論文選》下冊，中華書局，1983，第 373—400 頁。

革命團體。[43]

　　在自治學社逐漸轉向革命的時候，貴州立憲派開始籌設新的立憲團體——憲政預備會。貴州憲政預備會在貴州教育會的基礎上產生，任可澄為會長，陳廷棻為副會長，其會務實際上由教育會會長唐爾鏞控制。1909 年 11 月 28 日，貴州憲政預備會正式召開成立大會。會上，任可澄宣稱「本會以預備憲政為範圍」，具體分調查、著譯、演說、研究四部。[44] 該會還辦有法政學堂，並出版有《黔報》和《貴州公報》，以鼓吹立憲。

　　4. 湖北憲政籌備會

　　湖北憲政籌備會附設於湖北教育總會。1909 年 5 月 20 日，湖北憲政籌備會開會選舉職員，學界、紳界有資望者 80 餘人與會。會上選舉姚晉圻為會長，李哲明為副會長。[45] 湖北憲政籌備會的實際領導人是著名立憲派人物湯化龍與張國淦，正是在他們的領導下，湖北立憲派團聚於憲政籌備會，積極參加國會請願運動，成為全國憲政改革運動的重要力量。

　　5. 福建政與會

　　福建政與會成立於 1909 年 12 月，其主義標榜「專以輔佐地方自治之不逮，並為諮議局機關之助」。[46] 政與會主理幹事為林長民、劉崇佑、陳之麟，評議員為高登鯉、黃乃裳、林輅存等人，均是諮議局的重要成員。福建政與會是與諮議局等憲政機構關係密切的重要立憲團體。

　　另外，還出現了許多以一府、一州、一縣或一個城市為單位的規模更小的地方性立憲團體，如揚州的法政研究會、天津的自治期成會、常熟的地方自治會、汕頭的自治研究社等。還有一些立憲團體是專為某一項特定的憲政目標而結成的，如國會期成會、國會請願同志會、諮議局研究會、地方自治研究會等。京城與駐防八旗士民也成立了自己的立憲團體，如北京的八旗憲政會、杭州的杭乍兩防旗人自治會等。在立憲運動之中，由於各種政治團體的創設，立憲派逐漸聚合成一個獨立而成熟的政治派別。同時，正是由於國內外各個立

43　參見張恆平、陳世和〈試論貴州自治學社的性質〉，《紀念辛亥革命七十周年青年學術討論會論文選》下冊，第 447—462 頁。

44　〈貴州發起憲政預備會大會紀詳〉，《申報》1909 年 12 月 30 日。

45　〈湖北憲政籌備會選舉職員紀事〉，《時報》1909 年 5 月 21 日。

46　〈閩省設立政與會之宗旨〉，《申報》1909 年 12 月 25 日。

憲團體之間不斷的聯合活動，各地立憲派逐步實現了全國性的聯合，並將全國立憲運動推向新的高潮。

三、立憲派參與議政

立憲派作為傳統官僚體制之外的民間政治勢力，在清末預備立憲時期參與議政的場所主要有諮議局、各省諮議局聯合會和資政院。在這些省區與全國性的議政場所，立憲派突破了傳統的官僚政治體制，針對各省地方甚至國家政策走向與政治運作，充分表達了民間政治勢力的政治訴求。這是近代民主政治在清末的初步嘗試。

立憲派在諮議局中的議政

諮議局是省議會的基礎。1909年10月14日（宣統元年九月初一日），除新疆因故緩辦外，全國21個省諮議局同時宣布成立。各省諮議局成立後，便成為立憲派議政的重要場所。許多著名的立憲派領袖人物如張謇、湯化龍、譚延闓、陳黻宸、梁善濟、吳景濂、蒲殿俊、羅綸等被選為諮議局正副議長，正是在他們的領導之下，立憲派在諮議局中的議政活動頗為活躍。

《諮議局章程》規定，諮議局會議分常年會與臨時會兩種：常年會每年召開一次，會期為40天，自農曆九月初一日至十月十一日，如有必要，可延長10天；臨時會遇有緊要事件臨時召開，會期為20天。諮議局所議議案有三類：一是各省督撫提出交議的議案，二是諮議局議員自行提議的議案，三是自治會或人民陳請的議案。

在第一屆常年會上，各省諮議局都收到了很多議案，議員議政熱情極高，議決了不少重要的議案。據《東方雜誌》記載，江蘇諮議局收集議案184件，其中督撫交議案15件，議員提議案98件，人民請議案71件。結果是：已經決議案109件，包括督撫交議案15件，議員提議案88件，人民請議案26件；議而未決案20件，包括議員提議案16件，人民請議案4件；未及提議案13件，包括議員提議案10件，人民請議案3件；另外，人民請議案中尚有37件被廢棄或留作備考，有5件未及審查。[47] 雖然因為會期有限，諮議局議決的主要是督撫交議案和議員提議案，尚有一些議員提議案尤其是大量人民請議案未及

47　〈各省諮議局議案記略〉，《東方雜誌》第6年第13期，1909年。

開議，但是從議員提議案和人民請議案都有較大數量甚至遠遠超過督撫交議案的事實來看，立憲派與一般民眾的參政議政熱情是很高的。

各局議案的內容可以吉林諮議局為例。吉林諮議局共議決 28 案，大致可以分為八類：（1）關於民政者 5 案，即督撫提議的籌劃巡警經費案和改營業稅為附加稅以充地方自治經費案，諮議局提議的鄉巡利弊案、速辦城鎮鄉自治選舉案和變通自治研究所辦法案。（2）關於財政者 6 案，即督撫提議的募集公債整頓幣制案，諮議局提議的稅契減輕案、租賦弊端案、裁減稅卡釐剔弊端案、牲畜稅盡數提解案和不認長農新加車捐案。（3）關於學務者 6 案，即督撫提議的設立簡易識字學塾案、設立實業教員講習所案、推廣初等小學案、整頓學務餉捐案和劃一提充學款章程案，諮議局提議的學業利弊案。（4）關於實業者 2 案，即督撫提議的設立農會案，諮議局提議的礦產興廢案。（5）關於交涉者 1 案，即諮議局提議的質問外交失敗案。（6）關於軍政者 2 案，即諮議局提議的籌設製造軍械局案和整頓軍務以清盜源案。（7）關於地方政治者 3 案，即諮議局提議的興革依蘭府一帶地方利弊案、指陳新城府金守酷刑違法案和指陳樺甸縣李違法徇私案。（8）其他 3 案，即諮議局提議的保路會善後辦法案、學生祖國光借款留學案和議員回籍調查案。[48] 可見，各省諮議局的議案具體涉及本省政治、經濟、軍事、文化教育、社會生活等多方面的實際問題，結合省情參議省政，「要皆按諸地方情形，切中當時利弊」，[49] 真正起到了為各省地方政治獻計獻策的積極作用。

各省諮議局第一屆常年會大體進行得較為順利。東三省總督錫良在奏報奉天諮議局會議情形時說：「此次呈定議案，類多切中時勢，有益地方；即會議期內，俱能秩序井然，恪誠任事。」[50] 英國《泰晤士報》駐北京記者莫理循（G. E. Morrison）也「高度評價」了在太原和西安親眼看到的山西和陝西兩省諮議局情形。他以記者敏銳的目光觀察到，在諮議局會議上，「代表們那樣從容不迫地履行自己的職責，那樣有秩序地討論議題」。其結論是：「試辦諮議

48　〈各省諮議局議案記略〉，《東方雜誌》第 6 年第 13 期，1909 年。
49　〈浙江巡撫增韞奏浙江諮議局開會始末並議案大略摺〉，故宮博物院明清檔案部編《清末籌備立憲檔案史料》下冊，中華書局，1979，第 705 頁。
50　〈奉省諮議局開會閉會暨會議情形摺〉，中國科學院歷史研究所第三所主編《錫良遺稿・奏稿》第 2 冊，中華書局，1959，第 1043 頁。

局顯然是個成功。」[51]

　　儘管如此，各省諮議局第一屆常年會並非盡善盡美，事實上也有許多不盡如人意之處。如吉林諮議局因提議「質問外交失敗案」而與巡撫陳昭常發生衝突，貴州諮議局所提議案「或有理論而無方法，或已表決而復修正，混淆牴牾，棼然相亂」。[52] 當然，在立憲派第一次參政議政的實踐中存在一些問題是不可避免的。

　　1910 年 10 月 3 日，各省諮議局第二屆常年會如期召開。在此常年會上，各省諮議局又議決了許多重要議案。例如，四川諮議局會期 50 天，開正式會議 20 次，通過議決案 30 餘件，如請代奏速開國會案、以地方公產籌設各府廳州縣殖業銀行案、法令公布規則案、整頓全省學務案、請飭審理詞訟衙門張貼判決書案等。據《蜀報》記載，在議決糾舉巡警道違法案當天，「旁聽八百餘人。議員根據法理，不屈不撓，旁聽席眉飛色舞，至日暮猶不去。吁！民氣蹟跼久矣。萬頭攢動，侃侃直言，無惑乎令人神往也。」[53]

　　各省諮議局第二屆常年會大都能吸取第一屆會議的經驗教訓，因而開得更有成效。如貴州諮議局便因事先準備充分而取得了較好的效果，「自治黨鑒於往歲之覆車，先期開議案預備會，從事研究，議員亦益明習政事，熟練程序。第二屆常會以全力爭預算案，於地方經費大有減削。又通過龔文柱改良水手方法案，以法律形式促巡撫公布，輿論翕然稱之。」[54]

　　在第二屆常年會上，有不少省分發生了諮議局與地方督撫之間因權力關係的矛盾衝突。據《東方雜誌》記載，浙江諮議局因浙路事陳請巡撫增韞代奏收回成命而停議待旨，增韞多次勸告諮議局開議，但議員始終不從，堅持要求增韞先行擬電代奏，雙方僵持達一個月之久。湖南諮議局因巡撫楊文鼎舉辦公債未經交局議決而擅自奏准發行，以為侵權違法，故電請資政院核辦。廣東諮議局提出定期禁賭議案，要求兩廣總督袁樹勛在三日內電奏清廷，宣布廣東

51　〔英〕喬・厄・莫理循：〈致瓦・姬樂爾〉，〔澳〕駱惠敏編《清末民初政情內幕—《泰晤士報》駐北京記者袁世凱顧問喬・厄・莫理循書信集》上卷，劉桂梁等譯，知識出版社，1986，第 641—643 頁。
52　周素園：〈貴州民黨痛史〉，《辛亥革命》第 6 冊，第 437 頁。
53　〈四川諮議局宣統二年九月常年會紀略〉，隗瀛濤、趙清主編《四川辛亥革命史料》上冊，四川人民出版社，1981，第 152 頁。
54　周素園：〈貴州民黨痛史〉，《辛亥革命》第 6 冊，第 437—438 頁。

賭博一律禁絕期限，否則停議力爭，甚至全體辭職。袁樹勛以尚未確定籌抵賭餉辦法為由而表示不便即行電奏，議員當即實行停議，最後迫使袁樹勛不得不據情電奏，議員始照常開議。福建諮議局因閩浙總督拒不交復預算案之歲入，決定全體罷議。順直（直隸）諮議局因直隸總督陳夔龍奏請續募公債，曾提出質問書，質問所辦公債是作為地方公益之用還是充當行政經費之用，但陳夔龍不予理睬，於是諮議局在第二屆常年會閉會之後又召開臨時會，特提出「陳總督侵權違法案」，呈請資政院核辦。[55]

　　各省諮議局第二屆常年會上爭議最多的是關於預算案問題。按《九年籌備立憲清單》規定，1910 年應試辦各省預算。據《諮議局章程》規定，各省預算案必須由督撫提出並交諮議局議決。但是，諮議局第二屆常年會召開後，各省督撫或遲遲不提交預算案，或所交預算案中僅有歲出而沒有歲入，致使諮議局無法開議。各省諮議局一面質問督撫，一面致電度支部和資政院，以求妥善解決，然迄閉會而無結果。於是，各省諮議局遂紛紛召開臨時會議決預算案。在此過程中，諮議局與督撫及官府的矛盾衝突仍然無法避免。例如，四川諮議局為了做好議決預算工作，特派議員分別到省城附近各局、所、學堂、工廠參觀調查，以資印證，竟被官府藉故拒絕阻難。[56] 再如，江蘇諮議局議決兩江總督張人駿提交之宣統三年寧屬預算案，「其中增減數目各學堂經費有以百分裁去四十餘分者，有裁去百分之數分者，有同等學堂用數本多而減數甚微者，有用數本少而減數甚巨者，實無劃一辦法」。張人駿對此頗為不滿，不予公布施行。江蘇諮議局議長張謇與副議長及常駐議員全體辭職。隨後，江蘇紳商成立預算維持會，聲援諮議局。資政院江蘇籍議員通過總裁向內閣提出公呈，要求妥善解決江蘇預算案。在各方面壓力之下，張人駿最後公布了預算案。雖然較之局議尚多出入，但張謇等為顧全大局，表示接受。[57]

　　立憲派在各省諮議局兩屆常年會上的議政活動，是中國政治現代化過程中地方民主政治的初步嘗試。

55　問天：〈宣統二年九月中國大事記〉、〈續記各省諮議局與行政官爭執事〉、〈三記各省諮議局與行政官爭執事〉，《東方雜誌》第 7 年第 10、11、12 期，1910 年。
56　〈議員無參觀之權利〉，隗瀛濤、趙清主編《四川辛亥革命史料》上冊，第 191 頁。
57　〈江蘇諮議局議長張謇辭職書〉、〈江蘇諮議局復預算維持會函〉，《張謇全集》第 1 卷，第 160—161、173 頁。

立憲派在各省諮議局聯合會中的聯合議政

各省諮議局的設立為立憲派提供了重要的議政場所，但與此同時，也相應地限制了立憲派的議政範圍。諮議局以省為單位，使得立憲派所議之政不得不局限於一省之內。事實上，許多問題本身已超越省區界限，並不是一省之力所能解決的。因此，立憲派在諮議局議政的過程中業已產生聯合起來的需要。尤其是在全國性的國會請願運動中，各省諮議局代表通過相互接觸與聯合行動，更加感到有組織一個超越省區界限的統一機構的必要，以「會議關於牽涉各省之議案，以謀一致」。[58] 於是，各省諮議局聯合會（又稱直省諮議局議員聯合會）便應運而生。

1910 年 8 月 10 日，各省諮議局聯合會在北京成立。其章程規定，聯合會由各省諮議局遣派的議員組成，各局選出的資政院議員也可遣派為會員。聯合會議事範圍有三：一是各省諮議局共通利害之事；二是資政院提案預備之事；三是關於本會章程及其他種規則之事。議案分三種：一為聯合會共同提出之議案；二為各省諮議局提出之議案；三為到會會員臨時提出之議案。各種議案一經決議，各省諮議局應採取一致行動。聯合會每年農曆六月在北京開會一次。「本會開會之日為成立，閉會之日為終止。」[59] 可見，各省諮議局聯合會沒有常設的組織機構，並不是一個固定的政治結社，其實只是一個供各省諮議局議員聯合議政的臨時性機構。

8 月 12 日，各省諮議局聯合會舉行第一次正式會議。會上選舉湯化龍為主席，蒲殿俊為副主席。直到 9 月 7 日閉會，共開會 13 次。在這屆諮議局聯合會的 13 次會議中，各省議員代表共提出議案 46 件，最後議決議案 14 件，其中 5 件是關於改變鹽法、裁撤釐捐、禁絕鴉片、保護商辦鐵路、廢除學堂以科舉名稱獎勵畢業生的問題，另外 9 件都是關於政治的問題。陳請提議請速開國會案主張速開國會。陳請申明資政院立法範圍提議案申明正式議院成立以前資政院具有完全立法性質，預備立憲以來頒布的法律法令都應由資政院審查，憲政編查館不得侵犯其權限。請根據章程確定權限解釋公呈案、陳請更正諮議局文書體式建議案、陳請解決諮議局辦理困難情形案、歷陳諮議局困難

58　心史：〈憲政篇〉，《東方雜誌》第 6 年第 13 期，1909 年。
59　〈直省諮議局議員聯合會章程〉、〈直省諮議局聯合會臨時辦事處規則〉、〈直省諮議局聯合會議事規則〉，《時報》1910 年 8 月 19 日。

請變通辦法案旨在確立諮議局的地位與權限，不滿意憲政編查館對諮議局章程的解釋及有關諮議局文書格式的規定，要求資政院予以糾正。陳請建議速定官制提前實行案建議資政院議決責任內閣官制草案，於開會期間奏請施行。陳請修改結社集會律案要求資政院修改《結社集會律》有關人民自由結社集會的限制性條文，如禁止學堂教員結社集會，政治結社以 100 人為限，政論集會以 200 人為限等條文，必須刪除。[60] 這些議案由各省諮議局聯合會準備提交即將正式成立的資政院議決，這是立憲派在各省諮議局聯合會集體議政的結果，反映了全國立憲派的共同呼聲。

對於各省諮議局第二屆常年會上爭議最多的預算案，各省諮議局聯合會事先探聞到度支部以本年尚在預算期內而要督撫不必提交諮議局議決的消息，特別討論了對待方法，通告各省諮議局。其具體方法是：（1）如果督撫不提交預算案，諮議局應一面詰問督撫，一面致電資政院，要求其確實速覆。如果是奉旨不交，則各局當互相電告，皆致電資政院力爭，不達目的，同時停議。（2）預算內容如果只有出入總表而無分表，或只有歲出經費而無歲入款目，應同時交還督撫，並致電資政院請求更正，不達目的，同時停議。（3）其他情況，如預算案之歲入類不分別國家稅、地方稅，而僅以一部分之歲入作為地方行政經費，應將歲出各經費削減，如督撫不准，則致電資政院爭之。[61] 由此可見，各省諮議局聯合會未雨綢繆，為各省諮議局與地方督撫爭執預算案事先做了充分的準備。

在資政院開院以前，各省諮議局聯合會的成立，為全國立憲派提供了聯合議政的場所，這對於加強各省立憲派的聯繫，協調各省立憲派的行動，共同推動立憲運動的發展，都有重要的積極意義。

立憲派在資政院中的議政

資政院的成立，為立憲派提供了又一個議政場所。資政院由欽選議員和民選議員組成，兩者數量各半，但就憲政知識與政治活動能量而言，後者遠勝前者。欽選議員除少數是從各部院推選的年輕官員而有所表現外，大多數是年

60　各省諮議局聯合會議案的詳細內容見〈直省諮議局議員聯合會報告書·議決案彙錄〉，
　　參見侯宜傑《二十世紀初中國政治改革風潮—清末立憲運動史》，第 295—296 頁。
61　〈中國紀事·諮議局聯合會對於各省督撫不交預算案之準備〉，《國風報》第 1 年第 25 期，
　　1910 年。

邁庸碌的貴族和官僚，他們在資政院中並無積極的表現。民選議員則都是各省諮議局的重要議員，大都是立憲派的骨幹分子，他們在資政院中表現得頗為活躍。資政院雖然不是正式國會，只是預立國會的基礎，但時人仍然對之寄予很高的期望。如《申報》所云：「宣達輿情，規劃憲政，盡監督之責任，樹國會之先聲。」[62] 又如《盛京時報》所謂：「資政院固代表輿論之最高機關也。」[63] 時論如此，立憲派當然也把資政院當作議政的舞臺。

立憲派在資政院的議政活動主要表現在積極參加資政院會議上。《資政院章程》規定，資政院會議分常年會與臨時會兩種：常年會每年召開一次，會期三個月，自農曆九月初一日至十二月初一日，如有必要可延長會期一個月；臨時會遇有緊要事件臨時召開，由行政各衙門或總裁、副總裁之協議，或議員過半數之陳請，均得奏明奉特旨召集。

1910 年 9 月 23 日，資政院第一次召集議員，宣布正式成立。總裁溥倫、副總裁沈家本為正、副議長。10 月 3 日，資政院召開第一次常年會開會典禮。典禮異常隆重，監國攝政王、軍機大臣、大學士、各部尚書均親蒞議場。10 月 4 日，資政院第一次常年會正式開會議事。這次常年會按院章規定會期為三個月，後因議事未完而延期 10 天，到 1911 年 1 月 11 日閉會，其間共開議事會 39 次。會議接收並議決了許多議案，這些議案主要有政府交議、議員提議和諮議局請議三類，另有團體或人民陳請的議案，具體涉及政治、經濟、法律、外交、文化教育與社會生活等各個方面，如速開國會案、速設責任內閣案、速立官制提前實行案、彈劾軍機大臣案、資政院立法範圍案、諮議局困難案、統一國庫章程案、裁釐加稅案、商辦鐵路非經國會協贊不得收為國有案、地方學務章程案、停止學堂獎勵明定學位以正教育宗旨案、大清新刑律案、修正結社集會律案、赦免國事犯案、著作權律案、報律案、改用陽曆案、禁煙案、剪髮易服案等等。下面簡要介紹幾個重要議案議決的基本情形。

1. 速開國會案

資政院開議之時，正值國會請願運動高潮，請願代表與各省諮議局聯合會向資政院呈遞了陳請速開國會的說帖，在立憲派議員的促動下，議決速開國

62　〈本館同人獻言〉，《申報》1910 年 10 月 3 日。
63　〈敬祝資政院之前途〉，《盛京時報》1910 年 10 月 4 日。

會案遂被提上資政院的議事日程。10 月 17 日，議員易宗夔首先提出了應該先行討論作為「根本上的問題」的速開國會案。議員黃毓棠、于邦華、劉榮勛等人也認為資政院應該討論速開國會這樣的最緊要的「重大議案」，不要討論那些無價值的問題，白白浪費議員們的「黃金時間」。[64] 10 月 22 日，資政院開議陳請速開國會議案。議員羅傑首先發言，對此案提出三點意見：「一、此案不決，諸案均不能決，要求本院議員全體贊成通過；二、要求議長從速上奏；三、要求到院政府及特派員暨我國有氣力之人，設法使攝政王見信即允速開。」隨後議員江辛、牟琳、于邦華、陶鎔相繼發言，均表示贊成，要求即行表決。當副議長沈家本宣布如有贊成請開國會者起立時，出席此次會議的 141 名議員全體「應聲矗立，鼓掌如雷」，並齊聲三呼：「大清帝國萬歲！大清帝國皇帝陛下萬歲！大清帝國立憲政體萬歲！」全場震動。[65] 10 月 26 日，資政院到會 171 名議員一致通過了陳請速開國會具奏案。議員易宗夔、李榘、于邦華、許鼎霖等人要求議長溥倫「從速具奏」，並在面奏時「極力陳說」各方面請速開國會的熱情，以促成皇上早日允准，得到溥倫的允諾。[66] 隨後，資政院具奏。11 月 4 日，清廷諭令改為宣統五年（1913）召開國會。此舉雖然比原定計劃提前了三年，但立憲派仍感不滿，要求「再具議案，請求即開」。[67] 後來，速開國會案終於因為清廷對國會請願運動的壓制而再沒有進展。

2. 彈劾軍機大臣案

彈劾軍機大臣案起因於資政院核議各省諮議局與督撫爭執的議案。在各省諮議局第二屆常年會上，湖南諮議局與湖南巡撫就發行公債案發生爭執，雲南諮議局與雲貴總督就鹽斤加價案爭執，廣西諮議局與廣西巡撫就限制外籍學生案爭執，均請資政院核辦。資政院支持諮議局，迅速議決請旨辦理，但由軍機大臣草擬並副署的清廷諭旨卻把資政院議決上奏之案再交有關行政衙門議奏。資政院議員異常憤慨，認為「本院決議上奏之案，乃交行政衙門議奏，是以行政機關蹂躪立法機關之獨立，實為侵奪資政院權限」，紛紛主張「根據院章，彈劾擬旨之軍機大臣」。[68] 11 月 22 日，資政院會議以絕對多數通過了

64　《資政院第一次常年會第七號議場速記錄》，宣統二年九月十五日。
65　《資政院第一次常年會第九號議場速記錄》，宣統二年九月二十日。
66　《資政院第一次常年會第十號議場速記錄》，宣統二年九月二十四日。
67　《資政院第一次常年會第十四號議場速記錄》，宣統二年十月初六日。
68　〈資政院開院後續聞〉，《東方雜誌》第 7 年第 11 期，1910 年。

彈劾軍機大臣案。12 月 18 日，資政院正式具摺上奏，指責軍機大臣只知保持
祿位，而根本沒有負起其應負的責任，主張迅速成立責任內閣。當天，軍機大
臣也奏請全體辭職。清廷同時發布兩道諭旨：一面挽留軍機大臣；一面斥責資
政院。[69] 12 月 19 日，在資政院會議上，議員們對兩道上諭頗為不滿，主張再
行彈劾軍機大臣。議員們紛紛發言，有的主張彈劾軍機大臣機關，有的主張彈
劾軍機大臣個人，有的主張仍請明定軍機大臣之責任，有的主張全體辭職或請
旨解散資政院，最後以多數表決通過具奏明定軍機大臣責任案。[70] 24 日，資
政院會議通過了修正後的請速設責任內閣摺稿。[71] 顯然，資政院悄然調整了鬥
爭策略，撇開了彈劾軍機大臣的責任問題，而直接提出速設責任內閣。不料，
資政院尚未上奏，清廷就採取了先發制人的舉措。25 日，清廷諭令憲政編查
館速擬內閣官制具奏，使資政院的奏摺失去了上奏的意義。26 日，資政院以
多數表決通過了撤銷速設責任內閣摺稿。[72] 30 日，資政院會議再次通過了彈
劾軍機大臣摺稿。摺稿以「樞臣失職，不勝輔弼之任」為由，認為「該大臣等
素工趨避，不知仰體宸衷，甚且陰恃為保障之資，益弛其輔弼之責，不特於臣
院有進行之阻礙，或更至憲政有根本之動搖」。[73] 次日上奏，結果留中不發，
所謂彈劾軍機大臣案終於石沉大海，湮沒無聞。

　　3. 開釋黨禁案

　　開釋黨禁案主要是赦免康有為、梁啟超等戊戌黨人，同時兼及孫中山等
革命黨人。資政院討論開釋黨禁案與康梁的運動密切相關。12 月 15 日，在資
政院會議上，議員提議請昭雪戊戌冤獄案和請赦國事犯罪人員具奏案，會議表
決通過交特任股員一併審查。[74] 12 月 21 日，有各省人民代表河南舉人王敬芳
等和直隸王法勤等向資政院呈遞陳請開釋黨禁說帖，資政院也交審查請赦國事

69　金毓黻輯《宣統政紀》卷 29，中華書局，1986，第 10—11 頁。
70　〈第二十五次會議記事〉，《資政院第一次常年會議事錄》第 27 號，宣統二年十一月十八
　　日。
71　〈第二十七次會議記事〉，《資政院第一次常年會議事錄》第 29 號，宣統二年十一月
　　二十三日。
72　〈第二十八次會議記事〉，《資政院第一次常年會議事錄》第 30 號，宣統二年十一月
　　二十五日。
73　〈第三十一次會議記事〉，《資政院第一次常年會議事錄》第 33 號，宣統二年十一月
　　二十九日。
74　〈第二十四次會議記事〉，《資政院第一次常年會議事錄》第 26 號，宣統二年十一月十四
　　日。

犯罪人員具奏案之特任股員一併審查。[75] 1911 年 1 月 3 日，資政院會議以多數表決通過了請赦國事犯罪人員具奏案。會上，議員長福受特任股員長莊親王委託，說明了審查的具體情形，認為赦免問題須分兩層辦理，包括戊戌黨人和革命黨人：戊戌黨人「從前雖為有罪之人，到立憲時代宗旨與政策相同，便變無罪之人，應請恩赦」；革命黨人「其行為雖可誅，其用心已可憫」，如不恩赦，「或激起激烈手段，要亦非中國之福」，故主張「一併恩赦」。隨後，羅傑、雷奮、易宗夔等相繼發言，大都建議將戊戌黨人和革命黨人「一體特赦」。[76] 1 月 10 日，資政院第一次常年會最後一次議事會通過了昭雪戊戌冤獄摺稿和請赦戊戌獲罪人員摺稿並上奏朝廷。[77] 但是清廷未予理睬。直到武昌起義後，立憲派在資政院第二次常年會再次提出此案，監國攝政王載灃迫於各方壓力，才正式下詔赦免黨人。

4. 各省諮議局與地方督撫相爭執的議案

為了核議各省諮議局陳請的議案，資政院特別設立了「審查各省諮議局關係事件特任股員」，由議長指定 18 名議員充任。[78] 他們專門負責審查有關議案，然後向會議提供審查情況報告，以供議員議決。在各省諮議局第二次常年會上，發生了許多諮議局與督撫爭執的事件，一般情況都是陳請資政院核議。事實上，資政院第一次常年會也處理了不少這樣的議案，如第一次議事會討論的第一個議案就是廣西諮議局與巡撫張鳴岐爭議的全省禁煙案，其他如湖南公債案，雲南鹽斤加價案，廣西限制外籍學生案等，都經過了資政院會議的核議。其中，各省普遍存在的諮議局與督撫爭議的預算案問題，也是此次資政院常年會議決的重要議案。

總之，資政院第一次常年會為立憲派提供了重要的議政舞臺，立憲派也相應地發揮了自己的議政才能，議決了不少重要的議案。結果也許並不令人樂觀，由於強大的專制勢力的存在，立憲派所議決的某些議案並沒有取得應有的效力，這是中國早期政治現代化過程中不可避免的現象。認識到這一點，

---

75 〈第二十六次會議記事〉，《資政院第一次常年會議事錄》第 28 號，宣統二年十一月二十日。

76 《資政院第一次常年會第三十四號議場速記錄》，宣統二年十二月初三日。

77 〈第三十九次會議記事〉，《資政院第一次常年會議事錄》第 41 號，宣統二年十二月初十日。

78 《資政院第一次常年會第九號議場速記錄》，宣統二年九月二十日。

就必須承認，立憲派議政活動的經驗與教訓為近代中國政治民主化提供了有益的啟示。

四、國會請願風潮

清政府在頒布《九年籌備立憲清單》後，希望照單進行預備立憲。按照這個清單，清政府將要進行九年的「預備」工作，之後方能召開國會。這與立憲派的要求有很大的差距，立憲派一般希望在兩三年內即開國會。因此，雖然清政府設立了作為「議院之基礎」的諮議局和資政院，但這並不能滿足立憲派的願望。「國民知諮議局之見厄於政府，資政院又為非驢非馬之議會，俱不可恃，因有聯合請願國會之舉。」[79] 1910 年，以各省諮議局為中心，在立憲派的領導下，先後多次發動了全國性的國會請願運動，要求速開國會。國會問題一時成為全國輿論的焦點。立憲派始終致力於開國會運動，其根本的目的就是試圖打開專制政治體制的缺口，以國會與責任內閣的形式分享國家政權。實行國會制度與建立責任政府，是立憲派從事立憲運動的理想追求。

第一、二次國會請願的失敗

第一次國會請願運動醞釀於 1909 年 10 月各省諮議局成立之際，具體發起人為江蘇諮議局議長張謇。當時，張謇與江蘇巡撫瑞澂及立憲派骨幹分子雷奮、楊廷棟、孟昭常、許鼎霖商議，議定由瑞澂聯合各省督撫請速組織責任內閣，由張謇聯合各省諮議局請速開國會，並派楊廷棟、方還、孟昭常三人分途前往各省進行具體的聯絡工作。[80] 與此同時，張謇還發表〈請速開國會建設責任內閣以圖補救意見書〉，以為輿論鼓吹，認為國勢危急，救急之法，惟有請明降諭旨，定以宣統三年召集國會。[81]

經過一個多月的多方聯絡，各省代表陸續抵達上海，會議確定請願大旨。1910 年 1 月，各省請願代表團到達北京，並於 16 日向都察院呈遞了由孫洪伊領銜的請願書。請願書明確地以「速開國會」為主旨，首先從內政與外交兩方面說明開國會「一日而不可緩」，然後進一步尖銳地指出國會關係到大清王朝的安危問題，「有國會，則與之對待之責任內閣始能成立。國會有議政之權，

79　心史：〈憲政篇〉，《東方雜誌》第 6 年第 13 期，1909 年。
80　〈日記〉，《張謇全集》第 6 卷，第 625 頁。
81　〈請速開國會建設責任內閣以圖補救意見書〉，《張謇全集》第 1 卷，第 135 頁。

然後內閣得盡其職務；內閣負全國之責，然後皇上益處於尊榮。顯可以末廬助聖主之聰明，隱可以公論消奸人之反側」。因此，他們認為「根本中之根本計，宜速開國會」，最後還籲請「皇上速降諭旨，頒布議院法及選舉法，期以一年之內，召集國會」。[82] 當時，都察院沒有立即代奏。

　　請願代表本欲求見都察院都御史，但未被接見。於是，他們遍謁王公親貴大臣，以求疏通。1 月 21 日，請願代表晉謁軍機處王大臣。慶親王奕劻與那桐「均表贊成之意」。鹿傳霖認為：「既設諮議局，何須復開國會？」雖經代表詳為解釋，但「仍未得要領」。戴鴻慈認為：「各種預備尚未完全，能否速開國會？」經代表解釋後他表示「深以為然」。23 日，請願代表見軍機大臣世續，曉之以理，動之以情，使世續「為之動容」。27 日，請願代表又見滿族親貴。肅親王善耆、貝子溥倫、鎮國公載澤「均辭不見」；貝勒載濤「言極望國會早開，庶幾可挽危局」；貝勒毓朗「言定當竭力相助」。28 日，請願代表再見資政院總裁、貝子溥倫，溥倫雖然認為「資政院與國會無異，何必急開國會」，但又表示「如果奉旨准開國會，我亦甚願」。與此同時，直隸總督陳夔龍、兩廣總督袁樹勛與奉天、吉林、山東等省巡撫，以及出使各國大臣均致電政府，「請俯從輿論，速開國會」。御史江春霖特上專摺「奏請縮短國會年限，詞極懇切」。甚至旗籍人民也「聯合同志，公舉代表，赴都察院呈請代奏速開國會」。[83] 在這種情況下，都察院只好將各省代表與旗民的請願書一同上奏。30 日，清廷發布上諭，對於國會請願予以委婉的拒絕，仍然堅持九年預備立憲期限不變。至此，第一次國會請願失敗。

　　國會請願代表對這次請願的失敗早有心理準備。2 月 6 日，在京國會請願代表議決善後辦法：（1）繼續進行第二次請願，請願代表或留京活動，或回省分頭運動；（2）組織請願即開國會同志會，在各省儘快設立分會；（3）開設報館，創辦日報；（4）設立各省諮議局聯合會。7 日，請願即開國會同志會在京開會議決，暫以京師代表團為開會總部，並致電各省紳商學團體，要求各省從速成立分會，選舉代表進京，再上請願書。此舉得到各省學會、商會的積極支持。與此同時，黎宗岳、陳佐清等人還在京城組織國會期成會，

82　〈都察院代遞孫洪伊等籲懇速開國會呈〉，《東方雜誌》第 7 年第 1 期，1910 年。
83　問天：〈宣統元年十二月中國大事記〉，《東方雜誌》第 7 年第 1 期，1910 年。

以為請願即開國會同志會的後援會。[84]

5月底6月初，經過幾個月的聯絡與發動，各省商會、學會等團體或紳民請願代表陸續進京，海外華僑請願代表也專程回國，舉行第二次請願的時機逐漸成熟。這次進京請願代表總計約有150人，參加請願簽名者達30萬人，規模遠遠超過第一次。

6月16日，進京請願代表齊集都察院，共呈遞10份請願書。各團體代表及其領銜人如下：直省諮議局議員代表孫洪伊、各省商會代表沈懋昭、江蘇商務總會代表杭祖良、南洋雪蘭莪二十六埠中華總商會代表及澳洲華僑代表陸乃翔、直省教育會代表雷奮、江蘇教育總會代表姚文枬、各省政治團體代表余德元、直省紳民及旗籍紳民代表李長生與文耀、東三省紳民代表喬占九。[85] 各份請願書側重點不同，實際上是從多方面論證了速開國會的必要性與可能性，基本結論都是主張在一年之內召開國會。

隨後，各團體請願代表還上書攝政王載灃。一方面，痛切地指出，在此內憂外患國勢危急之時，只有開國會才是「弭亂救亡之策」；另一方面，痛斥阻撓速開國會的大臣「皆自全軀命保祿位之臣，憚於改革而或不利於身家者」，「直為戊戌、庚子新政罪人之續，而為國家萬年根本之蠹」。[86] 與此同時，各團體請願代表又集體上書政府，更加沉痛地說明，如果不能速開國會，則政府機構就將無法正常運作，因而難以承擔弭亂救亡的重任，「漢唐元明末造之禍，必將復見於今日」。他們大發警世危言：「與其俟大難已作同遭玉石俱焚之慘，何不及今力持大體，俯順民情，速開國會，以弭亂於無形乎？」[87]

6月21日，都察院將請願書上奏清廷。朝中大臣意見不一，或「力主以嚴旨震嚇，以免嘵嘵不休」，或以為「民心不可失，民怨不可積，仍須婉言對

84　〈記國會請願代表進行之狀況〉，《東方雜誌》第7年第2期，1910年。

85　問天：〈宣統二年五月中國大事記〉，《東方雜誌》第7年第6期，1910年。10份請願書的具體內容見《國會請願代表第二次呈都察院代奏書彙錄》，中國社會科學院近代史研究所圖書館藏刊本。

86　〈各團體國會請願代表上監國攝政王書〉，《國會請願代表第二次呈都察院代奏書彙錄》，第49—50頁。

87　〈請願國會諮議局代表孫洪伊紳民代表李長生東三省紳民代表喬占九旗籍代表文耀教育會代表雷奮江蘇教育會代表姚文枬商會代表沈懋昭上海蘇州商會代表杭祖良政治團體代表余德元南洋暨澳洲華僑代表陸乃翔等公上政府書〉，《國會請願代表第二次呈都察院代奏書彙錄》，第42—48頁。

付，以免釀生意外枝節」。[88] 27 日，攝政王載灃召見會議政務處王大臣，召開御前會議，「各王大臣多謂憲政尚在預備，國會不能驟開，且藉口各省荒災、匪亂，駁阻請願；攝政王深以為然」。[89] 結果，對於第二次國會請願，朝廷採取了比上次更加嚴厲的態度，上諭表示「仍俟九年籌備完全，再行降旨定期召集議院」，並嚴詞申明「毋得再行瀆請」。[90] 第二次國會請願又以失敗告終，但立憲派並不甘心。

第三次國會請願與清政府宣布縮改立憲期限

第二次國會請願失敗以後，各省紛紛致電在京請願代表，鼓勵其繼續請願，希望請願代表「力持上第三次請願書，為民請命勿懈」。[91] 在京請願代表通電各省，表示了繼續請願的堅定決心：「務必再作第三次請願之舉，矢以百折不撓之心，持以萬夫莫拔之力，三續，四續，以至十續，或可有望成功。」[92] 於是，又發動了第三次國會請願運動。為此，在京請願代表會議議決進行辦法：（1）變更請願代表團組織。原來的請願代表團組織以諮議局議員代表為限，現擴大範圍，各界在京代表一律加入。（2）代表團選派專員分往各地遊說聯絡，推廣府、廳、州、縣分會，發表演說，趕辦簽名冊，為請願做切實準備。（3）具體準備第三次請願。[93] 請願代表關於聯絡農工商各界繼續請願的決議得到廣大人民群眾的普遍支持。

10 月 7 日，國會請願代表團開始第三次上書請願活動。當天，在孫洪伊等請願代表整隊出發之際，有奉天旅京學生趙振清、牛廣生等 17 人突然來到，交給請願代表一封信，「力陳國家瓜分在即，東三省土地已先淪亡，非速開國會不能挽救，二次請願國會無效，今第三次請願，勢不能再如前之和平」，表示要「以血購國會」，隨即拔刀「欲剖腹絕命以明心跡」，經代表苦勸未遂，牛、趙二人迅即從自己左腿、右臂割肉一塊，在致代表書上摩擦數遍，慘不忍睹，並高呼「中國萬歲」、「代表諸君萬歲」，拭淚負痛，蹌踉而去。[94] 代表

88　〈國會請願近情種種〉，《時報》1910 年 6 月 26 日。

89　〈專電〉，《時報》1910 年 6 月 28 日。

90　〈仍俟九年預備完全再定期召集議院諭〉，《清末籌備立憲檔案史料》下冊，第 645 頁。

91　〈奉天諮議局致喬郭兩代表電〉，《大公報》1910 年 8 月 10 日。

92　〈國會請願之近狀〉，《東方雜誌》第 7 年第 7 期，1910 年。

93　問天：〈宣統二年五月中國大事記〉，《東方雜誌》第 7 年第 6 期，1910 年。

94　〈嗚呼血淚青年〉，《民立報》1910 年 10 月 14 日。

們頗為感動，帶著全國人民的殷切期望，毅然前往上書監國攝政王。當天因載灃不在府上，上書由肅親王善耆代為轉交。

10月9日，請願代表孫洪伊等又上書資政院，仍然從挽救國勢危亡的角度立論，要求速開國會。請願書認為「今中國非實施憲政，決不足以拯危亡」，而「責任內閣者，憲政之本也；國會者，又其本之本也」，因而請求資政院儘快提議「於宣統三年內召集國會，並請提前議決代奏」。隨後，請願代表又遍謁慶親王奕劻、肅親王善耆、貝勒毓朗、鎮國公載澤、軍機大臣那桐和徐世昌，「力陳國會不可不開之理由，及民人渴望速開國會之情狀，痛哭流涕，王公大臣均為之動容」。[95]

孫洪伊等請願代表上書資政院後，各省諮議局聯合會以及海外華僑代表湯覺頓也相繼向資政院呈遞了陳請書。資政院對此非常重視。10月22日，在民選議員的強烈要求下，資政院提前議決並通過了速開國會議案，隨後便具摺上奏。資政院的行動，是對國會請願運動的極大支持。

第三次國會請願運動與上兩次不同的是，立憲派在這次請願中還發動了廣大人民群眾進行了聲勢浩大的請願遊行。例如，奉天全省20多個城市舉行了集會，各地參加群眾均在1萬人以上，並擬到省城請願，簽名者達30餘萬。[96]另外，地方督撫也參與了請願運動。10月25日，東三省總督錫良、湖廣總督瑞澂、兩廣總督袁樹勛、雲南（貴）總督李經羲、伊犁將軍廣福、察哈爾都統溥良、吉林巡撫陳昭常、黑龍江巡撫周樹模、江蘇巡撫程德全、安徽巡撫朱家寶、山東巡撫孫寶琦、山西巡撫丁寶銓、河南巡撫寶棻、新疆巡撫聯魁、江西巡撫馮汝騤、湖南巡撫楊文鼎、廣西巡撫張鳴岐、貴州巡撫龐鴻書聯名致電軍機處，主張內閣、國會同時設立，請為代奏。他們認為：「內閣、國會，為憲政根本。……捨此則主腦不立，憲政別無著手之方；缺一則輔車無依，閣、會均有踦轍之害。程度不足，官與民共之，不相磨勵，雖百年亦無所進；法律難定，情與俗礙之，互相參考，歷數年可望實行。」因而奏請「立即組織內閣」和「明年開設國會」。[97]這對請願運動更是一個有力的聲援。

在這種情況下，清廷不得不做出一定的讓步，決定縮短預備立憲期限。

95　問天：〈宣統二年十月中國大事記〉，《東方雜誌》第7年第11期，1910年。

96　參見侯宜傑《二十世紀初中國政治改革風潮—清末立憲運動史》，第311頁。

97　問天：〈宣統二年十月中國大事記〉，《東方雜誌》第7年第11期，1910年。

11 月 4 日，清廷發布上諭，宣稱：

> 今者人民代表籲懇既出於至誠，內外臣工強半皆主張急進，民氣奮發，
> 眾論僉同，自必於人民應擔之義務，確有把握，應即俯順臣民之請，用
> 協好惡之公。惟是召集議院以前，應行籌備各大端，事體重要，頭緒
> 紛繁，計非一二年所能蕆事，著縮改於宣統五年，實行開設議院。先
> 將官制釐訂，提前頒布試辦，預即組織內閣。迅速遵照欽定憲法大綱，
> 編訂憲法條款，並將議院法、上下議院議員選舉法，及有關於憲法範圍
> 以內必須提前趕辦事項，均著同時並舉，於召集議院之前，一律完備，
> 奏請欽定頒行，不得少有延誤。總之，決疑定計，惟斷乃成。此次縮
> 定期限，係採取各督撫等奏章，又由王大臣等悉心謀議，請旨定奪，
> 洵屬斟酌妥協，折衷至當，緩之固無可緩，急亦無可再急，應即作為
> 確定年限，一經宣布，萬不能再議更張。[98]

預備立憲的計畫被提前到宣統五年（1913）完成，事實上比原來的九年
籌備計畫縮短了三年。應該說，第三次國會請願雖然沒有達到明年即開國會的
目的，但還是取得了一定的成效。

請願運動的繼續與清政府的壓制

清政府在宣布縮短國會期限的同時，還發布了一道遣散國會請願代表的
上諭，宣布：「現經降旨，以宣統五年為開設議院之期，所有各省代表人等，
著民政部及各省督撫剴切曉諭，令其即日散歸，各安職業，靜候朝廷詳定一
切，次第施行。」[99] 但立憲派大都不滿，表示請願運動仍將繼續。

11 月 5 日，國會請願代表團遵旨宣布解散，並發布〈通問各省同志書〉，
對三次請願僅得國會期限縮短三年的結果，深表「痛心」。同時，國會請願同
志會則議決了繼續進行的辦法：（1）暫時遵旨取消國會請願代表團，日後請
願，另行組織。（2）國會請願同志會的宗旨本來不僅在請願，還在灌輸一般
國民之憲政知識，其原章規定非國會成立後不得解散，故應保留，作為同人通
信聯絡機關。（3）宣統五年召集國會的成命難以遽請收回，可多方面督促要
求在宣統四年春間或秋間召集。（4）設法參與憲法、議院法、選舉法及官制、

98　金毓黻輯《宣統政紀》卷 28，第 2 頁。
99　金毓黻輯《宣統政紀》卷 28，第 2 頁。

內閣組織法的編訂。（5）改組政黨宜慎重從事，先舉人起草綱要，再與各地商議組織辦法。（6）切望各省繼續進行國會請願，一面促動政府，一面喚起民氣，既可為將來倡議宣統四年召集國會之動機，又可使一般國民希望憲政之熱度再進一步。[100] 各省紛紛致電國會請願同志會，要求國會請願代表不要解散出京，應繼續請願，力爭速開國會。尤其奉天、直隸等省人民，還發動了第四次請願運動。

東三省與直隸歷年來深受日、俄等列強侵略之害，民族危機異常嚴重，各界人士痛感救亡圖存迫在眉睫，因而在歷次國會請願運動中表現非常活躍。第三次國會請願失敗後，奉天各界人士群情激憤，決計進行第四次請願。12月11日，奉天各界推舉的全省人民代表董之威、劉煥文等人，在廣大群眾的熱烈歡送下，啟程進京請願。21日，奉天代表向資政院呈遞請願書，隨後又拜謁奕劻、那桐等王公大臣，並上書監國攝政王載灃。24日，清廷諭令將東三省（奉天）請願代表遣送回籍，並嚴厲壓制各地的請願運動。上諭稱：「今又有以東三省代表名詞來京遞呈，一再瀆擾，實屬不成事體。著民政部、步軍統領衙門立即派員，將此項人等迅速送回原籍，各安生業，不准在京逗留。……此後倘有續行來京藉端滋擾者，定惟民政部、步軍統領衙門是問。各省如再有聚眾滋鬧情勢，即非安分良民，該督撫等均有地方之責，著即懍遵十月初三日諭旨，查拿嚴辦，毋稍縱容，以安民生而防隱患。」[101] 隨後，奉天請願代表被軍警強行押送出京。

在奉天人民請願運動的影響下，直隸各界人士也開展了轟轟烈烈的請願運動。12月22日，天津學界代表在自治研究所開會，推舉進京代表，決議各省在津學生派人回省發動，並以旅津全國學界國會請願同志會的名義通電各省諮議局及教育會、商會，呼籲各界支持，「速起以為後援」。[102] 在天津學生的號召下，直隸、奉天、四川、湖北等省學生也紛紛行動起來，罷課停學，刊印傳單，遊行請願，要求速開國會。學界請願風潮漸有蔓延全國之勢，引起了清政府的極大恐慌。1911年1月2日，清廷諭令各省督撫嚴厲彈壓請願學生。上諭稱：國會期限已定，「不安本分之徒，借速開國會為名，仍復到處鼓惑。

100　問天：〈宣統二年十月中國大事記〉，《東方雜誌》第7年第11期，1910年。

101　金毓黻輯《宣統政紀》卷29，第17頁。

102　〈聯合進行〉，《大公報》1910年12月22日。

各學堂學生，多係年幼無知，血氣未定，往往被其愚弄，輕發傳單，紛紛停課，聚眾要求。聞奉天、直隸、四川等省均有此項情事，恐他省亦在所不免。似此無端荒棄正業，奔走呼號，日久恐釀成他變，貽害民生。…… 前已面諭學部尚書唐景崇通飭各省嚴行禁止。著各省督撫再行剴切曉諭，隨時彈壓，嚴飭提學使及監督、提調、堂長、監學等，按照定章，隨時開導、查禁，防範未然。倘再有前項情事，立即從嚴懲辦，並將辦學人員一並重處，以儆其餘。如或仍前玩愒，以致滋生事端，定惟該督撫等是問」。[103] 為了懲一儆百，直隸總督陳夔龍逮捕了天津學界領袖普育女學堂校長溫世霖，以「此次在津竟敢假請願國會為名，結眾斂錢，已屬有害地方」和「擅捏通國學界同志會名義，妄稱會長，遍電各省，廣肆要結，同時罷課，意圖煽惑，居心實不可問」為辭，奏請「嚴行懲儆」。1月9日，清廷諭令：「溫世霖著即發往新疆，交地方官嚴加管束，以遏亂萌而弭隱患。」[104] 在清政府的高壓之下，以奉天、直隸為中心的第四次國會請願運動也以失敗告終。

五、立憲陷入絕境

立憲派國會請願運動的失敗暴露了清王朝專制統治的真面目。隨後，清政府推出「皇族內閣」，更使立憲運動陷入絕境，立憲派人士毅然拋棄對清政府的幻想，終歸與革命派合流，而走上反清革命的道路。

清廷推出「皇族內閣」

1910 年 12 月 6 日，清廷諭令憲政編查館修正憲政籌備清單。25 日，清廷再次催促憲政編查館迅速修正籌備清單，並纂擬內閣官制。1911 年 1 月 17 日，憲政編查館將修正憲政逐年籌備清單上奏，得到批准。

這個修正憲政逐年籌備清單的具體情形如下。

宣統二年（1910）：釐定內閣官制，釐定弼德院官制，頒布新刑律，續辦地方自治，續辦各級審判廳，續籌八旗生計。

宣統三年（1911）：頒布內閣官制與設立內閣，頒布弼德院官制與設立弼德院，頒布施行內外官制，頒布施行各項官規，頒布會計法，釐定國家稅、

103　金毓黻輯《宣統政紀》卷 30，第 1 頁。
104　金毓黻輯《宣統政紀》卷 30，第 8 頁。

地方稅各項章程，釐定皇室經費，頒布行政審判院法與設立行政審判院，頒布審計院法，頒布民律、商律、刑事民事訴訟律，頒布戶籍法，彙報各省戶口總數，續辦地方自治，續辦各級審判廳，續籌八旗生計。

宣統四年（1912）：頒布憲法，頒布皇室大典，頒布議院法，頒布上下議院議員選舉法，舉行上下議院議員選舉，確定預算決算，設立審計院，實行新刑律、民律、商律、刑事民事訴訟律，續辦地方自治，直省府廳州縣城治各級審判廳一律成立，續籌八旗生計。

宣統五年（1913）：頒布召集議員之詔，實行開設議院。

以上修正清單所列各項事宜，並未具體列出承辦單位，只能指望由即將成立的新內閣奏定。憲政編查館奏稱：「現擬修正各項，其在未設內閣以前，承辦同辦之各衙門，均仍照原單辦理。惟皇室經費，除照原單由內務府、憲政編查館同辦外，應兼會同度支部辦理。一俟新內閣已設，官制已定之後，所有承辦同辦之各衙門，如何酌定之處，屆時應由新內閣奏明，請旨遵行。」[105] 於是，設立新內閣便成為籌備憲政的首要任務。

1911 年 5 月 8 日，憲政編查館會同會議政務處將所擬《內閣官制》與《內閣辦事暫行章程》上奏，得到清廷諭旨的允准。這個《內閣官制》與《內閣辦事暫行章程》對於新內閣的基本組織結構與職權做了明確的規定：內閣由國務大臣組成，國務大臣由內閣總理大臣、協理大臣和各部大臣充任，內閣總理大臣 1 人，協理大臣 1—2 人，外務、民政、度支、學務、陸軍、海軍、司法、農工商、郵傳、理藩 10 部大臣各 1 人，國務大臣均候特旨簡任，輔弼皇帝，擔負責任。內閣職權為會議下列各項事宜：一是法律案及敕令案並官制；二是預算案及決算案；三是預算外之支出；四是條約及重要交涉；五是奏任以上各官之進退；六是各部權限之爭議；七是特旨發交及議院移送之人民陳請事件；八是各部重要行政事件；九是按照法令應經閣議事件；十是內閣總理大臣或各部大臣認為應經閣議事件。[106]

在內閣官制公布的同一天，清廷任命了國務大臣，責任內閣正式成立。

---

105 〈憲政編查館大臣奕劻等擬呈修正憲政逐年籌備事宜摺附清單〉，《清末籌備立憲檔案史料》上冊，第 88—92 頁。
106 〈憲政編查館會議政務處會奏擬定內閣官制並辦事暫行章程摺附清單二〉，《清末籌備立憲檔案史料》上冊，第 561—565 頁。

國務大臣名單如下：總理大臣奕劻，協理大臣那桐、徐世昌，外務大臣梁敦彥，民政大臣善耆，度支大臣載澤，學務大臣唐景崇，陸軍大臣蔭昌，海軍大臣載洵，司法大臣紹昌，農工商大臣溥倫，郵傳大臣盛宣懷，理藩大臣壽耆。[107] 在這 13 名國務大臣中，滿族有 9 人，其中皇族就占了 7 人，漢族僅有 4 人。因此，時人頗為形象地稱此內閣為「皇族內閣」。

設立責任內閣，自是籌辦憲政的題中應有之義；奕劻新內閣的頒布，就其形式而言，在中國憲政史上可謂破天荒，本可大書特書。然而，由於該內閣人員配置的極端不合理，充分反映了清廷集權皇族的用意，顯然與憲政精神背道而馳，因而其民主性意義大打折扣，並進一步使全國人民尤其是立憲派對清廷預備立憲的前途失去信心。

立憲政黨曇花一現

清廷宣布預備立憲之初，各地立憲派組織了預備立憲公會、政聞社、憲政公會等立憲團體，為立憲政黨的建立初步奠定了組織與思想基礎。各省諮議局聯合會的成立、資政院的開辦以及幾次全國規模的國會請願運動，使立憲派進一步加強了全國性的聯合；與此同時，立憲派也逐漸認識到建立全國性政黨的必要性，以為「凡立憲國不可無政黨而可以利用之也」。[108] 在此基礎上，以諮議局與資政院議員為主體的立憲派開始籌組政黨，為將來召開國會和實現政黨政治做準備。於是，帝國憲政實進會、政學會、憲友會、辛亥俱樂部等政黨應運而生。

1. 帝國憲政實進會與政學會

帝國憲政實進會與政學會是由資政院議員發起組織的政黨。1911 年 1 月初，在資政院閉會前夕議決新刑律案的過程中，形成了對立的兩派勢力：贊成者投藍票，以汪榮寶為代表，稱為藍票黨；反對者投白票，以勞乃宣為代表，稱為白票黨。[109] 隨後，便分別以白票黨和藍票黨為基礎建立了帝國憲政實進會與政學會。

107　〈授奕劻為內閣總理大臣那桐徐世昌為協理大臣諭〉、〈任命各部大臣諭〉，《清末籌備立憲檔案史料》上冊，第 566 頁。

108　〈近日各政黨之政綱評〉，陳旭麓主編《宋教仁集》上冊，第 230 頁。

109　關於藍票黨與白票黨，論者多有混淆，詳細考證參見張玉法《清季的立憲團體》，第 495—496 頁。

帝國憲政實進會以資政院中白票黨為基本班底組成。該黨由勞乃宣、宋育仁、喻長霖、馬士傑、于邦華、陳樹楷、陶葆廉等人發起，以陳寶琛為會長，于邦華、姚錫光為副會長。帝國憲政實進會以「資政院欽選議員居多數」，這主要是就其領導層而言，所謂「發起人主要屬於官僚系統」，並接受載澤不少資金的資助，因此時人稱之為「吏黨（官僚黨）」。[110] 正因為該黨與官方關係密切，因而其在政治上較為穩健，「其性質屬保守黨」。[111]

政學會又稱政學公會，以資政院中藍票黨為基本班底組成。1910 年 10 月初，資政院開議不久，肅親王善耆召見欽選議員汪榮寶和喀喇沁蒙古郡王貢桑諾爾布，「大有組織政黨思想」，囑汪等邀集同志籌謀。[112] 1911 年初，資政院閉會後，汪榮寶等藍票黨議員正式成立政學會，黨員 20 餘人，主要人物有汪榮寶、曹汝霖、章宗祥、陸宗輿等。該黨接近官府，是當時四個政黨中勢力最小的。[113]

2.憲友會

憲友會是在國會請願同志會和各省諮議局聯合會的基礎上成立的政黨。1910 年 11 月初，因第三次國會請願得清廷縮改國會期限之結果，請願代表團遵旨宣布解散，立憲派便以國會請願同志會為基礎著手改組政黨，眾推孫洪伊等人草擬黨綱、黨規。此事得到康有為、梁啟超等海外立憲派勢力的支持。孫洪伊曾致電梁啟超「促動黨名」，梁啟超為之擬名帝國統一黨。[114] 當孫洪伊等人以帝國統一黨向民政部申請立案並獲批准時，康有為欣喜萬分，認為：「今統一黨之註冊於民政部也，乃中國政黨發啟明之初焰。民政部之許統一黨註冊也，為中國官認立黨之雷震第一聲。於是數千年專制禁黨之舊俗，遂為埃及之僵屍、印度之灰塔，皆為古舊之前塵影事矣。」[115] 此所謂帝國統一黨即憲友會之先聲。

110　〈近日各政黨之政綱評〉，陳旭麓主編《宋教仁集》上冊，第 238 頁；〔日〕宗方小太郎：〈一九一二年中國之政黨結社〉，章伯鋒、顧亞主編《近代稗海》第 12 輯，四川人民出版社，1988，第 68 頁。
111　謝彬：《民國政黨史》，上海學術研究會總會，1924，第 30 頁。
112　《汪榮寶日記》，宣統二年九月初五日，沈雲龍主編《近代中國史料叢刊三編》第 63 輯，文海出版社，第 649 頁。
113　參見張玉法《清季的立憲團體》，第 494 頁；侯宜傑《二十世紀初中國政治改革風潮—清末立憲運動史》，第 429—430 頁。
114　梁啟超：〈致佛蘇足下書〉，丁文江、趙豐田編《梁啟超年譜長編》，第 529 頁。
115　康有為：〈民政部准帝國統一黨註冊論〉，《康有為與保皇會》，第 315 頁。

　　1911年5月，各省諮議局聯合會第二屆常年會召開，為促成憲政之進行，同人又發起組黨事宜，並將帝國統一黨改組為憲友會，其宗旨以「發展民權，完成憲政」為目的。[116]6月4日，憲友會在北京湖廣會館召開成立大會，正式宣布成立。隨後，憲友會一面申請在民政部備案，以獲得合法政黨地位；一面在湖南、山西、直隸、貴州、福建、江蘇等省建立支部，將勢力向全國各地擴展。

　　對於憲友會的成立，立憲派期望甚高。徐佛蘇致書梁啟超說：「現在此會已成立矣（名為憲友會）。其總攬者，係三頭政治，弟與雷繼興、孫伯蘭當選。此會聲勢極隆，三數月之內，各省必皆有分會成立，且有七八省占全盛之勢，在宣統五年之國會，必占大多數議席。若中央總部能主持得法，各省又不分裂，則真決決大黨之風也。弟對於國事，原始終認為萬無可救，然除卻救亡之外，亦不可無事以送生涯，故此會弟亦願視為一生之大舉也。」[117]徐佛蘇所謂以他自己與雷奮、孫洪伊為首組成了憲友會中的「三頭政治」，表明憲友會代表了當時三股重要的立憲派勢力：徐佛蘇是康有為、梁啟超等海外立憲派勢力在國內的代表；雷奮是立憲運動初期以江浙預備立憲公會為中心的國內老牌立憲派勢力的代表；孫洪伊則是在國會請願運動的過程中形成的以各省諮議局聯合會和國會請願同志會為中心的國內新興立憲派勢力的代表。與帝國憲政實進會和政學會等官僚政黨不同，憲友會黨員「以諮議局聯合會為中堅」，是大多數在野的立憲派勢力的代表，因此有「純粹民黨」之稱。[118]

　　3. 辛亥俱樂部

　　辛亥俱樂部是介於「保守官僚黨」帝國憲政實進會與「進步民黨」憲友會之間的第三黨。該黨首先由資政院議員長福、羅傑、易宗夔、胡駿、黎尚雯等人發起組成，有「資政院中之吏黨」或「純官黨」之稱，甚至被人視為帝國憲政實進會之「別動隊」。後來，隨著黨務的發展和黨員的增加，大量民間志士加入進來，甚至革命黨人甯調元、程明超、田桐、魏宸組、嚴啟衡等人也成為其重要職員或會員，該黨逐漸「公然亮出民黨旗幟向政界號召」，並轉變為

116　〈憲友會章程〉，《時報》1911年6月10、11日。
117　徐佛蘇：〈致任公先生書〉，丁文江、趙豐田編《梁啟超年譜長編》，第549—550頁。
118　〈中國政黨小史〉，《時報》1911年6月12日。

「純粹之民黨」。[119] 辛亥俱樂部醞釀於 1911 年初，6 月 15 日召開成立大會，正式成立。[120] 辛亥俱樂部成立後，即在各地建立支部，其中尤以湖南成績顯著。隨後，四川、福建、廣東、湖北等地也建立了支部。

總之，帝國憲政實進會、政學會、憲友會、辛亥俱樂部等第一批立憲政黨的建立，是政黨合法化的標誌，在近代中國憲政史上具有重要的歷史意義。一方面，合法政黨的出現，表明以立憲派為代表的人民政治覺悟的提高和民主意識的增長，這是清末憲政改革運動的重要成果；另一方面，清末立憲政黨的建立，為民初政黨建設和政黨政治運作奠定了一定的思想和組織基礎，提供了有益的經驗。當然，清末立憲政黨的種種弊端及其艱難生存的境況，其實也預示了政黨及政黨政治在近代中國尷尬的歷史命運。

立憲派在絕境中轉向革命

本來，立憲派的立憲運動與清廷的預備立憲都有消弭革命的目的，這是兩者的相合之處；所不同的是，立憲派希望通過立憲運動使自己參與政權，而清廷則旨在利用預備立憲加強集權，這是兩者的矛盾之處。如果清廷能夠適時適度地滿足立憲派的參政要求，那麼要化解兩者之間的矛盾而齊心協力對抗革命，這並非不可能。然而，事實卻恰恰相反。在民族危機日益嚴重，革命運動蓬勃發展之時，立憲派熱切地希望加快立憲的步伐，清廷的反應卻總是慢一拍，其拖延、敷衍的姿態終於使立憲派拋棄幻想，轉而走向清廷的對立面。

在國會請願運動受挫時，部分激進的立憲派人士業已萌生革命的念頭。據徐佛蘇回憶，第三次請願運動後，清廷發布了解散請願代表團的諭旨，「各代表聞此亂命，亦極憤怒，即夕約集報館中，秘議同人各返本省，向諮議局報告清廷政治絕望，吾輩公決密謀革命，並即以各諮議〔局〕中之同志為革命之幹部人員，若日後遇有可以發難之問題，則各省同志應即竭力回應援助起義獨立云云」。[121] 隨後，「皇族內閣」推出，全國輿論譁然，「一般稍有智識者，無不絕望灰心於政府」。[122] 立憲派尤為失望，他們本來就對清政府拒絕速開國

119　〔日〕宗方小太郎：〈一九一二年中國之政黨結社〉，章伯鋒、顧亞主編《近代稗海》第 12 輯，第 70─72 頁；謝彬：《民國政黨史》，第 32 頁。

120　〈辛亥俱樂部之初組織〉，《時報》1911 年 6 月 20 日。

121　徐佛蘇：〈梁任公先生逸事〉，丁文江、趙豐田編《梁啟超年譜長編》，第 514 頁。

122　〈新內閣史・發表後之輿論〉，《時報》1911 年 5 月 18 日。

會的舉措極為不滿，現在又弄出一個集權皇族親貴的內閣來，其失望可想而知。然而，在憤怒之餘，大多數立憲派人士仍然理智地試圖再以請願的方式予以挽回。

1911年5月12日，各省諮議局聯合會第二屆會議正式召開，這屆會議最重要的議題就是推翻皇族內閣。6月10日，各省諮議局聯合會向都察院呈遞了一份反對皇族內閣的公呈，請求代奏清廷，公呈明確地指出：「皇族內閣與君主立憲政體有不能相容之性質」，要求在皇族外另簡大臣組織責任內閣。[123] 公呈遞上之後，清廷不予理睬。7月4日，由奉天諮議局議長袁金鎧領銜，19省40餘名諮議局議長與議員聯銜再次上書都察院，重申「君主不擔負責任，皇族不組織內閣，為君主立憲國唯一之原則」，認為現在以皇族組織內閣，「適與立憲國之原則相違反」，要求「仍請皇上明降諭旨，於皇族外另簡大臣組織責任內閣，以符君主立憲之公例，以慰臣民立憲之希望」。次日，此書由都察院代奏之後，卻遭到清廷諭旨的嚴詞申斥：「黜陟百司，係君上大權，載在先朝欽定憲法大綱，並注明議員不得干預。值茲預備立憲之時，凡我君民上下，何得稍出乎大綱範圍之外，乃議員等一再陳請，議論漸近囂張，若不亟為申明，日久恐滋流弊。朝廷用人，審時度勢，一秉大公，爾臣民等均當懍遵欽定憲法大綱，不得率行干請，以符君主立憲之本旨。」[124] 立憲派的努力在皇權的壓制下，毫無結果。

隨即，各省諮議局聯合會發表了一通〈宣告全國書〉，揭露皇族內閣是「名為內閣，實則軍機；名為立憲，實則專制」，[125] 稍後又發表了一通〈通告各團體書〉，認為：「日日言立憲，憲政重要機關之內閣，首與憲政之原則背道而馳。嗚呼，其何望矣！」[126] 立憲派對於清廷的憲政改革幾近絕望。雖然他們表示要為「內閣制案」繼續請願，但是武昌起義的星星之火迅即演成燎原之勢，立憲派最終投入到反清革命的洪流之中。立憲運動陷於絕境之時就是大清王朝

123　〈中國大事記・都察院代遞諮議局聯合會呈請親貴不宜充內閣總理摺〉，《東方雜誌》第8卷第5號，1911年。

124　〈各省諮議局議長議員袁金鎧等為皇族內閣不合立憲公例請另組責任內閣呈〉、〈各省諮議局議員請另組內閣議近囂張當遵憲法大綱不得干請論〉，《清末籌備立憲檔案史料》上冊，第577—579頁。

125　〈諮議局聯合會宣告全國書〉，《國風報》第2年第14期，1911年。

126　〈直省諮議局聯合會為閣制案續行請願通告各團體書〉，《國風報》第2年第16期，1911年。

窮途末路之日。

武昌起義爆發後，清廷在形勢的壓力下，不得不進一步做出一些讓步。如頒布《憲法重要信條》十九條，明確規定「皇族不得為總理大臣及其他國務大臣並各省行政長官」，[127] 並任命由資政院公舉的袁世凱為新的內閣總理大臣，由袁氏組織完全責任內閣。然而，這些舉措並不能使心灰意冷的立憲派回心轉意，更不能阻止奔湧勃發的革命潮流，民心盡失的清王朝大勢已去，終歸走上無可挽回的覆亡之路。

立憲運動與革命運動最終走向合流。值得探討的是導致雙方合流的原因：第一，清政府的倒行逆施是立憲派與革命派合流的推動力。預備立憲曾經一度為清政府與立憲派的合作提供了現實的可能性，然而，當清政府不能滿足立憲派的要求時，當立憲派逐漸對清政府的立憲誠意失去信心時，事物走向了反面。在清政府不可救藥的時候，立憲派終於棄清廷而加入革命的行列。清廷推出「皇族內閣」使親貴攬權，「足令全國諮議局之議員人人喪氣而絕望。諮議局議員絕望之日，即清廷基礎動搖之時，至是內外人心皆去」。[128] 當保路運動遭到清政府壓制時，立憲派在絕望中宣稱：「國內政治已無可為，政府已彰明較著不要人民了，吾人欲救中國，捨革命無他法。」[129] 現代西方政治學理論表明，「每一個未被吸收到政治體系中的社會階級都具有潛在的革命性。……挫敗一個集團的要求並拒不給它參與政治體系的機會，有可能迫使它變成革命的集團」。[130] 清政府沒有籠絡住具有強烈參政欲望的立憲派，而使立憲派轉向了革命。可見，事實上是清政府把立憲派逼到了自己的對立面。第二，兩派為實現民主憲政的政治目標基本一致，這是雙方合流的思想基礎。立憲派與革命派的分野在於他們各自設計的實現這個政治目標的政治方案不同，立憲派主張君主立憲，革命派主張民主共和，其中的關鍵在於雙方對待皇權的態度。「革命黨與立憲黨宗旨之差異，全在破壞君主政體與鞏固君主政體之一點。」[131] 立憲派本來試圖以和平的方式向皇權爭民主，結果碰得頭破血流；而與此同時，

127　〈擇期頒布君主立憲重要信條諭〉，《清末籌備立憲檔案史料》上冊，第 103 頁。
128　劉厚生：《張謇傳記》，上海書店，1985，第 184 頁。
129　粟戡時：〈湘路案〉，《辛亥革命》第 4 冊，第 551 頁。
130　〔美〕撒母耳・P・亨廷頓：《變動社會的政治秩序》，張岱雲等譯，上海譯文出版社，1989，第 299 頁。
131　〈直省諮議局聯合會為閣制案續行請願通告各團體書〉，《國風報》第 2 年第 16 期，1911 年。

皇權又在革命的撞擊下搖搖欲墜，在這種情況下，立憲派轉向用暴力摧毀皇權而實現民主的道路也就是很自然的了。

　　立憲派與革命派的合流加速了清王朝的覆滅。辛亥革命的成功，固然是革命派長期不懈努力奮鬥的結果，但立憲派的作用也不可低估。武昌起義爆發後，立憲派或自己領導宣布獨立，或協助革命黨人建立軍政府，或促使舊官僚反正，為各省脫離清政府而獨立做出了不同程度的貢獻。雖然在此前後也發生了不少立憲派與革命黨人爭權奪利的鬥爭，但是從總的傾向來看，當時的立憲派對革命還是支持擁護的。這是毋庸置疑的事實。在清末革命派、立憲派與清政府三股政治勢力之間，當革命派與清政府雙峰對峙時，立憲派的傾向就顯得頗為舉足輕重了。需要進一步說明的一點是，立憲派轉向與革命派合流，不僅加快了清王朝覆滅的步伐，而且深深地影響了民初政局的演變。

第十三章　帝制面臨的挑戰：
新政的制度困境和倫理轉換

　　辛亥革命是一個從帝制到共和的「五千年以來之大變」，[1]過去的研究，更多集中在「革命黨」方面。近些年研究傾向已有所改變，不過整體上仍更多注意朝野的「對立」，且多出以批判性的論述（如新政改革是朝廷「欺騙」人民，就是一個長久不衰的論題）；對當時中央和地方政府舉措則研究偏少，考察政府試圖以變革來維持既存體制的努力和作用的更少，而對既存體制內的朝野共同行動，關注尤少。其實當時朝野是否也有共識，有哪些共識，或在多大程度上取得共識，非常需要釐清。

　　回溯革命爆發的前十年，最需要回答的問題是：清廷並無太多特別明顯的暴戾苛政和「失道」作為，至少教科書常說的「土地兼併急劇」和「階級矛盾激化」一類現象，此時並不多見。作為新經濟因素的工商業儘管迅速上升，對社會造成不小的衝擊，但似也未曾引起類似的激變。在朝廷沒有過分倒行逆施的情形下，何以會發生革命？清朝何以那樣快就崩潰（或革命何以能輕易而迅速地取得成功）？進而言之，辛亥革命爆發於朝廷正以前所未有的速度和廣度推行全面改革之時，而革命卻能較為輕易地速成，則改革與革命的互動，究竟是一種怎樣緊張和衝突的競爭關係？

　　要回答這些問題，首先要認識那場革命本身。關於辛亥革命，周蔭棠曾

---

* 本章由羅志田撰寫。

1　杜亞泉：〈通論〉，周月峰整理《辛亥前十年中國政治通覽》（原名《十年以來中國政治通覽》，是 1913 年 1 月《東方雜誌》第 9 卷第 7 號所附「刊行十年紀念增刊」），中華書局，2012，第 1 頁。

提出，歷史上的改朝換代，除體制內的「篡位」、地方割據者的坐大和異族入主外，多是起於草野的「民變」；而「清朝的滅亡，不是由於鋌而走險的民變，乃是由於激於大義、處心積慮、具有計劃的士變」。起事的革命黨人多是「白面書生」。簡言之，同樣是造成政權更替，辛亥革命在中國歷史上有一與前不同的特色，即為「士變而非民變」。[2]

這是一個很有啟發性的見解。過去對革命的研究，多循「有壓迫就有反抗」的揭竿而起思路，相對側重被動的一面；而所謂「士變」式的革命，則可能是一種思想領先、主動而非被動的革命（對革命者來說，如果革命本是「應當」進行的，便無須受到多深重的「壓迫」）。[3]當然，這不必是全域的解釋，或許僅是那次革命的特色之一。然既有此特色，士人的心態，他們對朝廷、對世局、對世界的認知，就都是認識這次革命的重要因素。而且，清末的新政改革，同樣具有思想領先、主動大於被動的特色，多少也可看作一場「士變」。

進而言之，革命和改革可能是為了一個相同或至少相近的目標，即通過根本性的政治轉型來改變中國在世界的地位。而改革與革命演成對立的態勢，並最終被革命取代，或不必是由於目標的歧異，轉可能是由於對達成目標的方式，甚或更多是達成目標之速度的歧異。曾有一種流行的看法，即因為改革不成功（過去更愛說是朝廷以假改革欺騙人民），所以不能不革命。持這一說法者，在潛意識中恰以為兩者的目標相近或相同，提示這一思路早已存在，甚可參考。

清季「士變」的發生，有著更為根本的因緣：帝國主義的全面入侵，以及外國在華存在（foreign presence in China）成為中國權勢結構的一部分，造成權勢結構的巨變，是一個必須思考的關鍵因素。最具根本性的是，在從所謂大一統到列國並立的世局下，一個推行了數千年的小政府政治模式，被迫走向必須展現政府作為的「富強」新路；而與之伴隨的政治倫理，也面臨著前所未有的挑戰。

近代中國因西潮衝擊造成中外競爭的新局面，朝野均面臨著政治方向、

2　周蔭棠：〈中國歷史的一個看法〉，《斯文》第 1 卷第 15 期，1941 年 5 月 1 日，第 17 頁。
3　其實，更宏闊的 20 世紀中國革命，也多少帶有「士變」的意味，參見羅志田《士變：二十世紀上半葉中國讀書人的革命情懷》，氏著《近代讀書人的思想世界與治學取向》，北京大學出版社，2009，第 104—141 頁。

政治結構和政治倫理的根本變革。對清末十年而言，最根本的一個問題，就是體制或結構是否改變、怎樣改變以及以什麼樣的速度改變。正是由於制度的困境，新政帶有自毀的意味─由於改和革的一面不斷加速，而建設的一面無法跟隨，終造成舊建制已去而新建制更多僅存於紙面的現象，逐漸發展成不可收拾的局面。更由於政治倫理的真正轉換遠不如條文制度那樣可以速成，政治體制的轉型便遇到進一步難以逆轉的困境，終不得不讓位於被認為更迅捷更有效的革命。

對於這樣重要的歷史大轉變，改革和革命的因緣又如此複雜，應有更深一層的梳理、分析和詮釋。[4] 也只有這樣，才能真正認識到辛亥革命的歷史作用和歷史意義。本章即側重考察革命前改革的制度困境，並論及相應的倫理轉換之成敗，借此增進對從帝制到共和這一巨變的理解。

一、近代權勢結構的轉變

中國「近代」與歷代最根本的不同之處，即外力入侵造成了既存權勢結構的巨變（這裡所說的「權勢結構」不僅是政治的、軍事的和經濟的，也包括社會的、心理的和文化的，是這些眾多因素的合力所促成）。外國在華存在通過條約體系所建構的間接控制，既體現著一種外在的壓迫，其本身又已內化為中國權勢結構的直接組成部分。故即使是純粹內部的「改朝換代」，任何對既存權勢結構的挑戰，也都要涉及帝國主義列強的利益，實際也構成對條約體系的衝擊，致使中國內爭和外力的糾結和互動遠甚於他國。

而外國在華勢力成為中國權勢結構的一部分，也越來越為中國人所認識到。庚子年間清政府援引義和團以對抗外國，部分即因其感到列強對中國內政的干預過分深入。1905 年袁世凱等六疆臣要求立停科舉的奏摺明言，廢除推行了千年以上的科舉制，也是要對外國人有所交代，希望借此取信於外人，改變外人對中國的觀聽，以換得其「推誠相與」。[5] 這一對外取向與庚子年間

4　參　見 Joseph W. Esherick, "How the Qing Become China," in Joseph W. Esherick, Hasan Kayali and Eric Van Young, eds., *Empire to Nation: Historical Perspectives on the Making of the Modern World* (London: Rowman and Littlefield, 2006), pp.229-259.

5　袁世凱等：〈奏請立停科舉推廣學校摺〉（光緒三十一年八月初二），《故宮文獻特刊‧袁世凱奏摺專輯》，臺北故宮博物院，1970，第 1991 頁。上奏者包括北洋大臣直隸總督袁世凱、盛京將軍趙爾巽、湖廣總督張之洞、署兩江總督周馥、署兩廣總督岑春煊及湖南巡撫端方。

截然相反，卻同樣提示出來自外國的影響和壓力。正如次年一份四川辦學綱要所注意到的：中外「交通既久，幾於無事不與外人為緣」。[6] 芮瑪麗（Mary Wright）後來有類似的認知，她表述外國在華存在的術語，即外國無所不在（the foreign omnipresence in China）。[7]

恰因其無所不在，外國權勢的影響力，有時體現在直接干預之上，有時體現在間接的進言之上，有時甚至不必有什麼主動的作為—外國的「存在」本身，就可以發揮影響。「列國並立」與「大一統」最大的不一樣，就是有了作為參照係的「他人」（the other）因素之存在。外人的「觀聽」固然直接影響著中國的政局，外國政教模式的存在，尤其是日益成為「正確」或成功的典範，也在很大程度上間接影響著中國朝野的走向。

從郭嵩燾在英倫看見「三代之治」開始，外國參照係就已成為「證明」中國成敗的重要指標。隨著中國讀書人被西方改變思想方式進程的發展，西方越來越具有可以取代「三代」的地位，[8] 而俄國和日本則扮演著學習胡服騎射而稱霸的趙國的角色。因此，儘管中國的改革不斷擴充、不斷加速，但是只要可資對比的「他人」發展突飛猛進，同樣可以使本土的變化相形見絀；由於希望太美好，實際變化雖大，而不如所希望的那樣大，結果仍然導致強烈的失望。換言之，由於西方的「優越」在很大程度上是被灌輸的或憧憬出來的，清季那種「中不如外」甚或「今不如昔」的感覺本身也可以是構建出來的。

黃遵憲在20世紀初就注意到了中外對比的嚴重性。他說，歐洲近代革命，是因其中古「政治之酷，壓制之力，極天下古今之所未見」，再加上「賦斂之重，刑罰之毒」，而又「教化大行，民智已開；故壓力愈甚，專制力愈甚，其反動力亦愈甚」。中國的專制，其實沒有中古歐洲那樣厲害。假如「時非今日，地無他國，無立憲共和之比較，乃至專制之名，習而安之，亦淡焉忘」。然而現實恰是：時在今日，地有他國，出現了立憲共和之比較，出現了國民、民權、「民約」（特指盧梭所言）、類族（即後所謂民族主義）等新觀念，甚

6　〈四川奏定致用學堂辦法綱要〉，《北洋學報》第20冊，1906年，「學界紀要」，第1頁。

7　Mary Wright, "introduction," in idem ed., *China in Revolution: The First Phase, 1900-1913* (New Haven and London: Yale University Press, 1968) , pp.54-58.

8　與「三代」一樣，這新來的參照係從一開始就充滿了想像的意味（因為此前大家既不想知道也確實不知道西方的真實情形），且凡被援引，往往帶有對現狀不滿和批評的意思。

至輸入了國家本「為國民、由國民」（for the people, by the people）的新義。[9]

　　這是極有洞察力的睿見，沒有西潮的入侵，清季很多問題或不會發生，或不被發現（很多現象，不想去看就會視而不見，有中外對比然後得以凸顯）。同時，中外的對應也使很多原本可以分別思考和處理的具體事物整體化，助長了整體解決的思路。康有為的《日本變政考》一開始就說：在「萬國交通，爭雄競長」的時代，「不能強則弱，不能大則小，不能存則亡，無中立之理」。[10]萬國爭雄的成敗，隱喻著中外競爭的未來。在這樣一種「不存則亡」的二元對立思維之下，為了制勝，更不得不向競爭對手甚或侵略者學習。

　　1905 年以中國為戰場的日俄戰爭，改變了世界對黃種人作戰能力的看法，也改變了東亞政治的權勢格局。而作為戰場主人的中國卻宣布「局外中立」，更是世界歷史上少見的特例（從中國傳統看是失道，即失去了統治的合道性；從新引進的西方國家觀念看是不能捍衛主權，也失去了執政的合法性）。同時，日俄戰爭的勝負，以實例向中國人「證明」了立憲優於專制，也就結束了以俄國還是日本為學習典範的長期爭議。

　　對於學日本還是學俄國，中國朝野一直有爭議。蓋中日同文，而中俄同大；日本畢竟是島國，似不甚可效仿。然而到日俄戰爭後，《申報》即說，「日俄之勝負分，而立憲專制之勝負亦自此定」。中國人因而醒悟，「朝廷上始有立憲之議，於是有五大臣出洋考察各國政治之舉」。[11] 類似看法較為流行，林白水後來說：「朝廷推求俄、日勝敗之故，乃悟專制政治之結果，國雖大無當也，因是遂有立憲之議。」[12] 他所說的「國雖大無當」，既指俄國，也可以是自況。既然政治體制的重要超過了國土面積，俄國也就淡出了中國的學習典範之列。[13]《申報》的即時觀察，僅聯繫到五大臣的出洋考察憲政；林白水的事後分析，則明言其與立憲的關聯。兩皆由外及內，最能體現「外事」與「內務」的關聯已進入一個糾結難分的層次。

9　〈黃遵憲致梁啟超〉（光緒二十八年十一月），吳振清等編《黃遵憲集》，天津人民出版社，2003，第 508、510 頁。

10　《日本變政考》（1898 年），姜義華、張榮華編校《康有為全集》第 4 集，中國人民大學出版社，2007，第 10 頁。

11　〈論五大臣遇險之關係〉，《申報》1905 年 9 月 28 日。

12　宣樊（林懈）：〈政治之因果關係論〉（1912 年 1 月），張枬、王忍之編《辛亥革命前十年間時論選集》第 3 卷，三聯書店，1977，第 763 頁。

13　到「二十一條」以後日本失去了榜樣的資格，以俄為師的觀念重新回到中國人的意識之中。

如前所述，權勢結構不僅涉及政治、經濟、軍事等實在的領域，文化、思想領域同樣重要。康有為當時觀察到，庚子後「人心大變」，實「二百年所未有」。關鍵在於，「向者不過變自小民，今則變自士夫矣」；以前士人「猶望復辟之自強，今則別謀革命自強」。[14] 蓋外國不僅提供了改變的榜樣，還始終在努力參與並試圖指引改變的方向。讀書人的思想方式在西方引導下發生轉換，遂成為一種難以逆轉的劇變。

王國維後來指出：「自三代至於近世，道出於一而已。泰西通商以後，西學西政之書輸入中國，於是修身齊家治國平天下之道乃出於二。」[15] 這是一個根本性的轉變，「道」本應是普適於天下即全人類的，既然西方自有其「道」，則中國的「道」也就成為中西學區分下的一個區域成分了。過去即使在改朝換代之時，也很少有士人對基本的綱常禮教產生懷疑。由於出現了中外的對比，形成了道出於二的語境，因此中西之道都成為可能的選項。更因黃遵憲所引述的新觀念大都被樹立為「正確」的標準，中國「專制」的可惡和可怖更得以凸顯。所以黃氏認為，當時的「壞劫」和「厄運」，乃「由四五千年積壓而來，由六七大國驅迫而成」。但比較起來，「今日大勢，在外患不在內憂」。[16]

很多時候，西方也並不掩蓋直接以掠奪方式攝取利益的野心。故其不僅提供了變革的思想資源，也以其行為證明著帝國主義的存在，並提示了對抗西方的思想武器。從 19 世紀後期開始，凡與中央不保持一致的地方督撫大體都得到列強的支持。基本上，中國士人對西方觀念和行為的接受每進一步，他們對西方的不滿也增進一層：中國人因接受西方觀念而重視主權，而主權的重要性一旦凸顯，此前一些可能是主動「喪失」的東西就變得重要，遂不能不「排外」。對外國司法觀念的逐步接受，也就意味著對治外法權的不滿。報刊和電報、鐵路等既增進了全國意識，也較前更迅速地傳播著任何一種中外不平等的事例。走向富強的西式改革需要大幅增加支出，被外人掌控的海關收入便引起了人們的注意。

可以說，從晚清開始，外國對中國事務的參與程度極深，而其影響也特

---

14 〈答南北美洲諸華商論中國只可行立憲不能行革命書〉（1902 年 5 月），《康有為全集》第 6 集，第 332 頁。

15 王國維：〈論政學疏稿〉（1924 年），《王國維全集》第 14 卷，浙江教育出版社、廣東教育出版社，2009，第 212 頁。

16 〈黃遵憲致梁啟超〉（光緒二十八年十一月），吳振清等編《黃遵憲集》，第 510—511 頁。

別廣泛。這樣一種與前相當不同的歷史局面，既是辛亥鼎革的語境，很大程度上也是其發生的原因。充分認識到這樣一種權勢結構的轉移，有助於理解清朝的顛覆。

日俄戰爭後僅一年，朝廷新設的政務處就「議飭各部院衙門均在本署內添設仕學館一區，諭令各司員嫻習應辦公事，並研究西學政治外交等事，以廣造就」。[17] 所有政府機構都要「研究西學政治外交」，鮮明地體現出外國無處不在早已是多麼具體。推行新政的政府如此，要推翻政府的革命者亦然。當辛亥年孫中山在美國獲悉武昌革命的消息時，這位革命家不是疾速返國，而是轉往英國以尋求可能抑制日本的外交幫助。[18] 詹森（Marius B. Jansen）教授曾敏銳地指出，這表明在中國領袖人物的認知中，外國在中國政治中的作用具有壓倒性的重要意義。[19]

武昌的革命政府對此也有充分的認識。10 月 12 日，軍政府都督黎元洪就照會各國領事，承諾保護租界和各國人民財產以及「所有各國之既得權利」，聲明清政府「前此與各國締結之條約，皆繼續有效；賠款外債，照舊擔任」；但以後締結的條約、借款則不能承認。[20] 軍政府隨即對內發布告示，明確規定「傷害外人者斬」、「保護租界者賞，守衛教堂者賞」，[21] 並在白話布告中說：「各人要守本分。第一不要擾害各國租界，不要害外國人生命財產，不要燒領事署及教堂。因外國人沒有害我們，害我們的是滿人。若是害了外人，各國都來與我們為敵，那就不得了呢。」[22]

並非僅武昌如此，芮瑪麗曾注意到，辛亥革命期間，南北軍隊都非常小心地不損傷外國產業。英國領事驚訝地注意到革命軍對外國權利的默認：在滬寧之戰時，革命軍沿著滬寧鐵路旁的崎嶇小路徒步跋涉，目送火車從身旁飛速

17　〈議飭各部院添設仕學館〉，《申報》1906 年 3 月 22 日。

18　參見孫中山《建國方略》（1917—1919 年），《孫中山全集》第 6 卷，中華書局，1985，第 244—245 頁。

19　〔美〕詹森：〈國際環境〉，〔美〕吉伯特・羅茲曼主編《中國的現代化》，江蘇人民出版社，1988，第 297 頁。

20　〈中華民國軍政府鄂省都督黎元洪照會漢口各國領事〉，辛亥革命武昌起義紀念館、政協湖北省委員會《湖北軍政府文獻資料彙編》，武漢大學出版社，1986，第 593 頁。

21　〈軍政府鄂軍都督告示〉，1911 年 10 月 16 日見報，《湖北軍政府文獻資料彙編》，第 24 頁。

22　〈中華民國軍政府鄂軍都督黎布告〉，附入鎮江關稅務司戴樂爾（F. E. Taylor）致總稅務司安格聯（F. A. Aglen）函，1911 年 10 月 24 日，中國近代史資料叢刊編輯委員會編《中國海關與辛亥革命》，中華書局，1983，第 144 頁。

駛過。他們當然有能力奪取火車快速前進，這不僅舒適很多，更重要的是可以贏得戰役的先機，然而他們卻不曾嘗試這樣做。[23]

革命一方的作為很快得到了列強的認可，10 月 18 日，駐漢英俄法德日五國領事正式頒發布告，援引國際公法關於「政府與其國民開戰」的規則，宣告嚴守中立，等於間接承認武昌革命政府為代表中國「國民」的交戰團體。[24] 在外國影響無所不在的權勢格局之下，列強的迅速表態，是個至關緊要的轉捩點。此前，主張支持立憲而反對革命的人有一種基本論調，即中國若革命即會內亂，列強必因此出兵干預，進而瓜分中國。領事團的反向表態，徹底粉碎了這一曾經廣為流傳的說法，至少從操作層面證明了「革命」的可行性。[25]

儘管稍後長江上的英國海軍確有借中立以掩護清政府軍的舉措，曾引起革命黨人的不滿。[26] 但列強的表態整體上顯然對革命一方更為有利，實際鼓勵了革命在他省的蔓延。幾天以後，就出現了湖南軍政府，此後各地軍政府遂陸續成立。時在內閣掌文字的許寶蘅看到「各路蜂起」，便知「大局危殆」，只能發出「奈何、奈何」的感歎。[27] 至此，對清廷而言，已難了局除非取得全面徹底的軍事勝利。

其實，即使沒有革命的爆發，清廷先已處於一種前所未有的尷尬狀態之中。這仍與外國在華存在有著密切的關聯：此前為對抗外國勢力的干預，清政府史無前例地援引了義和拳這一民間的異端力量。在讀書人眼中，這是一個明顯的「失道」象徵，直接導致了士人與朝廷的疏離。[28] 避難到西安的光緒帝在 1901 年初發布諭旨，要求「嚴禁新舊之名，渾融中外之跡」。[29] 後者針對的是剛落幕的中外武裝衝突，前者卻揭示出一種更加危險的狀態—新舊對立的

23　Mary Wright, "introduction," in idem ed., *China in Revolution: The First Phase, 1900-1913*, p.56.

24　〈駐漢英俄法德日五國領事關於嚴守中立的布告〉，《湖北軍政府文獻資料彙編》，第 594 頁。

25　當然，這一態度雖對革命一方更有利，卻也並非全出於善意。所謂交戰團體者，即勝負未決之意。列強仍可接受任何取勝的一方，同時也保留了包括軍事干涉在內的所有行動可能。

26　〈江漢關稅務司蘇古敦（A. H. Sugden）致安格聯〉（1911 年 11 月 14 日），《中國海關與辛亥革命》，第 28 頁。

27　許恪儒整理《許寶蘅日記》，1911 年 10 月 26 日，中華書局，2010，第 370 頁。

28　關於清政府支持民間異端力量，參見羅志田〈異端的正統化：庚子義和團事件表現出的歷史轉折〉，氏著《裂變中的傳承：20 世紀前期的中國文化與學術》，中華書局，2003，第 1—32 頁。

29　故宮博物院明清檔案部編《義和團檔案史料》下冊，中華書局，1959，第 915 頁。

背後實隱伏著「拳亂」後士人與朝廷間的緊張。

二、庚子後清廷的失道形象和士人心態

上引論旨裡新與外、舊與中的潛在邏輯關聯，總體雖可說是近代的通相，卻也因朝野的一度共同趨新，本已淡出時人的言說。從曾國藩時代開始，朝廷逐漸成為新派的後盾。儘管向競爭對手學習有著種種的不愉快，但若非外國勢力的直接介入過深，朝野趨新的主流或會延續，而不致排外。故義和團興起時最高層和底層歷來少見的朝野一致，反暴露出朝局的分裂和朝野的疏離：相當一部分地方政府公然對抗中央政策，暗中實得到不少士人的認可。不過朝廷與士人之間這樣曲曲折折的合離，卻也淵源已久。

清廷與士人的關係從來不是一帆風順的。嘉道以後，滿漢隔閡雖漸為人所淡忘，傳統的「上下之隔」卻又發展到相當嚴重的程度。龔自珍在西潮入侵之前所寫的〈尊隱篇〉中，已提到文化重心由京師向山林的傾移：由於京師不能留有識之士，「豪傑益輕量京師，則山中之勢重」。[30] 這樣一種朝野之間的疏離，因西潮的入侵而加劇。後之所謂開風氣者，越來越多地出自非京師的地方。

張之洞在戊戌維新時期已注意到新型媒體的影響，其《勸學篇》曾專闢一節以論「閱報」。他說：「乙未以後，志士文人，創開報館，廣譯洋報，參以博議。始於滬上，流衍於各省，內政、外事、學術皆有焉。」[31] 就像《申報》曾經是一切報紙的代名詞一樣，「滬上」也不僅僅就指上海一地，卻不啻一種新型的「山中」。重要的是，不僅內政、外事，就連學術方面的新觀念也「始於滬上，流衍於各省」，提示出當時風氣之開源自何處。且這或許已是封疆大吏晚來的承認，類似的傾向早已形成多時了。

近代中國一個很重要的現象，即人員和思想的新流通方式促成了一種相對「獨立」於朝廷的「輿論」，卻又能影響朝廷的決策。由於社會及社會觀念的部分西化，開始出現一些願意說話甚或「出來幹」的人（新舊皆有，以新為甚）。梁啟超曾觀察到：

> 試觀數年以來，倡政治改革之人，非即倡教育改革之人乎？倡教育改

30　〈尊隱〉，王佩諍校《龔自珍全集》，上海古籍出版社，1975，第87—88頁。
31　張之洞：《勸學篇・閱報》，《張文襄公全集》（4），中國書店，1990年影印本，第574頁。

革之人，非即倡實業改革之人乎？倡實業改革之人，非即倡社會改革之人乎？以實業論，則爭路權者此輩人，爭礦權者亦此輩人，提倡其它工商業者亦此輩人也。以教育論，則組織學校者此輩人，編教科書者此輩人，任教授者亦此輩人也。以政治論，則言革命者此輩人，言暗殺者此輩人，言地方自治者亦此輩人也。其它百端，大率類是。[32]

這一觀察非常重要，即一段時間以來，無論說什麼做什麼，大致都出於同一群被認為是瞭解新事物的人。關鍵是這樣的「輿論」能夠影響朝廷的決策。很多原處邊緣的趨新者，逐漸形成「輿論」，造成壓力，使處於權勢中央（不僅是中央政府）的掌控者接受這樣的思路，進而轉化為當權的想法和政治策略（且這些人並無太明確的朝野之分，新政時期的規劃，相當一部分奏摺、章程等甚或出自一些逃亡在外、在國內連合法身分都沒有的人）。儘管從曾國藩時代起朝廷就已漸趨新，然而邊緣處還有思慮更激進的，後來又逐漸轉向中心，成為新的開風氣者。從 19 世紀後期開始，這樣一種從邊緣到中央的新舊轉換，已形成一種傾向性的發展趨勢，在 20 世紀很長的時間裡還在延續。

19 世紀最後十年，中國輿論一個非常流行的觀點，即在「退虜」、「送窮」等具體的「富強」層面，既存中國學術已基本「無用」，應該束之高閣，轉而更全面地學習西方的政藝之學。被迫向競爭對手甚或侵略者學習的選擇，也帶來深層次的心態緊張，進而促生一種集焦慮和激情於一體的急迫情緒，總想完全徹底地一次性解決中國的問題，並不惜借助非常規的方式。其間還有一股潛流，即甲午海戰的失敗，似乎提示著辦海軍這一學習西藝方向的無效。此前對「製造」的重視已趨淡化，如今可能受到進一步的懷疑。既然這一趨「新」路向的效應不佳，強調中外差異在器物為主的「富強」方面的主張，也減弱了說服力，有些士人或會尋找其他可能應對中外衝突的方式。

這兩種一顯一隱的觀念在很大程度上影響了朝廷的決策，對華北義和團這一「神拳」的借重，提示著主政者基本接受了中學之上層正統已不足以救亡圖存的觀念，而又不欲進一步仿效西方模式，故走向基層，啟用中國傳統中任何可以嘗試的資源，實即往異端方面尋求力量和支持。儘管如此，這或許是近代國人最後一次從中國傳統裡尋找思想資源。在那之後出現了更大的變化，尋

---

32 梁啟超：《新民說》（1902—1903 年），《飲冰室合集・專集之四》，中華書局，1989，第 156—157 頁。

求思想資源的眼光再次向外發展，所有中國的思想都不再重要也無人想要了。

　　義和團的重要象徵意義在於，那恐怕是中國歷史上第一次將「怪力亂神」的事放到最高的中央政務會議上來討論，並將之作為決策的依據，在此基礎上制定了當時的國策。這意味著「中國」本身也發生了根本的變化，已不復是以前那個「禮儀之邦」了。而此前朝野的共同趨新也是逼出義和團行為的一個潛在遠因。素負理學盛名的大學士徐桐公然為「神拳」背書，以為能收「以毒攻毒」之效，[33] 這便最能體現那種隱忍已久、不得不發的心態；而在久抑之後一舉釋放而出時，顯然已急不擇術了。

　　這樣看來，義和團的失敗不僅是一次作戰的失敗，而是朝廷在進行文化選擇的時候站到了整個價值體系的對立面上。對許多士人而言，文野之辨勝過中西之分。當年曾國藩等讀書人要起來打太平天國，就是覺得那一邊崇奉的是異端的耶穌教；這一次則是朝廷援引了內部的異端，同樣引起了大量讀書人的強烈不滿。

　　當清廷也像當年洪、楊一樣提倡怪力亂神時，表明其在社會層面已不一定依靠士人，在思想層面既不能維持中國「正學」，又不能接受外來的新學，實不足以救亡，更不能振興中國。從這時起，越來越多的讀書人已不相信政府能解決中國的問題，即不再寄希望於這個政權來改變中國的現狀。特別值得注意的是，相當數量的封疆大吏也有類似的看法。「東南互保」局面的出現，實則是那些曾在清廷與太平天國之間選擇了前者的疆臣這次卻在清廷與列強之間選擇了中立所致。「中立」是近代引入的西方新概念，從傳統觀念看，就是有外侮而不勤王，聽憑外人宰割君主，至少也是抗命不遵朝旨。這樣的局面是西潮入侵以來前所未有的。

　　在傳統意義上幾乎等於叛國的「東南互保」，反因朝廷的「失道」而具有了較充分的正當性。[34] 當時便少見人說「東南互保」是賣國，清廷事後也未曾對此追究。後來的研究者固可說這是所謂地方權力上升的表現，更不能排除

33　「以毒攻毒」的背後，潛藏著「正不壓邪」的隱憂，揭示出朝廷主政者也認為正統思想資源已無法解決當時的問題了。參見胡思敬《退廬全集・驢背集》（沈雲龍主編《近代中國史料叢刊》第 45 輯），文海出版社，1970 年影印本，第 1163—1164 頁。

34　陳寅恪後來就把「庚子歲東南諸督撫不遵朝命殺害外僑」與《馬關條約》後「政府雖已割臺，而人民猶可不奉旨」並視為「愛國」和「有是非之心」的表現。參見陳寅恪《寒柳堂記夢未定稿（補）》，《寒柳堂集》，三聯書店，2001，第 215—216 頁。

朝廷自覺此前作為已屬「失道」，故不宜糾纏，免得提示曾經存在的倒行逆施。但這些因素彼此都有暗中的因應，久已淡化的滿漢意識很快再度受到關注，朝廷中出現親貴內閣，而不少地方督撫也在加強相互聯絡（以及其中某些人與外國領事的聯繫加強），多少都與「東南互保」有些關係。

所有這一切，都為次年的《辛丑合約》所固化。總理各國事務衙門「按照諸國酌定」改為外務部，班列六部之前，確立了外傾的國家走向；而全面的武器禁運則從此斷絕了此前以購買方式強軍的途徑，並輔以各國可長期駐軍的獨立使館區以及削平京師至海通道的所有炮臺。一個不得不走向世界的國家，防務上卻門戶洞開，且已幾乎無法實現今日所謂「軍事現代化」，怪不得此後「瓜分」就成了輿論的持續主題。而巨額的賠款，不僅使全民直接感受到了朝廷倒行逆施的代價，也為此後一系列內政改革的艱困埋下了伏筆。在越來越重視紙面條文的時代，這等於將朝廷釘死在失道的恥辱柱上了。

因此，庚子年是清末的一個轉捩點，局面已很難逆轉（卻也不是沒有可能）。陳三立在庚子當年即幾乎明言朝中已有「暴君虐相」，足以促「民權之說」興起。他說，泰西「民權之所由興，大抵緣國大亂，暴君虐相迫促，國民逃死而自救，而非可高言於平世者也」。而中國「義和團之起，猥以一二人恣行胸臆之故，至驅呆豎頑童張空拳戰兩洲七八雄國，棄宗社，屠人民，莫之少恤」。如此，「專制為禍之烈，剖判以來未嘗有也」。他的推測是「民權之說轉當萌芽其間，而並漸以維君權之敝」。[35]

戊戌時與陳三立同在湖南推動維新的黃遵憲也想到了「民權」，他原以為，庚子後聯翩下詔「設政務處，改科舉，興學校」，或可以達到「尊王權以導民權」之平生希望。然而新政的實際舉措令他非常不滿，「今回鑾將一年，所用之人，所治之事，所搜括之款，所娛樂之具，所敷衍之策，比前又甚焉。輾轉遷延，卒歸於絕望。然後乃知變法之詔，第為避禍全生，徒以之媚外人而騙吾民也」。[36]黃遵憲敏銳地觀察到清廷變法那不得已的一面，即避禍全生，以媚外人；而這個寄望於改革之人的沉痛絕望，暗示著與陳三立相近的分析，即王權和民權難以兩全。稍後陳天華正式提出「改創民主政體」的主張，理由

35　陳三立：〈清故光祿寺署正吳君墓表〉（光緒二十六年），錢文忠標點《散原精舍文集》，遼寧教育出版社，1998，第 68 頁。

36　〈黃遵憲致梁啟超〉（光緒二十八年十一月），《黃遵憲集》，第 512 頁。

即為「現政府之不足與有為也，殆已成鐵據」。[37]

又兩年後，山西舉人劉大鵬總結說：「世道大變，自庚子年始。人心於是大壞，風俗於是大乖，至學界風潮於是大漲。凡出洋遊學，即在學堂之人，多入無父無君之境。誠有不堪設想者。」[38] 革命者的經歷很能支持這個看法，孫中山在庚子年趁北方之亂而發動惠州起義，雖仍失敗，但他發現當時「中國之人心，已覺與前有別」。此前「舉國輿論莫不目予輩為亂臣賊子，大逆不道，咒詛謾罵之聲不絕於耳」；而庚子以後，「則鮮聞一般人之惡聲相加，而有識之士且多為吾人扼腕嘆惜，恨其事之不成矣。前後相較，差若天淵」。[39]

魯迅後來回憶說，「戊戌變政既不成，越二年即庚子歲而有義和團之變，群乃知政府不足與圖治，頓有掊擊之意矣」。[40] 這裡的「群」當然是指士大夫，因為一般的老百姓在義和團之時恰與清政府一度有「合作」。魯迅和陳天華都曾在日本留學，也都傾向於革命一方；然而他們的表述無意中提示了一個重要的潛在共識，即後來走向激進方式以「掊擊」政府的革命黨人也曾有與政府合作以「圖治」的願望，前提是政府能夠「有為」。

或可以說，當時已形成一股內外夾攻的強大政治變革壓力，使政府終於認識到全面改革已刻不容緩。然而，晚清新政有一致命的弱點，即大量過去維護朝廷的士人已開始對政府失去信任。前引黃遵憲在短期內即對新政由希望到絕望的進程，當然不是孤立的。以今日的後見之明看，當年朝廷已經注意到士人心態的轉變，並有因應的舉措—政府主動推行了自上而下的一系列越來越急迫、越來越全面徹底的改革措施。

在士人心態與清廷政策頗有距離的情形下，朝廷的舉措也不得不步步緊逼、層層加碼。以科舉制改革為例，庚子後幾年間，僅張之洞、袁世凱等人奏摺中所提出的辦法，就幾乎是幾月一變，一變就躍進一大步；前摺所提議的措施尚未及實施，新的進一步建議已接踵而至。原擬用十年的時間逐步以學堂代科舉，而不過一年，便不能等待學堂制的成熟，在 1905 年就把實施了千年以

37　思黃（陳天華）：〈論中國宜改創民主政體〉，原載《民報》第 1 期，張枬、王忍之編《辛亥革命前十年時論選集》第 2 卷，三聯書店，1963，第 124 頁。

38　劉大鵬著、喬志強標注《退想齋日記》，1907 年 3 月 8 日，山西人民出版社，1990，第 158 頁。

39　《建國方略》，《孫中山全集》第 6 卷，第 235 頁。

40　《中國小說史略》，《魯迅全集》第 9 卷，人民文學出版社，1981，第 282 頁。

上的科舉制徹底廢除，很能體現政府那種破釜沉舟的決心。[41]

立憲亦然。就在 1905 年當年，報紙已觀察到「昔者維新二字，為中國士夫之口頭禪；今者立憲二字，又為中國士夫之口頭禪」的現象。[42]至 1907 年，孫寶瑄感慨道：「風氣至今，可謂大轉移。立憲也，議院也，公然不諱，昌言無忌；且屢見諸詔旨，幾等口頭禪，視為絕不奇異之一名詞。」數年前這還是「所夢想不及」的事，[43]現在已有付諸實踐的希望了。最初朝廷正式確立的預備立憲年限為九年，僅兩年後的 1910 年，頗類當初改廢科舉的模式，朝廷又將預備立憲期從九年縮減為五年，而朝野已在討論進一步縮減為三年甚或立即施行的可能。

類似廢科舉、試行立憲這樣的改革，都是千年未有之巨變，因此不能說朝廷沒有決心、沒有誠意。不論朝廷的舉措在多大程度上是被逼無奈，這樣的步步深入都的確體現了改革的誠意。改革的不斷加速進行，表明朝廷的確希望可以借此挽回士人的支持。當然，在士人對朝廷的不信任相對普遍之時，很多人還是對立憲持觀望的態度；然而這正是黃遵憲曾經夢想的「尊王權以導民權」，朝野中不少人對此也曾寄予厚望。蓋一旦實行立憲，皇帝就真成虛君了。這樣舉足輕重的大事，仍有進一步考察分析的必要。

三、自上而下的立憲

若向前追溯，清末立憲也曾經歷了一個民間走在前面的階段，但很快就出現在官員的奏摺之中。[44]日俄戰爭結束後，由於袁世凱和端方的努力，立憲主張「漸達天聽」。[45]先是出使各國考察政治大臣載澤上奏說，立憲方可使「皇位永固」，且能解決滿漢矛盾等各種問題。[46]不久，「立憲足以安帝室」的主

41　參見王德昭《清代科舉制度研究》，中華書局，1984，第 236—245 頁。

42　〈論立憲當以地方自治為基礎〉，錄乙巳八月二十三日《南方報》，《東方雜誌》第 2 年第 12 期，1906 年，第 216 頁。

43　孫寶瑄：《忘山廬日記》下冊，1907 年 10 月 21 日，上海古籍出版社，1983，第 1082 頁。

44　鄧實觀察到，「立憲之聲，已遍傳於草野，而宮府不聞也；立憲之文，已交奏於臣工，而政府依舊也」。見氏著《雞鳴風雨樓民書‧民政第七》，1904 年，《光緒甲辰政藝叢書‧政學文編卷三》，第 16 頁 B（卷頁）。杜亞泉稍後也總結說，「疆吏之陳請、人民之請願，皆立憲發動之助史」。見氏著〈通論〉，周月峰整理〈辛亥前十年中國政治通覽〉，第 24 頁。

45　胡思敬：〈奏立憲之弊摺〉（1910 年 10 月 27 日），故宮博物院明清文件案部編《清末籌備立憲文件案史料》上冊，中華書局，1979，第 346 頁。

46　載澤：〈奏請宣布立憲密摺〉（1906 年），《清末籌備立憲檔案史料》上冊，第 174—175 頁。

張漸為朝野所接受。[47] 大概從 1905 年起，立憲已成朝野共識，遂出現前引立憲二字成為「士夫之口頭禪」的現象。

與此同時，立憲越來越被看作通向富強的必由之路。端方的奏摺就一再強調，日俄戰爭表明，「立憲與否」就是「兵強國富與否之原因」。據他在外國考察，「東西洋各國之所以日趨於強盛者，實以採用立憲政體之故」。中國若「內政不修，專制政體不改，立憲政體不成，則富強之效，將永無所望」。如「欲國富兵強，除採用立憲政體之外，蓋無他術」。[48] 稍後仿行立憲的上諭也明確肯定：「各國之所以富強者，實由於實行憲法，取決公論。」[49] 到 1909 年 4 月，學部奏摺再次肯定「立憲之效，必以富強為歸」。[50]

晚清的富強國策本來就是被動推出的，即黃遵憲所謂「避禍全生」。立憲亦然，常被不少人視為一種擺脫危機、解救危局的脫困舉措，帶有不得不推行的被動意味。《東方雜誌》的署名文章當時就指出：「立憲之謀，乃剝膚於敵國外患，被動所生，而非主動，此無可諱飾者也。」[51] 儘管如此，這樣一種以立憲致富強的取向，仍體現出一種積極正面的努力精神。

作為一種國家行為，立憲究竟是積極主動還是消極被動，實有很大的差異。時人已感覺到這一點，以為有必要弄清「將以立憲為興國之目的乎？抑以立憲為救亡之手段乎」？前者近於「好事喜功之發動」而「欲大有為」，後者則是出於「天時人事之交迫」而「不可不為」。[52] 從清廷的整體作為看，在立憲國策的確立方面，顯然有些躊躇；而在政策確定之後，卻推進得雷厲風行（至少中央政府非常急迫，已使多數地方疆吏難以接受），大體表現出一種被動中

47　孫寶瑄：《忘山廬日記》下冊，1908 年 8 月 20 日，第 1230 頁。

48　端方等：〈請定國是以安大計摺〉（1906 年 8 月 26 日），《端忠敏公奏稿》（沈雲龍主編《近代中國史料叢刊》第 10 輯），文海出版社，1967 年影印本，第 702—705 頁。

49　〈宣示預備立憲先行釐定官制諭〉（1906 年 9 月 1 日），《清末籌備立憲檔案史料》上冊，第 43 頁。

50　學部：〈奏報分年籌備事宜摺〉（1909 年 4 月），《教育雜誌》第 1 年第 4 期，1909 年。在既存研究中，王人博特別強調了晚清立憲的目標是富強，亦即憲政是走向富強的工具，故中國憲政與西方憲政的關懷不同。革命黨人與立憲黨人的爭論，基本也是何者更能使中國富強，而不是立憲或共和兩種政體的優劣與否。參見王人博《憲政文化與近代中國》，法律出版社，1997，第 251 頁，更詳細的討論見該書第七章。

51　莚照：〈人民程度之解釋〉，《憲政初綱》（《東方雜誌》臨時增刊，光緒三十二年十二月，約 1907 年 1 月），第 5 頁（類頁）。

52　〈論立憲與財政之關係〉，《廣益叢報》第 4 年第 30 號，1907 年 1 月 13 日，「國計」，第 1 頁 A。按：該文作者認為立憲已是「救今日中國之急」的唯一手段，也是推行其餘具體新政的基礎，不可不立即進行。

的主動傾向。

　　隨著革命的主張開始流行，清廷不得不以革政的方式與之競爭，以避免革命的發生。杜亞泉稍後即說：「吾國立憲之主因，發生於外界者，為日俄戰爭；其發生於內部者，則革命論之流行，亦其有力者也。」[53] 在某種程度上，立憲與革命之爭已成為中國兩種出路的競爭。以立憲消弭革命，基本也是一種被動的反應；但以革政的方式與革命競爭，仍表現出一種被動中的主動傾向。

　　立憲這一朝野共識的形成，用朱執信的話說，「其倡者一二無賴，而和者乃遍中國；相與鼓吹張惶之，使深入於士民之心」。[54] 胡思敬更清楚地看到，只有朝廷先做出決策，然後「二三浮薄希寵之徒」才可以「相與鼓煽其間」。[55] 若結合二人的話共觀之，則立憲先由「一二無賴」提倡，繼經「二三浮薄希寵之徒」附和。當時最保守者和最激進者的概括，實相當接近。

　　這一共性揭示出，儘管從歷時性的視角看，立憲已是石破天驚的根本性巨變，但在共時性的語境中，立憲卻還是一個介於激進與保守之間，同時面臨雙方抨擊的舉措。不過，革命黨方面的攻擊更多在海外，而守成者的反對也僅部分公開（由於已是既定的國策，很多心存不滿的官員不能不取自我禁抑的態度，甚或以表面支持求實際的延緩，詳後）。大體上，立憲已成大勢所趨。

　　就其發生和發展的途徑看，立憲無疑經歷了一個自下而上的過程，但不過幾年，起自民間的思路漸具朝野共識。或可以說，朝廷派五大臣出洋考察政治時，即已基本傾向於立憲，出洋考察不過是為一項半公開的既定政策尋求支持，以增強其正當性。當年報紙就注意到，自考察大臣歸國到下詔宣布立憲，歷時僅一個月。[56] 可知立憲之意先已預定。而民間也讀懂了上意。自五大臣出洋，「薄海人民，咸知朝廷實有與民更始之意，而希望立憲之情乃益切」。駐外使節和樞臣疆吏，「亦紛紛奏請立憲」。[57] 到其正式被確定為國策後，立憲就基本形成一個自上而下強力推動的態勢。這是憲政能夠風靡的主要基礎，也是一個不可忽視且值得進一步考察的傾向。

53　杜亞泉：〈通論〉，周月峰整理《辛亥前十年中國政治通覽》，第 24 頁。
54　蟄伸（朱執信）：〈論滿洲雖欲立憲而不能〉（1905 年），張枬、王忍之編《辛亥革命前十年間時論選集》第 2 卷，第 116 頁。
55　胡思敬：〈奏立憲之弊摺〉，《清末籌備立憲檔案史料》上冊，第 346 頁。
56　〈立憲紀聞〉，《憲政初綱》，第 5 頁（類頁）。
57　〈立憲紀聞〉，《憲政初綱》，第 2 頁（類頁）。

立憲的自上而下特徵

魯迅後來說：「中國太難改變了，即使搬動一張桌子，改裝一個火爐，幾乎也要血；而且即使有了血，也未必一定能搬動，能改裝。」[58] 但清季朝野則皆感外國立憲必流血，而中國不僅不流血，還是上比下積極。當出洋考察五大臣被行刺時，夏曾佑就提出：「天下各國民人要求朝廷立憲，朝廷不許，致有種種凶險之舉，此為國家之常事。而惟我國，則朝廷深欲立憲，而民人拋炸彈以止之，亦何其可怪之甚哉？」[59] 夏氏指出了一個重要的差異，即中國立憲本是模仿外國，其進程卻與外國頗不相同—外國立憲多自下而上，中國立憲卻表現出自上而下的特徵。

這一特徵，其實當年政治立場不同的各方面人都已共同注意到了。革命黨人汪精衛首先就指出：「立憲事業，滿洲政府實司其柄，自定憲法，以規律大權之行動。」他更明言，這是滿洲政府「自率己意，以定憲法，於國民何與焉」？[60] 湯壽潛私下說：「以五千年相沿相襲之政體，不待人民之請求，一躍而有立憲之希望，雖曰預備，亦極環球各國未有之美。」[61]《東方雜誌》則公開說，立憲詔書和改官制的上諭中都表述了「民格不及、程度不足」、「民智不足」之意；「質而言之，即謂下之自謀，不若上為之謀也」。[62] 此雖可見婉轉的指責，但仍指出了實質，即立憲本非「下之自謀」，而更多是「上為之謀」。

所有這些人都看到並指出了一個共同點，即此時的立憲是自上而下的。且正因是自上而下的，似乎還來得太容易。鄧實在 1904 年還慨歎「革命難矣，而革政抑亦不易」。他很擔心立憲的希望可能會「望之終古而已」。[63] 到立憲上諭頒布後，夏曾佑轉而感歎「自古立憲之遲，莫如中國；自古立憲之易，亦莫如中國」。[64]

58　〈娜拉走後怎樣〉，《魯迅全集》第 1 卷，第 164 頁。
59　夏曾佑：〈論車棧行刺之可怪〉（1905 年 9 月），《夏曾佑集》，上海古籍出版社，2011，第 375 頁。
60　精衛：〈滿洲立憲與國民革命〉，《民報》第 8 號，1906 年 10 月，第 21—22 頁（文頁）。
61　〈湯壽潛致瞿鴻禨〉（1906 年），《瞿鴻禨朋僚書牘選》（下），《近代史資料》總 109 號，中國社會科學出版社，2004，第 56 頁。
62　蟄照：〈人民程度之解釋〉，《憲政初綱》，第 8 頁（類頁）。
63　鄧實：《雞鳴風雨樓民書・民政第七》，《光緒甲辰政藝叢書・政學文編卷三》，第 16 頁 B（卷頁）。
64　別士（夏曾佑）：〈刊印憲政初綱緣起〉，《憲政初綱》，第 1 頁（類頁）。

　　換言之，這次是朝廷主動要立憲，而不是被要求立憲。且後來朝廷表現得似乎越來越「主動」，不論其是否情願，開設國會的期限確實越縮越短。1910 年 11 月 4 日（宣統二年十月初三日），清廷頒布上諭，宣布將開設國會的期限縮短三年，於宣統五年開設議院。詔書指出：由於時勢危迫，「日甚一日」，且「內外臣工，強半皆主張急進」；朝廷「宵旰焦思，亟圖挽救，惟有促成憲政，俾日起而有功。不待臣庶請求，亦已計及於此」。[65]

　　這一上諭明確了立憲開國會是為了應付危迫的時勢，承認了內外臣工「強半皆主張急進」的現實，並強調了朝廷「不待臣庶請求」已在籌劃此事。這大體應非虛言，而係實述。蓋對朝廷在立憲方面的主動，就連政府中人也有疑慮。稍早在大臣討論立憲的會議上，據說鐵良就提出：

> 吾聞各國之立憲，皆由國民要求，甚至暴動。日本雖不至暴動，而要求則甚力。夫彼能要求，固深知立憲之善，即知為國家分擔義務也。今未經國民要求，而輕授之以權；彼不知事之為幸，而反以分擔義務為苦，將若之何？[66]

　　而袁世凱解釋說，過去歐洲人民是因「積受壓力，復有愛國思想，故出於暴動以求權利」。中國則朝廷崇尚寬大，故「民相處於不識不知之天，而絕不知有當兵納稅之義務」。故「各國之立憲，因民之有知識而使民有權；我國則使民以有權之故，而知有當盡之義務」。吾輩之責任，在「使民知識漸開，不迷所向」。

　　袁的回答道出了立憲的一項要素，即開民智而使之有權利義務觀念。一般憲政研究似較少述及教育，其實憲政乃新政之一部分，其間教育始終得到強調，被置於首要的位置。[67] 朝廷的具體預備立憲次序，也是先普及教育，以推行地方自治。這是從戊戌維新時期開始的以教育培養「國民」（對應於「臣民」）努力的延續，本是在野的趨新讀書人向所提倡者，為朝廷所採納。時人認知中的「國民」，是要「與國家之興衰有關係」，[68] 即不僅要有自治的能力

65　憲政編查館錄〈提前實行立憲論〉（1910 年 11 月），中國第二歷史檔案館編《中華民國史檔案資料彙編》第 1 輯，江蘇人民出版社，1979，第 128 頁。

66　本段與下段，均見〈立憲紀聞〉，《憲政初綱》，第 4 頁（類頁）。

67　Peter Zarrow, "Constitutionalism and Imagination of the State: Official Views of Political Reform in the Late Qing, " in idem ed., *Creating Chinese Modernity: Knowledge and Everyday Life, 1900-1940* (New York: Peter Lang, 2006) , pp.61-64.

68　羅振玉注意到，「近日東西教育家分人民與國民為二」，而「所謂國民者，已受義務教育，

和權利，更要知愛國；而愛國的一個主要表現就是多繳稅還愉悅，同時也願意當兵。張蔭棠就明言，「立憲政體之善」，就在於「使民知國家者，君與己共之，愛國之心油然而生，然後肯犧牲財產以供租稅，犧牲身命以為兵役」。[69]

提到「開民智」，有些人或許連帶想到的是「興民權」，朝廷則顯然更看重使其「知有當兵納稅之義務」的一面。當時以教育培養國民愛國心的直接目的，大都在於「肯犧牲財產以供租稅，犧牲身命以為兵役」。那時被視為袁世凱主要權力競爭者的瞿鴻禨，這方面看法與袁相類，他也說：「憲法之利於國者，在人人知當兵、納稅之義務，而可致富強；其利於民者，在人人可享法律之自由，人人有與聞國政之榮利，不啻上下互為報施。」如此，則必「民智大開，民德日厚，夫然後下知當兵、納稅，而皆有急公好義之誠。」[70] 這些人之所言，大體仍是咸同以來官文書中最常見的籌餉、練兵二事。但不同的是，西來的權利義務觀念在官員中已相當普及，並成為其論事的學理依據。

而鐵良的疑問，顯然代表了較普遍的看法。于式枚也說：

> 各國立憲，多由群下要求，求而不得則爭，爭而不已則亂。夫國之所以立者曰政，政之所以行者曰權。權之所歸，即利之所在。定於一則無非分之想，散於眾則有競進之心。其名至為公平，其勢最為危險。行之而善，則為日本之維新；行之不善，則為法國之革命。[71]

于式枚不僅道出了中國立憲與各國的不同，更指出了一個可能的反向結果：外國是因爭權而致亂，中國則可能因授權而致亂。大學堂監督劉廷琛進而提出，「歐洲各國立憲，皆因昏君暴相，肆行掊克，民不堪命，乃起而與政府相抗，幾經流血而成」。中國則反是，民間未見什麼抗爭，朝廷則「持太阿之柄以示人，坐使國勢紛攘而不安」。[72] 劉廷琛的見解有和于式枚相近處，然更

與國家之興衰有關係之謂也」。若「人民之未受義務教育者，則不得冒國民之稱」。見羅振玉〈日本教育大旨〉，王寶平主編《晚清中國人日本考察記集成・教育考察記》（上），杭州大學出版社，1999，第 233 頁。

69　出使美墨秘古國大臣張蔭棠：〈為時局危亟請速行憲政摺〉（1911 年），《清末籌備立憲檔案史料》上冊，第 362 頁。

70　瞿鴻禨擬〈覆核官制說帖〉，周育民整理《瞿鴻禨奏稿選錄》，《近代史資料》總 83 號，中國社會科學出版社，1993，第 36 頁。

71　考察憲政大臣于式枚：〈奏立憲必先正名不須求之外國摺〉（1908 年），《清末籌備立憲檔案史料》上冊，第 336—337 頁。

72　劉廷琛：〈奏為憲政敗象漸彰新黨心跡顯著請亟圖變計以救危機摺〉，劉錦藻：《清朝續文獻通考》，浙江古籍出版社，1988 年影印本，第 11511—11512 頁。

直截了當，明言立憲已導致「國勢紛擾」。不過，使臣張蔭棠有相反的看法，他以為，各國由專制政體變為立憲政體，「俱不免有官民上下權限之相爭」。而中國則「全賴朝廷預制機先，明決斷行」，遂能「融洽黨見，消彌隱患」。[73]

在革命黨方面，從預備立憲之詔初下時起，「有識之士即號於眾曰：各國立憲無不由國民流血以購之，今我政府竟如是慷慨，而分權讓利於吾民也，烏可得哉」？[74] 其態度雖是負面的，卻也點出了立憲自上而下的特徵。當年傾向於革命者反對立憲的一個代表性說法，即天下沒有平白而至的好事，若出現，不是假的，就是欺騙和陰謀。

雷昭性就分析說，憲法的實際功用，即「殺政府之權，而與人民以參政權」。通常政府都不願意分其權力，故「各國立憲，其原動力皆發自人民。政府於百端抗拒阻撓之後，至於勢不能支、力不能拒而後許焉」。而「吾國則政府為原動力，無須逼迫，而泰然分其權與人民，何其文明程度高於各國若是也」！和于式枚相近，他也視立憲為政府與人民之間的權力競爭，而政府顯然是強勢一方，故各國人民「於不得已之時而不免用激烈之衝突」。由此可知，憲法者，「大都由激烈時代人民逼迫而成，非可由平和時代政府醞釀而成」。[75]

《民立報》的社論指出：憲法是「保護人民」而「束縛君權」的，「人民不起而立之，斷未有君主肯起而立之」者；同理，國會也沒有「人民不起而開之」而「君主肯起而開之」者。故「自來憲法，未有非國民能起而自立，而可以得美備之憲法者；自來國會，未有非國民能起而自開，而可以得有力之國會者」。若「有恩許開之者，必非真正之憲法、真正之國會」。國民應當負起責任，不能坐視君主「自立憲而自開國會」。[76] 不論報紙的態度如何，最後一語仍點出了立憲更多出自朝廷的特徵。

更重要的是，由於立憲的自上而下特色，關於憲政，已形成某種程度的言論禁抑，特別是官員的自我禁抑，即大家不怎麼說反對的話（不敢說或不願

73　張蔭棠：〈奏陳設責任內閣裁巡撫等六項文職官制摺〉（1911年），《清末籌備立憲檔案史料》上冊，第550頁。

74　鐸人：〈對於憲政之民心與立憲之不可得和平〉（1911年），張枬、王忍之編《辛亥革命前十年間時論選集》第3卷，第814頁。

75　鐵崖（雷昭性）：〈中國立憲之觀察與歐洲國會之根源〉（1910年5、6月），張枬、王忍之編《辛亥革命前十年間時論選集》第3卷，第698—699頁。

76　海空：〈論國民宜急起參與憲法〉，馬鴻謨編《民呼、民吁、民立報選輯》，河南人民出版社，1982，第574—576頁。

說），實際往往是說了也白說。內閣學士文海一開始即指出，立憲有六大錯，其實「人所共知」，參與定策的「會議諸臣亦所共知」，不過因「勢成指鹿為馬而不敢言」。[77] 內閣中書王寶田等稍後也說，立憲、改官制的弊害「固夫人之所知也；特知之而不肯言，言之而又不實不盡也」。[78] 就連革命黨人戴季陶也注意到：「今日之政府中人，自攝政王以至於各親貴大臣，無論其人格如何、性質如何、意見如何，未有敢發一言以反對憲政者。」[79]

值得注意的是，那些質疑立憲或憲政的官員，多是官位不甚高者，或官品雖高而疏離於權力中心者，還有一些則是以諫諍為責任的言官（他們的立論基礎不盡同）。左都御史陸寶忠當時就對這種「大臣不言，而小臣言之」的現象感到「汗顏無地」。[80] 當然，也有少數握有實權的疆臣對憲政舉措公開表示不同意見，陝甘總督升允直接反對，兩江總督張人駿則婉轉抵制。不過，由於立憲乃上之所好，兩人「皆負大不韙之惡名」，支持立憲者「群起而相詬厲」。[81] 而這些詬厲者，當然包括迎合上意的各級官員。

不論是主動迎合還是被迫追隨，憲政的風靡，意味著政府尚有可以作為的餘地。這是非常重要的，蓋儘管朝廷希望立憲可以保皇室，而朝野中不少人也希望立憲可以阻革命，立憲的實質意義，正在於它是推行新政的制度基礎。

「開千古未有之創局」

夏曾佑很早就意識到立憲這一改革的根本性和整體性，所以他在 1905 年就提出，仿效外國立憲「當師其意，而不必襲其名」。因此，他希望朝廷在「改政體時，不當盡求之於法學家，而必求之於哲學家」。[82] 這一看法不僅在當時沒引起什麼反響，後來也少見跟進，卻提示著後之研究者，當從基本的思想層面去思考制度的變革。

77　內閣學士文海：〈奏立憲有六大錯請查核五大臣所考政治並即裁撤釐定官制館摺〉（1906年），《清末籌備立憲檔案史料》上冊，第 140 頁。

78　內閣中書王寶田等：〈條陳立憲更改官制之弊呈〉（1906 年），《清末籌備立憲檔案史料》上冊，第 161 頁。

79　〈最近政界之悲觀〉（1910 年 12 月 15 日），唐文權、桑兵編《戴季陶集》，華中師範大學出版社，1990，第 185 頁。

80　〈陸寶忠致瞿鴻禨〉（1906 年 9 月 15 日），《瞿鴻禨朋僚書牘選》（上），《近代史資料》總 108 號，中國社會科學出版社，2004，第 21 頁。

81　胡思敬：〈奏立憲之弊摺〉，《清末籌備立憲檔案史料》上冊，第 346 頁。

82　〈論日勝為憲政之兆〉（1905 年 5 月），《夏曾佑集》，第 341 頁。

必須充分認識立憲帶來的根本性轉變。正如資政院開院典禮（1910年10月3日）上宣統帝的上諭所說，預備立憲乃是「開千古未有之創局」。而十天前資政院總裁溥倫也在首次召集日上強調，這是「我中國數千年以來沒有行過的盛典」！[83] 在稍後的第二十六次資政院會議（1910年12月15日）上，剪辮易服案的提案者羅傑說，剪辮是否有違祖制，可以不必考慮。若說「不能變更祖制，這個立憲政體，豈不是顯然變更祖制嗎？既然政體可以變更，何有區區髮辮呢」？[84]

這樣的提議也出現在資政院，胡思敬就深有感慨：「不圖海外之逆書，忽變而為公朝之議案。」[85] 而對於朝中興起內閣代君主負責之說，他更點出這一轉變的徹底性：「使雍正、乾隆之朝而有是言，兩觀之誅，何以逃罪？今眾口並為一談，牢不可破。」[86] 用時人的話說，以立憲「永保皇位」，是一個改變「政體」以保存「國體」的取向——政權的保存更多是名義上的，而治權的轉換卻是根本性的。其手段的激進與目標的保守之間，隱伏著尖銳的緊張，前者在很大程度上直接威脅著後者。

無論出於何種意圖，立憲一旦實行，皇帝就成為真正的虛君了。從實際執政的角度言，這不啻一個否定皇帝自身統治正當性的決策。升允看到了其中的關鍵：憲政的好處在於「雖有暴主，不能虐民」；然其弊，則即使「有聖君」亦「不能澤民」，因為皇帝已「無負擔、無責任，拘攣於法宮高拱之中，莫由屈伸」。[87] 孫寶瑄很早就知道，既立憲，則「國中之事，舉聽命於相」，皇帝不過「徒有君之名耳」。[88] 他後來進而指出，也只有君主不負責任，置掌權的宰相於可立可易之位，然後帝室才可以「安然無恙」。[89]

從當局者的視角看，即使作為解救危局甚或避免革命的舉措，立憲這一方式也充滿了風險，甚至是危險。對任何時代的任何當政者來說，做出這樣的改革決策，都不可能是輕而易舉的。在決策確定後，推行過程中的猶疑和

83　李啟成點校《資政院議場會議速記錄》，上海三聯書店，2011，第4、1頁。
84　李啟成點校《資政院議場會議速記錄》，第369頁。
85　胡思敬：〈請查辦奸人倡剪辮易服煽亂人心摺〉（宣統二年十一月），《退廬全集·退廬疏稿》，文海出版社，1970年影印本，第991頁。
86　胡思敬：〈奏立憲之弊摺〉，《清末籌備立憲檔案史料》上冊，第346頁。
87　〈補錄開缺甘督升允痛詆新政摺〉（續），《申報》1909年8月1日。
88　孫寶瑄：《忘山廬日記》上冊，1901年6月27日，第359頁。
89　孫寶瑄：《忘山廬日記》下冊，1908年8月20日，第1230頁。

反復，既是自然的，也會是持續的。而其間的審慎、遲緩和蹣跚又都很容易被視作拖延和欺騙。[90] 換言之，要說清廷的立憲有多麼主動和誠懇，顯然過於理想；其盡可能延緩進程，祈求某種扭轉局勢的奇蹟出現，這樣的心態也並非不存在。

　　然而，以治權的根本轉移換取政權的名義保存，無論如何都是一個徹底的變革，即余肇康所謂「別開一四千年來之世界」。[91] 反對新定官制的陸寶忠指斥「三五嗜進喜事少年」不學無術，「任意去留，幾欲舉祖宗成法掃除而更張之」。[92] 這絕非無的放矢，戴鴻慈和端方關於改官制的奏摺說得很明白，他們「詳細參稽，悉心斟酌，實欲舍中國數千年之所短，就東西十數國之所長」。[93] 短長的標準是不定的，但「中國數千年」和「東西十數國」的對應性時空棄取，充分表明了改革的徹底性。

　　虛君之後，再加上這樣從文化到政治的全面棄取，朝廷實所剩無幾，既沒了退路，也很難再進一步了。若按立憲進程實行選舉，僅數百萬之滿人是無法與占多數的漢人相抗衡的，這等於將各級權力奉還漢人。[94] 這是那些「體制內」改革者心知肚明而不宜點醒者，革命黨人又豈不知之乎！陳寅恪比很多人更清楚地看到了問題的關鍵所在—「君憲徒聞俟九年，廟謨已是爭孤注」。[95] 如其所揭示的，很多時人關心和爭論的是立憲的緩急，對皇室而言，這已是名副其實的孤注一擲了。

　　以今日的後見之明看，朝廷對於立憲，實已相當主動。儘管很多充滿焦慮的時人的確感覺立憲推行太慢，但是從改革的徹底性及變動的廣度言，恐怕

90　在當年的主持輿論者看來，立憲的整體進程便顯得緩不濟急。即使到立憲推行得非常急切的 1910 年，報紙仍感覺「何舉動若是其寥寥」，強調「歲雲暮矣，逝者如斯」，政府與國民皆不能「長此優遊以卒歲」。見毅〈一年內政府與國民之大舉動〉（續），《申報》1910 年 1 月 30 日。

91　〈余肇康致瞿鴻禨〉（1906 年 9 月 22 日），《瞿鴻禨朋僚書牘選》（上），《近代史資料》總 108 號，第 21 頁。

92　〈陸寶忠致瞿鴻禨〉（1906 年 9 月 15 日），《瞿鴻禨朋僚書牘選》（上），《近代史資料》總 108 號，第 20 頁。

93　戴鴻慈、端方：〈奏請改定全國官制以為立憲預備摺〉（1906 年），《清末籌備立憲檔案史料》上冊，第 383 頁。

94　例如，根據《諮議局章程》，各省諮議局雖單列旗籍議員專額，然除京旗為十名外，各省僅設一至三名，比例實低。憲政編查館等：〈奏擬訂各省諮議局並議員選舉章程摺（附清單）〉（1908 年），《清末籌備立憲檔案史料》，第 670—671 頁。以當時的定義，諮議局並非省議會，但朝野均有人視之為向省議會過渡的機構，故仍有明顯的提示性。

95　〈王觀堂先生挽詞〉，《陳寅恪集·詩集》，三聯書店，2001，第 15 頁。

朝廷是操之過急而非過緩。進而言之，清季立憲的自上而下特色，以及立憲未必出自一般人民要求，共同表明了一個重要的事實，即中國的立憲主要並非某些社會群體在政治權力的分配上感覺受到了壓制，而更多是基於想要實現富強的國家目標，以解決中國在世界上的地位問題。

《東方雜誌》的署名文章也說：從預備立憲的上諭看，「朝廷所以主張立憲者，意在救亡。實灼然於制治之舊，不足以肆應於世界大勢之新」。[96] 武昌事發後，資政院總裁世續等的奏摺指出，革命黨人鼓煽之說，「皆由怵於危亡而起」。蓋「生今之世，萬國競爭，非立憲無以立國」。彼「窺我政府之意則決不肯立憲，不立憲則亡。與其坐而待亡，孰若起而革之」，以「鐵血立憲」代「和平立憲」。[97] 而端方等在奏請立憲時已說，此後「中國轉危而為安，轉弱而為強，亦能奮然崛起，為世界第一等國。則舉國臣民其沐我皇太后、皇上之福者，將亙億萬年而無窮」。[98]

這就說明，那時朝野都開始意識到有一個相對超越易姓或君民利益之上的新事物，即身處萬國競爭之中的「國家」。而中外競爭的勝負，可能是君民雙方共同的─勝即雙贏，負則兩輸。正因如此，一姓一時之立憲，才具有「亙億萬年而無窮」的意義。換言之，與西方許多國家的立憲要求不同，清末的立憲要求似乎不是因為中國的內政出了問題，而是因為既存的政治制度無法解決對外競爭的問題。後來一些力圖模仿外國的人為看不到類似西方為要求民主而奮鬥的第三等級一類群體的出現而失望，卻並未注意到此雖牽涉內部的權力分配，卻本非因此而產生的問題。

從根本言，晚清的政治改革，特別是擬將推行的憲政，本是一種全新的外來政治形式，既涉及國家性質和權力的再分配，在很大程度上也意味著政治秩序甚至文化秩序的重新整合。可是清末朝野雖也經常提及國家性質和權力的再分配等問題，卻僅點到為止，較少見從學理方面思考和討論這些重要面相。尤其西人在提倡憲政時對人民主權（即國家權力在民，且以自下而上的方式確立）的強調，似乎不是中國鼓吹立憲者的重要議題。制度的學理基礎，以及

---

96 蒞照：〈人民程度之解釋〉，《憲政初綱》，第 5 頁（類頁）。
97 資政院總裁世續等：〈請明詔將憲法交院協贊摺〉（1911 年），《清末籌備立憲檔案史料》上冊，第 94 頁。
98 端方等：〈請定國是以安大計摺〉，《端忠敏公奏稿》，第 717 頁。

制度與人民的關係，或人民在制度中的地位，也都不是時人關注的重點。甚至立憲的基本含義，即以憲法為基礎的治理，也並未特別受到重視。憲法本身，從當時到現在，都不是各類「立憲」討論中的一個關鍵議題。[99]

那時不少人往往從符號（或時人常說的「名詞」）而非制度層面去思考體制問題，視憲法或立憲為一種象徵，彷彿其有某種神奇的力量，一旦做了，問題也就解決了。在某種程度上，憲法的確也只是一種稱謂或說法。若論一國的根本體制，即所謂「廣義憲法」，則時人也知道，「無論何國，統治以來，莫不有之」。中國本有其體制，更有成文或不成文的傳統，而且是有約束力的傳統，即晚清君臣常說的「祖制」（此所謂「制」，不必論其是否成文，蓋昔人本特別重視先例也）。但晚清人心中口中的「憲法」，更多是特指「擴張民權，組成代議制度，使參預立國法之根本」的所謂「狹義憲法」。[100]

近代中國的特別之處，正在於為了模仿這外在的狹義憲法，不惜廢棄既存的廣義憲法（例如科舉制的廢除）。蓋因立憲本落實在「富強」的國家目標之上，大部分人似已預先確認了外國憲政的正確性和正當性，而不甚注意和關心憲政在西方也仍是發展中的議題。他們所爭論的，更多是仿效何國、何種憲政，以及擬議的各項具體舉措是否學到了其所欲仿效的憲政。

而對於朝廷是否真能實行立憲，當年海內外有不同立場、持不同取向之人，其實都不夠信任，唯程度不同，反應也不同。革命黨人的態度特別意味深長，他們公開否認朝廷能夠立憲，其實內心對政府有信任，故也常發出「不許」政府立憲的主張，甚至有人承認若立憲成功，革命就沒希望了（詳後）。這樣，改革進程本身，就成了對其正當性的論證方式和檢驗手段。若朝廷證明自己真能立憲，則可進入操作層面繼續推進自上而下的改革；若朝廷被「證明」不能立憲，則不論是開國會還是革命，都是另一種自下而上的途徑了。

朝廷這樣破釜沉舟的努力，仍讓相當一些讀書人感覺不滿，應有更深層

99　《民立報》在 1910 年就注意到，儘管立憲的論述已風行數年，卻很少有人「博采兼收，比類旁通，研究討論憲法國會之為何物」（海空：〈論國民宜急起參與憲法〉，《民呼、民吁、民立報選輯》，第 572—573 頁）。另一方面，當年革命黨人頗言盧梭式主權在民說，鼓吹立憲者較少議論這類問題，固可能是不關注，也可能是有意回避。此承北京大學歷史學系李欣然同學提示。

100　關於憲法的廣義狹義，參見蓀樓〈《憲法大綱》芻議〉，張枬、王忍之編《辛亥革命前十年間時論選集》第 3 卷，第 678—679 頁。

的原因在，需要認真對待和分析。另一方面，清末朝野之談論立憲，頗有些類似後來的讀書人「說革命」，[101] 始終夾雜著想像和憧憬，很少有人真正認識到立憲是對此前已在推行的諸多具體新政舉措的制度提升。由於對此的體認不夠深入，也缺乏心理上和學理上的準備。例如，與制度變革密切相關的政治倫理，同樣需要有重大的轉變，卻很少進入時人的意識層面和言說之中。最要命的是，在新政從一些可以分散進行的具體作為上升到立憲的整體制度層級後，很多此前尚未充分暴露的根本性制度困境就在實際的操作中越來越清晰地呈現出來。

四、制度困境下的新政

從清季開始，中國的既存制度不適應時代便是一個流行的說法。當時人已在申說立憲與專制的對立，稍後又延伸到帝制與共和的對立（前者是時人對於「政體」的一種概括稱謂，後者則是時人所謂的「國體」）。到 1949 年後，至少在中國大陸，則多說封建制度和資本主義時代的對立。這些見解的思想資源各異，觀察視角也不盡同，但大體都接受類似的預設，即一時代應有一時代的制度，而近代中國已進入一個新的時代，其制度卻滯後，故不能適應。

前引龔自珍的「尊隱」說，已提示出不待西潮衝擊，中國的問題已存在。汪士鐸稍後說，「當咸豐中，海內多故，非上有失政，下有貪酷」，而是人口多而風俗奢相，物力不能給所致。由於「休養久而生齒繁，文物盛而風俗敝」，故「不必有權相藩封之跋扈，不必有宦官宮妾之擅權，不必有敵國外患之侵凌，不必有饑饉流亡之驅迫」，雖「上無昏政，下無凶年，而事遂有不可為者」。[102]

汪氏所說的權相藩封之跋扈、宦官宮妾之擅權、敵國外患之侵凌以及饑饉流亡之驅迫的四「不必有」，除「敵國外患之侵凌」外，其餘幾條，直至民國代清，可說沒有太大的變化。但近代外患侵凌，很可能是造成中國局勢變化的一項根本因素，其實際的和認知上的作用皆不可小視。而且，耗散式的體制疲軟和衰退通常是可逆的，如通過改善人才選拔（此汪士鐸所最不滿），或

101　參見羅志田〈士變：二十世紀上半葉中國讀書人的革命情懷〉，氏著《近代讀書人的思想世界與治學取向》，第 104—141 頁。
102　參見王汎森〈汪悔翁與《乙丙日記》─兼論清季歷史的潛流〉，氏著《中國近代思想與學術的系譜》，聯經出版公司，2003，第 81—82 頁。汪士鐸文字也都轉引自此。

其他一些修補式的制度調整，或許就能解決問題。真正的挑戰是作為「正確」模式的外來新體制的出現，由於國家目標的外傾導致政府職能的轉換，進而不得不進行全面徹底的整體制度更易，這就與此前的困境大不一樣了。

小政府遇到了大問題

傅斯年曾論「王安石變法」，說「其改革之總用意，亦為富國強兵，以雪契丹之恥」。故不僅其用心不可非，「即其各法，亦多有遠見之明，此固非『不擾民』之哲學所讚許，卻暗合近代國家之所以為政也」。[103] 這是一個非常深刻的觀察，蓋王安石的「變法」實已觸及社會結構的根本改變，其成敗當從制度及其背後的基本價值觀念看（這是少數與前引夏曾佑見解相近者）。在中國，「不擾民」的小政府政治哲學早已體制化，至少為體制所固化，若不從基本價值觀念上開始轉變，並據此對體制進行更易，則任何「富國強兵」式的改革都很難成功。

清末新政也可由此考察：外敵的實際入侵和繼續入侵的威脅，使「富國強兵」成為政府不可回避的責任，而「富強」的確使傅斯年所謂「近代國家」的政治觀念與「不擾民」的小政府政治哲學形成了根本性的對峙，幾乎沒有妥協的餘地。這就使清廷遇到了一個非常棘手的問題：中外之間的國際競爭不可避免，為了不在競爭中落敗，就只能向「近代國家」靠攏。用傳統的術語說，為了「退虜」，先要「送窮」，這樣才可能實現「富強」。體現在政府職能轉換上的國家功能轉變，意味著整個政治體制、政治結構和政治倫理都不得不進行根本性的變革。

從世界史的視角看，中國統治的國土面積那麼大，維持那麼久（朝代雖更易，基本未變換體制），似僅此一例。[104] 按照歐洲的經驗，廣土眾民幾乎是不可能一統治理的，也沒有實施實際政治管理的先例。而根據中國的歷史經驗，由於實行了真正「小政府」的無為模式，[105] 在低成本的情況下運作，廣土眾民的狀況是可以治理的，實際也在很長的時間裡實現了治理。其間一個重要

103　傅斯年：《中國民族革命史》，未刊手稿，原件藏中研院史語所傅斯年檔。

104　Esherick, "How the Qing Become China," *in Empire to Nation*, p. 229.

105　摩爾並非中國專家，但他根據二手研究敏銳地覺察到中國傳統政府什麼也不做的特徵。參見 Barrington Moore, Jr., *Social Origins of Dictatorship and Democracy: Lord and Peasant in the Making of the Modern World* (Penguin Books, 1973), p. 204.

因素，即政府把權、責層層釋放。

中國傳統政治講究的是社會秩序的和諧，其基本立意是統治一方應「無為而治」。先秦政治思想有一個核心原則，即孔子所說的「為政以德，譬如北辰居其所而眾星共之」。所謂「治世」，即統治一方從上到下均可以無為，而天下的社會秩序仍能和諧。用今日的話說，「無為而治」就是政府儘量不作為。故中國的傳統政治，至少在理想的層面上，基本是一個不特別主張「作為」的「小政府」模式，接近於西方經典自由主義那種社會大於政府的概念。中國古人也許很早就意識到了國家機器很可能會自主而且自動地擴張，所以必須從觀念上和體制上對此「國家自主性」進行持續有效的約束。

與「小政府」對應的是某種程度上的「大民間」或「大社會」，過去常說中國是中央集權，那最多只體現在京師的中央政府本身。[106] 到了各地，則大體是一種逐步放權放責的取向，越到下面越放鬆。用清季時人的話說，即天子慎擇宰相，宰相慎擇守臣，守臣慎擇牧令，皆「責其成」而不問其具體之所為。[107] 且權、責不僅是分給省或州縣一級的地方官，很多時候是直接分給了基層的地方社會。

先秦時諸侯治理的地域不甚廣，故官治基本直至鄉一級。秦漢大一統後，怎樣在廣土眾民的局面上延續以前各諸侯國的治理模式，是一大挑戰。[108] 唐中葉以後，大體上官治只到州縣一級，且直接管理的事項不多，地方上大量的事情是官紳合辦甚或是由民間自辦的。用現代術語來表述這一官紳「共治」的特點，即「國家」不在基層，也缺乏向基層擴張的意願和動力。清初朝廷似曾有過試圖強化保甲而弱化士紳的努力，但並不成功，也未見延續，此後基本維持著唐中葉以後的政治形態。[109]

---

106 即使在京城，也與今日理解的「集權」很不一樣。不僅所謂「皇權」遠沒有平常所說的那樣大，對於京官，更存在從載和職責等各方面的限制—京官的載不如外官，通常也不能對老百姓實施直接的治理。類似限制雖未必成文，卻是眾所周知的。

107 〈再論中央集權〉，錄七月二十三日《中外日報》，《東方雜誌》第 1 卷第 7 期，1904 年，第 152 頁。

108 這方面較新的研究，參見黃寬重主編《中國史新論·基層社會分冊》，聯經出版公司，2009。其中邢義田的〈從出土資料看秦漢聚落形態和鄉里行政〉一文，特別可見從小國寡民（相對後來而言）時代到廣土眾民時代的轉折，尤其值得參考。

109 參見 Hsiao Kung-chuan, *Rural China: Imperial Control in the Nineteenth Century* (Seattle: University of Washington Press, 1960)；Ch'u T'ung-tsu, *Local Government in China under the Ch'ing* (Cambridge, Mass.: Harvard University Press, 1962).

中央與各地官員的職責，也有明確的劃分。袁世凱後來用新名詞解釋說：
「國家設官任職，首須權限分明。其大要不外立法、行政而已。內而各部，皆
為立法之地，此中央之所以集權；外而各官，皆為行政之人，此地方之所以寄
治。」簡言之，就是中央「議事」而外官「辦事」。相應的，各部的部員也「為
中央議事之人，而非地方辦事之人」。若「立法有未善者，外官亦得而條陳之，
但不能分中央制度之權；其行政有未善者，部臣亦得而糾查之，但不能攘地方
治事之權」。[110] 他以立法和行政這樣的新術語，非常簡明扼要地對議事和辦事
的區分進行了學理提升，即中央政府負責訂立制度，更多起主導作用；而各級
地方政府則承擔具體的治理。

當然，所謂無為，並非零行為，而是對某種行為方式和取向的強調。若
論政府參與的事務，似乎中國還勝過西方。嚴復曾比較東西立國之異，說「西
國之王者，其事專於作君而已；而中國帝王，作君而外，兼以作師」。故西方
君主「所重在兵刑」，而「中國帝王，下至守宰，皆以其身兼天地君親師之
眾責」，舉凡禮樂、宗教、營造、樹畜、工商，乃至教育文字等，皆其事也。
結果是「君上之責任無窮，而民之能事無由以發達」。[111]

實際上，歷代真能「作之君作之師」的皇帝是很少的；大部分時候是皇
帝和士人共治，實現一種群體的君師之治。用蔣夢麟的話說，中國久已沒有貴
族，只有「相當於貴族的士大夫階級」，逐漸衍化成一個「學者之國—最受
尊敬的是學問，最受珍視的是文化」。統治者依靠「學者領袖來驅策督導」，
通過「教育人民」以「真正地領導人民」。[112] 這樣的群體君師之治，也可以稱
為「士治」。在此體制下，從帝王到守宰的責任固無窮，具體治法卻又是相對
放任的。類似中央與地方的區分，各級政府也更多是起主導作用而已。

嚴復的意思，是不滿中國政府干預民事太甚，但他的確領會到了中國傳
統政治那種政教相連的特色。從根本言，政府可以無為的前提就是教化，即
賈誼所說的「有教然後政治也，政治然後民勸之」（《新書・大政》）。這
裡的「政治」，意思就是以政教為治和政事得到治理。百姓受教而化之，各

110　〈請飭另行核議路務辦事章程摺〉（1906 年），廖中一、羅真容整理《袁世凱奏議》，
　　　天津古籍出版社 1987，第 1291—1294 頁。

111　〈《社會通詮》按語〉，王栻主編《嚴復集》第 4 冊，中華書局，1986，第 928 頁。

112　參見蔣夢麟《西潮》，中華日報社，1960，第 178 頁。

親其親，則政府對內的職責只在老幼孤寡的福利問題，當然可以無為，且「民勸之然後國豐富」（同上），自可趨向「無為而無不為」的境界。這樣一種政治和社會秩序的理念，與其說是一個可以完全實現的目標，不如說是一個值得爭取、可以趨近的理想。[113]

然而，小政府模式的根本缺點就是很難應付較大的突發事件，故最怕「天下有事」。這種資源匱乏的政府，就連應付天災都感乏力，更不用說對外作戰了。而近代的一個新形勢，就是康有為強調的從大一統變成了萬國林立的競爭局面。隨著資本主義和科技的發展，今日所謂全球化那時已經開始。本來儒家強調國家不與民爭利，前提是對外不多欲，才能夠內施仁義。晚清的困窘在於，中外的競爭既嚴峻又緊迫，外來的壓力接踵而至，已經不容許一個小政府的存在，迫使清廷不得不向一個有作為的大政府轉變，由此產生了一系列的問題。

一旦政府真要有作為，中央政府也就感到了「集權」的確實需要。清廷因仿行憲政而推行中央集權，的確是導致各地不滿的一個重要原因（詳另文）。但這還不是當時最嚴重的挑戰。最具根本性的結構性緊張在於，一個向以「無恆產」為宗旨之「國」，忽然要完成退虜送窮的緊迫任務。一旦中央政府選擇了富強這一目標，就不能不在政治倫理和統治模式上做出結構性的改變。但當年的政府以及關心國事的多數讀書人，恐怕都沒充分意識到這一點。

從民富國強到政府理財

小政府模式的管理成本較低，資源需求不多，無須大量徵收賦稅。這一政治哲學的典型表述，即《老子》所謂「民之饑，以其上食稅之多，是以饑；民之難治，以其上之有為，是以難治」。正因政府「作為」方面的要求不高，故產生與此配合的輕徭薄賦政策，可以不與民爭利。康熙朝那句「永不加賦」，讓很多讀書人對外來政權產生了認同感，成為清廷能長期存在的一個重要原因。而是否加賦，主要在於政府的管理需要支出多少錢。曾任州縣的汪輝祖也知道，「多一重衙門，便多一重費用，百姓何能堪此！」[114] 只有減少支出，維持一個不作為或少作為的小政府，才能做到「永不加賦」。

113　參見羅志田〈中國文化體系中的傳統中國政治統治〉，《戰略與管理》1996年第3期。
114　汪輝祖：《學治臆說》，中華書局，1985，第16頁。

　　按照孟子的說法，士可以無恆產，一般人則不可無恆產。中國這樣具有「士治」風采的小政府模式，使「國家」（state）似也帶有士人的意味，即國可以無恆產，各級政府都不以府庫充盈為目標（若以此著稱，便可能被視為苛政），而藏富於民，民富則國安。[115] 梁啟超稍早在論證古今中外「有國者之通義」時曾表示，「民無恆產則國不可理，於是乎有農政、礦政、工政、商政」。[116] 所謂「民無恆產則國不可理」，是傳統觀念的簡明總結，故其所說的各「政」，雖已可見外來的影響，但大體還是由政府扮演提倡、督促和推動的角色。

　　時人對此也是有所認識的。《中外日報》在 1904 年即曾指出：專制之君「最不相宜者，則干涉民之財政」。若其「不明此理，而橫干民之財政，則無論其用意之為善為惡，而君位皆不能保」。王莽和王安石的改革「皆欲為民整頓財政」，結果是天下大潰。[117] 杜亞泉在 1911 年初也警告說：「國運之進步，非政府強大之謂。不察此理，貿貿焉擴張政權，增加政費，國民之受干涉也愈多，國民之增擔負也愈速。干涉甚則礙社會之發展，擔負重則竭社會之活力。社會衰，而政府隨之。」[118]

　　這樣能延續民富國安的思路，並看到「國家」實依賴社會的睿見，當時恐怕有些超前。更多人或憧憬著從「專制」走向立憲的巨變，似以為從政府到讀書人都可以「轉變作風」。孫寶瑄就認為，「變法之本在立憲，立憲之本在財賦，財賦之本在實業」。他很羨慕「日本維新之際，士族皆改業工商」。而對中國「士夫稍開明者，動好為大言，談民權自由，不務實業，有愧多矣」。[119] 這不僅表現出士人心態的轉變，更揭示出「立憲」本身也可以為很多前所未有的行為正名。

　　當時輿論甚至以國家舉動的多寡，判斷其文明與野蠻。以為身處「輪軌交通、政學競進」的時代，「稍一遲回，稍一懈怠，而國勢之強弱判焉，文化之進退分焉」。故不僅「不能以寧靜和緩處理今日之天下」，且當以「一年內

115　《論語・顏淵》所謂「百姓足，君孰與不足？百姓不足，君孰與足？」是這一理念的早期表述。用梁啟超的話說，即「民無恆產則國不可理」。

116　梁啟超：〈西政叢書敘〉（1897 年），《飲冰室合集・文集之二》，第 62 頁。

117　〈再論中央集權〉，錄七月二十三日《中外日報》，《東方雜誌》第 1 卷第 7 期，1904 年，第 152 頁。

118　杜亞泉：〈減政主義〉，原刊《東方雜誌》第 8 卷第 1 期，1911 年，田建業等編《杜亞泉文選》，華東師範大學出版社，1993，第 12 頁。

119　孫寶瑄：《忘山廬日記》上冊，1903 年 9 月 5 日，第 729 頁。

舉動之多寡」，卜國是之「進退」。[120] 在此世風鼓蕩之下，面臨退虜送窮時務的「國家」，當下就要有作為，甚至很快發展到處處需要有作為，還必須是政府自己作為（而不能僅是引導），則不得不改變國無恆產的取向，以尋求富強。

晚清的一大變化，就是越來越多的人開始疏離於「民無恆產則國不可理」的傳統思路，並在不知不覺中轉而信奉「國無恆產則國不可理」的觀念，逐漸傾向於政府直接理財的政策取向。

問題在於，實業可不是那種可以一蹴而就的事，而那時卻充斥著急於求成的強勁世風。朝臣中也有人知道最合適的富強方法是因富求強，袁世凱就提出，「迨利源日拓，庫帑日充，然後因富求強，勢自順而事自易」。他也明知改革當「行之以漸，不責近功；持之以恆，不搖定見」。然而他仍像很多時人一樣，期待著一次性的「百廢不難俱舉」。[121] 這種希望一舉解決全部問題的心態，在那時是相當普遍的。早在戊戌維新期間，張之洞就說，只要照他說的做法辦理學堂，「則萬學可一朝而起」。[122]「緩不濟急」是晚清公文中的流行語，最能表現這種急迫的心態，同時也揭示出「無為而治」的小政府長期存在的問題。

任何輕徭薄賦的「小政府」遇到外患時都常顯捉襟見肘之窘境。尤其中國長期以來是農業社會，政府的主要賦稅來源也是農業稅。除非長期積累，僅靠農業稅入很難應對大型的公共支出；若稅收往非農業方向發展，則意味著社會結構的大變，必然衝擊以「耕讀」為核心的整體文化。孫寶瑄所說的「財賦之本在實業」雖是外來的新觀念，卻也觸及關鍵之所在。所謂「立憲之本在財賦」，不過是以立憲涵蓋整體的新政。當年新政的舉措可以說樣樣需要錢，且每一項都要大量花錢。[123] 被人寄予厚望的路礦等新事物，生財還遙遙無期，卻先帶來了很多新問題。

而且，對各級政府而言，新政的開支基本是額外的支出。如梁啟超所說，

120　毅：〈一年內政府與國民之大舉動〉，《申報》1910 年 1 月 29 日。本條材料承北京大學歷史系梁心同學提示。

121　〈遵旨敬抒管見上備甄擇摺〉（1901 年 4 月），《袁世凱奏議》，第 275、277、269 頁。

122　張之洞：《勸學篇》（1898 年），《張文襄公全集》（4），第 570 頁。

123　由於常常是士人而不是商人一類在策劃，因此確曾存在過分花錢的傾向。如張之洞主持辦學，過分注重校舍等的建設，增添了大量的支出。

「各省所入，其支銷皆已前定，而未有一省入能敷出者」。[124] 各省如此，中央亦然。中國此前雖無所謂預算制，大體還是以出量入，再量入為出。小政府的府庫中不能有實際也沒有大量的積蓄。當時政府尚處於從不作為向有作為的過渡之中，正經歷著一個由政府提倡督導為主向政府直接經手的過渡進程（辛亥革命爆發時仍在進行）。

除了更早辦理製造局、編練海陸軍等「洋務」外，清末新政大體以學務為先。遵循上述原則，高層級的學校雖是政府辦理，但大量基層辦學的主要經費是出自民間的。可到底出在誰身上，是一個很直接的問題。剛開始辦學的時候，籌款還相對容易。地方上有各種各樣的「會」，都有多少不一的「公費」（晚清的「公」在官與私之間，不是今天所說的「公款」），大致可以從中募到辦新學的錢。但各種「會」裡的「公費」總數是有限的，很快就用得差不多了。於是款子的來源就逐漸轉向相對富有的紳，並進而轉向一般的民。這些款項和巨額戰爭賠款以及外債等，最終都落實在老百姓身上，成為不小的負擔，也造成了強烈的民怨。

而且，沒過多久，學務之外的其他新政又來了。那一整套面向富強的新政，樣樣都是需要政府投入或至少政府引導投入的專案。江蘇提學使毛慶蕃1908年抱怨說，即使像江蘇這樣「夙號財賦之邦」的地方，近年也已「實苦認派之巨。司局各庫，悉索無遺」。不僅官方「羅掘無術」，而且若款項要「攤派民間。而蘇省民情，實已非常苦累」。與學務相關的就地籌捐，「其捐之農民者，則有帶徵積穀、串票、稅契、中金等捐；其取之貨商者，則有絲捐、米捐、木捐、典捐，甚至雞、鴨、魚、肉、茶碗，幾於無物不捐，何能再派」？[125]

正因新政以辦學為開端，故當時「毀學」行動既普遍又激烈。在各項新政中，教育的變革之所以關鍵，在於其直接觸及每一個嚮往社會變動的人，而非如鐵道、礦業等只涉及部分區域和部分人。民眾的「毀學」早經學者注意，但中國文化對文字和學問向來極為崇敬，在此文化長期薰陶下的民眾能如此反應激烈，應予特別的留意。[126] 其中一個重要因素，當然是新出的苛捐雜稅確實

124　梁啟超：〈上濤貝勒（載濤）書〉（1910年2月），丁文江、趙豐田編《梁啟超年譜長編》，上海人民出版社，1983，第504頁（文字已據《近代十大家尺牘》核改，下同）。

125　〈蘇撫奏撥蘇省學務經費〉，《申報》1908年7月28日。

126　部分也因為其中很多人並不認可「新學」的學問資格，故極不願也不能為一個不具權威的新事物承擔重負。參見羅志田〈科舉制廢除在鄉村中的社會後果〉，《中國社會科學》

超出了人們所願承受的負擔。且學務畢竟開始較早，後來的情形如毛慶蕃所說，是「新政繁興，在在需款」。地方官已不堪重負，「縱心力之俱殫，終羅掘之無術」。[127] 這是一個很有代表性的表述，畢竟江蘇還是「財賦之邦」，別處情形或當更差。

進而言之，以富強為目標的「新政」，諸如興學堂、辦實業、治員警、行徵兵，以及包括成立府州縣城鄉鎮自治組織、調查戶口和歲入歲出、設立自治研究所等的「地方自治」，這些內容基本都是模仿西方的。梁啟超曾批評政府「徒鶩新政之名，朝設一署，暮設一局；今日頒一法，明日議一章。凡他國所有新政之名目，我幾盡有之矣」。[128] 實際上，新政的一些改革內容本身就是在外國要求下舉辦的；即使那些中國自身尋求的改變，也大多以西方為榜樣，按照西方的做法來推行。從過去的觀念看，不少是當時一般人眼中未必急需的支出。

最顯著的就是增加了一個管理的費用。現在很多人認為管理最能體現西方的優越性，是中國人不擅長的。然而中國過去不重管理，也曾節約了很多開支。以地方初級教育為例，以前辦私塾，只需請一位老師；改成新學堂後，每一學堂都要設一名監督（即校長），憑空增添一個管理人。這一倍以上的人事開支，往往是地方無法承受的。教育還相對簡單，其他過去中國沒有的門類，涉及管理的費用更高。這類「管理」觀念有著明顯的模擬特性，不僅與「無為而治」的傳統取向明顯對立，而且使改革的物質成本猛增，需要更為巨大的財力支援。

當時人人都知道錢不夠，關鍵是不夠的錢從哪裡來。不過，那時朝野似有一共識，即中國因為「專制」導致民信不足，故不能像外國一樣徵收大量賦稅，還沒什麼民怨。[129] 如果能實行立憲，再推行公開的預算決算制，或改革幣制，或實行某種理財之法，便可以大獲進項，一舉扭轉局面。遊歷日本的直隸紳士潘宗禮就說，「東西各國，賦稅數倍中國，而民不怨」，是因為他們實行預算決算制，每年「列表宣布，俾國民人人周知」。中國人本也知愛國，

2006 年第 1 期。

127　〈蘇撫奏撥蘇省學務經費〉，《申報》1908 年 7 月 28 日。
128　梁啟超：〈上濤貝勒（載濤）書〉，丁文江、趙豐田編《梁啟超年譜長編》，第 503 頁。
129　這當然是典型的想像，多數外國老百姓對多交稅從來不快，向有怨言。

但因「上下相蒙，民乃不信」。如果也實行預算決算之制，使「民知所納之稅，某項用於某處，係為我謀公益、保治安，非中飽亦非糜費」，則經費易籌，新政易舉，立憲之基可定。[130]

　　若說潘宗禮是個無人知曉的一般讀書人（他為了讓人知道自己的看法，不惜投海自殺），其言論無輕重，但梁啟超也有類似的見解。他認為當時政府的稅收政策是「竭澤而漁，以朘削貧窶之小民。充其量，所得不能增數千百萬，而舉國已騷然」。一旦「民不能自贍其生，則鋌而走險，何所不至」。反之，「苟能遵財政學之公例，以理一國之財，則自有許多新稅源，可以絕不厲民，而增國帑數倍之收入」。他自己就曾擬出一個「中國改革財政私案」，若能據此「將財政機關從根本以改革之」，則施行之後，「每年得十萬萬元之收入，殊非難事」。[131]

　　這顯然是一個充滿想像的計畫，而所謂「稅源」，當然指向民間現有之款。其實晚清政府增加財政收入的努力已頗見成效，國家歲入（中央和各省政府收入）大致從鴉片戰爭後的 4000 萬兩，增加到甲午戰爭後的 8000 萬兩，再增加到辛亥年的約 3 億兩，其中大部分來自非農業稅收。[132] 若按梁啟超的意思，只要能改良理財方式，國家歲入則不難再增至三倍以上。且不論當時民間是否有這麼多錢，即使有，猛增比過去多達數倍的稅收，百姓可以接受，還不致「鋌而走險」，確實需要非常豐富的想像力。

　　另一方面，當年物質層面的社會能力到底有多大，也還可以進一步考察。如四川後來在軍閥時期的苛捐雜稅是舉世聞名的，預徵五十多年賦稅的名聲甚至已進入某些教科書。即使分攤到數年，也是每年預徵約十倍的賦稅；在整個世界史中，恐怕很難找到一個地方的百姓可以在不到十年的時間裡持續地承擔如此以倍數計的賦稅，卻並不造反，僅僅抱怨而已。這充分反證出當年的實際賦稅相當低，而民間也尚有餘財可斂（若非過去藏富於民，短期內的巨額賠款已難應付，安能再加新政支出）。

130　〈通州遊歷紳士潘宗禮條陳〉，附在袁世凱〈遊歷紳士潘宗禮憂憤捐軀遺有條陳據情代奏摺〉，1906 年 3 月，《袁世凱奏議》，第 1261 頁。

131　梁啟超：〈上濤貝勒（載濤）書〉，丁文江、趙豐田編《梁啟超年譜長編》，第 506 頁。

132　見 Jean-Laurent Rosenthal and R. Bin Wong, *Before and Beyond Divergence: The Politics of Economic Change in China and Europe* (Cambridge, Mass.: Harvard University Press, 2011), pp.201-202. 這一材料承北京大學歷史學系王果同學提示。

　　然而，清季民間尚有餘財不假，卻也不是無盡的活水，可以源源不斷。當時稅收確實不算重，即使清季新增的各種臨時捐稅，與後來或與外國比較，絕對值也不一定很高。[133] 但數字現實是一事，心理承受能力又是一事。對從前不怎麼出錢的人來說，新增部分數量如此大、種類如此多，其負擔已經特別「沉重」了。為增加財政收入所付出的社會成本可能非常高昂。對本已面臨著普遍不信任情緒的清季政府而言，這類作為直接違背不與民爭利的傳統觀念，屬於典型的苛政，更是「失道」的表現。

　　在上無撥款的大背景下，新政舉措的主要開支實際只能依靠民間。各級官員對動員社會力量的態度本各不一樣：趨新者可能勇於任事，守舊者便無意與民爭利；有的人或因官場積習而出以敷衍，有的人可能看到民間反彈的危險而不敢過於積極。結果是逐漸演化出一個非常可怕的傾向，即新政逐漸流於一種紙面的作為。很多地方官還真不是要敷衍，確有不得已之處。蓋不論社會的物質潛能有多大，都是一個常數，不可能取之不盡，用之不竭。而新政的特點是層層加碼，越來越全面。用時人的話說，就是所謂「繁興」。這當然代表了朝廷改革的誠意，卻也因「不欺騙人民」而付出了沉重代價。

新政繁興導致「紙張天下」

　　蔣夢麟曾說，在中國這樣的「學者之國」，儘管改革的過程緩慢，但是在某種傾向性形成後，「一旦決心改革」，又「總希望能夠做得比較徹底」。[134] 前引袁世凱所期望的「百廢俱舉」，就代表著一次性解決全部問題的普遍期望。據梁啟超對清末世風的觀察，面對各種事情，若「謂其一當辦，而其它可無辦焉，不得也；謂其一當急辦，而其它可緩辦焉，不得也。於是志士熱心之極點，恨不得取百事而一時悉舉之，恨不得取百事而一身悉任之」。[135] 類似的風氣，在新政期間得到充分的反映。

　　尤其在進入籌備憲政階段後，朝廷更是「朝設一署，暮設一局；今日頒一法，明日議一章」，甚至「朝設一署，暮頒一法令。條詔雨集，責吏民以奉

133　前引潘宗禮的條陳就說，日本「區區三島，進出款項，幾四五倍於我」（《袁世凱奏議》，第1261頁）。痛斥苛捐雜稅的梁啟超也承認，「以各國租稅所入與吾民相較，則吾民之負擔似不得云重」。見梁啟超《上濤貝勒（載濤）書》，丁文江、趙豐田編《梁啟超年譜長編》，第505頁。

134　參見蔣夢麟《西潮》，第178—179頁。

135　梁啟超：《新民說》（1902—1903年）《飲冰室合集・專集之四》，第157頁。

行」。梁啟超也承認，「國家凡百庶政，無一不互相連屬」。但「一國財源只有此數，而應辦之事太多，則權其輕重緩急，而分配務使得宜」。也只有如此，才可收綱舉目張之效。而實際則「本末倒置者，不知凡幾」。儘管中央「文告急如星火，而一語及費之所出，則不復能置詞」。每一新政出，即「飭該省督撫，無論如何必須先盡此款」，但是「督撫雖極公忠，雖極多才，而無米之炊，云何能致」？[136]

梁啟超所謂「條誥雨集」、「文告急如星火」，既體現出朝廷對推行新政的急迫態度，卻也已頗有杜亞泉稍後所說的「紙張天下」的意味。[137] 隨著新政的「繁興」，上面要求的改革措施一天比一天多，應接不暇的各級官員，不得不將其做成官場的應付文章。1911 年，學部某視學員獲悉，當時州縣官僅應付「填表一層，已大見困難」，遑論辦事。即以學務論，要給督撫、藩司、提學司、道、府分別填表五份，不得不「日夜為之」。故「各省學務，有名無實者居多，而外州縣尤甚」。且「從前新政惟學務一種」，地方官「尚有盡心力者。今日新政名目既多，不止學務一種。則惟有一概置之，而專於表面上做工夫」。[138]

清季官僚體制的積重難返是不容諱言的，前引御史黃瑞麒的奏摺已點出了「空言粉飾、取具文告」的官場風習。指責他人粉飾和自稱絕不敷衍的表述，在當時的官文書中頻繁可見。一方面，追隨朝旨表態積極者，不論是否真做，往往能得以升遷。另一方面，各省疆吏對政府所下之令，有時也可以抗不奉行；若「迫於嚴切之詔旨，不敢據理力爭，而其勢又萬不可行，則相率以陽奉陰違了事，以免政府之催督」。[139] 也就是說，主動的粉飾和被動的敷衍，都已成為官場常見現象。

梁啟超就曾指出，當時朝廷無款，多「責督撫以報效」。而各督撫所認報效常逾千萬，以「買政府歡心，得為升遷之資」。其一旦升遷，則認報效之責就轉歸後任。即使不得升遷，也往往「遷延年餘，實繳者不及二三十萬」。且這也不能怪督撫，各省「每歲所入，僅有此數；而待支之款，百出而不窮」。

136　梁啟超：〈上濤貝勒（載濤）書〉，丁文江、趙豐田編《梁啟超年譜長編》，第 502—504 頁。
137　杜亞泉：〈減政主義〉，《杜亞泉文選》，第 16 頁。
138　〈各省學務腐敗之原因〉，《申報》1911 年 6 月 26 日。
139　〈論中央集權之流弊〉，錄七月初二日《中外日報》，《東方雜誌》第 1 卷第 7 期，1904年，第 148 頁。

中央每個部門都要求先完成其所管轄之門類，實則全都完不成，「政府亦無辭以相難」。雖「人人明知外患內憂之岌岌不可終日，顧各懷得過且過之心」。其結果，京師與各省，不過「文牘往還，塗飾了事」。[140]

這正是杜亞泉所說的「紙張天下」。在杜氏看來，清季「政治所以紛繁糾雜者，正因官吏太多，彼此以文牘往還，以消日力」。故「當局以張惶粉飾其因循，朝士以奔走荒棄其職務。問其名則百廢具舉，按其實則百舉具廢」。他預測，後果不出兩途：「一曰迫於財政之困乏，僅僅維持現狀而不得，則敷衍益甚，而幾等於銷滅；一曰不顧民力之竭蹶，益益進行現在之政策，則搜括愈力，而終至於潰決。」更可怕的則是「一方面行其敷衍之策，而政治銷滅於上；一方面盡其搜括之實，而經濟潰決於下；大局遂不堪問矣」。[141]

實際上，那時發生「民變」的頻率已大增。《國風報》一篇討論「民變」的文章就直接歸咎於新政導致的官場腐敗。蓋因「考成所關，悉在於是」，上下都把新政掛在口上，「上官之督責文書，以責成其屬僚也，但曰舉辦新政；屬僚之奔走喘汗，以報最於上官也，但曰舉辦新政」。雖「敝精費神，曾無實效；塗澤粉飾，上下相蒙」。更有「不肖之吏，且假非驢非馬之新政，以肆其狼貪羊狠之私謀，驅其民而納之罟擭陷阱之中，以至激成大變」。[142]

更嚴重的是，由於上下都在條文上努力，一些新的舉措不過是模擬外國，表現出想像領先、已不那麼熟悉自身國情的現象。例如，仿行憲政時的一項要務，也是最不受老百姓歡迎的舉措之一，就是模擬外國的各類「調查」。當時的思路是，要開發富源，就先要知道各地有什麼，故應調查；要選舉，就先要知道有多少選民，所以要實行戶口調查等等。然而，開發富源一類，的確向不為政府所關注；像戶口這樣的大事，過去何以不知其詳？是故意的，還是無意的？若過去已知，本不必調查，就可按既有資料實行選舉。

故「調查」的需要不僅是外來的，也揭示出一個思路，即政府以及部分民間士人已經認識到，他們對於國情的瞭解是不足的。而這不足，既有真正的不足（因為小政府不需要足），又與外來影響不可分。近代中國的各種外在

140　梁啟超：〈上濤貝勒（載濤）書〉，丁文江、趙豐田編《梁啟超年譜長編》，第504—507頁。
141　杜亞泉：〈減政主義〉，《杜亞泉文選》，第13—16頁。
142　長與：〈論萊陽民變事〉（1910年），張柟、王忍之編《辛亥革命前十年間時論選集》第3卷，第657頁。

對比項，本已具有很強的想像意味；[143] 後來對自身國情的認識，也出現了連帶性的想像。如前所述，近代一些肯說話願意說話也能說話的人形成了所謂「輿論」，影響著朝野的決策。但很多時候，這些人或不過是模擬外在的認知，又膽大敢說而已，他們有時並不真正瞭解自己的國家和國民。

不幸的是，梁啟超自己就是這類人中的一個。他在通過日本輸入西方觀念的同時，也「借鑑」或引申性地「發現」了一些中國的「國情」。可怕的是，類似的觀念後來卻被制定政府政策的人採納，而成為國策。梁氏在 1896 年說：國強基於民智，而民智的基礎是天下人都能讀書識字。「德、美二國，其民百人中，識字者殆九十六、七人。歐西諸國稱是。日本百人中，識字者亦八十餘人。中國以文明號於五洲，而百人中識字者不及三十人。」[144] 這大概是根據當時各國國勢強弱反推出的想像判斷。在梁啟超眼中，中國的識字率雖遠比列強低，到底也還接近 30%。在後來的認知中，這一比率則大幅降低。到 1908 年，憲政編查館定出的籌備立憲目標，「人民識字義者」竟然要到籌備第七年才可以達到 1%，第八年達 1/50，第九年到 1/20。[145]

不過十餘年，在當時政府官員眼裡，素重教育的中國基本已成一個極少有人識字的蠻荒國度了。若不求精確，識字率本不難知大概。此雖一例，卻可推見其餘。故清末朝野對人對己的不少認知，都已建立在想像的基礎之上。如果朝野對國情和外情的瞭解如此，其所推動和實施的各項改革措施到底是基於想像還是現實？到底有多少是基於想像，又有多少是應對現實？這恐怕都需要進一步探索。仿行憲政時一些模擬舉措，確屬無的放矢，應是新政不成功的一個重要因素。有些相關的努力，或許真如馮友蘭後來所說，只能「壯紙片上之觀瞻」。[146] 這樣，清季新政已進入一個非常危險的階段。

143　參見羅志田《國家與學術：清季民初關於「國學」的思想論爭》，三聯書店，2003，第50—51 頁。

144　梁啟超：〈沈氏音書序〉（1896 年），《飲冰室合集・文集之二》，第 1 頁。按：《飲冰室合集》之中國識字者為「不及二十人」，此據《時務報》改。

145　〈憲政編查館資政院會奏憲法大綱暨議院法選舉法要領及逐年籌備事宜摺（附清單二）〉（1908 年），《清末籌備立憲檔案史料》上冊，第 665—666 頁。

146　馮友蘭：〈新學生與舊學生〉（1918 年 9 月），《三松堂全集》第 13 卷，河南人民出版社，1994，第 619—623 頁。

五、小政府和大政府的緊張

與此前的「弱國家」相比，清廷已經變得非常強有力了。但其並未準備徹底改變其政治模式，因而也無意從根本改變其政治倫理。當年推行新政時，凡遇「地方」之事，尤其涉及款項者，相關的政府公文中可見一條很重要的內容，即「官不經手」。如1905年的〈天津四鄉巡警章程〉就規定，辦巡警的經費「皆責成紳董，官不經手」。而袁世凱在呈報章程的奏摺中也說，巡警月餉「由村董酌定支給，官不經手」。當然，這是袁世凱所謂「官紳聯合」的模式，故「官弁薪工馬匹雜支」等費，仍「由官發給，以示體恤。」[147]

這一取向表述出一個很明確的原則，就是官（中央和地方政府）既要主導，又不起具體作用，似也僅承擔有限的責任。換言之，小政府已進入政府官員的下意識層面，成為自覺的政治倫理，故其在意識層面對自身角色也有較清晰的定位。類似規則特別能體現過渡時代的轉折，由官方督辦領導的鄉村巡警，顯然是一種新的體制；而經費上僅象徵性地參與，又維持著既存的政治倫理，則是小政府模式的一種自然延續。

與「官不經手」類似的一個當時的表述是「勸」，甚至可說這是清末新政的一個關鍵字。1907年地方官制改革時，各直省均設立勸業道，後來又在地方設立勸學所、勸學員等，這些以「勸」為名的機構和人事設置，大體均表明官方既要主導而又僅有限參與，折射出後人眼中的國家與社會那互為交結的一面。

在外來思想觀念的影響下，朝廷較前遠更主動、更有力地參與了各項新政事務，同時又對「國家」功能有明確的認識，始終堅持「國家」只起宣導和推動作用。從「官督商辦」到「官不經手」、「官紳聯合」等，都表明清廷大致還在堅持「小政府」的行為倫理。從主觀意願看，清廷雖已從不作為走向有作為，然其試圖扮演的，仍只是一個「積極的小政府」角色，並不希望變成一個實際的「大政府」。然而，因為其面臨的退虜、送窮任務既迫切又艱巨，實際卻不能不一步步走上「大政府」的不歸路。

---

147 〈擬定天津四鄉巡警章程摺〉（1905年8月）及所附〈天津四鄉巡警章程〉，《袁世凱奏議》，第1172、1170—1171頁。學部次年的《勸學所章程》也規定，勸學員在本管區內籌款興學，「此項學堂經費，皆責成村董就地籌款，官不經手」。見學部〈奏定勸學所章程〉（1906年5月），朱有瓛等編《中國近代教育史資料彙編·教育行政機構及教育團體》，上海教育出版社，1993，第62—63頁。

　　故清季的現實困境是，一個小政府的機構，卻不得不行使大政府的職能；不僅思想上沒有充分的準備，在政治倫理、行為模式和體制方面，也都缺乏足夠的預備。朝廷如此，民間亦然。但就是在這樣的背景下，清廷卻倉促進行了一系列具有根本性的制度改革。從廢科舉到籌備立憲，件件都是千年未有之巨變。

　　在具體舉措方面，明知因富求強才是正途，但當時提倡的生利之法，均非可有款項立至，不能短期解決問題，正所謂緩不濟急。若政府改變體制，直接參與理財，便違背了不與民爭利的傳統，這既是一個根本的轉變，也是一種非常危險的嘗試；且任何正確的理財方法，也不可能少米多炊，更不能為無米之炊。如果徒然實行修改稅收制度等斂錢之法，且不說很難在短期內籌集鉅款，同樣的問題是，普通民眾真能如潘宗禮所想像的那樣知所納之稅的用途就願意繳納嗎？若百姓不理解而民怨激增，恐怕就不能給政府以繼續改革的時間了。

　　換言之，若不解決小政府的問題，清廷已陷於一個詭論性的（paradoxical）微妙處境：不改革則不能解決問題，而要推行新政就需要花錢；且多一項改革舉措，就增進一步經費的窘迫，直至破產。這基本就是一條不歸路—不作為則顯無能，欲作為則無財力，而解決之道更處處威脅自身統治的合道性。即使沒有其他事情發生，這樣的情況也維持不了多久。故芮瑪麗認為，正是清政府的改革摧毀了這一推行改革的政府，因為它不能控制其自身政策造成的加速度。[148]

　　不過，這只是一個帶有後見之明的分析。如前所述，當時社會的物質潛能到底有多大，是一個尚需斟酌的問題。例如，像梁啟超這樣的人便認為社會仍具可開發、可整合的巨大潛力，只要理財方法正確，即刻便可獲取數倍於當時歲入的款項。但問題在於，由於朝野的政治倫理並未出現根本轉變，任何民力的「開發」都會被視為盤剝（且不說實際操作中確曾出現借此盤剝的現象），則社會力量的動員本身，可能就是對政府的一道緊箍咒。

　　為富強而大幅增加開支，是一件讓人非常不愉快的事情。諸多令人不滿的現象背後都潛藏著結構性的體制變更，並要求政治倫理也有相應的轉變。

148　Mary Wright, "introduction," in idem ed., *China in Revolution: The First Phase, 1900-1913*, p.50.

　　小政府模式的基本準則就是政府不作為或少作為，只有不擾民的政府才是好政府。如果政府要有作為，就需要花錢。大政府的觀念是很晚才傳入中國的，對改變了思想方式的今人來說，政府要為人民服務，就要向人民收錢；就像人民在議院裡要有代表，政府才能體現人民的意願一樣。這些都是近代西方典型的大政府觀念。而小政府的不作為，是基於對國家機器「自主性」的某種體認（與權力永遠導致腐敗，故政府不可信任的西方觀念表述雖不同而相類）。即使不言抽象的政治倫理，進一步的問題是，早已習慣於小政府的中國老百姓能信任轉變中的當時政府嗎？

　　當時的局勢的確非常困難，卻也不是毫無轉圜的可能。很多人確以為要變天了，同時也有不少人在努力，還有更多人在觀望。簡言之，以革命的方式解決問題，並不一定是「必然」的，也不是唯一的選擇。以立憲為表徵的革政，就曾是中國出路的一個選項。而改革最終被革命取代，即因其結構性困境充分暴露，卻又無法回頭，進而形成進退兩難的局面。大致從這時起，革政遂不復能與革命競爭，而逐漸轉化成為革命的助推器了。

國家圖書館出版品預行編目資料

兩岸新編中國近代史—晚清卷 / 王建朗、黃克武 編-- 初版.
-- 臺北市：蘭臺出版社, 2021.10
　冊；　公分. --（中國近代史研究叢書；1）
ISBN 978-986-06430-5-3(全套：平裝)

1.晚清史 2.近代史

627.6　　　　　　　　　　　　　　　　110008812

中國近代史研究叢書 1

兩岸新編中國近代史—晚清卷（上）

作　　者：王建朗、黃克武 編
主　　編：張加君
美　　編：沈彥伶
校　　對：楊容容、古佳雯
封面設計：塗宇樵
出 版 者：蘭臺出版社
發　　行：蘭臺出版社
地　　址：台北市中正區重慶南路1段121號8樓之14
電　　話：(02)2331-1675或(02)2331-1691
傳　　真：(02)2382-6225
E—MAIL：books5w@gmail.com或books5w@yahoo.com.tw
網路書店：http://5w.com.tw/
　　　　　　https://www.pcstore.com.tw/yesbooks/
　　　　　　https://shopee.tw/books5w
　　　　　　博客來網路書店、博客思網路書店
　　　　　　三民書局、金石堂書店
經　　銷：聯合發行股份有限公司
電　　話：(02) 2917-8022　　傳　真：(02) 2915-7212
劃撥戶名：蘭臺出版社　帳號：18995335
香港代理：香港聯合零售有限公司
電　　話：(852)2150-2100　　傳　真：(852)2356-0735
出版日期：2021年10月 初版
定　　價：新臺幣2000元整（平裝，套書不零售）
ISBN：978-986-06430-5-3

原出版單位中國社會科學院社會科學文獻出版社，
授權臺灣大通書局發行繁體版，
臺灣大通書局再授權蘭臺出版社出版發行。